SV

Christoph Dallach

FUTURE SOUNDS

Wie ein paar Krautrocker die Popwelt revolutionierten

Suhrkamp

Für Maria (MoisE)

2. Auflage 2021

Erste Auflage 2021
suhrkamp taschenbuch 4598
Originalausgabe

Umschlaggestaltung: Büro Dirk Rudolph
Satz: Greiner & Reichel, Köln
Druck: C.H.Beck, Nördlingen
Printed in Germany
ISBN 978-3-518-46598-1

Inhalt

Vorwort

von Christoph Dallach

Meine erste Krautrockplatte gewann ich in einem Preisausschreiben. Die Aufgabe bestand darin, innerhalb eines knappen Zeitfensters irgendwo anzurufen. Ich kam sofort durch. Vielleicht hatte ich Glück, vielleicht war ich aber auch der einzige Anrufer. Egal, eine Woche darauf war die Platte da: »Movies« von Holger Czukay, mit krakeliger Kugelschreiber-Signatur vom Künstler höchstpersönlich.

Damals, 1979 in einem öden Hamburger Vorort, bestimmten ausschließlich die Sex Pistols und The Stranglers den Soundtrack meiner Jugend. Der Name »Holger Czukay« klang da nicht besonders aufregend, und sein Porträt auf dem Plattencover machte es nicht besser. Aber dann gab ich »Movies« doch eine Chance – und war verblüfft, denn was ich da hörte, war weit weg von allem, was ich bis dahin gewohnt war, und passte weder zum Namen noch zur Hülle: eine elektrisierende Collage von seltsamen Klängen, die ich so ähnlich nur aus den Radiosendungen des abenteuerlustigen BBC-DJs John Peel kannte. Keinem deutschen Musiker hätte ich so was je zugetraut. Und war gleich so gefesselt, dass ich diese wundersamen Tracks von da an immer wieder auflegte, mit stetig wachsender Begeisterung. In meinem Plattenkoffer für die einsame Insel wäre »Movies« auf jeden Fall dabei.

Mit diesem Glückstreffer öffnete sich mir eine neue Welt. Ich wusste nicht viel über Czukay, hatte aber mitbekommen, dass er mal Bassist in einer Band namens Can war. Also schienen die auch interessant zu sein. In Plattenläden stand allerdings wenig von Can, im Radio waren sie nicht zu hören, und zu lesen gab es über sie schon gar nichts. Auf Flohmärkten stöberte ich dann Alben wie »Tago Mago«, »Future Days« oder »Ege Bamyasi« auf. Soloalben von Irmin Schmidt und Platten mit Michael Karoli oder Jaki Liebezeit nahm ich bei Gelegenheit gern mit – und wurde nie enttäuscht. Bald gab ich auch anderen deutschen Musikern wie Michael Rother, Riechmann, Guru Guru und La Düsseldorf eine Chance. Auch die La-Düsseldorf-Vorgänger Neu! fielen mir durch das Pop-Art-Cover ihres Debütalbums auf, das musste doch einen Versuch wert sein. Und tatsächlich kam dann gleich am Anfang »Hallogallo«, eines dieser Stücke, die mich sofort und für immer umgehauen haben. Umso weniger konnte ich mir vorstellen, dass diese zehn aberwitzigen Minuten aus Deutschland kommen sollten. Um die Sektion »Krautrock« hatte ich in Plattenläden immer einen weiten Bogen gemacht, schon der Name war mit eine Warnung.

Vielleicht ist es deshalb kein Zufall, dass es ausgerechnet ein Brite war, der mir endgültig auf die Sprünge half: Julian Cope, Sänger von The Teardrop Explodes. Ihm hatte ich schon die Entdeckung von Scott Walker zu verdanken, aus dessen Soloplatten er ein Best-of kompiliert hatte. Entsprechend gespannt war ich, als 1995 sein Buch mit dem seltsamen Titel »Krautrocksampler« erschien und in den britischen Musikfachblättern, die ich wöchentlich studierte, für Wirbel sorgte. Seine euphorische Liebeserklärung an deutsche Musiker wie Amon Düül, Neu!, Faust, Tangerine Dream, Ash Ra Tempel, Popol Vuh, Cluster, Harmonia, Klaus Schulze, Witthüser & Westrupp und natürlich Can überraschte mich zuerst: Wieso kannte man in UK diese ganzen Leute? Und woher kam Copes fast schon irrsinnige Faszination für sie? Sein Enthusiasmus trieb mich jedenfalls dazu, tiefer in deren Musik eintauchen zu wollen. Dummerweise waren die meisten Platten dieser Bands gerade damals eher ein Gerücht, weil man sie nirgendwo bekam. Mein Interesse wurde dadurch nicht geringer. Wenn es in

Deutschland so coole Musik gegeben hat, wieso war sie dann ausgerechnet hier so ein Geheimnis?

Kurz darauf begann ich selbst, über Musik zu schreiben, und bald boten sich Gelegenheiten, Julian Copes mythischen Helden auch leibhaftig zu begegnen. Ich befragte Holger Czukay, Irmin Schmidt und Jaki Liebezeit. Michael Rother lief einem in Hamburg ohnehin öfters über den Weg, sodass es mir sogar einmal gelang, ihm bei einem Konzert, wo wir beide im Publikum standen, versehentlich ein Glas Rotwein übers Hemd zu schütten.

Als ich dann 2001 anlässlich der lang überfälligen Wiederveröffentlichung der Neu!-Platten mit Rother und seinem musikalischen Partner Klaus Dinger in Köln zum Gespräch verabredet war, wunderte ich mich, dass sie von der zuständigen Plattenfirma auf verschiedenen Stockwerken untergebracht worden waren – angeblich, damit sie sich nicht begegnen und zanken. Dabei waren beide, so verschieden sie waren, hochinteressante Gesprächspartner. Was war da vorgefallen?

Bald danach sah ich eines Nachmittags in London den amerikanischen Hipster-Barden Beck, wie er im Rough-Trade-Plattenladen nahe der Portobello Road dessen gut bestückte Krautrock-Sektion quasi leerkaufte. Überhaupt bin ich in ausländischen Plattenläden von Tokyo bis Rom, wenn man ins Plaudern kam, oft auf die »Krautmusik« angesprochen worden: »Was machen eigentlich Kraan?«, »Gibt es Amon Düül noch?, »Geben Faust noch Konzerte?«, »Wer waren denn diese Kosmischen Kuriere?« Umso größer dann die Enttäuschung, wenn ich dazu nichts sagen konnte.

Als ich 2008 in Hamburg eher unfreiwillig bei einem Konzert der Red Hot Chili Peppers landete und mich nach dem regulären Set erlöst auf den Heimweg machen wollte, kündigten die Kalifornier noch einen Überraschungsgast an. Wie sich herausstellte, war das der von ihnen verehrte Michael Rother, mit dem sie dann eine furiose Version von »Hallogallo« aufführten. Verblüfft war ich allerdings auch von den irritierten Gesichtern im Publikum, die zu sagen schienen: »Wer zum Teufel ist dieser Michael Rother?« Spätestens an diesem Abend wurde mir bewusst, dass ich mit diesen Musikern unbedingt noch sprechen möchte, solange es noch geht, um aus erster Hand zu erfahren, wie es zu dieser Musik gekommen war. Und wieder ging es mit Can los, denn es waren Irmin und Hildegard Schmidt, die mich, als ich ihnen von meinem Plan erzählte, nach Frankreich einluden, wo sie leben, um mir ihre Geschichte zu erzählen.

Zum Glück habe ich auch Holger Czukay noch einmal für dieses Buch getroffen. An einem glühend heißen Tag saß ich mit ihm bei Kakao und schmelzenden Lebkuchen in seinem Studio in Weilerswist bei Köln. Als ich ihm sagte, dass ich »Movies« vor langer Zeit mal in einem Preisausschreiben gewonnen hätte, meinte er, das sei doch der perfekte Weg, um seine Klangwelt zu entdecken.

Die besten Krautrock-Sounds kamen zu ihrer Zeit wie unerhörte Radiowellen aus der Zukunft und werden weiter in die Zukunft funken. In welcher Gegenwart und aus welchen Vergangenheiten sie entstanden sind, wird in diesem Buch erzählt. Von denen, die dabei waren.

Christoph Dallach,
Hamburg, Ende 2020

KRAUT

»You want Krautrock? You get Krautrock!«
FAUST

MICHAEL ROTHER Es fängt schon damit an, dass ich den Begriff nicht besonders mag.

ULRICH RÜTZEL Krautrock klingt doch immerhin viel schöner als Deutschrock.

JULIAN COPE Ein brillanter Begriff, genau wie »Punk«, funktioniert als Scherz *und* bringt den Sound voll auf den Punkt!

JAKI LIEBEZEIT Kraut finde ich nicht schlimm. Viel schlimmer ist Rock! Rock steht nämlich für gar nichts. Rock machen auch Rechtsradikale. Wenn Heino Rammstein singt, ist das dann Rock? Rock ist ein problematischer Begriff, und Can haben nie typische Rockmusik gemacht. Deshalb wurden wir auch in Deutschland nie richtig bekannt. Hier wollten sie Rock, und Rock kommt ja vom Blues, aber mit Blues hatten wir nichts zu tun. Ich würde Can eher eine Popgruppe als eine Rockgruppe nennen.

NIGEL HOUSE Als Plattenhändler bin ich für den Begriff »Krautrock« sehr dankbar, da ich unter diesem Namen die ganze spannende deutsche Musik von damals in ein Fach packen kann. Ich weiß schon, dass Tangerine Dream und Can nicht viel miteinander zu tun haben, aber aus Verkäufersicht passt mir Krautrock als Label gut. Diese deutschen Bands haben eigentlich nur den historischen Zeitpunkt gemeinsam, an dem die meisten dieser Platten entstanden sind. Wie die sogenannten »Manchester«-Bands auch. Aber die Schubladen helfen.

SIMON DRAPER Ich würde sogar behaupten, dass wir bei Virgin den Begriff »Krautrock« erfunden haben, auch wenn einige Leute das anders sehen. Als ich dort in den frühen Siebzigern zu arbeiten begann, war ich beim Mailorder für die Einkäufe verantwortlich. Damals bekamen wir viele Kundenbriefe, und die Nachfrage nach Platten aus Deutschland war enorm. Meistens ging es um Bands, von denen wir noch nie gehört hatten. Can, Kraftwerk und auch Faust waren uns bekannt, aber die Leute fragten immer wieder nach Sachen, die uns gar nichts sagten. Ein Name, der da ständig auftauchte, war Tangerine Dream. Ich nahm dann Kontakt zu Rolf-Ulrich Kaiser auf, dem Chef ihrer Plattenfirma Ohr. Der schickte uns alles, was die überhaupt veröffentlicht hatten: Tangerine Dream, Popol Vuh etc., so an die dreißig Alben. Die nahm ich dann übers Wochenende mit in meine Wohnung im Ladbroke Grove, hörte sie mit meinem jüngeren Bruder und einem Freund alle durch, machte mir dazu Notizen und überlegte, wie wir die anbieten könnten. Welchem Genre sollte ich sie in unseren Zeitungsanzeigen zuordnen? Hätte ich die einfach alphabetisch aufgelistet, wären die meisten davon untergegangen. Also dachten wir uns diesen neuen Namen aus: »Krautrock«. Vielleicht hatte ja irgendwer zeitgleich dieselbe Idee, wir dann aber auch! Und es hat funktioniert: Alle dreißig »Krautrockplatten« gingen weg wie nichts.

GERHARD AUGUSTIN Den Begriff »Krautrock« hat der DJ John Peel für diese seltsame Musik geprägt. Aber für Bands wie Can oder Kraftwerk ist er total verfehlt.

WINFRID TRENKLER Den Ausdruck hat einer dieser arroganten britischen Musikschreiber aufgebracht, von denen damals so einige anzutreffen waren.

BRIAN ENO Ich mochte das Wort »Krautrock« nie, weil es mich an den Krieg erinnert. Britische Soldaten nannten ihre deutschen Gegner »Krauts«, und der Name ist seitdem eine Beleidigung geblieben. Dass in der deutschen Avantgardemusik etwas passierte, nahm ich seit dem Ende der sechziger Jahre wahr, obwohl ich damals die neue Musik aus den USA bevorzugte, besonders die Minimalisten. Aber die Einzigartigkeit und Sensibilität dieser deutschen Musik war mir sehr bald bewusst.

HARALD GROSSKOPF Krautrock ist ein wunderbarer Begriff. Sicher wurde da viel in einen Topf geworfen, was nicht zusammenpasst: von irgendwelchen deutschen Bands, die bloß angloamerikanische Vorbilder kopierten, bis zu den abgefahrensten Elektronikern. Das Einzige, was wirklich alle vereint, ist, dass sie abstreiten, etwas mit Krautrock zu tun zu haben. Und ursprünglich war es ja auch eindeutig ein Schimpfwort. Ich erinnere mich an einen Artikel in der englischen Presse, als Kraftwerk erste Erfolge feierten. Da stand in Runenschrift drüber: »MUZAK FROM GERMANY«, dazu das Brandenburger Tor und SA-Fackeln, schon sehr böse. Dabei wussten diese Briten nicht mal, dass Sauerkraut ein sehr gesundes Nahrungsmittel ist. Wenn ich das Wort »Kraut« in England hörte, sagte ich immer: Kommt nach Deutschland, ich lade euch da auf Sauerkraut mit Bratwurst ein. Und wenn man mal mit englischem Frühstück gequält wurde, ist das nur fair.

HELLMUT HATTLER Ich bin in Ulm aufgewachsen. Da gab es viele Ami-Kasernen, und wenn man an einer Kaserne vorbeiging, bekam man schon das Wort »Kraut« zu hören. Wir waren da immer noch der Feind.

MANI NEUMEIER Mir ist der Begriff gar nicht so unsympathisch. Der kommt ja nicht vom Kraut, was man isst, sondern vom Kraut, was man raucht.

DANIEL MILLER Ich mochte den Begriff damals nicht. Allein die Idee, diese völlig verschiedenen Musiker unter einem Genre zusammenzufassen, fand ich abwegig. Ich kann mir kaum zwei unterschiedlichere Bands vorstellen als NEU! und Amon Düül. Und mit Kraftwerk hatten beide nichts zu tun. »Krautrock« klang für mich auch gar nicht nach Musik, eher nach Geografie und Politik. Das war so ein typischer, schnell dahingefetzter britischer Quatsch. Inzwischen ist das natürlich etabliert, aber ich hadere immer noch damit, es über die Lippen zu bringen.

THOMAS KESSLER Hätte ich damals schon gewusst, dass ich später mal unter diesen Begriff fallen würde, hätte ich mich sehr gewundert.

IGGY POP Eigentlich ein furchtbarer, idiotischer Begriff, aber so wie mein Vorname ist »Krautrock« mit den Jahren zum Markenzeichen geworden und letztlich positiv besetzt, weil die Musik dahinter so grandios ist.

JÜRGEN DOLLASE Krautrock war nie ein spezieller Stil, dafür war das Feld viel zu weit aufgefächert. Ende der sechziger Jahre kam fast wöchentlich spannende neue Musik raus. Kein Mensch wusste, wo die Reise hinging.

SIGGI LOCH Alles, was aus Deutschland kam, war eben »Kraut«. Für Briten sind wir seit mehr als zwei Generationen die »Krauts«, und das ist nicht freundlich gemeint.

STEVEN WILSON Für mich war Krautrock immer eine besondere und ernsthafte Kunstform, mit einer präzisen Ideologie und Philosophie, keine Medieninszenierung. Vermutlich sieht sich auch keine der betroffenen Bands als »Krautrock«. Dass dieser Song von Faust so heißt, ist pure Ironie.

JEAN HERVÉ PERON Unser »Krautrock«-Song ist aus Zufall entstanden. Wir dachten uns: »You want Krautrock? You get Krautrock!« Mittlerweile gilt der Begriff bei der Presse und auch beim jungen Publikum als cool. Und wir könnten sogar im Museum spielen. Trotzdem, dass irgendwann alles, was irgendwie deutsch und hip ist, unter »Krautrock« fiel, nervt dann doch. Das Wort hat eine ähnlich komplizierte Geschichte wie unsere Gruppe. Selber nannten wir das, was wir machten, damals eher »Multimedia-Musik« oder »Progressiv-Musik«. Aber die Engländer sind bekannt für ihren Humor, manchmal brillant und manchmal unterirdisch, wie eben das Wort »Krautrock«: ein bisschen Nazi, ein bisschen Igitt.

HOLGER CZUKAY Der Begriff ist großer Quatsch. Den habe

ich aber ohnehin nie auf mich bezogen. So wie vermutlich alle, die je so bezeichnet wurden. Wenn wir mit Can in England waren, hatte ich immer das Gefühl, dass wir als eine ihrer Bands respektiert wurden.

IRMIN SCHMIDT Für mich ist das kein Schimpfwort. Für die Engländer sind wir halt die Krauts. Das darf man nicht als Beleidigung sehen. Die Franzosen haben ja für die Deutschen zwei Begriffe: »Les Boches«, der stammt aus dem Krieg und ist nicht so schön, und »Les Chleus«, was sehr viel schöner ist. »Chleu-Rock« wäre doch wunderbar.

STEPHEN MORRIS Ein hässlicher Begriff, der wahrscheinlich so entstanden ist: »Aus Deutschland? Schreib einfach, es sei verdammter Krautrock, oder?« Heute gäbe es dafür wohl gleich ein eigenes Marketingkonzept.

KLAUS SCHULZE »Krautrock« fand ich grässlich, aber letztlich auch egal. Wir machten elektronische Musik – weder Kraut noch Rock.

PAUL WELLER Das wird dieser Musik nicht gerecht. Da ist ein anderer Groove, keine Spur vom »Swing« der Briten oder Amerikaner. Krautrock klingt nach Abgrenzung und Isolation. Da ist dieses Gefühl einer neuen Generation, die nicht das tut, was von ihr erwartet wird, sondern sich ihren eigenen Weg sucht. Als jemand, der mit Soul, Pop und Rock 'n' Roll aufgewachsen ist, empfinde ich, dass die deutsche Musik jener Jahre einen vollkommen anderen Ansatz verfolgt, für meine Ohren zumindest.

CHRISTIAN BURCHARD »The Sun« schrieb über Embryo mal: »Some low flying Messerschmidts«, vielleicht lustig gemeint, aber auch etwas bösartig. Wir haben mal mit Ginger Baker's Air Force in der Grugahalle gespielt. Hinter der Bühne würdigte er uns keines Blicks, warf nur verächtlich seine Trommelstöcke nach hinten und sagte zu seinem Kollegen: »Jetzt reicht's aber auch mit diesen verdammten Bluts.« Sein deutsches Publikum waren für ihn »fucking Bluts«.

CHRIS KARRER Wir nennen englische Musik doch auch nicht »Tommy-Rock«, oder? Aber letztlich ist es mir scheißegal.

DIETER MOEBIUS Krautrock waren für mich eher Bands wie Guru Guru oder Kraan, die machten ja wenigstens Rock in klassischer Besetzung, mit Schlagzeug und Gitarren. Dass Cluster nun rückblickend als Krautrock gelten und ich schon mal als »Godfather of Krautrock« bezeichnet wurde, ist ein Missverständnis.

GABI DELGADO-LÓPEZ Für uns Punks war »Krautrock« damals eher so was wie Grobschnitt, Jane oder Birth Control, alles Musik, die wir nicht so gut fanden. Gruppen wie NEU! oder Kraftwerk haben wir gar nicht dazugezählt. Das Problem war eigentlich das Wort »Rock«. Alles, was irgendwie weniger »rockig« war, fanden wir gut, so wie NEU! oder Tangerine Dream und Klaus Schulze. Das war einfach interessanter und neuer. Guru Guru oder Grobschnitt waren dagegen langweilig. Hippiemusik. Die Engländer meinten Krautrock als Schimpfwort, und ich hätte mir gewünscht, dass die damit bezeichneten deutschen Bands eine selbstbewusstere musikalische Antwort gefunden hätten. Nach dem Motto: Wir sind die Krauts! So wie die Afroamerikaner das im Hip-Hop mit »Nigger« gemacht haben: das Schimpfwort einfach annektieren und umdrehen.

LÜÜL Der Begriff stieß damals bei allen Beteiligten auf eine Art Hassliebe. Aber mit den Jahren wurde er dann eher zum Gütesiegel, auch durch die Ritterschläge von Leuten wie Brian Eno oder David Bowie. In Frankreich nannten sie es »Kosmische Musik«, was mir sehr viel besser gefiel.

LUTZ LUDWIG KRAMER Ich liebe das Essen, aber wir standen für Aufbruch und nicht für das Kraut, das unsere Omas zubereitet haben. Wir haben mit Strukturen gebrochen, wie konnte man uns da einen so rückwärtigen Namen geben?

JEAN-MICHEL JARRE Da schwingt aber auch etwas Symbolisches mit: das Beleidigtsein, weil die Angelsachsen in dieses

Phänomen nicht involviert waren. Andererseits nehmen sie Abstand, machen klar, dass ihre Musik eine andere ist. Für diese Art von Musik fehlte vielen Amerikanern und Engländern die Vorstellungskraft. Natürlich gibt es interessante Rockgruppen in Frankreich oder Deutschland, aber letztlich produzieren wir immer nur Kopien nach Vorlagen der Amerikaner und Engländer. Rock hat nach dem Zweiten Weltkrieg die ganze Welt kolonisiert. Krautrock war etwas Eigenständiges, das europäische Wurzeln hatte, und das passte eben nicht allen.

LIMPE FUCHS Ich mach mein Sauerkraut immer noch selber.

DIE FÜNFZIGER

NACHKRIEGSJUGEND

»Als Teenager spielte ich mal mit dem Gedanken, meine Schule mit einem Panzer zu beschießen. Aber aus Geldmangel blies ich den Plan dann ab.«
HOLGER CZUKAY

ALEXANDER VON SCHLIPPENBACH Als ich in die Schule kam, wurde noch zwei Tage lang »Heil Hitler« gesagt – daraus wurde dann ganz plötzlich »Guten Morgen«.
HANS-JOACHIM ROEDELIUS Ich habe die harten Bombennächte noch miterlebt und dann die ganze Evakuierung, die Flucht, das war ein Wahnsinn. Jetzt, im Nachhall, ist das alles nicht ganz so betrüblich, wie es sich damals für mich angefühlt hat. Ich weiß zum Beispiel gar nicht mehr, ob ich wirklich Angst hatte, als mir die Bomben auf den Kopf fielen. Meine Schwester sagt, ich hätte einen Höllenschiss gehabt. Die hat mich damals manchmal in den Luftschutzkeller bringen müssen, weil unsere Eltern in einem anderen waren.
ALEXANDER VON SCHLIPPENBACH Wir haben den Einmarsch der Russen erlebt. Ich weiß noch, wie zuerst die Amerikaner in unser Dorf kamen, die aber leider nach vierzehn Tagen wieder weggingen. Wir mussten dann aus einer komfortablen Unterkunft in ein bombengeschädigtes Haus umziehen, das Risse in den Wänden hatte. Im Winter war das schon ziemlich speziell. Schwer zu sagen, ob diese Kindheit etwas mit meiner musikalischen Ausdrucksweise und Auffassung zu tun hat. Mein Vater hatte nicht am Krieg teilgenommen, weil er an der Lunge verletzt war. Natürlich habe ich Geschichten gehört, durch Eltern von Freunden und von Bekannten. Ich wusste von den Zerstörungen in den großen Städten und

den gewaltigen Bombenangriffen und erinnere das Dröhnen der Maschinen, wenn abends am Himmel die amerikanischen Flieger ihre Bombenangriffe flogen. Es wurde nicht viel über den Krieg gesprochen, in der Schule schon gar nicht. In der Nachkriegszeit waren einfach alle zu sehr mit dem Überleben beschäftigt.

HANS-JOACHIM ROEDELIUS Nach Kriegsende 1945 waren wir nahe Berlin im Spreewald bei den Russen. Da versuchte meine Mutter, mir das Klavierspielen beibringen zu lassen, aber das Klavier war verstimmt. Ich hatte keinen Gusto, Noten zu lesen, und das verstimmte Klavier hat mich auch genervt. Als mein Vater 1948 dann an TBC starb, konnte sich meine Mutter den Unterricht ohnehin nicht mehr leisten. Mein Vater war im Ersten Weltkrieg Sanitäter gewesen, hatte »Gelbkreuz« eingeatmet und einen Lungenschaden zurückbehalten. Deshalb musste er dann später nicht mehr in den Krieg. Gott sei Dank, in meiner Familie hat keiner geschossen!

JAKI LIEBEZEIT Ich bin steinalt, 1938 geboren, und habe das Dritte Reich noch erlebt. Begriffen habe ich das damals aber nicht. Nur dass mein Vater nicht da war, hat mich stutzig gemacht. Als dann auf mich geschossen wurde, dachte ich, das sei normal. Mehrmals hatte ich Kugeln um mich rumfliegen, hab auch noch Bomben runtergehen sehen. Als Kind denkt man aber in dem Moment nicht daran, dass man mal tot sein könnte. Ich habe viel Glück gehabt, trotzdem bin ich nazigeschädigt – und das nicht zu knapp. Die ersten Fragen habe ich dann während der Schulzeit gestellt. Bis zum Ende der sechziger Jahre gab es in Deutschland noch viel braunes Gedankengut. Entsprechend war das Verhalten der Leute, dieses autoritäre Herrenmenschengebaren. Die meisten Lehrer meiner Schulzeit hatten eine Nazivergangenheit. Keine ganz schlimmen Nazis, aber Nazis. Darauf stößt man bis heute manchmal. Der Krieg war 1968 erst gut zwanzig Jahre her, da war noch Etliches aus dem Dritten Reich haften geblieben. Was wir dann mit Can machten, hatte viel mit der Beseitigung dieser Vergangenheit zu tun.

HOLGER CZUKAY Ich bin 1945 aus Polen nach Deutschland gekommen, nach Beetzendorf bei Salzwedel im Osten. Da war ich noch sehr jung, ungefähr sechs. Wir waren fünf Kinder. Als die Russen dann immer näher kamen, sind wir nach Limburg geflohen. Mein Bruder ist Philosoph, der ging nach England und wurde Anfang der Sechziger tatsächlich Philosoph bei der Royal Air Force. Czukay war im Krieg kein guter Name. Also fälschte mein Großvater einfach einen Familienstammbaum und behauptete, dass wir eigentlich Schüring hießen, um aus der polnischen Geschichte raus zu sein. Später bin ich mit zwei polnischen Sängerinnen in einer Kneipe aufgetreten, die mich fragten, ob ich überhaupt wisse, was »Czukay« heißt. Nein, wusste ich nicht. Es heißt »Suche«. Das ist ein Name, der mehr als jeder andere zu mir passt, dachte ich mir. Auch Stockhausen hat mir geraten, den Namen wieder anzunehmen.

IRMIN SCHMIDT Meine Schule war ein Nest von alten Nazis. Zum Beispiel gab es einen Geschichtslehrer, der Schulungsleiter der NSDAP beim Reichsarbeitsdienst gewesen war. Das hatte ich rausbekommen, weil ich in dieser Zeit immer mehr las. Als Typ war dieser Lehrer eigentlich in Ordnung, trotzdem war seine Vergangenheit ein Problem für mich. Mit fünfzehn begann ich in der Schülerzeitung zu schreiben und machte da jede Lehrer-Nazibiografie öffentlich, die ich nachweisen konnte. Dabei hat mir ein Mann geholfen, der Leiter des Amerikahauses war. Den hatte ich dort bei Konzerten kennengelernt. Er war Jude, und da dachte ich mir, dass der sicher viel darüber weiß, was damals passiert ist. Dieser Mann versorgte mich jedenfalls mit Dokumenten und war wohl fasziniert, dass da so ein Fünfzehnjähriger ankommt und ihm Löcher in den Bauch fragt über diese Zeit. Das muss so 1952 gewesen sein, also verdammt lang vor 1968. Damals begann mein Kampf mit der deutschen Geschichte.

BERND WITTHÜSER Ich bin 1944 in Mülheim an der Ruhr geboren, quasi in einer Zeche, der Zeche Rosenbogen. Die schwangeren Frauen und die, die gerade Mutter geworden waren, wurden damals für eine Zeit ins Sauerland exportiert. Danach mussten aber alle zurück zur Zeche, und da wurden wir von den Engländern bombardiert. Meine Mutter hat mich immer in eine Tasche geworfen und ist mit mir zum nächsten Bunker gerannt. Tief unten bei mir ist das Gefühl hängengeblieben, dass ich stets nur wegwollte, in Gedanken war ich immer auf der Flucht. Dabei war es für uns Kinder ganz schön, in den Ruinen zu spielen. Wir hatten da viel Platz, weil ja alles weg war. Meinen Vater kannte ich nicht, und meine Mutter war viel zu beschäftigt, um mit mir zu reden. Also haben wir nie über den verlorenen Krieg und Hitler und so weiter gesprochen. Aber meine Familie waren auch einfache Bergleute, die Einfachsten der Einfachen, das hat die alles überhaupt nicht interessiert. Die hatten genug damit zu tun, ihre Kinder durchzubekommen, für weitergehende Gedanken war da kein Spielraum.

HARALD GROSSKOPF Die Schulzeit war schon schlimm. Bis auf ein paar junge Lehrer wurden wir durch die Bank von nazi-infiltrierten alten autoritären Männern unterrichtet. Wir haben viel gestritten, aber weniger über die Nazizeit als über deren autoritäres Auftreten. Wenn wir uns langweilten, fragten wir die Lehrer einfach, wie es denn im Krieg so gewesen sei, und dann schwadronierten die stundenlang von ihren heroischen Abenteuern. Ein paar von denen habe ich später auf der Homepage meiner Schule abgebildet gesehen, drei davon auf Fotos aus den späten Dreißigern, und wenn man genau hinschaute, konnte man auf dem Revers deutlich ihr Parteiabzeichen erkennen. Die Lehrer bestraften uns mit Schlägen und Zensuren. Ich habe erlebt, wie ein Lehrer einem Schüler, der abwehrend die Arme erhoben hatte, einen Finger gebrochen hat, sogar das blieb ohne Folgen. Oder der Hausmeister kam, wenn wir zu laut waren, in die Klasse, stemmte die Hände in die Hüften und schimpfte: »Das ist ja hier wie in einer Judenschule!« Mit solchem rassistischen Scheiß kamen die durch. Da hat sich damals kein Mensch drüber aufgeregt.

BERND WITTHÜSER In der Schule war der Krieg auch kein Thema. Es kamen nur immer mehr Lehrer aus der Kriegsgefangenschaft zurück, und die waren ständig am Heulen. Wir waren aber auch keine einfachen Kinder, sondern haben die gequält. Wir waren jung und wollten leben – und die haben immer bloß geweint. Aber als Kind kriegt man das ja gar nicht so mit. Als wir später langsam anfingen, das alles zu begreifen, war es schon schrecklich. Für mich nur ein Grund mehr, da wegzuwollen, aus diesem grauen Kohlenpott.

IRMIN SCHMIDT Ich bin wegen diesen Nazi-Recherchen schließlich auch von der Schule geflogen. Da war zum Beispiel unser Lateinlehrer, den ich eigentlich sehr gemocht habe, und er mich auch, aber leider war er Major in Rommels Armee gewesen und hat sich nicht gerade durch Widerstand ausgezeichnet. Ein anderer Lehrer, irgendein Freiherr von irgendwas, war sogar Direktor einer NSDAP-Parteischule in Ungarn gewesen. Ich verstand mich mit denen gut, habe ihre Vergangenheit aber trotzdem publik gemacht, was unsere Freundschaft natürlich nicht unbedingt vertieft hat. Die sprachen mich dann auch an: »Schmidt, können Sie das denn nicht lassen?« Und ich sagte: »Nein! Ich lasse das nicht. Was ich rauskriege, muss raus, muss gesagt werden, das mache ich ja mit meinem Vater auch.« Besonders der Kampf mit meinem Vater war natürlich sehr, sehr schmerzlich. Ich fragte ihn, wie er mit so einer Schuld leben kann. Damit, so etwas auf dem Gewissen zu haben. Und er hat sich natürlich gegen meine Vorwürfe gewehrt.

BERND WITTHÜSER Meine Mutter wollte zwei Dinge: erstens, dass ich konfirmiert bin, evangelisch – da musste ich mich dann durchquälen. Und zweitens, dass ich einen Beruf erlerne, am besten Bergarbeiter. Ich habe an meinen Opa und an meinen Onkel gedacht und ihre traurigen schwarzen Augen und wusste: Ich mache alles, aber niemals gehe ich in den Pütt! So habe ich dann bei Krupp Elektriker gelernt. Das ging so einigermaßen, scheiße fand ich es trotzdem. Da, wo sie vorher Kanonen gegossen hatten, gossen sie nun kleine Glöckchen. Die Fabrikarbeit war auch nichts für mich. Ich fing damals schon an zu spielen und war schnell weg.

GÜNTER SCHICKERT Es gab nach dem Krieg nicht genug Lehrer, viele waren draufgegangen. Den Überlebenden wurden schnell mal drei Fragen gestellt, zack, schon waren sie entnazifiziert und konnten eingesetzt werden. Genauso lief es in der Justiz, wo die Richter und Staatsanwälte oft auch alte Nazis waren. Die waren zwar alle offiziell entnazifiziert, aber doch ziemlich autoritär und spießig. Wir hatten einen Heimatkundelehrer, den Herrn Brandt, wenn der die Klasse betrat, mussten alle aufstehen, strammstehen und im Chor sagen: »Guten Morgen, Herr Brandt!« Wenn einer das nicht machte, hat der mit dem Schlüsselbund nach ihm geschmissen. Ronald, der Älteste bei uns in der Klasse, ist dann mal nach vorne, hat Herrn Brandt eine Ohrfeige gegeben und gesagt: »Wenn Sie mich bewerfen, haue ich Sie.« Er musste dann zum Direktor und flog von der Schule.

JAKI LIEBEZEIT Ich erinnere mich an einen Erdkundelehrer, der stolz erzählte, dass er U-Boot-Kapitän gewesen war. Ich fand das interessant und hab mir dabei nie was Böses gedacht. Er war auch ein guter Lehrer. Mit den Lehrern gab es nichts zu streiten. Meine Schule war total konservativ und autoritär. Wer was gegen einen Lehrer sagte, musste zum Direktor und bekam eine Ermahnung, wenn es ein zweites Mal vorkam, flog man. Ich bin dann auch geflogen, weil ich die Erwartungen von Untertänigkeit nicht erfüllte. So musste ich von der Kleinstadt Hannoversch Münden nach Kassel umziehen und traf da bald auf den Trompeter Manfred Schoof, Free Jazz, keine Untertänigkeit mehr.

MICHAEL HOENIG Die Schule, auf die ich ging, war ein total reaktionärer Verein, das Schiller-Gymnasium, die zweite Schule in Berlin, die Französisch als erste Fremdsprache unterrichtete. Da waren nur Lehrer aus dem Dritten Reich, die es geschafft hatten, sich in ihren alten Beruf rüberzuretten, natürlich mit den seltenen Ausnahmen. Schon 1967 wurde ich vom Direktor vors Kollegium gerufen. Man wollte ein Exempel statuieren, nachdem in der Springer-Presse ein Bild von mir bei einer Demonstration erschienen war. Ich sollte klargemacht bekommen, dass so was nicht ginge, und mit schlechten Noten zur Vernunft gebracht werden. Zum Glück war mein Vater klug genug, zur Schule zu gehen und sich über meine Behandlung zu beschweren. Dass er das für mich tat, machte mich sehr stolz und gab mir viel Kraft und Geborgenheit, aber gebracht hat es überhaupt nichts. Auch mit meinen Eltern habe ich jeden Tag weitergestritten. Die arbeiteten beide, rackerten sich total ab, weil nach dem Krieg von ihrem einst wohlhabenden Hintergrund nichts übrig war. Welche Frau hat 1967 schon gearbeitet? Meine Mutter ging jeden Morgen aus dem Haus.

IRMIN SCHMIDT Mit siebzehn habe ich den Fotografen der Dortmunder Oper kennengelernt, einen Juden, der zurückgekommen war. Vor dem Krieg war er im letzten Moment auf abenteuerlichste Weise noch aus Deutschland rausgekommen. Das war ein wunderbarer Mensch, dem ich die Liebe zur Literatur verdanke. Er war eine Art geistiger Vater für mich, und der sagte eines Tages: »Es ist alles gut, was du da gemacht hast, aber jetzt hör auf! Es geht auch um dich.« Es gibt eine Geschichte, die viel darüber sagt, wie der war. Wir waren mal eingeladen, er und ich, bei irgendwelchen reichen Leuten, wo ich als Student Kammermusik gemacht hatte. Da gab es ein Abendessen, und da saß ein forscher Mensch, damals vielleicht vierzig Jahre alt, der aber nicht wusste, dass mein Freund Kirchberg Jude war. Irgendwie hatte der das Bedürfnis, dieses Thema anzuschneiden, was keiner von uns eigentlich wollte. Aber der hatte eine Art Redezwang und sagte, das mit den sechs Millionen toten Juden könne man sich doch gar nicht vorstellen, wie solle das denn bitte gehen? Daraufhin hat Kirchberg ihn liebevoll angeschaut und sagte: »Ja, das kann ich mir auch nicht vorstellen, ich kann mir nur sechzehn tote Juden vorstellen: meinen Vater, meine Mutter, meine beiden Schwestern …« – und zählte dann alle seine umgekommenen Familienmitglieder auf. Ganz ruhig, mit Namen. Danach herrschte am Tisch Totenstille. Der Mann mit dem Redezwang verließ umgehend den Raum.

HARALD GROSSKOPF Wir waren viel zu jung, um uns gegen all das zu wehren, und waren ja nicht einmal darüber aufgeklärt worden, was es heißt, ein Nazi zu sein. Ich war zwölf, als wir nach Bergen-Belsen fuhren, und war schockiert. Wir sind da ahnungslos und fröhlich hingefahren, aber als wir das Lagergelände betreten hatten, wurden wir ruhig. Da standen wir vor langen Massengräbern mit Grabsteinen, auf denen mal 2500, mal 5000 oder auch mal 15 000 stand. Dazu kamen die Fotos. Das war das erste Mal, dass ich richtig geschockt war. Danach begann ich den Eltern Fragen zu stellen. Die Eltern wollten aber lieber alles verdrängen, überall wurde verdrängt: in der Justiz, in der Polizei, in der Schule – und zu Hause! Der Schatten des Dritten Reichs auf die Bundesrepublik war groß.

MANI NEUMEIER Darüber, was Onkel Adolf getan hatte, wurden wir in der Schule in München nicht aufgeklärt. Man hörte Geschichten von Eltern, Freunden und Bekannten, was so gelaufen war, aber in der Schule war das kein Thema, weder schriftlich noch mündlich.

GÜNTER SCHICKERT Meine Mutter ist abgehauen, als ich zwölf war. Wegen mir und meiner Schwester kam sie aber noch mal wieder. Mein Vater war schwerbeschädigt, hatte oft tierische Schmerzen und musste Tabletten schlucken. Wenn er Alkohol im Blut hatte, wurde er manchmal jähzornig. Irgendwann sind meiner Mutter die Nerven endgültig durchgegangen, und dann war sie weg. Danach war ich mit meinem Vater alleine. Meine Mutter war also in der Zeit, in der ich solche Fragen gestellt habe, gar nicht mehr da, und mein Vater hat nicht über den Krieg gesprochen. Auf Nachfrage meinte er nur, er sei Kradschütze gewesen, auf dem Motorrad, mit der Knarre in der Hand im Beiwagen, und habe immer Meldungen machen müssen. Das war in Frankreich, vermutlich hat er da auch ein paar Leute erschossen, aber davon hat er nicht gern erzählt. Er war aber auch nur am Anfang dabei, dann wegen seiner Krankheit schon bald nicht mehr kriegstauglich. So verbrachte er den Rest des Krieges in Berlin. Schlimm genug. Meine Mutter hat mir erzählt, wie hart das war. Aber wie schlimm es wirklich war, habe ich erst später auf Bildern und in Filmen gesehen. In der Schule bekam ich zweimal einen Film mit Aufnahmen aus den Konzentrationslagern vorgeführt. In der Grundschule versammelten sich alle in der Aula, Licht aus, Vorhänge zu, und dann ging der Film los. Das waren wirklich die härtesten Sachen, die man sich vorstellen konnte, wie die Planierraupen die Toten zusammenschoben, grauenhaft … Die Blicke. Grauenhaft. Das hat sich bei mir ein Leben lang gehalten. Dieses Grauen sitzt immer noch tief in mir drin.

HOLGER CZUKAY Meinen Vater habe ich nie richtig kennengelernt, mit Sicherheit war er ein Nazi. Er hat mal Kleinigkeiten über den Russlandfeldzug berichtet, aber eigentlich nichts gesagt. Auch meine Mutter hielt sich bei dem Thema Krieg komplett zurück. Sie empfand das Thema als geschmacklos.

HELLMUT HATTLER Die sind doch alle nur programmiert gewesen. Mein Vater sagte immer, dass er zwar nach Russland musste, aber nie auf jemanden geschossen habe, weil er den Krieg auch scheiße gefunden hätte. Das muss nicht unbedingt gestimmt haben, aber trotzdem fand ich das toll. Mein Vater hatte natürlich schlimme Sachen erlebt, aber er versuchte, sich so gut wie möglich rauszuhalten. Das habe ich ihm auch abgenommen. Im Rückblick wird klar, dass die traumatisiert waren und einfach nur ihre Ruhe wollten. Unseren Eltern ging es nur ums Eigenheim und darum, täglich zu geregelten Zeiten zu essen. Damals hatte ich dafür kein Verständnis, fand es unerträglich und wollte einfach alles anders machen. Durch das Wirtschaftswunder war meine Generation aber in einer komfortablen Situation, auch durch die neue sexuelle Freizügigkeit, es war eben doch eine Ära der Experimente. Diese Freiheit der Jugend hat den Älteren wiederum Angst gemacht, so etwas kannten die nämlich nicht.

HARALD GROSSKOPF Mein Vater ist Parteimitglied gewesen. Es gibt ein Foto von 1944, kurz vor Kriegsende, da trägt er seine Uniform mit einem blauen Fleck am Revers. Und der erwies sich bei genauem Hinschauen als Parteiabzeichen. Mein Vater hat also bis zum bitteren Ende an der Partei festgehalten. Der Streit mit ihm wurde zur Auseinandersetzung meines Lebens. Er meinte, Krieg sei schrecklich, und unterstützte mich sogar bei meinem Zivildienst, aber die Nazis seien gar nicht so schlimm gewesen. Er habe eine gute Zeit bei der Hitlerjugend gehabt und meine Mutter eine gute Zeit beim Bund Deutscher Mädel. Aber das sei alles eigentlich auch längst kein Thema mehr, und warum wir denn so viel über Politik reden müssten. Als ich dann Zivildienst leistete und am Wochenende mal zu Hause war, dauerte es keine zehn Minuten, bis wir beide unter der Decke waren, immer beim selben Thema. Mein großer Bruder hatte diese Fragen nicht gestellt, aber ich war eben der Rebell, was mich wohl letztlich auch zum Krautrock brachte.

KARL BARTOS Die Straße, in der ich aufgewachsen bin, war voll mit Spätheimkehrern und Versehrten. Täglich kam jemand an unsere Tür und hat gefragt, ob wir nicht was zu essen für ihn hätten. Das war kein Betteln, das waren Entwurzelte, die nicht mehr wussten wohin. Das Nachkriegsdeutschland hatte sehr verschiedene Ebenen. Es gab Altnazis, die nun Richter oder Polizisten waren und sich einfach unbemerkt ins nächste System gerettet hatten. Und es gab die zerstörten Arbeiter, die gar nichts hatten, so wie meine Eltern. Über den Krieg wollte mein Vater nicht sprechen, das war tabu! Er war mit zwanzig mehr als zwei Jahre in russischer Kriegsgefangenschaft gewesen und hatte noch Erfrierungen an den Füßen und heftige Malariaanfälle, unvorstellbar. Ich habe sogar ein gewisses Verständnis dafür, dass er über all das nicht sprechen wollte, er hatte seine Zukunft und seine Emotionen in Russland abgegeben. Heute bekommen die Bundeswehrsoldaten nach drei Monaten in Afghanistan ein Attest über posttraumatische Störungen. Das ist auch in Ordnung, aber damals hatte eine ganze Generation posttraumatische Störungen und litt unter einer Psychose, die niemals therapiert wurde. Mein Vater hat sein ganzes Leben darunter gelitten. Seine ablehnenden Reaktionen auf meine Fragen habe ich erst viel später verstanden. In meiner Jugend lief es auf absolute Nichtkommunikation hinaus. Meine Eltern waren einfach unfähig, diese Gespräche mit mir zu führen. Mein Vater war im Dritten Reich gebrainwashed worden. Er funktionierte nach dem Krieg zwar wieder, sorgte fleißig für seine Familie, aber seine Emotionen waren weg. Marlene Dietrich hielt er für eine Verräterin. Und meine Schwester wurde dann die Frau eines englischen Besatzers.

LUTZ LUDWIG KRAMER Vom sechsten bis zum zehnten Lebensjahr war ich im Allgäu in einer Klosterschule inmitten von Nonnen, die einen misshandelten. Man wurde zum Beispiel gezwungen, einen Tag und eine Nacht lang sein Erbrochenes zu essen. Habe ich nicht gemacht. Man saß da vor dem Teller, alle waren schlafen gegangen, ich durfte nicht mal auf Klo, pinkelte mir in die Hosen und wurde mit einem Rohrstock auf den nackten Arsch und die Finger geschlagen. Mit sechseinhalb kam ich da hin, und vier Jahre später durfte ich wieder nach Hause. Meine Eltern kümmerten sich nach dem Krieg mehr um ihre Karriere als um mich, mein Vater beim Film und meine Mutter als Sopranistin, die hat mit Rudolf Schock u.v.a. gesungen. Die wollten mich, glaube ich, einfach nur aus dem Weg haben. Mir haben sie das so verkauft, dass man ihnen dazu geraten hätte, aber das habe ich nie geglaubt. Meine Zeit bei den Nonnen war traumatisch für mich und ist es bis auf den heutigen Tag. Wer mit sechseinhalb Jahren so verprügelt und misshandelt wird, bekommt das nie mehr aus dem Kopf.

PETER BRÖTZMANN Eigentlich hatte ich eine gute Kindheit. Mein Vater kam erst spät aus russischer Gefangenschaft zurück, das war 1949. Die Jahre bis zum Kriegsende waren meine Mutter, meine Schwester und ich evakuiert in Pommern. Meine Mutter hat sich dann mit uns irgendwie in den Westen durchgeschlagen. Für mich hieß das, dass ich glücklicherweise relativ unbehütet aufwachsen konnte. Unser Lebensraum war die Straße, und das war gar nicht so übel. Da habe ich von klein auf ein Gefühl von Unabhängigkeit gelernt. Wir waren in Streetgangs unterwegs und klauten, was wir kriegen konnten: Obst, Heizmaterial, Rüben vom Feld und so weiter. Das machte ja jeder eigentlich. Wir waren gut organisiert. Trotzdem tauchte ab und zu die Polizei zuhause auf, aber letztlich war unsere Jugend eine schöne und abenteuerliche Angelegenheit. Mein Vater war nur ein einfacher Scheißsoldat gewesen und kam genauso einfach aus dem Krieg zurück. Sein älterer Bruder aber war ein hochrangiger Wehrmachtsoffizier, der ab und zu auf Besuch kam. Mein Vater hasste es, über seine Kriegserlebnisse zu reden. Sein Bruder dagegen liebte es, von den Heldentaten der Wehrmacht zu erzählen. Zumindest war es interessant, ihm zuzuhören. Aber meine wirklichen Auseinandersetzungen mit der Nazizeit fanden woanders statt. Ich erinnere mich noch, wie eines Tages an unserem Gymnasium der Alain-Resnais-Film »Nacht und Nebel« gezeigt wurde. Da war ich so vierzehn Jahre alt. Das war ein einschneidendes Erlebnis, meine Eltern kamen beide aus dem heutigen Polen. Ich habe mich dann auch mit dem Warschauer Ghetto und ähnlichen Geschichten beschäftigt und las alles, was zu diesen Themen zu bekommen war.

MICHAEL ROTHER In meinem Elternhaus war die Vergangenheit kein Thema. Mein Vater hatte schwer unter dem Zweiten Weltkrieg gelitten. Er war glaubhaft todunglücklich, zum Militärdienst einberufen worden zu sein. Nach fünf Jahren Kriegsgefangenschaft in Russland kehrte er erst 1949 wieder zurück. Als ich neulich mal ein Konzert in München hatte, spazierte ich davor durch das Viertel, in dem ich als Kind gelebt hatte. Ich machte Fotos, ging zu dem Haus, in dem wir damals gewohnt hatten, stellte mich in den Hauseingang und blickte hinaus in die Welt, um meine Erinnerungen an die Vergangenheit mit der Gegenwart abzugleichen. Die Zerstörungen des Krieges waren aus der Perspektive eines Kindes spannend, da war einiges abgebrannt und weggebombt. In den Ruinen der zerstörten Häuser konnten wir toll spielen. Gesperrte Treppenhäuser heimlich zu erkunden war ein Abenteuer. Bei meinen Eltern erlebte ich eine heile Welt. Ich war behütet und geliebt. Alles, was meine Kinderseele hätte beunruhigen können, wurde von mir ferngehalten. Schmerzhafte Kriegserinnerungen und Ähnliches wurden nicht in meiner Gegenwart besprochen. Da war es schon von Vorteil, dass ich nach dem Krieg noch so jung war. Als ich nach den Jahren im Ausland 1963 mit meinen Eltern nach Düsseldorf zurückkam, waren alle Spuren des Krieges beseitigt, und die Wirtschaft war wieder voll angelaufen. Aber mein Vater wäre auch nicht bereit gewesen, darüber zu reden. Der Gedanke, das zu thematisieren, kam mir aber auch nicht. Der nette Schüler Michael hatte nach seinem Aufenthalt in Pakistan, und davor London, vier Schuljahre aufzuholen. Das ist viel, entsprechend viele schlaflose Nächte hatte ich. Eineinhalb Jahre bekam ich sogar

Nachhilfe in Deutsch. Es war eine anstrengende Zeit. Mein Vater starb, bevor es irgendwelche Spannungen hätte geben können. Danach kümmerte ich mich um meine Mutter. Ärger zu machen kam mir nie in den Sinn. Ich musste auch nie kämpfen und durfte sogar Freundinnen mit nach Hause bringen. Meine Mutter ertrug sogar, dass ich jeden Tag sechs Stunden lang Fingerübungen auf meiner Gitarre machte.

CHRISTIAN BURCHARD Ich habe kaum Zerstörungen gesehen. In Hof und in Bayreuth ist auch nicht viel bombardiert worden, jedenfalls im Vergleich zu München. Als Kind hat es mich wahnsinnig beeindruckt, Panzer zu sehen, die von Schwarzen gefahren wurden. Daran kann ich mich noch sehr genau erinnern. Die Schwarzen grinsten und haben uns Kindern zugewunken. Das war für mich wirklich ein Schlüsselerlebnis. Ich dachte: Cool, die Schwarzen sind die Herren der Welt! Da war ich vielleicht drei oder so. Die Schwarzen waren sehr freundlich, aber die Leute sind alle davongerannt. Wir hatten an der Volksschule einen Lehrer, der uns immer wieder erzählte, wie er Russen erschossen hat. Der schwelgte in solchen Erinnerungen und weidete sich daran, wie er haufenweise Russen mit seinem Maschinengewehr erledigt hatte, welchen von denen er in die Stirn getroffen und wo sonst er die überall erwischt hatte. Das war Teil des Volksschulunterrichts. Und im Gymnasium ging es nahtlos so weiter, beim Gedenktag zum Stauffenberg-Attentat hat der Lehrer, als er in den Klassenraum kam, erst mal länger aus dem Fenster geschaut und dann gemeint, dass er nun dieses Gedenken mit uns durchziehen müsse, aber dass die, derer da zu gedenken wäre, eigentlich ja nur Verräter gewesen seien. Der Direktor des Gymnasiums war zwar mittlerweile SPD-Mitglied, vorher aber in hoher Funktion bei der NSDAP. Diesen alten Mief bekamen wir voll mit. Viele Lehrer schwelgten noch in ihren Heldentaten, den Widerstand in Deutschland bezeichneten die als großes Unglück. Diesen ganzen Verrätern hätten wir die Niederlage im Krieg zuzuschreiben. Debatten waren nicht möglich, die machten einen fertig, wenn sie wollten, da hatte man als Schüler keine Chance. Wir mussten mal einen Aufsatz schreiben, wie wir uns die Wiedervereinigung vorstellen würden. Ich schlug vor, aus der NATO rauszugehen und dem Warschauer Pakt beizutreten, dann würde die Wiedervereinigung auch schnell über die Bühne gehen. Das gab natürlich eine Sechs und gewaltig Ärger. Ich musste sogar unterschreiben, dass das im Unterricht so nie gesagt worden wäre. Kein Lehrer, den ich erlebte, ist je für etwas belangt worden, was er im Dritten Reich angestellt hat.

PETER BRÖTZMANN Auf dem Gymnasium waren unter den Lehrern noch personelle »Altlasten«, wenn man so will, aber ich hatte zum Glück nur mit vernünftigen Leuten zu tun. Wir lasen in der Schule Brecht, Kafka und Wolfgang Borchert. Da konnte ich mich nicht beklagen. Im Gymnasium habe ich mit vierzehn einen Jazzclub gegründet. Das Dutzend Platten, das ich besaß, spielte ich nachmittags im Musikzimmer. Es gab eine Schulband mit einem guten Klarinettisten. Der machte dann Abitur, sein Platz wurde frei, und ich griff mir die Klarinette und begann, zu meinen Schallplatten zu spielen. Und damit fing das ganze Drama an.

LUTZ LUDWIG KRAMER In der Schule passte ich mich nie an. Vielleicht wurde ich deshalb auch als Klassensprecher gewählt. In der Funktion kümmerte ich mich nur noch um die Beatles und die Stones und sorgte dafür, dass alle wichtigen Entwicklungen vom Mersey-Beat bei uns am Schwarzen Brett landeten. Ich legte mich auch ständig mit den Lehrern an, die schlechter bemittelte Kinder gern hart angingen. Über solche Sachen habe ich mich dann bei der Rektorin beschwert, weil ich das so ungerecht fand. In einem meiner Zeugnisse stand deshalb, ich hätte ein »übersteigertes Gerechtigkeitsempfinden«, wortwörtlich so. Das passte dazu, dass ich angeblich überhaupt nicht anpassungsfähig sei. Man beschloss, mich zum Schulpsychiater zu schicken. Der hieß Kaschinsky, befand, dass ich »nicht formbar« sei, und empfahl, mich vom Gymnasium auf die Hauptschule zu schicken, später sollte ich dann eine Maurerlehre absolvieren. Also kam ich auf die Hauptschule. Der Direktor war ein frühes NSDAP-Mitglied, in den fünfziger Jahren deshalb ohne Anstellung, dann aber da untergekommen, der riss mir zur Begrüßung erst mal meinen »Make Love Not War«-Button vom Parka. In Berlin herrschte noch Geistesfaschismus, an allen Ecken und Enden, körperlich und geistig. Meine Klassenlehrerin riet mir dann, so schnell wie möglich wieder wegzugehen, redete mir zu, dass ich intelligent genug für das Gymnasium sei. Später bin ich dann auch zurückgewechselt.

GÜNTER SCHICKERT Ich bin während der Blockade gezeugt worden. Das Berlin der Nachkriegszeit habe ich nicht als schlimm empfunden. Meine Mutter sagte immer: Du bist geboren worden, als die ersten Bananen kamen. Nach der Blockade war es in Berlin spitzenmäßig, ganz ruhig, es gab kaum Autos, überall viel Platz, ein Abenteuerspielplatz ohne Ende. In allen Straßen waren irgendwo Trümmergrundstücke. Wir haben in alten Garagen gespielt, wo die Betondecke schräg runterhing, wir sind natürlich trotzdem rein. Im Botschaftsviertel Tiergarten kletterten wir immer in die Keller, da ging dann auch mal jemand verschütt.

PETER BAUMANN Meine ersten Erinnerungen an Berlin beginnen zehn Jahre nach dem Krieg. Hängengeblieben ist bei mir, dass es keine Früchte gab. Wenn es gut lief, hatten meine Eltern einmal in der Woche eine Apfelsine, die dann durch vier geteilt wurde. Als Kind hat man es als normal wahrgenommen, dass so viel zerstört war. Dass man in den Häusern noch Einschusslöcher sah, fiel auch nicht weiter auf. Die politischen Umstände wurden mir erst 1961 bewusst, durch den Mauerbau. Ich war mit meiner Mutter und meinem Bruder verreist, als meine Mutter plötzlich sagte, dass wir sofort nach

Berlin zurückmüssten, weil dort eine Mauer gebaut würde. Das machte mir nicht weiter Angst, aber dass meine Mutter so nervös war, beeindruckte mich dann doch.

LÜÜL Ich bin erst sieben Jahre nach dem Kriegsende zur Welt gekommen, in Berlin. Trotzdem gab es da, als ich klein war, noch überall Ruinen und viele zerbombte Häuser. In Charlottenburg, wo ich wohnte, war aber alles schon wieder hübsch und nett, nur manchmal entdeckten wir einen alten Bunker. Wir waren vielleicht die erste Generation, die mit dem Krieg nicht mehr direkt zu tun hatte. Mein Vater war Soldat gewesen, und meine Schwester, die politisch weit links war, sorgte immer wieder für Diskussionen. Ich habe mich weniger politisch interessiert. Mir war viel wichtiger, dass meine Eltern liebevoll und offen waren. Obwohl auch ich mich natürlich irgendwann fragte, wie all das möglich gewesen war. Als ich dann später im Auto einige Male durch die DDR gefahren bin und als Langhaariger regelmäßig angehalten und durchsucht wurde, hatte ich mit den Typen, die das machten, eher Mitleid, weil das eben alles bloß Befehlsempfänger waren. Trotzdem hat die Einschüchterung gewirkt. Für nachfolgende Generationen ist es immer leicht zu sagen: Wie konntet ihr das zulassen? Aber wenn es drauf ankommt, sind nur wenige wirklich mutig.

MICHAEL HOENIG Ich bin in Hamburg geboren, weil meine Eltern, obwohl beide Berliner, aus Berlin zeitweilig rausmussten, es gab kein Einkommen. 1954 ging es zwar schon wieder zurück, aber die Stadt selbst war noch zerstört. Wir zogen in einen Sozialbau am Lietzensee, der wunderschön war. Meine Eltern bekamen dort eine Wohnung in einem Neubau, der Luis Trenker gehörte, und der Bergsteiger residierte selbst ganz oben, in einem Penthouse mit Dachgarten. Ich hatte in dieser Gegend eine traumhafte Kindheit, mit Kirche und Kindergarten, eine heile Welt. Die Kriegsruinen waren weit von uns entfernt in anderen Stadtteilen. Aber mein Vater führte mich da immer wieder durch und erklärte mir genau, was im Krieg passiert war und warum. Er hat das wirklich klug gemacht, ist manchmal am Wochenende mit mir im Bus durch die Stadt gefahren und hat von seiner Jugend erzählt. Bloß habe ich das mit allen Zusammenhängen lange gar nicht verstanden. Das passierte erst, als ich zwölf oder dreizehn Jahre alt war.

LUTZ LUDWIG KRAMER Wir lebten in einer Wahnsinnswohnung im Neu-Westend von Berlin. Jede dritte Villa war zerbombt, weil dort im Krieg die Nazigeneräle gewohnt hatten. In diesen Nazivillen-Ruinen spielten wir Cowboy und Indianer. An die mit Granatsplittern gefüllten Swimmingpools kann ich mich gut erinnern. In dieser Atmosphäre bin ich groß geworden. Mein Vater war als Halbjude in der Nazizeit verfolgt. Er war in der Reichstheaterkammer, bekam aber kaum Jobs. Seinen jüdischen Namen hat er auf Formularen immer geschwärzt, denn eigentlich heißen wir Lazerus, was theoretisch auch mein Name wäre. Stattdessen nahmen meine Eltern aber den Namen meiner Oma an und waren so gerettet, denn das war rheinische Elite vom Feinsten, mit lupenreinem Stammbaum. Meine Mutter war Sängerin. Die ist im Krieg an die Front gereist und hat da gesungen. Mein Vater bemühte sich um Schauspieljobs und gründete eine Konzertagentur in Potsdam. Ich habe Kartons voller Korrespondenz, die belegt, dass mein Vater nicht nur von den Nazis verfolgt wurde, sondern später auch von der SED. Meine Eltern versuchten, nicht über den Krieg zu reden. Die Erinnerungen daran waren auch schlimm, weil sie zweimal ausgebombt wurden und alles verloren hatten. In der DDR verloren sie dann noch ihren Grundbesitz, per Enteignung. Mein Vater sagte nur, so was wie die Nazis dürfe es nie wieder geben. Überhaupt war der linksorientiert, meine Mutter dagegen ziemlich konservativ. Die war ein Schmusi von Franz Josef Strauß, mit dem sie sich getroffen und dessen Autogramme sie gesammelt hat. Ich habe Briefe von Erhard, Strauß, Kohl und Stoiber an meine Mutter. Eine ganz merkwürdige Geschichte.

LIMPE FUCHS Meine Mutter war eine Zitherspielerin aus Innsbruck und mein Vater Stehgeiger in einem Münchner Stummfilmkino. Im Krieg mussten sie ihre Instrumente verkaufen, um essen zu können. Nach dem Krieg sind sie dann nie mehr tätig gewesen, und Musik kam nur noch aus dem Radio oder später auch aus dem Fernseher. Ich bin in München aufgewachsen, und mein Vater wollte eigentlich nur Bayern 1 hören, aber mir hat das Pfeifen und Trillern der Kurzwellen immer besonders gut gefallen. Natürlich fand mein Vater das seltsam, denn in München gab's eigentlich nur die Volksmusik und die Klassik. Aber Streit gab's darüber zu Hause nicht, es gab ja überhaupt kaum noch Gespräche zwischen uns. Mein Vater war überzeugter Kommunist, ist denunziert worden, war drei Monate in Stadelheim eingesperrt und ist dann nach Südamerika ausgewandert. Eigentlich wollte er in die USA, kam da aber als Deutscher nicht rein.

RENATE KNAUP Im Allgäu hatte der Krieg keine Spuren hinterlassen. Irgendwo war zwar ein Ortskern zerstört, aber davon habe ich in meiner Kindheit nichts gesehen. Es hatte auch kaum Bombenangriffe gegeben. Bei uns waren dann die Engländer stationiert, Sonthofen ist eine Garnisonsstadt mit drei Kasernen, da war ja auch die ekelhafte Ordensburg vom Hitler. Als junge und gutaussehende, sag ich jetzt mal, Frau war es das Grauen, da zu wohnen, weil auf der Straße immer mindestens achtzig Augen auf dich gerichtet waren. Ich und meine beste Freundin legten den Schwur ab, niemals mit einem Soldaten zu gehen. Natürlich sprachen wir zu Hause über den Krieg. Mein Vater war Pilot und Mechaniker und ist in Tunis und was weiß ich wo gewesen. Er hat vermutlich nur überlebt, weil er sich schlecht benommen hatte und nicht mehr fliegen durfte. Alle anderen aus seiner Staffel sind umgekommen. Mein Vater war wohl auch ein Nazi, aber nicht von der rigiden Art, mehr so nach dem Motto: »Wir waren Männer!« Mein Opa dagegen hat den Nationalsozialismus total verurteilt und lag mit meinem Vater darüber oft im Clinch. Groß über den Krieg gesprochen habe ich mit denen aber nie. Wenn mein Vater den Blues hatte, heulte er. Viele Männer kamen aus dem Krieg und waren fertig mit den Nerven. Die wurden auch später nie betreut. Die hat nie einer gefragt, wie es ihnen eigentlich ergangen ist. Mein Vater ertränkte seinen Blues im Alkohol, wenn es grad mal sein musste.

MANI NEUMEIER Vom Krieg habe ich nur wenig mitbekommen. Zum Glück wohnten wir nicht in München, sondern außerhalb am Starnberger See. Aber von dort aus sah ich in der Nacht das Leuchten am Himmel über München. Das Brummen von Hunderten amerikanischen Flugzeugen, die über uns rübergeflogen sind, habe ich immer noch im Kopf. Die Kapitulation war sehr befreiend, das Gefühl, sich ständig fürchten zu müssen, fiel von einem ab.

RENATE KNAUP Mein Vater war Musiker, spielte Swing und solche Sachen, das machte er hauptberuflich, bis ich sechs Jahre alt war. Er war dann in Kriegsgefangenschaft bei den Amerikanern. Weil er ein flinkes, weltgewandtes Kerlchen war, startete er in der Gefangenschaft gleich eine Band, und so kam er dort ins Kasino und bekam immer die herrlichsten Tauschwaren: Stoffe, aus denen meine Mutter Kleider nähen konnte. Da gab es einen regen Handel. Ich kannte meinen Vater nur wohlriechend in schwarzem Smoking, wie er aus dem Haus ging und nachts um vier mit Freunden zurückkam, dann wurde in der Küche was zum Essen gezaubert, und wir Kinder saßen bei den Musikern auf dem Schoß. Ich zumindest fand das klasse. Aber wir waren etwas außen vor, weil wir keine normale Familie waren. Ich habe drei Geschwister, und immer wurde zu Hause gesungen, vier-, fünfstimmig. Weihnachten gab es keine Geschenke, bevor nicht die ganze Litanei sechsstimmig abgesungen war. Mein Vater konnte sehr gut singen, meine Mutter auch.

CHRISTIAN BURCHARD Erst war da immer nur Fußball, und dann kam die Musik. Keine Ahnung, warum. In jungen Jahren hatte ich Klavierunterricht und musste Bach und solche Sachen spielen. Wenn ich mich verspielte, schlug mir der Lehrer so sehr auf die Finger, dass es eine Woche lang wehtat. Die erste Musik, die mich begeisterte, kam aus dem Radio, ich kann gar nicht mehr so genau sagen, was das war. Ich erinnere mich nur, dass meine Eltern das dann ausgemacht haben. Vermutlich war es irgendeine Form von Jazz. In einem Schülerlager stand dann mal ein Klavier rum, auf dem man spielen durfte. Darauf klimperte ich rum, und mein Freund Dieter trommelte dazu auf Kochtöpfen. Wir waren überrascht, dass das so gut ankam. Und es machte so viel Spaß, dass wir immer mehr in die Musik eintauchten.

RENATE KNAUP Ich habe gern gelernt, aber meine Eltern haben sich nicht um uns gekümmert. Was die Schule angeht, waren wir ganz auf uns allein gestellt. Bei der mittleren Reife hat mich dann eine Lehrerin, die mich nicht mochte, durchfallen lassen. Wir wurden in der Schule noch bestraft, indem uns der Ellenbogen auf die Tischkante gehauen wurde. Ein Kind, das aus sozial schlechten Verhältnissen kam, wurde jeden Morgen vor der ganzen Klasse mit dem Tafelschwamm gewaschen. Ganz gruselig. Es waren auch Frauen, die so fies zu uns waren. Weil ich singen konnte, wurde ich in anderen Klassen vorgeführt: »Das ist die Renate, hört gut zu, so geht das!« Das war schon ein kleines Privileg. Nach der Schule habe ich dann eine kaufmännische Lehre gemacht. Ich musste ja »vom Tisch« weg und mein eigenes Geld verdienen. Weil ich keine Idee hatte, was ich machen wollte, hat meine Mutter gesagt: »Komm, du musst was Schönes machen, eine kaufmännische Lehre.« Da schaute ich sie nur an und sagte: »Mama, ich mach das jetzt drei Jahre lang, aber danach mache ich etwas völlig anderes.« Dann habe ich die drei Jahre durchgezogen bei einem Juwelier-Optiker und Porzellanladen im Allgäu. Der Chef wollte mich auch behalten und zur Abteilungsleiterin machen, aber ich sagte: »Nein danke, ich muss nach England.« Das war natürlich eine große Entscheidung.

ASMUS TIETCHENS Ich bin im Hamburg-Eimsbüttel groß geworden. Am Hellkamp und gegenüber waren Trümmergrundstücke, da haben wir als Kleinkinder in den späten vierziger, frühen fünfziger Jahren noch gespielt. Blindgänger waren da nicht mehr drin, es war alles geräumt. Meine Erinnerungen daran sind noch deutlich. Gefragt, was da passiert war, haben wir aber nie, wir waren ja Kinder. Die Trümmer waren einfach da. Heute würde ja auch kaum ein Kind fragen: Wo kommen denn die schönen Bäume und Straßen her? Solange die Erwachsenen nicht von sich aus erklärten, warum da Trümmer waren, und wir in einem heilen Haus wohnten, fragten wir nicht. Natürlich habe ich irgendwann, als ich älter wurde, angefangen Fragen zu stellen. Da ich auf einem konservativen Gymnasium war, wurden diese Fragen auf sehr spezielle Art und Weise beantwortet. Rückblickend muss ich sagen, dass manche Lehrer da Geschichtsklitterung betrieben. Die vermittelten ein haarsträubendes Geschichtsbild, das aber kaum einer infrage stellte. Ein paar wenige Mitschüler wussten mehr als ich, hatten mehr reflektiert und bohrten nach. Ich verstand ihren Protest lange nicht und fing erst sehr spät an mich zu fragen: Warum diskutierten die so hart mit dem Geschichtslehrer?

JEAN-MICHEL JARRE Auch in Frankreich gab es Diskussionen. Meine Mutter kämpfte in der französischen Resistance. Ich bin durch sie mit der Haltung groß geworden, dass wir nach dem Zweiten Weltkrieg einen Neuanfang hinbekommen müssen, und zwar auf allen Ebenen. Meine Mutter hat mir auch früh deutlich gemacht, dass man nie Ideologien mit Menschen gleichsetzen darf und dass ein Deutscher nicht zwangsläufig ein Nazi sein muss. Das war zu der Zeit in Frankreich eine einsame Meinung. Ihre Botschaft war: Wirf allen

Ballast ab, und suche deinen Weg. So schob sie mich in die Zukunft.

JEAN-HERVÉ PERON Meine Mutter kam aus dem Baskenland. Sie arbeitete für eine spanische Contessa und sang gerne. Mein Vater kam aus der Bretagne. Er spielte Geige und baute Schiffe. Ich bin 1949 in Casablanca geboren, meine Schwester auch, was wohl mit dem Krieg zu tun hatte. Wir haben viel Musik in der Familie gemacht. Meine Mutter hat die ganze Zeit gesungen. Sie hat schon gesungen, als ich noch in ihrem Bauch war: Spanisch, Französisch und Baskisch. Das hat mich sicher beeinflusst. Bis heute habe ich Volkslieder im Kopf, die meine Mutter gesungen hat, aber auch Schlager von Gilbert Bécaud und solche Sachen. Meine Schwester und ich sind in die Musikschule gezwungen worden. Ich war jung und hatte keine Lust, Musik zu machen. Nichts zu tun war schöner als Musik machen zu müssen. Der Musikunterricht in der Schule war auch miserabel. Trotzdem spielte ich dann Trompete.

JEAN-MICHEL JARRE Ich hatte immer ein besonderes Verhältnis zu Deutschland, das auch auf meine Mutter zurückzuführen ist. Ein Cousin von mir war für die Verpflegung der französischen Truppen in Berlin verantwortlich. Ich habe Ende der fünfziger Jahre einige Mal die Sommerferien bei ihm verbracht. Das war ein Berlin, das noch von den Zerstörungen des Zweiten Weltkriegs geprägt war, eine düstere, unruhige Stadt, in der man viel Leid erlebte. Ich fand die chaotische Atmosphäre aber sehr anregend. Man hatte das Gefühl, dass dort alles nur Vorstellbare geschehen könnte, weil eigentlich gar nichts mehr richtig lief. Berlin war damals voll von Menschen, die Dinge ausprobieren und experimentieren wollten. Es herrschte eine aberwitzig kreative Stimmung. Ich erinnere mich, dass man die gewaltige Energie der Stadt körperlich spürte. Das schlug sich auch im jungen deutschen Film und einer Musik wie Krautrock nieder. Das alles hat seine Wurzeln in der Zeit, bevor die Mauer gebaut wurde.

MICHAEL HOENIG Ich hatte keine musikalische Ausbildung und habe mich auch nicht weiter dafür interessiert. Musik war etwas, das meine Großmutter hörte, bei der ich zweimal in der Woche in der Richard-Wagner-Straße gegenüber der noch zerstörten Deutschen Oper zu Mittag aß. Sie schleppte mich sofort in alle Aufführungen, nachdem das Haus wiederaufgebaut war. Alle meine Freunde und ich haben damals versucht, mit verschiedensten Ausdrucksformen herumzuexperimentieren, ich mit Fotografie, Lichtprojektionen, was immer Spaß machte und inspirierte. Da war ich sechzehn oder siebzehn. Mit Musik begann ich mit achtzehn. Allerdings wollte das kaum einer Musik nennen, das kam eher von der metaphysischen Ebene. Meine Eltern hatten mir immer angeboten, dass ich Klavier oder Gitarre lernen könnte. Alle meine Freunde hatten irgendein Instrument gelernt. Eine Weile habe ich das auch versucht, aber ich fand es entsetzlich, dass mir jemand etwas in einem so strikten Arrangement beibringen wollte. Musikunterricht schien mir, als wenn irgendein Nazi mich zu etwas zwingen wollte. So habe ich nie ein Instrument gelernt. Das war mir einfach zu langweilig. Meine Eltern waren glücklicherweise klug genug, um zu sagen, wenn er nicht will, braucht er nicht unbedingt. Musik war also überhaupt nicht auf dem Fahrplan bei mir.

RENATE KNAUP In London blieb ich eineinhalb Jahre. Meine Eltern hatten damals nicht mal ein Telefon, deshalb schrieb ich nur ab und zu Briefe nach Hause. Mein Freund arbeitete im Londoner Jazzclub »Ronnie Scott's«, da habe ich viele große Sachen gesehen. Nachts bin ich dann oft allein durch Soho, ziemlich gefährlich. Ich wohnte in der Wardour Street und bin spät Abkürzungen durch die Dean Street gelaufen. Das war schon unheimlich, aber auch sehr aufregend.

ALEXANDER VON SCHLIPPENBACH Musik gab es bei uns zu Hause wenig. Im Radio liefen ab und zu bayerische Volksmusik und Märsche. Mein Vater spielte einigermaßen Akkordeon, und in Oberbayern machte man dann nach dem Krieg manchmal Musik für Nahrungsmittel. Der erste starke, direkte musikalische Einfluss, an den ich mich erinnere, war der Oberbayer Jakob Roider, genannt »Roider Jackl«. Eine ganz populäre Figur, beinah schon eine Ikone des bayerischen Folks. Ein Volkssänger, der Gitarre spielte und dazu sang. Seine Auftritte waren große Erlebnisse, weil klar war, dass er eins mit seiner Musik war. Daran erinnere ich mich bis heute sehr gut. Ich war so sieben oder acht, als ich den erlebte, da ging ich noch in die Volksschule in Törwang bei Rosenheim. Ein hinterwälderisches Dorf.

JAKI LIEBEZEIT Ich wollte von Kind an Musiker werden und habe auch früh angefangen. Als Siebenjähriger hatte ich Akkordeonunterricht. Meine Mutter schickte mich damals zu einem alten Mann, der mir einiges beibrachte, die einfachsten Volkslieder und Akkorde, musikalische Grundkenntnisse. Aber das Akkordeon mochte ich nicht. In meiner Familie wurde Musik immer großgeschrieben. Mein Vater war Musiker, aber ich kannte den nicht. Doch sein Schatten war lang, als Musiker war er von allen respektiert, er spielte Orgel und Geige. Aber sonst weiß ich nur sehr wenig von ihm. Immerhin: Musik war nichts Schlimmes. Trotzdem redete meine Mutter immer auf mich ein, dass ich einen anständigen Beruf lernen sollte. Aber ich wollte immer Musik machen. Ich hätte auch Toningenieur werden können, da lockte eine feste Anstellung beim Rundfunk. Deshalb kam ich mit zwanzig nach Köln. Vorher war ich in Kassel gelandet, wo Manfred Schoof mich mit Jazz in Verbindung brachte. Der ging dann nach Köln, um an der Musikhochschule Orchestermusik zu studieren.

HANS-JOACHIM ROEDELIUS Ich bin im Westteil Berlins geboren und nach dem Krieg und der Evakuierung in der russischen Zone geblieben. Dort habe ich bis zur zehnten Klasse die Schule besucht, danach musste ich zu den Soldaten der

Nationalen Volksarmee. Nach einem Jahr habe ich versucht zu fliehen, was mir auch gelang: Dann war ich im Westen.

IRMIN SCHMIDT Schon als Kind hatte ich diese Momente, in denen ich mich total fremd fühlte. Mit zwölf wurde ich mal in ein Heim an der Nordsee verschickt. Wenn ich abends mit den zwanzig anderen im Schlafsaal lag, hörte ich das Geschniefe von Heimweh. Obwohl ich ungeheuer an meinen Schwestern und Eltern hing, konnte ich mir immer gut vorstellen, nie wieder nach Hause zu kommen. Beim Nachdenken darüber fühlte ich mich so herzlos, dass ich dann darüber heulen musste. Meine Mutter war musikalisch sehr begabt mit einem gnadenlos guten Ohr. Wenn ich Klavier übte, kam sie irgendwann herein und sagte: Du machst nun schon zum vierten Mal den gleichen Fehler.

HOLGER CZUKAY Gegen meine Eltern habe ich nie rebelliert, bin nicht mal auf die Idee gekommen. Auch weil ich meinen Vater eigentlich gar nicht kennengelernt habe, denn der wurde früh sehr krank, Multiple Sklerose, da hatte ich keinen Grund, mich aufzulehnen. Ich legte eher gegen Lehrer oder den Schuldirektor los. Da habe ich dann richtig rebelliert. Ich sorgte auch dafür, dass ich Klassensprecher wurde. Schon zu Schulzeiten stand ich in allen Zeitungen. Meine Schwester war die Einzige in unserer Familie, die sehr stark auf Musik reflektierte, und die entdeckte auch als erste meine musikalische Begabung. Ich hatte bereits im Kindergarten begonnen, Kleinigkeiten auf dem Klavier zu spielen. Unser erster Volksempfänger haute mich vollkommen um: Als ich aus dem zum ersten Mal Mozarts »Kleine Nachtmusik« hörte, war ich hin und weg. Nach dem Krieg entdeckte ich meine Liebe zur Elektronik in einer Radiowerkstatt, in der ich arbeitete und alte Radios reparierte.

JÜRGEN DOLLASE Ich bin ohne Medienkonsum aufgewachsen. Mein Vater war Rektor einer Schule, wir waren fünf Kinder, und unseren ersten Fernseher bekamen wir 1962, als ich vierzehn war, zu Gesicht. Damals waren nicht alle Linien der Nazis gekappt. Mein Vater hat seine Lehrerausbildung in den dreißiger Jahren gehabt. Er war links und hatte direkt nach dem Krieg auch was mit den Kommunisten zu tun. Aber so was wie »Dick und Doof« war für uns schon zu amerikanisch. Man ging auch als Kind nicht ins Kino, um sich Hollywoodfilme anzugucken. Denn das war amerikanische Trashkultur, eine Haltung, die noch aus der Zeit vor dem Krieg im Kopf der Eltern war. Meinen älteren Bruder sah mein Vater zum ersten Mal, als der schon vier Jahre alt war. Ich bin aber von meinem Vater richtig gut und liebevoll ausgebildet worden. Weil es bei uns keinen Medienkonsum gab, erlebte ich Schlager, Rock 'n' Roll und ähnliche Phänomene der fünfziger Jahre kaum. Merkwürdigerweise kaufte sich mein Vater aber die Bill-Haley-Single »Rock Around the Clock«.

GÜNTER SCHICKERT Schlager hatten auch so einen großen Zulauf, weil es keine andere deutsche Musik mehr gab. Das Englische haben viele Leute überhaupt nicht gemocht, das war für die Hottentottenmusik. Meine Schwester musste schon gegen meine Eltern kämpfen, um Rock 'n' Roll hören zu dürfen. Ich habe Elvis auch nur heimlich gehört, wenn keiner da war. Da stand ich dann vorm Spiegel und sang mit.

HOLGER CZUKAY Mein Vater war Anwalt, das hätte ich schon deshalb nicht werden wollen. Dieser Beruf hatte einen Geruch, der mir nicht gefiel. Für mich stand immer fest, dass ich etwas mit Musik machen wollte. Nur als ich meine Begeisterung für Elektronik entdeckte, dachte ich eine Weile, dass ich Hochfrequenztechniker werden würde. Dann aber kam mit achtzehn das Erwachen: Ich glaubte, dass ich für eine Musikerkarriere zu spät dran sei, alle Chancen auf eine Wunderkindkarriere verpasst hatte. Also sagte ich mir: Du wirst kein Wunderkind mehr! In der Schule schloss ich mich einer Dixielandband an. Ich nahm eine Gitarre, spielte aber zunächst nur auf einer Saite und lernte dann jede Woche eine neue Saite, bis ich alle sechs Saiten beherrschte. So arbeitete ich mich langsam vor.

JÜRGEN DOLLASE Mehr als vom Krieg erzählte mein Vater von der Kriegsgefangenschaft, da war er nämlich eine Weile in Frankreich auf dem Land im Ernteeinsatz. Ich war später mal in dem Ort, Chappes-sur-Allier, um seine Erzählungen mit dem zu vergleichen, was ich dort vorfand. Na ja, sagen wir mal so: Er hatte alles etwas größer geschildert, als es tatsächlich war. Das Chateau, auf dem er gearbeitet hatte, war ein ziemlich mickriges Teil. Es war seltsam: Als ich da durch die Dorfstraßen lief, blickten mich ein paar alte Frauen merkwürdig an. Ich sehe meinem Vater schon etwas ähnlich. Jedenfalls schwärmte mein Vater immer vom französischen Essen, was mich wohl nachhaltig beeindruckt hat. Vom Krieg erzählte er nur mal, dass er einmal degradiert und interniert worden war, nachdem er sich im Suff despektierlich über den Führer geäußert hatte. Da hatte er noch Glück, dass er nicht an die Wand gestellt worden war.

IRMIN SCHMIDT In New York gab es 1966 keine Probleme, wenn man Deutscher war. In der Kunstszene war es total egal, wo man herkam. Steve Reich ist Jude, auch von dem kam nie ein Kommentar. Wir haben nur über Musik geredet. John Cage und die anderen waren alle extrem tolerant. Unsere Can-Platten erschienen Anfang der Siebziger bei der Firma United Artists. Da war ein großer Teil des Personals jüdisch, und auch von denen habe ich nie auch nur ein böses Wort gehört. Obwohl ich gleich bei meinem ersten Besuch ein großes Theater veranstaltete, denn als ich da die gerade ausgelieferte Ausgabe unseres ersten in den USA veröffentlichten Albums »Ege Bamyasi« hörte, bemerkte ich, dass die auf alles noch eine Ladung Hall raufgemixt hatten. Unser Original war ihnen zu sperrig. Ich flippte total aus, weil das schrecklich klang. Die hätten allen Grund gehabt, zu sagen: Der deutsche Quatschkopf nervt! Er macht nicht nur unverkäufliche Musik, sondern ist auch noch ziemlich anstrengend. Trotzdem sind die immer freundlich geblieben.

ACHIM REICHEL Mich interessiert immer der aus dem Krieg hervorgegangene Kulturbruch. Es war mir nicht verständlich, dass wir wegen dreizehn Jahren Drittes Reich unsere komplette Kultur gekappt haben. Auf einmal war alles Riskante verdächtig, gefährlich, weil es zu Faschismus führen könnte. Aber auf der Basis hätte man ja gleich aufhören können. Eigentlich wollte ich zur See fahren, so wie mein Vater und mein Großvater, aber dann kam die Gitarre dazwischen. Das war keine bewusste Entscheidung. Man machte das einfach. Mein Vater starb, als ich ein kleiner Junge war, und meine Mutter war der Meinung, dass ich lieber was Anständiges lernen solle.

IRMIN SCHMIDT Neulich sagte einer, dass immer eine gewisse Düsterheit und Melancholie in meinen Klangwelten mitschwingt. Ich bin in einer Zeit aufgewachsen, in der Deutschland zerstört war und die ganze Kultur ebenfalls. Ich musste mich als Heranwachsender mit vielen unangenehmen Dingen auseinandersetzen. Daraus ist auch viel Traurigkeit entstanden. Das Zentrum all meiner Trauer war der Konflikt mit meinem Vater. Wobei wir am Ende eine Art Frieden geschlossen haben. Zuletzt war es dann doch wieder harmonisch, auch dank meiner Mutter. Meine Eltern sind sehr alt geworden, und wir haben ab einem gewissen Punkt bestimmte Dinge einfach nicht mehr angesprochen. Das Musikmachen hat mich über manche Wut und Trauer hinweggetragen.

JAZZ

»Wir Jazzer wurden damals so abgelehnt wie die Rockmusiker.«
PETER BRÖTZMANN

SIEGFRIED SCHMIDT-JOOS Die Nazis hatten nach dem Zweiten Weltkrieg ein kulturelles Vakuum hinterlassen. Linke und liberale Künstler und Intellektuelle waren entweder emigriert oder im KZ umgekommen. Auch in der Schlager- und Unterhaltungsmusik fehlten die jüdischen Kreativen. Der Jazz als eine außereuropäische ekstatische Musik, die nicht in der englischen und Wiener Operette ihre Wurzeln hatte, war so gut wie verboten gewesen. Aber es gab natürlich unter den Musikern viele Jazzer. Sie legten schon im Mai 1945 mit improvisierten, swingenden Klängen wieder los – in den ersten Nachkriegsjahren gegen viele Widerstände in den Kulturämtern und Stadtverwaltungen.
JAKI LIEBEZEIT Die deutschen Jazzmusiker waren anfangs eine Protestbewegung. Jazz war die Musik der Freiheit, in der Nazizeit war er ja verboten. Auch deshalb wurde er in Deutschland nach dem Krieg so stark.
PETER BRÖTZMANN Wir mussten wieder bei null anfangen. Und das ging meinen Kollegen aus dem Rockbereich nicht anders. Jaki Liebezeit und ich gehören ja zur selben Generation und hatten mit unserem ungewollten »Erbe« ziemlich zu kämpfen. Das Gefühl, dass ich eine Scham abarbeiten musste, hat sich bei mir ziemlich früh eingestellt. Vermutlich schon in der Schulzeit, als ich zum ersten Mal darauf gestoßen wurde. Durch Gespräche in Holland, England, Schottland und wo ich sonst noch später durch meine Musik hinkam, wurde

ich immer wieder mit der deutschen Geschichte konfrontiert. Das Deutschsein war damals eine spezielle Angelegenheit und manchmal auch nicht einfach.

MANI NEUMEIER Bei uns daheim dudelte es Schlager und irgendwelche Umtatata-Märsche.

PETER BRÖTZMANN Zu Hause lief nur europäische Klassik, die mir auf die Nerven ging. Wann immer mein Vater nach Hause kam, bestimmte er das Programm. Wir hatten nur einen Plattenspieler und ein Radio. Ich hörte meine Jazzsendung bei der »Stimme Amerikas«, immer nachts um zwölf. Dafür musste ich mich runterschleichen und lauschte mit dem Ohr am Radiolautsprecher, »Take the ›A‹ Train« und solche Sachen.

MANI NEUMEIER Die erste Musik, die mir gefallen hat, war eine Louis-Armstrong-Platte, die ich mit vierzehn hörte. Das war »Skokiaan«, ein tolles Stück, es war so anders, so spritzig, so exotisch und so lebendig, einfach schärfer als alles, was ich bis dahin gehört hatte! Von da an war ich Jazzfan, und mir war klar, dass ich auch irgendetwas in diese Richtung machen wollte.

PETER BRÖTZMANN Ich war vierzehn, als ich in Wuppertal Sidney Bechet hörte. Das erste Mal mit einer amerikanischen Band, und dann ein Jahr später nochmal mit einer französischen. Da habe ich einen Saxofonisten auf der Bühne erlebt, bei dem es wirklich losging, selbst bei Balladen. Ein paar Jahre später sah ich Coleman Hawkins, Bud Powell, Kenny Clarke und Oscar Pettiford in Essen, das waren alles Meilensteine. Der Jazz bot mir Gefühle von besonderer Art.

MANI NEUMEIER Ich sah Louis Armstrong dann einige Jahre danach noch live in Zürich, was mich völlig umgehauen hat. Der kam auf die Bühne, und fünftausend Leute haben getobt! Vom ersten Ton an ging es dann voll ab. So etwas gibt's im Jazz nicht mehr. Damals kamen die ganzen guten Jazzmeister nach Zürich, Art Blakey, Duke Ellington, Miles Davis, Thelonious Monk, Charles Mingus und John Coltrane. Später gab es auch

Stockhausen-Konzerte. Bei diesen Musikern ging ich sozusagen in die Lehre, jedenfalls habe ich mit sechzehn angefangen, auf allem möglichen Zeug rumzutrommeln, und mit siebzehn hatte ich meine eigene Dixieland-Combo. Rock war mir bis dahin noch nicht zu Ohren gekommen. Ich musste dann auch noch durch eine andere Lehre, als Installateur, weil ich das Geschäft von meinem Onkel übernehmen sollte, hab aber dann allen sehr schnell klargemacht, dass das nichts wird.

ALEXANDER VON SCHLIPPENBACH Mit zehn kam ich aufs Internat, wo ich begonnen habe, Klavier zu spielen. Das Reizvolle am Klavier war, dass man so viele Töne gleichzeitig spielen konnte. Auch die Tonbildung war ganz leicht, da musste man sich nicht so anstrengen wie bei einem Blasinstrument, um überhaupt einen passablen Ton rauszukriegen. Außerdem standen die Klaviere dort einfach so rum, zur freien Verfügung. Dann kam einer aus Berlin aufs Internat, der gut Boogie-Woogie spielen konnte, und motivierte mich, das nachzumachen. So kam ich zum Jazz.

PETER BRÖTZMANN Irgendwann fand ich eine Gruppe Studenten von der Folkwang-Schule, alle schon ein bisschen älter, aber zu denen ging ich dann einfach mal hin mit meiner Klarinette und stieg mit ein. Und die haben mich nicht nach Hause geschickt, sondern sagten sogar, dass ich wiederkommen dürfe. Wir spielten Swing und ähnliche Sachen. Später wurde es ein bisschen moderner, aber es hieß, dass ich nun ein Saxofon bräuchte. Ich verkaufte mein Fahrrad, meine elektrische Eisenbahn und vieles mehr, um mir mein erstes Saxofon leisten zu können. Da war ich so sechzehn. Ich habe dann das Gymnasium abgebrochen und stattdessen eine sogenannte Werkkunstschule in Wuppertal besucht, die auch freie Klassen mit Bildhauerei und Ähnlichem anbot. Meine Eltern waren natürlich entsetzt, dass ich kein Abitur machen wollte, auf ihr Drängen hin habe ich dann noch Werbegrafik studiert. Nebenher liefen aber schon die Malereiklassen.

IRMIN SCHMIDT Der Jazz hat mich von meinem vierzehnten Lebensjahr an begleitet. Ich habe auch immer Jazzplatten gehabt und Jazz überhaupt sehr geliebt. Ein Knackpunkt war sicher auch, dass meine Eltern diese »Negermusik« »furchtbar« fanden, »grauenvoll«, besonders mein Vater. Der versuchte ständig, mir den Jazz madig zu machen. Allerdings hat er mir nie etwas verboten, auch wenn wir uns deshalb manchmal sogar anschrien. Ich hatte also früh eine enge Beziehung zum Jazz, ohne je selbst welchen gemacht zu haben. Jazz hörte ich zuerst im Radio und bei Freunden, die wenig mit klassischer Musik zu tun hatten. In Dortmund gab es damals einen Jazzclub, der, glaube ich, auch genauso hieß: »Jazzclub«. Den führte ein Mensch, der im Krieg fürchterlich zugerichtet worden war. Der hatte nur noch eine Kieferhälfte, aber eine unglaubliche Ausstrahlung und sagenhafte Energie, diesen Jazzclub zu machen. Er spielte Klavier und sang dazu. Bei Sachen wie Bessie Smith oder Big Bill Broonzy bin ich dahingeschmolzen. So etwas habe ich unglaublich viel gehört und konnte das auch neben meiner Klassik gut verinnerlichen und gleichberechtigt gelten lassen.
GÜNTER SCHICKERT Mit dreizehn begann ich in der Kirche Trompete zu spielen. Als dann mit fünfzehn die Schule für mich zu Ende war, sagte ich: »Papa, ich studiere Trompete!« »Gute Idee«, meinte mein Vater, »aber das wird nichts, dafür haben wir nicht genug Geld. Du musst erst mal einen richtigen Beruf lernen.« Daraufhin habe ich mich beim Musikhaus Simonowski am Zoo beworben. Und zu der Zeit spielte mir ein Freund meiner Schwester auch Jazzplatten von Donald Byrd und so vor. Da habe ich gemerkt, dass es ganz schön fetzt, wenn man nur schnell genug spielt. Am meisten Spaß machte mir bald Free Jazz, da brauchte man gar keine Noten zu lernen, sondern musste nur ordentlich reinhauen, schnell die Finger bewegen und gut blasen. Und das konnte ich! Die Choräle in der Kirche spielte ich weiter, aber nur noch so nebenher. Da

ging alles nur nach Noten. Umso lieber machte ich diese Free-Jazz-Sessions, ohne Noten war man frei. Und diese Freiheit faszinierte mich.

ALEXANDER VON SCHLIPPENBACH Jazz im Radio war sehr wichtig. Die Sendung »Voice of America Jazz Hour« lief jede Nacht von Mitternacht bis eins bei AFN, moderiert von Mr. Willis Conover. Das war eine sehr gute, informative Sendung, wo es alles, was neu war, zu hören gab, Cool Jazz, Bebop und so weiter. Ich musste das natürlich heimlich hören mit meinem kleinen Transistor-Kofferradio. Dafür stellte ich mir im Internat den Wecker, stand nachts auf und schlich mich in den Duschraum, um dort Jazz zu hören. An dem, was im Radio lief, orientierte ich mich und brachte nach den Sendungen mein ganzes Geld in Plattenläden. Dafür fuhr ich immer vom Internat aus nach München, wo es die neuesten Platten aus Amerika gab, aber auch, um Konzerte zu sehen. Mein erstes Jazzkonzert war »Jazz at the Philharmonic« mit Dizzy Gillespie und Oscar Peterson, die ganz großen Meister. Das waren Eindrücke fürs Leben.

JEAN-HERVÉ PERON Ich hörte Jazz zuerst im Radio und war mit zwölf auch Mitglied eines Clubs, der sich regelmäßig in einem Jugendzentrum traf, um Schallplatten zu hören. Erst New Orleans, dann Cool Jazz und Miles Davis, aber immer Louis Armstrong. Das waren meine ersten Helden.

LUTZ LUDWIG KRAMER Als Dreijähriger bin ich auf Richard Wagner abgefahren. Das war die Musik, die meine Eltern spielten. Mein Vater hat ja sogar mal Strawinsky produziert. Ich komme also eigentlich aus so einer kulturbeflissenen Ecke. Ab dreizehn bin ich aber quasi mit John Coltrane aufgewachsen, durch meinen älteren Bruder, ständig legte der Coltrane-Platten auf. Selber habe ich die dann immer heimlich gehört, weil keiner seine Heiligtümer anfassen durfte, so elitär war der unterwegs.

HOLGER CZUKAY Als ich noch zur Schule ging, nahm ich an

einem Jazzwettbewerb teil. Eigentlich war ich blutiger Amateur, aber die Jazzmusik, die ich da mit einer Band machte, war richtig modern. Vor meinem Auftritt kam ein Redakteur des WDR, Schulz-Köhn hieß der, zu mir in die Umkleide und sagte: »Holger, die Jury kann mit dir nichts anfangen, die weiß dich nicht einzuordnen. Aber ich mache dir einen Vorschlag: Du spielst heute außer Konkurrenz, dann kommst du später zu mir in den Westdeutschen Rundfunk, und ich mache mit dir Aufnahmen, da wo Kurt Edelhagen seine Aufnahmen gemacht hat.« Ich war da gerade mal zwanzig, und dieser Wettbewerb war mir vollkommen egal, aber das Angebot, das mir der Redakteur gemacht hatte, das war es! Am Tag vor meinem Termin beim WDR hatte ich Abiturprüfung und fiel in Musik durch. Der Musiklehrer kam zu meiner Mutter und sagte: »Ihr Sohn hat nicht die geistige Reife!« Da hat mir meine Mutter erst recht ein Klavier gekauft, weil sie dachte, dass sie mich irgendwie fördern muss. Was ich dann beim WDR spielte, wurde aufgenommen, und das Band habe ich immer noch. Als ich mir das neulich mal angehört habe, war ich überrascht, was ich mit zwanzig draufhatte. Da hatte ich auch schon meine erste Komposition fertig. Als das damals einige hörten, raschelte es in Duisburg richtig in den Zeitungen. Meine Lehrer mochten das gar nicht.

CHRISTIAN BURCHARD Ich habe erst in Erlangen studiert und in Nürnberg ein Zimmer gehabt, aber schon bald gemerkt, dass ein Studium nichts für mich ist. Die Entscheidung war: Entweder stürze ich mich in die Musik oder ich suche mir einen Platz im bürgerlichen Leben. Ich habe mich für die Musik entschieden. Meine erste Station war Heidelberg, da gab es einen Jazzclub, wo jeden Abend Session war. Dahin kamen auch viele Ostblockmusiker, die damals noch ungehindert reisen durften, außerdem auch viele Schwarze. Da habe ich Jimmy Jackson kennengelernt, diesen wunderbaren Organisten, der auf unseren ersten Embryo-Platten mit dabei war.

In diesem Jazzclub spielten Leute wie Jan Hammer, der später nach Amerika weiterzog und dort groß rauskam. Aber vor allem die schwarzen Musiker waren »from a different school«: Wenn die loslegten, hatte das Groove und Soul, da standen die Leute wirklich auf den Stühlen und schrien vor Begeisterung. Ich ging dann nach München. Da gab es zwei Jazzclubs nur für Schwarze, dazu drei für die Weißen, wo eher Dixieland lief, weil das damals angesagt war. Bebop war als Drogenmusik verrufen und Free Jazz galt als Scharlatanerie, trotzdem passierte im modernen Jazz zu dieser Zeit Entscheidendes. Als später die Weltmusik aufkam, kannte ich die Jazzvorläufer davon längst, Leute wie Yusef Lateef, der schon seit Mitte der Fünfziger mit orientalischen Tonskalen und Instrumenten wie Nasenflöten arbeitete.

IRMIN SCHMIDT In unserer Gegend gab es zunächst keine deutschen Jazzgruppen. Wenn Jazz da hinkam, lief das wie in dem Dortmunder Jazzclub, wo jemand war, der einfach die britischen und amerikanischen Bands buchte, die grad auf Tournee waren. Meistens holte der die aus den Jazzclubs in Paris, das war ja nicht so weit. Aber alles Interessante musste importiert werden, weil nach dem Krieg eben nichts Interessantes übrig war. Das war auch einer der Gründe, warum ich mich so vehement mit der Neuen Musik auseinandergesetzt habe und später Cage und solche Sachen aufführte – ich wollte ganz persönlich am kulturellen Wiederaufbau teilhaben und etwas dazu beitragen.

ALEXANDER VON SCHLIPPENBACH Ich hatte schon vorher in Amateur-Jazzbands gespielt. Mein erster richtiger Job war dann, als ich mit Gunter Hampel das Angebot bekam, zwei Monate das Stück »Girl Crazy« von George Gershwin am Theater musikalisch zu begleiten. Danach machten wir eigenständig weiter, und ich war mit Manfred Schoof in einem Quintett. Wir wurden dann von Joachim-Ernst Berendt schwer gefeatured, und so fing ich auch an, Geld damit zu verdienen. Vorher hatte ich in Köln noch kurz Komposition studiert, so mit Anfang zwanzig, hatte mich auch schon davor für Neue Musik interessiert, speziell für die Schönberg-Schule. Im Kompositionsstudium hat man strenge Dinge gelernt und musikalische Grundvorstellungen bekommen, die sehr wertvoll sind, wenn man Musik machen will. Ich fühlte mich von diesen Regeln auch nie eingeengt, bin dann aber doch letztlich beim Jazz geblieben. Zuerst versuchten wir verzweifelt, Bebop zu spielen und überhaupt alles, was vom Jazz kam, zu lernen. Ich habe mir aber dann viele Free-Jazz-Platten besorgt und mit Freunden gemeinsam angehört. Da war damals schon die Idee, ob man nicht diesen atonalen Klang der Neuen Musik, der mit diesen doch traditionellen Bebop-Akkordverbindungen überhaupt nichts zu tun hatte, mit der Spielhaltung des Jazz verbinden könnte, um so eine eigene, neue Sprache zu erfinden. Und irgendwann ergab sich eine Vorstellung von dieser Musik, die wir dann zusammen ausformten. Aber nicht als Programm oder aus dem Willen, unbedingt etwas anderes machen zu wollen, sondern aus musikalischer Notwendigkeit, aus unserem gemeinsamen Spielen heraus.

PETER BRÖTZMANN Mitte der Sechziger war die Blüte des Hardbop: Art Blakey, Horace Silver – wunderbare Musik, aber das reichte nicht. Das war mir zu formalistisch, immer Thema-Improvisation-Thema, und alle Instrumente fix geordnet, davon wollte ich weg. Ich wollte das Saxofon befreien! Und diese Befreiung ist für mich immer ein Antrieb gewesen und ist es bis heute. Andere wollten damals auch den Jazz befreien, auch in Europa schon, trotzdem klang der deutsche Free Jazz immer anders als zum Beispiel der holländische oder der englische, weil wir auch etwas abzuarbeiten hatten. Die Briten beschäftigten sich vor allem mit ästhetischen und formalen Problemen, die Holländer hatten noch andere Ressourcen, vor allem ihre volkstümlichen Anbindungen. Wir Deutschen hatten aber unsere Scheiß-Geschichte, wodurch unsere Musik viel aggressiver klang als die unserer Nachbarn. Und das bemerkten die auch. Es gab viele Free-Jazzer, die sagten: Alles, nur niemals Brötzmann! Ich war denen zu aggressiv, zu wild, zu gesetzlos. Im Laufe der Jahrzehnte hat sich das gelegt, aber damals war das so.

ALEXANDER VON SCHLIPPENBACH Free Jazz lag in der Luft. Meine Kollegen und ich waren vielleicht mit die Ersten in Deutschland, aber diese Musik wurde parallel auch in Holland, Skandinavien und England entwickelt. In Deutschland war sie auch nicht freier als im Rest der Welt, hatte aber einen anderen Charakter. Bei den Engländern war alles sehr abstrakt, die Holländer hatten eine gute Portion Humor und konnten unbefangen mit ihrem traditionellen Liedgut arbeiten. Mit denen hatten wir auch bald Kontakt und haben zusammengespielt, trotzdem war der Free Jazz bei uns was anderes, vor allem eine Kopfsache. Bei mir und meinem Kreis aber weniger aus Protest oder als Ausdruck irgendwelcher Unzufriedenheit, sondern wir hatten einfach eine andere Basis, oder eben keine, zumindest ganz am Anfang.

PETER BRÖTZMANN Ich spiele meinen Wuppertal-Blues auf meine Art und Weise. Den amerikanischen Blues zu übernehmen und zu kopieren, ohne zu verstehen, wo der herkommt und worum es ging und immer noch geht, das ist für uns weiße Westeuropäer ein ganz heißes Eisen. Da müssen wir vorsichtig sein. Jedenfalls habe ich schon sehr früh keinen Sinn darin gesehen, amerikanische Musik nachzuspielen. Ich musste meine eigene Stimme finden, entwickeln und weiterführen. So viel ich von Amerikanern gelernt habe – und immer noch lerne –, man muss dann eben seinen eigenen Weg gehen. Dass wir unseren eigenen Kram machten, war damals das einzig Richtige. So wie bei den innovativen deutschen Rockern auch.

WINFRID TRENKLER Brötzmann und die anderen Free-Jazzer haben mit ihrer Musik alles kaputt geblasen, was es bis dahin gab. Brötzmann und andere Jazzer spielten auch eine Weile Konzerte mit den Krautrockbands, weil damals beide der Underground-Kultur zugerechnet wurden. Aber irgendwann trennten sich die Wege.

PETER BRÖTZMANN Glücklicherweise war ich auch bei den Essener Songtagen eingeladen. Ich kann mich noch erinnern, wie ich mich mit den Fugs besoffen habe. Das war eine interessante Zeit, weil es keine Schubladen gab, die Kultur war völlig offen, nicht nur in der Musik. Wenn ich an das Theater in Wuppertal damals denke, war das auch sehr avantgardistisch. Viele Regisseure, die später große Namen hatten, haben da gearbeitet. Als Musiker hockte man in den Kneipen mit Theater- und Ballettleuten herum, und manchmal arbeitete man auch zusammen. Auf jeden Fall tauschte man sich ständig aus. Das war eine gute Erfahrung. Ab 1967 hatte ich viel mit Engländern wie Evan Parker oder Paul Rutherford zu tun. Wann immer wir uns trafen, war in Deutschland der Teufel los, ob in Frankfurt oder Berlin, egal. In London ging es aber auch hart zu, mit Wasserwerfern auf Demos und so. Diese Erfahrungen einten uns, auch wenn viele in den Jahren danach musikalisch andere Wege eingeschlagen haben. Das war eine ungemein wichtige Zeit.

ALEXANDER VON SCHLIPPENBACH Irgendwann ergab sich, dass man selber Platten machen konnte, da hat Brötzmann vorbildlich angefangen. Dadurch hat die Bewegung begonnen, sich zu etablieren, auch wenn sie eigentlich bis heute Underground geblieben ist, denn in den Medien, im Rundfunk, im Fernsehen treten wir absolut nie in Erscheinung.

PETER BRÖTZMANN 1968 nahm ich das Album »Machine Gun« auf, Musik, die zwar einen anderen Background als der Rock hatte, aber trotzdem wie die Faust aufs Auge passte.

MANI NEUMEIER Angefangen habe ich im Free Jazz mit Irène Schweizer und Uli Trepte. Was wir damals machten, war schon revolutionär. Mit vierundzwanzig habe ich mich dann mit Schweizer und Trepte auf Konzertreise gemacht. Vorher hat-

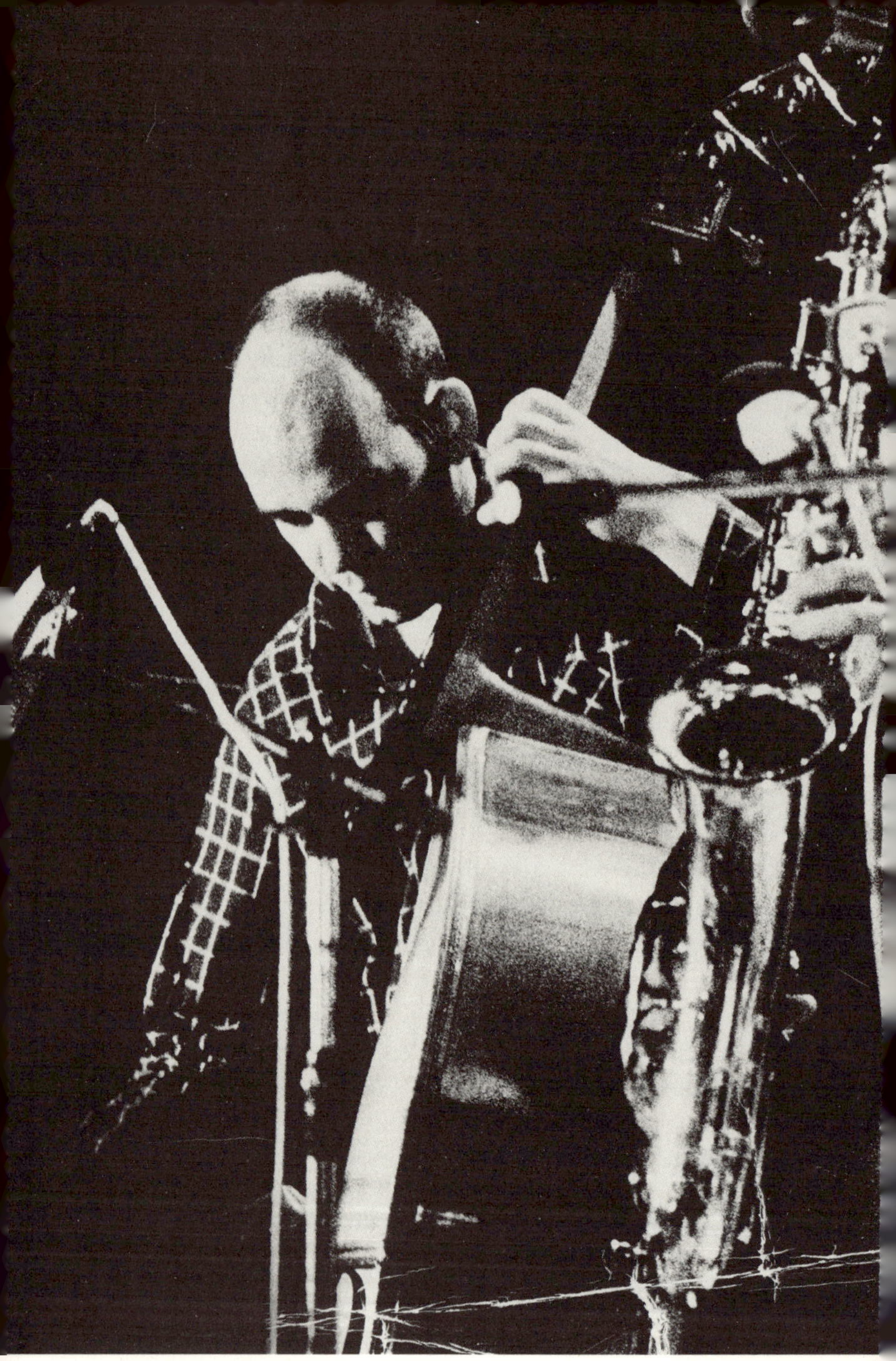

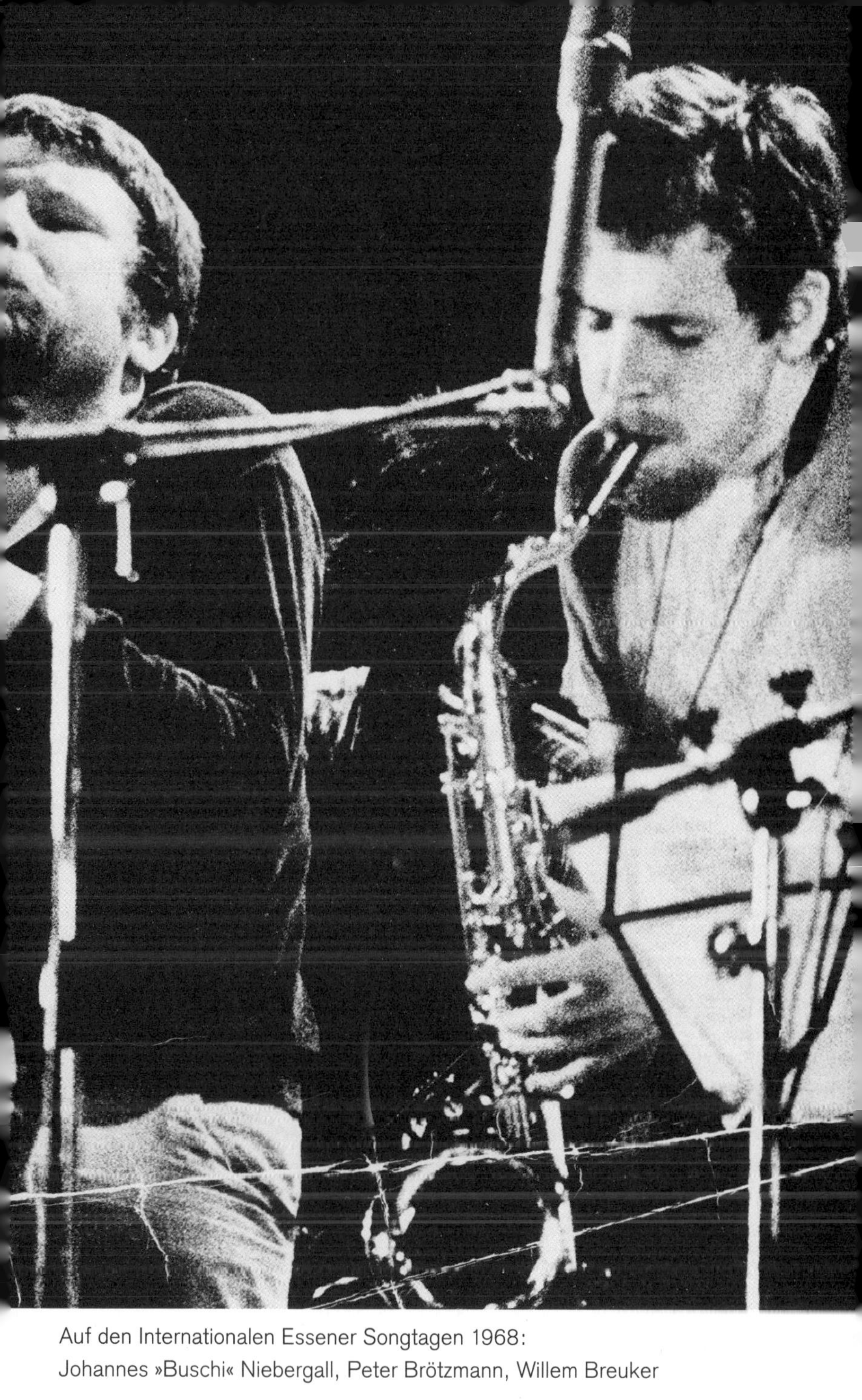

Auf den Internationalen Essener Songtagen 1968:
Johannes »Buschi« Niebergall, Peter Brötzmann, Willem Breuker

ten wir alle unsere Jobs gekündigt – die beste und wichtigste Entscheidung meines Lebens! Als ich nach einigen Monaten zurück in die Schweiz kam, fühlte ich mich so frei wie eine Lerche. Bald lernten wir Brötzmann, Gunter Hampel und Manfred Schoof kennen, die ganzen deutschen Free-Jazzer. Aber es war schon ein Kampf, weil natürlich alle sagten, dass das nichts Richtiges für mich sei und ich davon nicht leben könne und verhungern würde. Aber ich wusste, dass es für mich richtig ist, dass ich Talent habe, und ich war wirklich süchtig nach dieser Musik. Ohne diese Sucht schafft man es auch nicht.

CHRISTIAN BURCHARD Free Jazz war das Ding. Die alten Jazzer mochten das überhaupt nicht, Thelonious Monk hatte angeblich Ornette Coleman gehört und beschlossen, dass das »Bullshit« sei, was dann in allen Jazz-Zeitungen stand. Das war Mitte der Sechziger und natürlich ein vernichtendes Urteil. In der deutschen Jazzszene folgte man seinen Idolen. Ich erlebte damals ein Konzert von Dizzy Gillespie und John Coltrane, bei Gillespie war die Begeisterung im Publikum groß, aber danach spielte Coltrane in wenigen Minuten den Saal leer. Die Leute sagten, das sei doch bloß Krach! Elvin Jones spielte auch unglaublich laut Schlagzeug, man hörte überhaupt nur Jones und Coltrane, der Pianist McCoy Tyner und der arme Jimmy Garrison am Bass gingen total unter. Aber dieses Konzert war eben auch ein Aufbegehren gegen den Barjazz, der mit der wirklichen Jazzentwicklung nichts mehr zu tun hatte. So was will bloß heute niemand mehr wahrhaben.

LIMPE FUCHS Ich war sechzehn, als ich mit einem Freund zum ersten Mal, in München, in einem Jazzkeller gewesen bin. Getanzt haben wir Jugendlichen aber nicht zu Jazz, sondern zu Rockmusik wie Bill Haley. Die gab es in München beim Militärsender AFN zu hören, denn Bayern war ja amerikanisch besetzt.

MANI NEUMEIER Ich war der erste Free-Jazz-Drummer in Deutschland. Free Jazz war eine Musik, die für manche grade recht kam und andere schockierte, weil es wirklich neu war. Von da zu Guru Guru war es dann noch einmal ein Bruch, aber auch der gehörte letztlich zu meinem Weg zu einer Befreiung der Musik. Den Kick zum Rock gab mir das Erlebnis, Jimi Hendrix zu hören, weil mir da klar wurde, dass es auch im Rock ganz gute Musiker gibt. Außerdem wollte ich auch diesen elektrischen Rocksound und mit Verstärkern spielen. Irgendwann hatten wir im Jazz auch alles auseinandergenommen, da ging es nicht mehr weiter. Und so gründete ich mit Uli Trepte die Guru Guru Groove Band, aus der dann Guru Guru wurde. Die Idee war, dass wir nicht mehr nur Free Jazz machen wollten, sondern Free Music, also alles, was geht. Wir hatten dann zwei Marshall-Verstärker für die großen Klänge, und wussten, dass wir damit Avantgarde waren, wollten die Musik erweitern und aufbrechen. Und wir waren auch gut, es wurde viel über uns geschrieben.

CHRISTIAN BURCHARD Die Veranstalter wollten leider immer, dass wir irgendwelche Standards spielten, weil sich das so gehörte. Wenn man sich weigerte, bekam man den Job eben nicht. Es war wohl 1967, als ich in Erlangen zu einem Konzert vom Mal Waldron Quartet geladen wurde. Waldron war eines meiner Idole, und dem fehlte ein Mann in seiner Band. Der hatte mit Billie Holiday, John Coltrane, Eric Dolphy, Max Roach und anderen berühmten Jazzern Platten aufgenommen. Waldron hat bestimmt fünfhundert, sechshundert Songs geschrieben, darunter einige Standards. Das war jedenfalls ein dreitägiges Engagement bei ihm, und danach sagte Waldron zu mir: Das ist ganz okay, was du machst. Komm doch die ganze Tour mit. Also blieb ich dabei und stieg sozusagen von der dritten Liga direkt in die erste auf. Diese Band von Waldron war eine tolle Schule, wo ich sehr viel gelernt habe.

PETER BRÖTZMANN Ich habe früh angefangen, mich ins Ausland zu bewegen. Das war für mich eine ganz andere freie Welt, da konnte ich aufatmen und kam endlich mal raus aus der staubigen Adenauer-Bude. Ich hatte eine holländische Freundin in Amsterdam, und deren Familie besaß dort ein Haus im jüdischen Viertel. Ich wohnte eine Zeit lang bei denen unterm Dach, hatte aber in Amsterdam durchaus Schwierigkeiten als Deutscher. Meine Freundin musste mich beim Einkaufen, zum Bäcker oder Gemüsehändler, immer begleiten, so nach dem Motto: Er ist zwar Deutscher, aber ein guter Deutscher! Mein Englisch war damals kaum vorhanden, und die Holländer merkten beim ersten Wort von mir, dass ich Deutscher bin. In vielen Geschäften wurde ich dann nicht bedient. Das war damals so, und damit hatte ich schon zu kämpfen.

JÜRGEN DOLLASE Beat war mir damals zu hedonistisch. Die Jazzfraktion hatte mehr mit Politik zu tun.

PETER BRÖTZMANN Ab und zu ging ich in Berlin auf Demonstrationen oder Veranstaltungen mit Angela Davis oder Eldridge Cleaver. Wir haben auch Konzerte in der FU gemacht, aber das Lustige war, das kein Mensch da unsere Musik hören wollte, die Kommunarden schmissen mit Bierdosen nach uns. Manchmal gab es sogar richtig physische Auseinandersetzungen. Die träumten lieber von Bob Dylan.

ALEXANDER VON SCHLIPPENBACH Bei den Kollegen aus Wuppertal wie Brötzmann spielte der politische Bewegungsaspekt eine sehr viel größere Rolle. Was unseren Kölner Kreis angeht, also Manfred Schoof, Jaki Liebezeit, Gerd Dudek, Buschi Niebergall und mich, war das zunächst ein rein musikalischer Vorstoß. Als Gruppe haben wir sehr weit vorne gearbeitet, haben uns dann aber später auch mit den Wuppertalern im Globe Unity Orchestra zusammengetan und in Wuppertal Workshops auf die Beine gestellt. Im sogenannten Free Jazz hat sich da viel getan.

PETER BRÖTZMANN Was andere Musiker machten, bekam ich nur sporadisch mit. Ich musste Geld verdienen, weil ich eine Familie mit zwei Kindern hatte. Neben meinem Job als Musiker half ich meinem Schwiegervater in dessen Schmiede aus. Zeit, mich umzuschauen, blieb mir nicht. Trotzdem bekam ich mit, was für Musik da auf uns zukam.

ALEXANDER VON SCHLIPPENBACH Was die musikalische Artikulation betrifft, hat die Krautrockbewegung viele Dinge aufgegriffen, die wir im Free Jazz seit Anfang der Sechziger entwickelt hatten.

PETER BRÖTZMANN Vor allem wir Wuppertaler wurden damals auch genauso abgelehnt wie die unkonformen Rockmusiker. Es dauerte lange, bis wir in Deutschland ein bisschen Akzeptanz erfuhren. Selbst gute Kollegen wie Manfred Schoof oder Alexander von Schlippenbach habe ich erst durch den Umweg der Arbeit mit Carla Bley, Steve Lacy oder Don Cherry überzeugen können, dass an meiner Geschichte doch was dran sein könnte. Was mich immer positiv berührt hat, waren die Reaktionen von amerikanischen Musikern. Ich erinnere mich an einen frühen großen Festivalauftritt in Frankfurt, über den die Presse hier dann wieder mal schrieb, das habe doch nichts mit Jazz zu tun, das sei ja gar keine Musik etc. – aber direkt nach dem Auftritt kam ein älterer Herr mit einem Altsaxofon-Koffer auf mich zu und sagte: »Ärger dich nicht: Mach dein Ding.« Und das war Lee Konitz! Das tat mir natürlich äußerst gut. Auch in den Jahren danach stellte ich immer wieder fest, dass die Amerikaner mit weitaus weniger Scheuklappen durch die Gegend liefen als viele europäische Kollegen.

IRMIN SCHMIDT Wir haben den Jazz in seiner ganzen Vielfalt und Geschichte mitbekommen und empfunden, als genuine Kunstform des 20. Jahrhunderts. Für die Konzeption von Can war das sehr wichtig, auch deshalb, weil es damit schon etwas gab, wo man eben nicht wie sonst in Deutschland damals immer – sagen konnte: Da ist die hehre Kunst und da die leichte Muse. Jazz gehörte für mich genauso mit zu dem, was neu war im 20. Jahrhundert, genauso wie die Neue Musik. In gewisser Weise war der Jazz eine neuere Musik als Stockhausen. Bei Stockhausens Werken kann man die Familiengeschichte bis zum Tristan-Akkord belegen. Das ist eine europäische Tradition, und die führt zu Stockhausen oder Boulez. Der Einbruch des Jazz dagegen war in der westlichen Kultur nicht aus unserer Geschichte erwachsen. Die einzige Verbindung war die Sklavenhalterei, durch die auch afrikanische Musik nach Amerika transportiert wurde. Daraus ist dann eine ganz neue Musik entstanden, Jazz, Rock und Blues – das war in der westlichen Welt alles ganz neu. Und ich hatte das tief empfundene Gefühl, diese Genres in mein musikalisches Bewusstsein integrieren zu wollen. Und so, wie ich das verinnerlicht hatte, wollte ich das auch in der Musik mal richtig erleben, also selber machen, eine Gruppe gründen, wo das alles vorkommt. Die Idee des Spontanen und des Alle-zusammen war dann eher etwas Ideologisches, was ich dazuaddierte.

PETER BRÖTZMANN Als Jaki Liebezeit noch Jazztrommler war bei Schlippenbach und Schoof, haben wir regelmäßig miteinander zu tun gehabt. Seinen Wechsel zu Can konnte ich gut verstehen. In meinen Augen war Jaki nie ein Jazzschlagzeuger, und das meine ich nicht böse. Weil Jaki als Schlagzeuger viel zu sehr auf der eins, zwei, drei, vier war. Das jazztypische Swingen war nicht so seine Sache. Als er dann mit Can anfing und sich von seinen Kumpels Schoof und Schlippenbach entfernte, war mir klar, was ihn antrieb, denn Can kam seinem metrischen Gefühl viel näher als die Jazzmusik. Dazu gab es natürlich im Free Jazz Punkte, wo die Sache stagnierte, auch später immer wieder. Da muss man dann einfach gegen ankämpfen und weitermachen. Ich bin viel zu sehr Jazzmusiker und brauche das Swingen irgendwie, Jaki dagegen brauchte es nicht. Aber Trommler waren für mich immer wichtig, und eines der ersten Worte eines jungen Trommlers, mit dem ich neulich in Italien spielte, war: »Krautrock«.

JAKI LIEBEZEIT Ich habe lange Jazz gemacht, landete dann im Free Jazz, und das war dann erst mal das Ende. Denn was kommt nach Free Jazz? Mir war beim Free Jazz irgendwann die Überzeugung abhandengekommen, das so weiter zu spielen. Da blieb mir nur die Kehrtwendung zum Rhythmus, denn im Free Jazz war der ja völlig verloren gegangen. Und Rhythmus ist im Jazz schon ein wichtiges Kriterium. Nach Noten Schlagzeug zu spielen ist mir nie gelungen. Es geht auch nicht. Es gibt zwar Leute, die das machen, aber es hört sich dann ja auch so an. Wahre Trommler können nicht nach Noten spielen, die denken nämlich anders, die haben auch eine andere Vorstellung von Rhythmus. Das siehst du schon, wenn du in den Klassik-Lehrbüchern das Kapitel Rhythmus aufschlägst – das ist nach zwei Seiten abgehakt. Durch das europäische Notensystem ist die Rhythmik stark verkümmert. In Afrika denkt doch keiner nach Noten, die legen einfach los! Das ist Freiheit.

IRMIN SCHMIDT Ich hatte schon viel Jazz gelernt, war ein riesiger Bewunderer von Max Roach, gerade weil der so Polyrhythmen machte, die ich wiedererkannte, weil ich an der Uni afrikanische Musik gehört hatte. Aber vieles, was man dort dazu an Analysen hörte, kam mir später wie ein Witz vor. Ich hatte zwar ein Bedürfnis nach solchen Rhythmen, aber ich beherrschte sie nicht. Was ein Groove ist, habe ich erst von Jaki gelernt.

ALEXANDER VON SCHLIPPENBACH Liebezeit ist dann in diese Rockszene gegangen – ein entscheidender Schritt, den wir Jazzer allerdings nicht mitgemacht haben. Wir blieben zwar gute Freunde, aber das waren schon zwei verschiedene Welten. Ich muss gestehen, dass ich nie eine Can-Platte gehört oder eines ihrer Konzerte besucht habe.

DIE SECHZIGER

BEAT

»Eigentlich war ich ein sehr unmusikalischer Mensch.«
ASMUS TIETCHENS

ACHIM REICHEL Anfang der Sechziger war man mit einer elektrischen Gitarre so was wie ein Marsmensch: »Kann man vom Gitarrespielen leben?« Ganz sicher nicht!

JÜRGEN DOLLASE Zu Beginn der sechziger Jahre kam die Beat-Welle in meiner Schule an. Mit fünfzehn machte ich einen Tanzkurs und bekam Beat vor allem wegen der Mädchen mit, denn damals war ich eigentlich eher in der Jazzszene unterwegs. So um 1966 spielten wir aber auch »Beat Meets Jazz«-Konzerte. Da traten jeweils drei Beatgruppen und drei Jazzgruppen auf. Zum Jazz kam ich als Kontrabassist, weil da grad einer gesucht wurde. Irgendeine Skiffle-Gruppe an der Schule brauchte dann einen Bassisten. Später bin ich auch in einigen Oldtime-Jazzbands gelandet, und irgendwann wurde auch etwas Modern Jazz gemacht. Schließlich aber kam der Rock 'n' Roll, und die Faszination, die er in diesen frühen Zeiten auf Musiker ausübte, war erheblich. Daran war wirklich alles neu: Der ganze Lifestyle war anziehend, diese Beatmusik versprach wirklich ein anderes Leben.

ASMUS TIETCHENS Wer in Hamburg um 1965 irgendwelche Musik machen wollte, spielte entweder Skiffle und Dixieland oder die Beatles und Rolling Stones nach – so gut es denn ging! Beatbands gab es in Hamburg wie Sand am Meer. Das kam für mich aber schon deshalb nicht in Frage, weil ich nicht Gitarre spielen konnte. Singen konnte ich aber auch nicht.

MICHAEL ROTHER Als Kind habe ich zu Hause klassische Musik gehört. Mein Vater arbeitete bei British European Airways in Hamburg und München und wechselte dann zur Lufthansa, wo er die Aufgabe bekam, den Raum, der heute Pakistan und Bangladesch ist, als Stationsleiter zu betreuen. Ich kam 1963 aus Karatschi zurück nach Deutschland. Wir zogen nach Düsseldorf, und als ich dort die ersten Male zum Eislaufen ging, sprang plötzlich aus den Lautsprechern diese ganze Palette neuer Musik: die Rolling Stones, die Beatles und die Kinks. Ich war total begeistert. Dieser Musik näherzukommen war für mich danach mein großer Wunsch. Aber solche Figuren waren natürlich alles andere als alltägliche Vorbilder für einen braven Schüler wie mich. Ich war immer der freundliche und respektvolle Michael gewesen und sogar zum Klassensprecher gewählt worden. Diese Musiker aber lebten ein anderes Leben, wo es um Freiheit, Auflehnung und Kunst ging.

ASMUS TIETCHENS Bei uns zu Hause liefen nur deutsche Schnulzen. Mein Vater fuhr zur See, deshalb hatte ich es mit einer quasi alleinerziehenden Mutter zu tun, die Schlager hörte. Ich bekam früh von meinen Eltern ein Tonbandgerät geschenkt, da war ich wohl zwölf Jahre alt. Zu der Zeit gab es eine Sendung, die vom NDR monatlich ausgestrahlt wurde, moderiert von Chris Howland. Der informierte damals kompetent über neue Entwicklungen in der britischen Popmusik. Zu der Zeit war er auch noch DJ beim britischen Sender BFBS, den man in Deutschland empfangen konnte. BFBS und Radio Luxemburg waren für mich und alle Gleichaltrigen die wichtigste Informationsquelle für englischen Pop. Das war Musik, die mich wirklich interessierte, allen voran die Shadows. Eine Gitarrenband, vor der ich heute noch auf die Knie gehe. Die brachten mich dazu, Gitarre lernen zu wollen, denn dass deren Musik mit Gitarren erzeugt wurde, begriff ich selbst als Zwölfjähriger sofort, obwohl ich noch nicht mal den Unterschied zwischen elektrischer und akustischer Gitarre kannte. Trotzdem bat ich meine Eltern händeringend, mir doch noch eine Gitarre zu schenken, und eines guten Weihnachtens kam die dann auch. Ich zupfte daran und merkte: Das klingt nicht wie die Shadows! Die Enttäuschung war bodenlos. Verbunden mit diesem Geschenk war aber auch Musikunterricht über zwölf Unterrichtsstunden. Da bin ich dann hingegangen, aber der Unterricht scheiterte daran, dass ich Linkshänder bin und der Gitarrenlehrer nicht in der Lage war, von meiner Linkshändigkeit zu abstrahieren. Er kam auch nicht auf die Idee, meine Gitarre andersrum zu besaiten, so wie das Paul McCartney und Jimi Hendrix gemacht hatten. Aber von denen war da bei mir noch keine Rede, deshalb konnte ich das nicht einfordern. So saßen mein Lehrer und ich uns ratlos gegenüber. Dann ging es auch noch mit Noten los, und die waren mir immer schon ein Buch mit sieben Siegeln. Quintenzirkel und Ähnliches habe ich schon in der Schule nicht kapiert. Das war mir alles zu viel, höhere Mathematik! Und klang nicht mal wie die Shadows! Die Gitarre wurde dann mit Verlust wieder veräußert, und das war es dann. So endete der einzige Versuch in meinem Leben, ein Instrument zu lernen.

MICHAEL ROTHER Als ich mit meinen Eltern in Pakistan lebte, machte mein Bruder eine Bankausbildung in München. Manchmal kam er zu Besuch nach Karatschi und brachte Singles mit. Eine davon war eine Aufnahme des Shadows-Songs »Apache«, in der Version von Jørgen Ingmann, die mich sehr beeindruckte. Diese Single lag bis zum Tod meiner Mutter noch in meinem Zimmer in Düsseldorf in einer alten Musiktruhe, die sich meine Eltern nach dem Krieg geleistet hatten und die immer noch bei mir im Studio steht. Die Musiktruhe hatte auch ein Radio, mit dem ich Sender wie Radio Luxemburg hören konnte. Eigentlich wollte ich in Pakistan gerne eine Sitar, aber die war wohl zu teuer. Stattdessen bekam ich einen Holzkasten mit vielen Saiten und einer Schreibmaschinentastatur. Das ist ein Musikgerät, wie es Klaus Dinger später auf der ersten NEU!-Platte bei dem Stück »Negativland« einsetzt. Man spielt damit Melodien, indem man die Schreib-

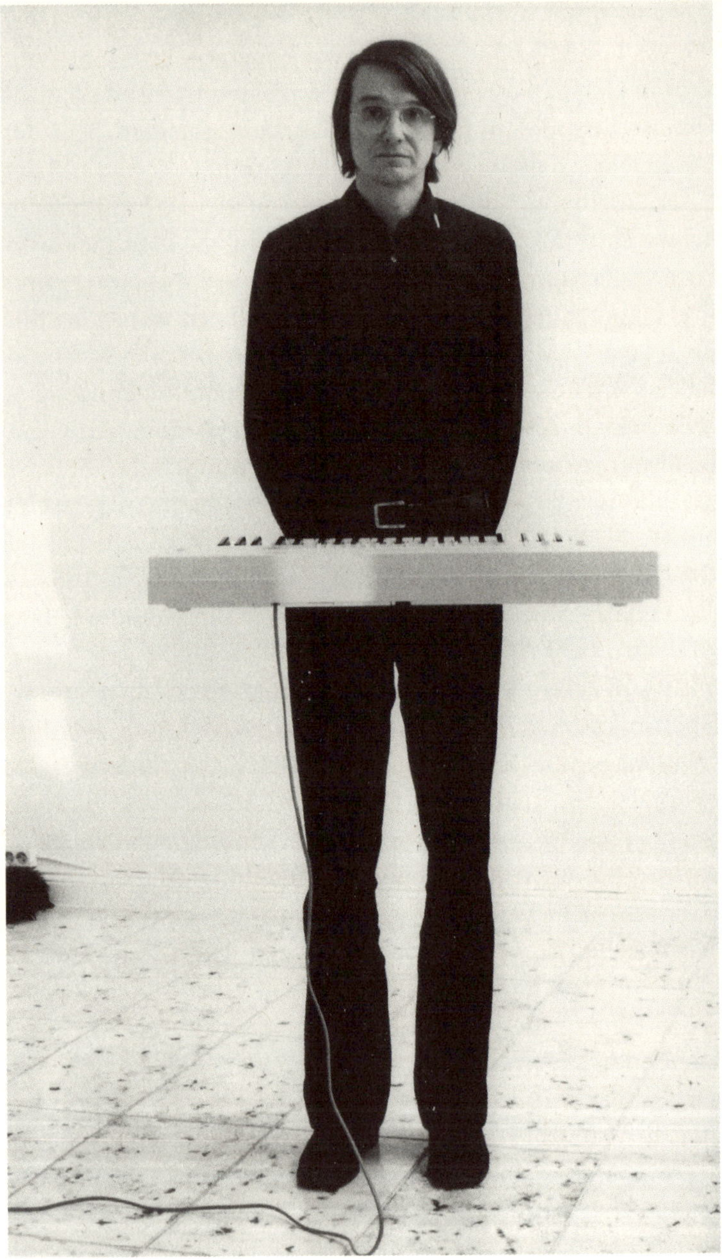

Asmus Tietchens, 1981

maschinentasten drückt. Ich fand das damals in Karatschi allerdings nicht spannend genug und wollte daraus eine Gitarre bauen. Vermutlich unter dem Eindruck von »Apache«. Aber natürlich bin ich daran gescheitert.

IRMIN SCHMIDT Während meines Studiums in Essen habe ich viele britische Beatbands gehört, die meisten Namen habe ich allerdings vergessen. Ich erinnere mich nur noch an die Pretty Things. Aber dieser Sound hat mich schon enorm beeindruckt. Kompositorisch war Beat natürlich schlicht. Wenn man das auf Papier aufschrieb, blieben da vielleicht drei Akkorde, aber es hatte eine eindrucksvolle Wucht. Und auch dank der Minimal Music freundete ich mich langsam mit schlichten Akkorden an. Es durfte auch mal einfach sein, wenn es dafür was anderes hatte, und das war eben die Wucht.

MICHAEL ROTHER In Karatschi gab es wenig Musik und im Radio überwiegend Sender, die nur arabische Musik spielten. Die hörte ich dann eben oft, was mich im Nachhinein betrachtet sicher beeinflusst hat. Verstanden habe ich diese Musik, die weder Anfang noch Ende zu haben schien, natürlich überhaupt nicht, weder die Skalen noch die Figuren, aber emotional hat sie mich doch berührt und geprägt, ist tief durch mich durchgeflossen, sie lief und lief und lief für immer. Musikgruppen, die das spielten, begegnete man auf der Straße, wo sie manchmal auch mit Schlangenbeschwörern auftraten. Der emotionale Eindruck war enorm. Aus dieser Welt kam ich 1963 zurück nach Deutschland und entdeckte die aufregende neue Musik der British Beat Explosion, verkörpert durch Bands wie die Beatles, Rolling Stones, Kinks und andere. Aus alldem entwickelte sich über Jahre so langsam die Idee, musikalisch weiterzugehen, verbunden mit der Frage »Was macht mich eigentlich aus?«. Als Teenager ist man ja zufrieden damit, so gut wie möglich den Idolen nachzueifern: Ich möchte Gitarre spielen können wie Jimi Hendrix, Eric Clapton und George Harrison. Das war zwar aussichtslos, aber immerhin ein toller Plan. In Düsseldorf gab es zu der Zeit sogar mindestens zwei Gitarristen, eher böse Buben, die ziemlich gut Hendrix nachspielen konnten. Aber sie waren eben nicht Hendrix. Und ich war ohnehin nie der Böse, sondern immer der Nette, ich stehe dazu. Der Gitarrist Houschäng Nejadépour war, als ich zu Kraftwerk kam, gerade noch bei einigen Konzerten dabei. Ein Halbiraner mit langen schwarzen Haaren und asketischem Gesicht – und ein so großartiger Hendrix-Impersonator, dass ihn das vielleicht daran hinderte, etwas Eigenes zu machen. Auch ich habe durch Imitation gelernt, habe die Techniken dieser Helden aufgesogen, dabei lag ein Gefühl für Melodie wohl schon in mir. Das haben mir die Mitglieder der Spirit Of Sounds bei meinem Einstieg in die Band auch gleich bestätigt: »Michael, du bist der Sologitarrist. Du spielst die Melodien. Ist doch klar, oder?«

LUTZ LUDWIG KRAMER Wir waren die Ugly Things – wegen der Pretty Things. Die hatte ich live gesehen und sogar kennengelernt. Das waren nette Typen, die mit uns Kids gerne geredet haben. Alles, was wir wissen wollten, haben die mit uns besprochen, und sie zeigten uns sogar ihre Gitarren. Phil May mit seiner Riesenmatte war eine richtige Traumfigur. Mein bester Kumpel damals hieß Pretty, dann waren da noch Fame, der später Bassist bei Agitation Free wurde, und ich. Wir drei haben dann unser Geld zusammengelegt, was nicht viel war, und uns Instrumente besorgt. Unser Schlagzeug bastelten wir uns aus leeren Omo-Waschmitteltrommeln. Dazu kamen Sachen wie ein Waschbrett. Wenig später machten wir bei mir im Garten in der Kastanienallee die erste Probe. Das Ziel war, mindestens so gut zu werden wie die Pretty Things.

MICHAEL ROTHER Die Gesamtwirkung von Bands wie den Beatles oder den Pretty Things war unglaublich. Unter dem Eindruck ihres Sounds wurde die Gitarre mein Instrument. Es gab damals Musik, die mich wirklich durchgeschüttelt hat. Ein Stück wie Creams »I Feel Free« zum ersten Mal zu hören war unglaublich. Ich war elektrisiert. Das waren wirklich völlig neue Strukturen, die mich verwirrten und begeisterten.

PETER BAUMANN Mit vierzehn spielte ich in einer Beatband, die ein Amerikaner gestartet hatte, da coverten wir vor allem amerikanische Songs wie »Green, Green Grass of Home«. Danach war ich in einer Gruppe, wo wir Led Zeppelin, Rolling Stones und ähnliche Bands nachspielten. Ich war achtzehn, als ich bei Tangerine Dream anfing, und fand es schon auffällig, dass es so viele Rockbands aus England und Amerika gab, aber nur sehr wenige aus Deutschland.

GÜNTER SCHICKERT Meine Mutter und mein Vater haben Schlager gehört. Heidi Brühl, Freddy Quinn und solche Sachen. Das KaDeWe hatte damals eine riesige Schallplattenabteilung, da bin ich immer hin und habe in alles Mögliche reingehört. Als ich dann mein erstes Lehrgeld bekam, kaufte ich mir für dreißig Mark einen Bingo-Plattenspieler und ein altes Radio und habe das dann zusammengeschlossen. Mit meinem letzten Geld stand ich dann in der Plattenabteilung des KaDeWe und ging am Ende mit »Between the Buttons« von den Rolling Stones nach Hause.

HARALD GROSSKOPF Mit fünfzehn war ich bei den Stuntmen. Ich war Oberfan der Beatles und der Rolling Stones. Damals hatte ich ein Philips-Tonbandgerät, mit dem wollte ich bei einem Kumpel ein paar Schallplatten aufnehmen, die ich noch nicht hatte, mit einem Mikrofon in Mono. Dazu trommelte ich mehr oder weniger unbewusst auf der Tischplatte. Danach sind wir in die Badeanstalt und haben uns das angehört, mein Trommeln hörte man da deutlich. In Hörweite saß auch der Bassist einer lokalen Beatband, und der fragte dann bald: Wer hat denn da getrommelt? Das sei doch super und ich solle doch mal richtig Schlagzeug spielen. Das fand ich natürlich toll und begann daraufhin mit dem Trommeln. Die Stuntmen waren eine eher anspruchsvolle Beatband. Wir haben schwierigere Beatles-Nummern wie »Paperback Writer«

und Kinks-Songs nachgespielt. Das kam ziemlich gut an. Ich hatte damals eine Mireille-Mathieu-Frisur, was furchtbar aussah, dazu eine Beatles-Jacke und hochhackige Beatle-Boots – plus »Lords-Hosen«, die Lords hatten einen Schnitt erfunden, bei dem die Naht vorne war. Unten spaltete sich diese Hose und fiel mit viel Schlag auseinander. So rannte man dann rum, fiel mächtig auf und wurde regelmäßig angepöbelt. Ich bekam immer wieder Sachen zu hören wie »Dich sollten sie mal ins Arbeitslager stecken« oder »Früher wärest du schon lange von der Straße geholt worden«. Am harmlosesten war noch »Geh mal zum Friseur«. Wenn es ums Beschimpfen auf der Straße ging, waren die braven Bürger hemmungslos. Das kannte ich aber schon von den Lehrern in der Schule.

MICHAEL ROTHER Wenn ich mir heute Fotos von Bands wie den Pretty Things anschaue, wird klar, dass die ganz anders aussahen als ich damals, Mitte der sechziger Jahre. Das waren »böse Buben« mit langen Haaren und Lederklamotten. Oft kamen solche Musiker aus einer Schicht, in der es robust zuging. Die wirkten alle viel älter, als sie waren. Unterschwellig hat mich das sicher fasziniert.

HOLGER CZUKAY Die erste Nummer, die mich beeindruckte, war eine Single von Caterina Valente. Die A-Seite war »Ganz Paris träumt von der Liebe«, was ich gar nicht so gut fand, aber die Rückseite packte mich: »Dreh dich nicht um nach fremden Schatten« – das war der Hammer! Ich habe die jetzt noch mal wiedergehört und fand sie immer noch richtig gut. Wirklich düster. Davon war ich damals sofort fasziniert.

GÜNTER SCHICKERT Nachdem ich Jimi Hendrix im Fernsehen gesehen hatte, fing ich an Gitarre zu spielen. In der Lietzenburger Straße stand das Gemeindehaus, und die hatten einen Jugendklub. Da war immer einer von der Kirche mit dabei, der das beaufsichtigte, man konnte dort Tischtennis spielen, und ab und zu trat auch eine Band auf. Dort probierte ich mal das Schlagzeugspielen aus, und irgendwann kam ich auf die Idee:

Gitarre ist gut! Vor allem mochte ich die Lautstärke. In allen Clubs hörte man Gitarren, es gab damals ja so um die zweitausend Beatbands in Berlin. Die ersten Konzerte von Bands wie The Lords habe ich schon voll mitgekriegt, die haben mich geprägt. Gitarre spielen konnte ich damals aber noch nicht. Ich ging dann zu Frau Abendroth bei der Versicherung, wo ich lernte, und sagte: Frau Abendroth, ich brauche dringend eine Gitarre, haben Sie nicht irgendwo eine alte rumliegen? – Und, ja, das hatte sie und gab mir eine alte italienische Klampfe. Auf der fing ich dann an. Da war ich siebzehn. Zuerst nutzte ich ein Röhrenradio als Verstärker, dann besorgte ich mir beim Trödler einen richtigen. So spielte ich Sachen, die ich schon aus dem Radio kannte, Blue Cheer, »Summertime Blues« und so weiter, alles sehr rockig und punkig. Wir mussten ja erst mal englische und amerikanische Sachen nachspielen, weil es in Deutschland keine Vorlagen gab. Als ich immer mehr Musik machte, beschloss ich, anders zu arbeiten, um dafür mehr Zeit zu haben. Bei der Versicherung, wo ich angestellt war, wäre ich auf Dauer zu einem Kafka-Wesen geworden. Im Büro konnte man nicht halbtags arbeiten. Nachdem ich da gekündigt hatte, jobbte ich nur noch. Wenn man was Neues machen will, muss man aus dem Alten erst mal raus. Man kann nicht in der alten Existenz bleiben und darauf warten, dass etwas passiert. Man muss leider den Sprung ins kalte Wasser wagen.

MICHAEL HOENIG Die Beatles und die Rolling Stones waren allgegenwärtig. Nach dem Krieg war meine Mutter bei den Amerikanern beschäftigt gewesen, und in Berlin arbeitete sie dann in einem Laden für die US-Offiziere, deshalb hatte ich schon 1963, glaube ich, eine der ersten Beatles-Singles: »Love Me Do«, auf Odeon.

MICHAEL ROTHER Ich hatte sogar eine Begegnung mit den Rolling Stones. Wegen der Position meines Vaters durfte ich mal aufs Rollfeld, als die Band 1965 in Düsseldorf ankam. Hinter mir warteten kreischende Massen hinter den Absperrungen, während ich bis ans Flugzeug rankam. Ich war fünfzehn und hatte mir schon Fragen überlegt, die ich Bill Wyman stellen wollte. Das klappte aber leider nicht, denn die Stones kamen bloß die Treppe runter und verschwanden sofort. Ich erinnere mich nur daran, wie überrascht ich war, dass Bill Wyman so klein war. Schließlich durchbrachen die Fans die Absperrungen und stürmten kreischend das Rollfeld, wogegen die Sicherheitskräfte mit Wasserwerfern vorgingen. Hinter mir stand ein Gerät, mit dem Flugzeuge angeschleppt werden, das hatte große Räder und einen langen Arm. Darauf hatten sich diverse Fans verschanzt. Als die von Wasserwerfern getroffen wurden, ließen sie diesen Metallarm los, der mir daraufhin auf den Fuß krachte, sodass ich am Ende mit einem gebrochenen Zeh im Krankenhaus gelandet bin. Das war meine Begegnung mit den Rolling Stones.

MICHAEL HOENIG Englische Popmusik hörte ich bis circa 1967 oder 68, ab da eher Westcoast-Psychedelic oder englische progressive Musik. Wir waren damals eine Gruppe von Freunden, die sich jede Woche, wenn es Taschengeld gab, neue LPs anschaffte. Wenn einer was Neues hatte, saßen wir zu zehnt beisammen und haben diese Platte fünfmal hintereinander gehört. Das reichte von Cream über Jefferson Airplane und Grateful Dead bis zu Soft Machine. Der ganze psychedelische Sound war überwältigend und brachte alles durcheinander, weil sich unsere Wahrnehmung durch Drogen so veränderte, dass die Sprache ein ganz schlechtes, unzureichendes Kommunikationsmedium wurde. Alle nahmen Acid und rauchten Marihuana – ich beschäftigte mich mit der amerikanischen Hippie- und Kunst/Literatur-Subkultur, weil ich einem Freund zeitweise mit einer ersten deutschen Hippie-Zeitung half: »Love«. Inspiration kam von der US-Underground-Presse. Das verschob auch das Spannungsfeld von den politischen Problemen, die klar zu fassen waren, hin zu Problemen und Themen, die man nicht mehr so präzise greifen konnte, eher das Leben und Überleben im Großen und Ganzen, oder auch das Leben danach. Östliche Philosophien kamen ins Spiel.

IRMIN SCHMIDT Wenn Can überhaupt von Pop- und Rockmusik beeinflusst waren, dann von der amerikanischen – wobei schon klar getrennt wurde zwischen der amerikanischen Regierung, der Politik, dem Krieg, den sie geführt haben, auf der einen Seite und der Jugend, die dagegen war, auf der anderen. Antiamerikanismus stand eigentlich nie zur Debatte, soweit ich das mitbekam. Die Idee, über ein ganzes Land zu urteilen, ist ohnehin absurd.

HARALD GROSSKOPF Mit Rudolf Schenker von den Scorpions war ich im Kindergarten und auch eine Weile in der Schiller-Realschule. Der kommt ja auch aus Sarstedt bei Hannover. Er ging dann jedenfalls nach zwei Jahren ab, um eine Lehre zu machen. In Sarstedt hatte er da schon die Scorpions, und meine Band waren die Stuntmen. Wir waren die lokalen Beat-Heroen. Der Vater von Rudolf und seinem Bruder Michael hat die beiden bedingungslos unterstützt, hat ihnen Auftritte besorgt und sie herumgefahren. Unsere Eltern waren nicht so. Als Verstärker hatten wir alte Radios, und als wir unsere Eltern um einen Kredit für richtige Verstärker baten, lehnten die das ab. Stattdessen bürgte Vater Schenker für uns, da waren wir fünfzehn. Das war toll. Wenn der Drummer der Scorpions mal ausfiel, half ich aus und spielte mit denen in diversen Jugendheimen in Hannover. Nach dem Zivildienst wollte ich fest bei ihnen einsteigen, aber bei drei Terminen in Hildesheim sind sie jedes Mal nicht aufgetaucht. Da dachte ich mir: Ihr könnt mich mal!

KARL BARTOS Meine Eltern hatten eigentlich eine andere Karriere für mich vorgesehen. Ich sollte eine Lehre als Fernmeldehandwerker machen. Da bin ich dann auch hingegangen, aber in dem Betrieb, wo ich anfing, waren zwei, drei Leute ähnlich von Musik infiziert wie ich. Und schon waren wir eine Beatband und haben nur noch Musik gemacht. Wir hatten gar keinen Namen, aber wurden trotzdem in ganz Nordrhein-Westfalen herumgereicht. In meiner Fernmeldehandwerkerlehre habe ich so eigentlich nichts gelernt außer Musik. Wir spielten die Hitparade rauf und runter. Ich war totaler Beatles-Fan und hatte das Glück, in einer Welt aufzuwachsen, in der die meistverkauften Platten tatsächlich die Jugendkultur repräsentierten. Die Musik damals hatte eine Substanz, die bis heute gültig ist. Jimi Hendrix' Aufnahme von »All Along the Watchtower« klingt immer noch umwerfend. Jedenfalls sprach diese ganze Musik zu mir, seit ich vierzehn war. Instrumente waren wie Fetische für mich. Die Dinger sahen schon geil aus. Aber vor allem halfen Instrumente dabei, sich mitzuteilen. Musik zog mich magisch an, ohne dass ich das genau artikulieren konnte. Aber irgendwann war da ein Weg für mich zu erkennen. Außer Fußballspielen war es das Einzige, was mich interessierte. Ich bin in Düsseldorf aufgewachsen, damals englisch besetzte Zone. Die Amerikaner und Engländer waren das Beste, was uns nach dem Krieg passieren konnte. Und meine Schwester heiratete einen englischen Lance Corporal. Der brachte mir die ersten beiden Platten mit; eine war von den Beatles und eine von den Rolling Stones. Das war 1964 und das Glück meines Lebens. Ich war zwölf, und der erste Film von den Beatles, »A Hard Day's Night«, war grad in die Kinos gekommen. Mit dem ersten Akkord von »A Hard Day's Night« beginnt meine musikalische Identifikation, diese Musik hat mich hypnotisiert. Ich nahm daraufhin die Gitarre meiner Schwester, die sie nie gespielt hatte, von der Wand, denn diese Gitarre hatte auf mich gewartet.

LÜÜL Wir orientierten uns vor allem an den Stones, die Beatles waren uns etwas zu schwer, was Akkorde und Gesang anging. Aber so um 1968 begriffen wir dann auch, dass wir unseren eigenen Weg suchen müssen, da herrschte eine grandiose Aufbruchstimmung. Durch die Studentenrevolten gab es einen revolutionären Schub und die Vision einer besseren Gesellschaft ohne Spießer und Autoritäten. Dadurch wurde uns auch klar, dass wir unsere eigene Musik erfinden und neue Töne wagen mussten. Unser damaliger Gitarrist Lutz Ludwig Kramer war in England gewesen und brachte von dort Schallplatten mit. In Deutschland war das in der Qualität alles nicht zu haben. In London hatte er im Roundhouse auch Pink Floyd live gesehen und kam schwer beeindruckt zurück, wir anderen kannten die noch gar nicht. Begeistert verkündete er: »Freunde, das ist eine ganz neue Musikrichtung!« Ich hörte mir von denen dann das Album »The Piper at the Gates of Dawn« an, aber das war mir noch zu schwer verdaulich, zu viele neue Töne.

STEVE SCHROYDER Mit ein paar Freunden war ich 1968 in Schweden, und lernte eine Frau kennen, bei der ich das erste Mal die Pink-Floyd-Platten »The Piper at the Gates of Dawn« und »A Saucerful of Secrets« gehört habe. Die spielte sie nacheinander, und ich dachte: »Das ist ja der Wahnsinn!« Das war für mich eine Trance-Erfahrung, vergleichbar mit meinen ersten Hasch-Erlebnissen, aber in diesem Fall rein durch die Musik verursacht. Das hat mich wirklich umgekrempelt. Pink Floyd habe ich damals gesehen. Das war geil: der Gong! Die Lightshow!

LÜÜL Meine Schwester hatte mir »Revolver« von den Beatles aus England mitgebracht, die auch schon viele psychedelische Momente hatte und mir wesentlich besser gefiel als »The Piper at the Gates …«. Aber meine Schwester hörte dann auch so viel Pink Floyd, irgendwann freundete ich mich doch damit an, auch mit The Doors, Allman Brothers, Velvet Underground, Grateful Dead oder The Byrds. Besonders erinnere ich mich an eine sehr freie Liveversion von »Eight Miles High«. Irgendwann trug ich einen Kaftan und eine Glocke um den Hals, die bei jedem Schritt klingelte. Das fand ich toll, auf die Dauer nervte es allerdings auch ziemlich.

ACHIM REICHEL Die Engländer waren dieser Musik einfach näher, schon durch die Sprache. Und der Rock 'n' Roll wurde eben in Amerika erfunden. Für uns Hamburger waren all diese Clubs tolle Orte zum Studium dieser Musik. In jedem Laden spielte irgendeine interessante Band. Die Beatles habe ich oft gesehen, im Indra, im Top Ten und im Star-Club. Und Ringo Starr im Kaiserkeller, als er noch bei Rory Storm & the Hurricanes am Schlagzeug saß. Der Star-Club war immer bis vier Uhr morgens auf. Ich werde nie vergessen, wie John Lennon dort eines Abends nackt auf der Bühne erschien, die Gitarre vorm Gemächt, und um den Hals hatte er eine Klobrille hängen. Die hatte er da wohl grad von der Toilette gerissen. Ich dachte nur: Was sind denn das für Typen? Das hat einen schon ziemlich angefeuert. Allerdings machte er dann auch noch den Hitlergruß. Da dachten wir, na ja, englischer Humor hin oder her, das ist nun doch ein bisschen viel. Aber der Lennon hat sich gefreut und fand das offensichtlich lustig. Wir nicht ganz so. Aber dass es in den sechziger Jahren in Hamburg so viele Musikclubs gab, war für viele, die da nicht wohnten, ein guter Grund, mal hinzufahren. Da war Hamburg schon ganz besonders.

BERND WITTHÜSER Erst spielten wir alle das Zeug von den Engländern und Amerikanern nach. Meine Tante hatte einen Bergmann von den British Forces geheiratet und war nach England gezogen. Die lud mich ein und sagte, komm nach England, da ist alles viel besser. Ich bin dann dahin, die Bergarbeitersiedlung sah genauso aus wie bei uns im Pott, aber in der Kneipe stand eine Musicbox, und da bin ich ausgeflippt. Zuerst lief da »The Last Time« von den Rolling Stones und dann Bob Dylans »The Times They Are A-Changin'«. Ich dachte, ich werd nicht mehr! Das löste eine Menge bei mir aus. Als ich wieder zurück in Essen war, hab ich mir erst mal eine Mundharmonika besorgt. Dylan zu entdecken war so eine Befreiung. Danach hörte ich nur noch den englischen Soldatensender BFBS.

JEAN-HERVÉ PERON Nachdem meine Eltern nach Frankreich gezogen waren, hörte ich zwangsläufig viel französischen Rock 'n' Roll wie Johnny Hallyday und Eddy Mitchell. Aber auch Pop wie Adamo und Sylvie Vartan. Solche Musik lief dort nonstop im Radio, und die meisten meiner Freunde hörten das auch. Aber so schlecht war das eigentlich gar nicht. Gut, die Texte waren grausam, aber es war eben die Musik, zu der man mit Mädchen tanzte. Dann gab es aber auch noch den Piraten-Radiosender Radio Caroline, die waren bei uns in der Nähe auf einem Schiff unterwegs und hatten ein Programm, das mich vor Glück vibrieren ließ. Da bekam man Bands wie The Troggs, Pretty Things oder The Who zu hören. Alles schwer verzerrt, weil man den Sender nie ganz sauber reinbekam, aber das machte den Sound nur noch viel aufregender. Wer weiß, wie sehr mich gerade diese atmosphärischen Störungen später beeinflusst haben.

LÜÜL Es gab ein paar Stones-Stücke mit wenigen Akkorden wie »Everybody Needs Somebody to Love« oder »2120 South Michigan Avenue«, die man gut länger spielen konnte. Unser Roadmanager hat immer gestoppt: zehn Minuten, fünfzehn Minuten und so weiter. Auch »Spoonful« von Cream funktionierte sehr gut. So haben wir Improvisationen geübt, wurden besser und die Versionen mit der Zeit immer länger, bis wir eines Tages an dem Punkt waren, wo wir nichts mehr nachspielten, sondern mit eigenen Songs begannen. Erst rauchte man einen Joint, dann fing einer einfach so an, und die anderen kamen dazu, wenn sie so weit waren. Es wurde jedenfalls wild gejammt. Manchmal besser, manchmal schlechter, was ganz davon abhing, wie wir zusammenfanden. Das war eine abenteuerliche Art, Musik zu machen, weil nie klar war, was da eigentlich passiert. Für uns war es aber vor allem eine große musikalische Befreiung. Auch beim Publikum kam das super an, weil alle irgendwie im Aufbruch waren.

HAARE

»Wir waren das Gegenmodell
zu weißen Hemden mit Krawatte.«
JAKI LIEBEZEIT

RENATE KNAUP Wir waren einfach rebellisch drauf, absolut gegen das Scheißsystem. Deshalb haben wir uns auch so angezogen, dass vielen Leuten die Haare zu Berge standen. Ich trug den kürzesten Minirock der Welt, dazu toupierte ich mir die Haare, die sehr lang waren, so auf, dass sie wie eine Löwenmähne abstanden. Die Männer wie Rainer Bauer oder Chris Karrer waren eher so indisch angehaucht, mit verzierten Jäckchen. Die anderen hatten Lederjacken an, dazu Cowboystiefel, Bart und lange Haare. Wenn wir auf die Straße kamen, wurden wir direkt am Taxistand von den Fahrern bedroht: »Ihr langhaarigen Dackel«, »Drecksbagage«. Natürlich haben wir das sehr genossen.
BERND WITTHÜSER Lange Haare brachten Ärger. Mit so einer Matte auf dem Kopf in einer Firma zu arbeiten war unmöglich. Ich habe es für eine Weile immer wieder probiert, wenn mich kurz so was wie Reue packte. Dann rief ich bei Firmen an, ob ich da arbeiten kann, das ging dann ein, vielleicht zwei Tage lang gut, und dann saß ich wieder auf der Straße. Für die reguläre Arbeitswelt war ich irgendwann eben gegessen.
BERND DOPP Lange Haare waren zu Beginn der Siebziger noch ein Statement: Mit Matte war man Anti-Establishment! Damit hattest du dich gegen die Eltern, die Lehrer, die meisten Klassenkameraden und überhaupt gegen den Mainstream durchgesetzt. Wenn man aber im Bus oder auf der Straße auf

die falschen Leute traf, konnten lange Haare auch gefährlich werden. Am aggressivsten waren Rockertypen: »Na, Meister, du bist doch ein Mädchen, oder?« Das konnte unangenehm werden, also schaute man nach unten, und war froh, wenn der Kelch an einem vorbeiging.

MICHAEL ROTHER Als ich 1969 mein Abitur machte, war ich achtzehn. Meine Haare wurden in der Oberstufe länger, eigene politische Überzeugungen und Renitenz entwickelten sich. Ich habe irgendwann nicht mehr alles akzeptiert, was die Lehrer mir vorsetzten, sondern immer mehr hinterfragt. Die meisten Lehrer an meiner Schule waren konservativ, einige regelrecht reaktionär, und haben vermutlich darunter gelitten, dass ich mich unter dem Einfluss der Beatmusik und politischer Turbulenzen von einem freundlichen und leistungswilligen Schüler wegentwickelte. Es gab wilde Diskussionen, viele Lehrer verstanden nicht, warum wir alles infrage stellten: »Warum, Michael? Warum?« Das Abiturzeugnis habe ich mir zum Entsetzen meines Klassenlehrers im Anorak abgeholt, nicht im Anzug, wie es von den Schülern damals erwartet wurde und wie es die Tradition verlangte. Meine Haare waren da schon schulterlang. Dann kam der Zivildienst, und meine Haare wuchsen weiter. In Düsseldorf musste ich jetzt täglich mit der Straßenbahn fahren und am Hauptbahnhof umsteigen. Eines Tages wartete ich auf die Straßenbahn, da spürte ich eine Hand auf meinem Hintern – das war offenbar ein sexuelles Missverständnis, denn die gehörte einem Mann, den möglicherweise mein langes Haar verwirrt hatte.

STEVE SCHROYDER Der Erste, der sich auf meiner Schule die Haare lang wachsen ließ – er war eine Klasse über mir –, ist von der Schule geflogen. Das war 1966. Der Rest der Schüler war natürlich sehr beeindruckt, auch weil der noch dazu in einer Beatband spielte und abends in Kneipen auftrat. Da war der noch keine achtzehn, und für solche Auftritte brauchte man unter sechzehn noch eine Sondergenehmigung. Ich musste mich bei meinen ersten Auftritten noch verstecken, bevor ich auf die Bühne kam, oder musste meinen Schwager mitnehmen. Zu Hause bekam ich aber keinen Ärger. Mein Vater war früh gestorben, und ich wohnte in einem Frauenhaushalt mit meiner Mutter, Oma und Schwester. Ich konnte lange wegbleiben und hatte auch sonst viele Freiheiten. Meine langen Haare sorgten in der Schule eher für Amüsement. Aber richtig lang waren die ja auch nicht, eher so Beatles-lang. Als ich mein Abschlusszeugnis in der vollbesetzen Aula überreicht bekam, haben alle gelacht. Mein Klassenlehrer lachte, und sogar der Schuldirektor, die haben sich alle gefreut, dass ich das trotz meiner langen Haare geschafft hatte.

ACHIM REICHEL Wir kamen mit dem Flieger von unserer Englandtour wieder nach Hamburg zurück und durften uns gleich zur Begrüßung dumme Sprüche à la »Junge oder Mädchen?« anhören. »Bist du nun ein Junge oder ’n Mädchen?« Man fragte sich immer, was in solchen Köpfen vorging, aber letztlich kümmerte man sich nicht darum.

LUTZ LUDWIG KRAMER Ich war dreizehn und der Erste in meiner Gegend mit einer Beatles-Frisur und einem Jeansanzug, der mir zehnmal zu groß war. Dafür wurde man in der ganzen Stadt von alten Nazis nicht nur begafft, sondern auch aufs Übelste angemacht. Mit meinen langen Haaren lief ich mal durch die Gegend in Berlin, wo früher die Nazigeneräle wohnten. Einige von denen waren ja über, die stellten mich dann auf der Straße und sagten: »Du siehst aus wie ein Mädchen. Ein Junge mit solchen Haaren gehört in den Ofen.« Ich lief dann irritiert zu meiner Mutter und sagte: »Die wollen mich in den Ofen stecken. Wie meinen die das?« Ich hatte es überhaupt nicht gerafft. Meiner Mutter war das alles peinlich. Trotzdem wollten meine Eltern die dann zur Rede stellen. Ich bezweifle, dass sie das tatsächlich gemacht haben, denen war ihre Ruhe viel wichtiger, als unangenehm aufzufallen. Mein Vater fuhr lieber weit weg einen Film drehen, nach dem Motto

»Nach mir die Sintflut«. Der Jeansanzug kam dann übrigens auch in der ARD zur Geltung. Da spielte ich 1966 einen Zeitungsjungen. Das Stück hieß: »Weiß gibt auf«. Mit dem noch nicht »Alten« Siegfried Lowitz und Rudolf Platte. Regie hatte Falk Harnack. Mehre TV-Auftritte folgten.

MANI NEUMEIER So arg wie ich sah kein anderer Krautrocker aus. Ich hatte total lange Haare und ein Pedro-Bärtchen. In Wuppertal hat mal eine Frau auf der Straße fast einen Herzinfarkt bekommen, als sie mich sah. Die schrie mich an: »Wie sehen Sie denn aus?« Dabei hatte ich so schöne Samthosen und ein blaues Seidenhemd an ... Ich war weder dreckig noch irgendwie freakig, aber eben ziemlich bunt. Kinder werden ja auch nicht angemacht, wenn sie bunt rumlaufen. Aber ich war schon darauf gefasst, so angefeindet zu werden, das war nahezu programmiert. Wir wollten ja auch auffallen, denn sonst wären die Leute nicht zu unseren Konzerten gekommen. Wenn man so aussah wie wir, erreichte man genau die Andersdenkenden, also unser Publikum.

MICHAEL HOENIG Wir hatten alle lange Haare und sahen aus wie Berliner Hippies, anfangs ziemlich grau, ein bisschen heruntergekommen und gar nicht farbenfreudig, aber uns vereinte nicht die Kleidung, sondern das Gefühl, dass die Dinge anders sein sollten.

LÜÜL Die langen Haare hatte ich auch den Beatles zu verdanken. Mit der Pilzkopf-Frisur Anfang der Sechziger ging es ja los. Da waren meine Eltern dann zimperlich. Ich musste oft gegen meinen Willen zum Friseur. Es war ein langer Prozess, bis meine Haare richtig lang wurden. 1974 gingen sie mir schließlich bis zum Gürtel. In den Sechzigern sah ich noch eher aus wie Brian Jones. 1972 hatte ich schulterlange Haare und wollte in Basel zurück nach Berlin trampen. Nach vier Stunden hielt endlich ein Wagen. Ich freute mich, der kurbelte die Scheibe runter, schaute mich böse an, spuckte mir vor die Füße und fuhr weiter. Danach versteckte ich die Haare im Kragen meiner Jacke, und keine Viertelstunde später hielt jemand und nahm mich mit. Aber wir trugen die langen Haare eben auch mit Stolz, sie waren eine Art Protest gegen die Spießer. Dafür nahm man die gelegentlichen Probleme gern in Kauf.

MANI NEUMEIER Die Polizei kam ungefähr zu jedem zweiten Konzert, das wir gespielt haben. Wir waren ungewöhnlich laut, und die Nachbarn haben immer gleich zum Telefon gegriffen und sich beschwert. Dass der Sound so ungewöhnlich war, hat die Leute bloß noch mehr verwirrt. Für uns war das aber normal. Weil wir so lange Haare hatten und auch sonst nicht besonders bürgerlich aussahen, wurden wir auch oft wie Geächtete behandelt. Wenn wir einfach nur essen gehen wollten, setzten uns einige Wirte gleich wieder vor die Tür, kaum dass wir ihr Lokal betreten hatten: »Solche wie ihr bekommen hier nichts!«, hieß es dann. Wir brachten dann ein paar derbe Sprüche und gingen wieder.

HELLMUT HATTLER Zu RAF-Zeiten gab es viel Ärger, wenn man anders aussah. Das Wort »Arbeitslager« hörte ich das erste Mal in Beschimpfungen gegen mich von Bauarbeitern: »Einer wie du gehört ins Arbeitslager!« Mich hat das nicht verletzt. Ich bin dann einfach weitergelaufen und dachte nur: Die armen Schweine, müssen hier auf dem Bau schuften. Unseren Gitarristen Peter Wolbrandt haben Polizisten mehrfach mit der Knarre aus dem Auto geholt. Als wir mal beim WDR ein Interview hatten, kam ein Polizist mit einer Knarre und sagte, er sei auf der Suche nach der Terroristin Adelheid Schulz. Peter sah halt auch ein bisschen feminin aus, und irgendjemand hatte ihn wohl verwechselt und bei der Polizei verpfiffen, als wir beim Sender aus dem Auto gestiegen waren, eine üble Verwechslung.

PETER BAUMANN Ich war fünfzehn und merkte, dass etwas in Bewegung war, dass sich etwas rührte im Land. In Berlin begann das mit so kleinen Sachen wie dem roten Punkt, mit dem einige ihre Autos markierten und der bedeutete, dass der Fahrer Anhalter mitnahm. Außerdem ließen sich alle die Haare lang wachsen. Ich war der Erste in meiner Schule, der lange Haare hatte. Einige Lehrer und auch der Direktor der Schule sprachen mich an und fragten, wann denn der Friseur mal wieder besucht würde. Mich hat das aber nicht weiter beeindruckt. In Berlin war alles sehr locker, groß Ärger bekam man nicht so schnell. Mein Vater war auch Musiker und meine Mutter Schauspielerin, die haben das alles nicht so ernst genommen.

MANFRED GILLIG Ich hatte damals auf meinem alten VW auch einen roten Punkt. Das war eine gute Aktion. Man konnte sich in Berlin irgendwo an der Straße hinstellen, den Daumen raushalten, und es dauerte nie länger als fünfzehn Minuten, bis ein Wagen mit einem roten Punkt anhielt. Die Anhalteraktion mit dem roten Punkt war in Berlin wirklich sehr sichtbar. Wenn man allerdings mit langen Haaren und Bart rumlief, waren die Transitstrecken schon eine Herausforderung. »Mach doch rüber mit deinen langen Haaren!« war ein typischer Kommentar. Mit langen Haaren wurde man überhaupt oft angepöbelt. Die Altberliner waren da schwierig, angenehmer waren die türkischen Gastarbeiter.

HARALD GROSSKOPF Meine Eltern sagten nur: »Wir haben nichts gegen lange Haare, aber gepflegt müssen sie sein.« Gegen diese ganzen Bemerkungen habe ich mich aber einfach durchgesetzt. Selbstverständlich waren die Klamotten und die Haarlänge als Provokation gedacht. Da war diese Sehnsucht nach Freiheit und Unabhängigkeit, nach Grenzüberschreitungen im Alltag. Man war gegen die spießige Welt und den ganzen Nazischeiß. Die anderen wollten uns mit Autorität auf Abstand halten. Ich wurde im Alltag in Läden und auf der Straße beschimpft und zurechtgewiesen.

JAKI LIEBEZEIT Wir waren die Nachkriegsgeneration, die sich ganz bewusst von dem alten Deutschland abgrenzen wollte, und zogen uns so an, wie es zu dieser neuen Bewegung passte. Deshalb hatten wir lange Haare und kleideten uns anders. Alles Äußere war letztlich Protest gegen das Establishment. Lange Haare waren der Protest gegen die verbreitete Vorstellung von einem anständigen Haarschnitt. Selbst Turnschuhe im Alltag waren Protest. Heute ist die Aufregung um solche Äußerlichkeiten längst vorbei. Wenn wir damals über die Grenze nach Belgien oder Frankreich fuhren, wurden wir allein aufgrund unseres Aussehens gefilzt, und unser Auto wurde gründlich untersucht, weil bei Langhaarigen immer Drogen vermutet wurden. Da gaben sich die Zollbeamten auf allen Seiten nichts. Als potenzieller Freak war man immer verdächtig. Aber auch in Deutschland wurde man in allerlei Formen blöd angemacht als Langhaariger. Das war mir aber immer ziemlich egal. Ich trug das ja alles aus Überzeugung, da interessierte mich nicht, was andere davon hielten.

JÜRGEN DOLLASE Meine Haare waren lang und meine Fingernägel eine Weile schwarz lackiert. In Imbissstuben bekam ich deshalb manchmal nichts zu essen. Die sagten einfach: »So was wie Sie bedienen wir hier nicht.« Das war nicht lustig. Mit langen Haaren war man damals wirklich ein Außenseiter. Und bei Wallenstein hatten wir am Anfang richtig lange Haare, aber als Musiker auch das Gefühl, nicht von der Gesellschaft abhängig zu sein, auch wenn wir nicht viel Geld hatten. Auf der Außenseiterposition war es einfach zu spannend. Das Leben der anderen war öde und langweilig.

HANS LAMPE Ich machte damals eine kaufmännische Ausbildung und wurde von den Ausbildern ständig genötigt, meine Haare abzuschneiden, was ich natürlich nicht gemacht habe. Ich bestand zwar die Prüfung und bekam den Kaufmannsgehilfenbrief, aber das Zeugnis war dann wie eine Warnung davor, mich einzustellen.

PETER BURSCH Lange Haare waren ein Frevel. Mitte der Sechziger habe ich mir die wachsen lassen. Meine Eltern waren natürlich entsetzt. Ich bin dann unter Protest und mit Riesenstreit ausgezogen. Wenn meine Mutter mit mir durch die Stadt ging, hat sie mir die Haare hinten in die Jacke gestopft, damit die bloß keiner sieht. Es war von uns allen aber auch eine bewusste Haltung, wir wollten halt so anders aussehen, wie wir auch anders drauf waren und uns auch anders benahmen. Ich habe mich da auch nie unterkriegen lassen.

ASMUS TIETCHENS Die Idee der langen Haare fand ich gut, obwohl ich kein Hippie war. Lange Haare haben zu wollen, strahlte auch auf hippiefreie Kreise aus. Natürlich wurde man von der Väter- und Großvätergeneration scheel angesehen und argwöhnisch beobachtet, aber in Hamburg doch in Ruhe gelassen, Übergriffe gab es nicht. Allerdings war für einen jungen Menschen mit langen Haaren eine ganze Reihe von Berufen ausgeschlossen, da konntest du tausendmal Krawatte und Anzug tragen. Die Bundeswehr fing dann ja mit Haarnetzen an absurd, aber zur Bundeswehr musste ich ohnehin nicht.

HARALD GROSSKOPF Wir nannten uns erst mal Blitzkrieg, ein Name, der pure Provokation sein sollte. Wie Blitzkrieger sahen wir gerade nicht aus, hatten lange Haare bis zur Schulter und kifften. Unser Zimmer wurde von unserem Manager bezahlt, der daneben eine Neppkneipe hatte, so ein Ecklokal mit Striptease, wo Frauen Männer aufgabelten. Zu unseren Auftritten tauchten immer Günter Netzer und Berti Vogts auf. Da ich mich damals überhaupt nicht für Fußball interessierte, war ich irritiert, dass die von allen so angestarrt wurden, während uns kaum noch einer beachtete. Netzer und Vogts wussten dann jedenfalls, wer ich war, und nickten mir noch jahrelang zu, wenn ich ihnen irgendwo begegnete. Meine Haare waren lang, bis ich die Transzendentale Meditation entdeckte. Da trugen alle kurze Haare und Anzüge.

WGs

»Wer vögelt heute wen?
Oder vögeln wir alle zusammen?«
LUTZ LUDWIG KRAMER

HELLMUT HATTLER Für mich war das Zusammenwohnen in der WG wichtig. Wir sind damals lange herumgefahren auf der Suche nach einem Ort, wo das ging. Das war für mich schon eine politische Entscheidung. Ich wollte, dass man mit Eigentum anders umgeht, dass man mit Geld anders umgeht und überhaupt kein privates Eigentum mehr hat. »Besitze nichts, was größer ist als der Umfang der Mülltonne«, hieß es damals. In meiner großen Blauäugigkeit wollte ich das zumindest versucht haben. Da war auch eine Begeisterung, Dinge auszuprobieren, einfach, weil sie möglich waren. Wenn man heute mit ein paar Leuten zusammenziehen wollte und vorschlagen würde, alles Eigentum zu teilen, wäre man doch die absolute Lachnummer. Damals gab es schon einen tollen Idealismus. In der WG haben wir die Türen rausgebrochen, weil wir keine Privatsphäre wollten, das waren Experimente. Wir haben auch versucht, kein privates Geld zu haben, sondern nur gemeinsames, was natürlich immer wieder zu hitzigen Diskussionen führte. Einer wollte unbedingt Dope kaufen, ein anderer beschwerte sich, weil er kein Dope rauchte und stattdessen lieber Delikatessen angeschafft hätte. Es wurde viel gestritten, aber das gehörte eben auch alles zum Experimentieren.

GÜNTER SCHICKERT Anfang der Siebziger wohnte ich in einer WG am Kottbusser Damm. Wir waren zehn Leute auf hundert Quadratmetern und schliefen in Hochbetten, die wir an die Wände gebaut hatten. Die Mieten waren damals in Berlin total billig. Wenn man drei Monate gearbeitet hatte, konnte man ein halbes Jahr lang Musik machen. Ich habe mal im Wedding in einer Fabriketage auf hundertachtzig Quadratmetern für hundertfünfundsiebzig Mark Miete gewohnt. Wenn das Geld alle war, fand man sofort einen neuen Job. Überall waren Schilder wie »Lagerarbeiter gesucht«, da arbeitete man dann, bis man wieder ein Polster beisammenhatte.

STEVE SCHROYDER In meinem WG-Zimmer wohnten zeitweilig sechs Leute. Als ich mal von einem Trip nach Hamburg zurückkam, waren die Mitbewohner und alle meine Sachen weg. Der Rest meiner WG hat sich dann zusammengesetzt, um mir mitzuteilen, dass ich rausgeflogen sei und bis zum nächsten Tag auszuziehen hätte.

RENATE KNAUP Das mit der WG hat meine Eltern nie gestört, die hatten Vertrauen. Wir hatten gegenseitig Vertrauen.

GIL FUNCCIUS Wir wollten alles verändern, und dafür hat man eben einiges durchprobiert und auch etliches geschluckt im WG-Zusammenleben, auch heimlich geheult. Aber es musste eben alles ausprobiert werden.

HARALD GROSSKOPF Ich wohnte damals mit vier Leuten in einer WG. Einige davon waren meine Mitmusiker bei den Stuntmen. Irgendwann tauchte Jürgen Dollase in der WG auf. Der suchte für seine Band einen Drummer, war von irgendwem versetzt und dann zu mir geschickt worden. So landete ich bei Wallenstein, wo ich dann vier Jahre lang hängenblieb.

JÜRGEN DOLLASE Ich hatte zwar Kontakt zu einer Art WG, war auch eine Zeit lang ziemlich oft bei denen, wohnte da aber nie richtig. Aber dort habe ich die besten LSD-Sachen erlebt. Ich war mit 21 der Jüngste, einige waren mehr als zehn Jahre älter, die kamen aus Düsseldorf angefahren, gingen unter der Woche einem regulären Beruf nach und frönten am Wochenende dem Psychedelismus.

PETER BURSCH Wir gründeten unsere WG in der zweiten Hälfte 1968. Im späten Sommer sind wir zusammengezogen.

Im September waren dann die Essener Songtage. Um die Wohnung überhaupt zu bekommen, wurde ein Freund vorgeschickt, der einen Job hatte. Wir hätten sonst nie im Leben was gekriegt, wir waren vierzehn Leute ohne festes Monatseinkommen, dazu Freundinnen und sonstiger Anhang der Band. Es gab dann bestimmte Regeln, wer wann für was zuständig ist. Wir hatten einen Gemeinschaftsraum, in dem es jeden Montag eine Diskussion gab. Man diskutierte über politische Sachen, über die Musik oder was für die nächste Woche geplant ist. Da waren oft viele Gäste dabei, zu bestimmten Diskussionsthemen wurden manchmal auch Leute eingeladen. Alles war ziemlich durchorganisiert. Hört sich schön an, aber natürlich gab es auch viel Stress. Wenn einer das Klo nicht geputzt hatte, gab es Reibereien. Manchmal ist jemand vor Wut ausgezogen. Dafür kam dann der nächste rein. Das lief so fünf, sechs Jahre lang. Dann löste sich das auf. Einige wollten nach Indien, die Band Embryo hatte uns eingeladen, sie dahin auf eine Tournee zu begleiten. Aber bei mir und meiner Freundin kam das erste Baby, da war uns das zu heikel. Die Band löste sich 1974 erst mal auf, der Schlagzeuger und die Sängerin sind dann mit nach Indien gefahren. Der Bassist wollte aufs Land und Schäfer werden, der hat noch immer eine große Schäferei in Süddeutschland. Willi Kissman, der andere Gitarrist, und ich sind schließlich übriggeblieben. Später haben wir die Band reanimiert, wohnten da aber nicht mehr zusammen. Die Stimmung war auch nicht mehr so.

BERND WITTHÜSER Wir wohnten ganz locker zusammen. Das war lustig, aber nicht wie die Kommune 1, so eine Werbemaschine, wir waren nur zu fünft. Nur ab und zu wechselten die Mitbewohner. Die Idee der Kommune 1 hat mir nie gefallen. Der Fritz war ganz nett, aber der Langhans war sehr gruselig – ein fürchterlicher Depp, der ging mir nicht runter.

LUTZ LUDWIG KRAMER Rainer Langhans, Teufel und Kunzelmann waren auch dabei, die kamen damals zu einem Gig meiner Band Agitation Free im Audimax, und Langhans fand das total geil. Danach meinte er, die Kommunarden würden gern mal mit uns Session machen. Die dachten damals, dass sie alles könnten, also auch Musik machen oder mit Mao 'ne persönliche Beziehung haben, die sahen sich ja als Genies, schon jeder für sich, und in der Gruppe erst! Jedenfalls wurden wir als Agitation Free dann zum Sessionmachen in die Stephanstraße in Moabit eingeladen. Uns war das eigentlich zu stressig, weil wir kein Auto hatten, um das ganze Equipment hin und her zu fahren. Aber dann bot Holger Meins an, uns mit dem K1-Bulli abzuholen. Die eine Etage in der Stephanstraße war pechschwarz ausgemalt, das wurde unser Proberaum. Dann haben wir die Leute von Amon Düül kennengelernt, mit denen wir wilde Sessions gemacht haben. Mir haben die eine Klarinette geklaut, und unsere Trommelfelle haben sie auch kaputtgemacht. Mit Karl-Heinz Hausmann, dem Organisten der Düüls, bin ich später in eine Wohnung direkt im Hof der Stephanstraße gezogen.

CHRIS KARRER In München gab es Politkommunen, Sexkommunen und eben Musikkommunen – alles, was man sich vorstellen kann. An der K1 konnte man gut feststellen, dass die Politkommunen komplett unmusisch waren, denn bei denen ging es nur um Ideologie. Für Amon Düül war das aber nicht das Ding.

LUTZ LUDWIG KRAMER Als ich beschlossen hatte, mit dem Establishment zu brechen, zog ich in die Kommune 1. Allein die Vorstellung, zur Schule gehen zu müssen, war für mich eine Farce, eine einzige Wichserei, um den Kapitalismus am Leben zu halten. Die Schule stand für mich auch für das Elternhaus. Ich war gegen beides! In der Kommune Mischpoke war ich mit meinen sechzehn Jahren der Jüngste, und einer der Freiesten. Dabei wurde man dort gar nicht so einfach aufgenommen, die waren ja ziemlich elitär unterwegs.

CHRISTIAN BURCHARD Plötzlich kam diese neue Mode, dass alle zusammenwohnen. Schon weil es billiger ist. Jungen Leuten macht es schließlich nicht viel aus, wenn sie zu zehnt in einem Zimmer schlafen. Regeln gab es in meinen Kommunen zum Glück nie. Das waren immer lockere Zweckgemeinschaften. Natürlich hat es da immer wieder mal geknallt, weil einer oder eine die großen Macker sein wollten. Aber besonders die Musikkommunen, die damals entstanden, haben alle ganz gut gehalten. Wir haben damals die Checkpoint Charlies getroffen, mit denen hatten wir fantastische Kommunen, erst in Karlsruhe und dann auf dem Land. In der Nähe von Stuttgart war noch die Exmagma-Kommune, das waren Gleichgesinnte, weil sie, so wie wir, nicht nur die Beatles und die Stones nachspielten, die betraten Neuland. Und die Platten laufen bis heute bei jungen Leuten, die ich ab und zu mal treffe. Dann gab es noch die Missus-Beastly-Kommune, das war eine Band aus Herford in Westfalen, ein Gerücht, das umging, schon damals Kult. Wir hatten gehört, dass die tief im Wald wohnten und verrückte Sachen machten.

HANS-JOACHIM ROEDELIUS Als Kommunenmitglied habe ich bei den Diskussionen nur zugehört. Ich war, glaube ich, in der K2, jedenfalls in der Quatschkommune. Da habe ich lieber die Kinder betreut, während die anderen sich totgequatscht haben.

LUTZ LUDWIG KRAMER Der Alltag in der K1 war von Fragen bestimmt wie: »Wer macht sauber?«, »Haben wir irgendwo noch was zu essen?«, »Wer besorgt den Shit?«, und: »Wer vögelt heute wen? Oder vögeln wir alle zusammen?« Das Wie-verrückt-Rumvögeln war für mich mit sechzehn Alltag. Man nannte mich den Jim Morrison von Westberlin, weil ich immer genug Bräute hatte. Aber die Orgien in der K1 waren schon lustig. Das fand alles auf einem riesigen Matratzenlager statt. Es war auch verpönt, sich abzusondern, die Einzigen, die sich abgesondert haben, waren Langhans und Obermaier. Die Obermaier hat sich nicht mal an die Titten fassen lassen, das durften nur der Langhans, Jimi Hendrix, Keith Richards und

Jackie Stewart. Hendrix kam nach seinem Konzert im Sportpalast zum Rauchen in die K1, mit meiner geilen Wasserpfeife, und wurde dann mit der Obermaier von Langhans ins Kempinski gefahren. Bald kam auch der üble Artikel im Stern: »Die Liebe der Kommune«. Auf dem Plakat: Uschi mit nacktem Busen und Rainer mit meiner Wasserpfeife in der Hand. Die haben sie dabei kaputt gemacht, 'ne neue bekam ich von denen nicht.

RENATE KNAUP Wir machten überall Musik, mal in der Wohnung, mal im Übungsraum. In den Zimmern wurde gespielt, aber es ging auch jeden Tag in den Übungsraum. Ich musste dazu noch arbeiten, die Männer in der Kommune haben dagegen alle von Hause aus und von zuhause Kohle gehabt. Deren Papas waren Doktoren und mittelständische Unternehmer, da kam die Asche von allein. Nur Tante Renate musste malochen. Ich arbeitete als Übersetzerin und Telefonistin bei Leo Kirch. Das war großartig, ein buntes Treiben, weil seine Leute in aller Welt nach Filmen suchten. Mein Arbeitstag ging da bis 17 Uhr. Wenn ich danach zurück in die Kommune kam, hatten die anderen natürlich schon einiges gemeinsam erlebt und wollten mir an manchen Tagen einen Strick daraus drehen, aber davon ließ ich mich nicht beeindrucken. Mit der Musik wurde es dann mehr und mehr. Als wir immer mehr bezahlte Gigs spielten, konnte ich bei Kirch aufhören. Aber dass die finanziell unabhängigen Männer mal für Renate zusammengelegt hätten, war undenkbar. Beim Geld endete die Solidargemeinschaft.

LUTZ LUDWIG KRAMER Natürlich gab es in der K1 eine Zwei-Klassen-Gesellschaft. Obermaier hatte Geld ohne Ende, die hat am Tag tausend Mark verdient. Wir anderen hatten gar kein Geld, wir haben nachts meterweise Marmorkuchen in der Peachfabrik geklaut, weil wir nichts zu essen hatten. Obermaier kam von diesem Modeshooting für den »stern« – »Die Liebe der Kommune« – zurück und entdeckte dann fünfhundert Mark, die ihr zufällig aus der Bluse purzelten. »Ach, dass ich das Geld noch habe, habe ich gar nicht gewusst«, meinte sie. Ich sagte: »Uschi, wir haben hier Bedarf!« Und sie erwiderte: »Ihr müsst schon sehen, wie ihr klarkommt. Verkauf doch ein bisschen Haschisch, Ludwig!« Ich weiß noch, wie der Mahler uns nach der »stern«-Geschichte zur Sau machte und fragte, warum wir uns an so ein bürgerliches Scheißblatt verkaufen würden. Das waren schon extrem bunte Momente.

RENATE KNAUP Später, als wir ein eigenes Haus hatten, kümmerte sich dann ein Kassenwart um die Finanzen. Bei dem musste ich dann jedes Paar Strumpfhosen beantragen. Dann wurde besprochen, ob das nötig ist oder nicht, das war schon gruselig.

LUTZ LUDWIG KRAMER Irgendwann radikalisierte sich die K1. Ich erinnere mich, dass Holger Meins drei Tage lang nichts gegessen hat wegen der internen Politik, und nachts hat er immer nur geheult, besser gesagt, gewimmert. Da wurde eine Grenze erreicht. Durch diese radikalen Geschichten begann dann alles zu kippen. Die Spaßhappenings habe ich noch mitgemacht. Wir haben uns immer aus China das Propagandamaterial schicken lassen. Das muss so um 1968 gewesen sein. Unter anderem sechstausend Mao-Bibeln. Die wurden in riesigen Kartons angeliefert, wir beluden mit denen unseren Bulli, fuhren zur Gedächtniskirche, stürmten dort den Turm hinauf und haben die roten Büchlein von oben runtergeschmissen, bis der ganze Platz vor der Kirche rot gepunktet war. Einmal habe ich mit den Haschrebellen eine Veranstaltung der Drogenpolizei gesprengt. Die hatten eingeladen unter dem Motto: Die Gefahr der Drogen ... das war in irgendeiner Aula und die hatten reichlich Anschauungsmaterial dabei: Haschisch, Gras und LSD. Wir waren circa zu zwölft und haben uns einzeln im Saal verteilt. Auf Zeichen sind wir alle aufgestanden und von allen Seiten auf das Podium zu. Weg waren die Drogen und wir auch.

MANI NEUMEIER Wir waren eine Wohngemeinschaft und wie die Indianer, nicht nur eine Band, sondern auch ein Clan, denn für die meisten war es auch ein Familienersatz. Wir haben auch neue Lebensformen ausprobiert, mussten aber sparen, denn viel Geld kam durch die Musik nicht rein. Manchmal hatten wir nur ein, zwei Konzerte im Monat, und da war es natürlich gut, wenn nicht jeder für seine Wohnung achthundert Mark zahlen musste. Zwei Jahre lang lebten wir deshalb zu viert in unserem Tourbus, wir drei von der Band und unser Roadmanager. Klar war das eng, deshalb sahen wir auch zu, so oft wie möglich bei Freunden und Freundinnen zu übernachten. In der Nähe von Heidelberg war es sehr relaxt, da kannten wir viele Leute. Wenn jemand ein Haus hatte, haben wir uns darum bemüht, dass wir da mal üben konnten. Ab 1971 hatten wir dann unser eigenes Haus, im Odenwald, also nicht in der Stadt, sondern außerhalb auf einem Berg. Da sind wir bis heute.

SUZANNE DOUCET Ich war immer ein Loner, der lieber allein nach Hause geht, allein schreibt und auch allein Musik macht. Ich war niemand für Kommunen. Die ganzen gemeinsamen Trips habe ich nicht mitgemacht. Viele meiner Freunde waren auf eine Community aus, ich nie.

IRMIN SCHMIDT Für mich war die Vorstellung einer Kommune der Horror. Wir haben als Can nie zusammengewohnt. Undenkbar! Hildegard und ich waren da schon ein paar Jahre zusammen und haben auch zusammengelebt. Gut, Jon Hassell hat zum Beispiel mal ein paar Wochen bei uns gewohnt, das ging dann schon. Auch Malcolm Mooney hat ein paar Monate bei uns in der Wohnung ein Zimmer gehabt. Aber eine WG war das eben nicht.

HOLGER CZUKAY Wir waren keine Hippies und wollten nicht zusammenwohnen. Weil wir ständig gemeinsam Musik machten, verbrachten wir ja ohnehin viel Zeit miteinander, da war ich nach den Sessions wirklich froh, wenn ich allein nach Hause gehen konnte und meine Ruhe hatte.

JAKI LIEBEZEIT Eine WG hätte bei uns nicht funktioniert. Unsere WG war das eigene Studio, das wir gemeinsam hergerichtet hatten.

ACHIM REICHEL In Griechenland habe ich mit meiner Frau im Urlaub mal nette Leute aus Kassel kennengelernt. Irgendwann sagt der Mann zu mir, dass seine WG damals nach meiner Platte »Die Grüne Reise« benannt war. Ich habe aber nie in einer WG gewohnt.

1968

»Wenn man mittendrin ist, bekommt
man große Ereignisse gar nicht so mit.«
KLAUS SCHULZE

HELLMUT HATTLER 1968 waren auf einmal alle links. In Cafés wurde nur noch über Revolution gesprochen, so war die Stimmung. Mein Denken hat das aber nicht beeinflusst. Unsere Generation hatte immer zu essen und eine nie zuvor gekannte Freiheit. Es war eine Freiheit, die uns nicht bewusst war und die wir einfach nur nutzten. Dann hieß es, dass die Revolution überall und nicht nur politisch sei, sondern auch psychologisch, sexuell und spirituell. Und dass immer Drogen genommen werden müssten, damit man im Leben weiterkäme.
NIKEL PALLAT Das Freiheitsgefühl von 1968 war überall zu spüren. Dadurch war man einfach mutiger und stellte Vorgaben leichter in Frage. Berlin war voll im Umbruch, aber die Revolte war in ganz Westdeutschland akut. Nur wurde das in Berlin eben ein bisschen stärker ausgelebt und eskalierte härter, auch durch die spezielle Situation der Stadt: auf der einen Seite die APO mit Rudi Dutschke und auf der anderen der stockkonservative Berliner. »Mach doch rüber!« oder »Geh doch in den Osten!« habe ich damals oft zu hören bekommen. Andererseits war Berlin auch toleranter als Westdeutschland, denn Verrückte hatte es da schon immer gegeben.
PETER BURSCH Es herrschte Aufbruchstimmung. Wir wollten nicht so sein wie unsere Eltern. Zum Beispiel haben wir auch vegan gelebt, das nannte man damals nur anders, nämlich »makrobiotisch«. Ein Jahr lang haben wir kein Fleisch gegessen, weil wir für uns entdeckt hatten, dass das gut für die Welt

sein könnte. Danach kamen Buddhismus und andere spirituelle Dinge, dann eine Kampagne gegen Alkohol. Wir sind immer von einer Sache in die nächste reingeschlittert und fanden das jedes Mal weltbewegend. Die einzig wahre Lebensform!

MICHAEL HOENIG 1968 war eine Zeit, in der alles möglich schien. Alles war in Aufruhr, das fühlte man einfach. Man konnte Lehrer verändern oder gleich ganz aus ihren Jobs katapultieren. An der Berliner Universität haben wir es tatsächlich geschafft, Professoren völlig kaltzustellen. Allerdings kamen auch viele Fragen auf, auf die wir keine Antwort hatten. Mit Musik hatte ich damals noch nichts zu tun, das war etwas Durchstrukturiertes aus der Vergangenheit. Ich hatte seit Jahren mit meinem Vater über politische Sachen gestritten. Der las die »Welt«, während ich von meiner Tante mal ein Abonnement der »Frankfurter Rundschau« zum Geburtstag bekommen hatte. Seit ich dreizehn war, hatte ich mit meiner Familie politisch nur noch Streit: darüber, was in Deutschland vor sich ging, über das Verhältnis von Deutschland zu Amerika etc. Benno Ohnesorg veränderte dann alles. Ich weiß noch, dass ich vielleicht hundert Meter von ihm entfernt stand, als der Schuss fiel, ich hörte den sogar. Die Demonstration war an einem Vormittag, und ich bin damals aus der Schule abgehauen, um dabei sein zu können. Am nächsten Tag las dann auch mein Vater mal die »Frankfurter Rundschau«, und die Harmonie in unserer Familie war kurz wiederhergestellt.

BERND WITTHÜSER 1968 hat komplett alles verändert. Nur die Studenten in Essen wollten nichts verändern, schon gar nicht ihr Leben. Erst protestierten die mit, aber nach einer Weile gingen dann doch alle wieder studieren und wurden Ingenieure oder so was. Nur ich und ein paar Freunde waren dort so was wie die Freak Brothers, wir fingen an zu leben und zu stören, warfen Eier auf Franz Josef Strauß etc. Ich habe auch gegen alles Mögliche demonstriert, gegen die »Bild«-Zeitung und was sonst gerade so lief.

GERD KRAUS Es war eine ungeheuer intensive Zeit der Umbesinnung und der Ablehnung verkrusteter gesellschaftlicher Strukturen und auch Musikformen. In Deutschland hatten wir damals die härteste Materie zu bewältigen, denn die Katastrophe hatte sich zwangsläufig in vielen Hirnen niedergeschlagen, auch als Schuldkomplexe, die mit Bürgerlichkeit kaschiert wurden. Umso mehr mussten wir die Fragen an die Altvorderen stellen, und das war eine Gemeinsamkeit vieler befreundeter Musiker.

LIMPE FUCHS Ich wusste, dass ich studieren muss, um aus dem engen katholischen, proletarischen Milieu irgendwie rauszukommen.

SUZANNE DOUCET Bei den ersten Studentenkrawallen in München war ich dabei. Ich saß mit den Studenten auf der Straße, als die Polizei kam. Das waren für mich zwar wichtige Erfahrungen, aber noch kein politisches Engagement. Trotzdem hatten wir Jugendlichen damals das Gefühl, dass die Welt anders werden muss. Wir wollten, dass die politischen Regeln sich ändern, dass das soziale System gerechter wird. Uns alle verband das Gefühl, dass in der Welt etwas nicht stimmt. Ich schrieb seit 1964 meine eigenen Lieder und produzierte 1966 meine erste eigene Platte. Das waren poetische und philosophische Chansons, die vom Publikum nicht so sehr wahrgenommen wurden, aber zumindest die Kritiker beachteten mich. 1968 griff ich dann in einem Lied wie »Kleine Kinder« den Wahnsinn des Krieges auf.

CHRISTIAN BURCHARD Die Schwabinger Krawalle waren zwar schon 1962, gehörten aber dazu, weil da die Proteste offen auf der Straße ausgetragen wurden.

STEFAN MICHEL Mit den Schwabinger Krawallen hat für mich alles angefangen. Da haben wir gemerkt, dass es außer den alten Zöpfen unserer Eltern noch was anderes gibt. In der Leopoldstraße gab es ein Café, in dem sich an einem schönen Sommerabend zwei Leute vor die Tür setzten und anfingen, Gi-

tarre zu spielen. Darüber haben sich dann irgendwelche Hirnis beschwert, und damit hat alles begonnen. Es gab Krawall, die Polizei hat losgeprügelt, auch auf Unbeteiligte. Und am nächsten Tag war die Leopoldstraße komplett besetzt. Die Leute haben die Pflastersteine herausgerissen und damit nach den Polizisten geworfen. Das ging dann drei, vier Tage lang, und ich war dabei. Da lernte ich, dass es auch ein anderes Leben gibt.
CHRISTIAN BURCHARD München war schon immer ein bisserl konservativ, aber 1968 ging es sogar da richtig los. Die Studenten der Kunstakademie besetzten ihre Akademie, und die ganze Straße war voll mit einsatzbereiten Polizisten, die nur auf den Befehl lauerten, den Laden zurückzuerobern. Die Studenten taten drinnen nicht viel mehr, als die Wände der Gänge mit wunderbaren Bildern zu bemalen. Später, nachdem alle vertrieben waren, wurde alles wieder weiß überpinselt, dabei würden die Bilder heute wohl als Kulturgut gelten. Für uns war das auch ein Problem, weil wir unsere ganze Anlage in der Kunstakademie eingelagert hatten, und nachdem die Polizei das geräumt hatte, kamen wir erst mal nicht mehr an die Instrumente. Da hieß es auf einmal, dass wir Helfershelfer wären und dass das Hausfriedensbruch sei. Sie drohten uns quasi mit der Anklagebank. Dann kam der Direktor von der Kunstakademie zu mir und meinte: »Morgen mache ich die Hintertür auf, und ihr kommt und holt euer Zeug.« Der fand es auch nicht gut, wie da mit uns umgesprungen wurde. Das politische Klima war in München erbarmungslos. Franz Josef Strauß war schon an der Macht. Da gab es ein Konzert mit uns und Checkpoint Charlie in der Münchener Kunstzone. Checkpoint Charlie fingen an, und das Erste, was der Sänger ins Mikro schrie, war: »Wo ist der Franz Josef, die Sau?« Fünf Minuten später waren die im Gefängnis. Checkpoint Charlie wurden auch mal bei einem Konzert in Kempten von einem Landrat angezeigt, weil sie ein Pappschwein auf der Bühne hatten, das sie »Franz Josef« nannten. Danach stritt man da-

rum, ob nun der Name Strauß gefallen sei oder nicht. Und er ist nicht gefallen. Warum sollte einer sein Pappschwein nicht »Franz Josef« nennen dürfen? Jedenfalls wurden Checkpoint Charlie schließlich zu sechzigtausend D-Mark Strafe verdonnert. Die Gerichte in Bayern hatte der Strauß alle auf seiner Seite und die Polizei sowieso. Dagegen stand so einer wie der Direktor von der Kunstakademie, was mich sehr freute, weil da einer Zivilcourage bewies. Wir haben viel demonstriert. Das war nur logisch. Embryo haben auch viel auf Demonstrationen gespielt. Wir sind damals von den Linken als Musikberieselung eingespannt worden. Später haben wir mal bei der Sozialistischen Deutschen Arbeiterjugend gespielt, da waren wir für zwei Tage gebucht worden, aber nach dem ersten Tag kam der Chef und sagte: »Ihr bekommt die ganze Gage, aber reist bitte morgen ab.« Die waren sauer, weil wir mit einer Firma arbeiteten, die auch mit Wolf Biermann zu tun hatte, was ihnen aber erst vor Ort aufgegangen war.

GÜNTER SCHICKERT In Westberlin herrschte damals eine wirklich offene Atmosphäre. 1968 war ich neunzehn Jahre alt und hatte gerade meine Prüfung zum Versicherungskaufmann bei einer privaten Krankenversicherung abgelegt. Den bürgerlichen Durchlauf, den man so hinter sich bringen muss, hatte ich damit durch. In dem Jahr ließen sich auch meine Eltern scheiden. Und ich selber war da gerade mit Männern zusammen, so zwei, drei Jahre lang, von achtzehn bis zwanzig. Ich dachte zuerst, dass es freier ist, wenn man mit Männern zusammen ist, dass die jenseits aller Normen leben. Was natürlich ein Irrtum war, da laufen die gleichen Eifersüchteleien wie anderswo auch. Dann verliebte ich mich wieder in eine Frau, und das Thema war gegessen.

LUTZ LUDWIG KRAMER Bei Agitation Free war ich der einzige Politische. Die anderen rauchten lieber, was natürlich auch irgendwie politisch und irgendwie auch eine Form von Befreiung war.

RENATE KNAUP Man merkte 1968 auch, dass da was in der Luft lag. Auf der Leopoldstraße gab es diverse Cafés, in denen man sich traf. Außerdem das Domicile, ein großer Jazzladen, da saß Mal Waldron und spielte jeden Morgen nach dem Frühstück Schach. Der eigentliche Knotenpunkt war aber das Europa, dorthin kamen die Leute von ihren Nepal-Reisen mit frischer Ware zurück, und da konnte man immer hingehen, wenn man jemanden treffen wollte oder musste. Es gab auf der Leopoldstraße bestimmte Wohnzimmer, wo man wusste, wen man da im Lauf des Tages sicher treffen würde. Man fand seine Leute entweder im Schwabinger Nest, im Eiscafé Capri, im Café Europa – BUMM – da sind die. Da gab's ja auch noch keine Handys. In dem einen Laden war die Filmszene, im anderen die Jazzer, woanders die Freaks, trotzdem alles bunt gemischt.

ACHIM REICHEL Die späten Sechziger waren auch in Hamburg wilde Zeiten. Am Rondeel in Winterhude waren diese ganzen legendären Dealervillen, tolle Häuser, wo die Rauschgiftpakete bis unter die Decke gestapelt waren. Man dachte immer: Was ist denn hier los? Hallo? Das ist ja der helle Wahnsinn. Und diese Szene gehörte eben auch zu der Musik, diese Hamburger Wohnungen und Villen, wo immer was abging. Da konnte man jederzeit hinkommen, irgendwer hatte immer irgendwas gedreht. Und dazu ging irgendwelche Mucke ab. Wenn es an einem Ort langweilig wurde, fuhr man einfach zum nächsten.

ASMUS TIETCHENS 1968 hatte ich eine kaufmännische Ausbildung abgeschlossen und wollte zwei Sachen: Geld und lange Haare! Das war mit einem normalen Beruf nicht möglich, lange Haare im Büro, das ging nicht. Es gab nur einen einzigen Berufszweig, in dem man viel Geld verdienen und trotzdem lange Haare haben konnte: die Werbung. Gut, in der Musik natürlich auch, aber Musiker war ich ja nicht. Außerdem hätte ich da anstreben müssen, ein Star zu werden, und das lag mir nicht. 1968 machte ich zwar schon Experimente mit Tonbändern, aber ohne die geringsten weiterführenden Ambitionen. Blieb also nur Werbung. Als ich den Beruf dann tatsächlich ausübte, stellte sich heraus, dass beides stimmt: Ich hatte lange Haare und Geld! Von der Werbung hat mich dann aber vier Jahre später eine liebe Freundin abgebracht, die mir politisch die Leviten las und mich davon überzeugte, dass das menschenunwürdig war, was ich da trieb. Anfänglich wurde ich von ihr sogar erpresst: Entweder du demonstrierst mit, oder das war's. Dabei war ich bis 1968 ein politisch nicht bewusster Mensch. Durch viele persönliche Bekanntschaften und ein bisschen Nachdenken bin ich dann doch zu einem sehr politischen Menschen geworden und habe auch hier und da mitdemonstriert, nicht als Mitläufer, sondern aus Überzeugung. Also habe ich auch die Werbung nach vier Jahren wieder fallen gelassen wie eine heiße Kartoffel. Danach hatte ich überhaupt nie wieder, wie sagt man so schön: einen anständigen Beruf.

ACHIM REICHEL In Hamburg gab es auch die Ho-Chi-Minh-Fraktion. Unser politischer Inhalt war aber unsere Musik, die ja auch ein Statement war. Ich sah bloß wenig Sinn in Protestsongs, so wie man das aus den USA kannte. Mir war klar, wenn du so etwas in Deutschland machst, wirst du auf einen Schlag nirgendwo mehr gespielt. Aber das war ohnehin nicht mein Ding. Dafür war unser Texter Frank Dostal zuständig, der eher in der politischen Ecke unterwegs war. Dem sagte ich aber auch immer: »Hey Alter, wir sind Musiker, keine Liedermacher, zu deren Texten man das Gezupfe eigentlich eh nicht braucht.« Für die »politischen Inhalte« gab es das Burg-Waldeck-Festival, die Musik da konnte man getrost vergessen. Ich hielt es für völlig vermessen, sich musikalisch politisch konkret zu äußern. Mir ging es nur um die Musik. Daraus habe ich nie einen Hehl gemacht, was ja auch ehrlich ist, oder? Aber es ging mir auch nicht nur darum, davon leben zu können, es sollte schon was sein, wozu ich stehen konnte. Das war mir schon früh klar. Wir hatten Spaß und Vergnügen, ohne ein Parteibuch zu verinnerlichen. Dafür brauchte ich nicht viele Worte – um zu fühlen, dass das tolle Musik ist.

HARALD GROSSKOPF 1968 war ich neunzehn und sicher kein »68er«. Ich war Dekorateur in Hannover, spürte aber, dass da etwas in Bewegung kommt. Ich hatte keine höhere Schulbildung und war nicht politisch, doch ich fragte mich, was die Studenten da eigentlich machen. Warum reißen die die Straßen auf und prügeln sich mit Polizisten? Beim Zivildienst kam ich dann erstmals mit Leuten in Kontakt, die eine höhere Bildung hatten und politisch links standen. Mit denen habe ich lange gesprochen, und erst da entstand bei mir ein politisches Bewusstsein. Das erste Mal zur Wahl ging ich mit Ende zwanzig. Einige der schriftlichen Aufforderungen erreichten mich aber auch nicht, weil ich eine Weile keinen festen Wohnsitz hatte und nur irgendwo unterschlüpfte.

KLAUS SCHULZE Politisch war es 1968 und danach natürlich interessant, aber auch zunehmend brisant wegen der RAF. Mitten in Berlin nahm man das gar nicht bewusst wahr, weil es einfach unser Alltag war. Natürlich bekam man das mit Dutschke mit, genauso das, was an den Universitäten passierte. Ich war damals an der TU und habe Germanistik studiert. Demonstriert habe ich wenig, weil mich das überhaupt nicht interessiert hat. Da ging es immer um Sachen, die mir nicht wichtig waren. Ich habe mich schon darum gekümmert, was so um mich herum passiert, habe mich aber selber nicht beteiligt. Ich war nie im Republikanischen Club, wo der Dutschke immer war, und habe auch nie vor dem Amerika-Haus demonstriert.

LUTZ LUDWIG KRAMER 1968 war eine sehr schrille und speedige Zeit, so wie dauerhaft auf Amphetamin zu sein. Ich bin 1968 bei meinen Eltern abgehauen und in die K1 gezogen. Meinen Vater hat das einen Scheiß gekümmert, der war ein hohes Tier beim Sender Freies Berlin und reiste viel rum in Sachen Film. Aber meine Mutter suchte mit einem der besten Freunde der Familie nach mir. Damals zog ich von Kommune zu Kommune. Zur Schule in Charlottenburg ging ich nur noch sporadisch und brach das Gymnasium dann ohne Abschluss ab. Mir war der Weg von Moabit nach Charlottenburg einfach zu weit. Meine Eltern hatten da schon lange keinen Einfluss mehr auf mich.

GÜNTER SCHICKERT Ich wohnte im Zentrum von Berlin, in der Passauer Straße, wo immer Action war. Da bekam man alles mit, was in der Stadt passierte. Ich war auch immer politisch interessiert. Als die Russen 1968 die Tschechoslowakei besetzt hatten, bin ich natürlich am nächsten Tag in der TU gewesen und habe mir die Vorbereitungen für die Demos angesehen. Da redeten sie vom »Schwarzen Block« und stritten, wer vorweggehen darf und wer nicht hinter wem gehen will. Jedenfalls hatte ich das Gefühl, dass die da um den heißen Brei herumreden und dass es da um etwas geht, das mich überhaupt nicht interessiert. Trotzdem ging ich am nächsten Tag zur Demo. Da kam dann berittene Polizei, die die Demonstranten auseinandertrieb. An der Gedächtniskirche sind einige verschreckte Demonstranten an den Betonwaben, die wie Puderdosen aussehen, hochgeklettert, und die Polizisten sind mit Gummiknüppeln hinterher und prügelten denen auf die Füße und die Hände – sodass die Demonstranten aus vier Metern Höhe runterfielen. Ich dachte nur: Hier bist du verkehrt! Also bin ich in die Joachimsthaler Straße rein, habe mich in einen Hauseingang gestellt, beobachtete das Treiben und sagte mir: Ne, dat isset nicht! Ich wollte demonstrieren und meine Meinung kundtun, aber mich nicht mit Polizisten prügeln. Jede Form von Gewalt ist mir fremd. Von Demonstrationen hielt ich mich danach meistens fern, aber politisch interessiert war ich natürlich weiterhin. Und als am 2. Juni dann diese Benno-Ohnesorg-Geschichte passierte, war ich dann doch auf der gleichen Demo. Ich hörte sogar den Knall, den der Schuss auslöste. Das trieb mich umgehend nach Hause, denn das war mir unheimlich. Ich hatte Angst! Mir war das alles zu groß geworden. Außerdem hatte ich das Gefühl, dass man gegen diese Staatsgewalt keine Chance hat. Die politischen Ziele der Demonstranten waren zwar auch meine, aber mein Weg dahin war doch ein anderer.

PETER BURSCH Wir haben in Duisburg jedes Jahr auf dem Ostermarsch gespielt. Und sind auch mitmarschiert. Einmal habe ich da mit Joan Baez gespielt, das war für mich das Größte. Das war noch vor Bröselmaschine. In der heißen Zeit sind wir dann mit der Band nach Essen gefahren und haben versucht, die Auslieferung der »Bild«-Zeitung zu verhindern. Da saßen wir dann mit vielen anderen auf der Straße, bis uns nach einigen Stunden die Polizisten abgeschleppt haben. Solche Gemeinschaftsaktionen haben wir als Band oft gemacht, auch eine Deutschlandtour nur durch besetzte Häuser.

MICHAEL HOENIG Um zu der Schah-Demo an der Oper gehen zu können, bin ich schon früh aus der Schule abgehauen. Was ich mir leisten konnte, weil ich ein relativ guter Schüler war, immer super Noten. Der Ohnesorg-Schuss fiel abends. Es herrschte ein riesiges Gedränge. Erst mal wusste keiner, was passiert war. Das war ein Klang, den in Deutschland keiner mehr kannte, weil eben niemand Waffen hatte. Die Polizei benutzte nie Pistolen. Ich erinnere mich genau, dass einem dieser Klang durch Mark und Bein ging. Dieses Erlebnis war sehr merkwürdig, erschreckend und verwirrend. Vier Wochen später wurde ich dann aufgrund eines Zeitungsbildes als Demonstrant entlarvt und bekam mitgeteilt, dass wir in der Schule keine Rädelsführer brauchen. Der Schuss auf Benno Ohnesorg veränderte unsere Realität, weil plötzlich die Gewalt der Oberen bloßgestellt worden war. Immerhin verstand mich mein Vater danach besser. Das ging mir aber auch erst im Nachhinein auf, denn damals stritten wir uns einfach weiter.

STEVE SCHROYDER Ich war vorher Sänger in Schülerbands, hatte Beatmusik gemacht, war 1968 nach Berlin gekommen, um der Bundeswehr zu entgehen und mir dort eine neue Band zu suchen. Berlin war sehr turbulent, erst wollte ich Theaterwissenschaften studieren, aber als ich das erste Mal beim Theaterwissenschaftlichen Institut der FU ankam, war das grade besetzt worden. Von Anfang an war es eigentlich gar nicht möglich, zu studieren. Wenn nicht grad etwas besetzt wurde, wurde demonstriert. Ich geriet sofort in den Strudel der 68er-Bewegung und wurde auch umgehend polizeilich erfasst, nachdem ich einen Farbbrei an eine Wand des Instituts geworfen hatte. Man hielt mir vor, dass ich dabei eine Polizistenuniform beschädigt hätte. Zwei Tage darauf wurde ich völlig überraschend in der Uni-Mensa festgenommen. Nach einer Nacht im Gefängnis ließ man mich laufen, stellte mir jedoch noch einen Strafbefehl über hundert Mark für das Reinigen einer Uniform zu.

HELLMUT HATTLER In Berlin bin ich mal im Knast gelandet, weil ich verdächtigt wurde, bei einer Demonstration irgendwas angestellt zu haben. Ich saß da eine Nacht und wurde auch angeklagt, wegen Landfriedensbruch, aber da ich nicht mehr getan hatte, als an einer Demonstration teilzunehmen, wurde ich schnell wieder freigelassen.

LUTZ LUDWIG KRAMER Ich bin wegen schwerer Körperverletzung angeklagt gewesen, weil ich ein sehr radikaler Demonstrant war. Ich war mit einem Lattenzaun zwischen die Pferde der Polizisten gelaufen und hatte die zu Sturz gebracht, aber die Pferde waren auch mit ihren Hufen über uns Demonstranten hinweggelaufen. Dann bin ich hinter Polizisten hergelaufen und habe die verprügelt. Jedenfalls wurde ich verhaftet und von den Bullen an den Haaren durch die Gegend gezogen. Aber dann tauchte ein junger Mann auf, der sagte, dass er Anwalt und auf meiner Seite sei und sich um mich kümmern wolle. Dem rief ich dann schnell meinen Namen zu. Das war der Klaus Eschen vom Sozialistischen Anwaltskollektiv, wo auch der Ströbele und der Mahler dabei waren.

Der Eschen hat mich jedenfalls verteidigt. Weil ich erst siebzehn war, ging es über die U-Haft nicht hinaus. Der Richter sah, dass ich aus »gutem Hause« kam, rief mich an den Richtertisch, redete mir kurz gut zu und schickte mich dann zur Waldschule. Ein Freund von mir, der aus der falschen Schicht kam, ging für viel weniger in den Knast. Das milde Urteil erreichte bei mir aber das Gegenteil, mein Hass auf das faschistische Rechtssystem wurde nur noch verstärkt. Für mich saß der Muff von tausend Jahren Reich im Talar dieses Richters. Ich hatte natürlich kein Geld für die Unkosten, so habe ich die Juristen dann zu meinem Vater geschickt. Der Prozess hat ihn scheißviel Geld gekostet, aber er hat ohne Murren bezahlt. Der hat mich später auch in Marokko aus dem Knast ausgelöst, und auch das ohne Murren. Da saß ich trotzdem sieben Monate, wegen sieben Kilo Haschisch. Als Neunzehnjähriger in Marokko so lange im Knast zu sitzen ist keine schöne Erfahrung. Aber die Sache in Berlin sah ich nur als Selbstverteidigung, ich hatte doch kaum was gemacht. Damals ging echt alle Gewalt vom Staat aus. Heute bin ich kein Linksradikaler mehr, das ist bei mir kein Dogma, aber damals war die Eskalation vom Staat gewollt. Die wollten, dass ihre Notstandsgesetze verabschiedet werden und dass die Minderheiten mithilfe der Presse radikalisiert werden, ein abgekartetes Spiel.

STEVE SCHROYDER Wirklich wild war die Schlacht am Tegeler Weg. Da ging es um Horst Mahler, der am Tegeler Gericht angeklagt war, weil er gegen Springer demonstriert hatte, er wurde von seinen Anwaltskumpanen Otto Schily und Hans-Christian Ströbele verteidigt. Jedenfalls war die ganze Linke dazu aufgerufen worden, dagegen vorm Gericht am Tegeler Weg zu demonstrieren. Das Wort »Schlacht« ist da angemessen, weil es wirklich militärisch zuging. Die Polizei hatte mordsmäßig Wasserwerfer aufgefahren, und von Seiten der Demonstranten flogen Steine, das war wirklich eine Schlacht. Ich hatte mir vorsorglich einen Helm besorgt, damit ich keine Knüppelschläge auf den Kopf bekomme, und hab dann mit den anderen eine Kette gebildet, um die Polizei aufzuhalten. Da es eine nicht genehmigte Versammlung war, legte die Polizei umgehend los, sie zu zerstreuen. Nach zwei Aufforderungen, dass wir uns verziehen sollten, setzten die sofort ihre Wasserwerfer gegen die Demonstranten ein. Es brach Chaos aus, und am Schluss fand ich mich in einer Zelle wieder und verbrachte mit zehn anderen die Nacht in der Wache Friesenstraße.

KLAUS BRIEST Zuweilen wurden wir von der Lust an der Provokation geritten – das lief unter dem Stichwort »Moonrising«. Wenn wir nach Konzerten durch Gegenden fuhren, in denen die Spießer wohnten, haben wir schon mal schnell unseren blanken Hintern ans Fenster gedrückt. Einfach, um den Spießern mal zu zeigen, was abgeht. Unsere Botschaft: »Ihr könnt uns mal!« Das ging dann allerdings immer so schnell, dass die nie die Polizei rufen konnten, denn da waren wir schon längst weg.

STEVE SCHROYDER Angst hatte ich nie, ich empfand das eher als euphorisierend. Zur Weihnachtszeit hatten wir mal eines Abends eine US-Flagge vor dem Amerika-Haus in Berlin verbrannt und liefen danach in total euphorisierter Stimmung über den Kurfürstendamm die Straße runter, und ich dachte wirklich: Die Revolution hat gesiegt! Nur weil wir eine amerikanische Fahne vor dem Amerika-Haus verbrannt hatten, na ja, der Idealismus sorgte schon für viel Euphorie damals.

JÜRGEN DOLLASE Das erste Buch, das ich mir mit vierzehn kaufte, war ein politisches Taschenbuch, irgendwas über die Nazizeit. Wenn mein Vater zum Mittag aus der Schule nach Hause kam, gab es immer große politische Diskussionen und Streitgespräche. Im Laufe des Nachmittags tauchten wir dann aus unseren Löchern auf und waren wieder ganz normal. Den »Spiegel« lese ich seit meinem vierzehnten Lebensjahr jede Woche. Wir stritten um die typischen APO-Themen. Vor der APO gab es ja die Gammler, und mit dieser Thematik wurde man politisiert. Es war so ein Mix aus französischem Existenzialismus und Nonkonformismus. Das Wort Nonkonformist war ein zentraler Begriff.

STEVE SCHROYDER Dass unsere Generation auf Distanz zur Elterngeneration ging, war als Stimmung sehr präsent, allerdings wusste man nicht, wo die Reise hingehen soll. Ich war auch auf dem Internationalen Vietnamkongress damals, aber warum manche sich Plakate mit chinesischen Mao-Sprüchen hingehängt haben, habe ich zum Beispiel nie verstanden. In der WG, in die ich natürlich auch bald zog, wohnte im hinteren Zimmer ein Freund, der stark die chinesische Linie vertrat und seine Wände mit chinesischen Postern tapeziert hatte. Trotzdem beeinflusste mich all das so sehr, dass ich nach zwei Semestern dachte: Was soll ich noch Germanistik und Theaterwissenschaften studieren? Das ist doch alles alter Kram – ich fange jetzt mit Soziologie, Psychologie und Politologie an. Aber die politischen Studenten in Berlin haben mich entsetzt. Als Zappa und seine Mothers of Invention in Berlin gespielt haben, war die Bude voller politischer Studenten, die von Zappa ein Bekenntnis zur Revolution und so weiter gefordert haben. Zappa hatte dazu keine Lust, und irgendwann platzte ihm der Kragen, er stellte sich hin, hob den Zeigefinger und sagte etwas gönnerhaft: »It is the evolution not the revolution!« Daraufhin ging ein Schrei durch die ganze Halle, und dann herrschte Chaos. Die Leute stürmten wütend auf die Bühne und haben da alles zertrümmert und runtergeschmissen. Ich fand das entsetzlich, schon deshalb, weil die Mothers so tolle Sachen dabeihatten, inklusive Handpuppen. Die politischen Studenten waren gewalttätig und wollten alles nur zerstören. Das war eindeutig nicht meine Politik.

LUTZ LUDWIG KRAMER Zappa spielte damals im Sportpalast und begann uns zu beschimpfen. Er meinte, dass wir Deutschen alle böse sind: Nazis oder zumindest Kinder von Nazis. Aber das ging so nicht. Wir waren vielleicht Kinder von Nazis, aber wir waren keine Nazis! Er und seine Band, die Mothers, meinten auch, wir Westberliner seien alle irre, und unsere »Revolution« sei ein großer Quatsch! Es gehe nicht um Revolution, sondern um Evolution. Und dann sagte er noch »Bastards«. Das fanden wir gar nicht lustig. »Alles zerschlagen!« war dann die Ansage, keiner kommt von Amerika nach Berlin, um uns zu sagen, was Sache ist. Die Szene in Berlin war sehr organisch und verwoben. Da gab es nur wenige große Egos, denn in der Summe waren wir ein einziges riesengroßes Ego. Wir waren einfach da im Hier und Jetzt. Jedenfalls prügelten wir Zappa von der Bühne und haben seine ganze Anlage zerlegt. Er stand dann später am Bühneneingang, fluchte und bebte und spielte nervös mit seinem Plektrum herum. Da bin ich zu ihm hin und habe gesagt: »Frank, wrong words! Don't talk with us about revolution and evolution. Just play your music!« Und er antwortete: »You motherfuckers! You motherfuckers!« Der Musiker in mir fühlte aber mit ihm, ich fragte ihn dann noch nach seinem Plek, machte ihm Komplimente, er sei ein sehr guter Gitarrist, ich könne das beurteilen, weil ich selber einer sei. Das Plek bekam ich.

JÜRGEN DOLLASE Ich bin kein 68er, sondern eher ein 69er: Die 68er waren die Verklemmten, die 69er dagegen die Hedonisten. Als 68er wäre ich nicht später Gastrokritiker geworden, als 69er sehr wohl. Ich war immer Individualist, gehörte zwar zu einer Jazz-Community in Viersen/Mönchengladbach, war da aber nie voll drin. Es zog mich auch nie in die Gremien. Merkwürdigerweise landete ich in der Kunstakademie aber doch gleich wieder in der Politszene, denn da gab es die sogenannte Basisgruppe Kunst, links wie sonst was. Der Chef war Spartakus-Mitglied, da wurde von Woche zu Woche Marx, Engels, Lenin gepaukt. »Erst lesen, dann diskutieren wir das!« Grauenhaft. Aber schon im zweiten Semester war ich im Studentenparlament und von da aus im Senat der Kunstakademie.

KLAUS BRIEST Die Musik unserer Band Xhol war intensiv, lebendig und hatte auch ihre ekstatischen Momente. Das brachte das Publikum oft in Wallung. So wie in einem Konzert in der Mensa der Mainzer Universität, und die war pickepacke voll. Da hätte eigentlich die Polizei einschreiten müssen wegen Überfüllung. Wir haben dann auf der Bühne ordentlich einen los gemacht, die beiden Sänger, die wir hatten, waren gute Entertainer. Es war dampfend heiß. Irgendwann kam ein Paar aus der ersten Reihe zu uns nach oben auf die Bühne, und fing an, sich zu befummeln. Wir schauten zu und dachten, was wird das denn jetzt? Dann zogen die sich die Klamotten vom Leib und gingen in einen eindeutigen Bewegungsablauf über. Wir lachten und spielten einfach weiter. Das war völlig irre. Aber natürlich auch abgefahren, wenn man es als Musiker schafft, das Publikum derart anzuheizen, dass die sämtliche Hemmungen verlieren.

LUTZ LUDWIG KRAMER Bei Agitation Free wurde ich für die anderen irgendwann zu radikal. Die Happenings und die politischen Aktionen waren mir wichtiger als die Band-Disziplin. Manchmal half das aber auch: Zum Beispiel ist uns mal eine Cola in den Verstärker gekippt, und der gab den Geist auf. Da hab ich die Gitarre genommen, improvisiert und »Ho Ho Ho Chi Minh!« skandiert, worauf der ganze Saal zurückgerufen hat: »Ho Ho Ho Chi Minh!« Daraus wurde dann eine Riesensession, und die lief so lang, bis der Verstärker repariert war. Später meinte Lüül, das hätte uns den Arsch gerettet. Aber Lüül war selber nie politisch, Christopher Franke auch nicht, Michael »Fame« Günther hat zwar mit den Linken kokettiert, wollte sich aber nicht den Hintern versohlen lassen. Das waren eben doch alles bourgeoise Jungs. Ich zwar genauso, aber ich habe damit gebrochen, wollte deshalb auch keine Platten machen und unsere Musik von irgendwelchen schleimigen Produzenten bearbeiten lassen. Stattdessen wollte ich die Sitars rausholen, nur noch makrobiotisch essen und auf dem Boden schlafen. Das ging dann eben auseinander. Klar ist es rückblickend schade, dass ich mit ihnen keine Platte gemacht habe. Immer wieder fragen irgendwelche Verlage, ob es nicht noch Material von damals gibt. Die bieten tausende Euro blind für irgendwelchen alten Mist. Schade, aber was soll's.

STEVE SCHROYDER Eine Weile habe ich mich bemüht, Student zu sein, aber letztlich ging es nur noch um die Revolution. Die wurde allerdings unterbrochen, als ich 1969 mit einem alten Schulfreund eine Reise nach Indien antrat. Im Februar sind wir mit einer alten Ente losgefahren, auf der hinten stand: »Berlin–Delhi–Katmandu«. Diese Reise hat alles drastisch verändert. Im Iran machte die Ente schlapp, bei der Reparatur halfen uns Perser, die wir auf eine fantastische, freundliche Art kennenlernten. Das wird mir auf ewig im Bewusstsein bleiben. Auf der Reise habe ich in Afghanistan auch das erste Mal Haschisch geraucht. Da kam in einer Karawanserei einer aus der Wüste an, ging direkt an den Kamelen vorbei auf mich zu und drückte mir ein Piece Haschisch in die Hand. Ich dachte: Was soll das denn? Da war so ein Raum, wo die Leute immer reingingen und kräftig hustend wieder herauskamen. Mein Kumpel hat sich nicht getraut, dem war das alles unheimlich. Ich hatte keine Berührungsängste und habe auf dieser Reise nur tollste Erfahrungen gemacht. Nach der Rückkehr wollte ich entweder Bauer in Indien werden oder in Berlin Musik machen. Natürlich lief es dann auf die Musik hinaus.

MICHAEL ROTHER Um 1968 wurde ein neues Kapitel aufgeschlagen und ein alternativer Ansatz gesucht, in der Kunst, im Film und in der Musik – ein Klima, das mich entscheidend geprägt hat. Zwei Jahre vor dem Abitur hatte ich bei einer Befragung nach meinem Berufswunsch noch Rechtsanwalt angegeben. Den Grundgedanken, Menschen zu helfen, zu ihrem Recht zu kommen, fand ich anziehend. Aus Schillers »Sturm und Drang«-Werken hatte sich mir so ein Gefühl für Freiheit und Gerechtigkeit vermittelt, das mich zum Ende meiner Schulzeit sehr bewegte, sowie auch ein Interesse an der Psychologie. Aus diesem Interesse heraus wählte ich ein psychiatrisches Krankenhaus in Neuss, um den Zivildienst abzuleisten. Zur Bundeswehr zu gehen, überhaupt jeglicher Militärdienst, kam für mich aus tiefster Überzeugung nicht in Frage. Natürlich entwickelte ich in diesen Jahren auch ein politisches Bewusstsein, war entsetzt über die Tötung von Benno Ohnesorg durch einen Polizisten und lehnte wie viele meiner Bekannten den Vietnamkrieg vehement ab. Die Politikdebatten in der Schule waren mir aber meistens zu orthodox, die marxistisch-leninistische Fraktion schien mir zu engstirnig, aber aus dem konservativen Klima, das damals noch herrschte, wollte ich auf jeden Fall ausbrechen. Mir haben die eineinhalb Jahre, die ich Zivildienst machte, viel bedeutet. Als Zivildienstleistender war man zwangsläufig ein politischer Mensch, weil man einige unhaltbare Zustände in der Psychiatrie sah und bekämpfte und sich für Patienten einsetzen konnte.

PETER BRÖTZMANN Ende der Sechziger gab es noch nicht dieses Schubladendenken, wie es heute wieder existiert. Unsere Generation hat damals am gleichen Strang gezogen, egal ob man Jazz oder Rock machte. Wir hatten alle miteinander zu tun, weil wir eigentlich dasselbe wollten, nämlich nicht nur die Musik, sondern auch die Gesellschaft zu verändern. Deshalb kam ich auch mit den Rockmusikern gut zurecht, schließlich teilten wir das Erbe, das wir anzutreten hatten, also die Scham darüber, was im Zweiten Weltkrieg passiert war. Das wollten wir mit unserer Musik verstehen und kompensieren.

ALEXANDER VON SCHLIPPENBACH In dem Jahr habe ich als eine Art Bauer, oder auch Hippie, in der Nähe von Köln mit meiner Familie in einem alten Bauernhof von 1653 gewohnt. Das war sehr schön, wir konnten dort im Freien proben. Was da sonst passierte, die Demonstrationen und so weiter, haben wir nur per Rundfunk oder Fernsehen mitbekommen. Ich bin auch nie bei einer Demonstration gewesen. Bei mir war Politik im engeren Sinn keine treibende Kraft, muss ich gestehen. Stattdessen haben wir 1968 das »Anti-Festival« gemacht, in einer Kölner Tiefgarage. Das war eine Veranstaltung gegen das etablierte Festival »Jazz am Rhein«, wo die traditionellen und etablierten Jazzstars auftraten. Da beschlossen wir Free-Jazzer, also Schoof, Brötzmann und ich, dass wir dem was entgegensetzen wollten, und das haben wir dann auch ganz gut hingekriegt. Da waren auch Künstler und Autoren beteiligt. Es war die erste Aktion von Musikern, an die ich mich erinnern kann. Wir haben mit unserer Gruppe gespielt, und dann kam noch Brötzmann mit seinen Leuten und die Gruppe Amon Düül aus Süddeutschland. In der Tiefgarage begegneten sich Jazz und Rock damals ganz selbstverständlich, das war buchstäblich Underground.

HOLGER CZUKAY Was 1968 politisch passierte, hat mich kaum berührt. Schon da sagte ich immer: Politik frisst Musik. Das war auch die Haltung von Stockhausen. Musik hat halt ein eigenes Leben. Dieses Gitarrengeklampfe mit politischem Text ist ein Missverständnis, denn Musik ist eigentlich was Kosmisches.

IRMIN SCHMIDT Politisch war ich 1968 nicht mehr sehr aktiv. Meine Kämpfe hatte ich als Teenager mit meinem Vater in Dortmund ausgefochten. Der war in der Nazizeit Ober-Arbeitsdienstführer für das Ruhrgebiet, und ich warf ihm vor, dass er alles gewusst haben musste. Was dann 1968 passierte, habe ich zwar interessiert verfolgt, aber der Aufruhr der Studenten hat mich nicht mehr so berührt, ich war auch etwas älter. Natürlich saßen die von der DKP dauernd bei mir rum und wollten mich überreden, zur Kommunistischen Partei zu kommen, vermutlich auch, weil ich die ganze Marx- und Lenin-Literatur gelesen hatte, schließlich war ich ja unheimlich links, beredt und flammend. Aber deren Welt war doch nicht meine, denn ich wollte dann schon genau wissen, wie diese ganzen Theorien in der Wirklichkeit umgesetzt werden sollten oder schon umgesetzt worden waren. Ich war da einigermaßen empfindlich, seit ich mich so in die Sachen aus dem Dritten Reich vertieft hatte. Jegliche Form von Diktatur entsetzte mich. Ich war 1968 nicht desillusioniert, aber ohne jeden Glauben an irgendwelche gewaltsam praktizierten Heilungen und Umwälzungen der Gesellschaft, und bei allem Verständnis für die Kritik der 68er an den bestehenden Verhältnissen fand ich, dass die übertrieben haben, wie schlimm es hier sei. Natürlich sah ich auch, dass wir viel ändern müssen, habe auch Rudi Dutschke sehr bewundert und gemocht, nur war ich gegen jegliche Gewalt. Und als Baader-Meinhof auf der Bildfläche erschienen, endeten bei mir die Sympathien, das war ein klarer Schnitt. Ich erinnere mich, das war im Frühling, wunderschönes Wetter, wir saßen an der Ludwigstraße in einem Eiscafé, da kam ein Mädel aus einer der Kommunen und sagte heulend und anklagend: Die sind geschnappt worden! – und berichtete dann von dem Brandanschlag auf die Kaufhäuser in Frankfurt. Ich war völlig entgeistert und sagte: »Entschuldigung, ihr hättet beinahe einen Nachtwächter umgebracht.« Für sie war das aber der Preis für eine bessere Welt. Das war einer der Momente, wo bei mir schlagartig der Vorhang runterging, da war für mich richtig Schluss. Andererseits war die Gründung von Can 1968 doch auch eine echte 68er-Tat. Denn eigentlich war ich ja auf dem Weg zu einer Karriere als Dirigent. Einfach alles hinzuschmeißen und eine Rockgruppe zu gründen, in der gemeinsam spontan erfunden wird, war auch ein radikaler Bruch mit dem Bestehenden. Für mich persönlich war die Gründung von Can ein politisches Manifest.

HOLGER CZUKAY Ich habe nie demonstriert, ich laufe doch nicht irgendwelchen Ideologien hinterher. Die vielen Demonstrationen damals schreckten mich eher ab. Ich habe das alles auch intellektuell überhaupt nicht begriffen. Als ich das eine Mal wählen ging, entschied ich mich für die FDP, weil das die Partei meiner Mutter war. Danach habe ich nie wieder gewählt, mein Interesse an Politik war erloschen, und ich wusste letztlich, dass ich für politisches Engagement vom Herzen her nicht in der Lage bin. Ich war auch nie gegen die USA, Amerikaner mochte ich schon als Kind. Damals war ich in Limburg an der Lahn gelandet, und die Amerikaner waren direkt nebenan. Ich sang denen Choräle vor, mit der Stimme, mit der ich eben singe, den Kontrapunkt deutete ich mit den Lippen an. Das hörten sich die Amerikaner an und gaben mir gleich Geld. Außerdem war ich Cola-süchtig, jede Summe, die mir in die Hände kam, investierte ich umgehend in Coca-Cola. Einmal steckte mich ein Amerikaner unter die Dusche. Aber das Wasser war warm, und danach gab er mir einen Tiegel voll von Bonbons. Amerikaner waren sehr anders als die Deutschen, was mir gut gefiel.

IRMIN SCHMIDT Es gab eine politische Erwartungshaltung, manchmal kamen welche und sagten, bei welchen Aktionen wir mitzumachen hätten. Das haben wir fast immer ignoriert. Die ein, zwei Mal, die wir es dann doch gemacht haben, bei irgendwelchen Kundgebungen, mündete das stets in Vergesellschaftungen, die ganz klar nicht unser Ding waren. Auch was bei solchen Veranstaltungen geredet wurde, entsprach fast nie dem, was wir für uns vertraten. Untereinander haben wir nie über Politik geredet. Wirklich nie! Bei uns ging es um Musik. Geredet haben wir über die zwischenmenschliche Politik, also wie wir miteinander arbeiten, aber da herrschte immer Einigkeit. Man kann also sagen: Gut, ihr wart unpolitisch, aber das, was wir als politisch empfanden, das fing vor unserer Haustür an. Das war Can. Und das wollten wir auf eine Weise machen, wie es bis dahin nicht praktiziert worden war. Unsere politische Tat war Can. Aber das war eben keine neue Gesellschaft. Und bei aller Kritik an der existierenden war uns doch auch klar, dass wir nur in dieser die Freiheit hatten, so was wie Can überhaupt zu machen. In der DDR hätten wir das nicht gekonnt.

PETER BAUMANN Politik hat bei mir keine große Rolle gespielt. Mit einem Freund war ich mal einen Abend lang in der K2-Kommune, da war ich vielleicht sechzehn, die hatten gerade neue Flugblätter, mir kam das aber alles viel zu ernst vor.

HELLMUT HATTLER Kraan haben nie direkte Aussagen gemacht, was allerdings nicht heißt, dass wir keine politische Wirkung gehabt hätten. Wir haben sicher auch Impulse zum Umdenken gegeben. Nur fand ich es immer unangenehm, wenn einem jemand reindrückte, wie die Gesellschaft zu funktionieren hätte. Das ist für mich das Gegenteil von Freiheit. Freiheit ist, wenn du selber entscheidest, was gut für dich ist, und dabei anderen nichts von deren Freiheit wegnimmst.

MICHAEL HOENIG Wählen war nie ein Thema. Ich habe mich immer enthalten. Ja, das war dumm, damals aber eine bewusste Entscheidung. Es gab für uns keine Partei. Die Grünen existierten noch nicht. Alle, die ich kannte, sind nicht wählen gegangen, einfach aus Protest. Erste Sympathien für Politik kamen erst mit Willy Brandt auf.

IRMIN SCHMIDT Nicht wählen zu gehen finde ich doof. Ich bin immer wählen gegangen. Bei allem Ungenügen an der existierenden Form von Demokratie muss man sich doch nur ein bisschen in der Welt, ja in der unmittelbaren Nachbarschaft umgucken, um festzustellen, dass wir verdammt noch mal nicht so schlecht dran sind. Nicht zu wählen ist doch eine ziemlich dumme Form von Protest. Was bewirkt das?

KARL BARTOS 1968 war ich sechzehn, machte eine Lehre und war schon als Musiker unterwegs. Ich bin in dem Jahr auch ins Haus meiner Großeltern gezogen, als ich mit meinen Eltern nicht mehr so gut klarkam. Renitent war ich aber nicht. Ich habe null rebelliert. Es war nur schwierig mit den Eltern, als ich meine Kleidung auf Jeans umstellte, aber eigentlich waren meine Eltern cool. Ich habe nie demonstriert, war auch nie Anti-Atomkraft. Das Bewusstsein für die Zusammenhänge kam erst viel später.

JÜRGEN DOLLASE 1968 war ich beim Bundesgrenzschutz und bekam irgendwie die Platte »Electric Ladyland« von Jimi Hendrix in die Finger. Die beeindruckte mich nachhaltig und weckte mein Interesse an der Rockmusik. Ich war dann kurzzeitig in einer Gruppe aus meiner Gegend namens Speed Kills, wo kein Stück unter einer Stunde lang war. Wir spielten, bis uns das Blut von den Fingern floss. Leute, die das unter Drogen hörten, meinten später, dass sie nie wieder so etwas Intensives erlebt hätten, die volle Dröhnung eben. Ich hatte mich auf zwei Jahre bei der Bundeswehr verpflichtet, weil es gut bezahlt war, bin da aber doch auch angeeckt. Ich hatte zum Beispiel eine Grafik von Franz Josef Degenhardt in meinem Zimmer aufgehängt, so ein Antikriegsding, was einigen der Offiziere nicht gefiel. Ein wichtiger Grund für mich, zur Bundeswehr zu gehen, war, dass man beim Bundesgrenzschutz, wenn man sich auf zwei Jahre verpflichtete, deutlich mehr Geld bekam als den normalen Wehrsold. In unserer Familie waren wir eher unterfinanziert. Trotzdem bin ich nach eineinhalb Jahren gegangen, war noch vom Herbst 1967 bis 1969 beim Bundesgrenzschutz und begann dann ein Biologiestudium. Warum, weiß ich auch nicht. Ich glaube, da hatte mein Vater mich hingeschoben, das Studium brach ich jedenfalls auch ab. Damals ging es bei mir mit der Musik voll los, und ich hatte auch mit halluzinogenen Drogen zu tun.

JEAN-MICHEL JARRE In Paris revoltierten 1968 die Studenten, ich auch. Wir lehnten uns gegen das Establishment auf, sowohl in der Gesellschaft als auch in der Kultur. In der Musik hatten wir genug von der angestaubten Klassik und vom amerikanischen Rock. Für mich war elektronische Musik eine Form von Rebellion, so wie die Platten von manchen deutschen Krautrockbands.

MICHAEL ROTHER Auch mich führte eine Demo zu dem, was später mit mir musikalisch passierte. Das war aber erst 1971, in Düsseldorf, da sprach mich am Ende der Demonstration ein befreundeter Gitarrist an, ob ich nicht Lust hätte, mit zu einem Studio zu gehen, wo gerade eine Filmmusik eingespielt würde. Ich fragte ihn, was da genau los sei, woraufhin er sagte, dass dort eine Band namens Kraftwerk arbeiten würde. Ich hörte den Namen zum ersten Mal und fand ihn eher eigenartig – ich glaube, ich sagte sogar, dass der Name ja echt bescheuert klingt. Aber ich bin doch mitgegangen, was zu der ersten Begegnung mit Ralf Hütter, Florian Schneider und Klaus Dinger führte. So war diese Demo letztlich lebensverändernd für mich. Allerdings habe ich weder mit Klaus Dinger noch mit Kraftwerk oder Harmonia je politische Debatten geführt, auch wenn ich ein großer Willy-Brandt-Verehrer war. Er verkörperte für mich den Ansatz »Mehr Demokratie wagen«, die Hoffnung auf einen politischen Aufbruch in neue, moderne Zeiten. NEU! haben 1972 sogar mal für den gespielt, in Düsseldorf. Mein späterer Steuerberater war dort damals Juso-Vorsitzender, man kannte sich, und er fragte, ob NEU! zur Unterstützung für Willy Brandt bei einer Juso-Fete auftreten würden. Brandt war dann sogar selbst mit auf der Bühne.

NEUANFANG

»Ich habe 1970 aufgehört, Musik zu hören.
Ich wollte alles Vorangegangene vergessen.«
MICHAEL ROTHER

IRMIN SCHMIDT Man hatte schon das Gefühl, dass man bei null anfangen möchte. Für mich war es auch ganz persönlich ein Neuanfang. Für Michael Karoli war es dagegen einfach bloß ein Anfang, denn der hatte ja gerade erst sein Abitur gemacht. Eigentlich wollte er Jura studieren und hatte auch schon ein Semester absolviert, aber das stank ihm. Für Jaki, Holger und mich war Can jedoch wirklich ein Neuanfang. Wir haben das auch so begriffen. Und nicht ohne Grund sind ja zur selben Zeit auch Bands wie Amon Düül, Tangerine Dream oder die Vorgänger von Kraftwerk entstanden.

JEAN-MICHEL JARRE Neue Musik bildet auch immer die Gesellschaft ab, in der sie entsteht. Aus diesem Wunsch nach Veränderung entstand die elektronische Musik. Oft funktioniert sie für rein hedonistische Zwecke, aber sie reflektiert auch ihr soziales Umfeld. Wir wollten als Musiker weg von dem, was war, und wir wollten experimentieren: mit Melodien, mit Klassik, mit Rock. Wir waren damals zwar nur eine kleine Gruppe, aber wir wollten eine Veränderung, uns vom Ballast der Vorväter befreien. Es war ein Instinkt, der uns verband. Die Krautrockband Can und ich haben zu sehr verschiedener Musik gefunden, aber ich vermute, dass unser Antrieb ein ähnlicher war. Es war merkwürdig, dass man damals kaum etwas voneinander wusste, es war eine Ära ohne Internet. Alle, die mit elektronischer Musik experimentierten, taten das allein in ihren Rattennestern.

NIKEL PALLAT Mit Ton Steine Scherben waren wir nicht in der innovativen instrumentalen Elektronikszene, unser Schwerpunkt waren Songs. Aber in Kreuzberg lief man sich ja dauernd über den Weg. Von Tangerine Dream haben wir mal einen Übungsraum übernommen. Mit den ersten Synthesizern, die nach Deutschland kamen, eröffneten sich vielen Leuten neue Möglichkeiten. Bazon Brock hatte 1969 eine völlig bekloppte Musikserie im dritten Radioprogramm, wo er Sachen spielte, die weder Beat noch der übliche Rock-Mainstream waren. Bis dahin war Musik auf Singles erschienen, auch die Alben waren Single-Compilations, aber damals begann es, dass ein Song sich über eine ganze LP-Seite erstrecken konnte und das Albumformat erst richtig ausgeschöpft wurde. Schon bei den Doors gingen die Songs ja gern mal über elf Minuten.
PETER BURSCH Die Rockmusik veränderte sich. Immer mehr Bands haben improvisiert. Man konnte ein Stück auch eine halbe Stunde lang spielen. Mitte der Sechziger waren die Songs noch festgelegt gewesen, 1968 war die Stimmung schon viel freier.
MANI NEUMEIER Die Idee der Zeit war einfach, dass alles möglich ist. Wenn man Louis Armstrong und John Coltrane und Karlheinz Stockhausen gehört hat, wird einem klar, dass sehr viel möglich ist.
IRMIN SCHMIDT Verständlicherweise kam nach zwölf Jahren der totalen Vernichtung aller Kultur in Deutschland alles Interessante aus England und Amerika, selbst bei der klassischen Musik. Ein großer Teil der deutschen Intellektuellen, auch der Maler und Künstler, waren ja emigriert. Die kamen erst langsam zurück – oder auch gar nicht. Umso mehr wollte ich einen Zusammenhang zu dem herstellen, was es in Deutschland vor 1933 an musikalischer Kultur gab. Deshalb kann man bei Can und auch bei dem, was ich danach gemacht habe, dezidiert Einflüsse von Kurt Weill hören. Dessen Musik war ja auch eine Gratwanderung zwischen E- und U-Musik, um es

mal deutsch auszudrücken. Und es dauerte wirklich mehr als zwanzig Jahre, bis wir dank der Einflüsse anderer Länder so langsam wieder mit der Moderne vertraut wurden. Der einzige wegweisende deutsche Komponist war für mich damals Karlheinz Stockhausen. Der Rest kam aus dem Ausland, aus Amerika oder Italien. Um 1968 herum ist dann in mehreren Hirnen in diversen deutschen Städten das Bedürfnis nach einem Neustart aufgekeimt, nach einer Wiederaneignung der eigenen Geschichte.

JEAN-MICHEL JARRE Von Can hatte ich bald gehört und verfolgte, was sie machten. In Deutschland wussten die Krautrockmusiker zumindest voneinander, in Frankreich war ich völlig isoliert. Ich hatte nur eine kleine Gruppe von Menschen, mit denen ich mich austauschte, rund um Pierre Schaeffer. Aber auch innerhalb dieser Gruppe arbeiteten wir, ganz französisch, eigentlich isoliert, jeder für sich, letztlich arrogant. Weder mit dem, was auf den Straßen vor sich ging, und schon gar nicht mit dem, was im Rest der Welt passierte, waren wir vertraut. Die Botschaft war: Wir wissen die Wahrheit, alle anderen haben keinen Schimmer, die produzieren nur Mist. Nach zwei, drei Jahren wollte ich da weg. Pierre Schaeffer sagte zu mir: »Verschwende deine kostbare Zeit doch nicht mit diesem Quatsch.« Ich habe mich konstant mit diesen elitären Typen gestritten und sagte zu ihnen: »Werft mal einen Blick nach draußen! In Deutschland entsteht spannende neue Musik, in England arbeiten Soft Machine und Pink Floyd an spannenden Klängen. Die beschäftigen sich alle mit Themen, die ihr nur intellektuell verklärt. Und ich möchte das alles zusammenführen!« Aber daran hatten die kein Interesse. Aus dem Grund habe ich mich nach drei Jahren endgültig selbstständig gemacht, um diese Brücke zwischen experimenteller Musik und Pop zu schlagen.

MICHAEL ROTHER In meiner Begeisterung für Cream, Jimi Hendrix und die Beatles habe ich als Teenager sehr viel Musik gehört. Aber spätestens 1970 sagte ich zu mir: Du musst das alles weglassen, alles vergessen, um etwas Eigenes zu entwickeln. Ich wollte dann wirklich keine Musik von anderen mehr hören. Je weniger, desto besser. 1973 war ich mit Harmonia mal beim WDR, und da lief etwas von Tangerine Dream – aber auch ihr Weg war für mich keine Inspiration. Ich hatte ganz andere Visionen.

BERND DOPP Dass die neuen Bands aus Deutschland keine angloamerikanischen Wurzeln hatten, war uns nicht nur bewusst, sondern auch wichtig. Es ergab sich ja damals eine gewisse kulturimperialistische Situation, auf die man keinen Bock hatte. Die politisch tendenziell antiamerikanische Stimmung jener Tage hatte auch Einfluss auf die Popkultur, sogar auf mein Konsumverhalten und das vieler Gleichaltriger. Mit den experimentellen deutschen Bands fühlte man sich den Hörern internationaler Rockmusik überlegen.

PETER BURSCH Die Essener Songtage waren unglaublich. Davor kannten wir nur wenige Bands, die auch so drauf waren wie wir, seit wir als Bröselmaschine aus der Folkecke raus waren. Mit der Band davor hatten wir noch Bob Dylan nachgespielt. Natürlich wurde bei Folkies auch schon diskutiert, am meisten bei den jährlichen Festivals auf der Burg Waldeck ab 1964. Da gab es Streitgespräche auf offener Bühne, zum Beispiel zwischen Hannes Wader und Reinhard Mey, wo Wader Mey vorwarf: »Wenn du so weitermachst, wirst du noch zum Schlagersänger!« Und Mey dagegenhielt: »Wenn du so weitermachst, kannst du gleich zum Kommunismus übertreten!« Bei den Essener Songtagen wurde auch viel debattiert und gestritten, aber da war eine ganz andere, tolle Stimmung. Bernd Witthüser, der da mitarbeitete, hatte uns eingeladen. Mit dem hatten wir schon einige Auftritte gehabt. Wir haben sogar in der Grugahalle in unseren Schlafsäcken gepennt. Da wollte man gar nicht mehr weg, denn das Gemeinschaftsgefühl dort war unglaublich. Wir haben da Amon Düül und Guru Guru kennengelernt, die damals noch Guru Guru Groove hießen. Das waren die beiden deutschen Bands, die uns am meisten berührt hatten und mit denen wir direkt Kontakt aufnahmen, gemeinsame Konzerttermine klarmachten, die zu uns nach Duisburg einluden, und die uns dann in ihre Städte. Das war eigentlich der Start für alles. Wir merkten, dass es viele andere gibt, die auch so drauf sind wie wir, die auch was Eigenes machen wollen.

MICHAEL HOENIG Es war klar, dass wir vom Sound vorangegangener Generationen wegwollten. Deutschsprachig war zu der Zeit nur der deutsche Schlager, ansonsten gab es nichts. Die deutschen Beatbands à la Rattles fanden wir eher peinlich. Wir wollten vor allem nicht dem Bluesschema folgen, schon einfach deshalb, weil wir den Schmerz des Blues, dessen Geschichte und das unendliche Leid einfach nicht fühlten. Uns ging es nicht um Schmerz, sondern um Projektion.

KLAUS BRIEST Xhol Caravan hießen am Anfang noch Soul Caravan, wir haben als Soul-Coverband begonnen. Aber auf Dauer war dieser Sound zu berechenbar, zu sehr Schablone. Allerdings haben wir schon als Soul-Band nicht nur Coverversionen gespielt, sondern auch eigenes Material. Hier begann auch die Entwicklung zu mehr und ausgedehnteren Improvisationen. Stücke von John Coltrane und Cannonball Adderley gehörten zu Programm. Das Kiffen sorgte dafür, dass wir uns mehr trauten, auch abgefahrene Dinge ausprobierten. Keine Vorgaben mehr akzeptieren, sondern einfach alles fließen und sich selbst entwickeln lassen, aus dem Moment heraus agieren und den spontanen Eingebungen folgen.

GERD KRAUS Jeder von uns kam aus einer Ecke, wo er sagte: Um Gottes willen, bloß weg! Und so zersägte man auch in der Musik die altbekannten Strukturen, um zu einem eigenen Sound zu finden. Es waren Unterströmungen, die uns bewegt haben, Bedürfnisse, die darin schwammen, ohne dass wir uns bewusst darüber ausgetauscht haben.

WINFRID TRENKLER Bands wie Achim Reichels Rattles waren, bei allem Respekt, Epigonen. Dafür schon früh in England unterwegs, sogar auf Tournee mit Little Richard. Aber erst später kam aus Deutschland etwas Eigenständiges.

ACHIM REICHEL Die Engländer waren dem Beat und Rock 'n' Roll einfach viel näher, schon durch die Sprache. Alles, was in Deutschland an musikalischer Kultur einmal vorhanden gewesen war, war nach dem Krieg weg. Und bei dem, was man uns musikalisch so anfütterte, hatte man irgendwann das Gefühl, das alles zu kennen, tausendmal gehört zu haben. A.R. & Machines waren deshalb für mich zu Beginn der siebziger Jahre eine befreiende Erfahrung. Die Zeit war reif dafür.

HARALD GROSSKOPF Ich hatte als deutscher Musiker eher ein Minderwertigkeitsgefühl, immer die Sorge, dass ich nie so gut sein würde wie meine Vorbilder.

KLAUS SCHULZE Wir waren mehr oder weniger gebeutelt von der ganzen englischen und amerikanischen Musik. Wenn man in Deutschland Erfolg haben wollte, musste man die kopieren. Wir wollten aber selber etwas machen. Deshalb haben wir auch so viel herumexperimentiert, was man auf der ersten Tangerine-Dream-Platte »Electronic Meditation«, ja auch hört. Das war unser musikalischer Befreiungsschlag, fast eine Art Punk. Die wirklich elektronische Musik kam später, wir sind erst mal in irgendeine neue Richtung losgerannt.

LUTZ LUDWIG KRAMER Mit sechzehn wusste ich, dass ich keine Musik wie die Stones oder die Beatles machen möchte. Ich brauchte kein »Hey Jude« und auch nicht den Appeal von Mick Jagger. Mir war klar, dass wir das alles selber haben, nur eben anders. Das war aber kein intellektueller Ansatz, eher ein archaischer: einfach bei null anfangen – aber im Feeling der Zeit, irgendwie nach vorn pulsierend. Es war halt eine heiße Zeit, da war sogar im Winter »Summer in the City«, an jeder Ecke konnte man verbrennen und hat das auch gesucht, es war okay, sich zu verbrennen. Sicher war das Deutschsein dabei eine Last und die Vergangenheit ein einziger Ballast. In London bin ich mal als deutscher Junge diffamiert worden, auf Mallorca wurde ich mit siebzehn als Nazikind gebrandmarkt – ich habe dann immer versucht, mich zu entschuldigen. Wenn ich darüber nachdenke, nimmt mir das bis heute die Luft zum Atmen. Musik zu machen war dagegen befreiend und reinigend, als Musiker fühlte ich mich wie der Phönix aus der Asche.

HELLMUT HATTLER Vor ein paar Jahren habe ich die Biografie von Eric Clapton gelesen, und da fiel es mir wie Schuppen von den Augen: Clapton und sein Umfeld haben sich damals auf schwarze Bluesmusiker bezogen, haben deren Riffs geübt und wollten alles so machen wie die, also eine Tradition fortführen. Als Deutscher konnte und wollte ich aber genau das nicht. Und gerade daraus entstanden viele Experimente, wurde vieles ausprobiert, was sich auf nichts Vergangenes bezog. So habe ich auch mal meine Geige ausgepackt und elektrifiziert. Viele Amis, die ich später kennenlernte, sagten Sätze wie: Ich will so komponieren, dass es auch meiner Mutter gefällt. Das wäre mir nie in den Sinn gekommen. Natürlich habe ich, so wie alle anderen auch, erst alte Songs gecovered, aber als wir die Band starteten, war klar, dass wir unser eigenes Zeug machen. Und vielen in Deutschland ging es genauso. Gerade die Engländer haben auch schnell begriffen, dass in Deutschland Dinge passierten, die es so noch nie gegeben hatte. Das kann man schon als kleine Kulturrevolution bezeichnen.

KARL BARTOS In die USA zu reisen war mein größter Augenöffner. Wir waren in San Francisco, und dort spielte Muddy Waters in einem Club vor nur zehn Leuten. Da habe ich gespürt, dass wir etwas Eigenes am Laufen hatten. Das war nicht wie Klaus Doldinger, der in die USA kam, dort seine Saxofonsoli blies, und doch nie so gut sein würde wie Charlie Parker. Die Dur-Akkorde, die wir spielten, entsprachen unserer eigenen Weltsicht, nicht der eines anderen. Als wir später mit der »Mensch-Maschine« in den USA waren, kam zum Auftritt in

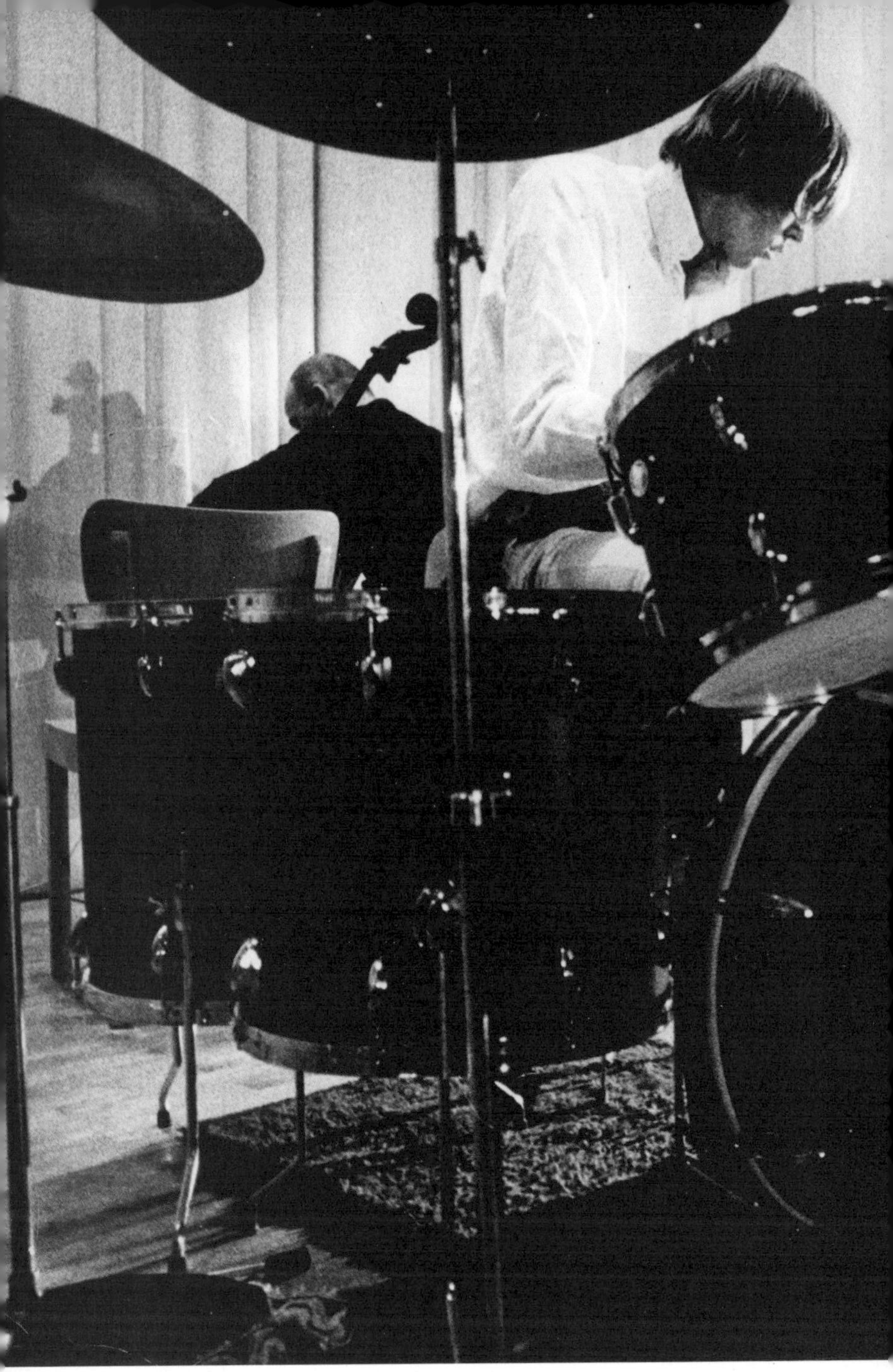

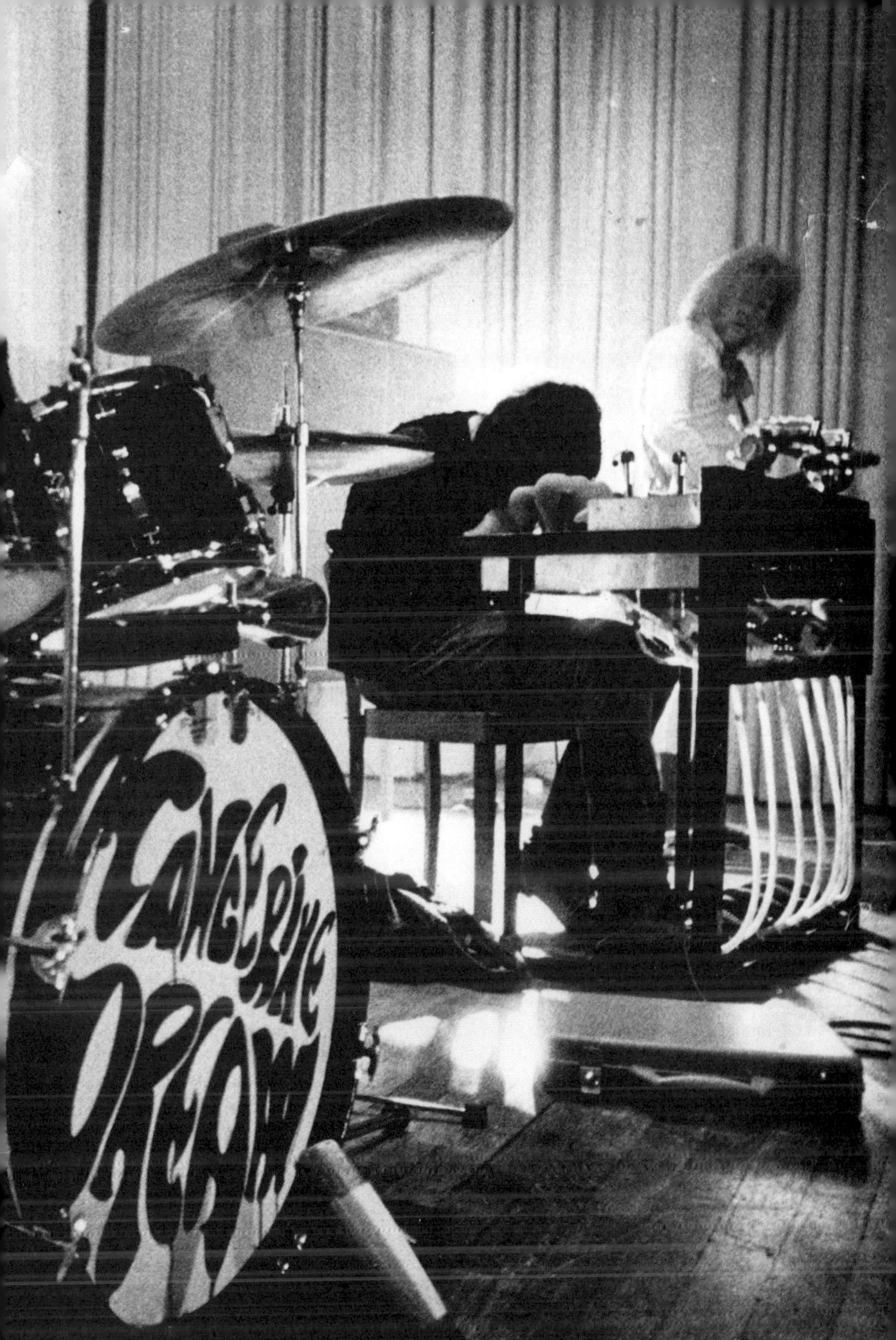

Tangerine Dream, 1970: Am Schlagzeug Klaus Schulze, am Synthesizer Conrad Schnitzler und an der Gitarre Edgar Froese

Los Angeles Neil Young. Nach der Show bin ich mit ihm auf seine Ranch gefahren. Nur ich und die Roadies, die anderen wollten ihn nicht kennenlernen.

PETER BAUMANN Das Nachspielen von englischen und amerikanischen Vorlagen langweilte mich schnell, und ich wollte eigene Sachen machen. Als sich das immer deutlicher abzeichnete, stieß das in meiner damaligen Band auf wenig Gegenliebe, die wollten alle nur ein bisschen Geld verdienen. Da war nur ein Typ, mit dem wir experimentelle Dinge machten, komische Sachen wie zersplitterndes Glas oder zerbrechende Teller aufzunehmen. Das war 1970, ich war siebzehn.

RENATE KNAUP Dass Amon Düül nicht wie die Rolling Stones klangen, war sowieso klar. Denn erstens waren wir »deutsch«, und zweitens war unser Hintergrund klassische Musik und Folklore, der anglo-rhythmische Background fehlte uns. John Weinzierl hatte zwar Mersey-Beat-Ambitionen, der wollte mit der Rhythm Guitar abgehen – aber sorry, no chance, das ist uns nicht im Blut. Darüber mussten wir nicht debattieren, das ergab sich ganz von selbst, beim Komponieren zum Beispiel: Der eine hatte ein Gitarrenriff, das vielleicht orientalisch oder spanisch angehaucht klang, dann spielte John was anderes dazu, und Peter machte das durch seine irrsinnigen Schlagwerke noch wilder. Das war teils Unvermögen und Naivität, aber immer auch Inspiration und sehr viel Wille. Und alles zusammen ergab diesen tollen Irrsinn. Wir merkten auch, dass das interessant ist, was wir da zustande brachten, und spürten, wenn es floss und flutschte.

MICHAEL HOENIG Ich habe nie ein Instrument gelernt, alles war bei mir total autodidaktisch. Deshalb fällt mir manches bis heute irre schwer, und vieles dauert lang. Aber im Autodidaktischen liegt natürlich eine gewisse Freiheit, da man keine Konventionen im Kopf hat und keine Grenzen kennt. Das Tolle an der neuen elektronischen Musik war ja gerade auch, dass es da keine Lehrer gab und keine vorgegebenen Struktu-

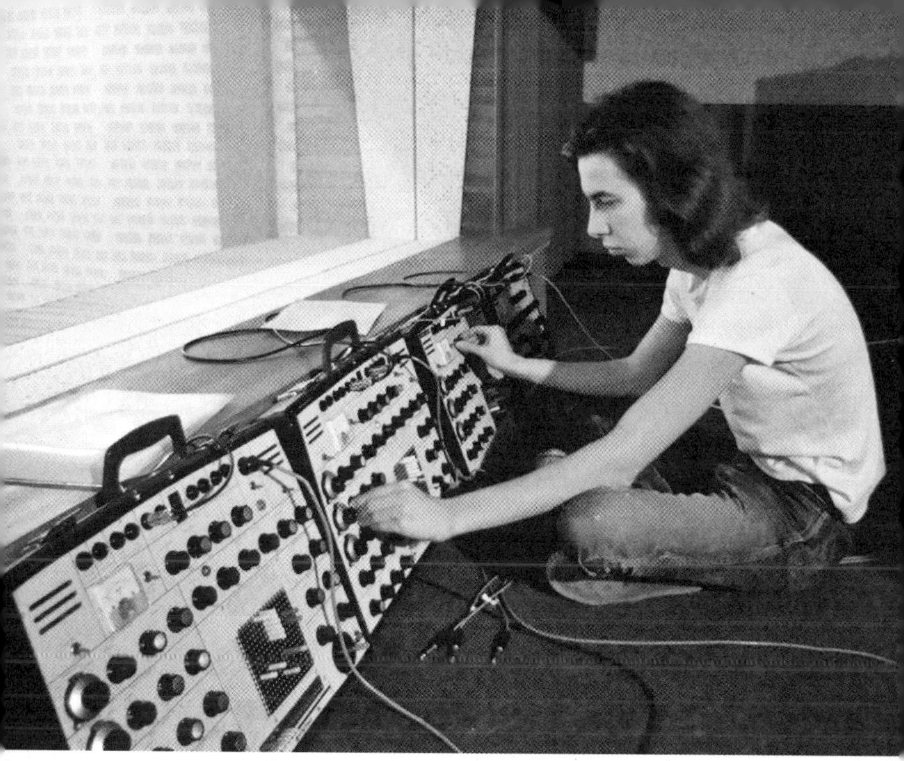

Michael Hoenig, Berlin 1972

ren, an die man sich anlehnen musste. Es gab da ganz einfach noch keine lähmende Tradition.

STEVE SCHROYDER Wirklich angefangen hat es für mich damit, dass ich mich 1970 mit einer kleinen elektronischen Orgel, einer Farfisa Compact Duo, zurückgezogen habe, weil ich dachte, dass ich eine neue Musik schaffen müsste. Ich war davon überzeugt, dass ich derjenige sei, der das schaffen kann. Konkret wollte ich mit den herkömmlichen Tasten einer Orgel irgendwie ganz neue Sounds schaffen. Dazu hatte ich ein Dynacord-Bandecho, das ich zur Klangveränderung benutzte. Das wurde später meine Hauptbeschäftigung bei Tangerine Dream, wo ich mit meiner Orgel versuchte, nicht wie eine Orgel zu klingen.

SIGGI LOCH Es war wichtig, dass sich diese Musiker ihrer eigenen musikalischen Herkunft bewusst wurden und sich von den amerikanischen Vorbildern abkoppelten. Je mehr Eigenständigkeit, desto mehr Zukunft. Das ist zwar von keinem so gedacht worden, aber es wurde intuitiv danach gehandelt. Und nur so ist es Can, Amon Düül, Tangerine Dream oder Kraftwerk gelungen, eigene Beiträge zur modernen Rock- und Popmusik zu leisten. Die Scorpions haben dagegen keinen eigenen Sound, auch wenn sie wahnsinnig erfolgreich waren. Die haben einfach amerikanische Rockmusik so effektiv gespielt wie die Amerikaner selbst, haben uns sozusagen deutsche Cola eingeschenkt, was man von den allermeisten Leuten um Rolf-Ulrich Kaiser und seine Labels Ohr und Pilz eben nicht behaupten kann, weder von Guru Guru oder Popol Vuh noch von Klaus Schulze oder Tangerine Dream. Dass die Musiker der sogenannten Berliner Schule dann alle in England Verträge unterzeichneten und nicht in Deutschland, bei mir zum Beispiel, hat mich natürlich schon geärgert.

MICHAEL ROTHER So um 1968 entwickelte sich ein weitergehendes Bedürfnis: Okay, wir nehmen diese vorgegebenen Ideen als Ausgangspunkt, aber dann fangen wir an zu improvisieren und fügen eigene Teile hinzu. Das war ein ganz allmählicher Prozess, vom sklavischen Nachspielen bis zum Ausschmücken des Vorgegebenen. Aber irgendwann hatte ich auch dabei das Gefühl, in einer Sackgasse zu sein. Es ging nicht weiter, reichte nicht mehr. Das war so um 1970, zur Zeit meines Zivildienstes. Ein anderer Zivildienstleistender spielte mir dann allerhand Jazz vor, das war interessant, entsprach aber nicht wirklich meinem Musikgefühl. Schließlich bekam ich im Kraftwerk-Studio einen Bass in die Hand gedrückt, und bei der Session dachte ich: Stimmt, ich bin nicht allein, da sind welche, die das gleiche Gefühl haben wie ich. Eine »deutsche Perspektive« war mir dabei allerdings immer egal. Eine der Lehren aus dem Zweiten Weltkrieg war für mich, dass nationales Denken überwunden werden musste und wir international denken müssen, das war die Vision. Auch wenn es natürlich musikalisch regionale Traditionen und Unterschiede gibt: Als ich das erste Mal mit Ralf Hütter jammte, merkte ich, dass wir dasselbe Verständnis für Melodie haben. Zu der Zeit drehte sich mir der Magen um, wenn jemand eine Blue Note spielte. Fast alle machten das, aber ich wusste, dass ich das lassen muss. Ich fühlte eher ein mitteleuropäisches Verständnis von Melodie und Harmonie. Ein Grundgefühl, das mir vielleicht im vorbewussten Alter durch das Klavierspiel meiner Mutter eingepflanzt wurde, deren Lieblingskomponist Frédéric Chopin war. Und in dieses Grundgefühl wurden dann auch meine späteren Erfahrungen eingebettet: die Endlosmusik in Karatschi und eben auch Little Richard, dieses Ab-durch-die-Mitte-und-durch-die-Wand der Rock 'n' Roll-Ekstase, das ist mir auch sehr nah, da kriege ich noch heute Gänsehaut. Für mich sind das aber keine Gegensätze, schon gar nicht nationale, sondern eher innere Schichten.

WINFRID TRENKLER In Deutschland wurden die Krautrockbands in den ersten Jahren links liegen gelassen. Deshalb fiel ich mit meiner Radiosendung und meinen Magazinbeiträgen auf, denn ich versuchte so viel wie möglich über die neuen deutschen Gruppen zu berichten. So kam ich mit einigen der Musiker in Kontakt und bin dann bei den ersten England-Tourneen von Amon Düül, Can und Atlantis mitgefahren.

MANFRED GILLIG Ich hatte Berlin verlassen, um in Freiburg zu studieren, hab' beim AStA-Kulturreferat Konzerte mit Bands wie Bröselmaschine oder Kraan veranstaltet. Vorher hatte ich irgendwann bei meinem Leib-und-Magen-Blatt »Sounds« angefragt, ob die nicht einen Mitarbeiter im Südwesten brauchen – und das Erste, was sie mir geschickt haben, war das Debütalbum von Wallenstein. Ab da war ich der Mann für Krautrock. Die Hamburger Jörg Gülden & Co wollten das Thema nicht anfassen, die fanden das alles grässlich. Ab Anfang 72 bekam ich dann jeden Monat ein Paket mit ungefähr zwanzig Platten, die ich durcharbeiten sollte. Daraus wurde entweder eine Sammelbesprechung oder bei guten Platten auch was Längeres. Das habe ich einige Jahre lang brav gemacht, weil es spannend war. Als ich anfing, war »Sounds« gerade noch in Köln, da hatte sich die Ausrichtung des Blattes aber schon verändert. Kurz danach kam der Umzug nach Hamburg, und Jürgen Legath hat das Ruder übernommen. In Köln war die musikalische Ausrichtung anfangs noch stark am Jazz orientiert, da war auch noch der Gründer Rainer Blome mit dabei, der schon echt spannend war: erst Free-Jazzer, dann schwenkte er auf Prog-Rock um und zog später als Reggae-DJ durch die Lande. In Hamburg gab aber die Westcoast-Fraktion den Ton an, von Gram Parsons bis zu den Eagles, deutsche Musik wäre da fast ins Hintertreffen geraten.

WINFRID TRENKLER Der NDR war damals so borniert, dass sie die ersten Rezensionsexemplare von Sky-Platten an das Label zurückschickten: kein Interesse.

MANFRED GILLIG Irgendwann wurde ich dann zum Ansprechpartner für diesen Bereich, was sich bald auch in der Szene rumsprach. Ab da meldeten sich viele gleich direkt bei mir.

WINFRID TRENKLER In den WDR habe ich mich damals selber reingeschwatzt. Bis dahin gab es dort nur Top-20-Sendungen. Also ging ich da eines Tages hin und sagte: Ich würde gerne eine Sendung bei Ihnen machen, und erklärte, dass es doch so viel mehr Musik als die Top 20 gäbe, an wen müsse ich mich denn da wenden? Man schickte mich zum Redakteur für Tanzmusik, und den überzeugte ich dann. Ich hatte eine Audienz von einer Stunde, in der ich ihm erzählte, was für aufregende neue Musik es gäbe und dass ich mich da gut auskennen würde. Der beauftragte mich dann, in vier Wochen ein Konzept zu erarbeiten. »Machen Sie mir keinen Ärger!«, sagte er noch und gab mir grünes Licht. Das deutete ich so: Mach und spiel, was immer du willst, solange es keinen Ärger gibt. Das war ein guter Deal für mich, denn ich hatte völlig freie

Hand. Außerdem war ich ja noch als Student eingeschrieben und konnte, falls es doch Probleme gab, immer zurück an die Uni. So hatte ich also jeden 2. Freitag eine Stunde Sendezeit. In meiner ersten Sendung spielte ich Love, Kevin Ayers und Kraftwerk. Mein Sendetermin lag parallel zum Fernsehkrimi »Der Kommissar«, den damals das ganze Land schaute. Radio hörte eigentlich keiner, und das war eben meine Chance! Da konnte ich meine schrägen Sachen spielen, weil ohnehin keiner zuhörte. Im Schatten des »Kommissars« durfte ich mich austoben. Es gab dann später auch mal einen Redakteur, der sich einmischen wollte. Der ließ sich vorab die Playlist zeigen, und weil er nie einen der Namen kannte, nörgelte er dann nur, wenn etwas länger war als sechs Minuten. Aber das gab der dann bald auf, und das blieb auch der einzige Eingriffsversuch, sodass ich ungestört mein Progressiv-Programm durchziehen konnte: Jazzrock und Elektronik. Vor allem die Elektroniksachen kamen gut an. Mich erreichten viele aufmunternde Hörerbriefe. Einmal spielte ich allerdings ein halbstündiges Stück von Wendy Carlos, da rief eine Frau an, die sich empörte, das sei doch eine Zumutung, außerdem habe Elektronik nichts in einer Rocksendung verloren. Das musste die unbedingt loswerden, aber das war dann auch die einzige Hörerbeschwerde.

JÜRGEN DOLLASE Journalisten wie Winfrid Trenkler ermöglichten viele dieser sogenannten Karrieren, die förderten so was, weil es ihr eigenes journalistisches Niveau war: Tüüt, tüüt, tüüt auf dem Keyboard zu machen und sonst wie rumzuzirpen reichte vielen. Mehr konnten die nicht, mehr verstanden die auch nicht von Musik, und deshalb bejubelten sie diesen Kram.

WINFRID TRENKLER Damals schrieb ich auch im »Kölner Stadt-Anzeiger« wöchentlich über Musik, bevorzugt über deutsche Gruppen wie Amon Düül, Can und so. Das bekamen bald auch Kraftwerk mit, die sich deshalb an mich wandten.

Ich hatte sie bei Konzerten wie auf der Photokina gesehen. Zur Abmischung der ersten Kraftwerk-Platte nahm Ralf Hütter mich im Auto mit in das Studio, wo Conny Plank arbeitete. Ich musste mal ein Interview mit Wallenstein kurzfristig absagen, aus Zeitmangel. Beim nächsten Interview mit Wallenstein sagte Jürgen Dollase zu mir, das sei das erste Mal gewesen, dass sich ein deutscher Journalist bei ihm entschuldigt habe, weil er einen Interviewtermin nicht einhalten konnte. Rolf-Ulrich Kaiser saß daneben, der war damals noch der Vermittler.

HANS-JOACHIM ROEDELIUS Die einzige Lobby, die wir in Deutschland hatten, war der Winfrid Trenkler vom WDR.

MICHAEL ROTHER Es waren Journalisten wie Trenkler, die als Erste über NEU! berichtet haben.

DROGEN

»LSD haute mir die Realität weg.«
HARALD GROSSKOPF

BERND WITTHÜSER Als ich meinen ersten Joint geraucht hatte, machte es »BOOM!«, und dann ging das los. Keine Ahnung, wann genau das war, es folgten viele, viele Joints. Ich weiß nur, dass es immer lustiger wurde. Das war schon eine sehr, sehr schöne Erfahrung. Vorher taten es Alk und Pillen, aber der Joint war besser.

PETER BURSCH In unserer Wohngemeinschaft wurde Marihuana und Haschisch geraucht. Das machten wir schon aus einem Zusammengehörigkeitsgefühl heraus, weil das auch alle unsere Freunde machten. Wenn wir beisammensaßen, ging eben der Joint rum. Das hatte damals einfach eine andere Bedeutung als heutzutage. Joints standen für Gemeinsamkeit und gute Stimmung. Einer aus unserer Band hatte dann eines Tages eine kleine Maschine gebastelt, wo auf einer Seite die Haschischplatte reinkam, so wie bei einer Wäschemangel, da kurbelte man so seitlich, und auf der anderen Seite lag das Joint-Papier, in das dann direkt die Bröckchen & Brösel reingefallen sind, da war der Joint fix fertig. Aber so durften wir nach außen natürlich nie unseren Bandnamen erklären. Zum Glück hatte unsere Sängerin einen Freund mit einem Motorrad, auf dem schön »Bröselmaschine« draufstand. Davon ging ein Foto rum, und das war dann unsere offizielle Erklärung für den Namen.

LUTZ LUDWIG KRAMER Drogen waren sehr wichtig und bei uns der Hauptbestandteil der Musik. Eigentlich waren Sex und Drogen wohl das Wichtigste.

MANI NEUMEIER Unser Guru-Guru-Bus fiel auf, weil er so farbig war. Das war ein Ford, den hatten wir mit acht verschiedenen Farben angesprüht. Auf dem Dachgestell oben hatten wir ein langes Palmenblatt montiert, dass wir mal aus Italien mitgebracht hatten, und hinten wehte eine Flagge, in der Motive der Schweizer und der amerikanischen Nationalflagge miteinander vermischt waren und auf der achtzig Zentimeter groß LSD stand. Vermutlich nur deshalb wurde er immer mal wieder von der Polizei angehalten, denn wir fielen schon auf. Am ärgsten gefilzt wurden wir natürlich auf dem Weg nach Berlin.

MICHAEL HOENIG Man hat nicht viel darüber gesprochen, sondern die Drogen einfach nur genommen. Sie eröffneten uns damals eine vorher verschlossene Welt, die anderweitig nicht zugänglich war. Die Musik, die wir danach machten, war unter anderem der Versuch, diese bewusstseinserweiternden Erfahrungen umzusetzen, also auf nonkonformen Wegen auszudrücken. Es schien auch völlig klar, dass das mit althergebrachten Mitteln gar nicht auszudrücken war. Das lief zwar alles manchmal stümperhaft und holprig, aber es war doch neu und interessant. Wir waren uns einig, es wenigstens versuchen zu müssen.

ULRICH RÜTZEL Wer in der Zeit nichts eingeworfen hat, gehörte da nicht hin.

HANS-JOACHIM ROEDELIUS Vermutlich haben Drogen für mich viel verändert. Sicher kann man ja nicht sein, aber ich glaube das.

KLAUS BRIEST Die Drogen haben dazu beigetragen, dass sich die Wahrnehmung veränderte. Und die damit verbundene Ungehemmtheit führte dazu, sich des Denkens in Formalien bewusst zu werden und Spontanes und Neues dagegenzusetzen. Die Idee des Songs war da schon eine Einengung. Wir improvisierten schnell mal eine Stunde, nahmen das Publikum auf einen Trip mit – das waren keine Songs, eher »Abschnitte«. Unter dem Einfluss von Drogen waren Kommunikation und Antizipation ganz anders und intensiver. Und auch das Zuhören bei Konzerten anderer Bands wie Amon Düül und Guru Guru hatte sich verändert. In puncto Sound-Verfremdungen waren wir auch sehr kreativ: Am Anfang der LP »Electrip« nutzten wir den Sound einer Klospülung. Die Leute, die zu unseren Konzerten kamen, standen ebenfalls »unter Strom«. Natürlich hatten viele von denen auch was genommen. Die hätten sich dann auch gefreut, wenn wir die ganze Nacht gespielt hätten.

HARALD GROSSKOPF Drogen waren wichtig. Ich habe im Rausch gespielt und irgendwann gemerkt, dass ich nur andere Schlagzeuger imitiere – und plötzlich war da eine Stimme, die sagte: »Hör doch mal hin, was bei den anderen passiert! Denk mal nicht daran, Billy Cobham oder Ginger Baker sein zu wollen.« Und da machte es bei mir klick! Von da an habe ich befreit getrommelt, als ich selbst. So kam ich zu meiner eigenen musikalischen Sprache, und die Berliner Elektroniker fanden das riesig. Gleichzeitig entwickelte sich dadurch ein gewaltiger musikalischer Widerspruch zu Wallenstein, denn ich merkte, dass ich keine Rockmusik mehr machen konnte. Ich bin dann auch bald bei Wallenstein ausgestiegen.

LÜÜL Auch bei Agitation Free lief es in der Regel so: Man drehte sich einen Joint und begann dann Musik zu machen. Das war halt so. In diesem Zustand nahmen wir auch viel Musik auf, die wir währenddessen ganz unglaublich fanden. Wenn wir uns das aber nachher nüchtern anhörten, waren wir meistens sehr enttäuscht. Das Problem mit den Drogen war, dass sich viel Musikalisches da bloß im Kopf abspielte, wovon natürlich auf dem Tonbandmitschnitt nichts zu hören war. Die LSD-Erfahrung brachte uns dann aber nochmal in ganz andere Bereiche, die so vorher nicht zu erahnen waren, das waren große Einflüsse: Grenzen sprengen, Sachen in Frage stellen und einfach unkonventionell zu Werke gehen. Deshalb war ja auch der Synthesizer so ein Gottesgeschenk, weil er wirklich die Möglichkeit gab, etwas Neues zu schaffen, ohne jede Vorgabe.

MICHAEL ROTHER Bei meinem großen Faible für Psychologie, dem Interesse für unsere Wahrnehmungen und die Bewusstseinserforschung waren Drogen für mich auch von wissenschaftlichem Interesse, na ja, »wissenschaftlich« in Anführungszeichen. Jedenfalls habe ich damals natürlich auch mal LSD probiert. Einer, der in der Psychiatrie arbeitete, hatte mir gute Ware besorgt. Und es war eine prägende Erfahrung – vor allem, dass man Töne und Musik schmecken kann und jeder Sinn sich in den anderen verschiebt, Synästhesie also, das war für mich als Erkenntnis interessant. Aber im Ganzen war es nicht nur positiv, ich habe schon beide Seiten kennengelernt, auch die dunklere. Deshalb wurde mir das nie zur Gewohnheit, und ich habe seither einen gehörigen Sicherheitsabstand zu Drogen aller Art gehalten.

HARALD GROSSKOPF Weil ich meine Verweigerung zu spät eingereicht hatte, musste ich für drei Monate zum Bund, wo ich immerhin meine ersten Drogenerfahrungen machte, als mir jemand einen Joint baute. Drogen kannte ich bis dahin nur aus Jerry-Cotton-Romanen wie »Zum Frühstück eine Prise Hasch«. Ich hatte wilde Fantasien, was Drogen angeht, da meine Informationen nur aus den abstrusen Horrorstorys in den Illustrierten kamen. Ich dachte, von Hasch wird man sofort süchtig, und als ich es dann probierte und überhaupt nichts merkte, war ich erst mal total enttäuscht. Wenig später habe ich es in Köln noch mal versucht und geriet dann tatsächlich in eine Art Drogensumpf. Eines Morgens wachte ich jedenfalls auf einer Mülltüte auf und hatte einen schlimmen Schädel. Eine Weile kifften wir dann wie die Bekloppten. In unserer WG spritzte sich sogar einer Opium. Das hat mich dann wiederum entsetzt, schon weil ich sah, wie sorglos der mit den verdreckten Spritzen umging. Das kostete den ein paar Jahre später auch das Leben. Heroin war für mich immer die Grenze.

MICHAEL ROTHER Ob meine Musik ohne die Drogenerfahrungen auch so geworden wäre, weiß ich nicht. Ich wollte mich nie einfach benebelt treiben lassen, sondern experimentelle Musik ganz bewusst und mit klarem Verstand gestalten und hören. Das war immer mein Anspruch. Drogen waren dabei nicht mein Weg, auch wenn viele meiner Kollegen anders unterwegs waren und sich gelegentlich darüber amüsiert haben, dass ich keine Drogen nahm. Mir war meine Überzeugung aber immer wichtiger als irgendwelche Substanzen, um mich zu inspirieren. Klaus Dinger, der ja ein bekennender Drogist war, hatte da einen ganz anderen Lebenswandel. Auf seiner Webseite schrieb er mal, wie stolz er sei, dass er über tausend LSD-Trips genommen habe, sodass sein Drogenkonsum im Vergleich zu meinem tausend zu null gewesen sei. Er lag mit seiner Behauptung, was mich anging, zwar daneben, aber vielleicht stimmt seine Aussage, was seinen Konsum anging.

JEAN-HERVÉ PERON In Wümme hatten wir immer genug zum Kiffen. Der Stoff war sehr gut und inspirierend, aber ob Faust ohne Drogen anders geklungen hätte, kann man nicht wissen. Ich glaube nicht, dass wir Drogen für unsere Musik unbedingt nötig hatten. Ich wage sogar zu sagen, dass die Drogen eher hemmend waren. Es gibt da keine Wahrheit. Wir haben Drogen nicht zwangsläufig genommen, wenn wir Musik machten, sondern nur, wenn wir dazu Lust hatten. Wenn wir richtig viel gekifft hatten, lagen wir meistens zufrieden rum und haben vor uns hin geklimpert, aber nichts davon aufgenommen. Die Musik von Faust war auch zu komplex, als dass man sie unter Drogen hätte machen können. Unsere verrücktesten Ideen entsprangen völlig klaren Köpfen.

HOLGER CZUKAY Ich könnte mir gut vorstellen, dass Can ohne Drogen anders geklungen hätten. Haschisch füllt einem erst mal die Ohren. Man musste sich aufs Hinhören einstellen und nicht aufs Machen. Spielen auf Drogen war nicht wichtig, das gehörte mit zur Disziplin. Aber das Hören auf Drogen war, wenn man sich richtig darauf einschaltete, etwas ganz Wichtiges.

IRMIN SCHMIDT Wir hätten ohne Drogen kaum anders geklungen. Can ist auch keine Drogenmusik, das so zu verklären ist einfach Quatsch. Natürlich waren wir manchmal stoned und haben Haschisch geraucht, aber die Musik war davon in keiner Weise abhängig. Meine LSD-Erfahrungen hatte ich in erster Linie vor Can, in der Stockhausen-Zeit während des Studiums. Stockhausen selbst hatte mit Drogen natürlich nichts zu tun, aber ein paar amerikanische Studenten hatten da etwas mitgebracht. Koks gab es auch, aber das hat keiner von uns als für die Musik irgendwie hilfreich empfunden, weil es sofort auf einen Egotrip führt. Außerdem wird man geschwätzig, das war deshalb verpönt. Nützlich war es nur, um bei einer anstrengenden Tournee morgens aus dem Bett zu kommen. Man hat bis viertel vor zwölf geschlafen, sich dann kurz was in die Nase getan, und um fünf nach zwölf stand man mit gepackten Koffern in der Hotellobby und sagte: »Geht's los, Jungs?« Oder mal für 'ne Party waren Drogen auch ein Thema. Aber keiner hat das gebraucht, und für die Musik schon gar nicht, weil es da nichts brachte. Im Gegenteil, wenn einer mal gar nicht mehr mit seinem Solo aufhörte, begann man sich zu fragen, ob da nicht Koks im Spiel sein könnte.

JAKI LIEBEZEIT Bei Can waren wenig Drogen im Spiel. Das wurde uns zwar immer angelastet, weil wir so schräg klangen und viele das auf LSD zurückführten, aber das war ein Missverständnis. Gut, gelegentlich ist was passiert, aber wirklich angesagt waren Drogen bei uns nicht, harte Drogen sowieso nie. Ab und zu wurde ein Joint geraucht, vielleicht auch mal ein Trip geworfen, aber das machten damals wirklich alle so. Die Musik hat das nicht beeinflusst. Ich glaube sowieso nicht, dass Drogen Musik beeinflussen können. Sie können nichts erzeugen, was nicht in dir drin ist. Natürlich haben wir manches ausprobiert, um uns ein Bild davon zu machen, wie zu Hippiezeiten üblich. Denn für ein kritisches Bewusstsein war es nötig, auch die Drogenwirkung mal zu testen. So nahm man halt Musik auf Droge auf und stellte sich die Frage, ob das nun brauchbar ist oder nicht. Und eigentlich war das immer unbrauchbar.

HELLMUT HATTLER Natürlich hat man damit experimentiert: Wir ziehen jetzt mal einen durch und warten ab, was passiert. Wenn man in dem Zustand etwas aufnahm und später das Band abgehört hat, war das Resultat meistens fragwürdig. Es war besser, straight zu spielen und nachher stoned zu sein, stoned Musik zu hören war großartig. Und dass auch der Großteil unserer Konzertbesucher richtig breit war, verstand sich von selbst. Die haben sich mit einer Lambrusco-Flasche auf ihre Parkas gelegt und sich dann einen dicken Joint reingezogen. Manchmal schreckten sie auch hoch, wenn es plötzlich zu schnell abging, die wollten alles ganz entspannt.

RENATE KNAUP Bei den Konzerten waren immer alle mit Haschisch und Trips zugedröhnt. Das war ja damals ziemlich angesagt. Besonders in England, Frankreich oder Italien waren die Gigs sensationell. Alle waren so glücklich und fühlten sich eins mit der ganzen Welt.

HARALD GROSSKOPF Möglicherweise hätte meine Musik bei Ash Ra Tempel ohne Drogen anders geklungen, aber das ist schwierig zu trennen. Manuel Göttsching war ein ganz ruhiger Typ, der aus einem gesunden, entspannten Elternhaus kam. Der hatte nie so einen Nazikram am Hals. Der hätte diese Musik auch ohne Drogen so gemacht.

ACHIM REICHEL Meine »Grüne Reise« wäre ohne Drogen nie entstanden, jedenfalls nicht als LP, denn sonst hätte sich bei mir wohl die Vernunft gemeldet und zu mir gesagt: Krieg dich mal ein, das ist zwar interessant, aber den viel besseren Deal kriegst du mit einem Rockalbum.

HARALD GROSSKOPF LSD zieht einem leicht den Teppich unter den Füßen weg, das habe ich damals unterschätzt. Man nahm die Trips halt einfach so, wusste ja auch nichts darüber. Ich habe damit gute und auch schlechte Erfahrungen gemacht und hatte Glück, dass ich das psychisch verkraftet habe. Aber ich würde das nie wieder nehmen. Schon bei meinen Soloplatten habe ich keine Trips mehr geworfen, sondern nur noch Kaffee getrunken. Wenn man keine intakte Psyche hat, können bei LSD sehr dunkle Sachen hochkommen. Das habe ich in meinem Umfeld oft genug erlebt, so wie bei Jerry Berkers, dem holländischen Sänger von Wallenstein, der in irgendeinem Park mit einer Überdosis endete. Ein ganz sensibler Typ, der mit einer holländischen Showband in Vietnam gewesen war und dort traumatische Erlebnisse hatte. Der hatte zum Beispiel gesehen, wie eine vietnamesische Tänzerin von einem Sniper auf der Bühne erschossen wurde. Solche Erinnerungen brachte das LSD bei ihm wieder hoch, so stark, dass wir ihn nicht weiter beschäftigen konnten. Wir waren aber auch zu jung und unerfahren, um ihm ernsthaft zu helfen. Mich hat das jedenfalls stark abgeschreckt, und die Herointypen fand ich sowieso immer ganz furchtbar.

JÜRGEN DOLLASE LSD wurde von einigen Leuten ja nur zur Unterhaltung genommen. In unserer Kommune lief das anders, wir nahmen das ernst, LSD war mit Philosophie versetzt, also hochnotpolitisch sozusagen. Da wurde richtig gedacht und so, es ging um Mystik und fernöstliche Weisheit, zum Glück habe ich nie einen negativen Trip gehabt. Natürlich haben wir dann auch mal probiert, die Wallenstein-Sachen auf Trip zu spielen, aber das war vollkommen sinnlos, viel zu kompliziert. Die Hörwirkung unserer Stücke war unter Drogen allerdings sehr gut: lang und intensiv. Da war eine gewisse Drogendynamik in der Musik. Die kannte ich auch von David Bowies Platte »The Rise and Fall of Ziggy Stardust«, das war wirklich das perfekte Drogentiming. Und es war Pop, nicht die übliche Dröhnmusik, sondern einfach dieser Drogengroove. Spooky Tooth hatten den auch, besonders die Platte »Spooky Two«. Die lief in Amsterdam in Läden wie dem Fantasio, wo man sich unter Kontrolle einen Trip einschmiss.

PETER BRÖTZMANN Unsere Jazzdroge war der Alkohol. In Maßen genossen ist das sozial verträglich, aber es gab auch ungeheure Exzesse. Gut war auch, dass man Alkohol zu jeder Zeit und überall bekam. In Deutschland war es damals gar nicht so einfach, gutes Gras zu kriegen. Ich weiß noch, wenn ich Jaki Liebezeit damals in Köln besuchte, stand da in seiner Wohnung immer sein kleiner Tisch, der ganz voll war mit »Platten« aus Marokko. Für mich spielte letztlich nur Alkohol eine Rolle, alle anderen Drogen waren nichts für mich. Aber dass das meine Musik beeinflusst hat, glaube ich nicht. Als mein Körper vor ein paar Jahren eindeutige Signale gesendet hat, was meinen Alkoholverbrauch betraf, hörte ich auch damit auf. Es war dann auch genug. Viele Kollegen haben den Absprung leider nicht geschafft, manche sind daran sogar gestorben.

JAKI LIEBEZEIT Alkohol ist eine Droge, die das Musikmachen ganz unterbindet.

MANI NEUMEIER Es gibt jede Menge Alkoholtote, aber keine Haschtoten. Und das sind offizielle Informationen, das haben wir uns nicht ausgedacht. Wir haben auch ein paar Konzerte und Platten auf LSD gemacht, sonst hätte das wohl viel normaler geklungen. Heute aber brauche ich das nicht mehr, da reicht mir diese Erfahrung, über alle normalen Schemata hinausgehen zu können, das hat damals sehr viel Freiheit gebracht. Ich habe auch erst spät mit Drogen angefangen. Meinen ersten Trip hatte ich 1969, da war ich schon 29. Ich habe auch erst mit 24 zu rauchen angefangen. Aber wenn man schon mit fünfzehn zu kiffen anfängt, ist das schlecht fürs Hirn, und letztlich hängt natürlich alles an der Dosis – so wie beim Käse, auch davon sollte man nicht zu viel zu sich nehmen. Mich haben diese Erfahrungen aber sicherer, freier, relaxter und offener gemacht, auf keinen Fall fauler.

MICHAEL HOENIG In meinen Kreisen hat kein Mensch Alkohol getrunken, weder Bier noch Wein. Man trank Coca-Cola, Fruchtsäfte oder Wasser. Wir rauchten Marihuana.

MICHAEL ROTHER Es gab 1973 mal ein Harmonia-Konzert im Melkweg in Amsterdam, bei dem ich vorher leichtsinnigerweise Hasch-Cookies gegessen hatte. Die Wirkung setzte dann mit Verzögerung mitten im Konzert ein. Ich konnte auf der Bühne plötzlich nicht mehr spielen. Alle haben herzlich mitgelacht, auch Achim und Moebi später, die mit Cookies dieser Art mehr Erfahrung hatten. Bei dem Konzert interessierte und störte das aber niemanden, das Publikum war selber komplett stoned.

LUTZ LUDWIG KRAMER Ich habe viel zu lange Drogen genommen und da irgendwann nicht mehr die Kurve gekriegt. Ich bin dann weg aus Berlin, die Unschuld war verloren, alles ging den Bach runter. Dafür war ich dann acht Jahre Opfer von harten Drogen, da lebte ich in Thailand.

HANS-JOACHIM ROEDELIUS Ohne Drogen wäre mein Leben auf eine völlig andere Bahn gekommen. Vielleicht wäre ich heute ein dicker, fetter Masseur in einem Wellness-Institut.

ZODIAK

»Schöne Frauen und unheimliche Typen.«
THOMAS KESSLER

KLAUS SCHULZE Berlin war zu der Zeit im allerbesten Sinn kaputt, es herrschte eine aufregende destruktive Romantik. Man wusste um die Geschichte und fühlte sich schon irgendwie besonders, auch wegen dieser Inselsituation mit den ganzen aufwendigen Grenzkontrollen etc. Und man kannte sich halt untereinander: Ash Ra Tempel, Tangerine Dream, Conny Schnitzler und so weiter, jeder hat mit jedem mal gespielt.
LUTZ LUDWIG KRAMER In anderen Städten bemerkte man damals die Sehnsucht der Jugend, so zu leben wie wir in Westberlin. Die übrige BRD war eben doch noch bieder und bürgerlich. Wer nach Berlin zog, dem wurde das dort ganz schnell ausgetrieben.
PETER BAUMANN Berlin war schon anders, weil wir nie in die Armee mussten. Irgendwie war man stolz, Berliner zu sein und nicht zum Rest des Landes zu gehören. Dahinter steckte natürlich auch ein bisschen Arroganz.
THOMAS KESSLER Es war typisch Berlin, dass man etwas anderes sein wollte, was sich eben auch in der Musik abbildete.
GÜNTER SCHICKERT In Berlin konnte so was wie das Zodiak auch deshalb so gut funktionieren, weil die Stadt so groß ist. Wer dagegen in Lüneburg ein Freak war oder sonst wie außerhalb stand, war aufgeschmissen. Deshalb kamen so viele von denen auch nach Berlin. Im Sportpalast war ich mal auf einem Konzert, wo Ravi Shankar mit Yehudi Menuhin und Jimi Hendrix auftrat. Alle drei in einem Programm! Eine Bandbreite, die heute unvorstellbar ist.

GIL FUNCCIUS Das war damals in Berlin die aufregendste Zeit. Und dazu kamen aus dem ganzen Land noch ständig junge Männer, um sich vor der Bundeswehr zu drücken.

MICHAEL ROTHER Allein die Fahrt nach Westberlin schüchterte schon ein, die DDR-Grenzsoldaten waren furchteinflößend.

HELLMUT HATTLER Sechs Wochen vor dem Abitur, mit 19, habe ich alles geschmissen und bin nach Berlin gegangen, um nur noch Musik zu machen. Wenn man dann da wieder rauswollte, um Konzerte zu spielen, und eine eigene Anlage hatte, musste man jedes Mal beim Zollamt Dokumente ausfüllen. Und wenn es da nur die geringste Kleinigkeit zu beanstanden gab, irgendein Stempel fehlte, wurde man von den Beamten an der Grenze wieder zurückgeschickt. Auch sonst waren die Grenzbeamten oft nicht grade freundlich: »Wo haben Sie denn diese Anlage her? Die ist doch geklaut, oder? Geben Sie's doch zu!«

HANS-JOACHIM ROEDELIUS Ich bin im Westteil von Berlin geboren und nach dem Krieg und der Evakuierung in der russischen Zone geblieben. Dort habe ich bis zur zehnten Klasse die Schule besucht, dann musste ich zur Nationalen Volksarmee. Nach einem Jahr habe ich versucht, in den Westen zu fliehen, was mir auch gelang. Aber meine Mutter flehte mich an, zurückzukommen, was ich dann tat, worauf ich sofort ins Gefängnis kam. Sie haben mich unter der Bedingung früher freigelassen, dass ich nie wieder weggehe. Meine Ausbildung machte ich als Krankengymnast, war aber auch als Sterbebegleiter in verschiedenen Krankenhäusern unterwegs. Das Staatsexamen habe ich in der Charité gemacht, unter den Kommunisten, hatte aber unvorsichtigerweise auch mit vielen Dissidenten Umgang. Da lernte ich zum Beispiel Manfred Krug und Wolf Biermann kennen, oder den Erbauer der Stalinallee, Hermann Henselmann. Bei der Stasi war ich unbeliebt und musste mich da alle vier Wochen melden, weil ich ja auf Bewährung war. Irgendwann bekam ich Angst und bin endgültig in den Westen abgehauen. Das war 1960, ein Jahr vor dem Mauerbau. Dort wurde dann mein Staatsexamen nicht anerkannt, und ich musste mich mit allerlei Brotberufen über Wasser halten, als Detektiv zum Beispiel, wo ich Zahlungsbefehle zustellte oder Ehebrüche verfolgte, aber ich deckte auch Dächer, warb für Zeitungen auf der Straße oder war Butler und Mädchen für alles in einer Fabrikantenfamilie. Ein Job führte mich bis in ein Nudistencamp auf Korsika. Kurz nachdem ich angefangen hatte, Musik zu machen, hörte ich dann mit diesen Brotjobs auf, da war ich gerade Masseur.

DIETER MOEBIUS Berlin war ja allein schon wegen der Lage außergewöhnlich, wie eine kleine gemütliche Insel, auf die sich Kriegsdienstverweigerer und viele andere junge Leute zurückgezogen hatten. Es war nur die Gefahr, dass man in dieser Idylle zu wenig vom Weltgeschehen mitbekam.

HANS-JOACHIM ROEDELIUS Weil ich immer der Älteste war, habe ich nicht an den Demonstrationen teilgenommen. Ich war durch meine DDR-Erfahrungen auch ein gebranntes Kind, hatte für immer genug davon, befohlen zu bekommen, für irgendetwas auf die Straße zu gehen. Stattdessen gründeten wir 1968 in Berlin das Zodiak. Es war schon lange im Gespräch gewesen, dass wir irgendwie zusammenkommen und was machen. Conrad Schnitzler hatte ich beim Dachdecken kennengelernt, in den Bergen Korsikas. Und ich war dann auch mit in der Gruppe, aus der später die Zodiak-Band Human Being wurde, das war eigentlich eine Arbeitskommune. Das Initialerlebnis war aber schon auf Korsika mit Conrad Schnitzler, in einem Fluss bei einer alten Mühle neben dem Camp, in dem wir gerade die Dächer deckten. Ich habe da eine Nacht damit verbracht, auf einem leeren Benzinfass zu trommeln, so lange, bis meine Finger blutig waren. Von da aus entwickelte sich alles. Dieses Trommeln war mein Einstieg. Später im Zodiak hatte ich auch meine eigene Trommel, eine Buschtrommel. Das Zodiak haben wir als Lebensraum verstanden und bewirtschaftet. Und viele haben sich gefreut, dass es diesen Laden gab. Wir waren eigentlich auch ununterbrochen da. Nur geschlafen haben wir noch in unseren eigenen Kommunen, zu der Zeit habe ich noch mit Conrad Schnitzler zusammengewohnt, bin von seiner Familie aufgenommen worden. Wir haben das Zodiak dann zu dem gemacht, was es bis heute ist: eine Legende.

NIKEL PALLAT In Berlin war der Zodiak Club zu der Zeit bahnbrechend und das Wichtigste überhaupt, ein Ort, an dem es künstlerisch keine Grenzen gab. Musikalisch ging es dort von Free Jazz über Rock bis hin zur Elektronik. Wer gerade vorbeikam, machte die Musik, auf die er Lust hatte. Und solange er wollte. Da hörtest du Sachen, die du noch nie zuvor irgendwo gehört hattest, die man auch nicht auf Schallplatten bekam und die immer überraschten. Da spielten Leute, die selbst auf der Suche waren.

GÜNTER SCHICKERT Es war quasi ein großer schwarzer Raum, den Conrad Schnitzler und Roedelius betrieben. Ich war da oft und habe da auch Trompete gespielt, jeder hat mit jedem dort Musik gemacht. Man musste sich zwar vorher anmelden, wenn man spielen wollte, aber irgendwer, den man kannte, war immer da: »Hey, machen wir heute mal ’ne Session?« »Was spielst denn du?« »Trompete.« »Super!« »Machen wir!« »Zack!« Jedes Ensemble hatte dreißig Minuten. Um halb acht musste man sich am Tresen eintragen und bekam dann sein Zeitfenster zugeteilt und zwei Getränke: Cola, Bier, was man so wollte, und einen Zehner als Gage. Das war einmal pro Woche. Oben drüber war auch schon dieses Theater, das da heute noch ist.

KLAUS SCHULZE Die ganze Kulturszene um das Zodiak war sehr avantgardistisch. Unter dem Theater war erst ein kleines Künstlerlokal, wenn man da durchging, kam man hinten in einen großen Saal, der anfangs nie genutzt wurde, bis ihn die ganzen Berliner Undergroundbands als Veranstaltungsort und zum Üben für sich entdeckten. Abends wurde dann eines Tages Eintritt verlangt, und dann haben wir da auch gespielt.

GÜNTER SCHICKERT Um zehn ging es im Zodiak los, denn dann war oben die Aufführung zu Ende, danach durfte unten Krach sein. Der Sound im Zodiak war Free Jazz und Rock, im Prinzip war das die Wurzel der Musik, die dann zu Krautrock wurde.

PETER BRÖTZMANN Im Zodiak war ich oft zu Gast. Einmal habe ich da auch gespielt, als Trio mit Mani Neumeier und Uli Trepte.

GÜNTER SCHICKERT Man spielte spontan drauflos und guckte, was passiert. Es war ein total freier Musikzugang, richtige »Themen« hatte man bei diesen Sessions eher nicht. Das ergab sich dann aber, wenn man merkte, dass es mit jemandem richtig Spaß machte. Dann verabredete man sich schon mal für die kommende Woche. So fanden sich kleinere Konstellationen zusammen. Da spielte Edgar Froese noch Gitarre und Klaus Schulze noch Schlagzeug, seine Band hieß Psy Free, mit Alex Conti an der Gitarre, da wurde volle Pulle draufgehalten, Schulze bluteten nach dem Konzert die Finger.

KLAUS SCHULZE Nach Psy Free bin ich im Zodiak bei Tangerine Dream mit eingestiegen, habe auch mit Conrad Schnitzler bei der Gruppe Plus/Minus gespielt. Da traf sich der ganze Underground von Westberlin. Das war interessant und befruchtend, weil man da auf relativ engem Raum beisammen war, wie in einem Dampfkochtopf.

GÜNTER SCHICKERT Wer das einmal gehört hatte, wusste, wo es hingehen kann. Blues war da schon kein Thema mehr, weil man das eh nicht konnte und auch gar nicht wollte.

MICHAEL HOENIG Blues war eben eine andere Tradition. Bei uns in Berlin spielten diese Akkordfolgen keine Rolle, was unbewusst geschah, aber sehr wichtig war, denn die Loslösung davon führte zu etwas Neuem. Da hat sich Berlin, glaube ich, von vielen anderen Städten unterschieden. Gut, in München gab es Florian Fricke von Popol Vuh, und natürlich Amon Düül, aber bei denen wusste man nie so genau, was die eigentlich wollten. In Düsseldorf war noch Schneider-Esleben, der auch definitiv was anderes im Sinn hatte. Aber in Berlin war das alles, glaube ich, improvisatorisch viel selbstverständlicher.

GÜNTER SCHICKERT Da waren nur totale Freigeister unterwegs. Und das Publikum bekam oft Lust, selbst mitzumachen.

LUTZ LUDWIG KRAMER Im Zodiak gab es kaum eine Grenze zwischen Publikum und Musikern, wir waren eigentlich alle eins. Ich fand es auch immer wichtig, die Distanz zwischen Bühne und Publikum aufzulösen. Klar sollten uns auf der Bühne alle sehen, aber die Idee war dann, Instrumente ans Publikum zu verteilen, damit die mit uns musizieren. Ich war damals auch gegen jede Aufzeichnung, wollte die Musik nur für das Hier und Jetzt. Bloß keine Konserven! Heute bereue ich natürlich, dass es davon keine Platten gibt. Es gab aber Aufnahmen in Kesslers Electronic Beat Studio, das sind die berühmten verschollenen Bänder.

MICHAEL HOENIG Im ersten Stock von diesem Neubau war die Schaubühne am Halleschen Ufer, wo Peter Stein damals arbeitete. Als Teenager ging ich dort zu jeder Theaterpremiere. Und unten war das Zodiak, das Conrad Schnitzler, Achim Roedelius und Boris Schaak machten. Im Zodiak gab es einen vorderen weißen und einen hinteren schwarzen Raum, in dem irgendwelche total abgefahrenen Typen auf Sockeln standen und extrem verstärkte Geräusche machten, Human Being mit damals immer wechselnden Mitstreitern, Tangerine Dream und auch Agitation Free.

DIETER MOEBIUS Es gab drei oder vier Podeste, die frei herumstanden, und darauf waren Musiker, die sich von diesen verschiedenen Bühnen aus zuspielten, also frei drauflos improvisierten. Meistens war im Zodiak aber ziemlich wenig los, das war nicht immer proppenvoll. Die Musik dort war auch nicht unbedingt für jedes Ohr. Doch fand ich die Idee gut, frei zu improvisieren, neue Wege zu gehen, Dinge auszuprobieren. Für Autodidakten ist das sowieso der einzige Weg.

HANS-JOACHIM ROEDELIUS Im Zodiak ging es darum, die Freude an der Musik zu entdecken. Wir haben das Programm dort immer aus dem Augenblick heraus gestaltet, große Vorausplanung gab es nie. Wenn jemand sagte, ich komme Donnerstag vorbei, dann wurde er halt in das Donnerstagsprogramm gepackt. Und jedes freie Loch haben wir selbst genutzt, um Krach zu machen. Der Ort war super. Außerdem gab es ja noch die Drogen. Vor allem ging es aber um Zusammenarbeit, darum, gleichgesinnte Gruppen auf den Weg zu bringen. Aus ganz Europa kehrten da Menschen ein, um Musik zu machen und sich auszutauschen. Conrad Schnitzler zog dabei die Strippen, der agierte im Zodiak ungefähr wie Andy Warhol in der Factory. Leider hat er nie lange genug durchgehalten, sondern zog sich von den vielen Dingen und Ideen, die er in die Welt gesetzt hat, immer auch bald wieder zurück. Vielleicht aus Faulheit, weil er sonst was hätte tun müssen. Auch aus dem Zodiak ist er schon ziemlich bald wieder ausgestiegen. Letztlich blieb er stets ein Solitär, gab aber oft entscheidende Impulse. Ohne ihn würde ich heute etwas anderes machen.

THOMAS KESSLER Ich wurde von den Bands im Electronic-Studio immer in diesen Zodiak Club eingeladen, und natürlich bin ich da dann auch mal hingegangen. Umgekehrt wollten die von mir auch immer wissen, wo ich eigentlich sonst abends hingehen würde, und dann erzählte ich ihnen vom Sender Freies Berlin an der Masurenallee. Da gab es öfters sehr schöne Konzerte vom WDR mit dem SFB zusammen: Was spielen die denn da heute Abend? Xenakis und Varèse! Ist das gut? Ja, unglaublich gut! Dann gingen die da hin und waren hin und weg vor Begeisterung. So etwas hatten sie noch nie gehört, und das war schön. Für mich wiederum war auch ihr Zodiak Club ziemlich beeindruckend. Wenn man da reinkam, war da unglaublich viel Qualm und düsteres Licht, schöne Frauen und unheimliche Typen, und gute Freunde.

KLAUS SCHULZE Die Leute, die im Zodiak Club rumliefen, waren schon etwas anders. Die sahen anders aus, und sie dachten vor allem auch anders, politisch und kulturell. Das Publikum war viel politischer als wir. Unsere Musik war nur in dem Sinn politisch, dass sie frei von allen Normen war. Aber waren Warhol oder Lichtenstein politischer? Darüber kann man lange debattieren.

THOMAS KESSLER Überall brummte und dröhnte Musik durch die Hallen. Ich habe dort leider nie selbst gespielt. Aber wenn da Tangerine Dream oder andere aus meinem Studio auftraten, bin ich natürlich hingegangen.

LUTZ LUDWIG KRAMER Unser Kumpel und Bandmitglied Tricky ist mit siebzehn an Heroin gestorben. Fame und ich waren die Überbleibsel der Beatband Ugly Things, wir lernten dann Lüül und Christopher Franke kennen und verliebten uns schnell ineinander. Erst hießen wir The Agitation, das »Free« kam erst später. Alles begann bei Christopher Frankes Eltern im Eichkamp, sein Vater war Geigenlehrer, die Mutter Pianistin und Schullehrerin. The Agitation sollten eigentlich zuerst die Beatles nachahmen. Ich kam frisch motiviert aus London, hatte erste Trips genommen und auch mal Sex gehabt, war also weit voraus – und weil ich das überall erzählte, war ich bald die Frontsau. Im Zodiak wurden wir dann schnell zur Hausband, der Laden war pechschwarz, da ging es ab bis in die Morgenstunden. Es war zwar eine offene Bühne, aber anmelden musste man sich doch vorab. Agitation Free waren da jedenfalls bald fest gebucht, einen Sommer lang sind wir dort dauernd aufgetreten, spielten auch mal an einem Abend mit Tangerine Dream oder Amon Düül. Auch Guru Guru oder Can lernte man im Zodiak kennen.

GÜNTER SCHICKERT Im Zodiak waren alle Westberliner Musiker, die etwas »angehaucht« waren, also die Haschraucher.

Damals fuhren VW-Käfer durch Berlin, auf denen hinten draufstand: »Drive carefully maybe the driver has kifft«. Das hat kein Mensch kapiert. Man konnte mit einem Joint durch Berlin laufen, und das roch vielleicht auch komisch, aber letztlich wusste keiner so genau, was das ist. Es gab auch keine Polizeistunde. Von Mitte der Sechziger bis Anfang der Siebziger war das also wirklich eine freie Stadt, aber irgendwann haben irgendwelche Beamten beschlossen, dieser Freiheit wieder einen Riegel vorzuschieben. Das Zodiak wurde dann zugemacht, weil es zu laut war und da zu viele mit Drogen rumliefen. Schon vorher war ständig die Polizei vor Ort und schaute, was da los ist. Das Ende machte mich traurig, denn einen Ort wie das Zodiak hat es nicht noch mal gegeben. Natürlich gab es in Berlin weiterhin viele Clubs, aber keiner von denen war so fortschrittlich und avantgardistisch. Da wurde nie Session gemacht, bestenfalls konnte man sich hinlegen und einfach zuhören. Mein Leben lang habe ich versucht, so was wie das Zodiak irgendwo noch mal zu initiieren, mit offenen Musikabenden und so.

HANS-JOACHIM ROEDELIUS Das Zodiak ist geschlossen worden, weil wir zu viel gekifft haben, vor allem auf der Wiese davor. Da gab es viele Beschwerden aus der Bevölkerung. Und natürlich waren wir auch laut. Die Schaubühne über uns war ja total in, mit Peter Stein, dem Theatermann überhaupt, und abends kam das fein gekleidete Publikum von oben unten am Zodiak vorbei, und wir saßen da und zogen an unseren Joints. Underground eben. Eigentlich passte das wunderbar zusammen, dem Stein selbst hat das, glaube ich, auch gefallen. Aber da waren einfach zu viele dieser Leute, die damals als »Gammler« bezeichnet wurden. Irgendwann bekamen sich da Drogendealer in die Wolle, ein Auto wurde angesteckt. Es kam der Punkt, wo der Senat den Laden zugemacht hat. Aber bei uns da unten ist schon wirklich was passiert: Tangerine Dream haben sich da erfunden, Ash Ra Tempel und Michael Hoenig auch. Viele, die heute einen großen Namen haben, fingen im Zodiak an.

KLAUS SCHULZE Zu Zodiak- und Mauerzeiten war Berlin ein Künstlerghetto, ein Pool für Kreativität: Die Mieten waren billig, und man konnte sich große Lofts leisten. Damit ist es lang vorbei. Ich bin auch längst schon aus Berlin weggezogen, aufs Land.

DIETER MOEBIUS Nicht ohne Grund sind wir nach der Gründung von Kluster sofort nach Westdeutschland aufgebrochen, um dort unser Glück zu machen und nicht in Berlin zu verkümmern.

KLUSTER

»Wir konnten kein Stück ein zweites Mal spielen.«
DIETER MOEBIUS

HANS-JOACHIM ROEDELIUS Nach dem Ende des Zodiak Clubs beschlossen wir, also die Gruppe Human Being, die das Zodiak seit Schnitzlers Abgang geführt hatte, mit zwei gelben Postbussen nach Afrika aufzubrechen. Wir wollten gemeinsam ganz viel kiffen! Das war 1969. Natürlich hat uns da auch die Kultur interessiert, aber es war doch sehr viel pure Abenteuerlust dabei. Wir wollten irgendwohin, und damals wollten eben alle nach Afrika. Das war in unseren Kreisen angesagter als zum Beispiel Indien. Auf dem Weg dahin machten wir in vielen Städten halt, um da Straßenmusik zu fabrizieren. Ich mit einer Flöte und einer Trommel. Wir kamen bis Casablanca, wo wir alle an der Ruhr erkrankten, also Durchfall bekamen und hohes Fieber. Auf einem Parkplatz in Casablanca wurde dann entschieden: Die einen bleiben da, die anderen fahren wieder nach Hause. Meine Freundin und ich fuhren in einem der gelben Postbusse wieder zurück. Wir hatten eine Anlage, mit der wir weiter Konzerte gaben, in Südfrankreich und so, gelegentlich sogar auf Einladung – mit dem Erfolg, dass wir auf einem Damm angehalten wurden, von einem in der Gegend bekannten Schläger und seiner Bande, die zerrten uns dann aus dem Auto und verprügelten uns. Wir wehrten uns nicht, schließlich waren wir ja friedliebende Pazifisten. Total bescheuert! Bei der Polizei sagten sie bloß: Pech gehabt, der hat nichts gegen euch, der muss nur immer mal Leute verprügeln, der kann einfach nicht anders. Wir machten dann Pause, bis unsere Wunden verheilt waren. Zurück fuhren wir über Korsika, weil ich wusste, dass ich dort wieder einen Job kriege, und kam da auch in der Küche unter. Sonntags gab ich dazu immer Konzerte. Schließlich ging es aber doch zurück nach Berlin. Erst hatte ich keine Idee, was ich da machen sollte, lebte wieder bei Conrad Schnitzler in der Wohnung, und eine Weile malten wir zusammen Häuser und Wohnungen an, um Geld zu verdienen. Aber schon bald beschlossen ich und Conny, eine Band zu gründen. Unsere erste Gruppe hieß Geräusche, daraus wurde Plus/Minus. Die ersten zaghaften öffentlichen Auftritte waren in der Galerie Block. Schnitzler hat dann Moebius in die Gruppe geholt für das erste Konzert in der Galerie der Künste, das zweite war ein zwölfstündiges Nachtkonzert in der Galerie Hammer, und gleichzeitig unser Abschiedskonzert von Berlin. Danach setzen wir uns zu dritt ins Auto, übrigens wieder ein gelber Postbus, und sind durch die damalige DDR erst nach Hannover und dann nach Düsseldorf gefahren. Dort blieben wir ein paar Monate bei Freunden, klopften die Museen und Galerien der Gegend ab und stellten uns da vor. Schnitzler kam ja als Beuys-Schüler ursprünglich aus der Bildenden Kunst und war natürlich auch der Konzeptualist der Band. Er war es, der Kluster in die Welt gesetzt hat. Aber wir führten das dann mit einem ganz anderen Drive weiter.

DIETER MOEBIUS Dass wir einen neuen Sound spielten, war uns nicht bewusst. Wir sind da auch nicht intellektuell rangegangen. Wir haben versucht, zu improvisieren, zum Beispiel Töne zu machen, die man aus normalen Orgeln nicht erwartet. Das ist uns auch ganz gut gelungen. Durch die Monotonie und die Länge der Stücke – gern mal achtzehn Minuten oder mehr – war ja klar, dass die weder für das Radio noch für Single-Hits geeignet waren. Wir konnten die auch kein zweites Mal so spielen. In der Galerie Hammer hatten wir ausprobiert, wie das so geht, zwölf Stunden lang zu spielen und mal echt zu schauen, ob wir auf der gleichen Frequenz sind. Aber das war eigentlich klar, denn wir hatten uns ja schon oft im Zodiak getroffen und waren daher optimistisch genug, unsere Klangerzeugnisse auch anderen Leuten zuzumuten.

HANS-JOACHIM ROEDELIUS Wir wollten einfach mal sehen, was in uns schlummert, was wir selber noch nicht wissen. Nach den ersten musikalischen Unternehmungen habe ich gemerkt, dass das mein Weg ist, habe mich in Kosten gestürzt, Kredite aufgenommen und mir Equipment gekauft, eine Orgel und alles Mögliche, und mich dann gemeinsam mit den beiden anderen Schritt für Schritt in diese Klangmalerei hineingearbeitet. Schnitzler war einfach ein superguter Sucher. Und auch Finder.

LÜÜL 1970 gab es eine tolle Initiative von Conrad Schnitzler, nachdem der bei Tangerine Dream ausgestiegen war. Da wollte er neue Formen des Musikmachens ausprobieren. Er nannte das »Eruption« und hatte Klaus Schulze eingeladen, als Trommler, und Hartmut Enke von Ash Ra Tempel, eigentlich die ganze Ash-Ra-Tempel-Besetzung mit Manuel Göttsching, dann Michael Günther und mich von Agitation Free, und noch Klaus Freudigmann, der später zu Ton, Steine, Scherben ging. Das ergab eine Art Berliner Riesen-Supergroup, und die spielte ein paar echt wuchtige Konzerte. Im Quartier Latin bauten wir uns mal – statt wie üblich auf der Bühne – im Kreis an den Saalwänden auf. Jeder bekam eine besondere Position, rund um das Publikum, das in der Mitte der Halle versammelt war und dann von allen Seiten unter Beschuss genommen wurde. Es war ein gewaltiges Inferno, eine Eruption im wahrsten Sinne des Wortes und die pure Ekstase. Ich spielte in der Nähe von Klaus Schulze, und wir hatten einen guten Drive zusammen. Das Publikum war schwer beeindruckt.

HANS-JOACHIM ROEDELIUS Schnitzler konnte Leute motivieren, die sonst wahrscheinlich nie zur Kunst gefunden hätten – wie zum Beispiel Moebius, der war eigentlich Koch und wollte gar keine Kunst machen. Schnitzler hatte ihn gesehen und gesagt: »Du bist ein guter Schlagzeuger, komm zu uns. Mach einfach, ich stelle dir alles hin, probier das mal! Du hast nichts zu verlieren.« So hat er Moebius ein halbes Jahr lang weichgeklopft, bevor der Ja gesagt hat. Beim ersten Konzert in der Akademie der Künste stand dann ein Riesenschlagzeug für den bereit, dabei hatte der mit so was vorher noch nie zu tun gehabt. Bleche mit Mikrofonen, Trommeln, Pauken, eine Kniegeige. Von Stund an war der Moebius dann Künstler, der konnte gar nicht anders. Das war 1969, da ist so viel passiert in dieser Zeit.

DIETER MOEBIUS Die ersten beiden Kluster-Alben spielten wir in einer Nacht ein, vor allem aus Kostengründen. Der Kantor von der Kirche in Düsseldorf, der uns das ermöglichte, hatte beim Schwann-Verlag etwas Geld für die Session lockergemacht. Dass daraus gleich zwei Alben wurden, lag daran, dass wir gar nicht mehr aufhörten zu spielen.

HANS-JOACHIM ROEDELIUS Vor den Zodiak-Zeiten habe ich Frank Sinatra und andere amerikanische Schlagermusik gehört. Ich hatte keine eigenen Platten, war immer nur Gast. Als ich dann selbst Musik machte, war keine Zeit mehr zum Hören, da war ich viel zu sehr damit beschäftigt, meine eigene Tonsprache zu finden. Es hat jahrelang gedauert, bis meine Musik Konturen kriegte. Zuerst war es reiner Aktionismus, wie es der Zeit entsprach. Aber wer die Gabe hatte, daraus mehr zu machen, hat heute einen Namen, ganz egal, wie weit das später alles auseinanderging. Edgar Froese hat mir damals mal ein Mellotron geschenkt, einfach weil er sah, dass ich es brauchen konnte. Und dafür bin ich ihm bis heute dankbar, auch wenn ich das dann leider irgendwann verkaufen musste, als mal gar keine Kohle da war.

ASMUS TIETCHENS Als die zum ersten Mal nach Hamburg kamen, waren sie zu dritt, noch mit Conrad Schnitzler, und schrieben sich noch mit K – wie Kluster. Bei dem Konzert in der »Fabrik« waren nicht so viele Leute, aber die, die da waren, waren bis zur Besinnungslosigkeit bekifft. Die Band wohl auch, denn es war nicht so toll, was die da fabrizierten. Bekifft kannst du nicht Musik machen, jedenfalls keine, die auch für Nicht-Bekiffte oder am nächsten Tag noch funktioniert. Ein halbes Jahr später kamen Cluster noch mal, jetzt mit C, und da haben wir uns dann persönlich kennengelernt. Man ging da einfach hin und sagte, dass einem die Musik gefällt und dass man etwas Ähnliches macht, so kam man ins Gespräch.

DIETER MOEBIUS Es kamen ganz unterschiedliche Leute zu unseren Konzerten, mal Anarchos, mal Kunstbeflissene. Das hing immer von der Location ab. Am Anfang hatten wir sowieso nicht viel Publikum. Als Achim und ich dann alleine weitergemacht haben, sind wir durch Zufall in die Kunstszene reingeraten, was ein Glück für uns war, denn da konnte man wenigstens Geld verdienen. Wir konnten dann in ganz Europa in Galerien, Museen, Kunsthallen und Kunstvereinen auftreten. Wir bedienten das Kunstpublikum, was sehr dankbar war, denn das sind Menschen, die sich freuen, etwas zu erleben, was sie nicht verstehen. Da konnten wir oft gar nicht schräg genug sein, um die zu begeistern. Aber wir hätten diese Musik auch sonst gemacht.

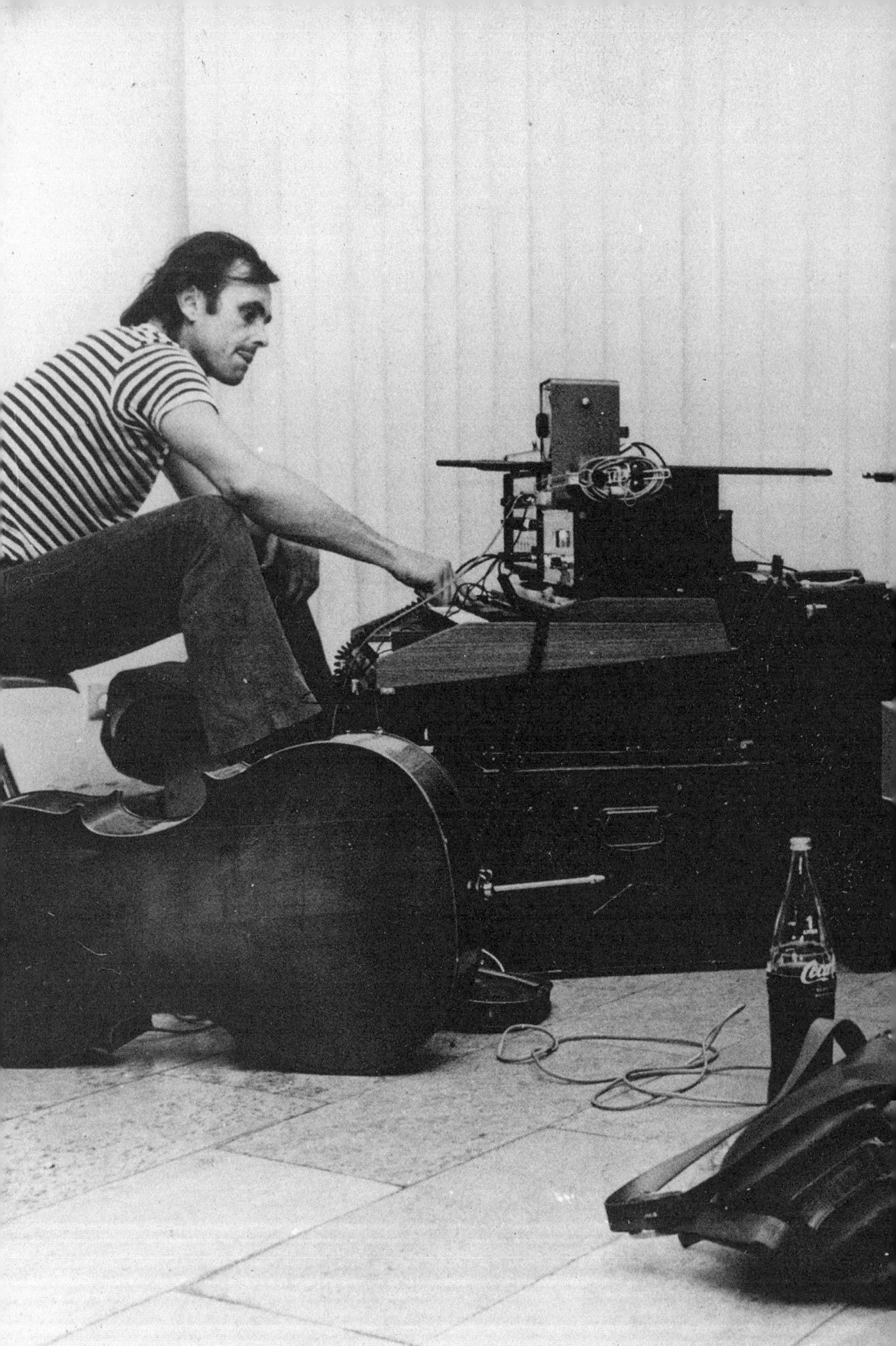

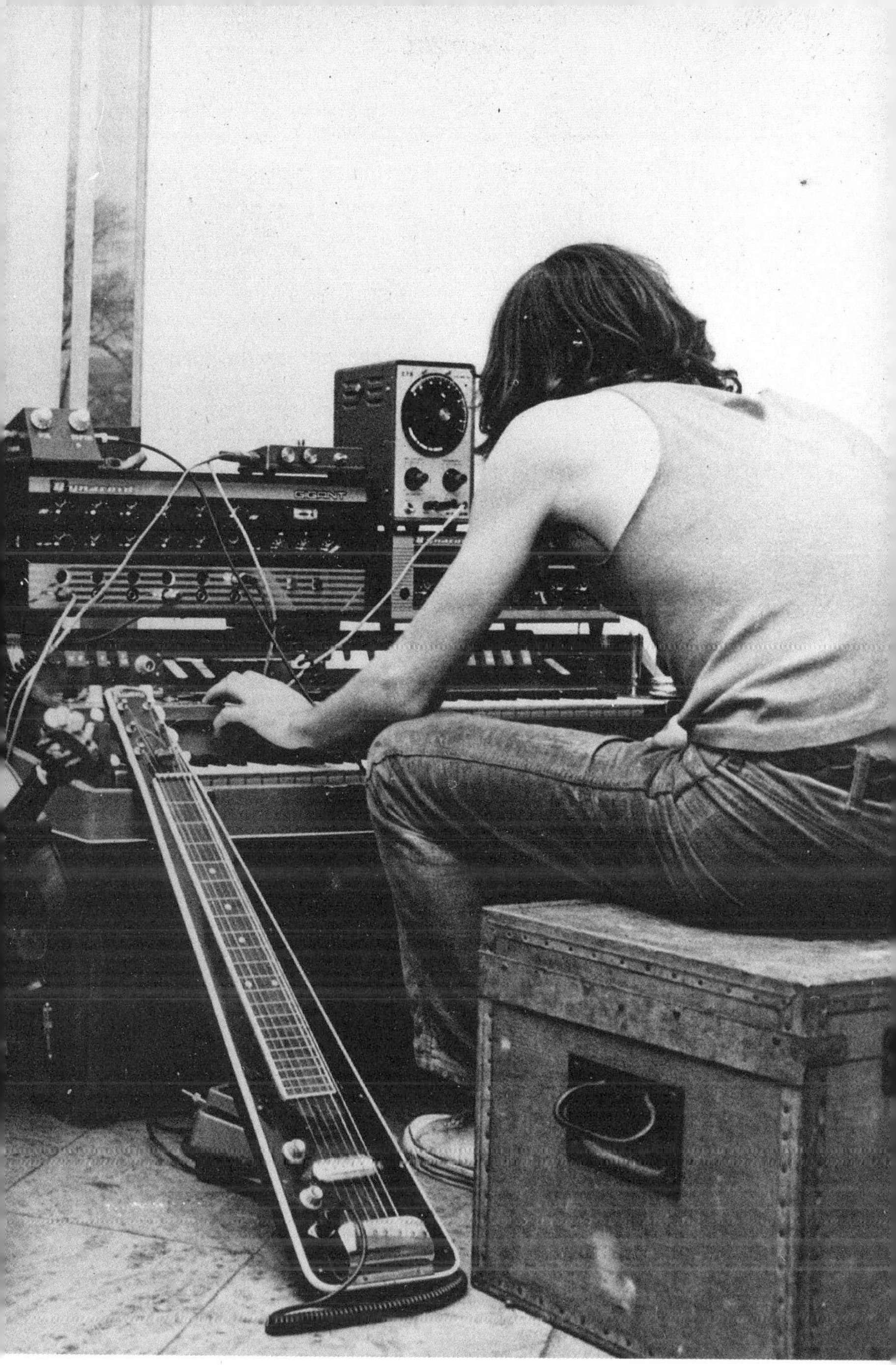

Cluster: Hans-Joachim Roedelius und Dieter Moebius, 1971/72

DIE SIEBZIGER

KESSLER

»Noten waren uns einfach zu spießig.«
LÜÜL

WINFRID TRENKLER Angefangen hat die Berliner Schule mit dem, was Thomas Kessler seinen Schülern in seinem Berliner Electronic Beat Studio vermittelte.

THOMAS KESSLER Ich bin Schweizer und wollte in Berlin studieren, denn die Hochschule hatte einen guten Ruf. In Berlin habe ich dann in einer WG gelebt, in einem Haus, das einem Onkel meiner Frau gehörte, der nie da war. Unter den Mitbewohnern war damals auch Nike Wagner, ohne dass ich realisierte, dass sie die Urenkelin von Richard Wagner ist, das war einfach die Nike mit ihrem Mann. Wir hatten auch einen WG-Kindergarten unten im Haus. Mein erstes Studio in Berlin richtete ich mir 1965 ein. Die Ausstattung war lächerlich, ich hatte noch nicht mal ein Mischpult. Immerhin besaß ich drei schöne Revox-Tonbandgeräte mit der Studio-Geschwindigkeit 38 Zentimeter pro Sekunde, ein paar einfache Mikrophone, und mit professionellem Tonbandmaterial konnte man eine sehr gute Klangqualität erreichen. Da konnte ich faszinierende Klänge zusammenschnipseln, damals noch in Handarbeit. Und dort machte ich dann meine ersten Stücke, das war eigentlich Musique concrète. Damals gab es in Berlin sonst nur das TU-Studio, aber das war für Außenstehende total verschlossen. Da durfte niemand rein außer Boris Blacher. Warum? Das weiß der Himmel! Dabei war ich bei Blacher an der Hochschule für Musik selber Student, wurde von ihm sogar besonders gefördert – nur in das heilige Studio durfte man nicht rein. Das konnte ich nicht verstehen, denn damals konnte man sich nicht einfach mit seinem Computer ins Schlafzimmer setzen, so wie heute. Ein Studio war zu der Zeit ein Monopol.

MICHAEL HOENIG In ein Studio kam erst ich durch Thomas Kessler, der das Elektronic Beat Studio mit Agitation Free gestartet hatte.

THOMAS KESSLER Ich wusste von Stockhausen in Köln und Pierre Schaeffer in Paris. Was man hören konnte, ging mir in die Ohren und hat mich tief beeinflusst. Konkret kam ich zur Elektronik dann durch Musiker des New Phonic Art Ensembles, tolle Leute wie Vinko Globokar, die zu mir sagten: »Wenn man einen Stuhl über die Bühne schiebt, ist es wunderbar, was der für Musik macht. Es pfeift und singt dann so. Aber es ist zu leise. Kannst du das nicht verstärken?« Und da war ich dann dabei. Das war an der Akademie der Künste in den frühen Sechzigern, glaube ich. Ich rutschte da rein, weil ich mich mit Elektronik auskannte und die bald auch als Instrument begriff. Für das Electronic Beat Studio ist das nicht unwichtig, denn von da brachte ich die Offenheit und Verständnisbereitschaft für Leute mit, die nicht nur viel jünger waren, wie Edgar Froese, Agitation Free oder Michael Hoenig, sondern einen ganz anderen Background hatten.

MICHAEL HOENIG Agitation Free waren damals Christopher Franke, Michael Günther und Lüül, die mit Thomas Kessler zwei Souterrain-Räume ausgebaut hatten, die vom Bezirk Schöneberg für ein Experiment zur Verfügung gestellt worden waren.

LÜÜL Ich war zehn Jahre alt, als ich zu meinem Vater sagte, dass ich dringend eine Gitarre bräuchte, weil ich Musiker werden wolle. Daraufhin kaufte er mir eine akustische Gitarre, und damit ging es los. In der Schule wurde ziemlich schnell eine Band gegründet. Mein Sandkastenfreund Christopher Franke war auch dabei. Der hatte das Telefon seiner Eltern auseinandergenommen und die Sprechmuschel zum Mikro umfunktioniert. 1967 gründeten wir dann Agitation, wie die Band zuerst hieß, und konnten bald eine Handvoll Stücke spielen. Erst haben wir bei Christophers Eltern geprobt, aber das ging bald nicht mehr, deshalb vermittelte seine Mutter uns Kontakt zu einer Musikschule in Wilmersdorf. Christophers Mutter hatte den engagierten Schuldirektor von der Idee begeistert, in seiner Schule Übungsräume für Beatgruppen einzurichten. Nachdem die finanziellen und organisatorischen Strukturen dafür geklärt waren, wurde das inzwischen legendäre Beat Studio in der Pfalzburger Straße 32 gegründet. Und Agitation Free war dann die erste Band, die dort zwei Kellerräume ausräumte, die Studioräume mit Eierpappen an den Wänden und den Decken ausstattete und da einzog.

THOMAS KESSLER Konrad Latte, der damalige Leiter der Volksmusikschule Wilmersdorf, rief mich an und sagte, sie hätten etwas Geld, und ich sei doch vertraut mit elektronischer Musik. Er fragte, ob ich eine Idee hätte für ein Studio, in dem junge Musiker, die keine akademische Laufbahn verfolgen und nicht an einer Hochschule studieren, sich treffen können. Die Idee war großartig. Christopher Franke, ein Bekannter von Konrad Latte, lotste dann die ganzen experimentierfreudigen jungen Bands ins Studio, mit denen er zur akustischen Dämmung Eierkartons an die Wände klebte. Am Ende hatten wir zwei wunderschöne große Kellerräume in einem Wilmersdorfer Schulhaus. Die Bands brauchten damals nicht bloß Übungsräume, sondern vor allem ein Studio. Wir schafften dafür zu Beginn Tonbandgeräte und ein kleines Mischpult an. Von Jahr zu Jahr vergrößerte sich die Ausstattung. Meine Revox-Bandmaschinen standen auch da, ebenso wie ein paar ganz neue Maschinen. Da konnte man jeden Abend Krach machen, na ja, ich meine natürlich: Musik machen. So laut wie man nur wollte.

LÜÜL Mit Thomas machten wir musikalisch einen Riesensprung. Er lehrte uns, bewusst zu musizieren, zuzuhören und eigene Techniken zu entwickeln. Von montags bis freitags, nachmittags bis in den sehr, sehr späten Abend, hatten interessierte junge Bands die Möglichkeit, dort zu proben, aufzunehmen und Musik zu lernen.

THOMAS KESSLER Zum Studioleiter wurde ich eigentlich nur aus der Notlage heraus, dass es keine Alternative gab. Schon vorher baten mich oft Leute, sie zu unterstützen, zum Beispiel Luc Ferrari, und da war ich immer gerne dabei. Komponieren ist eine sehr einsame Arbeit. Bei einem Konzert mitzumachen ist dagegen toll. Ich war immer lieber gemeinsam in Aktion als theoretisch am Schreibtisch.

LÜÜL Wir machten tolle Improvisationsübungen mit Tonbandeinspielungen, lernten aber auch die Grundlagen von Harmonie und Rhythmus. Thomas stellte uns viele neue Avantgardekomponisten vor, die in Berlin spielten oder sonst wie im Gespräch waren, Leute wie Peter Michael Hamel, Steve Reich oder Terry Riley. Die elektronischen Sounds, die im Elektronic Beat Studio produziert wurden, waren für uns alle ein enormer Einfluss, uns eröffnete sich ein völlig neuer Horizont. Bald teilten wir uns die Termine dort mit Tangerine Dream, Ash Ra Tempel oder Curly Curve.

MICHAEL HOENIG Eines Tages sagte ein Freund, da gäbe es einen Typen mit einem Orchester, bei dem Leute ohne musikalische Kenntnisse interessante Sounds machten. Das war Thomas Kessler, der das nach dem Modell von Cornelius Cardews englischem »Scratch Orchestra« auch in Berlin machte, also nach rein metaphysischen Angaben Klänge generierte: »So, setzt euch mal alle unter einen Baum, und spielt, wie sich der Baum anfühlt.«

THOMAS KESSLER Ich war mal in London bei Cornelius Cardew und habe da eine Scratch-Orchestra-Probe mitgemacht. Ich fand die Idee fantastisch und dachte mir, dass das auch nach Berlin müsste, also fing ich dort damit an. Da waren auch viele aus dem Electronic Beat Studio dabei. Ich habe denen aber nie gesagt, was sie machen sollen, sondern nur Vorschläge gemacht, was man machen könnte.

MICHAEL HOENIG Wir arbeiteten gern mit gefundenen Instrumenten. Ich kam zum Beispiel eines Tages mit einer Zither an, die ich am Samstag vorher auf dem Flohmarkt gekauft hatte. Ich hatte aber keine Ahnung, wie man diese Zither spielt oder auch nur stimmt. Ich wollte einfach bloß Töne machen, um etwas auszudrücken, was ich verbal nicht formulieren konnte. Musik war wie ein Tor, durch das man Emotionen rauslassen konnte. Mit der Zither lief das wunderbar. Das war auch das erste Gruppenerlebnis, das Eindruck auf mich machte. Bei Kesslers Scratch Orchestra waren viele Leute, die dort auf verschiedensten Wegen musikalisch zueinanderfanden. Es war eine verwegene Mischung sowohl von traditionellen Musikern, die etwas Neues suchten, wie auch völligen Amateuren. Einige Leute brummelten nur in sich hinein, eine Frau haute unentwegt auf Kochtöpfen rum, ein anderer missbrauchte eine Klarinette. Das war alles superabstrakt, machte aber irre Spaß und war losgelöst von allen Konventionen. Aus dieser Freiheit heraus bekamen dann auch die Elektronik und die Technik ihren Sinn.

THOMAS KESSLER Ich hatte einen Bruder, der ein Tonbandfreak war. Der hatte in Berlin einen guten Job und Geld. Und bei dem standen diese hochwertigen Revox-Tonbandmaschinen aus der Schweiz rum. Ich sagte ihm, dass es super wäre, wenn ich die für Aufnahmen nutzen könnte.

MICHAEL HOENIG Bei Kessler im Studio gab es anfangs drei Revox-Stereo-Tonbandgeräte, mit denen er alles aufgenommen hat. So konnten wir uns fast immer anhören, was wir gerade gespielt hatten. Permanente Reflexion wurde dadurch zum normalen Prozessbestandteil. Alles wurde improvisiert, und es ging fast nie darum, irgendwas zu wiederholen. Wir wollten vor allem das spielen, was uns in dem Moment des Machens bewegte, wollten ausdrücken, wie wir uns selbst und als Gruppe fühlten. Es gab bei Agitation Free zu der Zeit keine Stücke, bei Tangerine Dream auch nicht. Man spielte, was einen gegenwärtig inspirierte. Das war ja das Befreiende, dass wir eben nicht irgendeinen Popsong spielten. Tommy zeigte uns in seinem Studio, was interessant war und warum. Er motivierte und schubste uns in seiner einzigartigen Weise durch immer neue Papierwände. Alle anderen Musiker in Berlin coverten die Stones, Beatles, Dave Clark Five oder was sonst gerade populär war. Genau das haben wir ganz bewusst vermieden, sondern stattdessen etwas Eigenes, ja eigentlich uns selbst gespielt. Die nie vorhersehbaren musikalischen Ergebnisse variierten extrem, waren aber immer hochspannend.

LÜÜL Als Zwölfjährigen schickte mein Vater mich in eine Musikschule, wo ich Manuel Göttsching kennenlernte. Da übten wir irgendwelche Bach-Etüden, wollten aber viel lieber die sogenannte Beatmusik spielen. Akkorde lernte man dort gar nicht, nur Tonleitern, Harmonien, Zupftechnik und Klassik, aber eben nicht das, was uns interessierte: Rock 'n' Roll, Blues und Beat. Natürlich war der Unterricht öde, aber heute bin ich dankbar, dass ich diese Grundkenntnisse dort erlernt habe und Noten lesen kann. Bei Agitation Free musste das aber dann erst mal alles über Bord, unsere damaligen Ideen konnte man nicht in Noten aufschreiben. Und diese totale Ablehnung des konventionellen Musikmachens war Teil unserer Antihaltung.

THOMAS KESSLER Sobald man Musik an einer Hochschule studiert, kommen die Blockaden. Damals in Darmstadt bei den Ferienkursen durfte ich als Komponist keine Oktave schreiben. Das musste ich dann später erst mal wieder überwinden. Was ja auch gut ist. Komponisten müssen sich immer gegen etwas stemmen, etwas überwinden. Viele der Musiker aus dem Beat Studio mussten ihren Nichtakademismus überwinden, und ich musste meinen Akademismus überwinden. Letztlich läuft es auf das gleiche Ziel hinaus: Springen mussten wir alle.

MICHAEL HOENIG Das Elektronic Beat Studio war ein fantastischer Katalysator für die Leute, die später als »Berliner Schule« bezeichnet wurden. Was wir da eigentlich wollten, konnten wir damals nur ansatzweise formulieren, obwohl wir da irre viel diskutiert haben. Es gab einen enormen Drang, die psychedelischen Erfahrungen, das sprachlich Nicht-Formulierbare musikalisch auszudrücken. Thomas hat da didaktisch sehr subtil Großes geleistet, weil er uns Wege dazu aufzeigte. Das war eine Erfahrung, die heute nur durch private »Coaches« vermittelt wird.

THOMAS KESSLER Ich hatte mal ein prägendes Erlebnis mit Earle Brown: Er hatte mir Noten von Steve Reich gegeben, zu einer Zeit, als von dem nur handgeschriebene Noten kursierten. Darunter war auch die »Pendulum Music«, ein Stück, bei dem man vier Mikrofone über Lautsprechern pendeln lässt, sodass es in regelmäßigen Abständen Rückkopplungen gibt. Ich habe das dann in der Akademie der Künste in Berlin aufgeführt, und weil ich es etwas langweilig fand, wollte ich einen Filter einsetzen, um die Klänge zu variieren. Als ich das vorschlug, wurde Brown richtig wütend – so was hatte ich noch nicht erlebt! Er schimpfte los, wir Europäer würden immer noch weiter gestalten wollen, wenn etwas längst fertig sei! Dieser Vorwurf hat mich damals schwer beschäftigt. Und er hatte recht, es ist eine europäische Manie, die Dinge nicht so sein lassen zu können, wie sie nun mal sind. In diesem Fall gab es eben nur vier Mikrofone, die über vier Lautsprechern pendelten, mehr nicht. Wenn Mark Rothko ein Bild rot gemalt hat, tja, dann ist es eben rot. Trotzdem habe ich mich voll dafür eingesetzt, dass wir Reichs »Pendulum Music« aufführen. Was ich damit bloß sagen will, ist, dass ich gelernt hatte, auch Dinge zu fördern, mit denen ich selbst nicht ganz warm wurde. Auch bei den Leuten im Beat Studio fand ich viel, was die da anstellten, eher sinnlos, aber ich hätte es niemals schlechtgemacht oder verhindert. Und es war für alle Beteiligten sicher auch ganz gut so, dass ich da den freundlichen Elektroprofessor gespielt habe und nicht den unfehlbaren Maestro.

MICHAEL HOENIG Irgendwann hat Thomas mich bei Agitation Free empfohlen, deren Gitarrist Axel Genrich damals gerade zu Guru Guru gegangen war. Zwei Wochen später wechselte der Schlagzeuger Christopher Franke zu Tangerine Dream. Als ich da ankam, standen Lüül und Fame gerade vor einem Neuanfang.

THOMAS KESSLER Natürlich war mir die Musik im Studio oft zu langweilig, aber das haben die über meine Musik vermutlich auch gesagt. Ich habe denen nur vorgeworfen, dass sie nie singen. Ich weiß noch, wie ich zu Edgar Froese sagte: »Warum singt denn bei euch keiner?« Keine Antwort. Aber ich dachte damals wirklich, dass die menschliche Stimme ihrer Musik eine neue Dimension erschließen könnte.

LÜÜL Für Agitation Free war Thomas Kessler, was George Martin für die Beatles war. Man traf sich andauernd mit anderen Bands im Elektronic Beat Studio und spielte dann Sessions.

THOMAS KESSLER Wir fingen immer abends gegen sechs Uhr im Studio an, und dann ging es dort bis tief in die Nacht. Es gab keine Regeln, und es war erlaubt, jederzeit neue Musiker mitzubringen. Ich habe alles, was dort entstand, erst mal aufgenommen. Später hörten wir uns das dann gemeinsam an und sprachen darüber. Musiktheorie habe ich auch angeboten. Ich habe sogar Kontrapunktunterricht gegeben für Tangerine Dream. Die wollten das Theoretische einfach kennenlernen. Es waren zwar jedes Mal nur ein paar Stunden, aber immerhin eine Art von Einführung. Wir haben im Studio viel über Musik diskutiert und über gemeinsam erlebte Konzerte gesprochen, klassische oder moderne. Oder auch mal über einen Auftritt von Jimi Hendrix in Berlin, als er im Sportpalast spielte. Dass ich da tatsächlich hingegangen bin, habe ich denen zu verdanken.

LÜÜL Kessler hat uns sehr beeinflusst und mit vielen neuen Tönen bekannt gemacht, er eröffnete uns neue Horizonte.

THOMAS KESSLER Eines Tages kam Earle Brown mit John Cage ins Elektronic Beat Studio, weil Cage damals in ganz Berlin niemanden finden konnte, der ihm ein Tonband mit 38 Zentimeter Geschwindigkeit kopiert. Der Rundfunk hatte ihm abgesagt, da sagte Brown zu Cage: Ach, gehen wir ins Elektronic Beat Studio. Cage kam dann und fand es sehr interessant, was wir da machten, aber mitgemacht hat er nicht. Vielleicht hat er darauf gewartet, dass ich ihn dazu aufforderе. Aber irgendwie kam mir das nicht in den Sinn. Dumm. Ich hatte jedenfalls keine ästhetischen Barrieren. Earle Brown hatte mir damals auch Testpressungen der ersten Platten von Steve Reich und Terry Riley dagelassen. Er meinte, Steve Reich sei nicht sein Stil, aber mir müsse das wohl gefallen, weil etwas Elektronisches dabei war. Ein Kompliment, oder? Diese Vinyl-Platten machten schnell die Runde in Berlin, bei Leuten wie Tangerine Dream und Agitation Free und einigen Berliner Komponisten, so etwas hatten die noch nie gehört.

MICHAEL HOENIG Ich glaube, es ist kein Zufall, dass die international wahrgenommenen Musiker dieser Berliner Szene, Ash Ra Tempel, Tangerine Dream, Klaus Schulze, Agitation Free, alle im Electronic Beat Studio geprobt haben. Wir haben alle meiner Meinung nach sehr von Thomas Kessler profitiert, sowohl von den zeitgenössischen Techniken, die er immer vergleichend aufzeigte, als auch von seinem wunderbaren Enthusiasmus. Im Rückblick war das wohl die erfolgreichste deutsche Rockakademie, die es je gab, wenn man mal davon absieht, dass es keine Akademie und der Leiter Schweizer war.

THOMAS KESSLER Im Studio wurden nur Joints geraucht, das war wie mal ein Bier trinken. Exzesse gab es nicht. Nie lagen nachts um vier alle mit glasigem Blick im siebten Himmel lallend auf dem Boden. Vermutlich haben die Joints sogar eher vom Alkohol abgelenkt. Wir haben jedenfalls unten im Studio

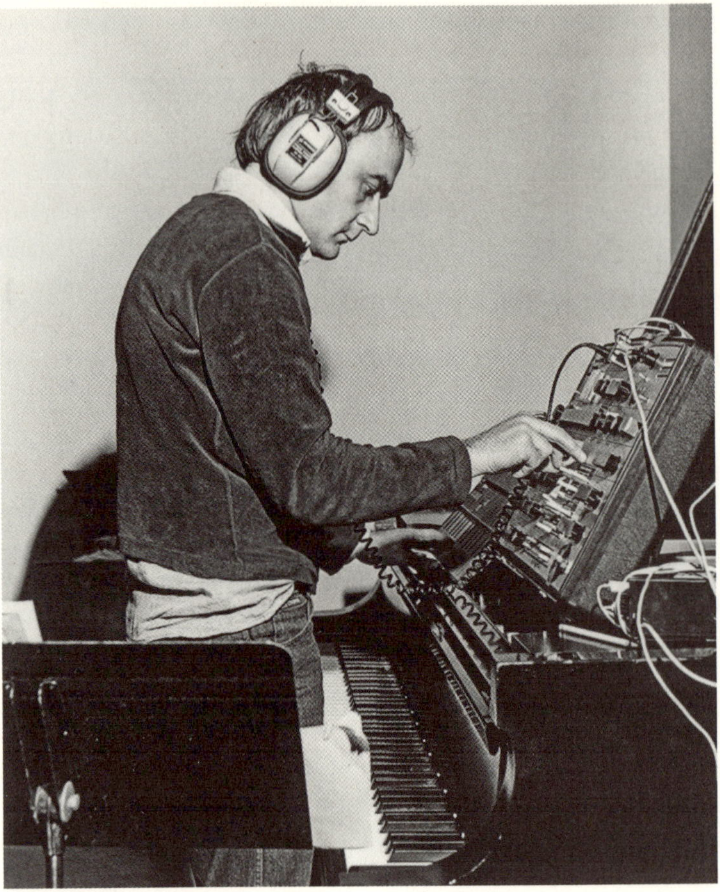

Thomas Kessler, 1974

nie getrunken, wenn da Flaschen herumgelegen hätten, hätte mich das auch geärgert. Aber Verbote gab es nicht, brauchte es auch nicht, alle waren erstaunlich vernünftig.

MICHAEL HOENIG Bei Agitation Free wurde irrsinnig viel debattiert. Das ergab sich wie gesagt ganz selbstverständlich aus dem permanenten Mitschneiden von allem. Es wurde ständig sowohl über die Musik als auch die Gruppendynamik diskutiert. Rückblickend ist es durchaus amüsant, wie sehr wir uns mit dem Verbalisieren beschäftigten. Es gibt übrigens ein wunderbares Hörspiel von Alfred Bergmann, einem Autor und Agitation-Free-Fan, der Hörspiele für den SFB machte. Der hat uns 1972 in sein Landhaus in der Lüneburger Heide eingeladen, wo er alle Gespräche von morgens bis Mitternacht aufgezeichnet hat, aber natürlich auch die Musik, die wir in der Scheune spielten. So entstand ein wunderbares Dokument über Gruppendynamik. Ich weiß nicht, ob es am Ego, an der Gruppe oder den Fragen des Autors lag, aber scheinbar permanent haben wir argumentiert und uns gestritten. Das Wunderbare daran war, dass sich das Verbale immer sofort in der Musik, die wir am gleichen Tag spielten, ausdrückte. Die Band lebte von dieser Dynamik.

THOMAS KESSLER Es kamen immer unterschiedlich viele Leute im Studio zusammen. Einen Abend waren wir vielleicht nur zu dritt, und am Abend darauf war die Bude voll mit vielleicht dreißig oder vierzig Leuten. Da gab es keine Regeln. Wirklich analysiert habe ich das, was wir da anstellten, nicht. Jedenfalls nicht so, wie deutsche Musikkritiker das damals gemacht hätten. Ich war mit den Musikern eher auf Augenhöhe.

LÜÜL Einmal nahm Thomas uns zur Seite und gab uns geschriebene Noten für verschiedene Instrumente. Wir dachten, das sei eine Komposition von ihm. Wir spielten das dann fragmentarisch nach, er nahm es auf und sagte nachher: So, jetzt hört euch mal das Original an. Das waren dann Auszüge von »Church of Anthrax« von Terry Riley und John Cale gewesen. Als ich dem Cale das später mal erzählte, war der ganz wild darauf, das zu hören, aber die Aufnahme gibt es nicht mehr, Cale war sehr enttäuscht.

MICHAEL HOENIG Wir waren von »Church of Anthrax« sehr überrascht, weil wir bis dahin keine Ahnung hatten, dass es in New York auch Minimalisten gab.

LÜÜL Leute wie Terry Riley und Steve Reich wurden für uns dann wichtig, bei Agitation Free zwar noch nicht so, aber bei Ash Ra Tempel später hört man den Einfluss klar heraus. Manuel Göttschings Soloplatte »Inventions for Electric Guitar« hat Echo-Effekte, die ganz nach Minimal Music klingen. Und eines der tollsten Konzerte, die ich je gesehen habe, war »Drumming« von Steve Reich.

THOMAS KESSLER Die eigentliche Elektronik-Revolution war dann aber der Synthi-A von EMS in London. Die Engländer waren im Synthesizer-Basteln damals führend. Ich hatte 1971 davon gehört, da wurde im Berliner Tierpark Stockhausens »Sternklang« uraufgeführt. Und da saß dann auch Hugh Davies aus London mit seiner kleinen Improvisationsgruppe auf einem Baum. Sie hatten kleine schwarze Köfferchen mit den ersten tragbaren Synthesizern dabei, aus denen elektronische Musik kam, das waren die ersten tragbaren Analog-Synthesizer mit Voltage Control, das heißt Spannungssteuerung. Ich begann sofort, mein Geld zu sparen, ich war damals ja noch Student. Als ich genug zusammenhatte, fuhr ich nach London und besorgte mir bei Electronic Music Systems auch so ein Köfferchen. Sechstausend Mark hat mich das gekostet, damals sehr viel Geld, aber das Gerät war in Berlin eine Sensation. Als ich damit zurückkam, wurde ich auf jede Party eingeladen, musste aber stets versprechen, mein Köfferchen mitzubringen, und dann wurde dort gemeinsam auf dem Synthie rumgespielt. Eine Bedienungsanleitung gab es nicht, auch keinen Unterricht, der einen vorbereitet hätte. Man musste alles selber entdecken, und das war auch gut so.

MICHAEL HOENIG Im RIAS, wo Walter Bachauer exzellente Gegenwartsmusiksendungen machte, hatte ich ein Stück mit Klavier und einem Ringmodulator gehört, ein unwirklicher, fantastischer Klang. Nachdem ich herausgefunden hatte, was es damit elektronisch auf sich hat, baute ich sofort selbst einen, mit Mikrofoneingang und Sinusgenerator. Ich wünschte, die ersten Experimente, vor allem mit meiner Zither, existierten heute noch.

THOMAS KESSLER Hugh Davies hatte mir damals auch ein kleines Schema gegeben, womit ich selber einen Ringmodulator bauen konnte, was ganz einfach war. Die Teile dazu konnte man im Laden kaufen, man musste es bloß noch zusammenlöten und schon funktionierte es. Damit konnte man herrlich schräge Klänge produzieren, mit Spannungssteuerung und ähnlichen Funktionen. In Kombination mit dem Synthi-A war das ein wunderbares musikalisches Experimentierfeld.

LÜÜL Bei fast allem ließen wir ein Bandgerät mitlaufen, haben die Bänder aber meist gleich wieder überspielt. Wir hatten einfach zu wenig Geld, das alles aufzubewahren.

THOMAS KESSLER Ich habe nur noch sehr wenige Bänder von damals. Das ist traurig, aber man wusste ja auch nicht, was man da macht. Ich war nur ein Student von der Hochschule, und da gab es viele andere, die wichtiger und begabter waren als ich. Und die Musiker vom Elektronic Beat Studio kamen ja sozusagen von der Straße. Wir waren wie ein Flüchtlingslager für heimatlose Musiker. Zwar tauchten im Studio manchmal berühmte Leute auf, von den Stones war auch mal einer da, leider habe ich vergessen, welcher. Aber wir blieben doch auch immer in der Nische. Und meine Nische war noch kleiner als die von Agitation Free oder den anderen, denn das Lager habe auch ich nie gewechselt, meine Musik war schon sehr anders. Sobald die Bands aus meinem Studio etwas Geld machten, kauften sie sich dann selber elektronisches Equipment und brachten es ins Studio mit, irgendwann auch die ersten großen Moogs. Wir haben da viele Geräte getestet. Das lief so, bis ich von Berlin zurück in die Schweiz nach Basel berufen wurde. Als ich viel später mal beim WDR in einem Studio war, sagte der Redakteur zu mir, an diesem Mischpult habe Stockhausen gearbeitet, und man wisse nicht, was da von seinem Geist noch alles drinstecke. Das gilt vielleicht auch für mein kleines schwarzes Köfferchen mit dem Synthie A von EMS, den habe ich immer noch. Der ist zwar etwas ramponiert, aber er läuft wie eh und je, piepst und rauscht und brummt und macht, was er will. Er ist der erste seiner Art, der überhaupt aufs Festland kam. Das sagten sie mir jedenfalls damals in London, als ich ihn kaufte. Dieses Gerät hat viel bewirkt, mehr als ich selbst. So ist das in der Elektronik, der Mensch ist nicht so wichtig. Dieses Köfferchen hat in Berlin jedenfalls viel ausgelöst.

TANGERINE DREAM

> »Bei Reinhard Mey war klar, was kommt. Bei uns nie.«
> KLAUS SCHULZE

JEAN-MICHEL JARRE Mit Edgar Froese debattierte ich mal, wer von uns eigentlich früher mit der Elektronik losgelegt hätte. Ich war sicher, dass Tangerine Dream vor mir waren, aber Edgar meinte, ich sei es gewesen, Tangerine Dream hätten zu der Zeit, wo ich schon elektronisch arbeitete, noch Prog-Rock gespielt. Das war ein lustiger Streit, keiner wollte Erster sein.
IRMIN SCHMIDT In Berlin war ich mal mit einem Schulfreund unterwegs, dem Maler Peter Sorge. Der schleppte mich eines Abends ins Zodiak, weil es da eine tolle Gruppe gäbe, die Musiker seien alle völlig irre, besonders der Gitarrist sei toll. Also gehen wir dahin, sitzen da lange rum, und nichts passiert. Immer wieder kam jemand und sagte, dass es gleich losginge. Es dauerte dann aber eine gute Stunde, bis Edgar Froese allein mit einer Gitarre auf die Bühne kam und muffig sagte: »Meine Band hat mich verlassen. Ick spiele jetzt alleene!« Er spielte dann ganz allein zwei Stunden Gitarre, wildesten Free Rock, der war geladen bis zum Gehtnichtmehr, hat Dampf abgelassen und richtig rumgewütet. Mich hat das ungeheuer beeindruckt. Wir haben uns danach noch etwas unterhalten, aber für ein längeres Gespräch war er noch immer viel zu sauer. Trotzdem fand ich ihn unheimlich toll. Das war Ende 1967, und wir haben uns dann erst mal aus den Augen verloren. Als ich dann die Idee für Can hatte und über Gitarristen nachdachte, habe ich zuerst Edgar im Kopf gehabt. Aber bevor ich Kontakt aufnehmen konnte, schlug Holger Michael Karoli als Gitarristen vor. Ich traf Michael und war von der

ersten Sekunde an total von ihm begeistert. Mit Edgar Froese wäre es aber sicher auch spannend geworden. Dann hätte es kein Tangerine Dream gegeben, und Can wären eine sehr andere Band geworden.

KLAUS SCHULZE Schnitzler und ich haben nebenbei bei der Post gearbeitet, wo wir Telegramme austrugen, um unser Geld zu verdienen. Edgar strich damals noch Busse an, malte da Werbung drauf, er hatte ja Grafik studiert. Bei Tangerine Dream hatten alle Nebenjobs. Wenn man in kleinen Clubs wie dem »Magic Cave« oder dem »Silver Apple« auftrat, bekam man fünfzig Mark am Abend, davon konnte man selbst in Berlin nicht leben. Wir haben nie daran gedacht, kommerziell zu sein, denn dann hätten wir unsere Musik anpassen müssen, und das wollten wir auf keinen Fall. Uns hat nur interessiert, eigenständige neue Sounds zu machen, ob die sich verkaufen oder nicht, war uns ziemlich egal. Deshalb haben wir auch so viel herumexperimentiert. Was man auf der ersten Tangerine-Dream-Platte, »Electronic Meditation«, hört, war unser musikalischer Befreiungsschlag. Im Vergleich zu später ist das weder besonders elektronisch noch besonders meditativ, sondern Tabula Rasa, eigentlich Punk. Die wirkliche Elektronik kam dann erst später, aber das wussten wir damals noch nicht.

MANFRED GILLIG Im Februar 1969 habe ich Tangerine Dream mal in einer der frühesten Besetzungen gesehen, als die noch hauptsächlich Free Jazz machten, in der Studentenkneipe »Litfaß« in Berlin-Charlottenburg, wo sonst auch mal Reinhard Mey sang. Froese spielte zwar schon ein bisschen elektronisch rum, aber im Prinzip dominierte da noch das Saxofon. Es waren fünf, sechs Leute auf einer kleinen Bühne, dicht an den Tischen, wo die Leute saßen, und es war klar, dass Froese der Mann ist, der alles zusammenhält. Wie ein Dirigent ließ er die Musik durch Gesten mal lauter, mal leiser werden und schien alles zu lenken, ließ aber auch lange Soli zu. Es waren zwei, drei lange Stücke, bei denen viel improvisiert wurde und die sich anfühlten, als wenn sie nie aufhören würden. Klassische Songstrukturen gab es nicht. Aber das, was später bei »Phaedra« ein ganzes Album ausmachte, war hier auf ein paar Häppchen verteilt, alles sehr free und intuitiv, und natürlich auch wild und laut und lärmig. Ein Mini-Moog war vielleicht auch schon da, an dem ein bisschen herumgespielt wurde. Nach gut zwei Stunden war es vorbei. Das Publikum, so fünfzig Leute, lauschte fasziniert und gespannt. Auch ich habe gestaunt, was da passierte. Elektronik war da aber noch nicht so wichtig, obwohl 1968 auch schon die ersten echten Elektroplatten aus den USA kamen, Walter Carlos' »Switched-on Bach« und das erste Silver-Apples-Album. Trotzdem bin ich nach dem Tangerine-Dream-Konzert da raus und dachte: Jetzt wird's spannend.

STEVE SCHROYDER Meine erste Begegnung mit Tangerine Dream hatte ich bei den Essener Songtagen. Ich kannte die Band da noch nicht so gut, aber ihr Auftritt war total beeindruckend. Denen wurden von den »Politikern«, also den politischen Studenten, die Stromkabel gekappt, während sie spielten. Da lief ein permanenter Kampf zwischen denen, die Musik hören wollten, und denen, die über Politik debattieren wollten, oder darüber, ob Musik nicht prinzipiell scheiße ist, wenn sie kein Protestlied ist. Dadurch wurden diese Sounds von Tangerine Dream selbst schon zu einer Art Diskussionsbeitrag.

WINFRID TRENKLER Ich war als Schreiber für »Sounds« bei den Essener Songtagen. In der Lobby der Grugahalle hatte ich meine erste persönliche Begegnung mit Edgar Froese, und der sagte zu mir in breitem Berlinerisch: »Wann imma een Journalist oder anderer zu mir kommt und sagt, er konne wat für uns tun, möchte ick dem gleich eene in die Fresse haun.« So bedient war der von den Medienleuten.

STEVE SCHROYDER Politikstudenten hackten also bei Tangerine Dream während ihrer Performance in der Grugahalle die Kabel durch. Im Saal hat das kaum einer mitbekommen, und es kursierte bloß das Gerücht, dass es einen Stromausfall gegeben hätte. Als nichts mehr ging, haben Tangerine Dream sich vorn an die Bühne gestellt und einfach nur gesungen. Das hat mich mordsmäßig beeindruckt. Dabei hatte mich der Auftritt schon bis dahin extrem begeistert. Zu Beginn, als es noch Strom gab, stellte Edgar sich da hin und spielte nur Gitarre, da waren Sachen zu hören, die ich so nicht kannte, was mich total in den Bann zog, wie singende Engelschöre! Am Ende wurden Tangerine Dream aber von den politischen Studenten niedergeschrien.

KLAUS SCHULZE Tangerine-Dream-Konzerte waren wie Noch-mal-Üben – nur eben nach dem Üben und mit Publikum. Engländer nennen das »Open Rehearsal«, wir nannten es Konzerte. Wir haben mit Tangerine Dream nie komponiert, sondern eigentlich immer improvisiert. Unsere Konzerte waren meist nur zwei lange Stücke mit einer Pause dazwischen. Deswegen konnte man uns auch nicht mit Jimi Hendrix oder Grateful Dead vergleichen. Es war halt wirklich unsere Musik und nichts, wo jemand sagen konnte: »Das klingt ja wie …« Es ist ja auch kein Kompliment, mit etwas Bestehendem verglichen zu werden. Wenn man sich »Electronic Meditation« anhört, muss man sagen, solche Musik gab es vorher wirklich nicht. Selbst Pink Floyd hatten auf »A Saucerful of Secrets« nur ein langes und wirklich abgefahrenes Stück.

STEVE SCHROYDER 1969 machte ich in Finnland eine entscheidende LSD-Erfahrung und kam in dem Sommer völlig verändert von dort zurück. Da die übrige Gesellschaft sich allerdings noch nicht so weit verändert hatte, wie ich dachte, landete ich ein Jahr später in Berlin in einer Nervenheilanstalt. Ich war in einem Kaufhaus abgegriffen worden, weil ich mit der LP »Deep Purple in Rock« herausspazieren wollte, ohne dafür zu bezahlen, und mir auch keine Mühe gab, das irgendwie zu verheimlichen. Ich sagte den Angestellten, dass diese Platte nur für mich gemacht worden sei und dass ich deshalb auch kein Geld bräuchte, um sie zu bezahlen, außerdem würde Geld in der modernen Welt bald ohnehin keine Rolle mehr spielen, schließlich wüsste ja sowieso jeder, dass es bald abgeschafft würde. Daraufhin wurde ich festgenommen und der Polizei übergeben, wo mir ein Psychologe eine Depression bescheinigte, worauf ich in Bonnies Ranch gebracht wurde, eine berüchtigte Nervenheilanstalt, wo im Dritten Reich sehr schlimme Dinge passiert sind und zu Beginn der Siebziger alle Berliner Drogenfälle eingeliefert wurden. Aber schon am nächsten Tag bin ich mit einem anderen zusammen durchs Fenster gestiegen und abgehauen. Seit dem Finnland-Trip hörte ich in meinem Kopf Stimmen aus dem All, innere Berater aus dem Kosmos, die mir Dinge einflüsterten. Darüber habe ich nie öffentlich geredet, aber für mich war das eine neue Wahrheit. Irgendwann hörte ich die erste Tangerine-Dream-Platte, »Electronic Meditation«, und eine innere Stimme sagte mir, dass mir Tangerine Dream helfen können. In einem Plattenladen verriet mir jemand, wo Edgar Froese wohnt, mit dem ich umgehend sprechen wollte. Die Adresse aus dem Plattenladen war aber nicht die von Edgar, sondern die von Klaus Schulze. Den besuchte ich dann in Steglitz, da war er, glaube ich, noch Postbote, aber Klaus sagte mir, dass er bei Tangerine Dream gerade ausgestiegen sei, und gab mir Edgars Adresse: Schwäbische Straße 7b. Da bin ich dann sofort hin und habe mitten in der Nacht geklingelt. Oben guckte einer aus dem Fenster und meinte: »Hallo?«, und ich antwortete: »Ich bin euer neuer Organist, bestellt vom Kosmos!« »Fantastisch! Ich komme gleich mal runter!«, rief Edgar, öffnete mir unten die Tür und lud mich nach oben in seine Wohnung ein. Dann bin ich mit meiner Freundin, die mit war, hoch, und dann haben wir mit ihm und seiner Freundin Monique die ganze Nacht geredet. Das Interessanteste an meiner Zeit bei TD waren die Gespräche, die ich mit Edgar hatte. Wir unterhielten uns ausgiebig immer wieder über metaphysische Themen, über abgehobene Dinge, also alles, was nicht real war. Vor allem haben wir viel über Zeit und Raum gesprochen. Alles Dinge, die dann später auch musikalisch formuliert wurden. Nach dieser Nacht war ich dann in der Band. Edgar war da aber auch in einer Notlage, Schulze hatte eben gekündigt, Schnitzler war auch weg, die Band war also er allein. Deshalb hatte er auch grad mit Christopher Franke Verbindung aufgenommen, der dann als Schlagzeuger kam. Jedenfalls lud er mich für den nächsten Tag zum Treffen mit Christopher ein. Die beiden kamen dann in meine WG, und ich spielte ihnen meine Orgelimprovisationen vor, die sie gut fanden.

KLAUS SCHULZE Alles ergab sich eher zufällig. Wir haben nie über die Musik theoretisiert. Wir haben es sogar gehasst, über Musik zu diskutieren. Eher haben wir über Kunst gesprochen, Andy Warhol, David Hockney und Konsorten. Aber die Avantgardemusik von Stockhausen war auch nichts für uns, da schien es uns vor allem ums Vermeiden und Kaputtmachen zu gehen, letztlich darum, Dinge zu tun, die nicht schön sind. Pierre Henry war noch halbwegs in Ordnung, aber auch darauf hatten wir immer weniger Lust, wir wollten auch etwas Harmonisches dabeihaben. Allerdings nicht nach dem normalen Schema: Refrain, Middle Eight und dann wieder Song-Refrain. Aber eben auch nicht so strukturalistisch wie bei den Neutönern. Wir wollten weder Charts-Pop noch Avantgardekunst, sondern eine Art dritten Weg, eben Undergroundmusik.

STEVE SCHROYDER Dieser Sinn fürs Improvisieren und Experimentieren hat Tangerine Dream von Anfang an ausgemacht, dieses Immer-wieder-bei-null-Anfangen. Ich erinnere mich noch genau an unsere erste Sitzung. Tangerine Dream hatten ein Studio am Kudamm, in dem wir geprobt haben. Bevor wir loslegten, wurde das Licht ausgemacht. Es ging darum, zur Inspiration erst mal die absolute Stille zu erreichen. Es war stockfinster, nur die LED-Lämpchen der Verstärker leuchteten. Edgar machte immer: »psssst, psssst«. So saßen wir also einige Minuten lang regungslos im Dunkeln und lauschten der Stille. Irgendwann begann einer, aus dieser Stimmung heraus Töne zu produzieren, und dann legten auch die anderen los. So entstanden damals unsere Tracks. Tangerine Dream waren viel mehr in der Kunstszene als in der Rockszene angesiedelt. Und die Konzerte waren ein Treffpunkt für die LSD-Fraktion.

KLAUS SCHULZE Wir waren bekifft, das Publikum war bekifft, die Leute tanzten moderat oder lagen einfach auf dem Boden. Es ging ja auch ums Zuhören. Aber es war eine friedliche Szene. Es war Musik, die viele zum Nachdenken brachte, worüber, mussten sie selber entscheiden. Allerdings konnte es bei Tangerine-Dream-Konzerten auch immer Überraschungen geben, jeden Moment konnte alles Mögliche passieren.

STEVE SCHROYDER Wenn Leute mich auf die »Alpha Centauri« ansprachen, hieß es oft, das sei ein »Wahnsinnstrip«, weil sie solche Musik für ihre ruhigen Sitzungen brauchten. Nie sagte einer, das sei eine »geile Platte« oder so was, immer ging es um den Trip.

KLAUS SCHULZE Unsere Musik war von vorn bis hinten improvisiert. Deshalb war es auch kaum möglich, bestimmte Stücke zu wiederholen. Da hatten es die Tonstudios früher schwer mit uns. Das war eine »Take it or leave it«-Situation, diese üblichen Ansagen à la »Ok, das bitte nochmal, nur diesmal sauber« waren da einfach nicht drin.

STEVE SCHROYDER Das erste TD-Konzert mit mir war im September 1970 in Österreich fürs Fernsehen, ein Auftritt mit Flipperautomaten. Wir spielen da im Studio auf einer Treppe, ich mit meiner Farfisa-Orgel und einem richtigen Marshall-Verstärker-Turm, Edgar hatte seine Gibson-Gitarre und Christopher Franke sein Schlagzeug. Dazu standen da noch vier Flipperautomaten, die an Lautsprecher angeschlossen waren und nach Zufallsprinzip in Betrieb waren, die Kugeln wurden automatisch nachgelegt. Der Sound der Kugeln in den Flipperautomaten, das Rattern der Spielmaschinen wurde von

Kontaktmikrofonen in unsere improvisierte Musik integriert. Ich setzte mich damals mit dem Potenzial von geistigen Energien auseinander und hielt ziemlich viel Unwahrscheinliches für möglich. Mit Conny Schnitzler hatte ich sogar mal eine telepathische Erfahrung, als wir in benachbarten Studios arbeiteten. Wir spielten damals beide gleichzeitig in unseren Übungsräumen, ohne voneinander zu wissen, irgendwann überkam mich aber das Gefühl, dass da noch jemand mitspielt, also bin ich raus aus dem Raum, und im selben Augenblick trat auch Conny Schnitzler vor die Tür, der das gleiche erlebt hatte wie ich. Das war schon phänomenal. Und weil ich von meiner telepathischen Kraft überzeugt war, hatte ich mir für unser österreichisches Konzert etwas Besonderes ausgedacht: Ich wollte durch meine Musik Energie nach Amerika schicken, um einen Herzanfall bei Präsident Richard Nixon zu verursachen. Gut, das war schon eine Tötungsabsicht, heute denke ich daran mit Bestürzung, aber damals schien es mir den Versuch wert. Als wir also mit der Musik loslegten, konzentrierte ich mich, um den tödlichen Beam vom TV-Studio Richtung Nixon zu senden, da machte es plötzlich BOOM! Was war passiert? Mein Marshall-Verstärker war durchgebrannt. Wir mussten das Konzert abbrechen und noch mal von vorn anfangen. Für mich war das Konzert aber ab dem Punkt gelaufen, weil mich das doch sehr mitgenommen hatte. Ich hatte all meine Energie aufgewendet und in einem Moment verschossen. Natürlich war ich auch froh, dass das Universum eingegriffen hatte, um Nixon vor mir zu retten, denn ich hätte dann doch nicht einen US-Präsidenten auf dem Gewissen haben wollen.

KLAUS SCHULZE Tangerine Dream und Ash Ra Tempel waren damals keine Rockbands, die in Hallen spielten, sondern mehr so Galeriebands, die oft bei Ausstellungseröffnungen auftraten. Das war dann gar nicht als Konzerte gedacht, eher als Musikuntermalung zu irgendwelchen Kunst-Happenings. Wir galten als Avantgarde, deshalb rief man uns, wenn Leute wie David Hockney ausgestellt wurden. Dass man als Band Konzerte gab und nicht nur ein begleitendes Kulturevent war, hat sich erst nach und nach entwickelt.

STEVE SCHROYDER Als wir »Alpha Centauri« einspielten, ging es uns darum, mit unserer Musik andere Welten zu erreichen und Phänomene wie Telekinese und Telepathie zu erfassen. Dafür haben wir ganz bewusst den Begriff »kosmische Musik« benutzt. Wir wollten nicht bloß impressionistisch kosmische Sphären abbilden, sondern zumindest für mich ging es auch darum, mit Musik einen Energiestrahl zu erzeugen, der uns durchs Weltall trägt. Das war meine deklarierte Absicht. Christopher spielte Schlagzeug, ich Orgel mit Effektgerät und Edgar Gitarre. Unsere Sessions waren ein ständiges Suchen, ein definiertes Spielen war es eigentlich nie. Wir wussten eigentlich auch nicht so genau, was wir da taten. Es wurde nie gesagt, was zu spielen ist und wann irgendwas gut ist. »Alpha Centauri« ist aus dem Moment heraus entstanden. Eine spontane Geschichte von Anfang bis Ende. Wir hatten einfach eine Art Gefühl dafür, wenn etwas gelungen war. Bei »Sunrise in the Third System« spiele ich ja diesen Orgelpart am Anfang, das hatte ich in dem Moment gefunden, in dem wir aufnahmen. So ein gotisches Thema, ich konnte und wollte mir aber auch nicht merken, wie ich dazu gekommen war, dachte mir, dass meine Orgel auch aus dem Kosmos ist und alle Musik da drin gespeichert hat, die nur darauf wartet, von mir abgerufen zu werden. Ich sah mich nie als Kreativen, sondern immer bloß als Medium, das kosmische Klänge transferiert, die irgendwo längst existieren. In diesem Sinn ist die ganze Platte frei improvisiert, nur das Orgelthema am Schluss von »Fly and Collision of Comas Sola« hatte Edgar schon vorher. Mir war das allerdings zu nah an Pink Floyd, deswegen habe ich da nur unter Vorbehalt mitgemacht. Ich hatte zwar keine Ahnung von Akkorden, wusste aber immerhin, wie die Töne hießen, und arrangierte die so, dass sie nach meinem Geschmack ganz gut zueinanderpassten. Ich brachte dann noch Udo Denebourg mit, der auf »Alpha Centauri« als Flötist zu hören ist und auch ein großer Theoretiker war, ein Philosoph und Professor der psychedelischen Gesellschaft, wenn man so will. Er trat dann leider so kontraproduktiv in Erscheinung, dass ihn keiner mehr dabeihaben wollte. Es tut mir heute noch leid, dass ich den mit angeschleppt habe, denn die Flöte, die auf der Rückseite der Platte zu hören ist, war letztlich nur total daneben. Dann wurde noch ein Synthesizer eingeflogen, da kam so ein kleiner Japaner aus London mit einem EMS-Synthesizer nach Stommeln ins Studio. Damit spielten wir dann rum und produzierten allerlei Noise und merkwürdige Sounds. Wir haben alle ein wenig daran rumgefummelt, aber letztlich kümmerte sich der Techniker Roland Paulyck darum, weshalb er dafür auch die Credits bekam. Ich fand den EMS nicht so eindrucksvoll und kümmerte mich nicht weiter darum. Wir waren dann in Köln auch bei Stockhausen im Studio und haben uns ein Konzert von ihm angeschaut. Der Chor am Ende ist eine Anlehnung an die Essener Songtage. Von den Kritikern wurde »Alpha Centauri« damals fertiggemacht, die Wertschätzung kam erst mit großer Verzögerung.

KLAUS SCHULZE Wir haben uns alle ziemlich schnell entwickelt, aber nicht immer parallel. In meiner Anfangszeit bei Tangerine Dream bin ich mal mehr oder weniger rausgeschmissen worden, weil Edgar darauf bestand, dass ich bloß Schlagzeug spiele, und er wollte der Gitarrist sein. Gott sei Dank kam dann der Schnitzler dazu, ein Beuys-Schüler mit vielen avantgardistischen Ideen. Da waren wir dann schon zwei, die was anderes vorhatten als Edgar. Aber ich war selbst zunehmend damit beschäftigt, mit der elektrischen Gitarre Sounds zu machen und Klänge zu verfremden. Edgar blieb jedoch bei dieser Haltung: Entweder du trommelst oder du gehst. Irgendwann bin ich dann wirklich gegangen und habe mit Manuel Göttsching und Hartmut Enke Ash Ra Tempel gegründet. Das passte allerdings auch nur für eine gewisse Zeit. Am Anfang waren wir zwar alle einer Meinung und haben ja 1971 auch die erste LP noch zusammen aufgenommen, das war echt etwas Neues: ein Dreißig-Minuten-Stück auf Vinyl, die Platte bis zur letzten Rille ausgenutzt, reine Improvisation, zwar im Studio aufgenommen, aber ohne Konzept, also so, wie wir auch auf der Bühne spielten. Das gab es so vorher nicht, auch nicht bei Grateful Dead oder Pink Floyd. Aber dann wollten Manuel und Hartmut, die vorher Blues gemacht hatten, lieber doch handfestere Musik spielen, statt mit Elektronik weiter herumzuexperimentieren. Danach war dann auch genug mit den Bands, und ich habe solo weitergemacht, da konnte mir keiner mehr reinreden.

THOMAS KESSLER Zur elektronischen Gruppe wurde Tangerine Dream eigentlich erst durch Christopher Franke. Von Hause aus war er ja Schlagzeuger, wie Klaus Schulze auch, aber bei Tangerine Dream hat er sich dann um die Synthesizer gekümmert. Ein paar Mal habe ich auch mit Tonbandzuspielungen, die ich zusammengeschnitten hatte, in ihrer Musik mitgewirkt, allerdings nur bei Studiosessions, nie live auf der Bühne. Letztlich war das aber nicht meine Musik, und ich wollte mich da auch nicht weiter einmischen, obwohl ich ihre Konzerte toll fand. Ich wusste schon, dass sie Erfolg haben werden, aber ihr Weg war nicht meiner. Umso mehr war ich davon beeindruckt, wie sie ohne Hochschulstudium eine Musik produzierten, die so viele Leute erreichte – was ich nie konnte, obwohl ich so viel gelernt hatte.

STEVE SCHROYDER Als wir am letzten Tag die Platte abmischten, fühlte ich mich unwohl, das war alles irgendwie nicht mehr mein Ding. Es gab dann auch ein paar kleine Missverständnisse untereinander. Die Arbeit an »Alpha Centauri« hatte mich total mitgenommen, was auch an diesen Stimmen lag, die ständig mit kosmischen Eingebungen in meinem Kopf rumfunkten. Von denen angetrieben, bin ich dann eines Tages in den Kölner Dom gegangen, um mir für eine Tangerine-Dream-Session dort einen Chor und eine Orgel zu holen. Den Leuten im Dom sagte ich, dass diese Session »Das Ding!« überhaupt werden würde. Natürlich bekam ich weder eine Orgel noch einen Chor, für mich eine Riesenenttäuschung, eine von vielen … Am letzten Abend der Plattenproduktion beschloss ich dann, dass mir das alles zu viel wird und ich abhauen muss, um was anderes zu machen. Ich verabschiedete mich nicht, packte einfach meine paar Sachen, auch die Orgel, schmiss alles ins Auto und fuhr los nach Paris, um Pierre Henry zu besuchen, woraus natürlich auch nichts wurde. Stattdessen landete ich in Frankreich im Knast, weil ich mir ein Auto »geliehen« hatte. Na ja, die Wohnung hatte offen gestanden und der Schlüssel hatte auf dem Tisch gelegen, außerdem hatte ich dem Besitzer als Ausgleich eine Tarotkarte hinterlassen. Aber da ich diesem Typen vorher in einer Kneipe selbst Tarot gelegt hatte, kam man mir schnell auf die Spur. Nach 45 Tagen im Knast hing ich noch etwas in Frankreich ab, wobei mir von einem Kumpan noch meine Orgel geklaut wurde. Musik zu machen trat da einfach in den Hintergrund.

PETER BAUMANN Eines Tages war ich auf einem Konzert von Emerson, Lake and Palmer, die waren zu spät dran, und ich drehte mich um, um mal zu schauen, wer so gekommen war, und um mich mit jemandem zu unterhalten. Hinter mir saß Christopher Franke, mit dem ich ins Gespräch kam: »Was machst du denn so?«, fragte der. »Ich mache Musik. Was mich aber am meisten interessiert, sind experimentelle Geschichten.« Er sagte: »Das ist ja interessant, wo wohnst du denn?« Später habe ich dann einen kleinen Zettel in meinem Briefkasten gefunden: »Schöne Grüße von Christopher, wir suchen nach einem neuen Keyboardspieler.«

STEVE SCHROYDER In Berlin wusste keiner, wo ich abgeblieben war. Als meine Verwandten gefragt wurden, hatten die auch keine Ahnung, in der Zeit hatte ich mit meiner Familie nichts zu tun. Das Jahr 1971 war schrecklich für mich. Lange hatte ich auch kein Bedürfnis, mich bei Tangerine Dream wieder zu melden, aber im Sommer habe ich dann doch nochmal bei ihnen vorbeigeschaut. Da wurde ich euphorisch begrüßt, denn »Alpha Centauri« lief großartig, aber irgendwie hat es zwischen uns nicht mehr gefunkt.

PETER BAUMANN Steve Schroyder passte nicht mehr in die Band, weil er persönliche Probleme hatte.

STEVE SCHROYDER Die Gespräche mit Edgar waren immer noch gut, aber irgendwie war alles anders geworden. Und ich war wirklich mies drauf in dem Jahr, ein tiefes psychisches Desaster.

PETER BAUMANN Als ich den Zettel fand, dachte ich mir: Sehr schön, wo treffen wir uns? Nahm meine Orgel unter den Arm, habe mich dann mit Edgar und Christopher getroffen, und dann fingen wir an, Musik zu machen in einem Kellerraum mit blauem Licht. Ich brachte eine Farfisa-Orgel mit, die ich schon vier Jahre besaß. Mich haben an diesem Instrument der tolle Hall und das Vibrato begeistert. Edgar spielte Gitarre, Christopher war am Schlagzeug, und ich baute da meine Orgel auf. Edgar machte ganz komische Sounds auf der Gitarre, Christopher spielte Ähnliches auf dem Becken, und ich stieg mit ein paar queren Tönen ein und fing an, die Hallspirale zu rütteln. Nach etwa einer Stunde haben wir aufgehört, und Edgar sagte: »Das funkt ja ganz gut, also hier ist unser nächstes Konzert. Dann sehen wir mal, wie es weitergeht.«

STEVE SCHROYDER Peter Baumann war mein Ersatz geworden, aber ich hatte nicht den geringsten Bock darauf, mich mit dem auseinanderzusetzen. Außerdem hatte ich ja nicht mal mehr meine Orgel. Das war dann dort das Ende für mich. Ich wurde zwar aufgefordert, bei der nächsten Platte, »Zeit«, noch mitzumachen, und habe da auch noch einen kleinen Beitrag geleistet, aber mit meinem Einsatz bei »Alpha Centauri« ist das nicht zu vergleichen.

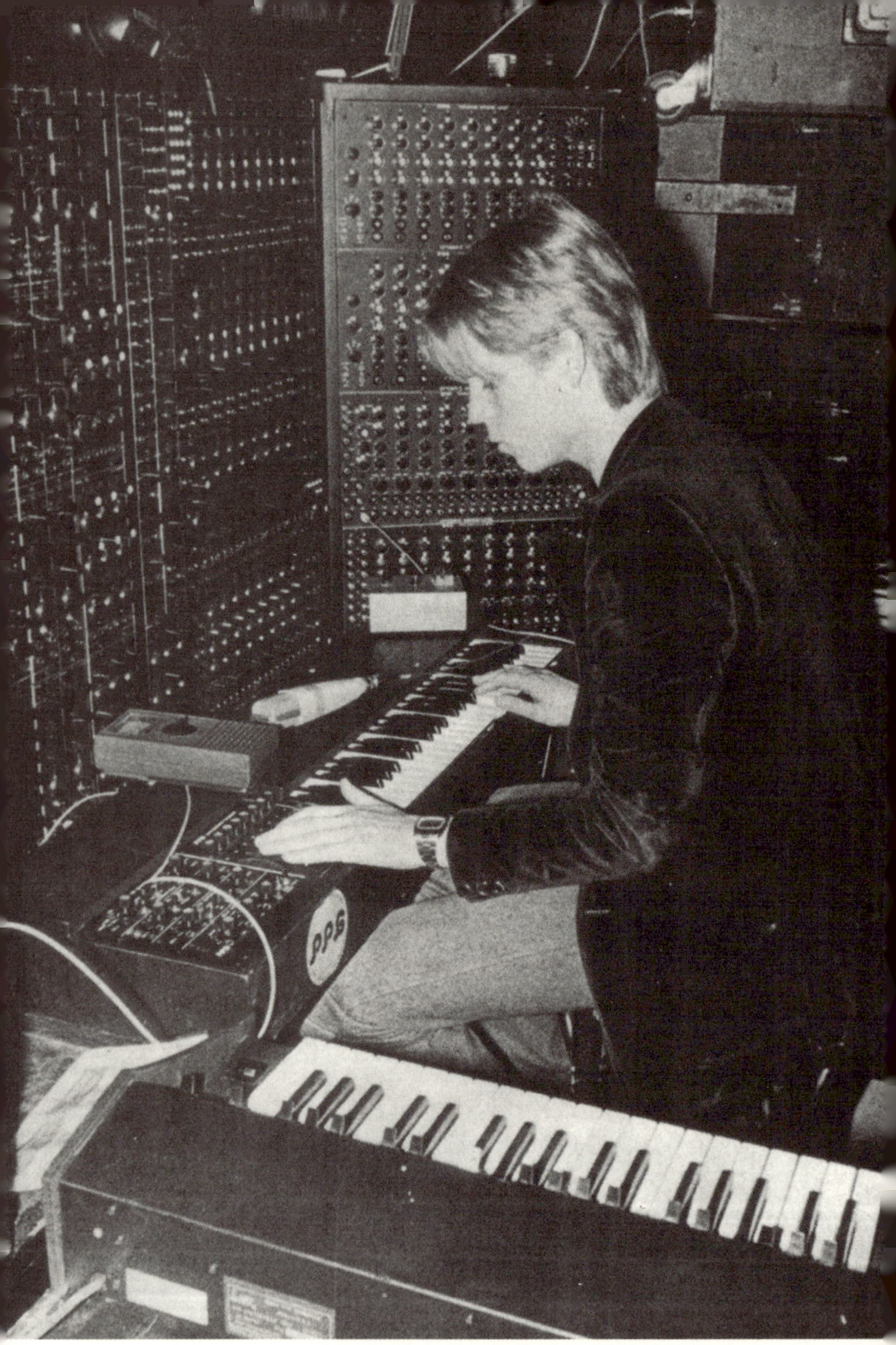

Tangerine Dream, Peter Baumann, 1972

STEVEN WILSON Die erste deutsche Band, auf die ich aufmerksam wurde, war Tangerine Dream. Ein Freund, der ein paar Jahre älter war, besaß einige ihrer Platten wie »Phaedra«, »Logos Live« und »Zeit«. In genau dieser Reihenfolge hörte ich sie auch. Als ich »Phaedra« zum ersten Mal auflegte, war ich begeistert, bei »Logos« auch. Aber als ich »Zeit« hörte, dachte ich nur: »Was ist das denn, bitte? Da passiert ja gar nichts.« Mit der Zeit wurde »Zeit« aber zu meinem liebsten Album überhaupt. Das war keine Musik mehr, das war mehr als Musik. Einige der allerbesten Platten erschließen sich einem nicht beim ersten Hören. Man ahnt nur, dass an denen irgendwas Besonderes ist. »Zeit« ist so eine Platte. Und ich höre sie mir jeden Monat mindestens einmal an. Ich habe sie in diversen Editionen, auf CD und auf Vinyl. Ich liebe »Zeit«, damit fing alles an!

PETER BAUMANN Das erste Album mit mir war »Zeit«, das bei Ohr erschien, dem Label von Rolf-Ulrich Kaiser. Während der Sessions durfte ich machen, was ich wollte, da hat einfach alles zusammengepasst. Die Chemie zwischen uns drei hat funktioniert. Edgar hatte zuerst nur eine Gitarre, dann bekam er noch einen Rauschgenerator und Christopher ein paar Oszillatoren. Es war ganz primitiv am Anfang, aber dann kamen immer mehr Geräte dazu. Jeder entwickelte seine eigenen Sounds.

STEVEN WILSON »Zeit« klingt nach so vielen Gefühlen, einerseits wundervoll organisch, andererseits auch unheimlich, befremdlich und tatsächlich kosmisch, was ich liebe. Ich will gar nicht wissen, worum es auf der Platte geht, weil sie damit ihren Zauber für mich verlieren würde. Was auf »Zeit« zu hören ist, haben viele andere seitdem ähnlich gemacht, und trotzdem ist da etwas auf dieser Platte, das sich mir bis heute nicht erschlossen hat. Und das ist umso verblüffender, wenn man bedenkt, wie weit das vor Einführung der Computertechnologie in Studios war, mit der man jetzt alles perfektionieren kann. Auf »Zeit« hört man der Imperfektion zu, im allerbesten Sinne. Heutzutage würde man den Sound wohl »Low-Fi« nennen. Allein der geniale Beginn mit sieben Minuten von Cellospielern, die immer wieder verstimmt klingen, atemberaubend. Beim ersten Hören fragte ich mich: Wo ist die Melodie? Wo die Struktur? Da waren nur diese großen Klangwolken, nur Texturen und Atmosphäre. Von Ambient-Musik hatte ich da noch nie etwas gehört.

SIMON DRAPER Tangerine-Dream-Platten waren bei unserem Versand und im Laden enorm gefragt. Und als wir 1972 beschlossen, die Plattenfirma Virgin zu starten, und ich nach Künstlern Ausschau hielt, die zu uns passten, kam ich schnell auf Tangerine Dream. Dass sie bei uns so erfolgreich wurden, hat mich nicht besonders überrascht. Was es für sie als deutsche Band in England sehr viel einfacher machte, war, dass sie keinen Gesang hatten. Damals war es auf dem englischsprachigen Musikmarkt noch ein riesiges Problem, etwas zu verkaufen, wo Nicht-Engländer sangen, egal ob in ihrer Muttersprache oder auf bemühtem Englisch. Rockmusik aus Frankreich, Holland oder Deutschland lief deshalb entsprechend mäßig. Zum Glück ist das Vergangenheit. Aber Krautrock war eben überwiegend instrumental und oft auch elektronisch, da gab es keine Widerstände.

STEVEN WILSON Wenn man eine Krautrockband für sich entdeckt hat, führt das selbstverständlich zu den weiteren. Nach Tangerine Dream kam ich auf diesen Typen namens Klaus Schulze, der mal bei Tangerine Dream Schlagzeug gespielt hatte. Über den kam ich zu Manuel Göttsching und Ash Ra Tempel. Es folgten Conrad Schnitzler und viele mehr. So wie man eben Musik entdeckt.

PETER BAUMANN Der erste Synthesizer kam aus England und hieß EMS, was für Electronic Music Studios steht. Unsere Version war ein AKS1. Das war ein Koffer mit einem kleinen Synthesizer drin. Danach ging es richtig los mit Tangerine Dream, weil wir auf einmal die Möglichkeit hatten, einen ganz eigenen Sound zu formen. Christopher Franke war der Erste, der so einen Synthie hatte, der kostete damals bestimmt tausendfünfhundert Dollar, für uns eine Menge Geld. Christopher machte damit unheimlich gute Sounds und lieh ihn mir mal übers Wochenende aus. Danach beschloss ich: So ein Ding kaufe ich mir auch! Es ging alles recht schnell. Sehr hilfreich war auch ein Besuch bei der Firma Farfisa. Da fuhren wir nach einem Konzert vorbei, und sie gaben uns unheimlich viel Equipment als Promotion. Das muss 1972 gewesen sein. Die hatten früh Vertrauen darauf, das wir größer rauskommen.

SIMON DRAPER Christopher Franke war anfangs eher wortkarg, Peter Baumann dagegen sehr mitteilungsbedürftig. Regie führte aber ganz klar immer Edgar. Er war derjenige, der die Entscheidungen getroffen hat und diktierte, was zu tun ist.

MANFRED GILLIG Ich sah Tangerine Dream 1974 in der Royal Albert Hall. Das war meine erste große Reise für »Sounds«, eine Einladung von Virgin Records. Ich hatte meinen Flug verpasst, weil ich in der Nacht davor zu lange gefeiert hatte, kam zu spät an und durfte dann mit dem letzten Wagen, der vom Virgin-Büro zur Royal Albert Hall fuhr, mitfahren. In dem Wagen saß noch so ein junger bärtiger Typ, mit dem ich mich die Fahrt über unterhalten habe. Er wollte wissen, was »Sounds« ist, und fragte mich über die deutsche Musikszene aus. Als ich ihn irgendwann fragte, wer er sei, stellte er sich als Richard Branson vor und erklärte, was er bislang so gemacht hatte. Für Virgin waren Tangerine Dream das erste große Thema nach Mike Oldfield.

PETER BAUMANN Wir waren keine Rockgruppe im üblichen Sinn. Wir haben uns nicht mit dem Publikum unterhalten. Wenn wir auf die Bühne kamen, ging das Licht aus, nur ein paar blaue Lampen waren an, wir setzten uns hin, machten Musik, zwei-, dreimal wurde dazwischen applaudiert, und dann waren zwei Stunden vorbei, wir haben »Auf Wiedersehen« gewunken, und das war es dann.

MANFRED GILLIG Wir kamen in der Halle an, als Tangerine Dream gerade anfingen, zu dritt ihre riesigen Moog-Türme zu tunen, also die ganzen Einstellungen vorzunehmen. Dann ging es los, sie spielten »Phaedra«. Ich bin nach fünfzehn Minuten erst mal ein paar Minuten eingeschlafen, die Reise nach London war anstrengend gewesen, aber es lag auch ein bisschen an der Musik, die ja etwas entspannend Meditatives hatte. Dazu kam diese weihevolle sakrale Stimmung. Die drei trugen lange Gewänder, und die Halle war kaum beleuchtet, alles ziemlich dunkel. Es blinkten nur die vielen Lämpchen der Synthesizer. Als es vorbei war, gab es sehr viel Beifall von den Briten, die diese Art von Musik wohl nicht so gut kannten, und auch ich ging beschwingt und entspannt aus der Halle. Für die Royal Albert Hall war das sicher kein normales Publikum. Aber anders als bei Faust war die Musik von Tangerine Dream da schon auf einem populären Level. Da kamen also zwar ziemliche Freaks, aber halt auch ziemlich viele.

SIMON DRAPER Tangerine Dream hatten in den Siebzigern eine gewaltige Anhängerschaft in England. Und das Interesse an Edgar Froese und den anderen war entsprechend. Auf der Bühne gaben sie sich anonym, waren keine Rockstars, sondern verschwanden hinter Lichteffekten und Nebel, aber das machten Pink Floyd ja genauso. In den britischen Musikmagazinen wie »Melody Maker«, die damals enorm einflussreich und mächtig waren, wurde ausgiebig über Tangerine Dream berichtet.

MANFRED GILLIG Branson lud nach dem Konzert dann noch zu einer Party ein, im Keller seines Hauses an der Portobello Road, diesem rot angestrichenen Virgin-Haus. Da kamen dann auch Tangerine Dream. Froese war wenig kommunikativ, eher etwas verschlossen. Ich habe dann den ganzen Abend mit Christopher Franke verbracht, der vor allem über die Computerzukunft und die digitale Explosion geredet hat. Das war Anfang 1975, der war der Zeit sehr weit voraus.

PETER BAUMANN In England wurden wir viel offener aufgenommen als in Deutschland. Bei der BBC gab es den populären Radio-DJ John Peel, der in seiner Sendung intensiv unsere Musik spielte, vor allem »Phaedra«, das brachte große Resonanz.

SIMON DRAPER John Peel war wichtig für diese Musik. Wir waren gut mit ihm bekannt, und er hat Virgin von Anfang an unterstützt. Mike Oldfields »Tubular Bells« liebte er und spielte es in voller Länge, was uns natürlich sehr geholfen hat. Eine Band wie Tangerine Dream wäre ohne Peels Beistand in England nie so groß geworden. Wo sonst hätten die Leute solche Musik im Radio hören sollen? Tangerine Dream veröffentlichten ja nicht mal Singles. Aber wenn er etwas von einem ihrer Alben spielte, gingen die Umsätze sofort nach oben.

PETER BAUMANN Wir gaben in England viele Konzerte, danach ging es dort richtig los. Richard Branson war ein lustiger Verrückter, der uns einen Scheck auf den Tisch legte und sagte: »Hier ist ein Studio, da könnt ihr aufnehmen.« Das war alles, was uns interessiert hat. Er ließ uns machen, sicher auch, weil er nicht wirklich Ahnung von Musik hatte. Dafür hatte er Simon Draper, der das Label führte. Der kam auch mal zum Studio und bat darum, was vorgespielt zu bekommen. Wir spielten ihm dann die erste Seite von »Phaedra« vor, und Draper wusste überhaupt nicht, was er dazu sagen sollte, das sei ja ein »ganz außergewöhnliches Stück Musik«. Aber er fand das wohl gut, nur war er eben irritiert, weil es dafür noch keine Sparte gab.

SIMON DRAPER Tangerine Dream waren angenehm im Umgang. Als die zu uns nach England kamen, verkauften sie schon eine Menge und wussten, dass wir ihre Platten gut gebrauchen konnten.

PETER BAUMANN Virgin ging ein großes finanzielles Risiko mit uns ein, aber die hatten eben auch eine gute Nase und sahen, dass in Deutschland interessante Dinge vorgingen. Tangerine Dream fanden sie wohl am spannendsten, also nahmen sie uns.

SIMON DRAPER Tangerine Dream nahmen ihre Alben auch bei uns im Studio – »The Manor« – auf und wohnten da immer so drei Wochen. Sie brachten ihre eigenen Synthesizer mit, nutzten aber auch unsere Technik. Die Ausrüstung im Manor war nicht auf dem neuesten Stand, aber aus Kostengründen haben wir unsere Künstler gezwungen, unser Studio zu benutzen, das war Teil des Vertrags. Nur wenige verweigerten das, zum Beispiel Faust, die wollten nach der ersten Platte nicht wieder dahin zurück.

PETER BAUMANN »Phaedra«, unsere erste Platte für Virgin, hatten wir in Oxford aufgenommen. Die erschien dann, und ich war mit meiner Freundin in Italien. Da kam auf einmal ein Telegramm von Richard Branson, der schrieb, dass ich sofort nach England kommen müsse, um Interviews zu geben, da unsere Platte in den Top Ten sei. Und ich dachte nur: Was für Top Ten denn? Wir hatten uns wirklich nie vorgestellt, dass wir irgendwann mal mehr als ein paar hundert Zuhörer haben würden. Ich rief Richard Branson an, und er sagte: »It's unbelievable, the record is selling very well – you have to come to London.« Also flogen wir alle nach London und gaben Dutzende von Interviews.

SIMON DRAPER Es war nicht so einfach, Tangerine Dream zu bewerben, weil auch von vornherein klar war, dass sie nicht tagsüber im normalen Radioprogramm laufen würden. John Peel spielte sie abends, aber das war es dann. Deshalb waren Musikmagazine wie »Melody Maker« so wichtig für uns. Mit einer reißerischen Anzeige konnte man da schon für Wirbel sorgen. Ich kam dann auf den Slogan: »Musik, die schmilzt«. Dabei war mir Salvador Dalís Gemälde mit den zerfließenden Uhren durch den Kopf gegangen. Also schmolzen wir schwarze Vinylplatten, ließen sie in die Plattenladenfenster hängen und druckten den Slogan »Musik, die schmilzt« auf Plakate. Das hatte durchaus Wucht. Später heuerten wir noch einen berühmten Cartoonisten an, der uns ein »Big Edgar rules«-Bild zeichnete, wo man sieht, wie Edgar Froese durch eine Wand bricht. Auch mit Klaus Schulze haben wir einige lustige Anzeigen gemacht. Das kam alles ziemlich gut an beim Publikum.

MANFRED GILLIG »Phaedra« ist damals hoch in den britischen Charts eingestiegen und lief da lange gut, so wie die darauffolgenden Alben. Dadurch wurde in England auch Interesse an anderen deutschen Musikern ausgelöst. Blätter wie der »Melody Maker« und der »New Musical Express« hatten damals riesige Auflagen. Und Virgin hat Platten ja auch importiert oder wie bei Klaus Schulze oder Can lizenziert.

SIMON DRAPER Unsere Techniker fanden es öde, mit Tangerine Dream zu arbeiten, denn die machten eigentlich alles selber. Als wir die Aufnahmen für das Album »Phaedra« zum Presswerk schickten, fuhr Phil Beque, einer unserer Techniker, zur Kontrolle mit. Jedenfalls wurde die Platte dann aus Versehen rückwärts geschnitten, und keinem der verantwortlichen Techniker ist das aufgefallen. Für die klang das alles gleich! Als wir es schließlich bemerkten, sagte ich zu Edgar: »Herrlich, wir können eure Platten jetzt auch nochmal rückwärts veröffentlichen. Wir sitzen hier auf einem Schatz.« Da hat er auch gelacht. Die meisten Alben klingen rückwärts abgespielt nur nach merkwürdigen Geräuschen, Tangerine Dream klingt dagegen rückwärts genauso elektronisch wie ihre übliche Musik.

GABI DELGADO LÓPEZ »Phaedra« hat mich sehr beeindruckt, denn die Musik darauf klang nach großer Freiheit. Das Sequenzielle, Serielle daran fand ich großartig. Das hatte ich vorher so noch nie gehört.

JEAN-MICHEL JARRE 1974 war ich bei dem legendären Tangerine-Dream-Konzert in der Kathedrale von Reims. Es war reiner Zufall, dass ich gerade in der Stadt war, weil ich an einer Installation mit Band-Maschinen und Elektronik arbeitete. Und da hörte ich, dass da eine deutsche Band mit Synthesizern in der Kathedrale auftreten würde, das hat mich natürlich interessiert. Es war dann absolut grandios. Und ich bin sehr froh, dass ich darüber noch mit Edgar sprechen konnte, bevor er starb.

HARALD GROSSKOPF Als Tangerine Dream in der Kathedrale in Frankreich spielten, haben die Leute in die Ecken gekackt. Das war ein richtiger Skandal, der ihre Verkäufe enorm anschob. Skandale sind gut. Ash Ra traten auch oft an besonderen Orten wie Planetarien und Kirchen auf. Das Publikum sah dort so ungewohnt aus wie wir selber, langhaarige Hippies in heiligen Hallen.

SIMON DRAPER Tangerine-Dream-Konzerte waren zwar aufregend, denn es gab eine tolle Lightshow und es war sehr laut, aber ich fand es dennoch etwas langweilig, weil ich in ihrer Livemusik oft keine tragende Struktur erkennen konnte. Natürlich war alles improvisiert, aber deshalb muss es nicht automatisch auch besonders inspiriert sein. Mit den Jahren wurden sie dann immer rhythmischer, was die Shows schwungvoller machte. Und irgendwann begann Edgar auch wieder Gitarre zu spielen. Dadurch wurde ihr Sound kommerzieller und zugänglicher, aber auch ein wenig normaler und überraschungsfreier, die pure Elektronik war da schon spezieller. Tangerine Dream haben überall viele Platten verkauft, nicht nur in England, sondern in ganz Europa, sogar in den USA. Dass sie dann in Hollywood für Soundtracks gebucht wurden, hat mich nicht erstaunt, das passte hervorragend.

PETER BAUMANN Geld war nicht wichtig, aber dann war unser Album »Phaedra« sehr erfolgreich, auch »Rubycon«, die Platte danach, und irgendwie beeinflusst einen das natürlich, weil man sich fragt, was man da gemacht hat, um so große Resonanz hervorzurufen. Aber lange haben wir uns darüber auch nicht unterhalten, sondern einfach weiter Musik gemacht. Das konnten wir uns auch erlauben, weil »Phaedra« eine Million verkauft hat und wir von dem Geld gut leben konnten. Geld wurde später für Edgar ein Thema, als ich nicht mehr dabei war und auch der Franke nicht. Ich war zwanzig, als ich fast eine Million Mark verdiente. Von dem Geld kaufte ich mir neue Instrumente. Alles war gut und Altersversorgung kein Thema.

STEVE SCHROYDER Bei Tangerine Dream ging es nie darum, sich an Bestehendem zu orientieren, sondern nur darum, zu schauen, was es eigentlich noch nicht gibt: Was sind Töne? Was sind Frequenzen? Was ist Stille? Mit diesen Dingen haben wir uns beschäftigt. Es wurde versucht, dem herkömmlichen Instrumentarium andere Töne zu entlocken. Später wurde voll auf Synthesizer gesetzt, im Gegensatz zu den vielen anderen Bands, bei denen Synthesizer immer nur eine Nebenrolle spielten. Als ich mit meiner Orgel dabei war, sagte ich mir: Herkömmliche Harmonien existieren nicht mehr, ich muss mich irgendwie anders zurechtfinden auf diesem System der Tasten.

SIMON DRAPER Tangerine Dream war letztlich Easy Listening, wenn man so will. Klaus Schulze natürlich auch.

STEVEN WILSON Ich höre mir »Zeit« am liebsten spätabends an, wenn ich lese. »Zeit« ist eine dieser Platten, die die Atmosphäre und das Gefühl eines Raumes völlig verändern können, sie hat beinahe die Wirkung eines Parfüms. Da funktioniert sie wie Ambient Music, der man auch nicht genau zuhören soll. »Zeit« verändert, wie du dich fühlst. Letztlich fehlen die angemessenen Worte, um die Wirkung dieser Musik zu erklären. Ich habe Edgar Froese nie getroffen, aber ich glaube, er hätte das Geheimnis seiner frühen Musik auch nicht erklären können. Froese, Gott hab ihn selig, versuchte dann immer wieder, alte Songs durch Neueinspielungen zu verbessern, und machte sie dadurch jedes Mal schlechter, woraus ich schließe, dass er die Magie seiner frühen Platten selber nicht verstanden hatte, denn sonst hätte er sie in Ruhe gelassen. Er hat mal sein Soloalbum, »Epsilon in Malaysian Pale«, auch ein großer Favorit von mir, neu aufgenommen. Als ich mir das anhörte, wurde ich fast wütend, was mir nur selten passiert. Ich traf mal seinen Sohn, Jerome Froese, und flehte ihn an, zu verhindern, dass sein Vater sich über »Zeit« hermacht. Er lachte sehr. Aber das ist mit vielen Künstlern dieser Ära ähnlich. Ich habe mit vielen von denen gearbeitet und musste immer wieder feststellen, das den wenigsten klar ist, was den Zauber ihrer Werke ausmacht. Denn wenn sie das wüssten, würden sie es ja immer wieder machen. Froese hätte »Zeit« vermutlich als eher primitives Frühwerk abgetan. Natürlich wurden Tangerine Dream danach »besser«, wenn man so will, »Phaedra« ist natürlich viel raffinierter, mehr sophisticated, besser aufgenommen, und hat seine eigene Magie. Ich liebe es auch, dennoch reicht »Phaedra« für mich nicht an dieses weltentrückte Gefühl heran, dass mir »Zeit« immer wieder bietet.

SIMON DRAPER Es ist schon überraschend, wo Tangerine Dream überall geschätzt werden. Ich bin mal nach New Orleans gereist, um ein Album mit der Reggae-Band The Mighty Diamonds zu machen. Vor allem wollte ich aber mal mit Allen Toussaint arbeiten. Ich fragte ihn, was er von unserer Band hält, und er erwiderte: »Na, Reggae eben.« Mehr hatte er zu denen nicht zu sagen. Dann wollte ich mit einer von Toussaints Technikerinnen plaudern, doch die wollte mit mir einzig und allein über Tangerine Dream sprechen. Das war wirklich bizarr. Wir waren im tiefen Süden der USA, schwarze Musiker spielten schwärzeste Musik, aber irgendwie schienen alle nur über Tangerine Dream reden zu wollen.

KOMMERZ

»Zukunft? So what?«
JEAN-HERVÉ PERON

BERND WITTHÜSER Kommerz war nie mein Ding. Dass ab und zu Tantiemenschecks ankamen, war natürlich eine feine Sache, aber wichtig war mir das nie. Gestern kam zuletzt ein Witthüser-&-Westrupp-Scheck: 67 Euro. Wunderbar, so stocke ich meine Rente auf.
GERD KRAUS Natürlich wollten wir mit unseren Limbus-Platten wahrgenommen werden. Wer ein Buch geschrieben hat, will ja auch, dass es gelesen wird.
HELLMUT HATTLER Seymour Stein, der später Madonna entdeckt hat, mochte Kraan und nahm uns unter Vertrag. Also erschienen einige Platten von uns auch in den USA. Weil wir da aber nicht auf Tournee gehen wollten, passierte nicht viel. Wir schoben zwar politische Gründe vor, warum wir nicht in den USA spielen wollten, Vietnam und so weiter, aber das war Blödsinn, letztlich war uns das bloß zu stressig. Auf ein paar US-Festivals haben wir sogar gespielt, aber mehr Gas zu geben war nicht drin. Dazu fehlte der Band einfach der Ehrgeiz.
SIGGI LOCH Wie jeder Labelmacher habe ich versucht, die Musik von Can und Amon Düül zu kommerziellen Erfolgen zu machen. Bis zu einem gewissen Grad hat das auch geklappt.
HARALD GROSSKOPF Erfolge sind schon wichtig. Da geht es nicht nur um Geld, sondern auch um Anerkennung. Das hängt eng zusammen. Und gegen einen etwas verbesserten Lebensstandard hätte ich auch nichts gehabt.
HANS-JOACHIM ROEDELIUS Als Cluster war uns Geld völlig egal, wir wollten nur machen, wozu wir Lust hatten, was

wir auch gründlich taten, in allen verschiedenen Lebensphasen. Einmal wollten sie uns nach einem Auftritt in Kiel nicht mal unsere Minigage zahlen. Da habe ich den Veranstalter verflucht, was mir dann aber leidtat, weil der am nächsten Tag tot war. Das war ein Discothekenbesitzer, der Mist gebaut hatte und dafür von seiner Gang umgelegt wurde.

HARALD GROSSKOPF Ash Ra wollten auch Erfolg. Aber so erfolgreich wie Tangerine Dream oder Kraftwerk waren wir nie, geschweige denn wie die Scorpions.

PETER BRÖTZMANN Der kommerzielle Erfolg meiner Musik war mir nie wichtig. Geld zu verdienen, ist natürlich schön, besonders, wenn man keines hat. Lange Zeit waren die Radiostationen eine immense Hilfe für unsere Arbeit, sehr im Gegensatz zu heute. Es half aber auch, dass wir uns mit den Kollegen aus England, Holland oder Frankreich zusammengesetzt und Dinge gemeinsam organisiert und gemacht haben.

JEAN-HERVÉ PERON Zappi und ich haben nie über Geld gesprochen. Das ganze Gerede hat uns ohnehin immer genervt, lieber haben wir die Zeit mit unseren Hunden verbracht.

MICHAEL HOENIG Niemand dachte je über ein »Produkt« nach, wir wollten bloß realisieren, wofür wir im Moment gerade brannten. Es gab dann hier in Deutschland ein paar Vorreiter, die erstmals über Verwertung sprachen. Uns ging es aber nur darum, uns auszudrücken. Wir planten bestenfalls von einer Woche zur nächsten: Wer spielt mit wem? Und sehr wichtig: Es gab noch keinerlei Branding. Keiner hatte den Gedanken, damit eine Mark zu machen. Wir hatten alle beliebige Jobs, die unser notwendiges Equipment finanzierten. Als ich 1970 anfing, mit Agitation Free zu spielen, studierte ich Theaterwissenschaften, Publizistik und Soziologie und hatte wie alle immer wechselnde kleine Jobs. Es funktionierte alles völlig leicht, erst Uni, dann Job, und wenn das am Nachmittag abgeschlossen war, begann eine andere Realität.

HANS-JOACHIM ROEDELIUS Vor einiger Zeit bekam ich das

Angebot, eine Platte mit Lloyd Cole zu machen. Der stieg auch begeistert ein, weil er Lust darauf hatte, mal Musik zu machen, die ihm eigentlich liegt, die er aber nie machen kann, weil er die Familie ernähren will, das Haus erhalten und das Dach decken. Aber es ist klar, dass wir das nicht ewig weitermachen können. Ich habe dagegen immer weitgehend gemacht, was ich wollte, und mich dabei recht wohlgefühlt.

ASMUS TIETCHENS Um Geld konnte es bei mir nie gehen, denn mit meiner Musik war nie ein Blumentopf zu gewinnen.

JAKI LIEBEZEIT Wir haben uns nie darum gekümmert, ob unsere Platten gut ankommen, haben uns überhaupt nie Mühe gegeben, besonders publikumsfreundlich zu sein. So angepasst wie viele heutige Bands waren wir nie. Die erste Can-Platte kam bei einem winzigen Münchner Independentlabel raus. Wir wollten eigentlich nur unsere Ideen verwirklichen. Wenn wir dazu noch ein paar Platten verkauften, war das Glück. Am Anfang war das besonders schwierig. Wir haben das Geld immer in einen Topf geworfen, und jeder von uns bekam ein Monatsgehalt, jeder das gleiche. Damit mussten wir klarkommen. Der Rest wurde in die Ausrüstung investiert, in Tonbandgeräte, Lautsprecher, PA-Anlage, schon aus Steuergründen. Um all das hat sich Irmins Frau Hildegard gekümmert, die war mal Chefsekretärin gewesen und hatte das Geschäftliche gut drauf – wir anderen waren schlechte Geschäftsleute, wir hatten ja nur Musik im Kopf. Dank Hildegard hatten wir nie finanzielle Probleme. Am Ende besaßen wir sogar ein professionelles Studio und einen Lkw für Tourneen. Bei mir hat sich das heute wieder geändert. Wenn ich unterwegs bin, habe ich nur ein kleines Köfferchen mit meinen Trommelstöcken und 'ne kleine Trommel mit kleinen Becken. Den Rest leihe ich mir vom Veranstalter. Und das klappt immer.

IRMIN SCHMIDT Kommerzieller Erfolg war sehr willkommen, aber unwichtig. Wir haben nie etwas mit der Idee im Hinterkopf gemacht, dass das ein Hit werden muss. Und über Leute, die meinten, sie wüssten, was kommerziell ist, habe ich mich immer lustig gemacht. Zu denen sagte ich immer: »Wenn du so genau weißt, was kommerziell ist, warum bist du dann noch kein Millionär?« Diese Diskussion habe ich in München auch immer mit den Leuten von Amon Düül geführt. Die fingen ständig an, von Kommerzialität zu reden. Leuten wie den Beatles ist das aber einfach passiert. Die haben nicht bewusst kommerzielle Musik gemacht, sondern waren Katalysatoren eines Zeitgeists, der so einschlug, dass sie plötzlich die Beatles waren.

RENÉ TINNER Der kommerzielle Aspekt war bei Can total egal. Wobei es schon ein paar Lieder gab, die erfolgreich sein sollten, zum Beispiel »I want more«. Das wurde nach einem bestimmten Plan aufgenommen und sollte ein spezielles Tempo haben.

LÜÜL Wir haben einfach nur Musik gemacht, ohne an Geld zu denken. Heute frage ich mich, wovon wir überhaupt gelebt haben. Wir waren mal in Frankreich auf Tournee und hatten ein Budget von zwanzig Francs pro Tag pro Person. Ein Croque Monsieur kostete schon vier Francs. Aber irgendwie ging es immer doch. Man schläft halt irgendwo auf der Couch. Wir mussten nur so viel Geld machen, dass wir zum Beispiel den Bandbus und solche Sachen unterhalten konnten. Aber groß Kohle gemacht hat keiner. Das war ein Thema, das für uns ganz weit hinten stand. Wir haben von der Hand in den Mund gelebt.

MOOG

»Geigen wachsen auch nicht auf Bäumen.«
KLAUS SCHULZE

HARALD GROSSKOPF Nach München gab es eine Verbindung zu Popol Vuh, wo ich auch mal mitspielen sollte. Da rief mich Florian Fricke an und sagte, er habe gehört, ich sei frei, und ob ich nicht Lust hätte, nach München zu kommen. Weil der Daniel Fichelscher, der da Gitarre und Schlagzeug spielte, nicht immer beides konnte. Das fand ich interessant, mir gefiel auch die Musik. Also packte ich meinen VW voll und bin nach München runtergegurkt. Da hatte Fricke grad sein ganzes elektronisches Equipment, mit dem er nichts mehr anfangen konnte, an Klaus Schulze verkauft, vor allem dieses Altar-Teil, den »Großen Moog«. Florian stammte ja aus gut betuchtem Hause, seine Mutter war eine erfolgreiche Operndiva, sein Vater ein berühmter Jazzmusiker, und er war klassisch ausgebildet und sollte eigentlich als Pianist Karriere machen. Das wollte er aber nicht und suchte mit dem Moog nach neuen Ausdrucksformen. Gerade als ich da ankam, kehrte er jedoch wieder zum klassischen Klavier und akustischen Instrumentarium zurück. Die spielten da so zartes melodisches Zeug auf Zimmerlautstärke. Damit kam ich überhaupt nicht klar, denn ich war laute Rockmusik gewohnt. Ein paar Tage später bin ich wieder abgedüst und war darüber ziemlich traurig.
KLAUS SCHULZE Anfangs habe ich nur normale Instrumente gespielt, aber mit der Zeit hat es mich zunehmend gestört, dass der Klang immer der gleiche war und alle Arten von Musik feste Grenzen und Gesetze haben sollten. Als die ersten Synthesizer von ARP und Moog auf den Markt kamen, konnte

ich nicht nur Musik selbst komponieren, sondern hatte plötzlich auch die Freiheit, eigene Klänge zu wählen und zu erzeugen. Eine Orgel klang immer gleich, die frühen Synthis nie! Der Klang wurde für mich immer wichtiger, fast wichtiger als die Musik, die ich damit komponieren konnte. Die elektronische Musik eröffnete Pfade, die ich unbedingt beschreiten wollte. Den großen Moog von Florian Fricke zu kaufen, war da die logische Konsequenz.

HARALD GROSSKOPF Für viele waren Synthis damals ein Horror. Als ich Freunden die ersten Sessions der Kosmischen Kuriere vorspielte, fanden die das ganz fürchterlich. Mir war schleierhaft, wie man das nicht mögen konnte. Kein Schwein kannte Sequenzer, die waren nur irritiert und ablehnend. Ich war einer der Ersten auf der Welt, die zu Sequenzern getrommelt haben. Das musste man den Leuten aber erst einmal erklären: Das sind Maschinen, da kann man die Tonhöhen einstellen und Pausen und Patterns. »Das kann ja jeder!«, hieß es dann. »Das ist ja künstliche Musik!« Klaus Schulze sagte dazu immer: »Geigen wachsen auch nicht auf Bäumen.«

JÜRGEN DOLLASE Klaus Schulze war als Keyboarder in meinen Augen eine absolute Null. Nicht zu fassen, wie schlecht der war. Mit Schulze Musik zu machen, war für mich auch immer problematisch. Dessen Gehupe musste für die Platten immer erst stark aufbereitet und konkretisiert werden, weil man es sonst gar nicht hätte verkaufen können.

HARALD GROSSKOPF Der Trenkler hatte Schulze in seiner WDR-Sendung gespielt, und ich dachte nur: Wow! Ich wusste nicht, wie er das machte, war aber so begeistert, dass ich ihm direkt einen Brief geschrieben habe. Er schrieb zurück – damals schrieb man sich noch –, dass ich doch mal vorbeikommen sollte. Im Keller führte er mir dann seinen großen Moog vor, also genau den, den er von Fricke hatte und den ich bei Popol Vuh so knapp verpasst hatte. So ein Ding hatte ich zwar schon mal gesehen, aber nie richtig in Aktion erlebt.

Jedenfalls stellte Schulze das Gerät an, und ich bekam eine Gänsehaut. Diese Sequenzen haben mich so gepackt, dass ich mir einen rumstehenden Eimer schnappte und spontan dazu trommelte. Das wiederum begeisterte Schulze so sehr, dass er meinte, wir müssten unbedingt mal was zusammen machen.

KLAUS SCHULZE Im Grunde war diese Freude am Experimentieren mit Klängen der Motor, der mich antrieb. Es gab in den Siebzigern keine Preset-Synthesizer, die kamen erst Mitte der Achtziger. Deshalb war es eigentlich unmöglich, Sounds gezielt wiederzufinden, zum Beispiel den tollen Sound vom Konzert am Vorabend, das klappte einfach nicht. Eine Knopfdrehung weiter, und alles klang anders. Also drehte man an den Knöpfen jedes Mal neu rum, bis es einem gefiel, und beließ es dann dabei. Bis auch diese Einstellung dann wieder futsch war. Ich fand das ehrlich gesagt gut, denn dadurch hatte jeder Abend seinen eigenen Reiz, es klang jedes Mal anders, und so spielte man auch immer anders. Für mich war das die interessanteste Art, Musik zu machen, weil ich dabei selber dauernd überrascht wurde.

HARALD GROSSKOPF Die elektronische Musik hatte mich total berauscht. Das vollkommen Freie und Neue darin. Ich musste diese Musik machen, und ich wusste, das wird erfolgreich. Das kann nur erfolgreich sein, weil es so viel Energie hat.

KLAUS SCHULZE Auch das Publikum hat gemerkt, dass da nicht irgendwer bloß routiniert sein Programm abspult. Allerdings kam das nicht überall gleich gut an. Während in Frankreich die Hallen voll waren, kamen in Deutschland oft nur zwanzig Leute, von denen zehn schnell wieder weg waren. Mich tangierte das allerdings wenig.

GERHARD AUGUSTIN Bevor ich 1970 »Affenstunde« produziert habe, die erste Popol-Vuh-LP, wo der große Moog im Zentrum steht, hatte ich in San Francisco mit Dave Brown von Santana, der einen kleinen Moog hatte, schon einen Soundtrack für einen Pornofilm gemacht. Dadurch hatte ich eine

Vorstellung davon, was ein Moog-Synthesizer an Möglichkeiten bietet. In Deutschland hatten damals nur Eberhard Schoener und Florian Fricke einen Moog. Schoener hatte jedenfalls diesen Synthesizer, den Florian bei ihm gesehen hatte, wonach er dann auch so einen wollte. Schoener, der auch der Leiter des Münchener Jugendorchesters war, interessierte sich aber nicht für das, was Florian gemacht hat. Dabei waren die beiden in Miesbach sogar Nachbarn.

FRANK FIEDLER Florian lernte ich durch meine Arbeit als Kameramann über gemeinsame Freunde kennen. Wir freundeten uns schnell an und schlugen uns mit langen Unterhaltungen über Politik und Gesellschaft die Nächte um die Ohren. Eines unserer vielen unerschöpflichen Gesprächsthemen war das »Popol Vuh«, das wir beide gelesen hatten. Ein Aspekt, der mich daran sehr interessiert hat, war, dass die Quiché-Indianer in ihrer Sprache die Begriffe »Zukunft« und »Vergangenheit« nicht kannten. Dafür hatten sie ihren Gegenwartsbegriff so erweitert, dass er alles umfasste. Diese Öffnung ins Universelle beeindruckte uns beide. Irgendwie blieben wir deshalb an dem Namen Popol Vuh hängen. Auch die Debüt-LP war noch direkt vom »Popol Vuh«-Buch inspiriert, die »Affenstunde« ist da ein Kapitel ziemlich am Anfang, ein Teil der Schöpfungsgeschichte, wo es um die Initiation der nächsten Generation geht. Dazu passte die Offenheit, die darin lag, mit einer Maschine wie dem Moog zu arbeiten.

GERHARD AUGUSTIN Der große Moog kostete damals fünfundsechzigtausend Mark. Fricke hatte den als Hochzeitsgeschenk von seiner Frau bekommen, die dank eines Erbes vermögend war. Davon hatte ich gehört und gemeinsame Freunde gebeten, uns einander vorzustellen. Kurz danach kam Florian zu mir ins Büro. Wir sind dann langsam Freunde geworden, sodass er öfters dort vorbeikam. Für die Leute bei der Plattenfirma ist er aber ein Fremdling gewesen, weil er lange Haare hatte und sehr obskur aussah.

FRANK FIEDLER Manchmal neigte er zum Schmuddelbär, aber in Arbeitsphasen hört man eben auf, der geföhnte Schönling zu sein. Gerd war Abteilungsleiter bei United Artists. Der nahm Popol Vuh unter seine Fittiche, und, zack, war das für Liberty gekauft. Aber wir wussten schon, dass da einige Leute in der Firma dagegen sein werden. Das hat uns aber nicht weiter gekümmert. Wir wollten nur, dass einer dahintersteht, damit die Platten gepresst werden.

GERHARD AUGUSTIN Florian war ein ernsthafter und introvertierter Mensch. Aber er war auch ein großer Egoist, denn er hat außer sich selbst niemanden als Teil der Gruppe Popol Vuh gesehen. Das war für ihn ein Soloprojekt, alle anderen waren nur Gastmusiker. Das wurde auch in den Interviews klar, die er gegeben hat. Trotzdem hat er immer gute Leute gehabt, die durchaus etwas beigetragen haben.

FRANK FIEDLER Popol Vuh war keine Band im herkömmlichen Sinn, Auftritte hat es nur selten gegeben. Popol Vuh war eigentlich mehr ein Studioprojekt von Florian. Auch wenn verschiedene Leute immer wieder mitgemacht haben, manche auch etwas länger, kam der Impuls für die Musik immer von Florian.

GERHARD AUGUSTIN Florian war niemand, der sich aufdrängte. Damals wohnte er noch in Harlaching in der Ulmenstraße in einem schönen Haus. Seinen Synthesizer hatte er im Keller stehen. Das waren vier verschieden große Kästen, bei denen man viele Kabel stecken musste. Man musste wissen, in welchem Zusammenhang welche Frequenzen mit welchen anderen Frequenzen modulierbar waren. Florian hat versucht, mit diesem Moog menschliche Stimmen elektronisch zu verarbeiten. Er hat mir im Keller vorgespielt, wie er sich das vorstellt. Ich habe dann arrangiert, dass er in die TV-Show »Beat-Club« eingeladen wurde, wo Popol Vuh den Song »Bettina« aufgeführt haben, was auch sehr geholfen hat.

FRANK FIEDLER Mit dem Moog konnten wir Fantasietöne

erfinden. Was wir da machten, war damals völlig neu. Wir haben uns ausgemalt, wie wohl ein fallender Tropfen in einer Tropfsteinhöhle klingt. Teilweise haben wir solche Fantasien mit dem Moog realisiert, man musste nur alles richtig zusammenstecken. Aber der Moog war auch relativ instabil, außerdem schwankte auf dem Land, wo wir arbeiteten, immer wieder mal die Stromspannung, und wenn die Spannung runterging, wurden im Haus gleich die Lampen dunkler, und der Moog ging auch einen Viertelton runter. Wir haben deshalb lieber am Tag gearbeitet als in der Nacht. Zwischen den Sessions haben wir Wanderungen gemacht, um uns fit zu halten.

LIMPE FUCHS Der Fricke war quasi im selben Haus untergebracht, aber musikalisch waren wir schon sehr verschieden. Wir haben im Gesindehaus unser Anima-Ding gemacht – und die im großen Pfarrhof ihr Popol-Vuh-Ding. Der Pfarrhof in Peterskirchen ist eigentlich für die Bischöfe in Passau gedacht gewesen. Wenn die Bischöfe nach Rom gereist sind, machten sie Rast in solchen Pfarrhöfen, die vor achthundert Jahren extra dafür gebaut wurden, damit die auf ihrem Weg gut versorgt wurden. Wir hatten einen Backofen und Wasser aus dem Brunnen. Da gingen Leute ein und aus wie Helmut Lachenmann oder auch Gunter Sachs. Und Vera, die sich dann Veruschka nannte, hat mit Holger Trülzsch auch dort gewohnt, aber eine Kommune ist es nicht gewesen.

GERHARD AUGUSTIN Wir haben »Affenstunde« dann dem Produktionsgremium bei Liberty vorgespielt. Das waren sechs Leute, und die fanden das furchtbar, weil sie es nicht verstanden haben, noch nicht einmal das Instrument, also den Moog. Die hatten einfach überhaupt keinen Bezug zu dieser Kultur. Ich war damals Produktionsleiter bei Liberty und bin auf alle möglichen Widerstände gestoßen. Und Popol Vuh wollten sie halt nicht veröffentlichen, schon gar kein Geld für die Promotion ausgeben. Ich sagte: Das ist ein Sound, der kommt! Und die anderen sagten: Nein! Dann haben wir uns in mei-

nen VW-Bus gesetzt, Florian, Frank Fiedler, Holger Trülzsch und ich, und sind über Nacht losgefahren, um eine andere Plattenfirma zu suchen. Aber während sich die Verhandlungen mit anderen dann hinzogen, wechselte bei Liberty die Geschäftsführung, und ich durfte »Affenstunde«, das ich sogar mitfinanziert hatte, dann doch dort rausbringen. Florian war mittlerweile auch ein Freund geworden. So eine Musik gab es in Deutschland bislang nicht. Leider haben wir dann nur zweitausend oder so davon verkauft, auch deshalb, weil die Firma nicht dahinterstand. Die wollten geradezu beweisen, dass so was kein Erfolg sein kann, haben blockiert, wo sie nur konnten. Es war traurig. Für Florian war es weniger schlimm als erwartet, denn der war auf kommerziellen Erfolg gar nicht so wild, der hatte ja von Haus aus Geld.
FRANK FIEDLER Seinen Moog 3 hatte er dann in dem Haus auf dem Stadlberg, bei Miesbach, wo die Berge anfangen, stehen. Das war von den Räumen her irre großzügig, der Moog stand in einer riesigen Wohnhalle unterm Dach. Das vierhundert Jahre alte Bauernhaus lag ganz oben, man hatte Blick auf die Alpen und das Hochland. Wenn man an dem Moog spielte, konnte man auf die Täler der Hochebene blicken, und dahinter türmten sich die Alpen, was natürlich sehr inspirierend war. Allein das irre Lichtspiel, wenn morgens die Sonne aufging. Da haben wir mit Popol Vuh angefangen und uns die Musik zusammengesponnen. Technik imponiert mir eigentlich nicht, ich mache da keinen Altar draus, aber dieser Moog war schon besonders. Ich hatte eine Ausbildung bei Siemens gemacht und war von der Systematik dieser Maschine beeindruckt. Die Technik erschloss sich mir relativ schnell, die Module wurden mit Steckern verbunden, und was da womit korrespondiert, war für mich simpel nachvollziehbar. Gut, die Vielfalt mit den verschiedenen Filterbänken und dem Zusammenschalten der einzelnen Oszillatoren war dann schon komplex. Wir hatten aber immer Leitlinien für die Dinge,

die gespielt werden sollten, auch für Holger Trülzsch, unseren Perkussionisten. Große Studiotechnik hatten wir keine, nur zwei Revox-Maschinen. Manchmal haben wir natürlich schon auch rumgekämpft mit dem Moog, wenn wir den mal wieder in unhörbare Sphären gesteuert hatten, war es schwer, ihn auf die ursprünglichen Positionen zurückzubringen. Der blieb dann so. Und dann haben wir ihn einfach abgehängt, kalt werden lassen und wieder reingesteckt. Dann war er wieder wie neu. Im Ganzen war es eine Freude, damit herumzuspielen.

GERHARD AUGUSTIN Florian war es dann auch egal, dass Liberty die Option für das nächste Popol-Vuh-Album, »In den Gärten Pharaos«, nicht wahrnehmen wollte. Er sagte, dass er sich sogar befreit fühle. Außerdem hatte er da schon das Angebot von Rolf-Ulrich Kaiser, die Platte auf Pilz zu veröffentlichen.

FRANK FIEDLER Zu der Zeit haben wir uns viel mit dem Buddhismus auseinandergesetzt. Das Cover von »In den Gärten Pharaos« kommt aus dem indischen Buddhismus. Das Motiv hat uns irgendwie berührt. Es wurde immer viel diskutiert, dazu tranken wir den einen oder anderen Schluck Wein. Locker konnten Florian und ich zwei oder drei Stunden lang an einem Thema hängenbleiben, das ging schon ziemlich tief. Florian war auch ein bisschen einsam, trotz seiner Frau und den Kindern. Für seine Kunst musste er alle Entscheidungen selber treffen.

GERHARD AUGUSTIN Florian war sehr kritisch mit sich selbst und hat lange gezögert, bevor er etwas veröffentlicht hat. Auch das Feedback von seinem Umfeld war ihm wichtig. Und er hat den Stil seiner Musik oft verändert. Von der »Affenstunde« bis zu »Messa Di Orfeo«, für mich seine »Bienenplatte«.

FRANK FIEDLER Was auf die Alben kam, bestimmte Florian. Kompositorisch war er der Meister und auch ein sehr guter Pianist. Die Plattenfirma war überhaupt nicht involviert. Wir

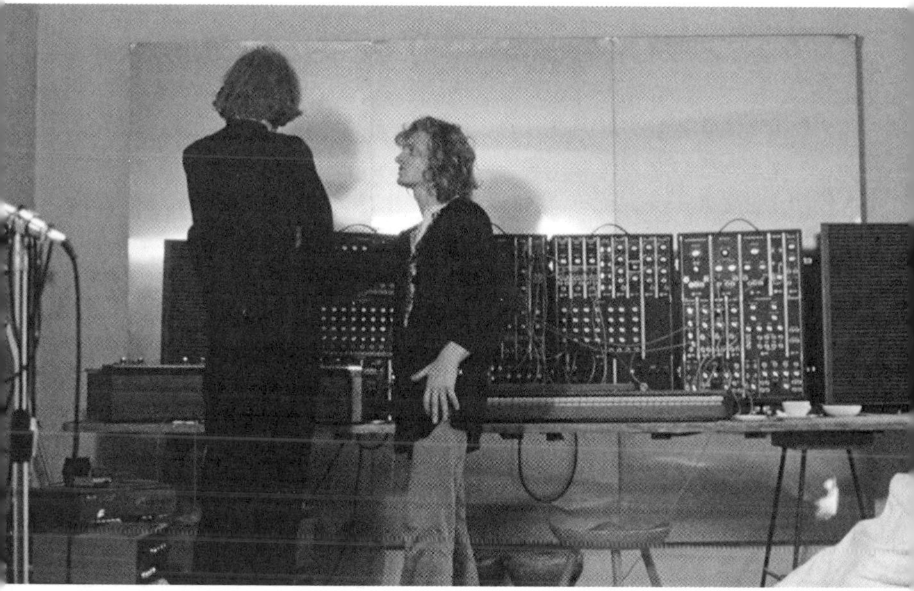

Frank Fiedler und Florian Fricke vor ihrem Moog-3-Synthesizer, Peterskirchen, 1970

haben die Musik ganz frei gemacht und waren begeistert von dem, was wir taten.

GERHARD AUGUSTIN Werner Herzog kannte Florian aus der Münchner Szene. Eigentlich war Bettina, Florians Frau, mit Herzog befreundet gewesen. Als Herzog dann mitbekommen hatte, was für Musik Florian machte, ist er zu ihm in die Ulmenstraße rausgefahren und hat sich die Sachen mal genauer angehört. Und wenn ihm was gefallen hat, hob er den Finger und sagte: »Das nehmen wir.« Später hat Florian dann auch zu Videoaufnahmen von Filmszenen Herzogs live gespielt, also improvisiert. Zum Beispiel bei »Aguirre«. Bei »Nosferatu« war es so, dass Werner Herzog in Rom am Film arbeitete, aber noch keine Musik dafür hatte. Was er hatte, funktionierte nicht, deshalb ließ er Florian nach Rom fliegen und sagte zu ihm: »Ich möchte Musik haben, die Angst einflößt! Schau mal nach, was du in deiner Kiste mit Demos so findest.« Florian hatte immer eine große Kiste mit unveröffentlichter Musik. Herzog lauschte, bis er sagte: »Das ist es!«

FRANK FIEDLER Herzog und Florian kannten sich, seit sie sechzehn waren, und haben sogar mal versucht, zusammen einen Film zu machen. Der ist aber nie geschnitten worden und wohl verlorengegangen. Auf jeden Fall waren die beiden befreundet. Wenn eine neue Filmmusik fällig war, haben sie endlos gequatscht. Florian setzte sich dann ans Klavier und spielte Herzog was vor. Der war durch die lange Bekanntschaft mit Florians Musik sehr vertraut und wusste genau, was er wollte. Als wir »Affenstunde«, »In den Gärten Pharaos« und »Hosianna Mantra« machten, hat es bei Herzog irgendwie gefunkt. Da hat er wohl gemerkt, dass diese Musik zu seinen Filmbildern passt.

GERHARD AUGUSTIN Abends lege ich oft Popol-Vuh-Scheiben zum Einschlafen auf. Florian hat das mal mitbekommen und sagte mir, dass er davon etwas irritiert sei. Aber wenn ich »Affenstunde« höre, schlafe ich leider ein. Umgekehrt habe ich Florian aber auch mal gefragt, wie es kommt, dass er in seiner Musik immer die gleichen Melodien verwendet. Seine Antwort war: »Frag Mozart!«

ULRICH RÜTZEL Sachen wie Popol Vuh hat man zu der Zeit noch gar nicht begriffen, gerade die Medien. Dass diese Musik in einigen Werner-Herzog-Filmen lief, war da natürlich ein Coup. Aber auch Popol Vuh wurden in Deutschland erst beachtet, als das Interesse in Amerika oder England einsetzte und Leute wie Brian Eno sich dazu äußerten. Das hat sich bis heute nicht geändert.

AMON DÜÜL

»Wir wollten es halt krachen lassen!«
RENATE KNAUP

CHRISTIAN BURCHARD Seit meinem zehnten Lebensjahr bin ich mit Dieter Serfas, dem Amon-Düül-Schlagzeuger, befreundet gewesen. Wir haben gemeinsam Abitur gemacht. Die meisten von Amon Düül sind ja aus dem Allgäu, Embryo ist dagegen eher eine fränkische Band. In irgendwelchen Schülerlagern stand ein Klavier rum, auf dem man spielen durfte. Darauf klimperte ich rum, Dieter trommelte dazu auf Kochtöpfen, und wir waren überrascht, dass das so gut ankam. Es machte so viel Spaß, dass wir immer mehr in die Musik eintauchten. Dann entdeckten wir Jazz, aber auch Sachen wie Flamenco oder Bossanova.

DIETER SERFAS Für Amon Düül war Jazz der Ausgangspunkt. Ornette Coleman und Don Cherry waren Vorbilder. Die ganzen Krautrock-Apostel waren eigentlich Jazzfans, die sich dann weiterentwickelt haben. Als die anderen unserer Generation schon die Beatles und die Rolling Stones hörten, blieben wir dem Jazz treu. Deshalb war auch unser Rock später so anders.

CHRISTIAN BURCHARD Dieter und ich nahmen früh Kontakt mit schwarzen Musikern auf, die in Deutschland als Soldaten stationiert waren. In Hof war eine große Kaserne der US-Armee, und da liefen viele Musiker rum. Wir haben dort einen Bassisten aus der Band von Little Richard getroffen. Der war zehn Jahre älter als wir, fand es aber toll, dass wir uns so für schwarze Musik interessierten. Wir starteten dann eine Combo mit lauter Schwarzen. Die anderen Altersgenossen hörten dagegen nur Elvis. Und wollten obendrein selbst Elvis sein, man hatte das Gefühl, dass in Deutschland Tausende von Elvis-Kopien unterwegs waren. Die schauten genauso aus, hatten die gleiche Gitarre und spielten die gleichen Lieder. Als dann auch noch der echte Elvis als Soldat nach Deutschland kam, hat das noch mehr geboomt. Die schwarzen Soldaten hatten mit Elvis aber nichts zu tun, die hörten eine Musik, die ich vorher nicht kannte, diese Rhythm-'n'-Blues-Kultur mit Gospel und Jazz. Als Dieter und ich mit denen Musik machten, lernten wir dieses Repertoire kennen, spielten Chuck Jackson nach oder kopierten James Brown, der damals noch ganz frisch war. Die Soldaten nahmen uns jedenfalls in ihre Jazzband auf, die zu der Zeit schon in München spielte. Mit denen trat ich da 1963 das erste Mal auf.

CHRIS KARRER Im Allgäu war Jazz das Progressivste, was man sich vorstellen konnte. Wir spielten in verschiedenen Kemptener Dixieland-Bands, später auch Modern Jazz und Free Jazz. Das war eine Art Befreiung. Sonst gab es noch die Anfänge von Rock 'n' Roll mit Elvis und so weiter. Da stand ich auch ganz kurz mal drauf, aber dann hat sich das zum Jazz verschoben und hielt an, bis ich achtzehn war. In Kempten gab es einen Laden, der immer Jazzplatten hatte. Und was der nicht hatte, besorgte ich mir in München. Falk Rogner und die Leopold-Brüder habe ich später im Internat kennengelernt. Wir hatten damals eine Free-Jazz-Combo, das muss so 1963 gewesen sein.

DIETER SERFAS Chris Karrer, Peter Leopold und Rainer Bauer waren eine Internatsclique aus Marktoberdorf. Die sind nach der Schule alle nach London gefahren und haben dort erst Hendrix und Pink Floyd und dann das Kommunenleben für sich entdeckt. Aus diesen Impulsen ist dann Amon Düül entstanden.

CHRISTIAN BURCHARD Nachdem wir in Hof das Abitur gemacht hatten, verließen wir sofort die Stadt. Dieter ist nach

München auf die Kunstakademie gegangen, wo er Chris Karrer traf.

RENATE KNAUP Ich bin im Allgäu geboren, in Sonthofen. Mein damaliger Freund, mit dem ich in die Berufsschule ging, war mit Chris Karrer und Peter Leopold befreundet, und so habe ich die kennengelernt. Chris spielte damals Flamenco-Gitarre, wie mein Freund auch. Und alle hörten Jazz: John Coltrane, Don Cherry, Albert Ayler, die ganz wilden Sachen. Die Platten bekam man in München. Ausschlaggebend für das alles war vielleicht, dass Peter und Chris in Marktoberdorf, ungefähr zwanzig Kilometer von Sonthofen, zusammen zur Schule gingen und da einen homosexuellen Kunsterzieher hatten, Gerlach Bommersheim, der sie in die Kunst, in die Musik und in die Technik einführte. Ein großartiger Mann, der später auch in der Münchner Szene bekannt war.

CHRIS KARRER Bommersheim war auch Jazzmusiker, Vibrafonist und Pianist. Der hat uns ermuntert, eine Jazzcombo zu gründen, hatte damals aber leider auch Probleme, weil er schwul war und das immer verstecken musste. Als es irgendwann rauskam, ist er von der Schule geflogen.

CHRISTIAN BURCHARD Die Amon-Düül-Leute kannte ich damals schon. Am Anfang die Renate, den Falk, Chris Karrer und den Peter Leopold. John Weinzierl kam erst später dazu. Jedenfalls haben wir damals auch zusammen musiziert, vor allem Free Jazz, denn normaler Jazz war Spießermusik.

DIETER SERFAS Weil mein Schlagzeug so laut war, sind wir oft unter die Isarbrücken gefahren, um dort zu spielen. Chris Karrer war da öfters mit dabei, manchmal auch Christian Burchard. Das war 1966, bevor es mit Embryo und Amon Düül losging.

RENATE KNAUP Mein Vater kämpfte sehr gegen mich. Und als ich mir ein John-Coltrane-Bild an die Wand hängte, endete der Spaß, weil er halt doch ein wenig rassistisch war. Er riss das Bild runter, worauf ich sagte: »Vater, du kannst die Bilder so oft runterreißen, wie du willst, das nützt nichts. Die sind in meinem Herzen.« Ansonsten hörte ich Radio Luxemburg rauf und runter, Beatles, Animals, Stones und Soul. Ich war sechzehn und hatte einen etwas älteren Freund, der einen königsblauen Citroën 2CV hatte. Damals trafen Peter Leopold, Chris Karrer, Al Gromer und ich uns immer unten am Bahnhof, einem total verödeten und verblödeten Platz im Allgäu. Da war eine Konditorei, wo wir Apfelkuchen mit Eis und Sahne kauften. Wir hatten einen Batterieplattenspieler, den wir aufs Dach stellten, um dann sehr laut Jazz zu hören. Unser Feeling: Gammler, Zen, Hohe Berge, Jack Kerouac! Und unsere Botschaft an die Welt: Guten Tag, was wollt ihr Doofköpfe eigentlich?

CHRIS KARRER Bei mir ging alles mit einem Jimi-Hendrix-Konzert los, 1967 in München, wo ich nur aus Zufall hingegangen bin, denn bis dahin hatte ich eigentlich nur Jazz gehört und auch gespielt, Rockmusik fand ich uninteressant und dachte: »Dieser Hendrix ist ja Bluesmusiker, den schaue ich mir halt mal an.« Etwas verwirrt war ich dann schon, wie viele Minirock-Mädels da gekommen waren. Die kannte ich aus den Jazzclubs nicht, da dominierte eher die Stinkstrumpf-Fraktion. Bei Hendrix waren jedenfalls Verstärker bis zur Wand hoch aufgebaut. Und da kam dann bald ein Sound raus, wie ich ihn noch nie gehört hatte, in einer Lautstärke, die ich noch nie erlebt hatte. Nach dieser Performance war ich konvertiert. Innerhalb von wenigen Stunden war ich von einem Jazzmusiker, der Sopransaxofon spielte, in einen Rockmusiker verwandelt. Eine Woche später hatte ich eine E-Gitarre und habe alle meine Jazzplatten verschenkt. Dann bin ich nach London gefahren, um mir die Szene da genauer anzuschauen.

ALEXANDER VON SCHLIPPENBACH Amon Düül spielten eine Rockmusik, wie sie Leute machen, die das gerade erst für sich entdeckt haben. Sicher hatten die von Hendrix gelernt, haben dann aber etwas Eigenes daraus gemacht.

CHRISTIAN BURCHARD Embryo haben übrigens beim letzten Konzert von Jimi Hendrix überhaupt auch gespielt, auf Fehmarn im September 1970, sogar gleich hinter ihm. Dieses Festival war überwiegend von Beate Uhse finanziert, auch wenn ihre Verkaufsstände da später kurz und klein geschlagen wurden, so wie eigentlich alles da. Das war ein ziemliches Inferno, finanziell und auch in jeder anderen Hinsicht. Aber der Auftritt von Hendrix dort war toll, es war nicht zu ahnen, dass der so bald stirbt.

RENATE KNAUP Mit siebzehn bin ich als Au-pair nach London gegangen. Mein Freund war fahnenflüchtig und wäre in Deutschland eingezogen worden. Um dem zu entgehen, ist er nach England, und ich wollte ihm dahin nachkommen. Weil ich aber noch siebzehn, also noch nicht volljährig war, musste ich sehr mit meinen Eltern kämpfen und beschwor sie dauernd, dass sie mich nach London fahren lassen. Das Zeichen ihrer Erlaubnis war dann, dass ich zu Weihnachten einen Koffer und eine Reisetasche bekam. Im Februar ging es dann mit dem Schiff von Ostende nach Dover. Da war richtig Sturm, Windstärke acht, na servus! In London blieb ich eineinhalb Jahre. Meine Eltern hatten damals nicht mal ein Telefon, also schrieb ich nur ab und zu Briefe nach Hause. Als Deutsche wurde man in England zwar etwas distanziert behandelt, aber ich hatte in London hauptsächlich mit Jugendlichen zu tun, da war das doch recht easy. Ich habe in einem jüdischen Club gearbeitet, mitten in Soho, genau gegenüber vom Marquee Club. Dort habe ich auch die Kinks gesehen. Mein Freund war damals eher an indischen Sachen interessiert, hatte das Sitarspielen erlernt, und ich hatte mal die große Ehre, Ravi Shankar in einem Wohnzimmer mit zehn Leuten zu sehen. Der spielte da nach dem Frühstück für ein paar Freunde. Ich war schon immer offen für alle Musik. Als kleines Mädchen in Sonthofen hatten wir einen tollen Pfarrer, der sich sehr darum kümmerte, dass wir Musik und Tänze aus aller Welt kennenlernten, und weil ich gern getanzt habe, war das für mich wunderbar. Nachdem ich mich von meinem Freund getrennt hatte, bin ich von London zurück nach Deutschland und habe da erst mal geschaut, wo die anderen abgeblieben sind, der Chris Karrer und so. Ich wusste nur, dass die irgendwo in München sind. Schließlich bekam ich raus, dass die schon in einer fetten Siebenzimmerwohnung am Prinzregentenplatz wohnten. Da bin ich dann hingefahren, aber die taten erst mal ultracool und meinten: »Was willst denn du hier?« Da dachte ich mir: Ihr Deppen, und bin wieder gegangen. Die riefen dann aber eh gleich wieder an und sagten: »Warum bist du denn gegangen? Jetzt komm halt.« Ein paar Tage danach bin ich da eingezogen.

CHRIS KARRER Wir hatten in München diese riesige Wohnung in bester Gegend gemietet und operierten von dort aus in die Welt. Zur Finanzierung hatten wir die Eltern angepumpt. Unter uns waren viele Söhne und Töchter von Geschäftsleuten, auch meine Mutter war sehr generös. Die hat mir später auch das Haus in Herrsching ermöglicht. Irgendwer schrieb mal, wir wären »die Junioren aus der Mercedes-Generation« – das kommt schon hin, denn keiner von uns hat damals Geld verdient, und wir hätten uns diese Wohnung selbst nicht leisten können. Gleichzeitig wurden wir in vielen Restaurants nicht mal bedient, weil wir zu anders aussahen. Gerade in München lief noch die alte Nazielite rum. Da rief schon mal einer, dass wir vergast gehören. Die Harmloseren forderten nur, man sollte uns die Haare abschneiden. Aber von dem Schlag waren in München schon noch viele unterwegs. Unser Feindbild war Franz Josef Strauß. Der ist damals in Schulen gekommen und hat Lehrer fertiggemacht. Ich habe selbst erlebt, wie er sich unseren Lateinlehrer vorgeknöpft hat. Da war ich ungefähr zwölf und wusste noch nicht, was rechts oder links ist. Aber nachher wusste ich, wer Strauß ist.

RENATE KNAUP Bei den Straßenschlachten in München war ich auch dabei. Meistens habe ich mit Falk aber nur zugeschaut. Selber Autos umkippen war nichts für mich, auch wenn ich es grundsätzlich gut fand, dass überhaupt irgendetwas passiert. Alles in Deutschland war damals so unfassbar öde, genau wie Dieter Thomas Heck mit seiner entsetzlichen TV-Hitparade, die war damals gerade neu.

CHRIS KARRER Wir hatten bald einen Übungsraum für die Sessions, weil es in der Wohnung einfach zu laut wurde. Der war zwar nur hundert Meter entfernt, trotzdem war der Weg dahin ein Spießrutenlauf, bei dem wir bespuckt und beschimpft wurden. Als wir später unser eigenes Haus hatten, war es besser. Da konnten wir uns unten einen Übungsraum einrichten.

RENATE KNAUP München ist einfach ein Scheißpflaster, weil da immer alle Subkultur getötet wird. Und sobald was trotzdem größer wird, macht die bayerische Staatsregierung es sofort nieder.

CHRIS KARRER Ganz am Anfang war unsere Musik reine Hippieschwärmerei. Wir wollten einfach mal irgendwie loslegen. Unser Vorbild war die Incredible String Band, eine alternative Folkband aus England, sowie die Bands Hapshash And The Coloured Coat und Art mit ihrem Album »Supernatural Fairy Tales«. Wir waren da noch rein akustisch, mit Rainer Bauer als Sänger, teilweise auf Deutsch, dazu die beiden Leopold-Brüder an Bass und Schlagzeug und ich. Daraus wurde dann Amon Düül, ich nenne das mal »Amon Düül Null«.

RENATE KNAUP Am Anfang waren Amon Düül bloß ein paar Musiker auf einem Haufen. Wir haben immer gespielt und gejammt, und haben dabei einfach gemerkt, wie viel man mit Musik ausdrücken und auch bewegen kann.

DIETER SERFAS Es war eine große Lebendigkeit, die da – so wie nach Hamburg oder Berlin – auch nach München schwappte. Das merkte man parallel auch in der Filmszene, ab 1967 gab es die Hofer Filmtage, und Leute wie Fassbinder und Herzog haben als Regisseure experimentiert. In allen Kunstformen herrschte Aufbruchsstimmung.

RENATE KNAUP Eines Tages haben wir in der Kommune alle vierzehn zusammen einen Trip genommen. Gerlach Bommersheim passte auf, der war unser Reiseleiter. Er saß in der Mitte und wir im Kreis um ihn herum, und dann nahmen alle gleichzeitig diesen Trip. Davor waren wir noch in der Leopoldstraße in einem Plattenladen und hatten zwei Platten ausgewählt, die wir noch nicht kannten. Außerdem gab es noch so ein Hallgerät, das gerade in Mode war, was für einen sphärischen, breiteren Klang sorgte. Durch das spielten wir die Platten ab, das war ein irrer Sound. »Tanyet« hieß die eine Platte, von einer kalifornischen Band, The Ceyleib People. Die Musik darauf war indisch angehaucht, aber auch experimentell, mit Stimmen dazwischen. Jedenfalls hatten die ein Stück, das »Dyl« hieß, und das hat uns zu unserem Namen inspiriert. Zwar behaupten die Männer immer, das habe irgendwas mit einem Gott zu tun, aber das ist Quatsch. Es wird Zeit, das mal zu entzaubern. Nur »Amon« wurde von dem ägyptischen Gott abgeleitet, und das passt auch, denn Chris war ziemlich mystisch und esoterisch angehaucht, der hatte ein Faible für arabische Musik, war auch einige Zeit in Marokko und stand halt auf Ägypten.

CHRIS KARRER Ich habe als Erster mit dem LSD wieder aufgehört. Meine Erfahrungen damit hatte ich früher gemacht, so Mitte der Sechziger. Ich habe da so um die zwanzig Trips geschmissen, das hat mir fürs Leben gereicht.

RENATE KNAUP In London hatte ich noch keine Trips genommen, da rauchte man nur Joints und aß Cookies, Acid kam erst in München. Im Kreis zu sitzen war erhebend, weil man da so eine Kraft, so eine Verbundenheit spürte. Das dauerte ungefähr zwölf Stunden. Neben mir saß Falk Rogner, der die ganzen Amon-Düül-Cover gemacht hat. Mit dem war ich nach dem Trip acht Jahre lang liiert, wir ließen uns sehr lange nicht mehr los. Natürlich gab es da Ups and Downs, Fratzenverzerrer vorm Spiegel, dann wieder Musik. Mal war der Zustand auch normal. Das macht die Trips ja so crazy: Man zischt weg und ist dann mal wieder zurück im Hier und Jetzt. Ich habe aber nie so viel Trips gefressen, für mich war das bald doch zu absehbar: Wenn ich mich auf Trip vor einen Blumentopf setze, verändert das die Blumen, und mit mir tut das auch was, klar. Da wächst dann halt ein Gebilde raus, und vielleicht hat man dadurch gegenüber anderen, die solche Einblicke nie hatten, wirklich einen Vorsprung an Erfahrung. Aber ich habe nie erlebt, dass man auf Trip kreativ was hinkriegt, was von Dauer wäre.

CHRIS KARRER Es war mir einfach unheimlich, da sind Leute komplett ausgerastet. Den Peter mussten wir zeitweise an der Hand führen, weil er nicht mehr in der Lage war, irgendwo alleine hinzugehen. Es gab schon viele LSD-Opfer. Ich habe dann nur noch Hasch geraucht, habe auf Trip auch nie Musik gemacht, es ist ja auch gar nicht möglich, da sinnvoll was zu komponieren oder zu texten. Die Trip-Erfahrung fließt höchstens indirekt in die Musik mit ein. Wir waren jedenfalls nie LSD-Politiker, keine Headband wie die Grateful Dead.

RENATE KNAUP Ich wollte schon Sängerin sein und hatte richtig schöne Songs im Kopf – aber »schön« im Sinne von normal, nicht diesen Freakstoff, den wir am Anfang produziert haben. Bei uns wurde vor allem improvisiert, genauer gesagt: Jeder spielte, was er wollte. Wenn er überhaupt sein Instrument beherrschte! Mir blieb jedenfalls nur der Gesang, wo ich auch improvisiert habe. Da ich mal im Kirchenchor gesungen hatte und mir der Chorleiter immer wieder gesagt hatte, wie begabt ich sei, hatte ich genug Selbstbewusstsein, um meine Stimme wie ein Instrument einzusetzen und mich so in den Bandsound einzufügen.

DIETER SERFAS Amon Düül hab ich das erste Mal im Lichthof der Münchner Uni erlebt. Das war ein tönender Haufen, einfach irre. Im Kern war es noch das ursprüngliche Quartett, Ur-Düül sozusagen, mit den beiden Leopold-Brüdern, Chris Karrer und Rainer Bauer. Aber um die rum hatten sich schon die Kommunarden geschart, sich schüttelnde Frauen, Uschi

Obermaier hat das Tamburin geschwungen, viele Leute tüdelten da rum. Denen zuzuschauen war für mich schon beeindruckend, weil es so frei war und nichts mit dem üblichen Rockbeat zu tun hatte.

RENATE KNAUP Dann kam die Trennung zwischen Amon Düül und Amon Düül II. Und absurderweise waren es ausgerechnet die Unprofis, also genau die, die uns zu esoterisch und zu luschig drauf waren, die plötzlich sagten: »Auf Wiedersehen! Wir machen jetzt professionell Musik!« Denn das wollten wir ja eigentlich auch, nur eben nicht so einen Wuschi-Wohlfühlsound für die Wellnessoase, mit Vogelgezwitscher – wir wollten es krachen lassen! Bei den Essener Songtagen wurde die Trennung dann endgültig vollzogen.

CHRIS KARRER Die Herrschaften in der WG wollten aus Prinzip immer alle Frauen und Kinder mitsingen lassen, aber da war ich komplett dagegen. Ich fand das auf Dauer unerträglich, dass da Mädels, die das noch nie gemacht hatten, auf dem Saxofon rumgetrötet haben oder mit irgendwelchen Tamburinen rumbimmelten. Und genauso nervten die Männer, die absolut nicht spielen konnten. Das ging mir so gegen den Strich, dass ich deshalb sogar aus der WG geflogen bin.

DIETER SERFAS Er ist nicht rausgeflogen, er ist einfach gegangen. Chris hat ohnehin immer eine eigene Wohnung gehabt, ein reiner Kommunenmensch war der nie. Wenn ich für die Konzertreisen Brote für alle gepackt habe, meinte er, dass ihm dieses Pfadfinder-Feeling auf den Sack gehe. Chris war immer ein Einzelgänger, aber er war es, der die Dramaturgie in die Musik von Amon Düül II reinbrachte. Als er das Gitarrespielen lernte, hat er zu jedem Griff, den er neu konnte, einen Song geschrieben. Chris Karrer hat die Band zu neunzig Prozent geprägt.

CHRIS KARRER Ich lag erst mal ein paar Tage mit einem Nervenzusammenbruch bei meiner Mama im Bett. Und dabei hatte ich die Idee für »Phallus Dei«. Die Songs habe ich im Bett komponiert und dann meine eigene Mannschaft um mich versammelt, die Renate, den einen der beiden Leopold-Brüder und noch ein paar mehr. So ist Amon Düül II entstanden. Dann haben wir in Herrsching am Ammersee ein Haus gemietet und ein Bandauto und Equipment gekauft.

DIETER SERFAS Damals teilte ich mir mit Chris in München einen Übungsraum, er spielte da mit dem ursprünglichen Düül-Quartett, und ich mit Christian Burchard und Mal Waldron. Wir haben da auch mal gemeinsam gejammt. Ich habe zwar Jazz gespielt, aber das moderne Zeugs wie Hendrix hat mir auch gefallen. Schon vor den Essener Songtagen sagte er dann mal, es sei ihm too much mit Amon Düül, er könne das Geschüttle von den Frauen nicht mehr ertragen und wolle lieber richtige Musik machen. Bald danach kam er zu mir und meinte, wir hätten doch schon gut gejammt, ich sei sein Mann. Er wolle eine eigene Band starten und wisse nun, wie das geht. Wir haben uns gut verstanden, außerdem war ich beeindruckt, dass er sich so gut mit der Musik von Ravi Shankar oder Nusrat Ali Khan auskannte, also sagte ich zu. Er hat dann Amon Düül verlassen und seine eigenen Leute um sich geschart, John Weinzierl, Falk Rogner, Peter Leopold und mich. Das war so die Ursuppe von Amon Düül II. Mit denen sind wir nach Herrsching am Ammersee gezogen und haben dann ewig einen neuen Namen gesucht. Wir wollten uns schon »Sportsfreunde Herrsching« nennen, aber es blieb dann doch bei »Amon Düül«, bloß eben »II«.

GERHARD AUGUSTIN Im Laufe der Jahre haben sich vermutlich mehr als hundertundzwanzig Musiker als Amon Düül bezeichnet, weil da auch immer ein reger Austausch stattgefunden hat. Der harte Kern von Amon Düül sind letztlich aber nur Chris Karrer und Renate Knaup.

RENATE KNAUP Wir traten jeden Montag auf der Leopoldstraße im PN-Hithouse auf. Peter Naumann, ein ganz toller Typ, hatte da ein Kellerlokal mit kleiner Bühne, wo höchstens zweihundertfünfzig Leute reinpassten. Der buchte Leute wie Jimi Hendrix oder Arthur Brown. Uns gab er montags eine Chance, er sagte: »Das ist euer Tag, da dürft ihr immer spielen.« Auf dieser Minibühne drängten wir uns zwar wie die Ölsardinen, zu fünft oder sechst, aber egal, jeden Montag war der Laden rappelvoll. Und bald hieß es überall: Da spielen Amon Düül! Da musste man gewesen sein.

CHRIS KARRER Am Wochenende spielten die ganzen englischen Bands. Wir waren montags das Kontrastprogramm. Das sprach sich schnell rum, am Ende kamen da bis zu vierhundert Leute. Wir hatten uns zum Prinzip gemacht, jeden Montag etwas Neues zu bringen, haben dazu auch Gäste eingeladen. Mal kam einer mit einer Friedhofsglocke auf die Bühne, der hatte eine nackte Frau dabei, steckte der einen Finger in den Popo und läutete dazu die Glocke. Dazu hatten wir unsere eigene Lightshow. Wir waren mindestens sechs, manchmal bis zu zehn Leute auf dieser winzigen Bühne, außer mir meistens zwei Schlagzeuger, Renate als Sängerin, Falk am Keyboard und noch ein Bassist.

GERHARD AUGUSTIN Wim Wenders hat die damals bei einem Konzert gefilmt.

WIM WENDERS Amon Düül habe ich in ihren Anfängen oft gesehen, war auch bei legendären Konzerten wie in der Münchner Kunstakademie. Ich habe die Band damals auch mehrmals draußen in ihrer Kommune besucht, John Weinzierl hat dann auch in zweien meiner Filme mitgespielt, in »Alabama« und »Summer in the City«.

CHRIS KARRER Einen Bandleader gab es nie, wir waren eine Art kommunistische Partei, in der alle die gleichen Rechte haben und das Gleiche verdienen. Vielen amerikanischen und englischen Musikern war es unbegreiflich, wie das funktionieren kann. Aber es gab nie autoritäre Probleme bei uns. Weinzierl und ich haben die Songs geschrieben, so wie bei den Beatles. Bis heute bekommt jeder von uns das Gleiche.

RENATE KNAUP Von Gleichberechtigung konnte keine Rede sein. Ich hatte unglaublich zu kämpfen, das war richtig brutal. Vor allem Peter Leopold war mein besonderer Freund, der konnte Sprüche bringen wie: »Du hast zu schweigen, denn du hast kein Abitur.« Zum Glück unterstützten mich dann die anderen Männer, aber trotzdem war es manchmal ganz, ganz schrecklich und ekelhaft für mich. Als »Yeti« rauskam, mit dem Stück »Archangels Thunderbird«, was ja mein Durchbruch war, da habe ich richtig um mein Recht kämpfen müssen. Auch sonst kamen die Melodien oft von mir. Die gaben mir das halbfertige Stück, und darauf habe ich dann improvisiert, bis ich eine Hookline hatte. Auch bei dem sehr komplexen »Thunderbird« war es meine Melodie. John Weinzierl behauptet aber, er hätte das geschrieben. Ich habe dafür noch nie Tantiemen gesehen.

CHRIS KARRER Einmal sind wir in Frankreich von der Polizei verhaftet worden, weil wir in einem Dealerauto mitgefahren waren. Als die Polizisten merkten, dass wir mit den Deals nichts zu tun hatten, haben sie uns zwar freigelassen, uns allerdings vorher die Köpfe kahlgeschoren. So kamen wir ohne unsere langen Haare nach München zurück, die waren ab. Es war Silvester und eiskalt, und damit wir am Kopf nicht so frieren, haben wir uns Perücken gekauft. Am nächsten Montag hatten wir beim Konzert im PN also diese Perücken auf, und eine Woche später kamen unsere Fans auch alle mit solchen Perücken an, weil sie dachten, das wäre jetzt das Allerneuste.

RENATE KNAUP Ein paar Meter neben diesem PN-Club gab es eine agile, tolle Plattenladenfrau, die Irmgard Weigelt. Bei der tauchten immer wieder Leute auf, die fragten, ob sie nicht Platten von Amon Düül II hätte. Aber es gab natürlich keine. Also sammelte sie Unterschriften von Menschen, die eine Amon-Düül-II-Platte kaufen würden, wenn es sie denn gäbe. Als da mehr als tausend Unterschriften beisammen waren, bekam das Olaf Kübler mit und roch Blut. Er tauchte plötzlich in

Herrsching auf und machte einen auf Manager, er hatte auch den Kontakt zu Siggi Loch. Wir sind dann zu allen Terminen für Verträge und Ähnliches immer zu siebt aufgetaucht. Das muss man sich mal vorstellen: sieben Wahnsinnige an einem Verhandlungstisch mit ein paar Anzugträgern. Das hatte die Welt noch nicht gesehen. Die sind fast durchgedreht.

STEFAN MICHEL Gerd Augustin hat als einer der ganz wenigen erkannt, dass sich in Deutschland eine eigenständige Rockszene bildet. Und er wollte daran teilhaben.

GERHARD AUGUSTIN Die Amerikaner haben Amon Düül II mitfinanziert. In den englischsprachigen Medien hatte sich schon rumgesprochen, dass deutsche Undergroundbands aufregend sind. Letztlich haben wir der Gruppe zweihundertfünfzigtausend Mark zur Verfügung gestellt. Und ihnen das Haus in Kronwinkl gemietet, was noch viertausend Mark im Monat gekostet hat. Dafür war es auch eine Riesenvilla, die allerdings leider bald nach Katzenscheiße roch, weil John Weinzierl ein so großer Katzenfreund war, dass er sich ein bisschen sehr viele in seinem Zimmer hielt. Die anderen waren natürlich sauer über den Gestank.

DIETER SERFAS »Phallus Dei« haben wir in zwei Tagen live eingespielt. Das Programm hatten wir auf der Bühne schon gebracht, waren damit also vertraut. Wir haben die Nummern einfach komplett durchgespielt, dann noch einen zweiten Anlauf. Letztlich ist es eine Liveplatte, die in zwei Tagen in zwei Takes eingespielt wurde. Am Tag danach wurden noch Overdubs gemacht, Christian Burchard kam mit seinem Vibrafon, und Chris hat noch Tamburingeklapper dazu gemacht, alles ohne Mehrspurtechnik.

GERHARD AUGUSTIN »Phallus Dei« ist in zwei Tagen im Trixi-Studio in München entstanden. Und gerade diese frühen und musikalisch sehr chaotischen Alben sind heute die Klassiker.

SIGGI LOCH In München war ich 1968 mit sechsundzwanzig gerade neu in meiner Rolle als Gründungsgeschäftsführer der

Plattenfirma Liberty in Deutschland. Und eine meiner Hauptaufgaben bestand darin, Popkünstler für den deutschen Markt zu finden. Irgendwie stieß ich auf Amon Düül II, wohl über deren Produzenten Olaf Kübler. Zwar kam ich eher vom Jazz und Rhythm 'n' Blues, aber Can und Amon Düül II haben mich beeindruckt, und ich entschied mich, die zum Promotion- und Vertriebsschwerpunkt für neue Rockmusik bei der jungen Liberty zu erklären. »Phallus Dei« haben wir als fertige LP übernommen, die war vorher irgendwo abgelehnt worden.

GERHARD AUGUSTIN Es war totales Chaos, nichts war organisiert. Da waren verschiedene Leute, die sich als Manager der Band ausgegeben haben. Olaf Kübler hat sich schließlich um die Chaoten gekummert und sie vertreten. Wir als Plattenfirma waren interessiert, weil wir sahen, dass in Deutschland die gesamte Presse auf die Band eingestiegen ist, auf dieses »neue Ding«, das da aus München kam. Als ich 1969 noch in Los Angeles lebte, zeigte mir Lee Mandel, der International President von United Artists, also für den Weltmarkt zuständig, mal ein Exemplar von »Phallus Dei« und fragte: »Gerhard, was weißt du über diese Band?« Und da musste ich noch sagen: »Nichts.« Bei United Artists haben sie ihr Geld dann mehr auf Amon Düül als auf Can gesetzt, wohl auch, weil ihr damaliger Manager Olaf Kübler die Dinge gut im Griff hatte. Siggi Loch wusste anfangs gar nicht, dass es Amon Düül und Amon Düül II gab. Amon Düül war die politische Fraktion, die waren nach Berlin gegangen und konnten eigentlich nicht spielen. Amon Düül II dagegen waren die Musiker, wo der harte Kern sich schon aus Internatszeiten in Kempten kannte. Bei Liberty hatte keiner mitbekommen, dass die sich überhaupt getrennt hatten. Irgendwann rief Siggi Loch bei Kübler an und meinte: »Olaf, sag mal, hast du mitbekommen, dass es in Berlin noch eine Band gibt, die sich Amon Düül nennt?« So wurde unsere Gruppe halt einfach zu Amon Düül II. Aber die Situation war schon blöd, auf einmal waren da zwei gleichnamige Undergroundgruppen, in den Medien sorgte das natürlich für Verwirrung.

RENATE KNAUP Mit dem Vertrag gab es einen völlig anderen Push, aber halt auch Anspruch: Du musstest es jetzt nicht mehr nur dir selbst beweisen, sondern der ganzen Welt! Das war schon Druck.

GERHARD AUGUSTIN Die Plattenfirma hat das Leben der Gruppe komplett finanziert.

RENATE KNAUP Es wäre wohl klüger gewesen, bei einer kleinen Firma zu unterschreiben oder gleich eine eigene Firma zu gründen. Aber da fehlte uns vielleicht einfach der Mut. Bei einer großen Firma unter Vertrag zu sein, ist auch ein nettes Rückenstreicheln. Der Pressefuzzi dort war damals der Gerhard Augustin, der dann auch unser Manager wurde. Ich habe nie Verträge gelesen, ich kann das gar nicht, bis heute nicht. Es ist mir auch wurscht. Aber bei uns ist deshalb auch viel ins Auge gegangen. Im Ganzen sind wir bestimmt um eine Viertel- bis halbe Million gelinkt worden.

SIGGI LOCH Beim Nachfolgealbum, »Yeti«, ging ich mit ins Studio, weil ich die Musik so spannend fand, habe auch ein bisschen beim Produzieren mitgeholfen. Bei der Aufnahme war es extrem exotisch. Exzessiven Drogenkonsum kannte ich zwar schon vom Jazz, aber so offenkundig hatte ich das vorher nie erlebt. Es war interessant zu sehen, wie lange die brauchten, also wie viele »Rohre« sie rauchen mussten, bis alle auf der gleichen Höhe über der Erde waren. Das dauerte Stunden. Peter Leopold war manchmal lange gar nicht in der Lage, überhaupt zu spielen. Aber wenn es dann so weit war, spielten sie göttlich. Für mich war das eine neue und außergewöhnliche Erfahrung. Bei den Drogensessions habe ich aber selbst nicht mitgemacht, sondern damals eher noch munter dem Alkohol zugesprochen. Nur gelegentlich rauchte ich mal einen Joint mit, weshalb ich mir bei diesen Sessions manchmal etwas isoliert vorkam. Aber ich wollte unbedingt dabei sein, wenn diese Musik entsteht, um auch mal eingreifen zu können und zu sagen, was wir nehmen und was nicht, mir ging es rein um die Musik. Und »Yeti« halte ich bis heute für das beste Amon-Düül-Album.

CHRIS KARRER Der Siggi Loch war ein netter, kunstbeflissener Mann, der sich nicht groß eingemischt hat. Gute Aufnahmen waren uns wichtig. Schon für »Phallus Dei« hatten wir eines der besten Studios in München, so wie später auch, immer die besten Studios mit den besten Ingenieuren. Das hat uns allerdings auch sehr viel Geld gekostet.

SIGGI LOCH Die hatten eine klare Vorstellung davon, was sie wollten und was nicht. Trotzdem versuchte ich manchmal, sanft Einfluss zu nehmen, aber ohne ihnen meinen Willen aufzuzwingen. Es wurden Unmengen an Material aufgenommen und dann später zusammengeschnitten. Ich glaube, dass kein Titel so auf der Platte erschienen ist, wie er aufgenommen wurde, »Yeti« ist letztlich eine Collage, aber mit unfassbar vielen großartigen Momenten.

RENATE KNAUP Als ich meinem Vater »Phallus Dei« vorspielte, ist der ausgerastet: »Das ist doch keine Musik!« Aber als dann auch im Allgäu ankam, was für Erfolge wir hatten, hat er am Stammtisch aufgetrumpft: »Siasch, I hob's gwusst, des isch mei Mädle …«

SIGGI LOCH Als ich 1971 WEA-Chef wurde, kam der damalige Amon-Düül-Manager auf mich zu und fragte, ob ich nicht mithelfen könnte, die Band in den USA groß zu machen, sie würden dann auch zu Warner kommen. Ich bin dann in New York gewesen und habe das Jerry Greenberg vorgespielt, dem Präsidenten von Atlantic Records. Der schaute mich nur fassungslos an und meinte: »Are you crazy or something?« Ich kehrte also zurück und teilte der Band mit, dass es mir zwar fürchterlich leidtue, ich aber bis auf Weiteres in den USA nichts für sie tun könne. Ich würde ihnen jedoch einen europaweiten Vertrieb garantieren. Das war ihnen aber zu wenig, deshalb kam da kein Vertrag zustande. Sechs Monate später fliegt der gleiche Amon-Düül-Manager nach New York und trifft den gleichen Jerry Greenberg und verkauft dem das gleiche Album für fünfzigtausend Dollar Vorschuss. Von mir wollte es Greenberg nicht, er wollte es nur höchstpersönlich signen, also den Entdecker spielen! Der Mann hat bei mir übrigens auch mal die Scorpions abgelehnt.

CHRIS KARRER Der kommerzielle Erfolg der Platten war uns schon wichtig. Wenn man nur idealistisch ist, bleibt die Musik ein Hobby. Wenn man sich das leisten kann, ist das natürlich schön, aber wir mussten von der Musik auch leben. Irgendwann waren die Eltern tot oder nicht mehr bereit, die Kinder zu unterstützen. Als die ersten GEMA-Zahlungen kamen, haben wir uns richtige Gitarren und ein Band-Auto geleistet, und in London Equipment eingekauft. Das ist ja alles sauteuer. War schon gut, wie sich das in finanzieller Hinsicht für uns weiterentwickelt hat, mit den internationalen Tourneen und Verträgen.

STEFAN MICHEL In Paris war das ein sagenhaftes Konzert-Line-up: erst die Groundhogs, dann Amon Düül und am Ende Hawkwind. Aber die Leute vom Olympia wollten diese Bands eigentlich gar nicht in ihren geheiligten Hallen haben, das merkte man sofort. Sie empfanden sie als unwürdig, also machten sie zwei der Bars hinten im Saal zu, was dazu führte, dass sich alle an der Bar vorn drängten. Und zwar richtig, sodass es mächtig Ärger gab, weil es ewig dauerte, bis man was zu trinken bekam. Weil alles so gedrängt war, kamen die Leute auch nur schwer in den Saal, und als die Groundhogs dann auf die Bühne gingen, fing sofort die Randale an, die ersten begannen, die Sitzreihen auseinanderzunehmen, diese schön gepolsterten Sessel, die wurden einfach rausgerissen, es brach Chaos aus. Die Düüls sollten als zweite auftreten, hatten aber alle Angst und wollten da nicht raus. Es flogen auch schon jede Menge Sachen auf die Bühne. Irgendwann hat Lothar Meid gesagt: »Scheiß drauf!«, ist da raus und spielte eine Basslinie, die richtig geil geknallt hat, und den ersten Stuhl, der auf ihn flog, hat er sofort zurückgeschmissen. Das war genau das, was die Leute wollten, und es wurde dann ein richtig gutes Konzert, der Saal flog weg! Und danach noch Hawkwind, besser ging es nicht. Allerdings hatten die Manager des Olympia die Garde nationale zu Hilfe gerufen, die hatte bald das ganze Areal umstellt und wollte unbedingt alle verhaften und verprügeln. Die Mitarbeiter des Olympia wollten uns schnell aus dem Laden haben, aber wir weigerten uns rauszugehen, weil uns klar war, dass wir da gesundheitliche Probleme kriegen würden. Wir haben dann gewartet, bis die Lage sich beruhigt hatte. Letztlich war es für uns eine super PR. Die Presse war begeistert und brachte viele große Geschichten.

A. R. & MACHINES

»Plötzlich machte es: Dabadabadaba!«
ACHIM REICHEL

FRANK DOSTAL Anfang der siebziger Jahre waren Reichel und ich pleite. Wir hatten unser ganzes Geld für den Star-Club ausgegeben, waren völlig rasiert und hatten noch einen Prozess über mehrere hunderttausend Mark an der Hacke. Aber wir hatten einfach Lust, diese Musik zu machen, auch wenn es nicht vernünftig war. Wir haben irgendwann festgestellt, dass unsere Sachen am besten sind, wenn wir sie selber mögen. Ich habe mir mein ganzes Leben lang nicht vorstellen können, was Leute so mögen. Und ich denke, Achim ging das ähnlich. Meistens habe ich Texte für andere geschrieben und mich immer gefragt, wie das klingt, wenn derjenige das singt, wie meine Worte zu seiner Stimme passen oder wie dann sein Gesicht aussieht. Aber darüber, ob etwas Erfolg haben könnte, habe ich nie viel nachgegrübelt. Was ein Hit ist, habe ich im Leben nicht begriffen. Klar war nur, dass wir die Musik, die wir bis dahin mit den Rattles und mit Wonderland gemacht hatten, zu dem Zeitpunkt ausgelotet hatten.

HANS LAMPE In Hamburg war eine Szene, in der nachts in kleinen Läden viel gejammt wurde, vor allem an der Großen Freiheit und am Pferdemarkt. Achim Reichel kam auch oft dazu. Weihnachten 1968 kam sogar mal Ritchie Blackmore, der damals in Hamburg lebte, und stieg mit ein. Es gab da so eine allgemeine Stimmung, dass man Musik mal anders machen möchte. Als Achim Reichel und Frank Dostal den Star-Club übernommen hatten, war ich da auch oft unterwegs. Dort spielten Bands wie Taste oder Black Sabbath, drei, vier Tage hintereinander, mehrere Sets pro Abend. Ich habe da auch in der Ausgabe gearbeitet, und so lernte ich Achim und Frank kennen. Eines Tages nahm mich Achim mit ins Studio zu den Aufnahmen zur »Grünen Reise« von A.R. & Machines, mit Conny Plank am Mischpult, den habe ich da auch kennengelernt.

NIKEL PALLAT Achim kam vom Beat, war aber immer auf der Suche nach zeitgemäßen Ausdrucksformen. Er ist kein Intellektueller, der endlos über sich reflektiert, sondern er macht einfach.

ACHIM REICHEL Zu der Zeit fing ich auch an, andere Musik zu hören, zum Beispiel Ravi Shankar – boah! Von dem habe ich ein Konzert in der Musikhalle gehört und wäre vor Ehrfurcht fast im Boden versunken. Dieses klobige Rieseninstrument, die Sitar, und dann fängt der zu spielen an, und zwar bald in einem Tempo, dass man dachte: Das geht doch gar nicht! Die waren zu dritt, kein Ton ging daneben. Unfassbar. Da lernte man auch, dass Musik mehr sein kann als eine Drei-Minuten-Single: Raum! Platz! Eine Offenbarung! Das war auch eine Befreiung von dieser ganzen Nachahmerei. Mit A.R. & Machines merkten wir schon, dass wir den Leuten was geboten haben, was sie so noch nie gehört hatten.

FRANK DOSTAL Achim entdeckte an einem Tonbandgerät einen ganz eigenartigen Echo-Effekt und merkte bald, dass er mit der Maschine zusammenspielen konnte, dass diese Wiederholungen ganz neue Möglichkeiten boten. So konnte er zum Beispiel seine Stimme ganz allein zum Chor hochjazzen. Mit Samplern kann das technisch heute jeder, aber er war der Erste, der mit diesem Effekt richtig musizierte. Das verselbständigte sich rasant, und vor allem nach dem Konsum gewisser Substanzen taten sich da völlig neue Dimensionen auf, ja ganze Universen, wo man in Höchstgeschwindigkeit durchraste und Dinge erlebte, die einen schwer beeindruckten. Dass Achim unter diesen Umständen noch auf seiner Gitarre mit

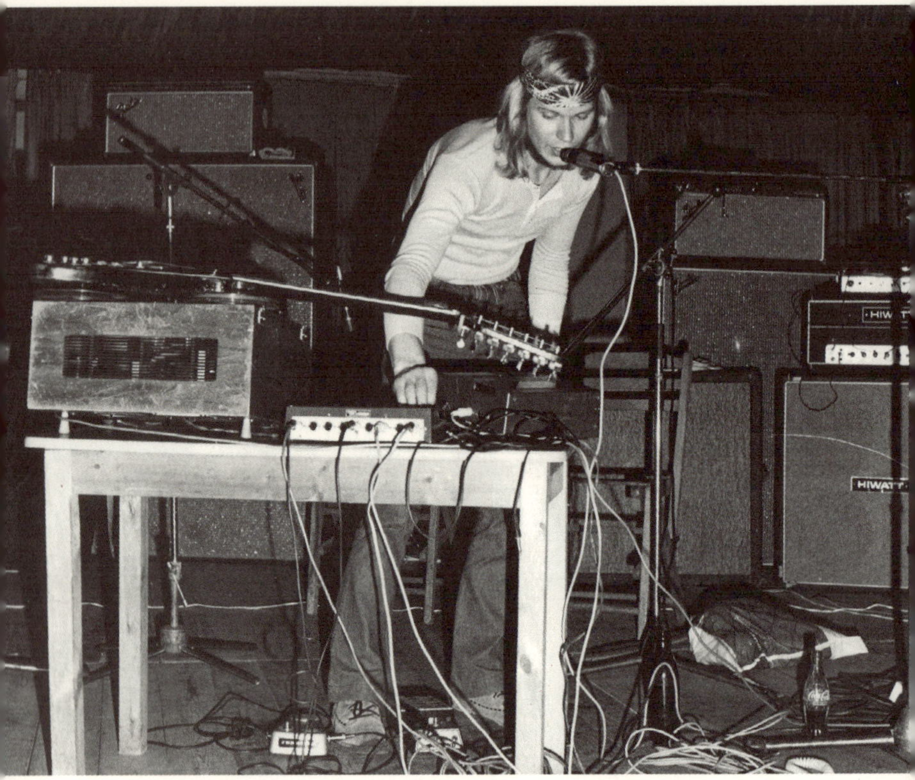

A. R. & Machines, Achim Reichel, British-German Pop Meeting in der Ernst-Merck-Halle, Hamburg, 18. 9. 1971

der Maschine spielen konnte, ist ein Wunder, aber er ist auch einer der besten Rhythmiker, die ich kenne.

ACHIM REICHEL Vor 68 dachte man, es sei schon was Besonderes, seine eigenen Songs zu schreiben, auch wenn die stilistisch wie Beatles-Stücke daherkamen, so wie bei den Rattles. Auf der Suche nach etwas Eigenem kam ich dann auf Echos. Ganz zufällig, denn eigentlich hatte ich nur den falschen Knopf gedrückt, als ich etwas ganz anderes aufnehmen wollte. Aber plötzlich machte es: Dabadada Dabadada Dabada. Das klang lustig: Ich dachte: Huch! Was ist das denn? Wow! Schon spielte ich eine zweite Stimme dazu, dann eine zweite Gitarre, alles im Rhythmus der Echos, das fand ich irre aufregend! Nur für die Schlagzeuger war es tendenziell nervig, weil sie jetzt nicht mehr Rhythmusgeber waren, sondern Maschinenecho. Aber diese Erfahrung, eine Gitarre zu spielen, die wie zehn Gitarren klingt, das war einfach unwiderstehlich. Sofort begannen wir, Sessions zu machen, mit diesem neuen Sound.

HANS LAMPE Was Achim da machte, war Ausdruck eines gemeinsamen Empfindens und ganz weit weg von allen herkömmlichen Songstrukturen. Das übliche Schema – Intro-Strophe-Bridge-Refrain-Strophe-Bridge-Refrain-Fadeout – warf er komplett über Bord, stattdessen ließ er die Musik frei fließen, und das war toll. Es wurde einfach losgespielt und gehört, was sich entwickelt. So kam man zu ganz anderen Ergebnissen. Man fragte höchstens: »Spielen wir in D oder in E?« Damit begann in Hamburg die experimentelle Musik. Nur verstanden hat das damals keiner, das war einfach zu früh. Bei der Polydor haben die sich sicher auch was anders ausgerechnet, denn Achim Reichel war ja schon bekannt, bloß halt mit anderer Musik, und gerade zu der Zeit wollte er sich mit den Rattles und Wonderland überhaupt nicht mehr identifizieren.

ACHIM REICHEL Weil es doch so neu war, ließen wir es dann erst mal langsam angehen, trafen uns bloß unregelmäßig im Studio, kifften eine Kleinigkeit und ließen uns überraschen, was passiert. Die Idee, daraus Platten zu machen, gab es noch nicht. Aber es war doch schon die Zeit der sogenannten progressiven Musik, die Haare und die Solos wurden länger. Ich habe dann eher nebenbei mal jemandem von Polydor von diesen Sessions erzählt, und der fragte mich, ob es da was zu hören gäbe. Also spielte ich ihm ein paar Echo-Sachen vor, und er fand die gut. Die Polydor hatte damals einen neuen Zweig für progressive Musik gegründet. Zwar wussten die auch nicht so genau, was »progressiv« eigentlich sein soll – aber Hauptsache irgendwie ungewöhnlich. Der Polydor-Mann sagt also: Achim, das finde ich interessant. Wie lange brauchst du denn für ein Album mit dieser Musik? Die hatten ja immer im Kopf, dass sie das Studio zahlen mussten. Ich sagte: Drei Tage werde ich schon brauchen. Da fragte der, ob ich nicht eine Null vergessen hätte. Nö, eigentlich nicht. Also sagte er, okay, das zahle ich dir!

FRANK DOSTAL Die erste Idee war: Erst mal aufnehmen. Aber irgendwann kamen wir darauf, dass da was fehlt, wenn es bloß rein instrumental ist. Reine Maschinenmusik kann niemand ertragen, dachten wir. Das führte dazu, dass ich plötzlich dasaß und mir überlegen musste, was denn da überhaupt für Texte passen. Strophen und Refrains gab es ja keine mehr, also löste ich mich davon und konzentrierte mich ganz auf den Klang und die Assoziationen von Worten. Es war ein Vorteil, dass ich selber mal gesungen hatte, dadurch wusste ich, was sangbar ist und was weniger, dass es aber auch mal gut ist, wenn etwas »eckig« klingt. Ich erinnere mich an die Zeile »Thin is the skin of ecstasy« – da knallt doch erst der Klang! Was damit gemeint sein könnte, fragt man sich, wenn überhaupt, erst später. Jedenfalls keine Abhandlung über Ekstase, sondern alles fern jeglicher Logik, es ging rein um den Wortsound. Gut, hier und da habe ich auch mal etwas gesagt, was ich so loswerden wollte. Aber ich hatte nicht vor, da Pamphlete rauszulassen. Und bei A.R. & Machines am wenigsten. Die meisten Leute interessieren sich ohnehin nicht für den Sinn, gerade in Deutschland, da fährt man höchstens auf den Klang der Worte ab.

ACHIM REICHEL Bei der »Grünen Reise« dachte ich mir, dass Sinfonien ja auch über ganze Plattenseiten gehen. Warum sollte ich das nicht auch mal machen? International gab es schon ein paar Rockbands, die Stücke über eine ganze Plattenseite machten. Heute frage ich mich allerdings, wo bei uns damals der Mut herkam. Denn eigentlich ging es uns ja gut, wir hatten mit den Rattles zu der Zeit gut Geld verdient. Zum Glück war mir auch gar nicht klar, dass ich mich auf da gefährlichem Terrain befand, nämlich meinen Ruf zu verspielen, weil das nicht zu meinem Image passte. Aber ich fand das einfach zu aufregend. Der Vermarktungsscheiß, dieses ganze »Wo ist die Zielgruppe? Wie groß ist die? Wie erreichen wir die?« – alles egal! Die Musik ist gut. Punkt. Wer das begreift, ist willkommen, und wer nicht … braucht halt noch ein bisschen.

HANS LAMPE Für »Die Grüne Reise« habe ich im Studio heulige Windgeräusche mit einem Schlauch gemacht.

ACHIM REICHEL Die »Grüne Reise« war dann ja sogar ein Achtungserfolg.

FRANK DOSTAL Es wurden sogar zwei Nummern als Single ausgekoppelt und kamen zu unserer großen Verblüffung im Radio ganz gut an, obwohl sie von der Struktur her dafür völlig ungeeignet waren.

ACHIM REICHEL Immerhin wollte Polydor schnell eine zweite Platte. Also machten wir die ihnen, sogar gleich zwei, ein Doppelalbum, und dann folgte eine legendäre Abhörsitzung: Die Polydor-Leute saßen da, hörten sich unser über eine Stunde langes Opus »Echo« an – und waren sprachlos. Die wussten gar nicht mehr, wo sie eigentlich sind. Irgendwann sagte der Polydor-Mann Karl Faust: »Ja, Herr Reichel, das ist alles sehr interessant, aber muss das denn wirklich durchgehend in einer Tonart sein? Das ist doch kein Lied, oder?« Die meinten echt, ich wollte sie veräppeln. Außerdem musste ich mir anhören, dass ich doch bis vor Kurzem noch so ein Teenietröster gewesen sei. »Und jetzt wollen Sie auf einmal ernst genommen werden?« George Harrison hat mal schön gesagt: »Natürlich wollten wir Geld verdienen, viel und schnell. Aber als das geklappt hatte, stellten wir uns die Frage, warum wir eigentlich Musik machen wollen.« Das war bei uns so ähnlich. Wir haben natürlich nicht so viel Geld verdient, aber als das halbwegs klappte, fragte man sich schon, wie es weitergehen soll. Das Schlimmste, was einem in diesem Geschäft passieren kann, ist der Zynismus, wenn man sich sagt: Okay, die Masse ist schlicht, die wollen bloß mitsingen, einen schönen Groove haben.

FRANK DOSTAL Trotz dem ganzen Unverständnis zeigten die Plattenfirmenleute, mit denen wir zu tun hatten, aber letztlich großen Respekt vor unserer Arbeit. »Echo« ist ja dann auch auf Polydor erschienen, als Doppelalbum zum Aufklappen. Die waren schließlich schon daran gewöhnt, dass sich in der sogenannten Popmusik ständig neue Dinge taten, die sie erst nicht verstanden. Aber manchmal verstanden sie die auch ziemlich schnell, manchmal sogar schon, während etwas zustande kam. Das konnte durchaus inspirierend sein. Damals wurde wirklich noch über Musik gesprochen, nicht nur über Marketingpläne, ganzseitige Anzeigen und ähnlichen Mist.
ACHIM REICHEL Da war mal eine Party, wir hatten alle irgendwas in der Birne, auf einmal saß da ein uralter Mann rum, der hatte einen Turban auf und vorne 'ne Brosche dran. Ich fand den seltsam. Jedenfalls legt der Typ dann meine »Grüne Reise« auf, springt mit seinem Turban hoch und macht die verrücktesten Pirouetten. Irgendwann setzte er sich außer Atem zu mir und meinte, das sei hervorragende Musik, die habe er schon in den zwanziger Jahren gerne gehört. Er war nämlich ein alter Tänzer von der Staatsoper. Das waren durchgedrehte Zeiten.
FRANK DOSTAL Im Ganzen waren die Echo-Sachen gar nicht so unerfolgreich, auch wenn wir bis dahin anderes gewöhnt waren.
ACHIM REICHEL In der Musikhalle spielten wir mit Rory Gallagher und Taste. Und im Hamburger Stadtpark hängten wir die Boxen für die Echo-Effekte in die Hecken. Die dachten, ich bin nicht mehr ganz dicht.
HANS LAMPE Es war sehr unterschiedlich, mal spielten wir in einer Halle in Niedersachsen vor drei Leuten, und kurz danach auf einem Festival in der Ernst-Merck-Halle vor sechstausend. Wir spielten jedenfalls immer durch, das war das Konzept. Ein Stück dauerte vierzig Minuten, egal wie die Leute darauf reagieren. Aber die sechstausend waren völlig aus dem

Häuschen, es gab Jubelstürme, wir waren selbst ganz überrascht. Das war unglaublich. Wir spielten sogar noch eine Zugabe, was auf Festivals damals noch nicht üblich war. Die Menschen waren für so was erstaunlich aufnahmebereit. Nur die Platten liefen leider nicht so gut.

ACHIM REICHEL Ich habe das bis 1975 konsequent durchgezogen und insgesamt sechs Platten gemacht, die letzte hieß »Erholung«. Aber irgendwann dachte ich mir, dass ich mit dieser Musik wohl alleine bleiben werde. Die Instanzen, von denen ich mir Applaus gewünscht hätte, zogen alle den Kopf ein, deshalb war das Ding dann leider für mich durch. A.R. & Machines war eine tolle Phase, ich habe mich da voll reingekniet und meine Statements abgegeben, aber ich musste auch weiterleben. Am liebsten von meiner Musik. Ich habe deshalb nochmal einen radikalen Schnitt gemacht, mit meinem Shanty-Album. Und hab dann auch viel in diese Richtung produziert, Ougenweide, Novalis und so was, aber auch Kiev Stingl. Heute gelten Ougenweide als Mittelalter-Rock-Propheten. Als ich die damals traf, spielten sie noch Fairport-Convention-Sachen nach. Ich sagte denen: Spielt doch lieber mal Walther von der Vogelweide.

FRANK DOSTAL Ein paar Jahre später schickte mir ein Journalist aus Australien überraschend eine Rezension, in der er sich endlos mit meinen »Grüne-Reise«-Texten auseinandersetzte. Es gab immer sehr spezielle Liebhaber für diese Musik, vor allem in England, Frankreich, Italien, Amerika und Japan, aber seit ein paar Jahren werden es doch immer mehr.

EIGENPFADE

»Ich wollte die totale Befreiung.«
SUZANNE DOUCET

ASMUS TIETCHENS Ich entdeckte die Neue Musik im Radio. Erst beim WDR, dann ab Mitte der fünfziger Jahre beim NDR. Diese Sender berichteten fleißig über das, was in Köln passierte, also im Kölner Studio für elektronische Musik – einmal im Monat, was gemessen daran, dass heutzutage nur noch im Deutschlandradio über solche Musik berichtet wird, sehr viel gewesen ist.

LIMPE FUCHS Als Abiturientin besuchte ich in München 1960 das neue Siemens-Studio von Josef Anton Riedl. Das war mein erster Eindruck von elektronischer Musik, also den Möglichkeiten, die Elektronik bietet, um Geräusche zu generieren und zu variieren.

SUZANNE DOUCET Der Kassettenrekorder war für mich wie ein Instrument, mit dem ich machen konnte, was ich wollte. Mit meiner Schwester, die mich da inspirierte, habe ich einfach angefangen, Dinge aufzunehmen: habe Gitarre gespielt und das aufgenommen, bin auf den Rummelplatz gegangen und hab den aufgenommen, bin nach Prag gefahren und hab dort die Geräusche aufgenommen.

WOLF SEESSELBERG Mitte der Sechziger lebte mein Bruder Eckart in Hamburg und ich in Düsseldorf. Wenn ich gelegentlich nach Hamburg kam, saßen wir zusammen und experimentierten mit den elektronischen Geräten, die er entwickelte. Weil Eckart seine Synthesizer ständig weiterentwickelte, waren die Geräte nie wirklich fertig, woraus sich aber auch immer wieder neue Möglichkeiten zum Experimentieren ergaben.

ASMUS TIETCHENS Diese nächtlichen Elektroniksendungen und ähnlich ambitionierte Radioprogramme interessierten mich – ich war ungefähr elf – aus einem sehr einfachen Beweggrund: Ich war ja nun frischgebackener Gymnasiast und dachte mir: Das ist eine höhere Schule, da muss ich mich auch mit höheren Dingen auseinandersetzen. Als Zwölfjähriger lief ich deshalb mit einer Taschenbuchausgabe von Camus' »Mythos des Sisyphos« herum, ohne die geringste Ahnung, was da drinstand. Ich wusste nur, dass das irgendwie wichtig ist. Genauso gab ich vor, diese unerhörte Musik zu verstehen, die nachts im Radio ausgestrahlt wurde. Der »Gesang der Jünglinge« von Karlheinz Stockhausen hat sich mir nachhaltig eingeprägt, ebenso »Funktion Grün« von Gottfried Michael Koenig. Viele Namen der Künstler, deren Musik ich dort hörte, habe ich leider vergessen, aber vieles klingt mir immer noch im Ohr. Natürlich habe ich nichts verstanden. Aber umso besser konnte ich mit den aufgeschnappten Namen und Begriffen auftrumpfen, denn in meinem Umfeld wusste und begriff man noch viel weniger. Den Mädchen imponierte das zwar nicht, aber einige Mitschüler waren davon schon etwas beeindruckt. Das war jedenfalls der ursprüngliche Grund, weshalb ich mich damit beschäftigt habe – ein sehr niederer Beweggrund, aber egal. Eigentlich mochte ich diese Klänge anfangs gar nicht, mein Herz schlug für ganz andere Dinge. Ernsthaft habe ich mich um diese neue Musik erst ab meinem achtzehnten Lebensjahr gekümmert.

LIMPE FUCHS Der Hochschule habe ich hilfreiche Erkenntnisse über die Entwicklung der Musik zu verdanken, von Schönberg bis zur Gleichrangigkeit der Töne. Dank dieses Wissens war es mir viel besser möglich, Paul Fuchs in meine Sachen zu integrieren, diesen Bildhauer, der so interessiert war, Musik mit mir zu machen. Aber der war nicht traditionell mit einem Instrument bekannt, also haben wir gemeinsam Material ausprobiert. Für mich waren Geräusche schon immer besonders interessant. Schon als Kind habe ich immer meinen Vater genervt, am Radio herumzudrehen, damit ich mir die Kurzwellen anhören konnte.

SUZANNE DOUCET Ich habe 1966 eine Produktion für den Bayerischen Rundfunk gemacht. Da stellte man mir ein NAGRA hin, so ein mobiles Tonbandgerät. Für ein Projekt über Kinderlieder bin ich dann damit rausgegangen und habe Kinder interviewt. Dieser mobile Rekorder war eine solche Befreiung, denn damit konnte ich unabhängig von einem Studio selber Aufnahmen machen. Die konnte man im Studio dann wieder mit weiteren Effekten versehen. So war man immer auch sein eigener Produzent. Bei meinen ersten Fernsehshows als Sängerin interessierten mich die Kameras mehr als meine eigene Performance. Ich habe bald Filme geschnitten und im Studio Tonmeister gelernt. Die technische Seite hat mich sehr stark interessiert. Ich hatte da auch meine erste Acht-Millimeter-Kamera. Drei Monate lang machte ich nun also Aufnahmen, zu Hause, draußen, wo auch immer, was gerade kam. Dann haben wir das alles irgendwie zusammengestellt. Teilweise waren es Tonbandaufnahmen, teilweise Kassettenrekorderaufnahmen, dazu Fernsehmitschnitte. Zu Hause habe ich mit dem Tonbandgerät noch andere Sachen dazugespielt. Dieser Prozess ging über Monate. Am Ende stellte ich die besten Teile zusammen und editierte aus dem gesamten Material eine Collage. So ein Aufwand war das damals! Aber auch ein Abenteuer.

WOLF SEESSELBERG Mein Bruder und ich wurden in Hamburg geboren. Eckart war zwölf Jahre jünger. Unser Vater war Konzertmeister an der Staatsoper und Philharmonie Hamburg. Ich hatte dadurch früh Zugang zu den Generalproben der Oper. Als Achtzehnjähriger begann ich 1959 ein Studium bei Teo Otto, dem Professor für Bühnenbild an der Staatlichen Kunstakademie in Düsseldorf. Die Bühnenbild-Klasse bestand am Anfang nur aus fünf Studenten. Schon ab dem zweiten

Semester reisten wir als Assistenten mit unserem berühmten Professor an viele große Theater, Otto hatte damals bis zu acht Premieren im Monat. Anfang der sechziger Jahre war ich als sein Assistent mit an der Staatsoper Hamburg, als der Komponist Rolf Liebermann dort Intendant war und schon an seiner »Symphonie Les Echanges« für sechzehn Schreibmaschinen und andere Büromaschinen arbeitete. Otto hatte die Bühnenbilder für die Welturaufführung der ersten Weltraumoper »Aniara« entworfen. Der schwedische Komponist Karl-Birger Blomdahl hatte sie für Orchester komponiert, lieferte dazu aber diverse Tonbänder mit Sphärenklängen und Mitschnitten von UKW-Geräuschen aus dem Radio, die auf mich extrem inspirierend wirkten. Fast zeitgleich experimentierte ich an der Akademie in Düsseldorf mit Blankfilm, zeichnete mit Farbe direkt auf das Filmmaterial, klebte Zucker darauf oder lochte es mit einer Nähmaschine. So entstanden abstrakte Filme ohne Kamera, die ich gern ebenso abstrakt vertont hätte, wozu ich aber zunächst keine Möglichkeit sah. Zufällig beschäftigte sich mein jüngerer Bruder damals mit dem Bau von Walkie-Talkies, was damals noch verboten war. Auf dem Dach des elterlichen Hauses in Hamburg führte er mir heimlich seine neuesten Kreationen vor, wobei er die vielen Nebengeräusche, die dabei entstanden, also das Knattern, Knistern und Pfeifen, selbst als Fehler wahrnahm, die es zu beheben galt. Mich erinnerten diese Sounds aber an die Weltraumoper »Aniara«, und so fragte ich meinen Bruder, ob er diese »Fehler« nicht auch für mich isolieren könne. Und das konnte er. Damit begann für uns der Ausflug in den elektronischen Klangkosmos.

ASMUS TIETCHENS Als Zehnjähriger hatte ich schon mal gehört, dass man Musik auch ohne Instrumente machen kann und eigentlich nur ein Tonbandgerät und ein Mikrofon braucht, dazu Schere und Klebstoff. Mit fünfzehn hatte ich diese Geräte, also zerschnitt ich ein Tonband, tat die Schnipsel in eine Schachtel, schüttelte sie und klebte dann alles wieder willkürlich zusammen. Was dabei herauskam, klang sehr interessant! Meine erste ausgedachte, also vorsätzlich nach einer Idee ausgeführte Arbeit mit Tonband ist von 1965. Das Stück ist auch noch erhalten geblieben. Mein Plan war ganz einfach: Ich hatte ein Tonbandgerät mit drei Bandgeschwindigkeiten und mit der Möglichkeit, eine bereits bespielte Spur nochmal zu bespielen, ohne sie zu löschen. Das habe ich dann gemacht, habe also erst auf irgendwelchen Dosen und Töpfen herumgeklötert und das anschließend mit halber Geschwindigkeit abgespielt. Klang schon mal ganz anders. Dann habe ich darüber noch etwas anderes aufgenommen, mit normaler Geschwindigkeit! Das Ganze habe ich dann mit dreifacher Geschwindigkeit abgespielt. An dieser Sache saß ich einen Nachmittag lang, das Resultat dauerte sieben Minuten. Und ich merkte, dass ich mit den Werkzeugen Tonbandgerät und Mikrofon alles umsetzen konnte, was ich wollte.

LIMPE FUCHS Mein Vater wollte nicht, dass ich freies Klavierspiel im Hauptfach studiere, weswegen ich gezwungenermaßen auch noch Geige und Harmonielehre und Komposition und Dirigieren und so weiter studieren musste. Da habe ich die vielfältige Rhythmik von Béla Bartók schätzen gelernt. Ich habe eine slowenische Großmutter mütterlicherseits, daher ist mir eine freie Rhythmik selbstverständlich. Die wichtigste Sache für mich war aber, dass ich mir während des Studiums, nachdem ich 1963 durch einen Aushang darauf aufmerksam wurde, eine Trommel gekauft und danach bei einer Mädchenrockband mitgespielt habe. Das Schlagzeug, mit Bassdrum und Hi-Hat und so weiter, verschaffte mir diesen kurzen Ausflug. Das war eine Beatband, mit der wir die Beatles und solche Sachen gecovert haben. Der Paul hat bei »Yellow Submarine« mit seinem neu gebauten Horn mitgespielt und alles weggeblasen. Damals habe ich mir auch den Namen Limpe zugelegt, meine Erfindung. Aber nach einem Konzert hat mich mal ein Philologe angesprochen und gesagt, dass er wisse, woher mein Vorname komme, der sei nämlich keltischen Ursprungs, genauer gesagt: eine keltische Quellgöttin. Und in der Gegend, in der mein Sohn wohnt, gibt es tatsächlich einen Ort namens Limpach.

SUZANNE DOUCET Mit dem Rekorder war ich in die Welt hinausgegangen. Und durch meine Schlagerplatten kannte ich schon das Musikbusiness. Meine dritte LP, »International«, wurde von Siggi Loch für Liberty produziert, 1969, als er da auch schon Can und Amon Düül machte. Aber der eigentliche Ursprung der Zweistein-Musik waren weder die Aufnahmegeräte noch meine Popkarriere davor, sondern der liegt in meinen ersten Drogenerfahrungen und meinem ersten LSD-Trip. Nach diesen LSD-Erfahrungen wollte ich etwas machen, das nichts mit dem zu tun hatte, was ich als Schlagersängerin eingespielt hatte. Ich wollte die totale Befreiung.

WOLF SEESSELBERG Zunächst baute mein Bruder diverse kleine Elemente in Seifendosen mit Schaltern oder Drehknöpfen, die verschiedene Geräusche und Töne erzeugen konnten, sich aber nicht miteinander kombinieren ließen. Er hatte sehr schnell begriffen, worum es mir ging, und war nun selbst entzündet. Er riss die einzelnen Elemente wieder auseinander und fasste sie auf einer Platine zusammen: Daraus entstand in den nächsten zwei Jahren sein erster Synthesizer, mit dem wir Mitte der sechziger Jahre meine Filme vertonen konnten. Nachdem die 1965 gezeigt worden waren, gab es viele Anfragen, auch zum Ton. Inzwischen war ich Dozent an der Düsseldorfer Akademie für die Bühnenbildklasse, später Leiter der Klasse für Theater und Film. Unser erster Synthesizer hatte rund hundert Schalter und Drehknöpfe, die sich miteinander kombinieren ließen. Dadurch war das Gerät ohne endlose Verkabelungen und Steckkontakte bei Konzerten verhältnismäßig einfach zu bedienen. Die ersten Konzerte waren meist Improvisationen zu verschiedenen Klangfolgen und fanden 1967 an Orten wie der Kunstakademie Düsseldorf, der »Fabrik« in Hamburg, in diversen Kölner Galerien oder auch im »Gallery House« in London statt. In Düsseldorf trafen wir auch manchmal Conrad Schnitzler und spielten gelegentlich zusammen – über drei Räume – mit unseren sehr unterschiedlichen Anlagen. Auch Joseph Beuys, den ich sehr verehre und der in diesen Jahren allgegenwärtig war, kam da immer gern vorbei, nahm auf unsere Arbeit aber keinen Einfluss.

ASMUS TIETCHENS Mein Freund Okko Bekker ging Ende der Sechziger wie so viele andere nach Indien, bekam dort wie so viele andere die Gelbsucht und landete vier Monate im Hospital, wo er die Grundlagen des Sitarspiels erlernte. Er hatte genug Geld dabei, um einen Lehrer zu engagieren, der ihm das dort beibrachte. Als Okko nach einem Jahr wieder in Hamburg zurück war, hatte er die Sitar dabei. Er bekam dann die Chance, mit dieser Sitar, die damals ein gefragtes Instrument war, bei einer professionellen Plattenproduktion mitzumachen. Als Honorar dafür gab es kein Geld, sondern einen Synthesizer. Das war 1971, als elektronische Instrumente für uns eigentlich unerschwinglich waren. Der erste Synthesizer, auf den man ernsthaft sparen konnte, war der Minimoog, der kostete so um die drei- bis viertausend Mark. So einen bekam nun Okko als Honorar. Deshalb hatte ich plötzlich auch einen Synthie zur Verfügung. Unsere Zusammenarbeit machte ohnehin Spaß und war sehr fruchtbar. Und jetzt hatten wir auch noch diesen Synthesizer!

LIMPE FUCHS Paul lernte ich nach der Abiturfahrt kennen, ich war grad achtzehn. Der hatte eben seine Lehre zum Schmied und die Gesellenprüfung hinter sich und studierte an der Akademie Bildhauer. Er kam halt aus dem Handwerklichen, und die Erkenntnis, dass man selber etwas bauen, zusammensetzen kann, war für mich ein super Erlebnis. Das war eine befreiende Art von Selbstbestimmung, ob man nun ein Haus baut oder Musik so angeht. Und die Idee, gemeinsam aufs Land zu gehen, die Möglichkeit, als arme Studenten, als unvermögende Leute ein Haus zu gestalten, war für mich so überzeugend, dass ich mich mit dem Mann zusammengetan habe. Wir hatten aber auch das Glück, dass uns die Gräfin Lehndorff eine Bürgschaft bei der Bank gegeben hat, wodurch wir in dieses Projekt einsteigen konnten. Das war ein Gruppenprojekt, das auch religiös motiviert war. Die Gruppe hatte sich vom Katholizismus entfernt, aber auch miteinander gefeiert. Das haben wir anfangs in Peterskirchen getan. Und ich bin da immer noch. Zwischendurch sind wir aber nach Italien in die Gegend bei Massa Marittima gezogen, um noch einsamer zu werden. Aber nicht da, wo die teuren Grundstücke sind, sondern mitten in den Wald. Das war wirklich abgelegen. In der Wildnis bin ich immer schon gern unterwegs gewesen. Zu dem Haus führte keine Straße, es gab weder Licht noch fließend Wasser. Wir konnten da auch nur mit Offroad-Autos hinfahren, und nur am Tag, im Dunkeln hätten wir das gar nicht gefunden. Weil wir so viel unterwegs waren, habe ich beide Söhne nicht eingeschult. In Italien ist Privatunterricht genehmigt, also habe ich die Kinder selber unterrichtet. Unsere Kinder wussten zwar, dass wir mit wenig Geld arbeiten mussten, dafür hatten sie aber eine Freiheit, die Kinder, die in der Stadt in die Schule gehen, nicht haben.

SUZANNE DOUCET Mein guter Freund Peter Kramper, der dann auch Tonmeister von Amon Düül und Popol Vuh war, hörte sich meine Aufnahmen an und schlug vor, zusammen ins Studio zu gehen, um sie mit elektronischen Effekten weiterzubearbeiten. Ich sagte: »Mach, was du willst! Wir haben das ganz frei aufgenommen, und jetzt bist du dran.« Als wir alles fertig hatten, waren es eineinhalb Stunden Musik – so viel Material, dass daraus dann ein Triple-Album wurde. Die drei Teile entsprachen aber auch dem Konzept: Für mich und viele meiner Generation waren die ersten Drogenerfahrungen eine totale Bewusstseinserweiterung und Befreiung von den

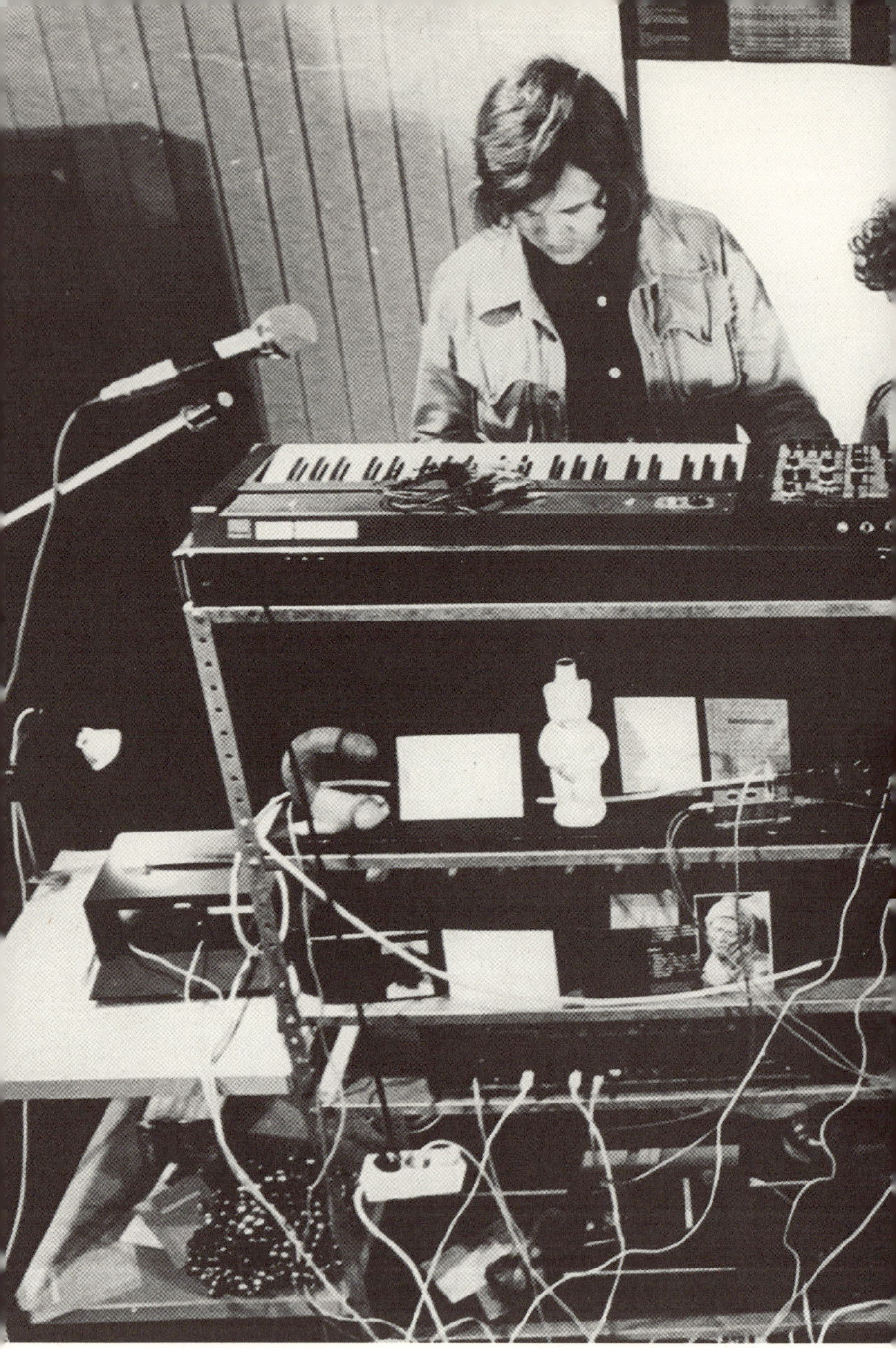

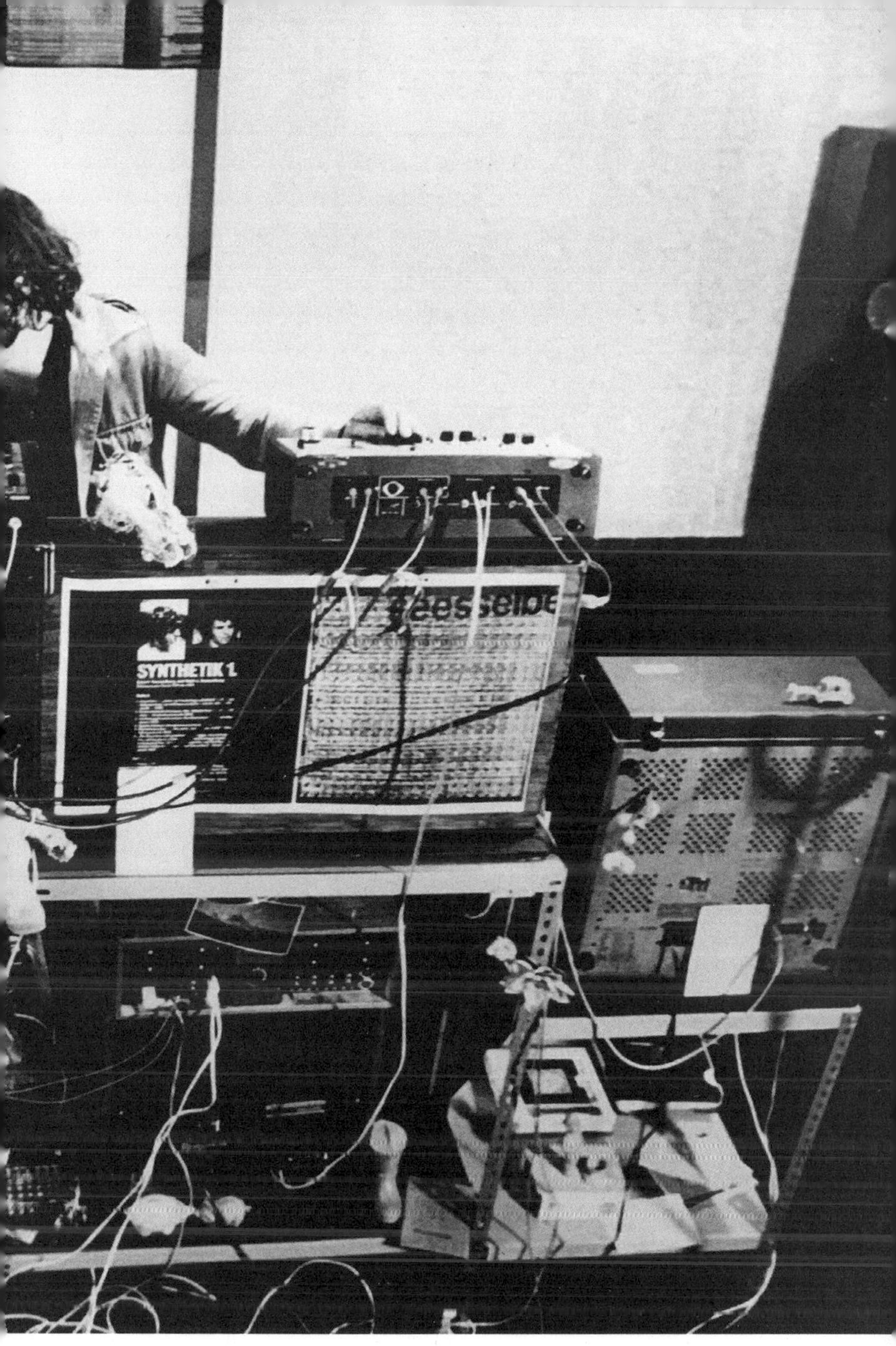

Wolf und Eckart Seesselberg mit zwei selbstgebauten Synthesizern, 1972/73

konventionellen Hürden des Alltags. Auf einmal sah man, wie die Dinge wirklich sind, und nicht, wie man dachte, dass sie sind. Um diese Erweiterung geht es auf der ersten der drei Platten, die deshalb auch »Trip« heißt. Viele Leute wussten nach den Drogen aber gar nicht mehr, wo hinten und wo vorne ist. Diese Erfahrung wurde auf der zweiten Platte, »Flip Out«, demonstriert. Bei der dritten ging es dann darum, von diesem positiven und diesem negativen Pol aus zu einer höheren Synthese zu kommen, nämlich zur »Meditation« und Introspektion, wo alles zusammengeführt wird, um ein tieferes Bewusstsein zu erlangen. Das Resultat spielten wir dann Freunden vor, die fanden das alle toll. Die lagen eineinhalb Stunden auf dem Boden, lauschten unseren Tapes und sagten nachher: Mach mir bitte eine Kopie! Als ich bald mehr als dreißig Bitten um solche Kopien hatte, dachte ich mir, dann wird das eben eine Platte. Also rief ich bei der Plattenfirma Philips an und sagte, dass ich in München eine tolle Produktion mit einer Avantgardegruppe gemacht hätte, die ich gerne vorstellen würde. Ich flog dann mit meiner Schwester Diane nach Hamburg und spielte das bei der Plattenfirma vor. Allerdings behauptete ich, dass ich bloß der Produzent wäre, sodass die keine Ahnung hatten, dass ich und meine Schwester das selbst aufgenommen hatten. Ich weiß noch genau, es war ein Montagvormittag, elf Uhr, das ganze Marketingteam war zusammengekommen. Meine Schwester hat Tee gekocht, eine Pfeife gestopft und die Vorhänge zugemacht. Dann haben die Plattenfirmenleute alle im Dunkeln gesessen, geraucht und sich das angehört: Nach eineinhalb Stunden war klar, dass sie das super finden und machen wollen. Jedenfalls hatten wir um drei Uhr nachmittags schon den unterschriebenen Vertrag in der Tasche. Wir gingen dann bloß noch zu den Grafikern, wobei die Liner Notes und das Coverkonzept mit dem »Spiegel«-Cover längst fertig waren. Ich hatte das alles schon vorbereitet, und es wurde noch am selben Tag gemacht. Die Plattenfirma war total begeistert, zur gleichen Zeit nahmen sie auch Kraftwerk unter Vertrag. Die wollten damals eben etwas total Neues. Ich spielte das dann noch dem Produzenten Christian Bruhn vor, der auch begeistert war und gleich eine Single machen wollte. Während das Drei-LP-Set also schon in der Mache war, gingen wir noch mal ins Studio und spielten eine Single ein, die Bruhn produzierte. Dass das eine Platte über einen Trip war, hat den Philips-Manager nicht gestört, das war 1970. »Trip – Flip Out – Meditation« war ein radikales Statement. Und für mich eine totale Befreiung von den deutschen Klischees.

WOLF SEESSELBERG Eckart lebte weiterhin in Hamburg, und schon wegen der räumlichen Entfernung gestalteten sich unsere Zusammenkünfte mit allen Gerätschaften für die Konzerte oft schwierig. Ich musste mich mit den Montagen und Arrangements oft allein befassen. 1970 beschlossen wir aus Konzertmitschnitten und der Filmmusik eine Schallplatte zu machen: »Synthetik 1«, die 1972 endlich fertig wurde. Im gleichen Jahr war Eckarts zweiter Synthesizer fertig. Mit weitaus größeren und neuen Möglichkeiten. Es zeichnete sich aber ab, dass Eckart sich vorrangig für die Entwicklung seiner Geräte interessierte, für gemeinsame Konzerte war er nur noch schwer zu gewinnen. Geld war mit unserer Musik damals nicht zu erwirtschaften. Auch der Verkauf der Platte lief zunächst sehr zögerlich. In dieser Hinsicht waren »Kraftwerk« mit ihrem gänzlich anderen Konzept uns weit voraus. Ab 1970 begegnete man sich gelegentlich in der Düsseldorfer Altstadt. Bis zu den Handschuhen schwarzbeledert und weiß beturnschuht, waren die auch kaum zu übersehen. Ich mochte deren Arbeit, doch wir fanden nie zusammen.

ASMUS TIETCHENS Tangerine Dream, Klaus Schulze, Ash Ra Tempel – diese ganzen Blubberheinis von der sogenannten Berliner Schule gingen vollkommen an mir vorbei. Das lag wohl daran, dass ich keine Drogen konsumierte. Denn diese Musik ist eigentlich stinklangweilig. Diese Stücke, die sich da über eine Plattenseite zogen, waren musikalisch so substanzlos, dass man Drogen genommen haben musste, um das super zu finden – während ich leider das hören musste, was da zu hören war. Mehr Mut machten mir die ersten Cluster- und Conrad-Schnitzler-Platten, die ich auch frühzeitig hörte. Cluster hatten damals noch keine Synthesizer, sondern einen Sinusgenerator und eine Elektroorgel. Auch die ersten Kraftwerk-Platten, die mit den Hütchen drauf, klangen sehr anders als das, was später kam. Die vermittelten uns das Gefühl, dass wir nicht die Einzigen im Lande sind, die so rumknarzen, sondern dass es in Berlin und Düsseldorf Geistesverwandte gibt, die sogar Schallplatten machen. Die Idee, mal etwas zusammen zu machen, kam von Moebius, nachdem Roedelius seine erste Soloplatte gemacht hatte. Damals lebte Konrad Plank noch, der bei Vorschlägen dieser Art erst mal in seinen Terminplan blickte und dann sagte: »Da habe ich sechs Tage, aber wirklich nur sechs Tage.« Die Aufnahme der »Liliental«-Platte klappte dann 1976, sie erschien aber erst 1978.

LIMPE FUCHS Angefangen haben wir mit Steineklopfen. Wir waren eine Gruppe von zehn Leuten, jeder hatte zwei Steine: Es ging um den Rhythmus der Gemeinschaft, wer wann dran ist, wann es dichter wird, wann weniger, letztlich war es eine Stein-Meditation, und das war der Anfang. Dann kamen Schlaginstrumente dazu, dann wurden eine Harfe und ein Horn gebaut. Es war letztlich eine Privatmusik, die sich da entwickelt hat, die nur für uns da war, in unserem Haus und Atelier. Das war weit entfernt von irgendwelchen Auftritten und Publikum. Musik muss ja einen Namen haben, und weil wir damals die Arbeiten C.G. Jungs sehr geschätzt haben, nannten wir uns Anima, weil ich eben die Anima vom Paul war. Wir haben dann noch einen kurzen Film gedreht, wo ich erst schwarz angemalt und nackt bin und er weiß und nackt. Und dann er schwarz und nackt und ich weiß und nackt. Den Film haben wir dann in München im Kino gezeigt. Die Entscheidung, dass wir so auch live auftreten müssen, war dann aber letztlich eine männliche Entscheidung. Ich hatte zwar keine wirklichen Bedenken, war in der Zeit aber in der Wahrnehmung immer hinter dem Paul. Es hieß immer: Paul und Limpe Fuchs. Ich war die Familie, ich war auch das Orchester im Hintergrund. Und der Paul war vorn mit seinem Horn. Nackt war ich aber nur auf fünf Festivalauftritten. Hauptsächlich war das Plakat schockierend. Dabei war ich gar kein Pin-up-Girl, sondern quasi eine Philosophie, nämlich die von C.G. Jung. Die wollte ich durch meine Nacktheit veranschaulichen. Aber das kam natürlich überhaupt nicht rüber. Irgendwann fragte mich ein Journalist, ob ich nur schwarz und nackt spielen könne, und da habe ich beschlossen, nie mehr so zu spielen. Aber wir kamen eben auch ganz stark von der bildnerischen Seite her und hatten mit einer Pornoschau überhaupt nichts am Hut, nur hat das damals nicht jeder verstanden. Ich habe mich aber auch nie als Frontfrau gesehen, sondern immer den Hintergrund gemacht, in der Familie, in der Musik. Ich bin mehr ein Clowntyp, und der Paul ist pathetisch.

SUZANNE DOUCET In München erzählten Leute mir begeistert von der Zweistein-Platte, wobei die meistens keinen Schimmer hatten, dass ich etwas damit zu tun habe, ich tauchte da ja nur versteckt im Kleingedruckten auf, als Produzentin. Das war toll, weil ich so ehrliche Meinungen dazu hörte. Ich habe mich da auch nie zu erkennen gegeben, sondern sagte nur: »Ja, super, muss ich mir auch kaufen.«

WOLF SEESSELBERG Als mein Bruder mit seinem Studium begann und ich meine sehr zeitaufwendige Arbeit als Filmarchitekt wieder aufnahm, fanden wir keine gemeinsamen Termine mehr und beschlossen, unsere Konzerte aufzugeben. Vierzig Jahre verspätet interessieren sich nun junge Produzenten für unsere alte »Synthetik 1«-Platte. Plattenfirmen aus Spanien und Italien gaben Neuauflagen heraus. Und nun lief der Verkauf recht zügig. Es gab sogar Anfragen für Neuauflagen von »Synthetik 2«, die es nie gegeben hat – obwohl noch viele ungenutzte Mitschnitte und Bänder existieren. Der große »Elektro-Boom« um Techno kam erst auf, als wir unsere Aktivitäten längst eingestellt hatten. Mein jüngerer Bruder ist inzwischen verstorben.

ASMUS TIETCHENS Für mich war meine Musik lange nur Hobby, ich kam deshalb gar nicht auf die Idee, unter eigenem Namen Platten zu veröffentlichen. Als Cluster bei Peter Baumann ihr Album »Großes Wasser« aufnahmen, hatte Achim Roedelius zufällig eine Kassette mit meiner Musik dabei, die Baumann dann zufällig zu hören bekam. Daraufhin fragte er, wer ich denn sei. Umgekehrt war Baumann mir natürlich ein Begriff, der hatte sich gerade von Tangerine Dream getrennt und in Berlin das Paragon-Studio aufgemacht. Irgendwann rief er an und lud mich ein, mal mit ein paar Bändern nach Berlin zu kommen. Daraus haben wir dann ein Album gemacht. Baumann hatte von der französischen Plattenfirma Barclay den Auftrag bekommen, drei Alben mit deutscher elektronischer Musik zu produzieren. Die hatten natürlich darauf spekuliert, die nächsten Kraftwerk oder Tangerine Dream zu entdecken. Stattdessen hat Baumann sich aber die Ärmsten der Armen rausgesucht: Conrad Schnitzler, Achim Roedelius und mich – und mit diesen je eine LP produziert. Meine blieb wie Blei im Regal, von zweitausend Stück sind nachweislich nur achthundert verkauft worden. Der Rest wurde wieder eingestampft. Die anderen beiden machten plus/minus null. Barclay hat das dann auch nicht weiterverfolgt. Immerhin kam ich so 1980 zu meiner ersten Veröffentlichung.

LIMPE FUCHS Die Traktor-Tournee war 1971. Rolf-Ulrich Kaiser hatte uns zu diesem Ossiach-Festival vermittelt und Friedrich Gulda hat uns dann dorthin eingeladen. Der hatte unsere erste LP, »Stürmischer Himmel«, angehört, und die hatte ihm gefallen. Wir waren da erst mit einem VW-Bus unterwegs, aber der ist in Schorndorf zusammengebrochen. Nach dem

Konzert haben uns Leute zwar zurück nach Peterskirchen gefahren, aber wir hatten dann kein Auto mehr. Da hatte der Paul dann die Idee mit dem Traktor, einem Traktor mit einem selbstgebauten Holzhaus obendrauf. Mit dem haben wir dann 1971 diese Traktor-Tour von Peterskirchen über Düsseldorf und Aachen bis Rotterdam gemacht. Und wieder zurück. Mit kleinen Kindern, ohne fließend Wasser und WC war das natürlich nicht so einfach. Wir hatten aber das Glück, immer wieder nette Leute zu treffen, die uns geholfen haben. Die Reaktionen beim Publikum waren schon sehr gemischt, aber die Spontaneität war groß. So etwas gibt es nicht mehr. Bei Konzerten gab es auch mal laute Proteste, meistens aus dem Klassikpublikum, das für Friedrich Gulda gekommen war. Manchmal hat das Publikum auch begonnen, untereinander zu streiten, das war teilweise unglaublich. Aber Paul hatte auch tolle Ideen: In der Berliner Philharmonie hat er einen großen Holzstamm zersägt, nachdem er vorher ein Kontaktmikrofon an die Handsäge gemacht und sich Ohrenschützer aufgesetzt hatte. Die Sägegeräusche wurden so extrem verstärkt. Die Leute im Saal haben dazu dann mitgeschrien: Hooo! Hooo! Hooo! Wenn ein Stück Holz heruntergefallen ist, gab es donnernden Applaus. Manche haben einfach das Provozieren in dieser klassischen Räumlichkeit genossen. Andere sind türenschlagend rausgelaufen oder haben Papierflieger gemacht und geworfen. Das Schönste war, als die schlecht gelaunten Reinigungsfrauen das Sägemehl zusammenkehrten, als wäre das ein Affront gegen ihr schönes Parkett.

SUZANNE DOUCET Nach dem Ende der Zweistein-Aufnahmen nahmen wir das Band und flogen nach London, auf der Suche nach George Harrison. Das war eine merkwürdige Geschichte: Wir fuhren intuitiv mit der U-Bahn los, stiegen einige Male um und kamen irgendwann in Henley-on-Thames an. Es war Mitternacht, wir liefen los und landeten schließlich tatsächlich bei George Harrison. Da war ein Riesenpark, wo wir

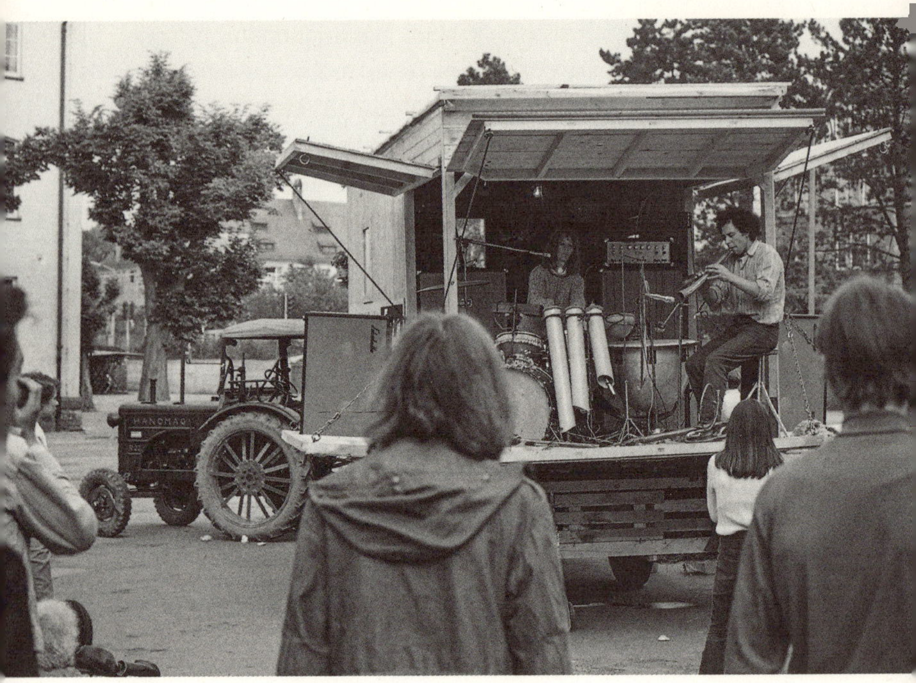

Anima: Paul & Limpe Fuchs, München 1976

auf einen Hügel stiegen – ja, klar, »Fool on the Hill«. Klingt irre, aber es war so. Jedenfalls kamen wir zu einem großen Tor, das offen war. Wir gingen hinein, vorbei an einem kleinen Häuschen, da kam jemand raus, dem sagten wir, dass wir zu George wollten, der sagte: Ja, ja, George ist da. Dann gingen wir weiter, bis da dieses Schloss kam, wir standen vor der Tür, als jemand sagte: »Why don't you open the door? The door is always open.« Wir gingen rein und blieben vierundzwanzig Stunden. Da waren so sieben, acht Leute, und mit denen hörten wir die ganze Zeit Musik. Auch Zweistein hörten wir. George und seinen Freunden gefiel das sehr gut. Es war eine tolle Erfahrung.

ASMUS TIETCHENS Meine erste Auslandstournee wurde 1986 vom Goethe-Institut organisiert. Die erste große Auslandsreise war Brasilien, da gab es in den großen Städten immer um die hundertfünfzig Leute, die das hören wollten. Ich habe oft zu hören bekommen, dass man meiner Musik anhört, dass sie mit einem hohen Studioaufwand entstanden sei. Was auch stimmt, denn mein Freund Okko Bekker entschied sich schon früh in den Siebzigern, kommerziell zu arbeiten, und richtete sich bald ein perfektes Studio ein – was man meiner Musik irgendwann insofern anhörte, als sie zumindest perfekt aufgenommen war. Viele Brasilianer konnten sich nicht vorstellen, wie es möglich war, dass ich unverkäufliche Platten, deren Auflage bei fünfhundert lag, in einem Studio einspielte, das pro Stunde tausendzweihundert Mark kostete. Das war für sie ein Widerspruch. Für mich war das als Konfrontation eine interessante Denkidee.

LIMPE FUCHS Als 1972 unser Album »Anima« entstanden ist, habe ich im Studio vor allem Pullover gestrickt. Wir hatten Schafe, und im Studio wurde ohnehin nur das Livematerial von den Konzerten mit Gulda zerschnitten. Dass Alltagsgeräusche zur Musik dazukommen, hat mich immer sehr interessiert: das Mähen von Schafen, die Müllabfuhr, der Fischverkäufer oder einfach, wenn etwas zerrissen wird. Diese Soundscapes waren genau mein Ding. Später habe ich auch Hörspiele für den Bayerischen Rundfunk gemacht. Mit den anderen Bands in München hatten wir gar nichts zu tun. Nur wenn die in Peterskirchen waren, haben wir überhaupt etwas von denen mitgekriegt.

SUZANNE DOUCET Zweistein war immer als einmalige Geschichte geplant. Ich habe dann auch den Kontakt zu meiner Schwester verloren, die nach Amerika ging. Irgendwie war klar, dass es in dieser Richtung nicht weitergeht, es gab auch nie eine Idee zu einer zweiten Platte. Die Erfahrung mit Zweistein war ein Übergang, der mich letztlich zum New Age führte. Das mache ich immer noch. Ich bin danach für ein Jahr nach Indien gereist. Als ich wieder zurück war, machte ich das

Musical »Godspell« mit Donna Summer. Danach habe ich erst mal nur noch produziert, mehr oder weniger. Die Zweistein-Geschichte geriet so langsam in Vergessenheit. Ich hatte mit Philips nur einen Lizenzvertrag gemacht, sodass die Rechte nach zehn Jahren an mich zurückfielen. Philips hatte die Platte nach ein paar Jahren eingestellt. Irgendwann fragte auch keiner mehr danach. Seit vielen Jahren lebe ich nun in Amerika. Eines Tages schaute ich mal ins Internet, ob da zu Zweistein was zu finden ist. Da merkte ich, dass das eine Kultplatte ist, und las die tollsten Geschichten. Jedenfalls habe ich mich dann bei einem dieser Blogs gemeldet und gesagt: Nein, das war alles ganz anders. Da hab ich mich zum ersten Mal geoutet und berichtet, wie das alles entstanden war.

ASMUS TIETCHENS Seit Jahrzehnten bin ich fest davon überzeugt, dass ich nicht in der Lage bin, kommerziell einträgliche Musik zu machen. Es war mir auch nie wichtig. Ich kann es einfach nicht. Versuche, irgendwie in Richtung Pop zu gehen, gerieten so peinlich, dass ich nicht mal daran denken kann, ohne einen roten Kopf zu bekommen. Ich musste das mal versuchen, um mir zu zeigen, dass es nicht geht.

WELTENBUMMLER

»In Marokko durften wir nicht einreisen,
weil unsere Haare zu lang waren.«
CHRISTIAN BURCHARD

MANI NEUMEIER Wir haben in unsere Musik alles eingebaut, was uns in den Kopf kam: Stockhausen, Coltrane, Industrielärm oder Naturgeräusche, aber auch Klänge aus Afrika. Unsere Ohren waren weit geöffnet, und vielleicht halfen auch die Drogen ein wenig. Zu dritt machten wir einen Sound, wie andere es nur zu zehnt hinbekommen.

GERD KRAUS Wir waren von Mani Neumeier und Guru Guru beeinflusst. Die im Konzert zu sehen hat uns verändert, das war ein Meilenstein. Wir wollten auch so Musik machen. Limbus 3 hieß unsere Band, weil wir zu dritt waren. Ganz einfach. Das war das Limbus-Prinzip. Mani war lange in Indien und hat da Tabla spielen gelernt. Und als er zurückgekehrt war, haben wir gemeinsam in einer Kommune in Heidelberg Konzerte gemacht. Das waren Highlights. Er hat Tabla gespielt, ich Sitar, vor Leuten in afghanischen Fellmänteln. Man kann sich heute nicht mehr vorstellen, wie flüssig das Leben damals war. Und so flüssig und wirklich frei war auch die Musik. Auf Konzerten spielten wir eigentlich nur ein Stück, das zwei bis drei Stunden dauerte. Jazz war das nicht, sondern etwas Neues, das sich aus verschiedenen Impulsen weiterentwickelt hatte. Wir haben alles aufgenommen und dann auf brauchbare Ideen und Themen hin abgehört. Dazu Platten aus aller Welt gehört, aus Indonesien, Afrika etc. Wir hatten eine asiatisch inspirierte Spiritualität, entsprechend hinduistisch gefärbt waren die Titel der Stücke.

LÜÜL Indische Ragas haben uns damals sehr beeinflusst. Auf so was und die Sitar kam man damals durch die Beatles, aber es ging nicht nur um den exotischen Sound, sondern um Horizonterweiterung. Bis heute glaube ich, dass Leute, die zu sehr an die Regeln gewöhnt sind, nicht wissen, wie man das Gelernte sprengen kann. Oft sind die Vorgaben der klassischen europäischen Musikausbildung hinderlich, einen eigenen Weg zu finden. Die Ragas zeigten uns, dass Musik auch völlig anders sein kann.

MANI NEUMEIER Die traditionellen Strukturen mussten aufgebrochen werden, die klassischen genauso wie die Jazz- und Popstrukturen. Wir hatten nicht nur einen anderen Sound, wir haben auch anders gespielt als die Engländer und Amerikaner, auch ganz bewusst. Die Stücke dauerten dann schon mal eine halbe Stunde, oder auch eine ganze oder zwei. Es gab einfach das Bedürfnis, länger zu spielen. Warum sollte man aufhören, wenn es gerade gut lief? Natürlich haben wir das nicht erfunden, sondern von der indischen Musik und von Leuten wie John Coltrane übernommen. Aber diese Grundhaltung, dass man Sachen laufen lassen kann und dann auch wirklich laufen lässt, das hatten alle interessanten Musiker damals gemeinsam. Sogar Kraftwerk, die auf der Bühne immer so aussahen, als ob sie grad ein Konto eröffnen wollten, hatten diese Grundeinstellung und kamen so zu neuen Sachen, deshalb waren die spannend.

GERD KRAUS Bei den Limbus-Konzerten hatten wir ungefähr dreißig Instrumente auf der Bühne. Nach unserer Auffassung konnte jeder alles spielen, auch wenn natürlich jeder bestimmte Instrumente bevorzugte, ich zum Beispiel Cello und elektrifizierte Bratsche, dazu Querflöte und überhaupt alle Flöten. Unser Instrumentarium haben wir teilweise gekauft, manches aber auch selber gebaut, so wie das Totalophon, das war ein Flügelrahmen, der flach auf einem Brett lag, also wirklich nur der Rahmen mit Saiten, ohne Holzkasten. Das Kon-

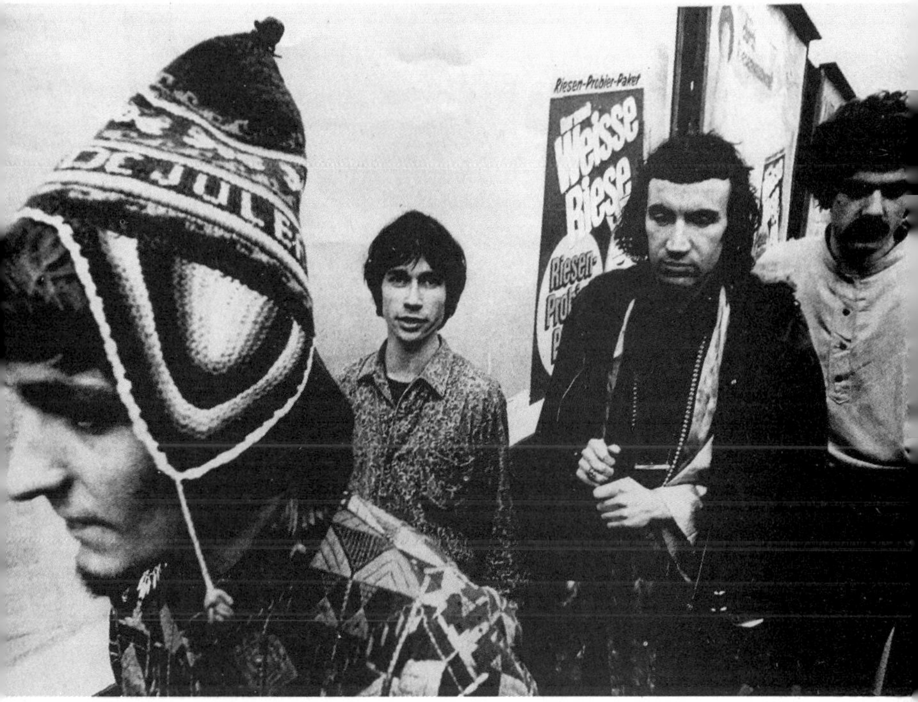

Limbus 4 auf dem Deutschen Jazzfestival in Frankfurt am Main, März 1970

zept bestand darin, diese Saiten zu verstimmen und darauf zu improvisieren. Oder die Soundstring Guitar, da habe ich bei einer Gitarre den Hals abgesägt und ein Scharnier drangemacht, so konnten durch Anziehen des Gitarrenhalses zum Körper stufenlos die Tonhöhen erhöht werden. Diese Eigenbauten waren oft im Einsatz. In Scheunen und Kellern alter Kommunen dürften noch Berge von diesen Instrumenten und ähnlichen Relikten zu finden sein.

LUUL Agitation Free werden seit einiger Zeit als Vorreiter der Weltmusik bezeichnet, was uns natürlich nie bewusst war. Durch Thomas Kessler und das Beat Studio hatten wir ein Faible für das Arbeiten mit Tonbandmitschnitten bekommen.

Als wir in den Nahen Osten aufbrachen, hatten wir glücklicherweise so ein Uher-Tonbandgerät dabei, und wann immer sich etwas interessant anhörte, haben wir den Aufnahmeknopf gedrückt. So kamen wir zu vielen O-Ton-Sounds von Bauchtänzern bis hin zu Straßenlärm. Unser Album »Malesch« fängt damit an, wie wir in den Flieger von Zypern nach Beirut steigen, und der Pilot sagt zu uns: »You play for us and I fly the airplane.« Mit solchen Aufnahmen haben wir gearbeitet. Wir waren eine Woche lang in Ägypten, was für uns Achtzehnjährige ein Culture Clash war. Es gibt ein Video davon, wie wir an den Pyramiden mit Beduinen aufeinandertreffen. Ich hatte eine Orgel-Gitarre mit vierundzwanzig Knöpfen, super Avantgardekram, dazu Leute, die mit ihren Speeren Fische jagen. Diese Erfahrungen waren für uns wahnsinnig intensiv, das war wie ein Rausch. Wir kamen wieder, und dann ging es sofort ins Studio, was sehr aufregend war. In Kairo gab es ein paar Hotels, wo eine Band spielte, das war aber eher für die Touristen. Wir wurden mal mitgenommen in ein Zelt, das bei den Pyramiden von Gizeh stand und wo ein Bauernorchester zum Bauchtanz aufspielte. Da nahmen wir auch Sounds auf, die dann auf unsere Platte kamen. Das waren Töne, die wir so vorher auch noch nie gehört hatten.

CHRISTIAN BURCHARD Die Reisen mit Embryo in den Nahen Osten haben unsere Musik drastisch verändert. Das war meine Initiation, weil ich merkte, dass ich eigentlich nichts kann. Deshalb fing ich an, mich auch mit der Theorie von deren Musik zu beschäftigen. Überall suchte ich nach Informationen: Was haben die für Skalen? Was für Tonsysteme? Die arabische Musik hat sechshundert verschiedene Tonarten. Ganz anders als unsere Akkordsysteme, auch keine wohltemperierte Stimmung. Jedenfalls mussten wir das alles erst erforschen, was Jahre dauerte. In der Zeit bin ich viel gereist, auch mal ein ganzes Jahr nach Indien, auf dem Landweg durch Iran,

Afghanistan, Pakistan, da habe ich unglaublich viel gelernt. In Japan waren wir auch.

MICHAEL HOENIG Wir reisten früh in den Nahen Osten. 1971 hatte das Goethe-Institut noch Geld. Hartmut Geerken, ein wunderbarer Mann, der in der Kulturabteilung in Kairo saß und auch das Sun Ra Arkestra dahin brachte, hatte uns in Berlin gehört und eine Mittel-Ost-Tournee mit Konzerten und Workshops organisiert. Wir sind dann als Zwanzigjährige nach Ägypten gereist. Die Tour fing in Kairo an, und es war traumhaft surreal. Agitation Free war die erste Rockband mit Gitarren und Schlagzeug und elektronischer Verstärkung dort überhaupt. In Kairo kamen vielleicht eineinhalbtausend Leute zu unserem Auftritt. Die Begeisterung war enorm, aber das Überraschendste waren die detaillierten Fragen des Publikums danach. Mit unglaublicher Aufmerksamkeit erfassten die Details unserer Musik, die uns teilweise selbst gar nicht bewusst waren, die wir nur frei aus dem Moment heraus improvisiert hatten. Und die Seminare im Goethe-Institut verfestigten nur den Eindruck dieses enormen Wissenshungers des dortigen Publikums. Die detaillierte Intensität dieser Zuhörer-Erfahrung hätte man sich in Europa nur erträumen können. Dass unsere Musik einen so tiefen Eindruck in einer völlig anderen Kultur hinterlassen kann, hätte ich vorher nie gedacht. Uns beeinflusste das so stark, dass wir die Eindrücke von dieser Reise auf unserer ersten Platte umsetzten. Allerdings hatte ich damals große Probleme damit, die musikalischen Entdeckungen von dort direkt in unsere Musik aufzunehmen, also Details einer anderen Musikkultur in der eigenen Musik zu verwenden. Ich dachte, das sei respektlos und ausbeuterisch, letztlich ein Plagiat, und deshalb dürfe man das auf keinen Fall machen. Lange habe ich mich dagegen gesträubt, was rückblickend aber wohl ein Fehler war. Als Peter Gabriel das später im großen Stil gemacht hat, wurde es scheinbar problemlos akzeptiert.

CHRISTIAN BURCHARD In Marokko durfte Embryo mal nicht einreisen, weil unsere Haare zu lang waren. Die wollten nur Nobeltouristen, oder wenigstens Neckermänner, die Devisen bringen, nicht solche Typen wie uns. Hippies waren denen zu arm. Also erließen sie das Verbot: Langhaarige dürfen nicht nach Marokko! Als wir an die Grenze kamen, war da ein Riesenberg Haare, denn viele Freaks hatten sich, um doch einreisen zu dürfen, kurz entschlossen von ihren Mähnen getrennt, auch weil sie wussten, dass das eh schnell nachwächst. Ich weigerte mich aber, mich von meiner Matte zu trennen, und sagte: Ich bin gekommen, um bei euch im Land Kunst zu machen, wir sind doch keine Touristen – warum soll ich mir zur Einreise die Haare abschneiden? Am Ende musste zur Vermittlung jemand von der deutschen Botschaft kommen, und da war auch eine Dame vom Goethe-Institut, die sagte: »Also bitte, Herr Burchard, nun schneiden Sie sich doch bitte mal die Haare, das ist doch nicht so schlimm.« Aber ich blieb stur und drohte, wieder zurückzufahren, wenn meine Haare ab müssen. Am Ende haben sie uns dann doch mit langen Haaren reingelassen. Unsere Konzerte waren ein Riesenerfolg, die Marokkaner feierten uns wie Popstars.

LÜÜL Das Gefühl, ein »Deutscher« zu sein, kam bei mir erst auf, als wir die ersten Male im Ausland auftraten und das Thema »Schuld« aktuell wurde. Das war die Nahosttournee 1972. Da bekamen wir erzählt, dass die Araber Hitler toll fänden und in ägyptischen Schulatlanten der Staat Israel überklebt sei. Man wurde also aus dem Blauen heraus mit Hitler und Nazideutschland konfrontiert und musste sich irgendwie dazu verhalten. In der Band waren wir zuerst ganz schön perplex, weil wir das, was die von uns wollten, gar nicht nachvollziehen konnten. Die Hitler-Sympathien in der arabischen Welt waren für uns echt ein Schock.

CHRISTIAN BURCHARD Algerien war gegenüber Marokko ganz merkwürdig. Da hatten wir zwei Konzerte in einem Saal

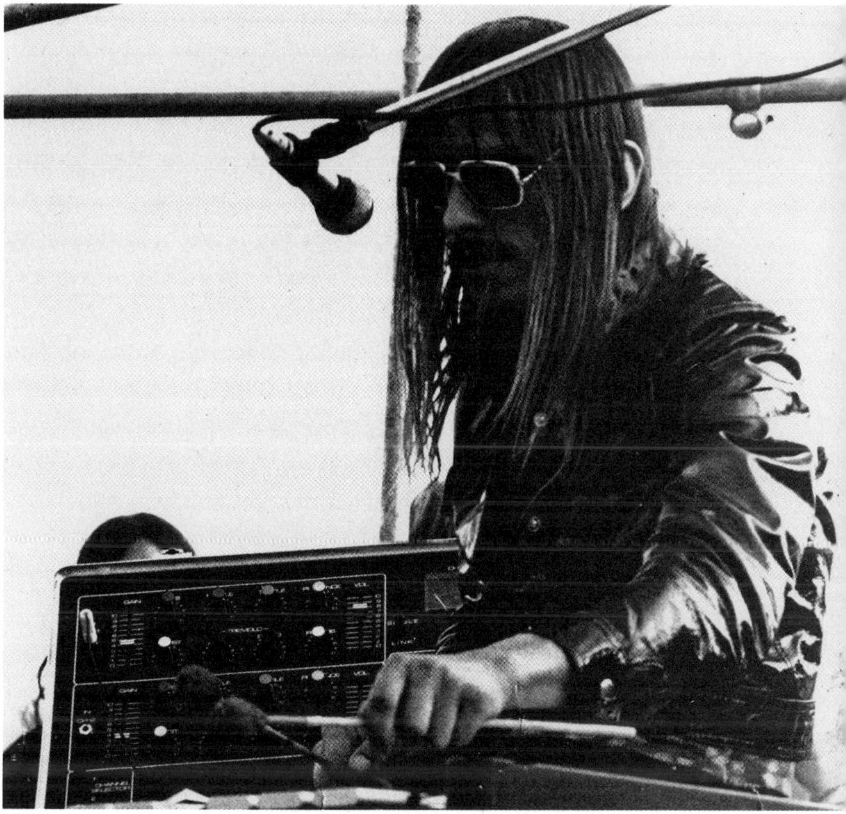

Christian Burchard von Embryo in den frühen Siebzigern

in Algier. Wir spielen da also, die Leute toben total, alles super. Dann machen wir eine Pause, und da kommt einer vom Goethe-Institut zu mir und redet auf mich ein: »Um Gottes willen, können Sie nicht etwas Ruhiges spielen? Die Leute toben zu sehr, und es hat sich bereits jemand von der kommunistischen Regierung beschwert, dass die jungen Leute zu sehr auf westliche Musik abfahren.« Also spielten wir im zweiten Set zu Beginn nur ganz ruhige Sachen, so Spacemusik. Aber irgendwann legt Dave King mit einem fetten Bass-Groove los, und ich steige da ein, und der ganze Saal geht sofort wieder ab:

WUUUUAAAAHHH! Die tobten und flippten aus. Daraufhin hat die Regierung das nächste Konzert einfach verboten. Junge Leute beklagten sich bei uns, dass es eine ganz schlimme Diktatur sei. In Tunesien war es etwas besser, aber auch merkwürdig. Da spielten wir in Tunis in einem großen Kino, und wenn da einer im Publikum zu sehr ausflippte, zu sehr begeistert war, kam einer der Security-Leute, die das überwachten, packte den und schmiss ihn raus aus dem Konzert. Nach Marokko bin ich seitdem immer wieder mal gefahren, aber um diese anderen Länder mache ich lieber einen Bogen. Die waren mir zu stressig.

MANI NEUMEIER Wer im Ausland zu Konzerten von Bands wie uns kam, war eher offen und vermutlich kein Deutschen-Hasser. Wir wurden eigentlich immer als Musiker empfangen, nicht als Deutsche.

CHRISTIAN BURCHARD Ich bin auf meinen Reisen immer gut behandelt worden. Allerdings habe ich mich oft als Deutscher geschämt. Was man da über Deutschland hört, ist oft blödsinnig. Zum Beispiel waren wir mal in Japan bei einem ganz alten Sänger eingeladen. Seine Familie hat uns toll bewirtet, und nur für uns gab der dann ein Konzert mit alter japanischer Musik, das war alles wunderbar, aber danach kam er damit heraus, dass er Deutschland ja gut kennen würde, vor allem die Hitlerjugend. Solche Geschichten sind immer wieder seltsam. Oder in der arabischen Welt sagen einem Leute, wenn sie hören, dass man Deutscher ist, dass man das gut gemacht habe, dass man so viele Juden umgebracht hat. Das sagen die einem ganz offen am Gemüsestand oder so. Natürlich erwidert man dann, was dieser Quatsch denn soll. Aber das nutzt nichts, viele sind da unbelehrbar.

LÜÜL In Frankreich, wo ich eine Weile gelebt habe, nahm ich manchmal noch Aversionen gegen Deutsche wahr. Aber das waren Einzelfälle, und immer alte Menschen. Mit Leuten in unserem Alter gab es im Ausland nie ein Problem. Gut, in Paris stand ich 1974 mal in einer Bar, eine Frau musterte mich eingehend, fand mich wohl ganz toll, sagte dann aber: »Ja, du hast blaue Augen und blonde Haare, wie mein Sohn. Aber ich hasse die Deutschen.« Ihr Sohn war durch deutsche Soldaten umgekommen, und natürlich geht einem so eine Begegnung nah. In solchen Momenten realisiert man nachdrücklich, dass man als Deutscher mit dieser Schuld leben muss. Aber als Musiker hatte man im Ausland gute Karten, wir wurden meistens freundlich willkommen geheißen.

FAUST

»Die Bühne sah jedes Mal aus wie nach einem Krieg.«
WERNER »ZAPPI« DIERMAIER

JEAN-HERVÉ PERON Hamburg war toll: Jeden Tag Demos. Demos waren wie ins Kino gehen. Was machen wir heute? Ach, lass uns doch mal schauen, was für Demos heute laufen. Auch musikalisch war viel los in Hamburg. Es gab diverse Szenen, vor allem um den Großneumarkt rum. Und natürlich auch das »Onkel Pö«. Wir waren jedenfalls die Radikalen, unser Laden war das »Toulouse Lautrec Institut« am Großneumarkt. Der Filmemacher Andy Hertel betrieb die spannendsten Läden, und ich schmiss für ihn eine Weile das »Toulouse Lautrec Institut«, er machte mich da zum Geschäftsführer. Ich wohnte oben im selben Haus, in einer Wohnung, in die auch viele Leute kamen. Dort startete ich mit Rudolf Sosna und Gunther Wüsthoff eine erste Band. Damals hatten wir keinen Namen, heute nennen wir das »Nukleus«.
WERNER »ZAPPI« DIERMAIER Ich war Schlagzeuger bei der Band Campylognatus Citelli, das ist ein schwäbischer Flugsaurier, da war Hans-Joachim Irmler schon dabei. Als zweiter Schlagzeuger kam noch Arnulf Meifert dazu. Wir probten am Hamburger Schanzen-Bahnhof in einem Bunker, einem langen, schmalen Schlauch. Zu der Zeit wohnte ich in einer WG, und irgendwann brachte ein Mitbewohner von der Uni den Jean-Hervé zum Schlafen mit. Wir kamen ins Gespräch, und er erzählte, dass er auch eine Band hat: Nukleus oder so. Ich habe ihn am nächsten Tag zu unserer Probe eingeladen. Ihm gefiel das gut, und wir haben beschlossen, beide Bands zusammenzubringen. Aber nicht komplett, das wären zu viele geworden.

Ich brachte Hans-Joachim Irmler mit, der hat schöne Sounds gemacht, und Arnulf Meifert. Jean-Hervé nahm Rudolf Sosna und Gunther Wüsthoff mit.

HANS-JOACHIM IRMLER Wir von Campylognatus Citelli waren die etwas psychedelisch Angedonnerten. Wir waren nicht imstande, Lieder zu schreiben, hätten aber doch gern eines, vielleicht zwei gehabt. Unser Schlagzeuger Zappi hat dann eine Frau kennengelernt, die die Freundin von Peron war. Dessen Band hieß Nukleus. Mit denen fusionierten wir dann: Die machten die Lieder und wir sorgten für den Sound. Unsere gemeinsamen Proben passten gut. Als wir mehr daraus machen wollten, schlug jemand als Kontaktmann zur Industrie den Uwe Nettelbeck vor. Das war ein super Typ, agil und mutig. Der hat sich vor nichts gefürchtet. Er kam tatsächlich und hörte sich geduldig unsere Vorstellungen und Bedingungen und Erwartungen an. Wir hatten jede Menge Flausen im Kopf und waren gut im Fordern. Wir forderten sogar ein eigenes Studio.

JEAN-HERVÉ PERON Uwe Nettelbeck war ein engagierter Journalist mit Kontakten zur extremen Linken. Er kannte früh die US-Undergroundmusik und fragte sich, warum bei uns die Schlagermusiker alle Möglichkeiten hätten, ihre Ideen umzusetzen, während die experimentellen Musiker alle rumkrebsen müssen. Uwes Plan war, die etablierte Musikindustrie an der Nase herumzuführen, indem er einer unangepassten Gruppe die Mittel des Mainstreams verschafft, egal ob die vorher schon bekannt war oder nicht. Und wir waren so eine kompromisslose Band. Politisch zu sein bedeutete für uns allerdings nicht, agitatorische Pamphlete zu schreiben. Unsere Politik war nonverbal, war die Musik selbst. Avantgardisten waren für das Establishment immer eine Gefahr, egal ob sie gemalt haben, Gedichte schrieben oder eben Musik machten. Wir haben in der Bevölkerung Seiten angeregt, von denen die Machthabenden nicht wollen, dass sie angeregt werden: das Nachdenken, das Zweifeln und das Nachfragen. Ich glaube, wir haben Leute in ihrer gefühlten Sicherheit erschüttert. Wenn man Menschen aus dem rausstößt, was ihnen bekannt ist, beginnen sie im besten Fall, sich Fragen zu stellen. Auch wer unglücklich aus unseren Konzerten ging, war vielleicht etwas verändert. Und genau das ist doch politisch.

SIMON DRAPER Uwe Nettelbeck war ein Intellektueller und Denker, den vor allem die Idee von Faust faszinierte. Er schwatzte sie der Deutschen Grammophon als wichtige Avantgardeband auf. Genial. Aber er produzierte noch andere seltsame Musik wie Slapp Happy oder Tony Conrad. Es war auch Nettelbecks Idee, ein Bild von Bridget Riley auf dem »Faust Tapes«-Cover zu verwenden. Ich muss gestehen, dass ich keine Ahnung hatte, wer sie ist. Aber dann mussten wir uns mit ihr treffen, um ihre Erlaubnis für die Nutzung auf dem Plattencover einzuholen. Nachdem wir also zu ihrer Galerie gegangen waren und uns auf ein Motiv geeinigt hatten, haben wir ihr erzählt, was wir mit ihrem Bild vorhaben, was für eine Band Faust überhaupt sind und was das alles soll. In den neunziger Jahren habe ich begonnen, Kunst zu sammeln, und versuchte das Originalgemälde der »Faust Tapes« zu erwerben, was leider nicht mehr möglich war, da es in einem Museum hängt. Stattdessen kaufte ich für jeweils zwanzigtausend Pfund zwei andere Schwarz-Weiß-Bilder von ihr, die ebenfalls 1964 entstanden sind, eines davon heißt »Shiver«. Das wird heute mit ungefähr vier Millionen Pfund bewertet. Jedenfalls ärgere ich mich, dass ich das Faust-Gemälde damals nicht gekauft habe, denn damit hätten wir mehr Geld verdient, als Faust je für uns eingespielt haben.

HANS-JOACHIM IRMLER Uwe Nettelbeck war damals als Journalist ziemlich bekannt. Ein langhaariger, nicht allzu großer Typ. Man erkannte ihn daran, dass er stets eine Stange Roth-Händle-Zigaretten unterm Arm trug. Wir machten Uwe die Geschichte schmackhaft, es war viel Heiterkeit dabei. Irgendwann schlugen wir ihm vor, dass wir doch so tun könnten, als wären wir die deutschen Beatles. So kamen wir zur Polydor, die damals Leute wie Bert Kaempfert und Freddy Quinn im Repertoire hatten, zwar auch ein paar Lizenzen von The Who und Hendrix, hauptsächlich aber solchen Unterhaltungskram. Ausgerechnet bei denen bekamen wir also einen Vertrag. Uwe war schon ein besonders eloquenter Mensch, ohne ihn hätte das niemals funktioniert.

WERNER »ZAPPI« DIERMAIER Uwe wollte Musikproduzent werden. Er nahm unser Demoband mit zur Polydor, und die fanden das gut. Uwe hat denen verklickert, dass wir etwas ganz Neues machen und die »neuen Beatles« sind. Und natürlich wollte Polydor auf keinen Fall riskieren, dass ihnen die neuen Beatles entgehen, wo ihnen die alten ja schon entgangen waren. Beim nächsten Treffen mit uns brachte Uwe einen Aktenkoffer voller Geld mit. Wir waren so arm, dass wir kaum zu essen hatten, und unterschrieben die Verträge sofort. So ging es los. Wir haben dann lange überlegt, wie wir uns nennen.

JEAN-HERVÉ PERON Es gibt zwei Thesen, wie wir auf unseren Namen kamen. These A: Revolution. These B: Polydor hochnehmen. Beide sind richtig. Eigentlich lief es so, wie es oft bei Gruppen läuft: Die Musiker haben einen Plattenvertrag unterzeichnet und fragen sich: Wie heißen wir überhaupt? Wir hatten nämlich lang gar keinen Namen, weder Nukleus noch sonst einen der vielen Vorläufernamen. Dann kam Uwe Nettelbeck und sagte: Okay, wir brauchen jetzt einen Namen für euch. Also trafen wir uns zu einem langen, ausgiebigen Essen. Dazu kamen viele Joints und die Frage nach dem Namen.

WERNER »ZAPPI« DIERMAIER Nettelbeck hat »Götterdämmerung« vorgeschlagen, aber das fanden wir alle wirklich ganz doof.

JEAN-HERVÉ PERON Götterdämmerung? Bla bla!

HANS-JOACHIM IRMLER »Götterdämmerung« wurde schon kurz überlegt, weil wir uns bei der Vorstellung amüsiert haben, wie die Amerikaner das wohl aussprechen würden.

JEAN-HERVÉ PERON Wir einigten uns dann erst einmal darauf, dass der Name kurz sein muss, denn es gibt nichts Nervigeres als lange Bandnamen; kurz auch, damit er besser zu schreiben ist; außerdem international, also in vielen Sprachen verständlich. Und obendrein musste er bedeutungsschwanger sein.

WERNER »ZAPPI« DIERMAIER Ich musste dann für drei Wochen ins Krankenhaus, und in der Zeit hat der Rest der Band beschlossen, dass wir »Faust« heißen. Ein kurzer Name, den auch anglophone Leute aussprechen können.

JEAN-HERVÉ PERON Faust? Faust! Die geballte Faust der Revolution und eben auch der Pakt mit dem Teufel. Faust passte zu allem.

WERNER »ZAPPI« DIERMAIER Außerdem kann man einiges damit verbinden, von Goethe bis zur Handfaust.

HANS-JOACHIM IRMLER Es sollte dann aber ein Name sein, der zweideutig ist. Insofern war Faust, wo Kampf und Intellektuelles drinstecken, für uns ideal.

WERNER »ZAPPI« DIERMAIER Aber eine konkretere Erklärung gibt es absichtlich nicht. Rudolf Sosna kam ins Krankenhaus zu mir und sagte: »Wir heißen Faust. Einverstanden?« Uwe Nettelbeck hat allerdings noch eine Weile weiter auf »Götterdämmerung« bestanden. Irgendwann ist Rudolf Sosna zu ihm nach Hause gefahren und hat an seiner Haustür mit einem Messer einen Zettel befestigt, auf dem »Faust« stand. Damit war die Sache klar.

HANS-JOACHIM IRMLER Allgemein wurde damals viel zerredet, über absolut alles wurde endlos diskutiert. Bestimmte Kneipen musste man meiden, wenn man nicht in tagelangen Diskussionen gefangen sein wollte. Wenn man die am Montag betreten hat, konnte man froh sein, wenn man am Mittwoch wieder rauskam. Genaugenommen war es eine schöne Zeit.

JEAN-HERVÉ PERON Uwe hat nie versucht, uns zu beeinflussen, sondern unsere wilde Energie bloß sehr geschickt gelenkt.

Auch seine Frau Petra hat uns immer unterstützt. Ich bin sicher, dass es Faust ohne Uwe Nettelbeck und seine Frau nicht gegeben hätte. Wir stellten bei der Plattenfirma Polydor jedenfalls kühne Forderungen: zunächst mal, dass wir ein Jahr lang gar nichts liefern müssen, aber Tag und Nacht ein voll ausgestattetes Studio zur Verfügung haben, inklusive Toningenieur. Dazu eine Anlage zum Spielen und Brot auf dem Tisch. Und Polydor sagte Ja. Das hatten wir Uwe zu verdanken, der sehr überzeugend sein konnte. So sind wir dann nach Wümme gezogen.

HANS-JOACHIM IRMLER Ein Teil des Agreements mit der Polydor war, dass wir aus Hamburg rausgehen, um unsere Musik zu entwickeln. Ziel war eine bewusste Isolation. Aus Hamburg wollten wir so schnell wie möglich weg, denn die Musiker da hingen an uns wie die Geier. Zumindest haben wir das so empfunden. Ich habe bestimmt drei Telefonbücher gehabt, wo Udo Lindenberg sich immer wieder reingeschrieben hat.

WERNER »ZAPPI« DIERMAIER Die anderen Hamburger Bands wollten mit uns nichts zu tun haben. Angeblich konnten wir nicht richtig spielen, machten bloß mit Effekten rum und kriegten dafür auch noch sehr viel Geld. Die waren einfach alle neidisch. Carlo Karges, damals bei Tomorrow's Gift und später bei Nena, hat mir mal erzählt, dass es eine Weile gedauert hat, bis er Faust für ihre Experimente geschätzt hat.

JEAN-HERVÉ PERON Erst zogen wir nach Schwindebeck. Die Familie von Petra Krause, der Frau von Uwe Nettelbeck, hatte dort ein Haus, das wir nutzen durften. Das war eine riesige Villa auf einem Panzerübungsplatz in der Lüneburger Heide. Wir verbrachten da aber nur ein paar Monate, bis die ehemalige Schule fertig renoviert war, die die Polydor in Wümme für uns gekauft hatte und wo eigens für uns ein Studio eingerichtet wurde und Betten installiert wurden. Wir hatten da ein sehr schönes Leben, und die Plattenfirma Polydor zahlte für alles. Angeblich haben wir immer noch fünfzigtausend Euro

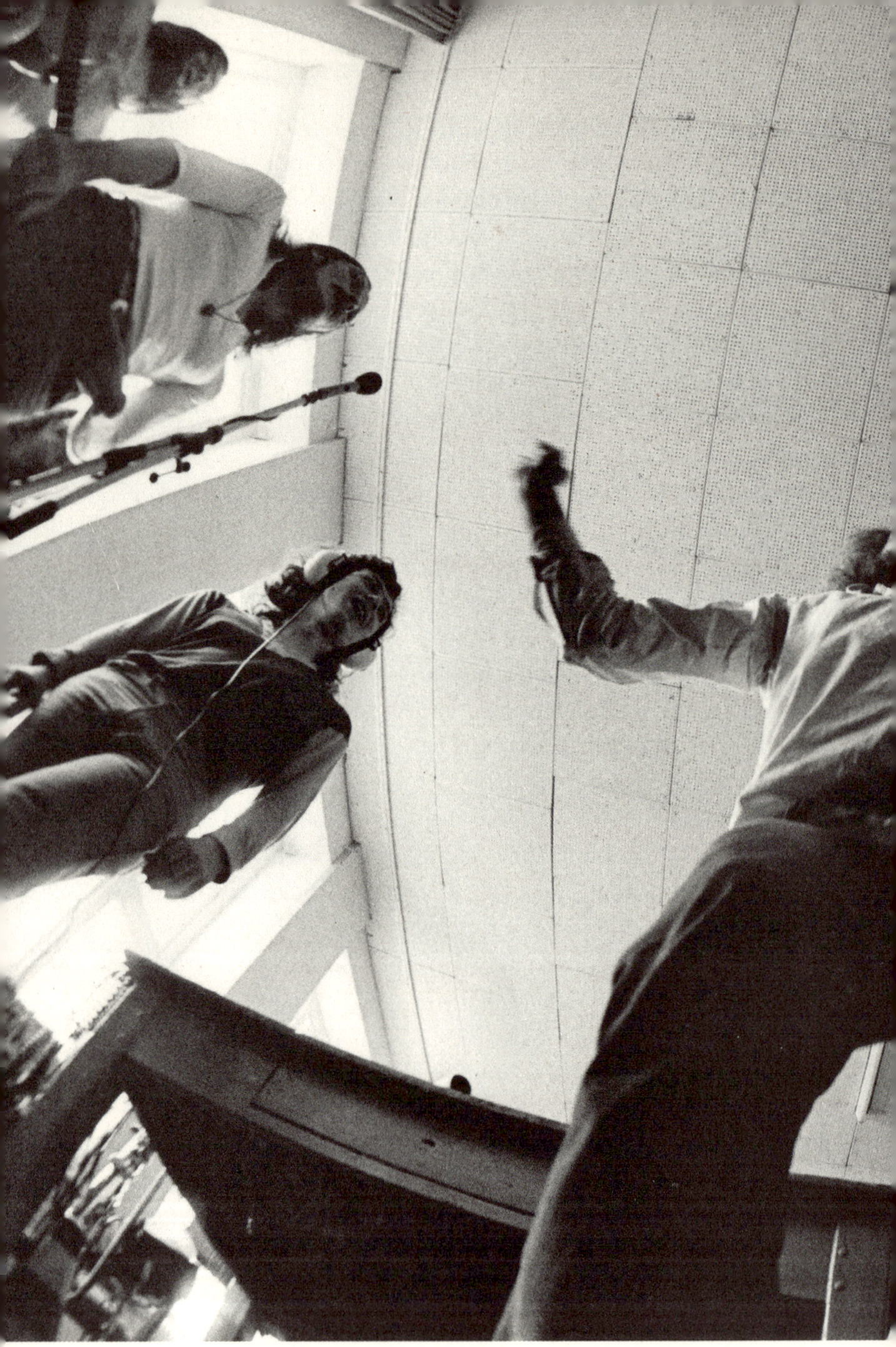

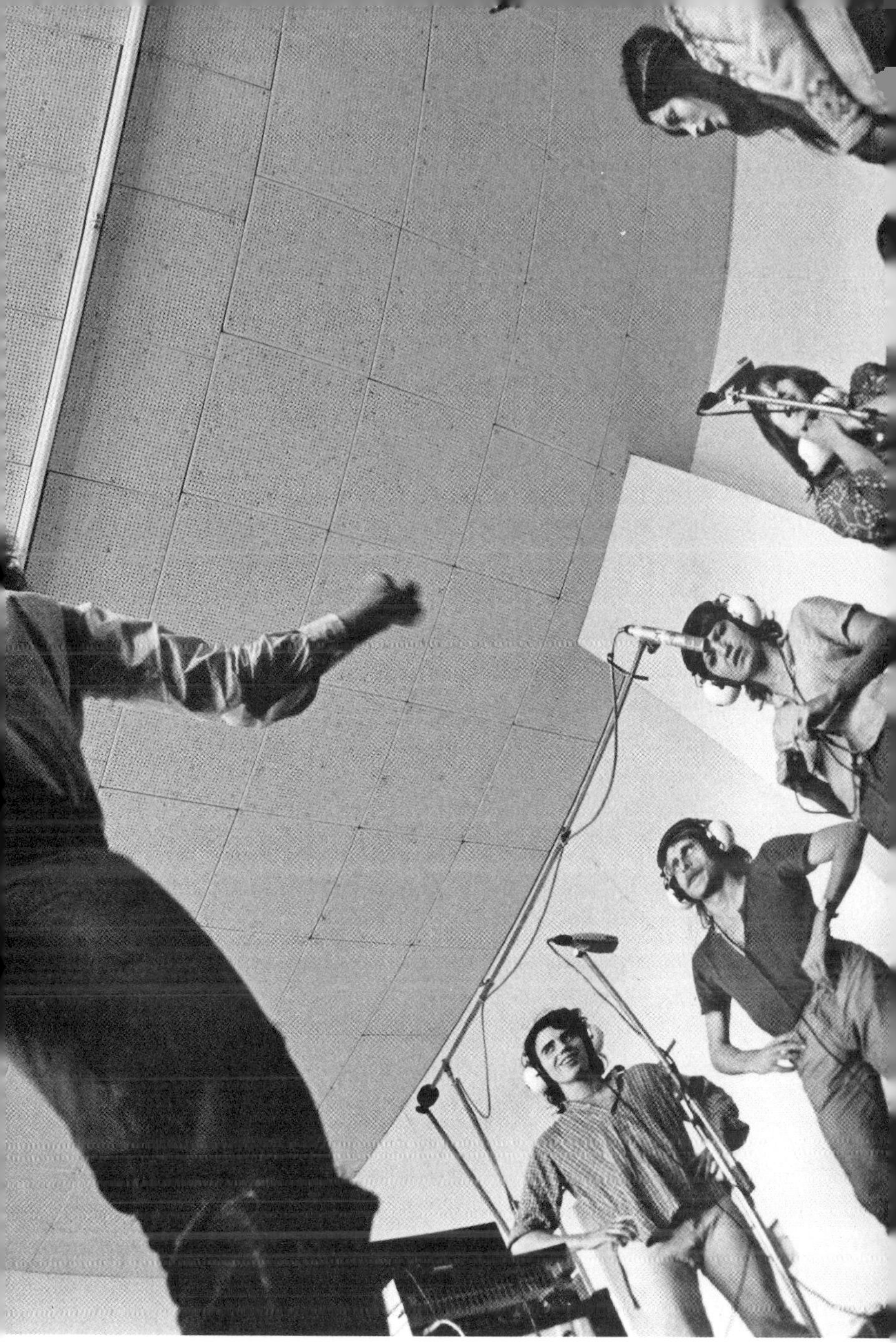

Faust – Singen in Wumme, 1970/71

Schulden bei denen, behaupten die jedenfalls. Damals waren es mehrere hunderttausend. Viele Musiker glaubten, wir wären eine Boygroup mit Geld ohne Ende, Designerklamotten, Drogen und Halleluja. Faust hatten kein gutes Image. Tatsächlich hatten wir manchmal so wenig Geld, dass wir nur Haferflocken mit Sirup und Pansen-Hundefutter aßen. Trotzdem haben wir das »Dolce Vita« da genossen, während um uns herum die Panzer rollten.

HANS-JOACHIM IRMLER Wir sind erst mal in das Jagdhaus von Petra Nettelbecks Vater in der Heide gezogen, der als Reeder wohlhabend geworden war. Da warteten wir ab, bis ein passendes Studio gefunden war. Es wurde dann eine ehemalige Zwergschule in dem Nest Wümme bei Hamburg. Allerdings hatten wir wirklich ein gutes Budget zur Verfügung. Da wurde zum Beispiel eine derart effektive Heizung eingebaut, dass man – selbst wenn die nur auf eins lief – schon nackt herumlaufen musste, sogar im Winter, so heiß wurde es da. Natürlich sind wir gerne nackt herumgelaufen. Heute wäre das undenkbar, damals war es kein Thema. Allerdings waren wir da auch sehr isoliert, haben zum Beispiel keinerlei Besuch empfangen. Das war Teil der Kontaktsperre, die wir uns auferlegt hatten. Weder Freunde noch Familie oder Freundinnen durften kommen. Es gab auch kein Radio, keinen Plattenspieler oder Fernseher. Eine Quarantäne, die ein halbes Jahr dauerte. Das Ziel war: Eigenkonzentration! Wir wollten das, was in uns drin war, ungefiltert ausarbeiten. Ausflüge in fremde Welten störten da nur. Trotz dieser Abkapselung galten wir in der Gegend natürlich bald als Bürgerschreck.

KURT GRAUPNER Ich war bei der Deutschen Grammophon Gesellschaft für die Abteilung Special Projects angestellt. Wir waren zu zweit und für die Weiterentwicklung der Aufnahmetechnik und Einmessung der Abhörräume und Freigaberäume für Platten zuständig und haben ein Verfahren für die Stereophonierung der alten klassischen Monoaufnahmen entwickelt. Diese wurden von der Deutschen Grammophon unter dem Label Heliodor vertrieben. Ich war in erster Linie für die technische Entwicklung und Bearbeitung der Aufnahmen zuständig. Ich habe dann die DGG verlassen, um eine freiberufliche, also vor allem arbeitszeitunabhängige Tätigkeit aufzunehmen, aber schon kurz darauf bekam ich – wieder von der DGG bzw. deren Pop-Label Polydor – die Anfrage, ob ich nicht Interesse hätte, auf Honorarbasis ein Studio zu erstellen und mit einer Musikgruppe Aufnahmen zu machen. Die technische Unterstützung inklusive Versuchswerkstatt würde die DGG übernehmen. Diese Aufgabe hat mich sehr gereizt und ich habe spontan zugesagt. Also wurde ein Kontakt zwischen Polydor, Uwe Nettelbeck und mir hergestellt.

JEAN-HERVÉ PERON Wümme war ein Mikrokosmos. Der Ort liegt an der B 75, da ist dreißig Kilometer links und rechts kein Mensch. Im ganzen Umland absolut niemand. Und wir hatten kein Fernsehen und kein Radio und keine Zeitungen: nichts! Ende der Welt. Keine Einflüsse von außen, nur wir und die Einsamkeit. Aber wir liebten die Einsamkeit. Besuch kam nur selten, und wenn, wurden es immer große Orgien. Aber das war ja normal, gerade wenn junge Männer monatelang abgeschieden von der Welt leben, und dann kommen junge Mädchen in Hotpants vorbei, da drehen die Hormone durch. Diese Abgeschiedenheit unterschied uns aber stark von anderen Kommunen. Normalerweise kam in solchen WGs regelmäßig Besuch vorbei. In Wümme waren wir meistens allein, nur wir sechs und die Musik.

KURT GRAUPNER Von der Deutschen Grammophon brachte ich diverses Equipment und mein Experimentiermischpult mit. Das hatte ich mir für die Bearbeitung der alten Klassik-Tapes extra bauen lassen. Als ich die Grammophon verließ, wurden die Geräte nicht mehr genutzt, und so konnte ich darüber verfügen. Damit konnten wir viele Sachen machen, die mit einem normalen Mischpult gar nicht gehen. Die Musiker

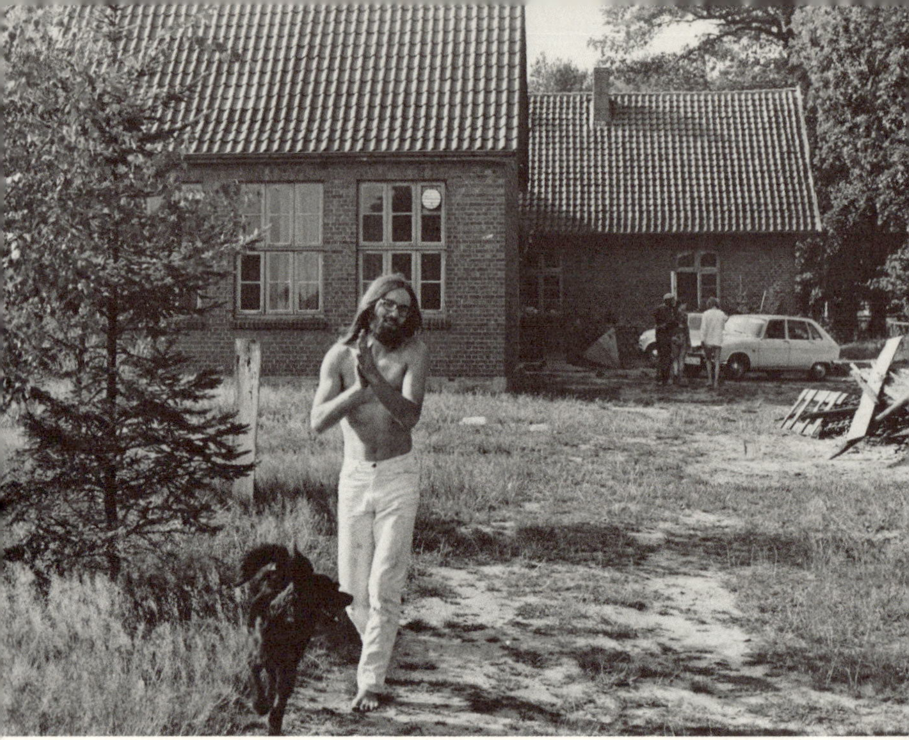

Jean-Hervé Peron von Faust, Wümme, 1971

hatten ihre eigenen Instrumente und auch Effektgeräte, die aber für Studioaufnahmen nicht zu gebrauchen waren, denn sie produzierten Knistern und Rauschen. Damit war klar, dass sie hochwertige Effektgeräte brauchten. So entwickelte ich die Black Boxen, in denen alle Effekte integriert waren, Laufzeitverzögerung, Hall, Ringmodulator und andere. Ich habe dann auch lichtgesteuerte Mehrfach-Fußpedale entwickelt, die sauber arbeiteten und keine Störgeräusche mehr machten. Mit den Black Boxen konnte man auf drei Signalwegen verschiedene Sounds voreinstellen und überblenden. Damit waren wir in Wümme ziemlich perfekt ausgerüstet. Leider setzte man uns zunehmend unter Zeitdruck, die Aufnahmen auch abzuliefern. Um solche Geräte zu entwickeln und zu bauen, braucht man aber Zeit. Trotzdem hat es sehr viel Spaß gemacht.

HANS-JOACHIM IRMLER Wir hatten zwar wenig Kontakt zur Außenwelt, mussten aber trotzdem auch mal einkaufen gehen. Außerdem gab es in der Nähe noch eine Kneipe, da waren wir willkommen, weil der Besitzer und unser Schlagzeuger Zappi beide Österreicher waren. Da sind wir immer hingegangen, aber wenn andere Gäste gekommen sind, mussten wir ins Hinterzimmer. Die Wirtin hatte Angst, dass die bei unserem Anblick einen Schreck bekommen. Und wir sahen auch ein bisschen wild aus, besonders unserer Schlagzeuger Zappi. Der ist zwei Meter groß, hatte struppiges Haar und zu allem Überfluss noch einen Hund. Denen im Moor bei Bodennebel zu begegnen, wäre wirklich gruselig gewesen.

WERNER »ZAPPI« DIERMAIER Jean-Hervé und ich hatten Hunde. Die anderen mochten aber keine Hunde. Also haben wir im Garten eine Hundehütte gebaut und da drinnen auf Stroh mit den Hunden gewohnt. Das war schön. Ich habe mal aus Spaß vor der Haustür ein riesiges Loch gegraben. Bald meldete sich das Ordnungsamt und befahl: »Das muss wieder zu! Da könnte jemand reinfallen!« Ich habe dann bald ein neues Loch gegraben, wieder kamen die, so ging es hin und her. In der Öffentlichkeit waren wir bald »die Kommune«, auch wenn wir selber uns nie so genannt haben. Wenn wir doch mal Kleider gewaschen hatten, hingen die draußen auf der Leine. Und wenn jemand Socken brauchte, hat er sich eben welche von der Leine gepflückt und angezogen. Es gab keine richtigen Besitzverhältnisse und keine festen Regeln. Zwar haben wir auch mal versucht, einen Koch- und Abwaschplan aufzustellen, aber das haben wir ganz schnell wieder aufgegeben. So funktionierte es einfach nicht. Ich habe öfter mal gekocht, aber das mochten die meisten gar nicht. Irgendwann sagte ich: »Ich koche nie wieder!« Und Arnulf sagte nur: »Danke!« Die wichtigste Mahlzeit bei uns war das Frühstück. Dafür wurde viel eingekauft: Fisch, Fleisch, Kuchen und Gemüse. Alles, was man sich vorstellen konnte. Weil wir Nachtmenschen waren, haben wir immer erst so gegen 14 Uhr gefrühstückt und waren dann den ganzen restlichen Tag satt. Musik wurde hauptsächlich abends gemacht. Einmal hatte ich schon geschlafen, als Rudolf Sosna in mein Zimmer kam und mich weckte: »Du musst sofort rüberkommen!« Ich bin dann verschlafen ins Studio, und er sagte: »Klopf mal: DUMM DUMM DUMM«, dazu sang er: »Rainy Day! Rainy Day!« Am nächsten Tag sind die anderen dann auch noch eingestiegen. Und »Rainy Day« wurde für uns so eine Art Hit. Das wollen die Leute bis heute hören. Aber ich will das eigentlich nicht mehr spielen.

JEAN-HERVÉ PERON Eines Morgens sind wir aufgewacht und blickten auf Maschinenpistolen, die auf uns gerichtet waren. Das war zu Zeiten des Terrorismus. Erst im Nachhinein erfuhren wir, dass Uwe Nettelbeck Kontakte zu Linksextremisten hatte, zur RAF etc. Und wir sahen halt irgendwie so ähnlich aus, da war man schnell verdächtig. Ich kann mir gut vorstellen, was die Leute in den Kneipen der umliegenden Dörfer über uns dachten: »Oh, die Langhaarigen in Wümme, merkwürdige Gestalten!« Jedenfalls kam die Staatsmacht eines Tages im Morgengrauen mit Hunden, da war richtig Alarm.

HANS-JOACHIM IRMLER Das waren keine normalen Polizisten, sondern Beamte vom Bundesgrenzschutz, die da unser Haus umstellt hatten. Das war wohl darauf zurückzuführen, dass Zappi da an einer Tankstelle dem Tankwart nicht geheuer war. Der vermutete Terrorismus und rief die Polizei.

JEAN-HERVÉ PERON Es waren sehr viele Polizisten, bestimmt eine Hundertschaft. Die kamen einfach so rein, weil wir die Türen ohnehin nie abgeschlossen haben. Wir waren alle nackt. Ich fand das nur lustig und habe sehr gelacht, den Polizisten merkte man an, dass sie auch nicht so richtig wussten, was sie da eigentlich machten. Es war einfach zu surreal, um einen Schreck zu kriegen. Für mich war das bloß ein Theaterstück, das konnten die nicht ernst meinen.

HANS-JOACHIM IRMLER Zum Glück war ich da gerade gar nicht da, sondern bei den Nettelbecks. Da kam jedenfalls der Anruf aus Wümme: Kommt schnell! Wir sind umstellt. Da waren mehr als zehn Beamte gekommen, alle mit Maschinenpistolen bewaffnet. Die stürmten dann in die Zimmer. Dass da nichts passiert ist, ist eigentlich erstaunlich. Sich zu wehren, wäre nicht so ungewöhnlich gewesen. Wir hatten ja nichts verbrochen. Das lief jedenfalls von sechs Uhr morgens bis nachmittags um drei. In der Zeit haben sie alles auf den Kopf gestellt und sich vermutlich auch irgendwann gefragt, was das soll. Das ist zum Glück nur ein Mal passiert, aber es reicht fürs Leben.

JEAN-HERVÉ PERON Entscheidungsprozesse liefen bei uns immer chaotisch ab. Arnulf Meifert zum Beispiel war der Politischste von uns. Der hatte immer explizite Meinungen zu allem und wollte alles diskutieren. Irmler war dagegen scheu, der sperrte sich oft in sein Zimmer ein und hörte Beach Boys. Zappi und ich haben immer Musik gemacht und gejammt. Rudolf war auch immer am Spielen, mit der Gitarre oder dem Klavier. Wir hatten sogar im Bett Mikrofone installiert, um immer alles aufnehmen zu können, sodass ich dort einiges mit meiner Gitarre einspielte. Manchmal schrie ich aus dem Bett: »Kurt! Aufnahme!« Kurt Graupner war unser Toningenieur. Den hatte Polydor gestellt. Er war aber nicht immer da, denn mit uns hätte das auf Dauer keiner ausgehalten.

HANS-JOACHIM IRMLER Kurt Graupner war unverbraucht, hatte frisch die Akademie abgeschlossen und brachte viele tolle Ideen mit. Aber wir haben bestimmt ein Vierteljahr dazu gebraucht, ihn zu bewegen, die Aussteuerung auch mal ins Rote ausschlagen zu lassen. Graupner ist dann ein Familienmitglied geworden, und wir haben ihm unterm Dach noch ein Zimmer eingerichtet.

JEAN-HERVÉ PERON Der kam immer so für zwei oder drei Wochen, fuhr dann aber auch wieder weg. Aber wenn er da war, hieß es immer: »Kurt! Aufnahme!« Und dann wurde drauflosgeklimpert. So entstanden die berühmten »Faust Tapes«. Polydor hatte zwar gehofft, mit uns die deutschen Beatles gefunden zu haben, aber wie wertvoll unsere Faust-Platte tatsächlich war, haben sie beim Label gar nicht begriffen, weil sie etwas völlig anderes erwartet hatten. Wären die nicht so bedeppert gewesen, hätten sie uns viel euphorischer und klüger beworben: »Achtung: Das hier sind die nächsten Beatles!« Aber das waren Angsthasen. Die reagierten zwar entspannt auf unser Album, wollten sogar möglichst schnell ein zweites, aber da sollten dann die »Hits« drauf sein. Uwe Nettelbeck war immer auf unserer Seite und führte die Polydor an der Nase herum. Ohne Uwe wären wir da umgehend rausgeflogen.

HANS-JOACHIM IRMLER Jeder hat mal das Instrument des anderen gespielt und was weiß ich nicht alles. Damit jeder versteht, wie die anderen so ticken. Außerdem hatten wir abgemacht, dass wir keinen Chef haben und alle gleichgestellt sind. Das führte von Anfang an zu Spannungen, denn wenn jeder alles mitentscheiden soll, wächst natürlich auch das Potential für Konkurrenzkämpfe. Dauernd standen Diskussionen auf dem Plan, jeder Einzelne wurde von der Gruppe richtig auseinandergenommen. Ich würde das schon Gehirnwäsche nennen. Es war ein Albtraum, den man nicht so schnell wieder vergisst. Letztlich hat es aber trotzdem funktioniert.

JEAN-HERVÉ PERON Wir hatten mit der Polydor ein Jahr in Wümme abgemacht, aber es gab keine echte Deadline. Uwe lebte nicht bei uns, der wohnte mit seiner Frau und den zwei Töchtern in Luhmühlen. Aber er schaute regelmäßig vorbei, blieb manchmal einen Tag, manchmal auch mehrere.

HANS-JOACHIM IRMLER Nettelbeck kam regelmäßig vorbei, weil er natürlich sehen wollte, ob wir da überhaupt was machen. Er wollte dann Musik vorgespielt bekommen, das hat ihn sehr interessiert. Wir lockten ihn immer damit, dass er Schlagzeug spielen durfte.

JEAN-HERVÉ PERON Irgendwann kam dann aber doch Druck von der Plattenfirma, und zwar richtig Druck. Uwe kam und sagte, dass Polydor nun mal Ergebnisse sehen möchte und dass wir liefern müssten. Am Ende war es Stress! Stress! Stress!

HANS-JOACHIM IRMLER Die Polydor hat zu unserer Musik nie was gesagt. In dem ganzen Laden saßen nur zwei Leute, die damit etwas anfangen konnten. Der Chef war in Ordnung, aber dem saß, glaube ich, ein Buchhalter im Nacken, der immer wieder fragte, was wir da eigentlich in Wümme machen. So entstand dann die Idee, dass wir denen jede Woche ein Band mit Musik schicken. Einmal haben wir extra für die Polydor »An der schönen blauen Donau« eingespielt. Wir wollten halt mal zeigen, was für eine Bandbreite wir draufhaben. Allerdings haben wir dafür die Instrumente getauscht, was sicher nicht zur Harmonisierung beigetragen hat.

JEAN-HERVÉ PERON Unser LP-Konzept war: eine Seite improvisierte Livemusik aus dem Studio, die andere Seite komponierte Songs. Wir hatten massenhaft Musik aufgenommen. Davon lagert noch immer sehr viel in verschiedenen Kisten, auch ich habe von denen welche. Aber das sind alles nur wertlose Skizzen, so wie Entwürfe eines Malers, bevor er ein Bild beginnt. Gut, manche haben vielleicht doch auch eigenen Wert, aber das meiste ist nur historisch interessant. Für uns war das, was wir machten, ganz normal, so hatte Musik zu sein. In meiner Welt gab es nur Musik, an der ich selbst beteiligt bin. Es war eine Welt, in der man Tonbänder schnippelt und eben auch mal einen Zementmischer aufnimmt oder Texte schreibt, die vom Zufall bestimmt sind. Das war »unsere« Musik. Wie viele Stunden wir am Tag Musik gemacht haben, ist schwer zu sagen, weil man teils ja einzeln und teils in der ganzen Gruppe etwas gemacht hat. Gesetzt war nur, dass wir abends ab sechs immer mindestens drei Stunden alle zusammenspielen. Tagsüber ist aber jeder einfach irgendwann ins Studio gegangen.

Wir haben tonnenweise Bänder vollgespielt, schon allein das war irrsinnig teuer.

HANS-JOACHIM IRMLER Am Rödingsmarkt in Hamburg war damals eine richtig geile Dampframme, die wir aufgenommen haben. Und auch mal eine große Demo am Bahnhof Dammtor. Ich erinnere mich an ein Stück, das hieß »Lieber Herr Deutschland«, da kommt das alles vor. Daraus wurde dann ein Stück, das Reklame für einen vollautomatischen Waschautomaten macht.

JEAN-HERVÉ PERON Heutzutage nennt man das wohl »Field Recording«. Wir bastelten aus den aufgenommenen Geräuschen dann musikalische Collagen. Bei allen Faust-Stücken komponierten und improvisierten wir immer gemeinsam, obwohl wir aus ganz verschiedenen Richtungen kamen. Gunther mochte Stockhausen und Boulez, der ging Musik wie Mathematik an, nahm zum Beispiel ein paar Noten und spiegelte sie dann quasi geometrisch, ich würde das »dirigierte Zufälle« nennen. Irmler war der Mann für die Elektronik. Und Zappi ist ein Schlagzeuger, der all diese auseinanderstrebenden Elemente verbinden kann. Er groovt.

HANS-JOACHIM IRMLER Wir haben auch mal ausprobiert, wie man ein heranziehendes Gewitter akustisch umsetzen kann. Wie stelle ich knisternde Elektrizität musikalisch dar? Wie das lief, kann man nicht weiter beschreiben. Auf den Tapes ist das jedenfalls noch drauf.

KURT GRAUPNER Die Polydor-Leute wurden immer ungeduldiger und wollten schließlich unbedingt mal ein Konzert haben. Was dann auch stattfand – und prompt in die Hose ging. Bekannt geworden sind sie aber so trotzdem.

JEAN-HERVÉ PERON Unser erstes Konzert war gleich in der Hamburger Musikhalle. Als Sound wollten wir Quadrophonie, noch vor Pink Floyd, da waren wir schon Pioniere. Aber leider auch zu bedeppert, um das vorher geprobt zu haben. In der Musikhalle legten sie uns nur eine Rolle mit fünfhundert

Metern Kabel hin. Wir, die Musiker, mussten den Saal kurz vor dem Auftritt selbst verkabeln.

HANS-JOACHIM IRMLER Das ganze Jahr über hatten wir versucht, eine Art 3-D-Installation hinzubekommen. Dabei haben wir, würde ich behaupten, sogar den Joystick erfunden. Nur war das alles längst noch nicht vorführbereit, als wir da auftreten mussten, doch da gab es kein Zurück mehr. Und die Musikhalle hat uns schon gut gefallen, mit dem ganzen Goldprunk und so weiter. Wir haben dann inmitten der Plüschsessel eine Art Wachturm aufgebaut, von dem aus in alle Richtungen Kabel gingen. Es sah schon ein bisschen gespenstisch aus. Um 17 Uhr bin ich mit Uwe Nettelbeck nochmal losgefahren, um noch mehr Kabel zu holen. Der Plan war, einen Surroundsound zu installieren, was ziemlich aufwendig war. Wir haben dann noch mal ungefähr fünftausend Meter Kabel nachgeholt. Das Konzert war für acht Uhr angekündigt, fing dann aber nicht ganz pünktlich an. Zum Glück hatten wir uns auch noch Farbfernseher ausbedungen, die es damals erst seit kurzem gab. Für jeden von uns stand so einer auf der Bühne, sodass wir dem Publikum ab acht erst mal parallel die »Tagesschau« vorspielen konnten, während wir noch am Verkabeln waren.

JEAN-HERVÉ PERON Rudolf Sosna war von uns das Genie, er hat Dekaden im Voraus gedacht, hatte schon diese Vision, dass zum Beispiel David Bowie in Tokio ein Konzert gibt, mit Musikern, die aus New York zugespielt werden. Vom Konzept her nahm er eigentlich schon das vorweg, was heute Livestream heißt, denn schon damals wollten wir nicht unbedingt herumtingeln, sondern unsere Konzerte lieber von einem Ort aus übertragen lassen. Irmler und Wüsthoff haben viel nachgedacht und waren sehr gut im Imaginieren, aber viele unserer Pläne waren einfach zu weit vom technischen Entwicklungsstand und von der damaligen Realität entfernt.

WERNER »ZAPPI« DIERMAIER Wir wollten dreidimensional

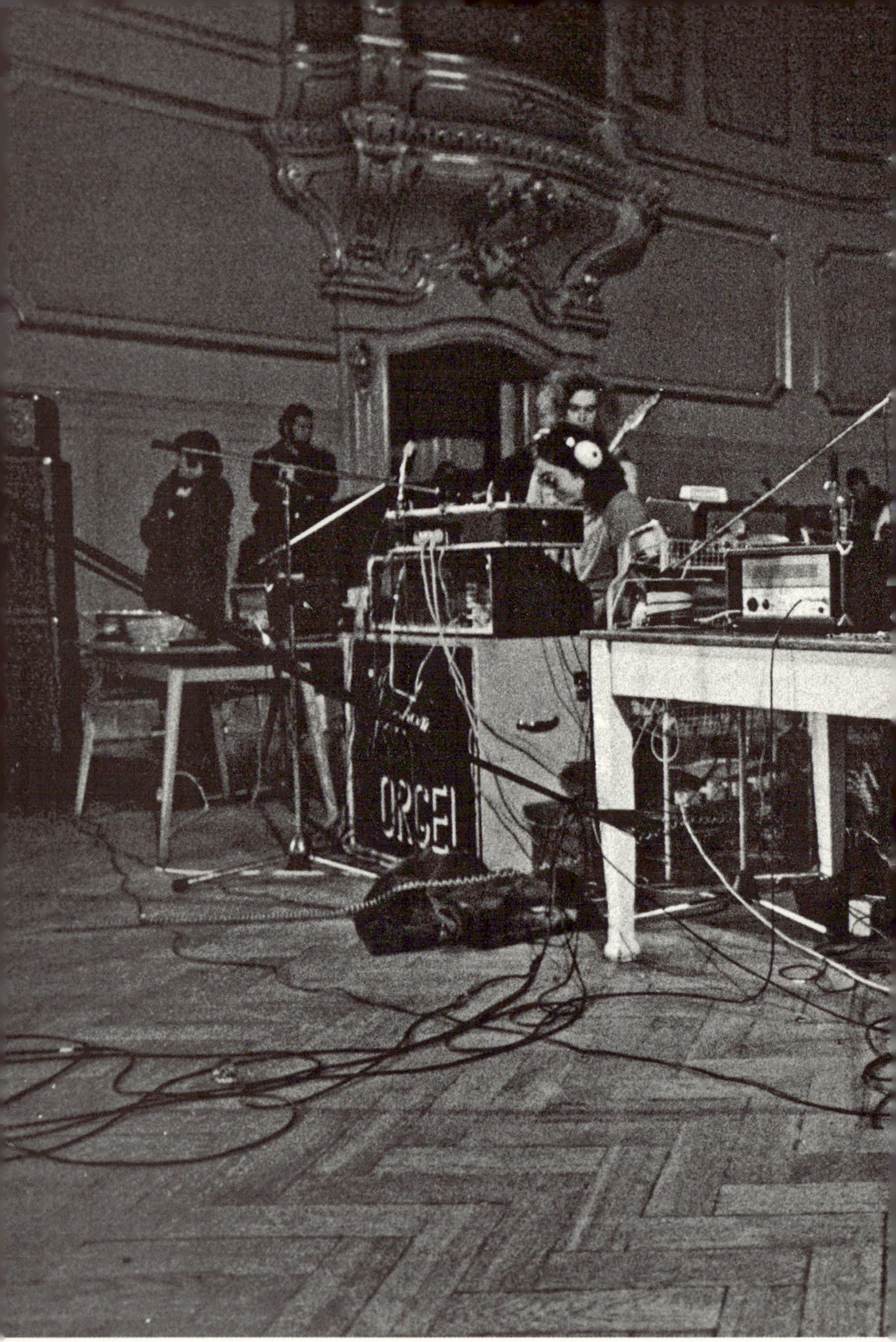
ORGEI

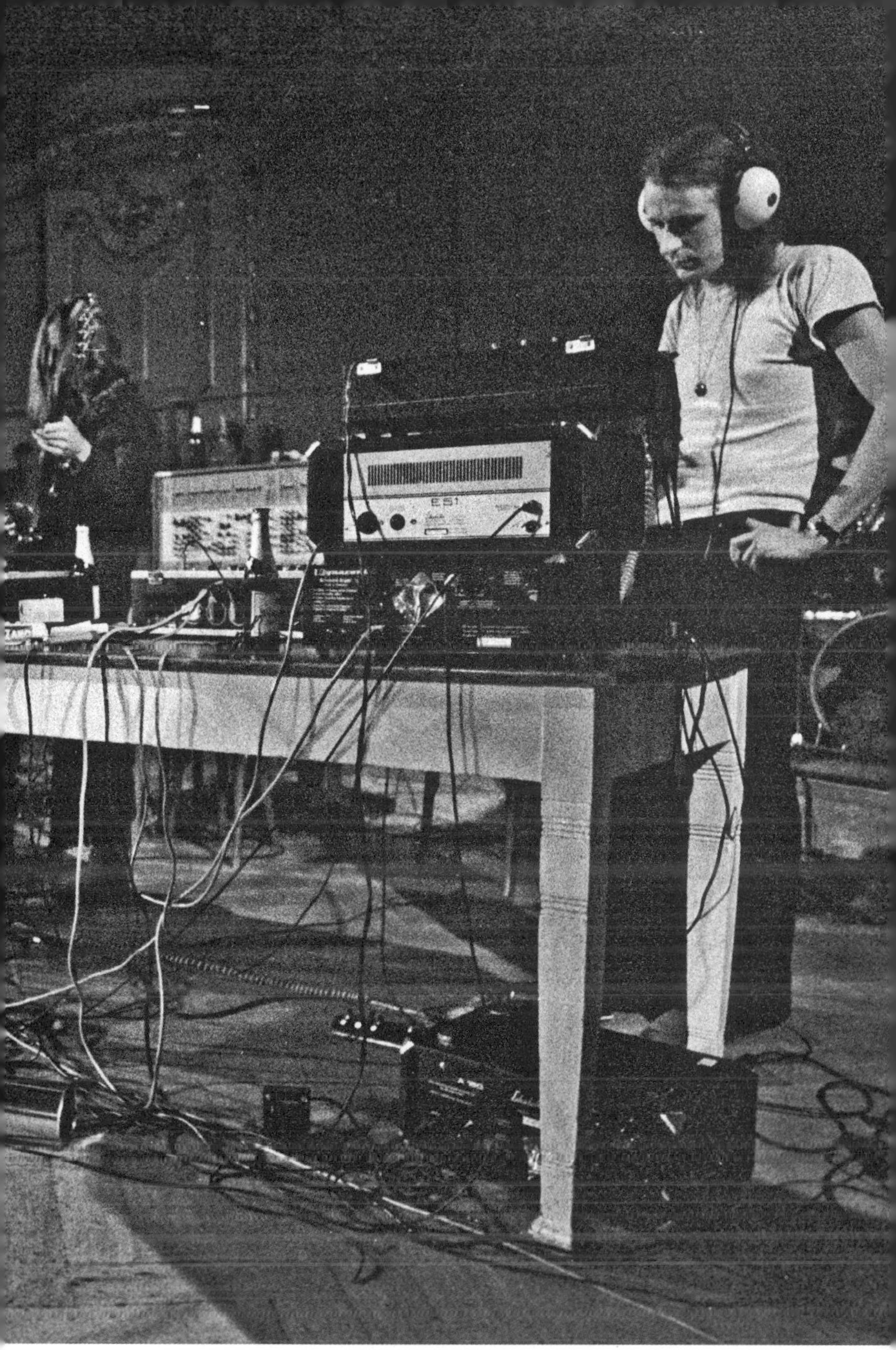

Faust-Konzert in der Musikhalle Hamburg, November 1971

spielen. Das hatten wir vorher in Hittfeld in einer Mühle geübt. Die hatten wir für zwei Wochen gemietet, um das auszuprobieren, mit vierzig Lautsprechern, die wir oben und unten aufgestellt hatten. Und da hat das funktioniert! Ein Orgelton ging dann von oben nach unten am Ohr vorbei, das war deutlich zu hören. Dazu ging ein Schuss von der Gitarre diagonal quer durch den Raum. Kurt Graupner, unser Tontechniker, hatte in der Mitte vom Saal zwei Hebel, einen für horizontal, einen für vertikal. So konnte er den Ton von jeder einzelnen Spur im Raum bewegen, das war besser als der Azimuth-Coordinator von Pink Floyd. Bei den Proben hat es auch wunderbar geklappt, beim Konzert in der Musikhalle dann aber nicht mehr. Warum, weiß kein Mensch.

JEAN-HERVÉ PERON Was wir wirklich wollten, hat sich damals nicht vermittelt. Am Ende sah das Publikum nur eine Band auf der Bühne stehen, die keine Ahnung davon hatte, live zu spielen. Stimmt! Die sehr schlecht ihre Instrumente beherrschte. Stimmt! Die großkotzig Quadrophonie ankündigte und das dann nicht hinbekam. Stimmt! Aber keiner hat gesehen, dass wir etwas Neues wagten, dass wir eine Facette einer Bewegung waren, die später viel bewegen würde.

HANS-JOACHIM IRMLER Das Konzert in der Musikhalle war sicher eines der besten, die wir je gegeben haben. Natürlich gehen die Meinungen darüber ziemlich auseinander, aber man sollte es vor allem als Happening verstehen. Das Publikum waren ja mehr oder weniger nur geladene Gäste, von der Polydor geladen.

WERNER »ZAPPI« DIERMAIER Eingeladen waren fünfzig Journalisten aus aller Welt. Weil nichts klappte, haben wir die vertröstet: Geht mal in die Disco nebenan. Wenn ihr in zwei Stunden zurückkommt, läuft es. Die kamen zurück, und es ging immer noch nichts. Wir haben dann sehr viel schlechte Presse gekriegt, aber das war ja auch nicht schlecht.

HANS-JOACHIM IRMLER Als es manchen Gästen mit der Warterei zu viel wurde, haben wir denen empfohlen, ins benachbarte Gängeviertel zu gehen, da gäbe es gute Kneipen, und sie sollten so gegen neun oder zehn wieder vorbeischauen. Es war Anarchie pur. Die meisten sind dann sogar wirklich wiedergekommen. Vermutlich bin ich aber der Einzige von uns mit positiven Erinnerungen daran. Es klappte nichts wie geplant, entweder ging der Gesang nicht oder die Instrumente nicht. Irgendwann beschlossen wir, das ganze Programm einfach zu singen. Um ein Uhr nachts kam der Hausmeister mit hochrotem Kopf auf die Bühne und schrie: »Aus! Aus! Meine Frau hat schon angerufen! Was ist denn hier los?« Das war schon ein phänomenales Konzert.

WERNER »ZAPPI« DIERMAIER Auch als wir später anfingen, öfter Konzerte zu geben, konnten wir unsere Titel eigentlich gar nicht spielen. Vor allem auch, weil wir der Meinung waren, dass man sich die sowieso besser von Platten anhören kann. Deshalb haben wir immer nur improvisiert.

HANS-JOACHIM IRMLER Wir sind in ganz normalen Straßenklamotten auf die Bühne gegangen.

WERNER »ZAPPI« DIERMAIER Auf unserer ersten England-Tour wussten wir beim Betreten der Bühne nicht, was wir machen werden, wirklich nicht im Geringsten. Wir haben irgendwie angefangen, ein Glas umgeworfen oder so. Und daraus hat sich dann irgendwie Musik entwickelt.

HANS-JOACHIM IRMLER Nach dem Konzert in der Musikhalle fing dann allerdings doch das Zerwürfnis an, das hat schon Wunden gerissen. Innerhalb der Band und auch mit der Plattenfirma kriselte es. Arnulf hat immer gesagt: Wir müssen mehr üben! Und ich habe geantwortet: Was sollen wir denn üben? Leider hat es sich dann so entwickelt, dass Arnulf aus der Band geschmissen wurde, das muss ich zu meiner Schande sagen. Er hatte schon großen Einfluss, denn er war nicht nur am ältesten, sondern auch am vernünftigsten. Aber vielleicht eben auch ein bisschen zu vernünftig. Wer nur vernünftig ist, kommt nicht weiter. Neues schafft man nur, indem man Grenzen überschreitet.

WERNER »ZAPPI« DIERMAIER Nach der zweiten Platte, »So Far«, hat uns die Polydor endgültig rausgeschmissen.

JEAN-HERVÉ PERON Eines Tages meldete sich der Herr Vogelsang, damals der Oberindianer von der Polydor. Der fragte, was es gekostet habe, uns unter Vertrag zu nehmen. Und wie viel wir verkauft hätten? Die erste Platte hatte sich nicht so gut verkauft. Die zweite besser, aber auch nicht wirklich gut. Bei der dritten sagte Vogelsang dann »Stopp!«

WERNER »ZAPPI« DIERMAIER Da hatten die gemerkt, dass wir doch nicht die neuen Beatles sind. Die Umsätze sprachen dagegen.

JEAN-HERVÉ PERON Wir hatten uns halt nicht rentiert. Also mussten alle gehen, auch alle, die mit uns gearbeitet hatten, sogar Nettelbeck, alle mussten raus. Uns war das aber egal, wir wollten nur Musik machen. Ob die irgendwo veröffentlicht wurde, war uns vollkommen latte. Wir haben gar nicht sonderlich viel nachgedacht. Nicht aus Doofheit, sondern aus Prinzip. Geld tangierte uns halt nicht.

SIMON DRAPER Das Debütalbum von Faust war auch in England leicht zu bekommen, da die Band bei der Polydor unter Vertrag war.

WERNER »ZAPPI« DIERMAIER Irgendwie hat Uwe Nettelbeck in London Richard Branson aufgetan, der mit Virgin gerade erst angefangen hatte.

HANS-JOACHIM IRMLER Wir haben dann beschlossen, nach England zu gehen. Simon Draper hatte verstanden, dass unsere Musik zwar schräg ist, aber Potential hat. Er hat den Branson so beeinflusst, dass Virgin uns unter Vertrag nahm.

SIMON DRAPER Um den Vertrag abzuschließen, reisten Richard Branson und ich nach Hamburg und blieben über Nacht bei Uwe Nettelbeck und seiner hübschen Frau. Damals verhandelten wir vor allem mit Uwe, lange bevor wir überhaupt Kontakt mit der Band hatten. Die lernten wir erst kennen, als sie nach London kamen, um ihr neues Album einzuspielen.

JEAN-HERVÉ PERON Als wir Branson kennenlernten, war er noch nicht einer der reichsten Menschen auf der Welt, sondern hatte in London ein klitzekleines Büro, wo wir tagaus, tagein vorbeischauten. Dabei sagte uns Branson nie so genau, was er eigentlich von uns erwartet hat. Er sah uns wohl so wie die Leute von der Polydor, wie eine Art Rennpferd, das man einkauft, um zu sehen, was es so bringt. Und das schnellste Pferd im Virgin-Stall war natürlich auch sein liebstes: Mike Oldfield. Bingo.

SIMON DRAPER Faust passte gut zu Virgin. Wir standen für Avantgardemusik und schräge Klänge, Henry Cow und Kevin Coyne. Das war die Musik, die mich persönlich interessierte. Der Musikjournalist, der uns bei Virgin sehr beeinflusst hat, war Ian MacDonald, der eigentlich MacCormick hieß und der Bruder von Bill MacCormick war. Der war wiederum ursprünglich Bassist der legendären Band Quiet Sun und spielte damals gerade bei Robert Wyatts Soft-Machine-Ableger Matching Mole, später auch für Brian Eno und Phil Manzanera. Jedenfalls war das für mich damals die führende Szene, und Ian MacDonald war beim New Musical Express ihr einflussreicher Förderer. Zum Glück schien er auch alles zu lieben, was bei Virgin damals rauskam, was uns sehr geholfen hat. Aber bei Faust war er wirklich fanatisch, hielt sie für eine der wichtigsten Bands aller Zeiten, verglich sie sogar mit den Beatles. Ich wiederum war auf der Suche nach Musik, die etwas Eigenständiges hatte. Die üblichen Rockbands, die bloß Altbekanntes variierten, interessierten mich nicht. Da war Faust auch für mich perfekt. Aber der Umgang mit ihnen war schwierig, sie waren uns gegenüber ziemlich aggressiv. Sie waren Punker, bevor es Punk überhaupt gab.

HANS-JOACHIM IRMLER Die »Faust Tapes« waren unser Entree bei Virgin.

SIMON DRAPER Uwe Nettelbeck sagte zu uns, dass sie eine Menge Aufnahmen hätten, die sie gerne veröffentlichen würden. Wir erwiderten, dass wir lieber frische Aufnahmen hätten, die in unserem eigenen Studio entstanden sind. Da schlug Nettelbeck vor, uns die alten Aufnahmen einfach zu schenken, im Gegenzug dürften wir aber kein Geld damit verdienen. Also überlegten wir uns, eine Platte daraus zu machen, die wir so günstig wie nur möglich anbieten. Wir vermarkteten die »Faust Tapes« dann als »Album zum Preis einer Single«. Der Preis betrug neunundvierzig Pence, wenn ich mich nicht irre. Die Platte hat sich dann fabelhaft verkauft, allerdings bezweifle ich, dass sie vielen Leuten gefallen hat, gerade die »Faust Tapes« waren eine besonders herausfordernde, schwierige Platte, die vermutlich die meisten überfordert hat. Aber die Idee, Faust so den Durchbruch zu bescheren, fand ich schon toll.

HANS-JOACHIM IRMLER Branson sagte zu, dass wir in England unter den gleichen Bedingungen wie in Wümme leben könnten. Das war dann das Manor-Studio, ein schöner alter Kasten mit einem tollen Studio und guter Betreuung.

WERNER »ZAPPI« DIERMAIER Branson hatte ein Studio in der Nähe von Oxford, eigentlich ein Schloss. Da haben wir aufgenommen. Mike Oldfield war tagsüber im Studio und wir abends. Der hatte da ganz allein »Tubular Bells« gemacht. Unser Ding war das aber nicht, das war viel zu sauber.

JEAN-HERVÉ PERON Mike Oldfield schaute öfter auch bei uns vorbei. Am liebsten saß er bellend unter einem Tisch. Wir traten dann nach ihm, aber nur, weil er das so wollte, der war ein bisschen irre. Vielleicht wollte er sich aber auch nur über uns Deutsche lustig machen, indem er so tat, als sei er ein Schäferhund, ich weiß es nicht. Sympathisch war er mir aber nicht.

WERNER »ZAPPI« DIERMAIER Oldfield war verrückt. Während wir da gegessen haben, saß Oldfield oft unterm Tisch und hat uns in die Füße und die Beine gebissen. Ich habe dann mal mit einer Vorhanghalterung unter den Tisch gehauen und ihn voll an der Wange erwischt.

SIMON DRAPER Ich habe mich aus den Aufnahmen, die Faust da machten, herausgehalten. Auch weil ich damals noch so jung war, jünger als die meisten Musiker, die ich unter Vertrag nahm. Ich liebte Jazz und war allgemein musikbegeistert, hatte aber kein besonderes Konzept, das ich unseren Musikern nahelegen wollte, ich war eher ein Fan. Als ich älter wurde, habe ich den Künstlern natürlich auch mal Ratschläge gegeben, Produzenten vorgeschlagen oder so. 1973 fehlte mir dafür aber noch die Erfahrung, ich vertraute einfach darauf, dass die sich im Studio schon anstrengen werden. Mike Oldfield hat dort auch gemacht, was er wollte, der lebte ja damals dort. Eigentlich hatte er da nur eine Woche gehabt, um mit unseren Toningenieuren »Tubular Bells« fertigzumachen, aber er blieb dann einfach da. Er hatte sowieso keinen festen Wohnsitz und auch überhaupt kein Geld. Wir haben uns nicht weiter eingemischt, und so geisterte er da eben weiter rum. Die Mädchen, die dort arbeiteten, waren auch nett zu ihm.

JEAN-HERVÉ PERON Im Studio erlebten wir Oldfield, als noch nicht klar war, wie erfolgreich er mal sein würde, aber wir bekamen dann schon mit, wie sein Erfolg sich langsam einstellte. Branson war von »Tubular Bells« von Anfang an begeistert, auch weil er wusste, dass sich das gut verkaufen und ihn reich machen würde. Branson organisierte dann Mitte 1973 dieses berühmte Konzert in der Queen Elizabeth Hall, wo Oldfield mit so einem Allstar-Prog-Orchester »Tubular Bells« gespielt hat, und lud dazu alle Szene-Topstars ein, wir waren da backstage mit Mick Jagger und solchen Typen. Damals dachte Branson noch, wir könnten auch so erfolgreiche Rennpferde werden.

WERNER »ZAPPI« DIERMAIER Als Mike Oldfield »Tubular Bells« fertig hatte, lud er einige Kollegen ein. Keith Richards kam mit einem Sportwagen, und sein Rolls-Royce fuhr hinterher. Später sind wir dann zu einem Pub gefahren. Ich blieb aber lieber in dem Rolls-Royce sitzen und habe da weitergetrunken, bis ich doch ziemlich betrunken war. Irgendwann kam Keith Richards' Bodyguard, hat mich aus dem Rolls-Royce gezogen und mir eine reingehauen.

JEAN-HERVÉ PERON Mit Virgin Records waren wir nicht alle glücklich. Viel Sympathie hegte ich nur für die Mitarbeiter im Manor-Studio und für Simon Draper, die taten wirklich viel für uns.

SIMON DRAPER Wir haben sie dann im Manor-Studio untergebracht, damit sie da ihr Album aufnehmen – wohl keine so gute Entscheidung. Aber das war nun mal Teil unseres Vertrages. Sie schrieben mir dann, was sie alles »Scheiße« fänden. Schon die Wohnung, in der wir sie in London untergebracht hatten, passte ihnen nicht. Ich war damals zweiundzwanzig Jahre alt und gab mein Bestes. Ich hätte sehr gern in so einer Wohnung gelebt, aber für Faust war sie nicht gut genug, die fanden sehr viel sehr schnell »Scheiße« und hielten sich für ziemlich große Stars. Auf jeden Fall lagen ihre Ansprüche immer weit über ihren Verkaufszahlen.

HANS-JOACHIM IRMLER Dann haben wir mit »Faust IV« angefangen. Das musste wieder ein Popalbum werden. Obwohl es immer noch ziemlich schrullig klang. Simon Draper kam öfter mal vorbei und hörte sich die Musik an. Uwe kam auch und kommentierte, was wir da machten. Auch er hatte konkrete Vorstellungen.

SIMON DRAPER Bei allen Schwierigkeiten waren Faust aber doch einmalig. Das Publikum erwartete von ihnen auch Außergewöhnliches. Und das bekam es zur Genüge!

STEPHEN MORRIS Dieses Faust-Konzert, bei dem ich damals war, mit sechzehn, war wirklich sehr, sehr merkwürdig. Das muss so 1973 gewesen sein, in der Manchester Free Trade Hall. Ich weiß noch, dass sie in absoluter Finsternis auftraten und nur zwei Songs spielten, das aber eine Stunde lang. Spannend war vor allem, dass sie so geheimnisvoll schienen, da taten sich keine Individuen hervor, die Idee der Band als Einheit überlagerte alles.

HANS-JOACHIM IRMLER In der Dunkelheit konzentriert man sich ganz anders, Band wie Publikum.

SIMON DRAPER Um die Zeit von »Faust IV« herum habe ich von denen ein Konzert gesehen, das zum Unglaublichsten gehört, was ich je erlebt habe. Da haben sie diesen Typen mit dem Presslufthammer auf die Bühne geholt. Der ist dann bei einigen ihrer Konzerte aufgetreten. Der Sound war sagenhaft, so laut, dass es einem den Verstand raubte.

WERNER »ZAPPI« DIERMAIER Das mit den Tools auf der Bühne war meine Idee. Ich bin mal in Birmingham vor einem Konzert noch um den Block gegangen. Da war eine Baustelle, und da zertrümmerte jemand mit seinem Schlagbohrer Steine. Da fragte ich ihn, ob er das nicht mal bei einem Konzert machen wollte. Erst war er etwas irritiert und dachte, das sei ein Scherz, aber dann fragte er seinen Chef und sagte zu. Am Abend wurde dann ein Stein auf die Bühne gehievt und mit einer Decke abgedeckt, damit keine Splitter abfallen. Ich hatte den Bauarbeiter gebeten, in seinen Arbeitsklamotten zu kommen, und mit ihm vereinbart, dass ich ihm ein Zeichen gebe, wenn er anfangen, und dann eines, wenn er wieder aufhören soll. Natürlich kam der dann mit Fliege und Anzug, weil es ja ein Konzert war, seine Mutter und seine Oma kamen auch mit. Das mit dem Anfangszeichen hat dann auch gut geklappt, nur das mit dem Aufhören nicht. Ich signalisierte ihm die ganze Zeit »Das war's! Das war's!«, aber der hat gar nicht mehr hingeschaut und bis zum Ende des Konzertes durchgehämmert. Das Publikum fand das toll. Und es war ja auch außergewöhnlich.

JEAN-HERVÉ PERON Damals begannen wir jedenfalls damit, industrielle Geräusche auf die Bühne zu bringen, fast zehn Jahre vor den Neubauten. Die Vorstellung, mit den Zementmischern zu arbeiten, begeisterte mich total, in den Zementmaschinen-Sound war ich geradezu verliebt. Wie der Zufall es wollte, lernte ich dann auf einer Party irgendwo auf dem Land einen Franzosen kennen, der zeitgenössische Musik komponierte. Dem erzählte ich, was ich so mache, und er hörte mir aufmerksam zu. Schließlich meinte ich: »Könntest du nicht ein Konzert für Zementmischer und Orchester schreiben?« Und er sagte: »Ja, klar, so was muss geschrieben werden«. Symbiosen von Geräuschen interessierten mich, egal ob Zementmischer, Kaffeemaschinen oder Stricknadeln.

SIMON DRAPER Bei einem Auftritt im Londoner »Rainbow« hatten sie Fernsehapparate auf der Bühne, und das funktionierte umwerfend. Alle Monitore zeigten einen Opernsänger im Einsatz. Davor hatte schon Henry Cow einen großen Auftritt, denn die hatten beschlossen, Faust in Sachen Aktionismus Konkurrenz zu machen. Die hatten zehn Bläser und Tänzer dabei, die das Publikum in die Halle lotsten, damit sich auch ja alle die Vorband anschauen. Einige dieser Bläser waren ziemlich bekannte britische Jazzmusiker, die hupten dann später von hinten im Saal frei und wild drauflos. Auf der Bühne stand Ray Smith, der für Henry Cow die ganzen Strumpf-Cover gemacht hat, und bügelte da seine Wäsche. Fantastisch.

WERNER »ZAPPI« DIERMAIER Wir hatten Schweißer, Bildhauer und Strickerinnen auf der Bühne. Die Kinder meiner Freundin haben ihre Hausaufgaben auf der Bühne gemacht. Die haben erst verschüchtert auf den Boden geschaut, aber als geklatscht wurde, haben sie auch ihren Spaß gehabt. Unsere Auftritte sollten nach Arbeit riechen.

HANS-JOACHIM IRMLER Gunther, Rudolf und ich waren Dada-Fans. Wir haben auch ein Stück gemacht, das hieß »Dr. Schwitters«, im Grunde reine Blasphemie.

WERNER »ZAPPI« DIERMAIER Wir fingen dann an, die Werkzeuge selber zu mieten und zu benutzen, das war sicherer. Eine Weile haben wir es auch ein bisschen übertrieben. Bei einer USA-Tournee sah es auf der Bühne nach jedem Auftritt aus wie nach einem Krieg. Alles war zerstört. Mal haben wir ein Klavier total zertrümmert, manchmal hat es auf der Bühne auch gebrannt, und danach war dann überall Wasser. Aber am Ende der Konzerte kamen Leute und haben Trümmer mitgenommen, sich sogar noch Autogramme darauf geben lassen. An den Orten wurden wir dann oft für immer verbannt, dafür gab es gute Presse: »Day or Die Faust« etc. In der Great American Music Hall in San Francisco haben wir bis heute Hausverbot.

JEAN-HERVÉ PERON Damals wurde bei unseren Konzerten nie getanzt. Da kamen vor allem ältere Intellektuelle mit Bart. Und kaum Frauen.

HANS-JOACHIM IRMLER Für mich ging es bei Faust immer darum, Klischees aufzubrechen. Die Konzerte sollten für uns selber möglichst spannend sein, was natürlich egoistisch ist. Wir wollten auf der Bühne von uns selbst beeindruckt sein. In Liverpool haben wir mal in einem Boxring gespielt.

JEAN-HERVÉ PERON Virgin hatte uns eine riesige Anlage versprochen. Heutzutage ist das nichts Besonderes mehr, aber damals war es für Musiker sehr geil. Diese PA sollte pünktlich für einen Auftritt im Londoner Rainbow-Club ankommen, kam aber natürlich nicht. Aus Protest beschloss ich, nackt auf die Bühne zu gehen. Was dazu führte, dass sofort der Vorhang fiel. »Skandal, Skandal!« In England sind sie etwas prüde. Ich habe mich dann eben wieder angezogen, und wir haben weitergespielt. Das Ende bei Virgin kam dann, weil wir eine andere Konzertphilosophie hatten als Richard Branson. Allerdings habe ich davon wirklich wenig mitbekommen. Zappi und ich haben uns nie viel aus langen Diskussionen gemacht, entweder wir machten Musik oder wir gingen mit den Hunden spazieren. Jedenfalls wurde da palavert und irgendetwas klappte nicht. Branson hatte wohl eine bestimmte Vision für Faust, und Irmler, Rudolf und Nettelbeck hatten andere Visionen.

Das Resultat war jedenfalls, dass Irmler und Rudolf abdüsten. Gunther, Zappi und ich sind geblieben.

WERNER »ZAPPI« DIERMAIER Jeder möchte irgendwann kommerziellen Erfolg, nur hat es bei uns letztlich nie geklappt. Aber Uwe hat immer dafür gesorgt, dass Geld da war. Ohne Plattenvertrag hätte es Faust wohl gar nicht lang gegeben.

HANS-JOACHIM IRMLER Für uns war immer klar, dass sich niemand von außen in die Musik einmischen darf. Irgendwann aber versuchten Branson und auch Uwe das doch, was zum Bruch führte. Mit Uwe habe ich mich dann überworfen, und mit Branson habe ich nur noch Schwäbisch geredet. Dann haben sich Faust erst mal getrennt, um alles eine Zeit lang ruhen zu lassen.

WERNER »ZAPPI« DIERMAIER Nettelbeck ist in der Anfangszeit noch mal als Tourmanager mit auf Tournee gekommen, machte dann aber andere Sachen.

JEAN-HERVÉ PERON Es stand gerade eine kleine Tour an, so fünf, sechs Gigs, die haben wir noch absolviert, zum Teil mit anderen Musikern wie Uli Trepte und Peter Blegvad. Nach dieser Tour düsten wir dann aber auch zurück nach Deutschland – und alle trafen sich in München wieder, im Arabella Hotel, wo auch die Rolling Stones gerade waren, weil sie im Musicland-Studio aufnahmen, das da im Untergeschoss eingerichtet war. Unser Roadie, der Niederländer Ruud Bosma, buchte uns dann auch dort ein. Der war ein Chamäleon, das sich von einer Sekunde auf die andere vom Roadie zum smarten Geschäftsmann verwandeln konnte. Der ging ins Arabella und verkündete: »Wir sind hier mit der Gruppe Faust von Virgin Records – Tubular Bells, Sie wissen schon. Und wir wollen auch das Studio wie die Rolling Stones, für drei Wochen. Dazu Zimmer für alle, Virgin zahlt!« »Ja, gern!«, sagten die nur und ließen uns rein.

WERNER »ZAPPI« DIERMAIER Irgendwann hatten wir die Nase voll davon, in The Manor zu wohnen. Wir mochten auch das Essen dort nicht mehr. Also sind wir da weg und in ein Fünfsternehotel gezogen. Die Rechnung haben wir an Richard Branson schicken lassen. Die hat der sogar noch bezahlt, aber wir sind dann weg aus England und nach München ins Arabella-Haus. Da haben wir zwei Wochen aufgenommen und die Rechnung wieder an Richard Branson schicken lassen. Da hat er sich dann allerdings geweigert, und die Polizei kam, zwei Eltern haben uns ausgelöst. Später haben wir das dann zurückgezahlt.

HANS-JOACHIM IRMLER Ich hatte mit Giorgio Moroder Kontakt aufgenommen, der hatte dieses Studio unten im Arabella-Hotel. Den fragte ich, was denn da nach 21 Uhr los sei. Moroder antwortete: »Eigentlich nichts.« »Könnten wir dann bei dir aufnehmen?« »Ja, warum nicht?« Moroder ist ja auch ein Abenteurer. Tagsüber hatte er Donna Summer da, und nachts kam Faust. Mit Moroder gab es den Deal, dass wir irgendwann etwas zahlen, sobald die Songs, die dort entstanden sind, Geld einspielen. Ich versuchte dann hinzubekommen, dass Branson zumindest die Hotelkosten übernahm, aber der hat sich verweigert. Trotzdem war es eine wunderbare Zeit in diesem Studio.

JEAN-HERVÉ PERON Wir nahmen da also auf, und irgendwann wurde die Rechnung so hoch, dass die vom Hotel bei Virgin anfragten, ob sie das wirklich alles übernehmen würden. Bei Virgin gab man sich überrascht und sagte, wir seien da doch längst rausgeflogen.

SIMON DRAPER Die hatten einfach unrealistische Erwartungen. »Faust IV« hat uns als Album gut gefallen, aber dann hauten sie einfach ab und machten in München weitere Aufnahmen, was nicht mit uns abgesprochen war. Die produzierten da horrende Studiokosten und riefen irgendwann an, ob wir nicht die Rechnung übernehmen könnten. Wir lehnten das ab und mussten ihnen leider sagen: Leute, ihr verkauft eher wenig Platten, und auch der Umgang mit euch macht eher wenig Freude, deshalb wollen wir von euch nichts mehr.

JEAN-HERVÉ PERON In dem Hotel drohten sie uns daraufhin mit Knast, einer von uns ist dann im Auto mit der Anlage und allen Tonbändern durch die geschlossene Tiefgaragensperre rausgerast. Auch die anderen machten sich schnell aus dem Staub, nur drei blieben: Irmler, Sosna und ich. Wir ließen uns dann verhaften. Immerhin, Anlage und Material waren gerettet.

SIMON DRAPER Ich kann mit Sicherheit sagen, dass wir mit den Faust-Platten nie Geld verdient haben. Ob bei den Tourneen etwas hängenblieb, weiß ich nicht, bezweifle es aber. Tourneen kosteten vor allem viel, am Ende blieb davon meist wenig. Mitgesponsert hat Virgin die Faust-Tourneen auf jeden Fall, deshalb war ja Henry Cow dabei, auch eine Band von uns.

HANS-JOACHIM IRMLER Faust haben sich dann auch erst mal getrennt, um die Dinge eine Zeit lang ruhen zu lassen.

JEAN-HERVÉ PERON Danach gingen wir offiziell in den Untergrund, saßen sechs Tage im Gefängnis, und danach war klar, dass wir getrennte Wege gehen. Wir haben uns nicht gestritten, sind nur auseinandergegangen.

WERNER »ZAPPI« DIERMAIER Nach dem Arabella-Haus haben wir zehn Jahre lang nichts mehr mit Faust gemacht.

JEAN-HERVÉ PERON Ich rede ungern über diese Zeit. Nicht weil ich etwas zu verbergen hätte, aber sie ist Teil unserer Legende. Ich sage nur, dass für uns das musikalische Leben ganz normal weiterging. Wir sind einfach zu unseren Ursprüngen zurückgekehrt, »back to square one«, »back to Hamburg« ins »Toulouse Lautrec Institut«. Punkt null.

WERNER »ZAPPI« DIERMAIER Vor ein paar Jahren war nach einem Konzert in China eine Riesenschlange, bis auf die Straße standen die. Die hatten Stapel von Faust-Platten für Autogramme dabei. Wir haben dann zwei Stunden lang signiert.

HANS-JOACHIM IRMLER Faust sind im Ausland immer besser angekommen als in Deutschland. Hier eigentlich bis heute nicht. Wahrscheinlich müssen wir erst alle tot sein, bis sich hier jemand für uns interessiert.

JEAN-HERVÉ PERON Ich sehe Faust nicht rein als Musikband, musikalisch sind wir auch einfach nicht gut genug. Dafür sind wir in anderen Sachen ziemlich gut. Es gibt wohl nur wenige Leute, die je aus einem Faust-Konzert rausgekommen sind und sich gelangweilt haben. Selbst wenn du sagst: Das war ein Haufen Scheiße. Die meisten gehen mit Sternen in den Augen.

AUSTAUSCH

»Was will der denn hier?«
ACHIM REICHEL

HARALD GROSSKOPF Von den anderen bekam man nicht viel mit, man arbeitete autark.

MICHAEL ROTHER Natürlich wusste ich von anderen Bands, aber an einem Austausch hatte ich kein Interesse. In Düsseldorf befasste ich mich nur mit den paar Leuten, die ich kannte, das hat mir gereicht. Mehr interessierte mich nicht, ich war auch so voll ausgelastet, schon mit Kraftwerk, da habe ich viel gelernt, dann mit Conny Plank, Roedelius und Moebi, mehr Anregung brauchte ich nicht. Auslandsreisen habe ich damals keine unternommen.

GERD KRAUS Man traf sich öfter mit befreundeten Gruppen, weil ja alle dauernd auf Tournee waren: Xhol Caravan, Guru Guru oder Amon Düül hatten überall ihr Publikum, aber natürlich überall mehr oder weniger dieselben Leute. Mit Limbus war ich zum Beispiel mal in Kassel auf ein Festival eingeladen, und als wir da ankamen, trafen wir gleich Ralf Hütter, der sagte: Servus, Gerd! Damals kamen zu Limbus und zu Kraftwerk ähnliche Leute. Wir haben dann geübt und uns dabei unterhalten, Ralf sagte zum Beispiel: »Weißt du was, Gerd? Ich spiele nur noch Achtel.« So was wurde dann sehr ernsthaft besprochen. Wenigstens zehn Prozent von dieser Ernsthaftigkeit würde ich mir heute in der Musikszene wünschen.

PETER BAUMANN Von Berlin aus gab es mit anderen Städten nur sehr wenig Kontakt. Amon Düül traf ich ab und zu bei Festivals, aber da war nie ein engerer Austausch. Agitation Free und Ash Ra Tempel kannte ich natürlich etwas besser, weil die

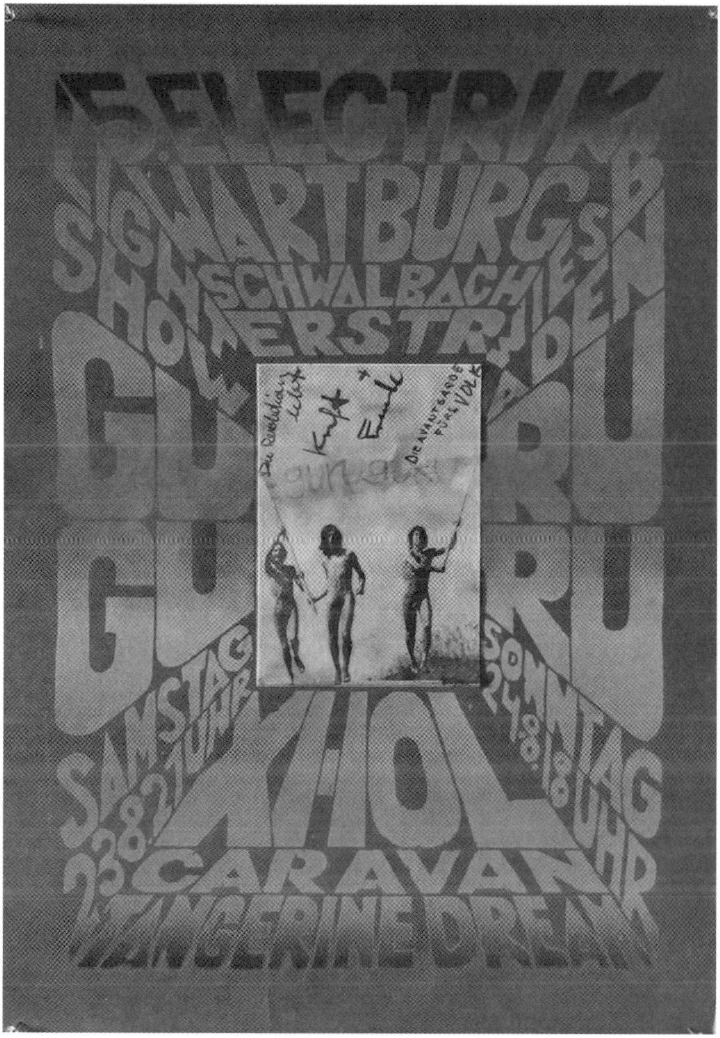

Plakat der zweiten Guru Guru Tour, mit Xhol Caravan und Tangerine Dream, August 1969

auch aus Berlin waren, aber das wars dann auch. Tangerine Dream hatten wirklich sehr wenig Verbindungen nach außen. Aber so sind sie wohl, die Deutschen.

GÜNTER SCHICKERT Die Berliner Isolation wurde noch dadurch verstärkt, dass da ja sowieso immer alle hinkamen. Wenn ich Amon Düül erleben wollte, musste ich nicht nach München fahren, sondern bloß abwarten, bis die in der TU-Mensa spielen.

LÜÜL In Westberlin sind wir eigentlich immer unter uns geblieben. Vielleicht waren Amon Düül öfter in Berlin, weil Uschi Obermaier da in der Kommune 1 wohnte. Bei Agitation Free hatten wir unsere Konzerte aber hauptsächlich mit Ash Ra Tempel oder Tangerine Dream. Und an Orten wie der TU-Mensa und ähnlichen Läden lief man sich sowieso dauernd über den Weg. Auf die Art landete ich dann auch später mal bei Ash Ra und Christopher Franke bei Tangerine Dream. Oder Axel Genrich kam kurz zu uns und ging dann zu Guru Guru, mit denen wir auch Kontakt hatten. Aber die engeren Verbindungen bestanden eher untereinander in Berlin. Einen gewissen Zusammenhalt gab es wohl auch noch bei diesen ganzen »Ohr-Gruppen« wie Wallenstein oder Witthüser & Westrupp, das ergab sich durch Rolf-Ulrich Kaiser als Verbindungsmann für alle. Wir waren in der Szene jedenfalls eher Außenseiter. Nur bei den Olympischen Spielen hingen wir dann mal zwei Wochen mit Cluster ab.

HELLMUT HATTLER Dass es in ganz Deutschland eine Art Szene gab, haben wir am Anfang gar nicht begriffen. Man traf die anderen Bands bei Festivals. Kraftwerk begegneten wir das erste Mal bei einem Auftritt in Hamburg. Viel Austausch gab es aber nicht, man begrüßte sich artig und beäugte sich neugierig. Mit manchen Bands wie Guru Guru gab es engere Kontakte, die haben wir oft besucht und gemeinsam Feste gefeiert. Die wollten auch immer, dass wir auf ihren Platten mitspielen. Embryo kamen auch mal vorbei, aber die waren mir einfach zu verstrahlt, zu ideologisch, bei denen musste alles streng geregelt sein – was nicht so mein Geschmack ist. Ich lasse mir nicht diktieren, wie mein Leben als Künstler auszusehen hat. Vermutlich war ich dann damals als »zu straight« verschrien. Aber damit kann ich bis heute ganz gut leben, immerhin gibt es mich noch.

HANS-JOACHIM ROEDELIUS Zur Zodiak-Zeit gab es zu anderen Szenen gar keinen Kontakt. Das Zodiak war ja selbst die Szene. Als wir aus Berlin raus waren, änderte sich das natürlich. Da lebten wir mal in Düsseldorf und auch mal in Frankfurt, München oder Ingolstadt. Aber immer nur partiell. Mal auch bei Kraan, dann besuchte ich Florian Fricke in seinem Studio bei München. Mit den Embryo-Leuten hatte ich auch Kontakt. Außerdem kannte man sich ja zum Teil über ganz andere Szenen, zum Beispiel über Schauspieler wie Hanna Schygulla oder den Fassbinder, in dessen Haus wir auch mal lebten. Es ging ja nicht nur um Musik, sondern um viel mehr. Holger Czukay traf ich oft bei Conny Plank im Studio, mit dem konnte ich stundenlang plaudern. Mit dem Brötzmann, dem Free-Jazzer, gab es auch Kontakt.

RENATE KNAUP Mit Bands aus anderen Städten hatten Amon Düül wenig zu tun. Ich weiß nicht, ob das an uns lag.

LÜÜL Vielleicht spielte auch eine Rolle, dass Amon Düül und Can im Durchschnitt etwas älter waren als wir bei Agitation Free, diese paar Jahre konnten damals schon was ausmachen. Wir waren auch etwas spät dran mit unserer ersten LP-Veröffentlichung.

RENATE KNAUP Wir kannten den Edgar Froese, Can und Mani Neumeier. Man traf sich halt auf den Konzerten. Wir spielten ständig auf Riesenfestivals mit Bands wie Pink Floyd, aber Kontakt gab es da kaum. Über ein kurzes »Hallo, wie geht's?« ging das nie hinaus. Keine Ahnung, ob das an einer Art von Konkurrenz lag. Das bestimmten auch eher die Männer, ich hatte da nicht viel zu melden.

HOLGER CZUKAY Mit Amon Düül hatten wir ab und zu Kontakt. Das war fast eine Freundschaft, aber musikalisch waren die uns zu sehr auf Grateful Dead festgelegt. Außerdem waren das Hippies, von ihrem Lebensstil her, die wohnten alle zusammen in einer Kommune, wir nicht. Im Ganzen arbeiteten die meisten Bands aber ziemlich unabhängig voneinander, jeder für sich.

MICHAEL ROTHER Was man sich heute auch kaum mehr vorstellen kann, ist vor allem, wie wenig Austausch es damals über die Medien gab. Im Fernsehen gab es nur den »Beat-Club«, und da war fast alles amerikanisch oder englisch, in den Musikzeitschriften tendenziell genauso.

JÜRGEN DOLLASE Vor einiger Zeit war ich in Köln bei einer Veranstaltung mit einigen TV-Größen. Da kam jemand zu mir, um »schöne Grüße von Irmin« auszurichten. Welcher Irmin? Sagte ich. Na, Irmin Schmidt. Der von Can. Ich war überrascht, weil ich mit dem nie Kontakt hatte.

KLAUS SCHULZE Es gab Kontakte nach Frankfurt und nach München zu Amon Düül, bei denen ich auch mal kurz getrommelt habe, bei den Essener Songtagen. Vor allem aber haben wir uns gegenseitig Auftritte besorgt, Tangerine Dream brachten Amon Düül zur TU nach Berlin, dafür durften wir dann in München spielen.

ACHIM REICHEL Über die Musik gab es in Deutschland untereinander jedenfalls nur wenig Austausch. Jeder arbeitete auf seiner eigenen Insel. Alle beäugten sich mehr oder weniger argwöhnisch. Und als dann einer wie ich daherkam, dachten sicher viele: »Moment mal, der gehört doch ganz woanders hin. Was will der denn hier? Ach, das nennt der Freiheit? Sehr verdächtig!« Man traf hier und da mal die Jungs von Kraftwerk, Can oder Edgar Froese und Mani Neumeier. Das Spannende daran war, dass da auf einmal Musiker an Bord waren, die gar nicht in das Klischee Proletarier-Rockband passten: Irmin Schmidt, ein studierter Mann – ach du Scheiße! Der redet bestimmt von verminderten Nonenakkorden. Oder die Kraftwerk-Jungs, aus gutem Hause in Düsseldorf – oho, meine Herren, oho. Aber letztlich sind doch alle gemeinsam zu den neuen Ufern aufgebrochen, in so unterschiedlichen Gegenden sie dann auch gelandet sind.

CAN

»Rock war nicht das Ziel.«
IRMIN SCHMIDT

IRMIN SCHMIDT Mein bevorzugtes Geräusch ist die Stille. Das war schon als Kind so. Als ich fünf war, hatte ich in Berlin-Charlottenburg, dicht bei mir zu Hause, eine Höhle in einem Kiefernwäldchen. Da saß ich stundenlang ganz still und fand das wunderschön. Ich habe auch gerne stundenlang in Bäche gestarrt und dem Gluckern gelauscht. Alle Geräusche um mich herum genoss ich. Ganz in der Nähe kam die U-Bahn aus der Erde. Damals gab es noch kaum Autos. Meine Mutter hat meine Freude an der Stille manchmal richtig geärgert. Wenn sie mich mal bestrafen wollte und mich in mein Kinderzimmer schickte, störte mich das gar nicht. Dann saß ich da vergnügt, sang leise vor mich hin und fühlte mich gar nicht bestraft. Als wir im Krieg aus Berlin nach Österreich evakuiert worden waren, landeten wir auf einer Alm, wo ich den stillen Blick über das Tal liebte. Solche Erlebnisse ziehen sich durch mein ganzes Leben. Ich glaube auch, dass man diese Sehnsucht nach Stille in meiner Musik wiederfindet, so laut es da manchmal zuging. Auch bei Can spielte Stille eine große Rolle. In die Tiefe zu lauschen – »lauschen« – ein tolles Wort! Manchmal saßen wir eine Stunde beisammen, ohne miteinander zu sprechen. Wir rauchten einen Joint, oder auch nicht, und hörten in den Raum hinein wie in eine Klanginstallation, der man bestimmte Sounds ablauschen kann. Irgendwo tropft vielleicht ein Wasserhahn, irgendwo rauscht eine Klospülung. Und irgendwann standen wir dann auf und begannen, aus dieser Ruhe heraus etwas zu machen. Aus diesem Gefühl heraus,

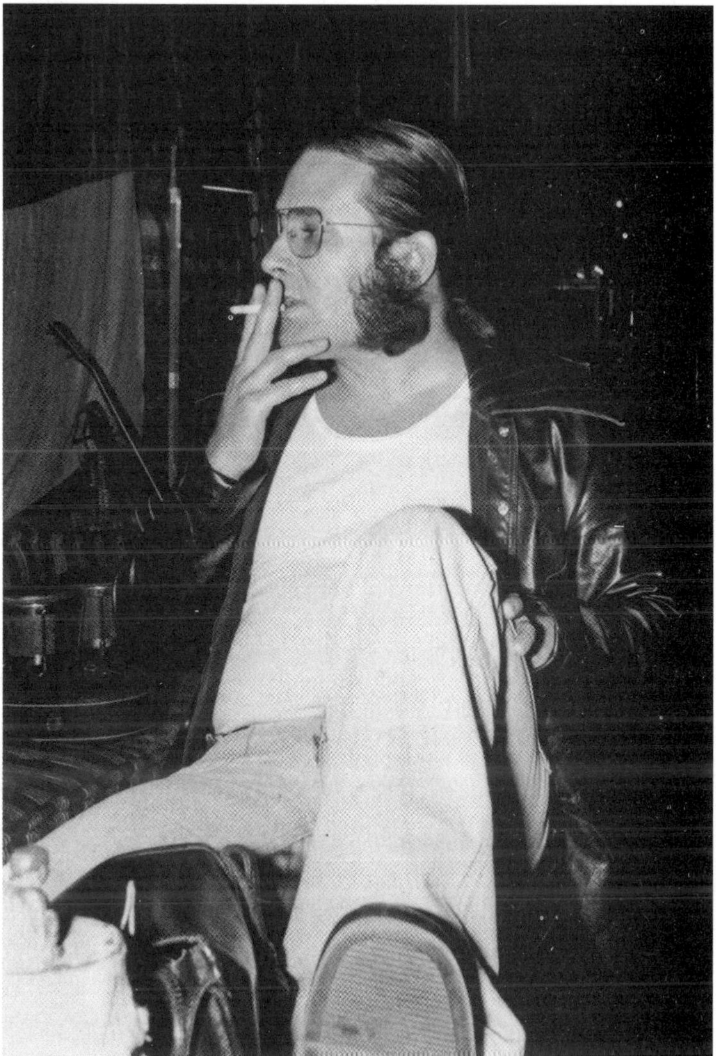

Irmin Schmidt

den Raum zu hören, ist viel Can-Musik entstanden. Jaki konnte, ohne ein Wort zu sagen, eine halbe Stunde lang dasitzen. Er saß da wie erstarrt, aber er lauschte oder dachte nach. Auch er hatte dieses Gefühl für Stille.

HOLGER CZUKAY Für mich war immer klar, dass in meinem Leben kein Weg an der Musik vorbeiführt. Aber ich merkte schnell, dass Jazz nicht meine Sprache ist. Ich gewann mit Jazz sogar Preise, aber es war trotzdem nicht meine Sprache. Nachts im Bett Stockhausen im Radio zu hören – das war es! Das fand ich irre! Da merkte ich, der hat was. Das fand ich schon in der Schule heraus. Stockhausen hatte Freude am musikalischen Schockieren. Als ich Stockhausen dann kennengelernt hatte, erlebte ich mal, wie ihn jemand zur Rede stellte: »Herr Stockhausen, Sie wollen Ihr Publikum doch nur schockieren und dann aus dem Schock eine Menge Geld machen.« Darauf er: »Ich kann Ihnen versprechen, dass ich aus rein musikalischem Willen handele. Und was das Geld angeht, muss ich mir keine Sorgen machen, denn ich habe eine reiche Frau geheiratet.« Bei mir schrillten alle Alarmglocken! Ich war begeistert! Genauso wollte ich es auch machen! Als ich nach dem Studium Geld verdienen musste, kam es folglich darauf an, eine reiche Frau zu finden, also zog ich in die Heimat der reichen Frauen: die Schweiz. Und suchte mir da auch noch ein Internat aus, wo die Königskinder hingingen. Da bewarb ich mich als Musiklehrer, und auf die Frage des Schuldirektors nach meiner Lehrbefähigung und meiner Ausbildung erwiderte ich voller Stolz, ich hätte bei Stockhausen studiert. Der Direktor hatte keine Ahnung, wer das sein sollte, stellte mich aber trotzdem ein. Aber statt einer reichen Frau traf ich in der ersten Klasse, wo ich als Musiklehrer anfing, den Schüler Michael Karoli. Der war in der Oberprima und achtzehn.

JAKI LIEBEZEIT In den sechziger Jahren erzählten mir meine Kollegen, alles Traditionelle sei überholt, und brachten mich auf den Free Jazz, wo Tonalität und Wiederholungen verboten waren – was aber letztlich das Ende der Rhythmik bedeutete, oder auf eine ungeordnete Rhythmik hinauslief, ganz wie man will. Trotzdem hatte ich immer den Wunsch nach melodischer Rhythmik. Die Verbote im Free Jazz nahmen mir dann auch die Überzeugung, denn was ist denn da noch »free«, wenn ich nicht machen kann, was ich will? Blues sollte man auch nicht spielen, auch wenn dem einen oder anderen immer mal noch ein paar Blue Notes rausrutschten. Dabei kam der Free Jazz wie der Blues aus Amerika, genauer gesagt, die Ideengeber des Free Jazz, Ornette Coleman oder Don Cherry. Das wollten wir Free-Jazzer dann auch machen, aber das war immer noch ein »auch«. Und dieses »auch« selbst war der Fehler. Mit Can fiel dieses »auch« dann weg.

IRMIN SCHMIDT Im Winter 1966 war ich vom Deutschen Musikrat nach New York zum Dimitri Mitropoulos-Dirigierwettbewerb eingeladen worden und bin in den Konzerthallen dieser Stadt hoffnungslos versackt. Ich lag zum Beispiel drei Tage in irgendeinem Keller auf einer Luftmatratze und habe La-Monte-Youngs Drone zugehört, im Theatre of Eternal Music, wo John Cale und andere durchgehend diesen Sound machten, immer in fließendem Wechsel, also auch mal Tony Conrad oder Angus MacLise, damit die anderen mal schlafen konnten. Eigentlich spielten sie nur einen Akkord, den aber höllenlaut. Nach einer Stunde hörte man schon die Engel singen, aber es ging unendlich weiter ins Unendliche. Mich hat das total fasziniert, und ich fand es sofort viel wichtiger als meinen Dirigierwettbewerb. Auf meiner zweiten Orchesterprobe hatte ich dann gleich die Partitur vergessen. Ich sollte die Vierte von Mahler dirigieren, war erst morgens um fünf zurück ins Hotel gekommen, um zehn fing die Probe an, und ich hatte die Partitur auf dem Weg zum Dirigieren im Hotel liegen lassen. Ich habe das dann auswendig gemacht, aber das hat auch nichts geholfen. Man merkte mir wohl an, dass ich mit den Gedanken nicht richtig bei dem Wettbewerb war. Ich bin danach gar nicht mehr hingegangen. Dafür lernte ich Steve Reich und Terry Riley kennen. Terry hatte auch so einen Keller in der Bowery, in dem wir nächtelang Minimal Music spielten, er auf dem Saxofon und ich am Klavier. Diese Art von Musik war mir eigentlich ein Rätsel, weil sie mir so naiv und simpel vorkam, Rileys »In C« mit diesen kurzen Patterns, von den Noten her war das aus meiner Sicht damals ein Witz. Erst mit Steve Reich, der gerade sein erstes tolles Loop-Stück »It's Gonna Rain« fertig hatte, begriff ich, was dahintersteckte. Ich bin in die Minimal-Music-Szene aber dann nicht tiefer eingetaucht. Lieber saß ich im Kino und schaute mir Filme wie Warhols »Chelsea Girls« an. Ich traf auch den Kunsthistoriker Gert Schiff, der im Chelsea-Hotel wohnte, und lernte durch ihn den Rest der Mannschaft kennen. Das waren lange Nächte, auch mal mit LSD. Im Chelsea-Hotel hingen wunderschöne Bilder, die zu meinem Interesse an der neuen Malerei passten. Um die Ecke vom Hotel wohnte Dick Higgins, einer der großen Fluxus-Künstler, den habe ich regelmäßig besucht und traf da auch mehrfach John Cage. Wenn es also überhaupt so was wie einen »Klick-Effekt« für Can gab, dann war das New York. Und der Hauptklick war, dass es dort überhaupt nicht darum ging, was »E« und »U« ist, also was Unterhaltung und was Kunst. Das war so viel freier als in Deutschland, und in diesem Sinne auch befreiend. Deshalb verlängerte ich meinen New-York-Ausflug auf zweieinhalb Monate. Obwohl ich nicht mehr in dem Dirigierwettbewerb war, durfte ich in meinem Zimmer wohnen bleiben. Dieser Wettbewerb wurde von einem pittoresken Verein ausgerichtet, dessen Mitglieder Rechtsanwälte und Zahnarztgattinnen mit lila Haaren waren. Die waren alle um die achtzig und veranstalteten mit ihren lila gefärbten Haaren tolle Galaabende. Ich wohnte bei einem Rechtsanwalt, und wenn ich morgens um sechs nach Hause kam und wieder mal nicht in das Konzert gegangen war, das der Verein mir per Eintrittskarte verordnet hatte, saß er ganz allein am Küchentisch und sagte: »Na, du kannst gleich was erleben …« Aber er machte sich auch darüber lustig. Ein wunderbarer Mensch. Ich fragte ihn, warum er so früh morgens aufsteht. »Das ist die einzige Stunde am Tag, wo ich Ruhe habe.« Denn seine Frau regierte mit eiserner Hand. Wie gesagt: wunderbare Menschen, aber ich habe es da trotzdem nicht ausgehalten und bin in ein schreckliches Hotelzimmer umgezogen. Das war mir lieber, als bemuttert zu werden und mir dauernd vorhalten zu lassen, dass ich wieder irgendein Haydn-Streichquartett verpasst hatte, denn das war wirklich das Letzte, was mich dort damals interessiert hat. Mit so was hatte ich mich die letzten fünfzehn Jahre vollgefressen, während New York gerade vor Neuem explodierte, da musste ich einfach rein. Ich habe eine Seite an mir, die zu Exzessen neigt, und hätte da auch leicht verloren gehen können. Dass ich mit der Warhol-Factory nicht direkt in Kontakt kam, war vielleicht ganz gut so, obwohl solche »Was wäre, wenn«-Fragen natürlich müßig sind. Von meinen Lebensentscheidungen habe ich jedenfalls keine bereut, letztlich auch nie bedauert, dass ich nicht mehr dirigiere. Manchmal kommt zwar so eine sporadische Sehnsucht auf, aber nach einem Tag hat sich das dann. Wie zufällig oder unzufällig das damals alles lief, ist auch von heute aus schwer zu sagen. Um ein Haar wäre ich mit diesem Professor für Kunstgeschichte aus dem Chelsea Hotel nach San Francisco gegangen, das scheiterte eigentlich nur am Geld. Was da dann wohl passiert wäre?

JAKI LIEBEZEIT Den Schmidt kannte ich schon. Und die Grundidee für die Gruppe kam von ihm, das muss man ihm lassen. Die Ausgangslage war ja, dass alle Beteiligten mit ihrer damaligen Situation unzufrieden waren, keiner mehr das weitermachen wollte, was er gerade machte. Schmidt war im Klassikbetrieb und auch am Theater, daher kenne ich ihn. In dem Theater gab es ein Studio, da machte er damals schon Filmmusik. Und da war ich auch vor der Can-Zeit schon ein paarmal mit ihm im Studio. Zwei Jahre später sprach er mich an, ob ich nicht einen Schlagzeuger kennen würde, er wolle nämlich eine Gruppe zusammenstellen. Ich sagte: »Ja, kenne ich.« »Wen?« »Mich.« Auf diese Standardfrage »Kennste nicht 'nen Schlagzeuger?« sage ich bis heute immer nur: »Ich kenne nur einen: mich!« Denn von wem kann man das sonst schon sagen?

IRMIN SCHMIDT Vor Can war ich in Köln an der Hochschule mit Stockhausen. Ich hatte damals das Dortmunder Ensemble für Neue Musik gegründet. An der Uni habe ich Musikethnologie studiert, bei Marius Schneider, der von den Nazis verfemt worden war und das berühmte Buch »Singende Steine« geschrieben hatte, auch eine dreibändige Geschichte der Mehrstimmigkeit. Da war ich noch ganz in der anderen Welt, wollte aber woanders hin. Anders als an anderen Hochschulen war in Köln 1968 relativ Ruhe, nicht wie in Frankfurt oder Berlin. Köln war trotzdem spannend, weniger die 68er-Thesen als die Kulturszene dort, die Neue Musik, die ganzen Galerien, Theater und Oper, WDR, da war überall viel los. Mir war das wichtiger, als auf die Straße zu gehen. Ich konnte mir sowieso nie vorstellen, was die Studenten mit »dem System« eigentlich meinten. In der Kunstszene und im deutschen Theater fanden zu der Zeit auch radikale Umbrüche statt. Ich war zu der Zeit in der Kunstszene aktiv, trieb mich viel in Galerien rum, war bei Ausstellungseröffnungen mit jungen Künstlern und kuratierte auch selber. Die Documenta hatte in den Sechzigern angefangen, in unseren Köpfen alles zu verändern. Dazu kam die neue amerikanische Malerei: Pollock, de Kooning und so weiter. In der Kunst fand der Aufbruch vor der Musik statt, da gab es nur diese relativ schüchternen Anfänge um Stockhausen rum, die aber keine Breitenwirkung hatten. Auch neue Theaterleute wie Heiner Müller hatten schon viel mehr Resonanz. Dass ich diesen scharfen Bruch in meiner Biografie vollziehen konnte, hatte sicher viel mit dem zu tun, was ich in der Kunst und im Theater an Aufbruchstimmung und Radikalität erlebt hatte, damit war ich also schon vertraut.

HOLGER CZUKAY Michael Karoli bekam bei mir Gitarrenunterricht. Wir verstanden uns auf Anhieb, spielten zusammen und machten nachts Sessions. Ab und zu waren auch Leute wie Tony Ashton dabei, aber mit denen konnte man alles Experimentelle vergessen. Nur mit Michael blieb ich zusammen. Der machte dann Abitur. Ich wurde bald auch von dem Internat gefeuert, weil ich doch zu aufsässig war, und nahm dann einen Lehrerjob in Norddeutschland an, in Quakenbrück auf einem Gymnasium. Da spielte ich mit den Schülern in einer Band Sachen wie »Hey Joe« nach. Eines Tages kam ein Brief von Irmin Schmidt, der mir vorschlug, eine Band zu gründen. Das war 1968. Da hatte ich eigentlich was ganz anderes vor, wollte nämlich mit Michael selbst eine Band aufmachen.

IRMIN SCHMIDT Ich habe damals Holger, den ich aus dem Blick verloren hatte, angeschrieben, dass ich gerne eine Gruppe zusammenstellen würde. Keine Ahnung, was das gäbe, aber da sollte alles drinnen sein, vom Jazz bis zu dem, was wir so konnten. Vom Instrument her war ich ja klassischer Pianist, und Holger spielte Bass. »Hättest du nicht Lust?« Und Holger meldete sich zurück: »Ja, aber ich habe hier noch einen jungen Gitarristen, der macht gerade Abitur, und wir haben eigentlich auch schon überlegt, ob wir nicht eine Gruppe gründen. Wir kommen mal vorbei.« Wie gesagt hatten alle eine Geschichte, und das war mir wichtig. Der Einzige ohne Vorgeschichte war Michael, der einfach ein begnadeter Gitarrist war und richtig wüst mit der Gitarre umgehen konnte, mit dieser Radikalität, die mich an Jimi Hendrix fasziniert hat. Mit Michael war es Sympathie auf den ersten Blick, ich hatte ihn einfach sofort gern, das wurde vom ersten Moment an eine meiner tiefsten Freundschaften. Und damit war Can eigentlich besiegelt. Diese Zusammensetzung war das, was ich wollte: einen Groove-Schlagzeuger, einen ganz jungen Gitarristen, jemanden, der in der Elektronik lebte, und mich, der aus der Klassik kam. Dass das so zusammenkam, war Glück. Die Grundidee von Can war, verschiedene Musiken zu vereinen, also wie gesagt Leute, die schon eine eigene Spur haben, so wie ich. Oder eben Jaki, der sich vom Dixieland bis zum Free Jazz schon durch die ganze Jazzgeschichte getrommelt hatte. Als ich ihn kennenlernte, war er beinah dreißig und bei Manfred Schoof und Globe Unity gelandet – was ihn nicht befriedigte, weil er ein Mensch ist, der Grooves machen muss. Ich kam dagegen von der klassischen Musik. Und Holger war irgendwo dazwischen, der hatte ein bisschen Jazz gemacht, Gitarre und auch Zupfbass gelernt, aber auch Klassik studiert, so richtig klassische Orchesterschule, und bei Stockhausen dann Komposition, sogar länger als ich. Deshalb war er dem Serialismus und anderen Stockhausen-Dogmen auch mehr ergeben als ich.

HOLGER CZUKAY Von Stockhausen habe ich gelernt, dass Musik etwas Absolutes ist. Vor Beginn des Studiums ging ich zu Stockhausen und sagte: »Herr Stockhausen, ich kann gar nichts.« »Was wollen Sie denn mal werden?« »Komponist!« Er schaute mich lange an. »Na gut, ich nehme Sie.« Schmidt kam erst später zu Stockhausen. In dem Jahr, als Schmidt kam, nahm mich Stockhausen mal zur Seite und sagte: »Czukay, Sie denken zu viel. Sie stellen zu viele Fragen an die Musik. Sie können ja kaum komponieren, weil Sie immerzu Fragen stellen. An dem Punkt war ich in meinem Leben auch schon mal, nämlich mir so viele Fragen zu stellen, dass ich nicht mehr komponieren konnte. An diese Mauer kommen nur wenige heran, aber umso mehr müssen Sie die überspringen! Egal, wo Sie dann landen.« Da habe ich kurz geweint. Er hatte als Mensch zu mir gesprochen. Ein Jahr später sagte er: »Wenn der Vogel flügge wird, fliegt er davon: Hau ab!« So bin ich dann bei Can gelandet.

IRMIN SCHMIDT Stockhausen war eine komplexe Persönlichkeit. Einerseits war da die kompositionstechnische Strenge, sich also selber Formen aufzuerlegen, egal welche. Als ich 1962 das erste Mal zu den Darmstädter Ferienkursen gefahren bin, war Stockhausen noch extrem dogmatisch. Später war er offener und hat viel mehr zugelassen. Aber immer ging es um Form. Und das liegt auch mir sehr nahe. Bei Can ist sehr viel aus der Gruppenimprovisation heraus entstanden, aber wichtig war immer, dass es eine Form hat – und das hatte schon auch mit Stockhausen zu tun. Eine andere Seite an ihm war die technische, und da verdanke ich ihm ganz besonders viel, dass er mir nämlich Mitte der sechziger Jahre die Ohren für die Elektronik geöffnet hat. Damals gab es nur wenig elektronische Musik, die wirklich nach Musik klang; das meiste waren eher so Gerätetests, die heute keine Sau mehr hören will. Dagegen waren Stockhausen-Werke wie »Der Gesang der Jünglinge« für mich echte Lektionen, wo mir klar wurde: Man kann mit dieser Elektronik großartige Musik machen, da tun sich neue Wege auf! Und das war entscheidend, denn als ich in den Sechzigern noch Komposition studiert habe, traute man sich ja überhaupt nicht mehr, etwas zu komponieren, weil zwei Monate später sowieso ein Stück von Boulez, Nono, Stockhausen oder Berio kam, das einem das Gefühl vermittelte, ganz weit hinten zu sein. Und diese Angst, dass man irgendwie nicht auf der Höhe der Zeit ist, hat einem auch Stockhausen auferlegt. Ich bin 1964 in Darmstadt noch massiv mit ihm aneinandergeraten, da hat er über Wochen seine »Gruppen für Orchester« analysiert und sagte am Schluss, die letzten zwei Tage seien für die Fragen der Herren Studenten reserviert, er würde aber nur intelligente Fragen beantworten. Und genau das habe ich ihm dann vorgeworfen: »Man weiß doch vorher gar nicht, ob eine Frage intelligent ist oder blöd! Manchmal sind gerade die simpelsten Fragen die erhellendsten« – dass er damit also alle so einschüchtern würde, dass die klügsten Fragen gar nicht gestellt würden. Stockhausen hat schon polarisiert, aber ich war trotzdem gern bei ihm. Als ich in Köln dann richtig bei ihm studiert habe, hat er seine Schüler auch zu sich nach Hause eingeladen, wo die ganze Nacht gefetet wurde. Er war kein unnahbarer Meister, sondern strahlte auch kölsche Lebensfreude und Humor aus, der hatte keine Angst vor Spaß.

HOLGER CZUKAY Can war das Gegenteil von Stockhausen. Sich mit Stockhausen zu beschäftigen, heißt, viel zu denken – aber das war bei Can nicht unsere Intention. Wir wollten die Musik aus sich heraus geschehen lassen, rein intuitiv. Darin waren wir zu Beginn zwar noch nicht so bewandert, aber der Wille war da: »Wir nehmen sofort auf! Wir gehen in kein Studio! Wir machen alles selber klar!« Was dabei rauskommen würde, wusste keiner. Ich war immer noch ein Dilettant, begriff aber, dass der universale Dilettant den Fachmann durchaus überholen kann. Fachleute haben immer Angst, Fehler zu machen, anstatt die Musik zu verinnerlichen. Das können nur Dilettanten. Seit mir das klar war, hatte ich nie mehr Angst. Ich kann gar nicht so schlecht sein, dass es nicht doch irgendwie klappt.

JAKI LIEBEZEIT Von Kollegen habe ich immer wieder gehört: »Das ist die Musik, mit der ich aufgewachsen bin, daran halte ich fest.« Dieser Standpunkt war für mich nie vertretbar. Ich war von Anfang an neugierig und auf Veränderung aus. Die meisten Bands in Deutschland boten in den Sechzigern Bass, Gitarre, Schlagzeug, Gesang, vielleicht noch ein Keyboard dazu. Einige Tanzkapellen waren als Musiker ganz gut, Kurt Edelhagen hatte gute Leute. Aber außer Jazz gab es in Deutschland keine interessante Musik, und auch sonst nicht viel zum Anknüpfen. Can hatte deshalb mit »Deutsch« wenig am Hut. Wir haben uns nicht als Deutsche betrachtet, sondern als Weltbürger. Uns war es wichtig, sich nicht mehr auf irgendwelche Nationen zu konzentrieren. Hinter unserer Musik stand eine weltumspannende Idee.

IRMIN SCHMIDT Eine Karriere als Dirigent auszuschlagen war damals eine drastische Entscheidung, quasi eine 68er-Aktion. Meine Familie dachte, ich hätte den Verstand verloren. Auch viele meiner Freunde sagten: »Spinnst du?« Oder: »Jetzt ist er wirklich übergeschnappt.« Ich war als großer Verfechter und Interpret der allerneuesten »Neuen Musik« bekannt, habe mit den Bochumer Symphonikern die deutsche Uraufführung von John Cages »Atlas Eclipticalis« dirigiert. Da gab es Can sogar schon, das hat sich noch zeitlich überlappt. Ich habe auch Cage-Klavierabende gemacht, mit »Winter Music« oder seinem Stille-Stück »4'33"«. Das war so ziemlich das Radikalste, was man damals machen konnte. Ich habe neulich noch einen Brief gefunden von jemandem, der sich erinnerte, wie fassungslos das Publikum war, dass da ein Pianist in höchster Konzentration »nichts« tut und dabei Totenstille herrscht, die Unruhe entstand nur zögernd. Mit anderen Worten: Ich war schon als etwas verrückt bekannt. Und deshalb kam mein Schwenk zu Can nicht völlig aus dem Nichts. Bloß meine Eltern fanden das sehr traurig, und das konnte ich auch verstehen. Nach dem Krieg ging es uns schlecht. Mein Vater hatte lange Schwierigkeiten, wieder in seinen Beruf hineinzukommen und anständig Geld zu verdienen. Trotz unserer Armut haben meine Eltern mir alle Unterstützung beim Unterricht und Studium zuteilwerden lassen – und das, obwohl mein Vater meine Entscheidung, Musiker zu werden, für, nun ja, zweifelhaft hielt, wegen des Risikos, damit kein Geld zu verdienen. Er war Diplom- und Hochbauingenieur und Architekt, er hätte es gerne gesehen, wenn ich das auch geworden wäre. Gerade in der Wiederaufbauzeit war das ein spannender und gefragter Beruf. Mit fünfzehn hatte ich, parallel zu dem harten Krieg mit meinem Vater, auch Unterricht im Bauzeichnen und dem Entwerfen von Häusern – und habe dabei einträchtig mit ihm zusammengesessen, so widersprüchlich ist das Leben. Aber er akzeptierte dann ohne Murren, dass ich Musik studiere. Meine Mutter wollte auch mal Musik studieren und wäre gern Opernsängerin geworden, sie hatte eine wahnsinnig schöne

Stimme. Wenn sie Puccini sang, habe ich sie am Klavier begleitet. Außerdem hat sie besser gehört, als ich es je konnte. Wenn ich Klavier übte, kam sie plötzlich von irgendwo herangerauscht und wies mich auf einen Fehler hin. Ich habe von meinen Eltern sehr viel Unterstützung gehabt. Und das jetzt alles einfach über Bord werfen? Als ich Can gründete, waren sie wirklich schockiert. Richtig verstanden haben das unter meinen Freunden eigentlich nur ein paar Maler, die damals genauso radikal waren. Die fanden das natürlich gut.

HOLGER CZUKAY Was Irmin angeht, war Can eine typische 68er-Entscheidung, eine Art linksradikales Statement. Was mich betrifft, eher nicht. Irmin drehte das in diese Richtung, aber ich konnte ihm da nicht folgen. Seine ersten Fernsehinterviews waren mir sogar peinlich. Mit dem, was er da über Politik und Herrschaft sagte, hatte ich nichts zu tun. Für mich funktioniert alles nur, solange Musik und Politik getrennt bleiben.

IRMIN SCHMIDT Zu den 68ern hatte ich aber auch damals schon Distanz. Ich wollte 1968 einfach den ganzen Dogmatismus loswerden und etwas Konkretes tun, nicht von einer Verbohrtheit in die nächste rennen.

JAKI LIEBEZEIT Can war ein typischer 68er-Vorstoß, gegen die ganze Vergangenheit, das war endlich mal ein radikaler Umbruch. Natürlich kamen da auch Impulse aus Amerika rüber. Bands wie Velvet Underground hatten großen Einfluss, aber nicht stilistisch, eher von der Atmosphäre her.

IRMIN SCHMIDT Ein freies Kollektiv mit Rockinstrumenten und in Rocklautstärke, das aber keine Rockband ist – das war meine Ausgangsidee. Der Rest wurde dann gemeinschaftlich entwickelt, alle waren gleichberechtigt. Irgendwie tauchte dann Malcolm Mooney auf, was zu einer Initialgeschichte zwischen Malcolm und Jaki wurde, die plötzlich eine Rhythmusgruppe waren. Malcolm ist nämlich eigentlich ein vokaler Schlagzeuger. So entstand dieser spezifische Can-Rhythmus, und von da ab nahm die Geschichte ihren Lauf. Mit Holger konnte man ganz wunderbar das machen, worin auch ich zu Hause war: collagieren – und wir haben auf Teufel komm raus collagiert. Das hat mit Holger eine Riesenfreude gemacht. Jaki hat daran nie teilgenommen, den hat das gelangweilt, der wollte nur spielen. Aber wenn wir anderen ein Stück in seine Einzelteile zerlegt und neu zusammengebaut haben, war es vor allem Holger, der da eine ungeheure Begeisterung entwickelte. Er besaß das technische Können und steigerte sich da völlig rein. Wir brauchten keinen Toningenieur, das hat alles Holger übernommen. Der hatte sich schon als Schüler Geld verdient, indem er die Radios der Nachbarn repariert hat, wofür ich denkbar ungeeignet war. Ich habe nur einmal den Fernseher eines Nachbarn repariert, und das hatte ich meiner damals vierjährigen Tochter zu verdanken. Die war mit der Tochter des Nachbarn befreundet, und als deren Fernseher mal kaputt war, sagte meine Tochter: »Das kann Papi reparieren.« »Ja, wie macht er das denn?« »Er tritt einfach dagegen, und dann kommt das Bild wieder.« Ich wurde dann wirklich herübergerufen, und der Nachbar sagte: »Na, dann treten Sie mal.« Das tat ich dann, und plötzlich lief tatsächlich das Gerät wieder. Für meine Tochter war ich danach der absolute Star. Ich konnte Fernseher reparieren.

JAKI LIEBEZEIT Wir waren bereit, alle Vorkenntnisse zu opfern oder zumindest infrage zu stellen. Dass Schmidt auftauchte, war dann ein glücklicher Zufall. Ganz ohne Einflüsse waren wir nicht. Vom Jazz übernahmen wir zwar stilistisch nichts, aber doch die Idee der Improvisation. Deshalb gab es zu Can-Zeiten nie Noten. Die Idee des »Songwriters« war uns fremd, »I wrote this song while I was on holiday«, so ein Quatsch. Wenn wir im Studio zusammen waren, war Spontaneität angesagt. Irgendwer hat eine Idee, und dann hat ein anderer eine andere Idee, die sich damit verträgt. Meistens lief das auf rhythmischer Ebene: Zwei steuern jeweils einen Akkord bei, dem Dritten fällt dazu eine Melodie ein, oder ein merkwürdiger Sound etc. So entstand unter Umständen ein Stück. Wir haben fast immer aufgenommen, immer lief ein Tonband mit. Das meiste wurde zwar später überspielt, weil es Schrott war, aber auch der Schrott konnte uns auf einen Weg geführt haben. Manches wurde dann so oft weiter ausprobiert, bis es langsam Gestalt annahm, und dann machten wir gezielt die Aufnahme. Für mich war entscheidend, dass es rhythmisch sein muss, dass ich nie, nie aus dem Takt komme. Und wenn sich was bloß so dahinquälte: weg damit! Beim Free Jazz war es viel schwieriger zu sagen, ob etwas gut ist oder nicht.

IRMIN SCHMIDT Obwohl wir nie eine Kommune waren, haben Can doch zeitweilig fast zusammengelebt, weil wir ja täglich zwölf bis sechzehn Stunden zusammen Musik machten. In ein Stück haben wir auch Sprechchöre von einer »Manifestation« aus Paris mit eingearbeitet, und natürlich kamen allerlei politisch engagierte Leute ins Studio, aber die störten eigentlich mehr. Irgendwann konnte ich dieses abstrakte Gelaber darüber, wie alles zu sein hätte, auch echt nicht mehr hören, ich wollte lieber konkret was tun. Nicht »die Gesellschaft ändern«, sondern mit dieser kleinen Zelle Can etwas kreieren, was es bis dahin nicht gab, nämlich eine Gruppe von Leuten, die eigentlich gar nicht zusammenpassten, anfangs nicht einmal Freunde waren, so zu verschmelzen, dass da eine Art gemeinsames Subjekt entsteht. Das war radikaler als viel von dem, was damals so geredet wurde.

HILDEGARD SCHMIDT Entscheidend war, dass alle gleichberechtigt an der Musik beteiligt sind. Es gibt nicht den einen, der die Texte schreibt, und den einen, der die Musik komponiert. Jeder war immer an allem beteiligt. Immer! Immer! Immer!

IRMIN SCHMIDT Spontaneität wurde in der Welt der Neuen Musik, aus der ich kam, verachtet. Boulez sagte ganz offen: Spontaneität ist Quatsch. Eine Einheit wie Can kann aber nur auf Basis spontaner Interaktion entstehen, niemals als Konstruktion oder als Plan.

JAKI LIEBEZEIT Irgendwann 1968 bin ich mal mit Wolfgang Neuss im Ruhrgebiet auf einer Demonstration mitgelaufen. Die ganze Gruppe war natürlich politisch, was schon darin zum Ausdruck kam, wie sie funktionierte, nämlich nach dem Prinzip: Führer und Geführte. Can hat diese alte Struktur dann wirklich überwunden. Letztlich waren wir Anarchisten. Oder die echten Kommunisten, wie man will. Eine englische Zeitung schrieb mal, »C-A-N« sei eine Abkürzung von »Communism«, »Anarchism« und »Nihilism«. Das fand ich gut.

HOLGER CZUKAY Gerade im Kontakt mit anderen Musikern merkten wir schnell, dass wir auf einem völlig anderen Dampfer waren. Trotzdem waren wir sehr nach Amerika orientiert, das hat Irmin richtig gesehen, so in Richtung von MC5 oder Velvet Underground. Gerade deren Livemitschnitte fühlten sich an wie Can. Was wir da auf frühen Bootlegs hörten, war oft von scheußlicher Soundqualität, aber immer sehr, sehr aufregend. Das war uns viel näher als jedes toll gebügelte Superstück. Später ging es wohl John Lydon so, der mit PIL so klingen wollte wie wir. Der wollte auch mal unser Sänger werden.

IRMIN SCHMIDT Der Einfluss von außereuropäischer Musik auf Can war gewaltig. Holger hatte ja kurz davor sogar eine Platte mit vietnamesischer Musik gemacht. Und ich habe in Köln außer bei Stockhausen auch Musikethnologie studiert. Als Michael Karoli zum ersten Mal bei mir zu Hause war, um über Can zu sprechen, guckte er ins Regal und juchzte vor Begeisterung, als er zwei Platten mit Musik aus Bali fand, die ich aus New York mitgebracht hatte. Jaki hat vor Can nicht nur in Spanien mit Chet Baker Jazz gemacht, sondern war auch in Marokko, wo er mit Nordafrikanern musiziert hat. Jeder einzelne von uns war stark von außereuropäischer Musik inspiriert. Den Begriff »World Music« haben wir aber immer gemieden, weil das so nach Tourismus klingt. Für unsere eigenen

Ausflüge in diese Richtung hatten wir die Abkürzung »E.F.S.«, »Ethnological Forgery Series«, was auch auf Deutsch gut passt: »Ethnologische Fälschungsserie«. Da geht es um das Verhältnis von Nähe, Abstand und Respekt, also einerseits schon ernsthaft da einzutauchen, das nicht bloß wie ein Souvenir in unsere Musik einzubauen, so wie man sich einen Sombrero an die Kommode hängt, aber andererseits auch nicht zu behaupten, wir hätten von dieser Musik authentisch Ahnung und könnten da einen genuinen Beitrag leisten. Auch außerhalb von dieser Serie gibt es bei Can natürlich solche Einflüsse – zum Beispiel Gagaku, das kann man da heraushören, wenn man will. Das entstand dann zwar weitgehend unbewusst, ist aber wohl meiner Beschäftigung mit dieser mittelalterlichen japanischen Musik zu verdanken. Die hat eben eine unglaubliche Brutalität, die wir als arrogante Europäer nie begreifen werden. Die Demut vor der Größe von Kultur aus Asien und Afrika war für Can immens wichtig. Im Wissen, dass wir eigentlich nichts davon wissen, konnten wir es dann als Einfluss nutzen.

JAKI LIEBEZEIT Die Gemeinsamkeit begann bei uns damit, dass keiner Noten schrieb. Als Komponist stand hinter jedem Lied bloß »Can«. Auch der Sänger, der seine Texte improvisierte, hatte daran keine speziellen Rechte. Alles wurde in einen Topf geworfen, es ging nur um die Gruppe. Ich war damals so naiv, dass ich dachte, das wäre bei allen Popgruppen so. »Die Beatles, das sind Freunde! Die teilen alles gleich!« Dass Lennon und McCartney den Ton angaben, habe ich erst später gelernt. Ringo wird auch genug Geld verdient haben, aber eben sehr viel weniger als McCartney. Das hätte es bei Can so nicht gegeben. Es gab nicht den einen Oberbefehlshaber, der das Sagen hat und die Songs schreibt und die anderen das spielen lässt und sie auch mal austauscht, wenn die nicht so können oder wollen wie er. Am Anfang waren wir fünf Leute, da gab es bei Entscheidungen immer eine Mehrheit, immer mindestens 3:2. Das war ein großer Vorteil. Es hat ja durchaus Versuche gegeben, bei Can die Macht zu übernehmen, die wurden aber immer mehrheitlich abgewehrt. Wir waren vollkommen demokratisch, fast sozialistisch, wie Guido Westerwelle wohl gesagt hätte. Als Gruppe war Can deshalb wohl ziemlich einmalig. Die Egos waren groß, aber sie hatten nichts zu melden.

IRMIN SCHMIDT Jaki sprach immer von »Instant Composing«. Das hatte er wohl von den holländischen Free-Jazzern, die nannten sich »Instant Composers Pool«. Gerade um 1968 begann dann aber auch Stockhausen von »intuitiver Musik« zu sprechen, zwar erst nur als Spielanweisung innerhalb von Kompositionen, aber das ging dann immer stärker in die Richtung. Letztlich geht es darum, dass man die Musik auf der Bühne erst erfindet, und zwar hochkonzentriert, wachsam und in permanenter Reaktion auf das, was um einen herum geschieht, nicht als Solotrip. Dazu gehört auch eine sehr demütige Haltung, allerdings nicht im religiösen Sinne, sondern als Respekt vor denen, die mit dir Musik machen. Wenn das funktioniert, ist das ein Prozess, der zum Wunderbarsten gehört, was man im Leben erfahren kann.

HOLGER CZUKAY Was wir bei Can gemacht haben, wurde oft als Improvisieren wahrgenommen, aber das ist ein Missverständnis, denn was wir taten, war »Instant Composition«! Dass keiner das verstanden hat, schweißte uns nur noch enger zusammen. Wahrscheinlich blieben wir deshalb auch so lang zusammen, weil doch bald allen klar war, dass wir da auf einem Weg sind, den vor uns keiner gegangen ist und den man nur gemeinsam gehen kann. Am ehesten haben das komischerweise die Amerikaner verstanden, vielleicht, weil es in deren neuer Musik Parallelen zu uns gab. Steve Reichs »Drumming« ist zwar mit Noten komponiert, aber das kommt komplett aus dem Ensemble-Spiel, aus diesem Sich-Zuhören und Sich-Verweben, um einen organischen, dynamischen Prozess ans Laufen zu kriegen, wie bei Can.

IRMIN SCHMIDT Die Gleichberechtigung war schwierig. Wir waren fünf Alphatiere, jeder von uns hätte als Bandleader seine eigene Gruppe gründen können. Ich sowieso, ich bin ja als Dirigent erzogen. Da musst du dich hinstellen, und noch bevor du den Arm gehoben hast, muss das Orchester schon Vertrauen in dich haben, von dir muss eine Energie ausgehen, die allen sagt: Dem glauben wir. Auch das Publikum muss dir glauben, sobald du die Bühne betrittst. Das ist das Geheimnis. Und jeder von Can hatte das. Deshalb kumulierte sich da eine irre Energie. Das führte natürlich ständig zu Reibereien, aber gerade diese Reibung führte auch ständig zu neuer Musik. Denn aus Streit entstehen Funken und Elektrizität, also letztlich noch mehr Energie. Sanft und nachgiebig war von uns keiner. Aber wir hatten ein gemeinsames Ziel.

JAKI LIEBEZEIT Zu unserem Bandnamen kamen wir per geheimer Abstimmung. Wir hatten Brainstorming gemacht, jeder schrieb fünf Vorschläge auf Zettel, und die wurden dann in eine Blechbüchse geworfen. Ich hatte mich mit Malcolm Mooney verabredet, auf alle Zettel nur »CAN« zu schreiben. Das war's dann.

IRMIN SCHMIDT Wir haben gemeinsam erfunden und natürlich auch darüber geredet. Sicher hatten wir Älteren alle großen Einfluss auf Michael, auch weil er sich am Anfang noch als eine Art Schüler oder Student gesehen hat. Aber ich habe von ihm genauso viel gelernt. Zwar kann ich da jetzt schwer den Finger drauflegen, was das genau war, aber ich habe das Gefühl, dass ich ihm musikalisch unendlich viel verdanke. Unsere Art des Musikmachens war eben sehr intuitiv. Man ließ einfach das Instrument machen, und diesen Klang, der da manchmal wie von selber entstand, korrigierte Michael dann etwas, mal mit dem Bügel von seiner Gitarre, mal mit dem Fingernagel, oder indem er seine Fender gegen den Lautsprecher lehnte und wegging. Es ging um Möglichkeiten, ein Instrument nicht zu beherrschen, sondern wirklich damit zu spielen. Manchmal auch, indem man einfach gar nichts machte. Diese Art zu musizieren, dieses modulierende Geschehenlassen, das hatte von uns sonst keiner, nur Michael.

HOLGER CZUKAY Warum hätten wir Blues spielen sollen? Das konnten die Amerikaner doch tausendmal besser. Und Rock konnten andere noch viel besser. Auch in allen anderen Genres waren uns andere überlegen. So betrachtet waren wir als Band absolut schlecht. Wir hatten nur das Glück, ein eigenes Studio zu haben, da konnte ich allerlei Ideen zusammenführen. Unsere erste Platte, »Monster Movie«, war im Prinzip eine Collage.

IRMIN SCHMIDT Der Prozess lief so, dass wir alles aufgenommen haben, was wir spielten, und es danach gemeinsam abhörten. Jaki sagte immer: Alles wegschmeißen und neu anfangen. Wenn wir dem gefolgt wären, säßen wir heute immer noch am ersten Album. Irgendwann haben wir also entschieden, dass es da doch drei oder vier Aufnahmen gibt, die wunderbare Stellen haben, wenn auch erst mal jeweils nur für sich. Bei der rhythmischen Präzision von Jaki konnte man die aber aneinanderschneiden. Und Holger hat das dann virtuos gemacht, in meinem und Michaels Beisein. Die Architektur dieser Collagen ist immer eine gemeinsame Entscheidung von Holger, Michael und mir gewesen. Jaki war das zu langweilig. In dem Punkt war er bis zum Schluss ein purer Jazzer, er wollte immer nur in »real-time«, also nur im Spielakt selber musizieren, nie außerhalb der primären Spielzeit, wie das beim Editieren und Bandmontieren unvermeidlich ist – und wie es Holger gerade liebte! Also mussten wir das Ergebnis dieser Schnippelei immer nachher Jaki vorspielen, denn ohne sein Amen ging es nicht. Ich tendierte bei Collagen eher auch mal zu radikalen, bösartigen Brüchen, so im Stil Neuer Musik. Und die haben wir ja auch an manchen Stellen, aber in der Regel musste der Groove streng durchgehen, egal, wie viele Schnitte da de facto waren. Jaki war bei uns der Groove-Wächter, erst beim Spielen und dann bei der Endabnahme.

JAKI LIEBEZEIT Wir haben einiges vorweggenommen, was heute normal ist. Ich kann mich noch erinnern, dass ich Ärger mit Jazzkollegen gekriegt habe, weil ich so konsequent repetitiv spielte. »Mann, du spielst ja immer bloß dasselbe!« Ob mir denn gar nichts einfiele? Die waren vom damaligen Avantgarde-Dogma her gewohnt, dass sich ständig möglichst viel verändern muss. Aber genau deshalb machte ich nach meiner Free-Jazz-Zeit besonders gerne diese minimalen Grooves, quasi aus Freude am Verbotenen. Bei »Halleluwah« läuft fast zwanzig Minuten lang ein bestimmter Beat durch, und der bleibt als Grundfigur konstant. Alle anderen Parameter können sich ändern, Lautstärke, Klangfarbe etc., aber der Groove bleibt. Für jedes Can-Stück habe ich einen speziellen Rhythmus designt, so wie auch ein Wiener Walzer seinen unverkennbaren Rhythmus hat. Was ich bei Can an Repetitionen entwickelt habe, ist heute modern, wird aber fast nur noch maschinell gemacht, also programmiert. Auch gut. Damals fanden die Leute das noch nicht so gut.

IRMIN SCHMIDT Bei Can konnte man nichts allein entscheiden. Natürlich hätte Holger das gern gemacht, aber auch die Montage der LP-Stücke lief immer kollektiv ab. Da sind auch viele verrückte Entscheidungen gefallen. Michael sagte vielleicht mal: Warum machen wir das nicht rückwärts? Oder bei »Tago Mago« wurden Schnipsel von älteren Aufnahmen reinkopiert, wie Phantome aus der Vergangenheit, die da nochmal aufblubbern und dann schnell wieder verschwinden. Das war zum Beispiel meine Idee, aber Holger hat sie dann realisiert. Diskussionen gab es dabei nur über die Musik, ob der Groove stimmt, ob die Akkorde gehen, ob man noch was draufspielt, und wenn ja, ob man dann hier schneiden darf, weil sonst vielleicht der Groove kaputtgeht. Oder wie man das anders zusammensetzen kann.

RENÉ TINNER Wir sind wirklich jeden Tag im Studio gewesen, außer wenn wir auf Konzertreise waren. So oder so wurde jeden Tag Musik gemacht. Das Angenehme war, dass es nie Zeitdruck gab, denn es war ja das eigene Studio. Manchmal haben wir zwei Tage und Nächte durchgearbeitet, an Schlaf war nicht zu denken. Dabei wurde immer alles aufgezeichnet. Die Can-Schule war: In dem Moment, wo man im Studio ist, muss das rote Licht an sein, sonst kann man gleich zu Hause bleiben. Denn was du nicht hast, kannst du auch nicht wegschmeißen. Meistens wurde so verfahren, dass vier, fünf Tage lang nur aufgenommen wurde. Dann kümmerte man sich erst mal nicht weiter darum. Erst nach einer Woche oder so hörte man es sich dann an und schaute, ob diese oder jene Strecke interessant sein könnte. Das lief aber alles sehr frei. Und darüber, was gut war und was nicht, waren sich fast immer alle einig.

HOLGER CZUKAY Am Anfang wollte ich dauernd möglichst viele Töne spielen. Aber Jaki sagte zu mir: Holger, spiel doch mal nur einen einzigen Ton. Also probierte ich das, und tatsächlich war das Ergebnis ziemlich interessant. So wurde mir klar, dass ich reduzieren musste. Das war eigentlich die erste elementare Musiklektion, die ich bekam: Wichtig ist nicht, möglichst viel zu spielen, sondern dass die anderen auch zu Wort kommen. Und selbst mit nur einem Basston kann man sich ganz schön bemerklich machen. Solche Erkenntnisse waren mir wichtiger als alle Politik.

RENÉ TINNER Ich kannte bis dahin nur herkömmliche Studios mit einem Regieraum hinter Glas und dem Aufnahmeraum. Alles, was da passierte, geschah in zwei Welten: In der Regie passierte etwas, und im Aufnahmeraum passierte was anderes. Das war bei Can nicht so, weil alles im selben Raum stattfand, noch dazu in einem Riesenraum, wie es ihn in anderen Studios so nicht gab. Es gab auch keinen sogenannten Produzenten. Holger spielte Bass und bediente gleichzeitig die Aufnahmegeräte. Das Studio war komplett anders als alles, was ich davor gesehen hatte. Ich habe da zuerst nichts mehr verstanden, aber schnell gemerkt, dass das etwas Besonderes ist.

IRMIN SCHMIDT Nachdem wir unser Studio eingerichtet hatten und schon Stücke spielten, kam plötzlich Malcolm. Der hatte großen Einfluss, denn er *war* wirklich Can. Seine Spontaneität und Verrücktheit und sein Musikverständnis waren für mich sehr wichtig. Malcolm hatte nie vorher gesungen, sondern war ein Maler aus Paris, den ich eigentlich in der Kölner Galerieszene bekannt machen sollte. Stattdessen schleppte ich ihn mit ins Studio, wo er spontan anfing zu singen. Und schon war ein Sänger geboren! Obwohl man eher sagen sollte: Vokalist, weil »Sänger« so eng mit Texten verbunden ist und Malcolm seine Stimme völlig frei einsetzte, wie ein Instrument. Jedem in Can verdanke ich etwas Entscheidendes: Malcolm den Mut zu schamloser Spontaneität, diese hohe Kunst, ein Gefühl einfach rauszulassen, egal mit welchem Instrument und wie. Als klassisch erzogener Pianist, der auf die Bühne geht und brav seinen Chopin abliefert, kann man das nicht. Von Malcolm habe ich gelernt, mir selbst und anderen zu vertrauen, den anderen sogar noch mehr. Als Malcolm weg war, haben wir erst mal ohne Sänger weitergemacht und festgestellt, dass das auch geht. Dann kam Damo, den Holger zufällig auf der Straße entdeckte. Aber auch der war weniger ein Sänger als ein Phänomen.

HOLGER CZUKAY Ich sah Damo in München auf der Leopoldstraße und sagte sofort: »Jaki, das wird unser nächster Sänger!« Das war typisch für mich. Ich entscheide so was gern intuitiv. Damo saß damals einfach auf der Straße und betete die Sonne an. Jaki sagte entsetzt: »Holger! Du kennst den doch gar nicht!« Da war ich aber schon aufgestanden und zu Damo hingegangen. Ich sagte zu ihm: »Hallo, ich bin Holger. Was hast du heute Abend vor?« Er sagte: »Nichts.« »Willst du nicht Sänger werden?« »Ja, warum eigentlich nicht? Ich habe grad nichts weiter zu tun. Was muss ich dafür proben?« »Proben? Gibt es nicht. Du musst gleich loslegen.« »Okay, warum nicht.« Abends war der Laden, wo wir auftraten, knallvoll. Damo begann ganz sanft, irgendwie japanisch. Aber dann wurde er auf einmal richtig aggressiv, so samuraimäßig, wie auf Knopfdruck. Der schrie los wie nur was. Und wir reagierten darauf. Der Erfolg war, dass unten im Publikum eine Riesenschlägerei losging. Ich fand das alles irrsinnig lustig. Irgendwann war der Laden leer, aber wir spielten einfach weiter. Das war schon längst kein Rockkonzert mehr, sondern ein Happening. Dass die Leute weggelaufen sind, war Teil der Performance, wir sahen das als Triumph.

IRMIN SCHMIDT Manchmal haben wir schon wüst provoziert. Bei diesem Auftritt in München, vor dem wir Damo aufgegabelt hatten, waren wir im Krieg mit unserem Manager Abi Ofarim, der eigentlich schon unser Ex-Manager war. Diesen Auftritt hatte er uns aber noch besorgt, das war so ein Tanzschuppen für Leute vom Umland. Ofarim hat dann auch noch den britischen Schauspieler David Niven angeschleppt, dem er zeigen wollte, was für eine tolle Band er da am Start hat. Holger hatte eine große Torte mitgebracht und lag auf dem Boden, den Bass auf dem Bauch, der vor sich hin brummte, während er an diesem Kuchen aß. Michael hatte die Gitarre gegen den Lautsprecher gelehnt, sodass fürchterliche Rückkoppelungen entstanden, wirklich zum Erbarmen. Ich hatte von einer Baustelle um die Ecke drei Betonziegel mitgebracht, die auf meine Orgeltastatur gelegt und alles auf Anschlag gedreht. Michael und ich aßen dann bei Holgers Kuchen mit. Nur Jaki saß mit hochrotem Kopf am Schlagzeug und kämpfte wie ein Löwe gegen diesen ganzen Lärm an. Dazu kam unser Neueinsteiger, dieser japanische Wirbelwind, der plötzlich auf Samurai machte und herumschrie und schimpfte. Was der da von sich gab, verstand kein Mensch, niemand konnte Japanisch, wenn es überhaupt Japanisch war. Damo kreischte und

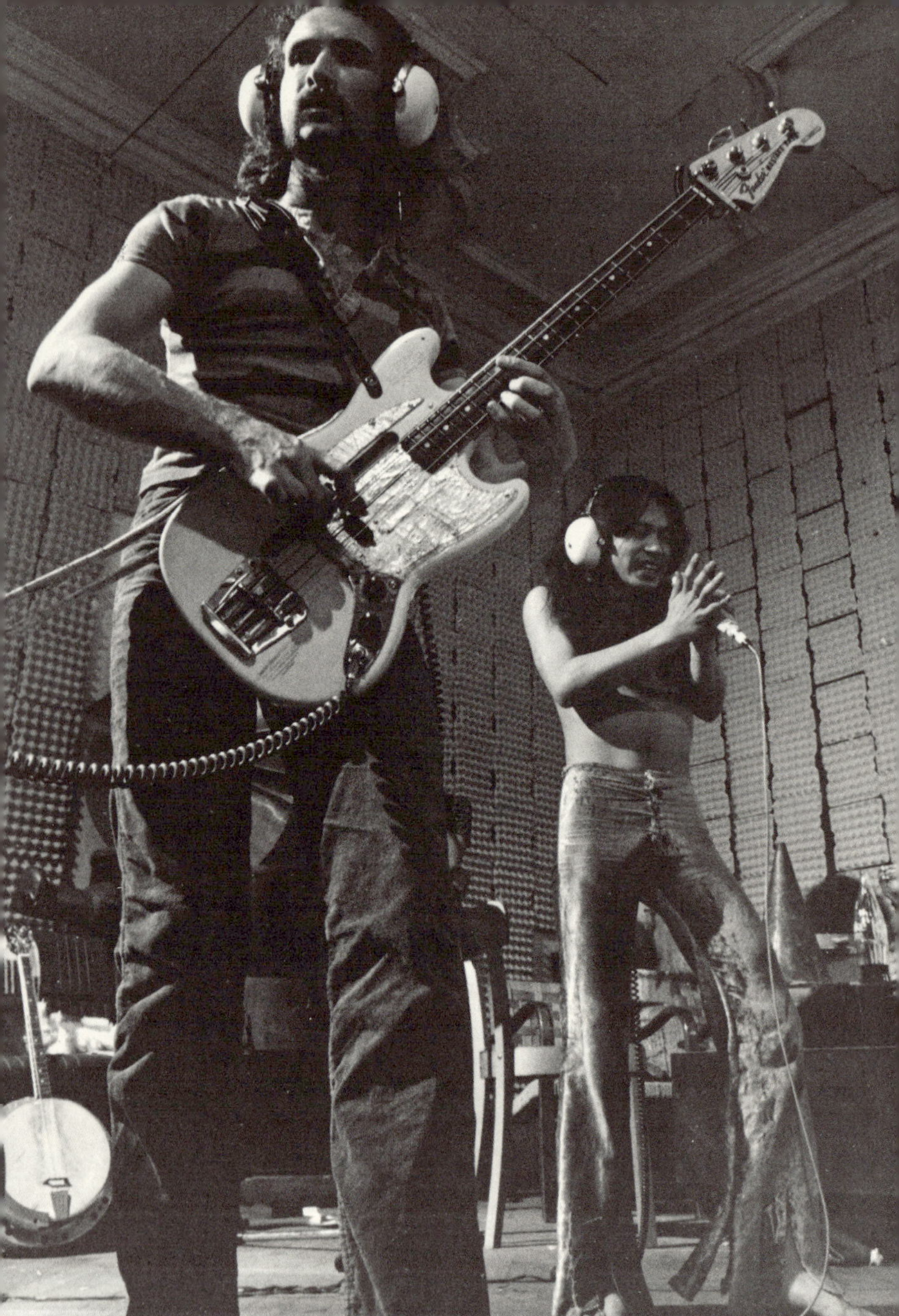

Holger Czukay und Damo Suzuki im Studio in Schloss Nörvenich, Anfang der Siebziger

tanzte wie ein Derwisch, und nach einer Stunde war der Saal leer. Schon vorher kam der Veranstalter und wollte uns rausschmeißen, aber wir haben einfach weitergemacht. Uns mit Gewalt von der Bühne zu holen, traute er sich dann auch nicht. Danach war eigentlich nur noch David Niven da, und der sagte zu Holger: »It was great, but I didn't know it was music.«

HOLGER CZUKAY Auch Nico sollte bei uns mal Sängerin werden. Das rieten ihr zumindest einige Leute. Wir sind auch mal zusammen aufgetreten. Das wurde dann aber nichts. Ich war immer für Sänger, immerhin habe ich ja Damo Suzuki entdeckt.

IRMIN SCHMIDT Jaki sagte immer: Wir brauchen keinen Sänger, Sänger sind bloß Troublemaker. Womit er im Prinzip recht hatte. Sich über die Stimme, also rein über den eigenen Körper auszudrücken, schafft ja ein gewisses Selbstbewusstsein, oft auch Sendungsbewusstsein. Und gerade an so einer charismatischen Frontfigur waren wir nicht interessiert. Can konnte nicht Sprachrohr sein, egal für wen oder für was. Unsere einzige »Botschaft« war: Wir sind ein Organismus. Menschen, die mit Sprache umgehen, also auch Journalisten, haben auch früh gemerkt, dass es sinnlos ist, unsere Texte nach Bedeutung abzusuchen. Zwar gab es einen speziellen Fanclub, der Damos Lyrics »dekodierte«, aber da kamen nur bizarre Sachen raus. Bei Can war alles Semantische untergeordnet, es gab keine »Message«. Malcolm hat zwar Texte gesungen, aber er war kein sogenannter »Leadsänger«. Und wusste das auch. Malcolm hat seine Texte auf der Bühne oder im Studio meistens spontan erfunden, das war auch oft ein krauses Durcheinander. Und durch unsere Art, die Bänder zu editieren, wurden die Worte sowieso dekonstruiert, für einen ambitionierten Poeten wäre das die Hölle.

HOLGER CZUKAY Worüber gesungen wurde, wusste ich schon. So wie bei »Yoo Doo Right«, da hatte Malcolm einen Brief von seiner Freundin aus Amerika bekommen, den las er da quasi ins Mikro vor und ergänzte das spontan durch Kommentare, wie er sich fühlte. Das war sein Text, den ich durchaus begriffen habe. Das entfachte dann, während wir den Song einspielten, auch sofort das richtige Feuer in mir. Ich verstand, worum es da geht, von der menschlichen Seite aus.

IRMIN SCHMIDT Auf die Spitze trieb es Damo. Damo sang gar keine Texte, das war pures Dada. Das waren Lautcollagen aus ein wenig Japanisch, sehr bruchstückhaftem Deutsch, sehr schlechtem Englisch und irgendeiner Kunstsprache – also irgendwelche genuschelten Silben, die aus gar keiner bekannten Sprache kamen. Und das passte ungeheuer gut zu Can. Es waren eben keine Texte, sondern Musik aus Stimmklängen. Wir haben Damo einfach machen lassen, weil wir gar kein Interesse daran hatten, über Texte beurteilt zu werden. Und mit dem, was er da sang, sabotierte er das auch perfekt.

HOLGER CZUKAY Texte waren ein notwendiges Übel. Das habe ich auf jeden Fall so empfunden. Damo war ja gesanglich am besten, wenn er sein Fantasie-Japanisch von sich gab. Das funktionierte wirklich auf den Punkt. Stimmen waren für uns Instrumente, ob Malcolm Mooney, Damo Suzuki oder auch mal Irmin Schmidt. In dem Punkt war es bei uns so wie bei Joy Division: Die Band war nicht daran interessiert, was der Sänger dachte.

IRMIN SCHMIDT Unsere ersten Konzerte fanden in einem relativ kleinen Kreis statt. Das waren Unis oder kleine Clubs, da kamen selten viele Zuschauer, die meisten waren Studenten, von denen viele fanden, dass wir gar nicht spielen können, weil wir nicht wie diese oder jene englische Gruppe klangen. Für diese Studenten waren wir Stümper. Aber wir haben es denen auch nicht leicht gemacht, bei Konzerten übten wir schon eine gewisse Form von Gewalt aus.

NIKEL PALLAT Bei Can-Konzerten entstand durch das Monotone eine Art innerer Ruhe. Im Gegensatz zu Amon Düül, die auf der Bühne wesentlich flippiger waren. Can war

Trance, Amon Düül Ekstase. Aber beide waren herausragende Bands.

MANFRED GILLIG Ich kann gar nicht sagen, wie oft ich damals in Berlin »Monster Movie« gehört habe. Die lief eine Weile wirklich in Dauerschleife, und dabei war ich natürlich nicht immer völlig nüchtern. Das erste Mal hörte ich die mit zwei Freunden, die später die Band »Morgenrot« gründeten, und einer Freundin. Wir haben uns regelmäßig zusammengesetzt, Platten aufgelegt und dazu einen durchgezogen. Einer oder eine von den dreien hatte »Monster Movie« mitgebracht und gemeint, dass wir die mal hören sollten. Was da alles abging, als wir die zum ersten Mal auflegten! Wir haben sie dann gleich noch mal gespielt. Das war kein intellektuelles Herangehen, wie zum Beispiel bei Pink Floyd, »Ummagumma«, wo ich irgendwann anfing zu analysieren, was da auf dem linken Kanal genau passiert, und was auf dem rechten. »Monster Movie« war anders. Da war diese Stimme, dieses Raue und gleichzeitig Repetitive. Erst nach mehrmaligem Hören fragte ich mich, wie die das eigentlich machen. Das war Musik, für die man sich Zeit nahm und die man auch zehn Mal hintereinander anhörte, weil sie so spannend war und man damit irgendwie abhob. Das Analytische kam erst mit Verzögerung. Fünfzig Mal habe ich die damals mindestens gehört, als sie ganz neu war. Auch Can dann später live zu hören, war eine Offenbarung: Holger Czukay, der mit der Elektronik rumspielte, Damo Suzuki mit seinem seltsamen Gesang, und dazu der gnadenlose Beat von Jaki Liebezeit. Man war doch fast schon stolz, dass so spannende Musik ausnahmsweise mal aus Deutschland kam. Daraus folgte dann auch der Ehrgeiz, mehr von solchen deutschen Bands zu finden.

RENÉ TINNER Von den Studiosessions unterschieden sich die Konzerte vor allem wegen der Lautstärke. Eigentlich fühlten Can sich beim Musikmachen nur wohl, wenn es laut war. Und im Studio wurde meist mit Kopfhörern gearbeitet, was einen ziemlichen Unterschied machte. Viele Leute haben gesagt, dass die Konzerte viel besser sind als die Platten, was wohl auch daran lag, dass da immer auf volles Risiko gegangen wurde – mit dem Resultat, dass fünfzig Prozent sehr gut waren, die anderen fünfzig Prozent aber schlecht. Die schlechten hat man dann schnell wieder vergessen und sich an den guten orientiert. Mein liebster Auftritt war wohl der im Amphitheater von Arles in Südfrankreich, ein Open-Air-Konzert im Sommer, bei dem einfach alles stimmte. Dazu kam die wunderbare Umgebung, Nico war, glaube ich, im Vorprogramm, und der Rotwein war lecker. Sechstausend französische Hippies waren im Paradies.

STEFAN MICHEL Ein Can-Konzert fing einfach irgendwann an. Was die da machten, schien nicht wirklich geordnet, sondern war eine Art Session, die mal zwei, aber auch mal fünf Stunden dauern konnte. Auf der Bühne war kaum Licht, dafür eine dieser typischen Hippie-Lightshows dieser Jahre, also Dia-Projektionen, auf denen Flüssigkeiten verlaufen, das wurde hinten an die Wand geworfen. Aber viel sehen konnte man da nicht. Und wer auf bekannte Stücke wartete, konnte lange warten, lieber entwickelten sie etwas aus dem Moment heraus. Aber bei Alben wie »Monster Movie« oder »Tago Mago« ist das ja auch so, die haben das einfach auf der Bühne fortgeführt. Eine Band wie Guru Guru hat dagegen zu der Zeit schon »ihre Stücke aufgeführt«, die man von Platte kannte.

HOLGER CZUKAY Das Can-Publikum war am Anfang bunt gemischt. Das erste Can-Konzert war Teil eines Abends für moderne Musik, auch wenn wir das natürlich schon von einer anderen Ebene her aufziehen wollten. Aber das war kein gutes Konzert. Zwar klatschten die Leute, aber mir war klar, dass das nicht toll war. Der Weg war im Prinzip der richtige, bloß das Resultat hätte besser sein können. So was wusste ich immer sofort.

IRMIN SCHMIDT Das Beglückende an Holger war seine Lei-

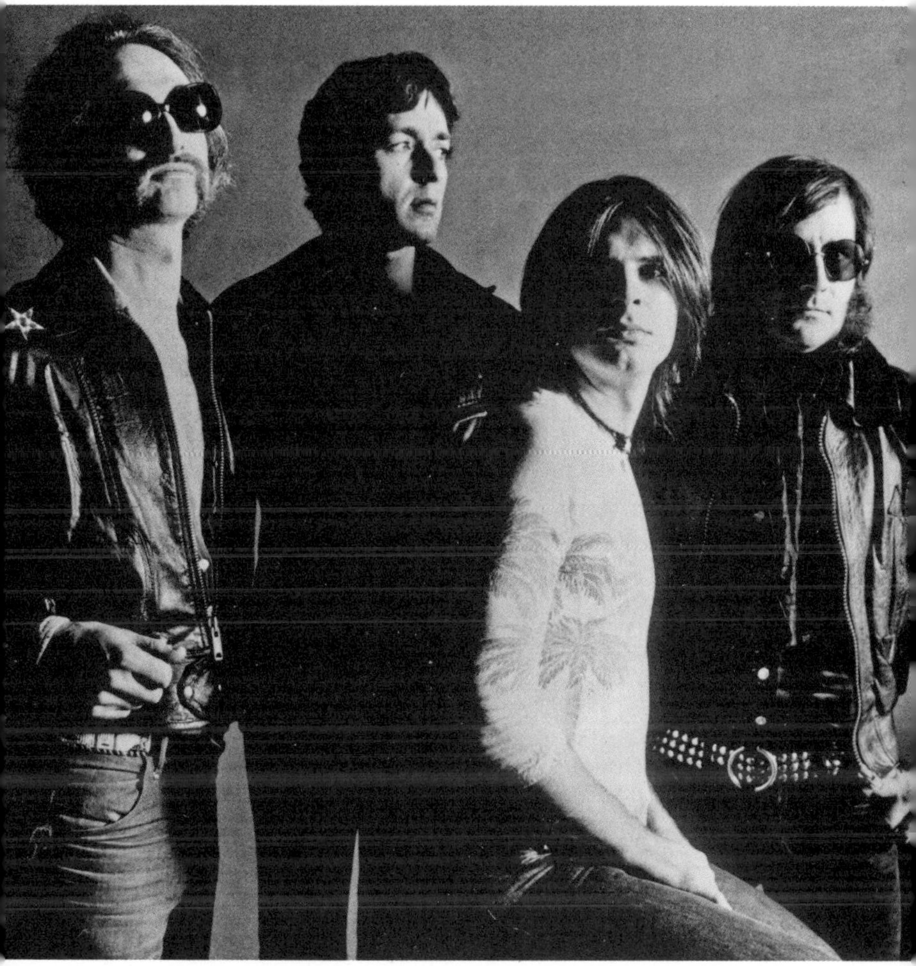

Holger Czukay, Jaki Liebezeit, Michael Karoli, Irmin Schmidt

denschaft, dieser Mensch bestand wirklich aus Feuer. Der wäre vor Emphase oft beinahe in Flammen aufgegangen. Manchmal dachte ich: Jetzt lodert gleich ein Feuerball hoch, jetzt explodiert er! Während Jaki pure Energie war, auch wenn er da immer mit etwas mauligem Gesicht rumsaß, das täuscht. Er konnte Flugzeuge vom Himmel trommeln.

SIEGFRIED SCHMIDT-JOOS Can-Auftritte waren Happenings, bei denen man nie wusste, was passiert. Es gab bei denen nur geringe Vorgaben. Ihre Trance-Musik führte zu unglaublichen Patterns, die plötzlich aufgingen. Von Performance zu Performance entstanden unter gleichem Namen mitunter vollkommen verschiedene Stücke. Jedes Konzert war ein Abenteuer. Unvermeidlich gab es dabei auch weniger aufregende Passagen, Phasen des Ab- und Ausklingens, um neue Aufschwünge zu ermöglichen. Aber wenn es intensiv wurde, war es atemberaubend. Und das transportiert sich auf ihren Aufnahmen – bis heute.

IRMIN SCHMIDT Wir haben nur zweimal als Vorgruppe gespielt. Einmal bei Black Sabbath, das war 1969. Da stiftete mir die Firma Farfisa eine Orgel, außerdem gab es den Eigentümer eines großen Musikladens, der ein großer Can-Sponsor war und uns viel Ausstattung geschenkt hat. Der stellte uns für dieses Konzert eine Riesenanlage hin, allerdings saß am Mischpult der Black-Sabbath-Mixer, und der verhinderte, dass wir lauter als Black Sabbath wurden. Meine Erinnerung daran ist allerdings sehr eingeschränkt, weil ich kurz davor zum Zahnarzt musste, aber der Zahnarzt war abgerutscht, hatte mir unten einen gezogen und oben einen zerstört, totales Massaker, jedenfalls war ich bis oben hin voll mit Schmerzmitteln und erinnere das Konzert nur als ein einziges großes Meeresrauschen. Später spielten wir mal eine Tournee mit Hawkwind, aber da haben wir uns immer abgewechselt. Wir blühten auch immer erst auf, wenn wir lange spielen konnten, mindestens zwei Stunden. Meistens haben wir eine gute Stunde gespielt und dann Zugaben gemacht. Manchmal gingen die auch drei Stunden, Ende offen.

HOLGER CZUKAY In Stuttgart in der Liederhalle hatten wir auch mal ein besonderes Konzert. Da hatte uns der SDAJ, die Sozialistische Deutsche Arbeiterjugend, eingeladen. Die zahlten uns zweieinhalbtausend Mark Gage. Das war so 1975 und irgendein Parteifest. Ich ging also, als wir ankamen, in diesen Saal und schaute mir das an. Da sangen erst mal alle die »Internationale«, aber sie sangen es wie müde Hexer. Das konnte ich nicht fassen. Sie klangen wie eine Ansammlung von politischen Menschen, die etwas sangen, woran sie überhaupt nicht glaubten, da war gar kein Feuer. Und dann gingen wir auf die Bühne und haben alle bis auf die letzte Kirchenmaus herausgetrieben. Am Ende war keiner mehr da. Das passte, denn wir hatten alle das Gefühl, dass dort etwas falschlief. Wir mussten die verjagen, so wie Jesus die Händler aus dem Tempel.

IRMIN SCHMIDT Die SDAJ hatte mich mal überredet, auf ihrer Jahrestagung in der Stuttgarter Liederhalle zu spielen. Wir waren denen nicht besonders nahe, aber natürlich links, also sagten wir das zu, es sollte ja auch bezahlt werden. Als wir da ankamen, wuselten da sehr viele Leute rum, und es war schwierig, unsere großen Lautsprecher vom Wagen auszuladen. Wir hatten damals eine PA mit zwei tonnenschweren Basslautsprechern, die hatte Holger sich bauen lassen. Diese Anlage auf die Bühne zu schaffen, war wahnsinnig schwierig, wir mussten das alles durch lange Gänge und über Treppen tragen, und keine Sau hat uns geholfen, nicht mal, als wir sie darum gebeten haben. Diese ganze, na ja, Solidargemeinschaft hatte immer dringend Wichtigeres zu tun, da waren wir schon mal sauer. Schließlich stand die Anlage, aber dann waren erst mal Degenhardt und verschiedene Mädels in Strickkleidern dran, die auch handgestrickte Lieder sangen. Bei allem Respekt, aber das war alles nicht gerade euphorisierend. Wir saßen im Publikum, ich neben Michael, und um uns herum sprangen ständig alle auf und ballten die Faust, dazu hatten sie diesen gläubigen Kalbsblick im Gesicht. Uns ist da schlecht geworden, mir ganz besonders. Ich dachte mir, solche gleichgeschaltete Massenhysterie hatten wir doch hier schon mal. Als wir schließlich auf die Bühne kamen, waren wir so geladen, dass wir den Saal in einer Viertelstunde leergefegt hatten. Zwei-, dreitausend

Klassenkämpfer waren abgehauen, es blieb unsere kleine Fangemeinde, vielleicht so hundert Leute. Der Veranstalter kam angerannt und forderte uns auf, umgehend aufzuhören. Wir antworteten, dass wir erst gehen, wenn unsere Gage auf dem Tisch liegt. Die kam dann schnell, und wir brachen den Auftritt ab. Das war unsere Begegnung mit der kommunistischen Jugend Deutschlands. Die wollten danach aber auch nichts mehr mit mir zu tun haben.

GERHARD AUGUSTIN Bei Can-Konzerten haben die Leute getanzt.

IRMIN SCHMIDT Zu unseren Auftritten kam ein engagiertes, studentisches 68er-Publikum. Einige von denen meinten, man müsste wirklich alles miteinander teilen, die kamen zum Beispiel mit einer Trommel auf die Bühne, setzten sich neben Jaki und taperten los. Keiner von uns hat das mehr gehasst als Jaki. Auch wenn jemand während des Konzerts an Jakis Drumset »mithalf« – da geschah es, dass Jaki dem ganz zufällig mit den Stöcken auf die Finger haute, und zwar so, dass die Botschaft ankam. Diese Typen, von denen es damals in jeder Hippie-Kommune ein paar gab und die bei Anlässen wie Can-Konzerten mal aus ihren Löchern krochen, hatten eine etwas, na ja, einseitige Idee vom Teilen, um es mal nett zu sagen. Dabei hatte ich für die im Prinzip mehr Verständnis als Jaki. Wenn da jemand spontan mitmachte, dachte ich mir manchmal: Warum nicht? Wenn nach dem Konzert allerdings zwei Mikrofone weg waren, entsprach das dann doch nicht meiner Vorstellung vom Teilen. Außerdem waren wir bei allem revolutionären, radikalen und was weiß ich für 68er-Kram doch in allererster Linie Künstler. Und Künstler machen anderen etwas vor, damit die sich daran erfreuen können. Beim bloßen Teilen um des Teilens willen kommt in der Musik so gut wie nie was Gutes raus. Auch bei diesen Gemeinschaftskompositionen, die heute aus lauter Begeisterung darüber, was man alles sharen kann, im Netz entstehen, kommt selten etwas Brauchbares heraus, am

Ende ist da immer nur amorpher Mischmasch. Und live kam bei solchen Aktionen noch viel weniger raus. Auch im Publikum waren nicht immer alle begeistert, wenn da welche zum Musikmachen mit auf die Bühne kamen. Wenn wir die wieder weggejagt haben, gab es dafür mehr Applaus als Buhrufe.

WIM WENDERS Weil mein guter Freund und Film-Editor Peter Przygodda ein Can-Fan der ersten Stunde war, kannte ich die Band auch schon von ihren ersten LPs und Singles her. Ich hatte auf jeden Fall »Soundtracks« und »Tago Mago«. Und »Ege Bamyasi« ohnehin. Ich habe Can damals nie live erlebt, sehr zu meinem Leidwesen. Ich habe auch die Beatles nie gesehen. Aber als Peter Przygodda den Can-Film über das »Free Concert« 1972 in der Kölner Sporthalle geschnitten hat, habe ich den gleich öfters gesehen.

HILDEGARD SCHMIDT Den Job, Can zu managen, habe ich mir einfach genommen. Wenn man kein Geld hat, muss man sich eben etwas einfallen lassen. Damals gab es kaum Managements, denn das ging alles über Künstleragenturen. Also habe ich mich zuerst mal hingesetzt, eine große Deutschlandkarte an die Wand gepinnt und mir angeschaut, wo im Land die Band überall spielen könnte. Und dann habe ich in jeder interessanteren Stadt Kulturleute angeschrieben und ihnen angeboten, dass Can dort doch mal auftreten könnten. Damals haben wir viele Konzerte auch noch selbst veranstaltet, und ich war der Promoter.

BRIAN ENO Ich verfolgte seit 1972 ziemlich genau, was Can machten. Das erste Album, das ich wahrgenommen habe, war »Tago Mago«. Ich glaube, John Peel spielte das in seiner Radioshow, die damals in England für alle Interessierten die wichtigste Quelle war. Wenig später lernte ich Holger kennen, weil wir beide mit der japanischen Fotografin Michy Nakao befreundet waren.

HILDEGARD SCHMIDT Ich habe mich nur einmal stark in die Musik eingemischt, nämlich als ich durchgesetzt habe, dass

»Tago Mago« ein Doppelalbum wird. Die Stücke haben mich alle so begeistert, dass ich es fatal gefunden hätte, das irgendwie auf eine LP runterzuschrumpfen. Das mussten einfach zwei sein! Aber der Band selbst fiel diese Lösung gar nicht ein. Die Zweier-LP bei der Plattenfirma durchzusetzen, war dann gar nicht so einfach, das war trotz »White Album« noch sehr ungewohnt. Nachdem United Artists das aber mal akzeptiert hatten, waren sie ruckzuck begeistert. Man muss den Moment finden, in dem man ganz klar weiß, dass das, was man tut, richtig ist, dann fallen einem auch die Argumente ein. Ich konnte die Leute jedenfalls überzeugen und war froh, dass »Tago Mago« dann auch erfolgreich war.

IRMIN SCHMIDT Als die Verantwortlichen »Aumgn« und »Peking O« hörten, haben die sich schon gefragt, was das denn jetzt soll. Hildegard hat aber kategorisch darauf bestanden, dass das ein Doppelalbum ist, ihre erste Großtat als Managerin! Sie kam ins Studio, als wir sagten, die Platte sei fertig. Sie hörte sich dann Seite eins und Seite zwei an. Und dann das, was noch so rumlag. Und meinte schließlich, dass das auch auf die Platte müsse – und damit hatte sie so was von recht. Wir hatten uns gar nicht getraut, ein Doppelalbum anzubieten. Als sie das sagte, fanden wir das natürlich auch toll. Also setzte Hildegard eine Doppel-LP mit diesen Wahnsinnsstücken durch. Und lag damit ja völlig richtig, »Tago Mago« ist unsere erfolgreichste Platte.

GERHARD AUGUSTIN Bei geschäftlichen Besprechungen waren immer nur Irmin und Hildegard da.

IRMIN SCHMIDT Aber solche riskanten Diskussionen um LP-Verdoppelung gefährdet man natürlich besser nicht mit Debatten um Plattenhüllen – und dann sieht so ein »Kunstkopf« eben mal scheiße aus. Vor allem, wenn man keine besseren Vorschläge zu bieten hat. Wir haben mit den Covers nie große Statements machen wollen, die sollten einfach schön aussehen. Deshalb haben wir das Label mit den Hüllen meistens einfach machen lassen, was sie für richtig hielten, auch damit sie uns bei der Musik in Ruhe ließen. Dabei war die Zusammenarbeit mit Siggi Loch ohnehin toll, der hat uns sehr unterstützt, das wollten wir auch nicht überstrapazieren mit großen Diskussionen um ein Coverbild. Ganz so wichtig waren uns die Hüllen eben nicht. Dass Hildegard damals gegen großes Befremden die Seiten drei und vier von »Tago Mago« durchgesetzt hat, das war wichtig, nicht der blöde Cover-Kopf.

STEFAN MICHEL Hildegard hatte das Geschäft fest in der Hand. Was auch gut so war, denn Irmin Schmidt war total auf die Musik fixiert und hatte bei Stockhausen wohl auch das Chaos gelernt. Hildegard war dagegen sehr geerdet und wusste ganz genau, dass die Band Irmins Leben ist. Auch auf der Bühne merkte man, dass er musikalisch der Motor war.

HILDEGARD SCHMIDT Die Erwartung an Can war, dass alle die Musik machen können, die sie gut finden. Das war das Ziel. Es wurde dann gemeinsam beschlossen: Hildegard ist verantwortlich für das Geld, bekommt auch erst mal alles Geld, also alles von Konzerten, Platten und GEMA, jeden Pfennig – und davon bekam dann jeder monatlich das Gleiche ausbezahlt, so wie ein Gehalt. Der Roadie und ich auch. Belege über Benzin und Ähnliches wurden bei mir eingereicht. Nur um die Miete musste sich jeder selber kümmern, denn alle wohnten separat, Kommune war nichts für uns. Ich habe das Geld also verwaltet und dazu Buch geführt. Wenn es auf Tournee ging, war klar, dass ich die Rechnungen bezahle. Und Jaki trank zum Beispiel keinen Wein, bloß Cola, während die Herren Schmidt und Karoli das durchaus anders handhabten. Wir gingen dann in Paris und anderswo auch oft toll essen, aber es gab nie, absolut nie eine Beschwerde, weil der Jaki vielleicht gesagt hätte: Leute, so geht das aber nicht, ich komme hier mit einem Hamburger und einer Cola aus, und ihr verjuxt die Kohle usw. Bei Can gab es nie Streit um Geld, was extrem kostbar war. Auch mit den Plattenfirmen lief es immer gut. Die Abmachung war, dass wir fertig abliefern und die das nehmen müssen, das waren reine Bandübernahme-Verträge. Änderungsvorschläge von Seiten der Plattenfirma hätten wir nie akzeptiert. Das war aber auch gar nicht so schwer auszuhandeln, denn Millionenvorschüsse haben wir eh nie bekommen. Dafür hatten wir unsere Freiheit. Und auch das Glück, dass wir immer mit Labels zu tun hatten, die uns verstanden haben.

SIMON DRAPER Nur wenige deutsche Musiker sprachen gut Englisch. Hildegard Schmidt, die Frau von Irmin Schmidt und Managerin von Can, sprach besonders gut Englisch.

IRMIN SCHMIDT Wir hatten schon eine große Wohnung, als ich noch studiert habe, und vor Can dann sogar schon eine große Eigentumswohnung, weil ich mit Theater- und Filmmusiken ganz gut verdient hatte. Auch Hildegard verdiente sehr gut. Mit dem Beginn von Can verdienten wir dann schlagartig nicht mehr so gut. Diese Einkommensveränderung war schon einschneidend, das war auch von Hildegard mutig. Die ist stolz auf ihren Kerl, der immer viel gemacht hat, und kaum wird es ernst, gründet der eine Rockband. Vorher hatte ich als Pianist im Radio Brahms gespielt, Klavierabende gemacht, dirigiert, ein Ensemble gegründet, Pantomime gemacht. In der Galerieszene hatte ich auch viel zu tun, schrieb eine Zeit lang sogar Kunstrezensionen für die »FAZ«. Das habe ich für Can alles hingeschmissen. Und Hildegard hat das mitgemacht, wurde sogar unsere Managerin. Ohne diese Abenteuerlust und das Vertrauen von Hildegard hätte es Can so nie gegeben.

HILDEGARD SCHMIDT Ab dem Moment, wo »Spoon« bekannt wurde, war plötzlich alles einfacher. Irgendwann habe ich mich dann weniger um Promotion als um Verträge gekümmert. Und darum, dass die Band auch bezahlt wurde. Ich sammelte also vor dem Auftritt das Geld ein, sonst ging da nichts. Ich habe auch immer den anderen gesagt, dass ich zwar kein Profi bin, aber ganz genau auf alles aufpasse.

SIGGI LOCH Als Geschäftsführer bei Liberty bestand meine Hauptaufgabe um 1968 vor allem darin, neue Popkünstler für den deutschen Markt zu finden. Aus alter Verbundenheit zu Klaus Doldinger war er der Erste, den ich da unter Vertrag nahm. Dadurch, dass ich auch mal das Star-Club-Label betreut hatte, hatte ich noch immer einen lockeren Kontakt zur deutschen Rockszene. Mein Schwerpunkt lag allerdings im Jazz. Aber eines Tages tauchte mein alter Freund Kalle Freynik bei mir auf. Der hatte sich mal als deutscher Protestsänger versucht, und ich hatte 1966 mit ihm beim Star-Club-Label die Platte »Ich bin ein Deutscher!« gemacht. Kalle besuchte mich jedenfalls in München und spielte mir ein Album vor, das er eigentlich auf seinem eigenen Label Scheißhouse-Records veröffentlichen wollte, das war die erste Aufnahme von Can. Die Musik hat mich völlig umgehauen. Von denen war mir nur Jaki Liebezeit bekannt, der vor Can in der Jazzszene in Düsseldorf und Köln aktiv gewesen war. Die erste Platte von Can zu hören, war für mich ein ganz großer Augenöffner, und ich wollte die danach sofort unter Vertrag nehmen. Ich hatte mich mit Kalle auf einen Vorschuss von fünftausend DM geeinigt. Er wollte am nächsten Morgen zu mir ins Büro kommen, den Vertrag unterschreiben und das Geld mitnehmen. Er kam aber nicht. Stattdessen rief mich Abi Ofarim an und sagte, wenn ich Can haben wolle, müsse ich das über ihn machen. Er verdoppelte den Vorschuss dann auf zehntausend DM, damals viel Geld für eine unbekannte Rockband. So landete ich bei Ofarim auf der Couch, um mit ihm zu verhandeln, weil ich völlig angezündet war von der Geschichte. Letztlich wurde es zu einer »Win win-Situation« für alle Beteiligten, sowohl künstlerisch als auch finanziell.

STEFAN MICHEL Abi Ofarim hatte damals, so 1971, eine Produktionsgesellschaft, und ich bekam dort einen Job bei der Presseabteilung. Das war die Zeit, als er Can unter Vertrag hatte. Ich erinnere mich noch an die ratlosen Gesichter, als Can mit »Tago Mago« nach München gekommen waren, um das vorzuspielen. Bei Ofarim und seinen Mitarbeitern wurden die Gesichter immer ratloser, je länger die Platte lief. Ofarim ging irgendwann raus, er fand das richtig schrecklich, Irmin schaute aber auch irritiert. Doch die Band blieb diplomatisch, Krach gab es nicht. Aber amüsiert waren die auch nicht.

HILDEGARD SCHMIDT Abi Ofarim kümmerte sich um ziemlich genau gar nichts. Später hat er uns dann verklagt, weil er dachte, ihm stünde viel Geld zu, aber das hat zum Glück nicht geklappt. Da halfen uns ein wunderbarer Mensch namens Siggi Loch und ein Anwalt.

JAKI LIEBEZEIT In Deutschland kam der »Durchbruch«, wenn man von so etwas überhaupt sprechen kann, erst mit der Filmmusik für diesen TV-Krimi von Francis Durbridge. Da wurde der Name Can zum ersten Mal etwas bekannter. Nach diesem Hit kamen dann auch in Deutschland richtig viele Leute zu den Tourneen.

IRMIN SCHMIDT Es ist schwer zu sagen, warum Can in den USA nie erfolgreich waren. Ich bin damals durch die USA gereist und fand die musikalische Rockszene, so wie ich sie kennenlernte, sehr konservativ. Die hatten mit etwas Avantgardistischem wie Can nichts am Hut. Die intellektuelle Ostküste war die Ausnahme, und New York, mit Bands wie Velvet Underground. Und ein bisschen, aber wirklich nur ein bisschen, San Francisco. In beiden Städten war ich oft, denn in San Francisco hatte ich Freunde. Und in Chicago war auch noch ein bisschen was los, aber dann war auch Sense. Ich glaube nicht, dass Can in den USA damals ein größeres Publikum erreicht hätten, auch wenn wir da öfter aufgetreten wären, in all diesen Universitätsorten. Wir hätten auch nicht neunzig Konzerte im Bus quer durch die USA spielen können. Das haben wir in Deutschland auch verweigert. Was Holger wahrscheinlich an einen größeren Erfolg in den USA glauben ließ, war, dass unsere musikalische Nahrung damals ausschließlich amerikanisch war und nicht englisch. Wir waren beeinflusst von Leuten wie Captain Beefheart, Frank Zappa, Jimi Hendrix oder Otis Redding. Einer der großen Momente, wo es in mir »klick« machte, war »Hey Joe« von Jimi Hendrix. Das hörte ich zum ersten Mal in einer Musicbox in Berlin, und es erschien mir wie ein Komet. Diese Musicbox füllte immer ein Typ, der alles hatte, was gerade erschienen war. Diese Pinte war nah bei der damaligen Hochschule für bildende Künste, wo meine Freunde Lüpertz, Sorge und andere studierten. Die schleppten mich dahin und sagten: »Irmin, das musst du hören, das ist ein irres Stück.« Mich hat das auch total geflippt. Einen Tag später hatte ich die Platte und konnte gar nicht satt werden, das zu hören. Aber auch Hendrix, Zappa und Velvet Underground hatten in den ersten Jahren in Europa mehr Erfolg als in den USA.

HILDEGARD SCHMIDT Es war nicht leicht, damals in Deutschland, Can zu promoten, denn die Leute wollten Can gar nicht. Die wollten lieber englische und amerikanische Musik. Das änderte sich alles, als »Spoon« in diesem TV-»Straßenfeger« von Francis Durbridge als Soundtrack lief. Danach wurde alles einfacher. Wir sind dann auch sehr schnell zu ersten Auftritten nach England gereist, und da lief für uns alles viel angenehmer. Auch in Frankreich lief es immer toll für uns. Eines der ersten Can-Konzerte im Ausland war in Paris im Bataclan, im März 1973. Da waren die Vorverkäufe so stark, dass wir zwei Tage hintereinander gespielt haben. Zwei Monate danach sind wir noch im Olympia aufgetreten. Frankreich war immer super für uns. Überhaupt haben wir, was die Musikbranche angeht, eigentlich immer Glück gehabt, das muss man schon so sagen. Da waren auch viele wunderbare Menschen, die auf mich aufgepasst haben, als ich damals anfing.

HOLGER CZUKAY Klar wollten wir Erfolg haben. »Monster Movie« erschien erst als Privatpressung und ging weg wie warme Semmeln. Davon waren wir freudig überrascht. Mich beschäftigte schon die Frage, was in der Rockmusik Erfolg haben kann. Mit der Filmmusik für Francis Durbridge verdienten wir das erste Mal richtig viel Geld, aber wirklich beeindrucken ließen wir uns davon nicht. Stattdessen gab es einen neuen Bandbus.

IRMIN SCHMIDT Bis 1973 weigerten wir uns, zu Playback im Fernsehen aufzutreten. Unsere Ansage war: Wir spielen richtig oder gar nicht. Rückblickend betrachtet war das großer Quatsch und wohl Teil unserer verdunstenden 68er-Haltung. Aber in England hat das gut funktioniert, da waren wir von 1971 an jedes Jahr live im Fernsehen, und das lief gut. Hier haben wir das mal im »Beat-Club« gemacht. Das war aber sehr anders als in England, denn im »Beat-Club« ging es nicht um die Musik, sondern nur um die Bilder. Mike Leckebusch wollte immer noch einen weiteren Take. Das war kein unangenehmer Typ, aber der hatte nur seinen eigenen Film im Sinn. Spätestens nach dem vierten Durchlauf sagten wir: Das war wunderbar, besser kriegen wir das nie wieder hin. Aber wir machten weiter, und von da an ging es abwärts. Leckebusch nahm dann die zwölfte Version, wo wir schon völlig müde waren und sagten: Himmelherrgottsakra! Ich habe hinterher sehr bedauert, dass wir da nicht rechtzeitig gesagt haben: Sorry, das war unsere beste Aufnahme, auf Wiedersehen. Das hätten wir machen sollen. In England wäre das nie passiert. Die hatten dort immer einen ganz anderen Respekt vor der Popmusik, deshalb haben sie auch so viel dazu beigetragen. Bei Auftritten in englischen Universitäten kam danach sogar der Nachtwächter, um uns auseinanderzusetzen, wie es ihm gefallen hat, und über die Musik zu reden. In Deutschland ist so was nie vorgekommen.

HILDEGARD SCHMIDT Gerade weil mir bei Can alle vertraut haben, habe ich mich nie in interne künstlerische Differenzen eingemischt, ich war da nie Partei, mir ging es nur ums Resultat. Als es in einer Halle mal keinen Soundtechniker gab, kümmerte ich mich von der Damentoilette aus um den Konzertsound. Ich hatte ein Walkie-Talkie auf der Toilette, und ein

Roadie auf der Bühne hatte auch eins. Vom Damenklo aus sagte ich dann: Gitarre lauter, Bass leiser und so weiter. Das war anstrengend, und ich war wirklich sauer.

IRMIN SCHMIDT Nachdem Damo lieber Zeuge Jehovas geworden war, haben wir erst mal ohne Sänger weitergemacht, was auf »Soon Over Babaluma« auch sehr gut funktionierte. Eine Weile hat dann jeder von uns mal ein bisschen gesungen. »I Want More« wurde sogar ein Hit, da haben wir im Chor gesungen. Oft wird es so dargestellt, als wenn wir ohne Sänger automatisch eine Krisenzeit gehabt hätten, das ist aber einfach falsch.

HOLGER CZUKAY Als wir dann doch länger keinen Sänger fanden, habe ich vorgeschlagen, dass wir stattdessen einfach ein Radio laufen lassen. Eines Tages hatte ich auch alles dafür vorbereitet, um das einzusynchronisieren. Die anderen wollten das dann aber nicht. Ich fragte: Warum? Das ist doch der Ur-Can-Gedanke! Danach wusste ich, dass meine Zeit bei Can abgelaufen ist. Was natürlich schmerzhaft für mich war.

SIMON DRAPER Ich fand es sehr aufregend, dass sie die Typen von Traffic in die Band holten. Für sie war es vermutlich aber nicht so angenehm. Rückblickend war es jedenfalls interessanter, als sie damals vielleicht geahnt haben.

HOLGER CZUKAY Die Idee war ja, wieder das Unbekannte ins Spiel zu bringen, um Can neu zu beleben. Und das Unbekannte waren für mich eben Leute wie Rosko Gee, so ein jamaikanischer Groove-Bass-Magier, oder Reebop, der Percussion-Magier aus Ghana. Leider funktionierte das nicht wie erhofft. Mit Rosko und Reebop waren zwei dazugestoßen, die zwar eine gute Rhythmusgruppe bildeten, aber voll kommerziell dachten und spielten. Das waren richtige Professionelle, und zu denen passte ich nicht mehr. Dabei hatte ich den Rosko ja selbst reingebracht. Den hatte ich bei einem Fernsehauftritt kennengelernt, dann hat er mich in Köln mal besucht.

IRMIN SCHMIDT In der Spätphase ging einfach vieles schief. Rosko bestand damals bei einem Lied auf sein Copyright für den Text. Das war gegen jede Verabredung. Und wir haben das trotzdem abgenickt. Zwar haben wir uns dann auch gesagt, dass so was nicht noch mal vorkommen darf, aber diese Unentschiedenheit war schon ein Zeichen von Schwäche und Verfall. Rosko kam von Traffic, und da war das eben so wie üblich: dass derjenige der Autor war, der was geschrieben hatte. Unsere Kollektividee musste ihm fremd sein. Bei aller Freundschaft, die wir zu Rosko auch später immer behalten haben, aber das war gegen unsere Regeln. An die hätte er sich halten müssen, wenn er bei Can sein wollte. Doch wir hätten die eben auch durchsetzen müssen. Außerdem waren solche Vorfälle ohnehin nur äußere Symptome für innere Tendenzen. Damals war auch menschlich etwas am Zerbröseln. Holger hörte dann auf, Bass zu spielen, und kümmerte sich lieber um seine elektronischen Zaubereien. Im Nachhinein denke ich mir oft, dass das etwas ganz Tolles hätte werden können, wenn da der Zusammenhalt noch stark genug gewesen wäre. Aber durch Holgers Instrumentenwechsel wäre das vielleicht auch musikalisch zwischen uns schwierig geworden, weil wir uns da zunehmend ins Gehege kamen. Er machte seine Sounds, ich machte meine Sounds. Bei uns lief schon zu viel auseinander. Can hatte eben seine Zeit gehabt.
JAKI LIEBEZEIT Als die zwei von der Band Traffic einstiegen, war das der Anfang vom Ende. Die haben unsere Bandphilosophie nie verstanden. Wahrscheinlich konnte man das als Dazugestoßener auch nicht kapieren. Da denkt jeder: Das ist ja die reine Anarchie. Die meisten Menschen suchen einen Führer, der sie durchs Leben trägt.
GERHARD AUGUSTIN Czukay war der verrückte Klangtüftler, aber auch ein sehr liebenswerter Mensch, der für den Ausgleich sorgte, wenn in der Band Stress war.
HOLGER CZUKAY Ich fühlte mich isoliert und musste damit

klarkommen, dass ich in der Band keine Gesprächspartner mehr hatte. Da war niemand mehr. Der Knackpunkt war ein Konzert in Genf, wo mir Reebop den Stecker rauszog, während ich spielte. Ich hatte vorher gesagt, dass ich es mir genau drei Mal gefallen lasse, wenn man mir den Stecker rauszieht und mich also abschaltet. Es passierte dann drei Mal in Berlin, noch irgendwo und dann in Genf. Da war für mich Schluss. Ich störte wohl neuerdings bei Can. Nach Genf war's das dann jedenfalls. Ich wusste, dass etwas fehlen wird, wenn ich weg bin. Can haben meines Erachtens einen Fehler gemacht: Sie wollten zu hoch hinaus. Wir haben irgendwann die Basis unserer Musik aus den Augen verloren. Das Kommerzielle wurde zu wichtig. Ich musste Can verlassen, es ging nicht anders.

JAKI LIEBEZEIT Holger in Ehren, aber er war manchmal ein Problem und hat auch mal versucht, die Macht an sich zu reißen. Er hatte die ganze Technik unter Kontrolle, fing an, uns damit unter Druck zu setzen, und streikte sogar mal. Allerdings hätten Can ohne Holger nicht so geklungen, wie wir klangen, das steht fest. Er war für die Gruppe unersetzlich. Am Ende machten alle irgendwie Probleme. Auch der Schmidt war, als er Familienvater wurde, nur noch am Jammern. Eigentlich gab es bei Can im Studio nie ein Zeitlimit. Wenn etwas lief, zog man das so lange durch, wie es sein musste. Papa Schmidt wurde dann aber immer ab acht müde und sagte Sätze wie: »Schließlich bin ich schon um fünf Uhr morgens aufgestanden. Das Baby schreit immer, will was zu Essen und so weiter, jedenfalls muss ich jetzt nach Hause.« Wer wollte ihm das übelnehmen? Aber die Gruppendynamik brachte das schon durcheinander. Wir anderen waren ja alle unabhängig, hatten keine Familien, die uns einschränkten. Mit Kindern dreht sich im Leben eben nicht mehr alles nur um die Musik. Das ist ja auch normal.

HOLGER CZUKAY Die Jahre mit Can waren für mich eine spannende Lehrzeit, so wie mein Studium bei Stockhausen.

Wir sind danach privat auch in Kontakt geblieben, und ich habe Stockhausen ein paar Mal daheim besucht. Das war toll. Can fand er vom Ansatz her interessant, aber sein Interesse für Rockmusik war doch sehr eingeschränkt. Er fragte mich: »Warum spielst du eigentlich nicht alle Instrumente selbst? Du spielst ja sogar besser Klavier als ich. Warum bist du nicht davon überzeugt, dass jeder Ton, den du von dir gibst, jeden anderen haushoch schlägt?« Ich antwortete, dass das nicht meine Linie sein kann. Und fragte: »Was machst du eigentlich so?« »Ich studiere neuerdings Charlie Chaplin. Jedes bisschen, was er gemacht hat.« Dann gingen wir nach draußen und sprachen nicht mehr, guckten nur noch wortlos in den Himmel.

JAKI LIEBEZEIT Wir haben zum Ende hin viel zu viel für Technik ausgegeben. Damals war Technik auch noch ganz schön teuer, wir mussten immer mehr investieren. Die PA wurde auch immer größer, so groß, dass wir einen neuen Transporter kaufen mussten, für hundertzwanzigtausend Mark, viel Geld für uns. Irgendwann haben wir erkannt, dass das alles zu schnell veraltet und dass wir da zu viel Geld verlieren. Auch deshalb hörten wir auf. Es war einfach für alle sinnvoller, allein weiterzumachen. Der Schmidt konnte sich auf seine Filmmusiken konzentrieren, Holger auf seine Soloplatten, Karoli auch, und ich machte bei vielen Produktionen mit.

IRMIN SCHMIDT Wir sind wirklich auch in diese Technikfalle reingelaufen. Als wir anfingen, nahmen wir auf zwei Spuren auf, und es gab keine nachträgliche Chance, das zu mischen. Die Mischung fand in den Kopfhörern statt. Man musste also schon während der Aufnahme genau zuhören, was die anderen machten, und sich bewusst selbst in die Mischung einbringen. Diese Praxis und auch die damit verbundene Sensibilität sind mit der immer besseren Technik immer mehr verlorengegangen. Später war das, was du gemacht hast, korrigierbar, schließlich war es ja auf einer Extraspur, du konntest es wiederholen, anders reinmischen etc. Wir haben zwar weiter so gespielt wie früher, vor allem live natürlich, aber im Studio ging es dann los, dass irgendjemand doch noch allein ein Solo dazugespielt hat. Dafür brauchten die anderen auch nicht da zu sein. Und wenn Jaki seinen Dienst mal getan hatte, hätten wir anderen hingehen können, um noch was dazuzuspielen. Damit ist tatsächlich ein Stück von der Gemeinsamkeit verlorengegangen, von unserem Inner Space, wo jeder jeden Augenblick für alles mitverantwortlich war, egal ob er gerade still herumsaß, Bänder klebte oder sich die Finger blutig spielte. Für mich zählen die Platten bis »Soon Over Babaluma«. Danach wird es immer konfuser. »Out of Reach« haben wir dann schon verworfen. Wir lieferten die ab und trennten uns. Die nächste entstand wieder im kleinen Kreis und sehr konzentriert, die haben wir dann einfach »Can« genannt. Wir hatten gemerkt, dass etwas aus dem Ruder gelaufen war, was da wieder zusammenkam. Mit dem sehr schönen Titel »All Gates Open« – da war die Zukunft wieder offen. Wenn nicht Michael gestorben wäre, so früh und so traurig. Es war dann doch ein Ende.

JAKI LIEBEZEIT Dass wir anders waren als die meisten anderen, war uns klar. Dass die Platten allerdings so nachwirken, hätte ich nicht gedacht. Schon deshalb nicht, weil ich immer nur für den Moment gedacht habe. Meine Haltung war und ist: Für jetzt ist das gut, und über das Morgen mache ich mir Gedanken, wenn es so weit ist. Wenn sich jetzt herausstellt, dass dabei etwas Beständigeres entstanden ist, als ich es mir damals vorgestellt habe, ist das auch gut.

BRIAN ENO Nachdem ich Can entdeckt hatte, waren meine Ohren weit offen für alles, was damals in Deutschland passierte.

DANIEL MILLER Der Respekt für Can nimmt immer weiter zu. Das Besondere an dieser Musik ist doch, dass sie überhaupt nicht alt klingt. Ich höre ihren Einfluss wirklich überall und quer durch alle Genres. In unserem Büro gab es früher ein Lager mit allen Platten, die wir im Programm hatten. Wann immer irgendwelche Bands oder Solomusiker bei uns im Büro waren, für Vertragsverhandlungen oder was auch immer, luden wir die zum Abschied ein, sich aus dem Lager mitzunehmen, was ihnen aus unserem Repertoire gefällt. Jeder, aber wirklich jeder steuerte sofort auf die Ecke mit den Can-Platten zu und packte alles ein, was da war. Egal, ob die jung oder alt waren, ob sie Rockmusik oder Techno machten.

SIEGFRIED SCHMIDT-JOOS Zeitlose Musik eben.

PLANK

»Er hörte Dinge, von denen man gar nicht ahnte, dass sie überhaupt da waren.«
FRANK DOSTAL

WINFRID TRENKLER Damals gab es in ganz Deutschland nur drei Toningenieure, mit denen die eigenständigen Leute arbeiten konnten: Dieter Dierks, Thomas Kukuck und natürlich Conny Plank.

HANS LAMPE Eigentlich war Conny Elektroingenieur. Dann war er beim Saarländischen Rundfunk als Toningenieur angestellt, doch da hat man ihn bald rausgeschmissen. Darauf war er aber eher stolz, denn der Kündigungsgrund war, dass er eine Fischkonserve gegessen und die leere Dose auf dem Mischpult abgestellt hatte. Damals liefen die Toningenieure noch in weißen Kitteln durch die Rundfunkhäuser. Dann hat er im Rhenus-Studio die Kölner und die Düsseldorfer Szene sondiert, bis es ihn weiter nach Hamburg verschlagen hat. Die Kontakte nach Köln und Düsseldorf hat er aber weiterhin gepflegt. So kam es zu den ersten Kraftwerk-Platten und zum Debüt von NEU!.

MICHAEL ROTHER In Deutschland gab es nach meinem Wissen keinen zweiten so musikbegabten und experimentierfreudigen Tontechniker und Produzenten wie Conny. Nachdem ich ihn 1971 mit Kraftwerk kennengelernt hatte, war es absolut naheliegend, auch mit NEU! wieder zu ihm zu gehen. Conny war der Mann, den wir brauchten. Und er war bereit, uns zu unterstützen, und war auch auf der Suche nach geeigneten Partnern, mit denen er seine Vorstellung von Klanggestaltung realisieren konnte. Conny war auf Experimente aus, wollte ausgetretene Pfade zurücklassen und Musik neu organisieren, da waren wir mit NEU! so wichtig für ihn wie er für uns, wir waren natürliche Verbündete.

GABI DELGADO-LÓPEZ Das meiste, was in Deutschland damals im Radio lief, hat mir nicht gefallen. Die Rettung war der amerikanische Soldatensender AFN, der für die GIs die ganzen tollen Funk- und Soul-Sachen wie Parliament und Funkadelic und ähnliches Zeug im Programm hatte. Diese Musik stellte dann auch die erste Verbindung zu Conny Plank her, dem ich sagte, wie sehr ich das mag, und er fand das auch alles super. Die Verbindung brachte also nicht Kraftwerk oder so, sondern Parliament und Funkadelic.

HOLGER CZUKAY Nach seinem Rauswurf beim Saarländischen Rundfunk war Plank im Hamburger Windrose-Studio untergekommen. Da traf er auf Bert Kaempfert und schmiedete mit dem diesen Easy-Listening-Sound, den »Kaempfert-Sound«. Eigentlich verrückt. Die Tradition der Engländer und der Amerikaner war ja, jedes Instrument einzeln abzunehmen und später im Mischpult zum großen Ganzen zusammenzufügen. Conny aber sagte: »Wir suchen im Raum den Punkt, an dem alles perfekt klingt: Wo ist dieser Punkt? Da setzen wir dann ein Stereomikrofon hin.« Und genau das machte dann diesen Bert-Kaempfert-Sound aus. Auch für Can war der Raum Bestandteil des Sounds, was damals eine ganz neue Herangehensweise war. Deshalb klingen die alten Can-Aufnahmen bis heute so modern. Später ist Conny dann nach Amerika zu Ray Conniff gegangen. Die Amerikaner waren natürlich total hinter dem Kaempfert-Sound her, aber Conny verriet ihnen das Geheimnis nicht.

HANS LAMPE Plank arbeitete damals im Star-Studio. Das gehörte Ralf Arnie, einem Autor und Verleger, der unter anderem »Tulpen aus Amsterdam« geschrieben hatte. Der hatte nicht nur Geld, sondern auch ein weites Herz für Langhaarige. In dessen Studio lief tagsüber das Schlagergeschäft, aber abends stand es zum Experimentieren offen. Dafür hat er die dort entstandene Musik in seinen Verlag bekommen. Das war eine faire Sache, für ihn und für uns, die wir da so viel ausprobieren konnten. Conny war ein experimenteller Ingenieur, ständig auf der Suche nach innovativen Sounds.

FRANK DOSTAL Aus welcher Szene man kam, interessierte Conny überhaupt nicht. Der hat nie im Leben eine Popzeitung gelesen, er interessierte sich nur für Musik und Menschen. Und wenn die Menschen Arschgeigen waren, aber tolle Musik machten, fixierte er sich eben ganz auf die Musik. Conny saß immer nur am Regler. Wenn man den Kontakt zu ihm nicht selber aufrechterhielt, riss der ab.

HANS-JOACHIM ROEDELIUS Als Conny mit Cluster die erste Platte machte, war er noch angestellter Tontechniker. Und über uns war er, glaube ich, sehr froh, denn da es bei uns nicht ums Geldverdienen ging, konnte er da frei rauslassen, was in ihm steckte. Conny war unheimlich kreativ, eigentlich war er das dritte Cluster-Mitglied. Ohne seine Mischpultarbeit hätte unsere Musik anders geklungen.

GABI DELGADO-LÓPEZ Durch Conny Plank haben wir dann auch Can kennengelernt. Die kannten wir vorher nur von Platten. Holger Czukay war dann oft als Zaungast mit im Studio, wenn DAF Platten aufnahmen. Er kommentierte ab und zu etwas, hielt sich aber sonst zurück. Conny war ein sehr offener und großzügiger Mensch, man konnte in seinem Studio einfach so rumkommen, Hallo sagen, zuschauen und hören, was da so passiert.

HANS-JOACHIM ROEDELIUS Planks Persönlichkeit war der Input: die Offenheit und Großzügigkeit, die er verkörperte. Er war wichtig als Tontechniker, Mitmusiker, Gönner, Gesprächspartner und Mensch. Er hat sich in seiner Arbeit total aufgerieben, deshalb hat er vielleicht auch so früh gehen müssen. Wenn ihn etwas neugierig gemacht hat, war es völlig wurscht, ob es Tag oder Nacht war, dann hat er sich hingesetzt und sich festgefressen. Mit Holger Czukay war er eng befreundet, die redeten immer stundenlang.

HOLGER CZUKAY Conny Plank war unser Verbündeter.

GABI DELGADO-LÓPEZ Conny war ein großzügiger Mensch, der mir viele seiner Produktionstechniken beibrachte. Andere machen daraus ja ein großes Geheimnis, aber Conny hat immer alles, was er wusste, einfach jedem, der ihn fragte, beigebracht – ohne Angeberei und Eitelkeit. Er sagte zu mir aber auch Sachen wie: »Es ist ja toll, dass du zu hundert Prozent Künstler bist, das reicht aber nicht. Du musst auch zu hundert Prozent Geschäftsmann sein, musst alles über Verträge wissen. Nur dann hast du auch Kontrolle über deine Kunst.« Connys Großzügigkeit wurde natürlich auch ausgenutzt, er hat sie trotzdem beibehalten, obwohl er dadurch ziemlichen Schaden erlitten hat. Er war eben ein Mensch ohne Berührungsängste.

HANS-JOACHIM ROEDELIUS Er erfand immer neue Sachen, die später zu Standards geworden sind. Zum Beispiel bestimmte Phasing-Effekte, die er erzielte, indem er zwei Bänder mit geringer Zeitverzögerung parallellaufen ließ. Er spielte sozusagen mit dem Studio und auf dem Mischpult mit, das war kreative Arbeit, zusätzlich zu dem, was er als Soundtechniker geleistet hat. Wir durften auch eine Weile in seiner Hamburger Wohnung unterkommen, da hat er uns miternährt. Aus dem Bauch heraus ging er dann sogar mit uns auf Tournee.

FRANK DOSTAL In Hamburg war er angestellt gewesen. Eines Tages sagte er, jetzt sei »das Geld« beisammen, um sein eigenes Studio aufzumachen. Er zog dann weit weg von Hamburg aufs Land. Stadtflucht war damals schwer in Mode.

MICHAEL ROTHER Ohne Conny hätten wir NEU! gar nicht hinbekommen. Das klingt vielleicht seltsam, denn er war ja kein Musiker, er hat nicht mitkomponiert und auch kein Instrument gespielt. Wenn man sich aber mal vom klassischen Bild der Tonkomposition löst und auch die Klanggestaltung, die Organisation des Sounds als kreative Leistung würdigt, dann war er unser dritter Mann. Conny war schon durch die Fähigkeiten, die er uns voraushatte, maßgeblich beteiligt. Weder Klaus noch ich hatten irgendwelche Erfahrung mit einem Tonstudio. Ich habe vieles erst gelernt, indem ich Conny über die Schulter schaute. Ende der Siebziger habe ich dann mein eigenes professionelles Studio gestartet und konnte auf die Erfahrungen zurückgreifen, die ich bei ihm gemacht hatte. Conny hatte eine richtige Ausbildung zum Tonmeister. Nicht nur bei NEU!, sondern auch beim zweiten Harmonia-Album, »Deluxe«, war Conny entscheidend. Und auch bei meinen ersten drei Soloplatten war er dabei. Atemberaubend war für mich immer, mit welcher Präzision, Intuition und überragenden Gedächtnisleistung er aus den Mehrspuraufnahmen beim Mischen Sachen rausgezogen hat, die vorzeigbar waren. Denn wir hatten ja einfach so drauflosgespielt, oft war auf einer Spur minutenlang nichts Brauchbares drauf, plötzlich dann doch mal wieder was – und Conny wusste immer, wo, das war unglaublich, so als könnte er die Spuren im Inneren alle parallel hören. Conny hat auch immer früh erfasst, wohin wir wollten, manchmal sogar vor uns selber, und uns dann geholfen, diesen Weg zu beschreiten. Aber sehr respektvoll und dezent, einfach durch ständige Ermutigung. »So, Kinners, nun macht mal.« – das war so ein typischer Conny-Spruch, wenn wir mal wieder ein bisschen rumgeeiert haben. Es war verblüffend, mit welcher Sicherheit er die Perlen aus dem ganzen Angebot rausgesucht hat. Und mit welchen geringen Mitteln er diese noch heute beeindruckenden Klanggebilde kreiert hat. Es gab ja fast nichts an Geräten zur Soundmanipulation.

FRANK DOSTAL Conny war radikal. Er bot einem schon mal Klänge an, die so drastisch waren, dass man einen Schreck bekam, weil es nichts mit dem zu tun hatte, was vorher abgesprochen worden war. Er zog dann einfach die Regler hoch, und was er präsentierte, war komplett von ihm. So etwas gibt es. Wenn sich solche Situationen ergaben, kämpfte er unheimlich für das, was ihm eingefallen war. Oft sagten wir dann: Ok, wir lassen deinen Entwurf mal so stehen, machen es jetzt aber auch mal so, wie wir das eigentlich wollten. Und wenn das dann wirklich besser war, konnte er das durchaus akzeptieren. Wir umgekehrt aber auch. So kam dabei ganz spielerisch das Beste raus.

PETER BURSCH Plank war eher so ein Kumpel, Dieter Dierks war als Typ dagegen seriöser, mit dem war unser Verhältnis nicht so eng. Gearbeitet hat er natürlich auch sehr gut. Plank war sehr emotional und fuhr voll auf unsere Gitarrenarbeit ab. Der hat uns richtig produziert, indem er uns bei den Aufnahmen beeinflusste. Ständig sagte er Sachen wie: »Macht lieber dies! Oder das! Das wird ein Riesenhit.« Plank hing in der Musik selbst richtig drin. Manchmal flippte er vor Begeisterung völlig aus. Dann rannte er durchs Studio und rief: »Was für eine starke Nummer!« Während wir noch spielten, feuerte er uns an, machte Druck, dass wir mehr und länger spielen sollten. Der war fast ein Bandmitglied. Wir hatten auch Schlafsäcke dabei und pennten bei ihm im Studio, falls die Session nicht sowieso die ganze Nacht durchging. Wenn wir erst mal zu spielen angefangen hatten, merkten wir die Zeit nicht mehr. Das konnte schon mal bis sechs Uhr morgens gehen, das war eigentlich normal. Wir waren so drauf. Er auch.

HANS LAMPE Conny war ein guter Toningenieur, der die Fähigkeit hatte, Menschen Dinge zu entlocken, die ihnen niemand sonst entlocken konnte, auch sie selbst nicht. Er hat inspiriert und motiviert, gab gedankliche Anregungen: »Versuch doch mal das …«, oder: »Spiel doch mal so …« Darin war er einmalig.

MICHAEL ROTHER Wenn ich mir anschaue, woraus er »Hallogallo« gebaut hat: Das war eine Bandmaschine als »Echo-Echo-Echo«, also mit Delay, dazu gab es eine Hallplatte und Kompressoren, und das war es dann schon. Der Rest war das richtige Organisieren der Elemente, das richtige »EQ-ing« und so weiter. Ich wollte auf jeden Fall etwas machen, was anders war als alles, was es gab. Und das Stück »Hallogallo« war erkennbar gelungen, auch wenn seine Entstehung für mich bis heute ein ziemliches Rätsel geblieben ist. Als die Mastermischung vorlag, war uns klar, dass wir mit Conny etwas Besonderes geschaffen hatten. Ich kann mich noch gut erinnern, wie ich zu Hause auf einem kleinen Bandgerät meiner Familie eine Kopie des »NEU!«-Albums vorspielte und alle wie verzaubert waren: meine Mutter, mein Bruder, meine Freundin. Es war eine Magie, die wir auch Zufällen verdankten. Klaus und ich hatten für das Stück eine nicht diskutierte, aber gemeinsame Vision: etwas Schnelles in E, einer für Gitarre sehr schönen Tonart. Klaus am Schlagzeug, ich an der Gitarre. Das ist die Basis, und dann gucken wir mal, was passiert. Der Rest ergab sich in einem spontanen Prozess von Overdubs. Denn wie das Stück letztlich konkret klingen würde, war vorher vollkommen unklar. Im Entstehungsprozess selbst war es dann entscheidend, aufmerksam zu sein, zuzuhören und wahrzunehmen, was um einen herum passierte, so wie zum Beispiel die rückwärts spielende Gitarre, genauer gesagt: das umgedrehte Band.

FRANK DOSTAL Für musikalische Entwürfe, die über das gewohnte Liedschema hinausgingen, war er sehr empfänglich. Außerdem hatte er als Toningenieur Erfahrung mit solchen Klängen. Da lag es nah, ihn für A.R. & Machines zu buchen, vor allem für »Echo«. Manchmal kam er zu uns, nachdem er zehn Stunden lang an etwas anderem gearbeitet hatte, und machte dann bei uns noch zwölf Stunden weiter, nur von kurzen Nickerchen unterbrochen. Manchmal ist er am Pult eingeschlafen, zehn Minuten Kurzschlaf, und – zack – war er wieder voll da, und weiter gings. Ein völliger Triebtäter und sehr bemerkenswerter Musiker und Mensch. Er hatte eine wahnsinnige Sensibilität für Musik. Er hörte Dinge, von denen man gar nicht ahnte, dass sie überhaupt da waren. Bevor wir einige unserer Ideen formulieren konnten, wusste er schon, worauf wir hinauswollten. Conny steckte immer so hundertprozentig drin, dass er einem das manchmal gleich vorgesungen hat. Einmal haben wir das einfach auf der Platte draufgelassen. Zwar wollte er eigentlich nie Sänger werden, aber als Gag fanden wir es alle toll.

ASMUS TIETCHENS Conny Plank war ein Mensch, der ein kreatürliches Interesse daran hatte, dass Experimente entstehen können. Für eine ganze Reihe von Musikern, wenn auch nicht für jeden, fand er immer ein paar Tage Zeit, um gemeinsam zu arbeiten, und das oft für lau; Cluster oder Harmonia zahlten bei Plank natürlich nichts, das war schiere Freundschaft. Für Geld hat er ja ganz andere »Acts« aufgenommen. Ich erinnere ihn als eine sehr angenehme Figur, auch wenn ich ihn nur sechs Tage erlebte. Sehr kooperativ, sehr zurückhaltend, was den eigenen und den technischen Input anbelangt. Er hat nie gesagt: »Kinder, ihr müsst das so und so machen«, sondern bot immer nur Ratschläge an. Und auch das nur, wenn er merkte, dass es atmosphärisch der richtige Moment war, sich diskret zu melden, mit Tipps wie »etwas mehr Hall« oder so.

GABI DELGADO-LÓPEZ Conny hat den DAF-Sound eigentlich erfunden, denn es war seine Idee, den Korg und den Arp da rauszuschicken. Dabei hat er sich nie in Kompositionen oder Texte eingemischt. Er sagte immer: »Ich bin euer Tonkutscher.« Aus diesen ollen Plastikmaschinen kitzelte er noch das letzte Quäntchen Energie raus. Er war auch ein Meister darin, Mikrofone aufzustellen. Er hat einfach wie kein anderer begriffen, wie elektronische Musik funktioniert, auch ihre Fehler. Mit manchen Fehlern konnte er so zaubern, dass dadurch ein neues Energielevel erreicht wurde, und das waren dann keine Fehler mehr, sondern richtiger als »richtig«. Damals waren die meisten Synthesizer doch ein bisschen saft- und kraftlos und piepsten bloß so vor sich hin. Eine von Connys großen Produzentenleistungen war, diese Geräte kraftvoller klingen zu lassen. Als wir bei DAF mit unseren Korgs bei ihm ankamen, lachte er, die wären ja ganz schön schwach auf der Brust. Er positionierte sie dann weit draußen im Raum und ließ sie über riesige Marshall-Gitarrenverstärker-Türme laufen, was für einen sagenhaften Sound sorgte. Das Direktsignal, also was direkt aus dem Synthie kam, machte kaum mehr zwanzig Prozent des Klangs aus. Bis heute kommen enttäuschte Freunde zu mir, die sich einen Korg gekauft haben und sich wundern, warum der nicht so klingt wie auf unseren Platten. Conny wollte einen dreckigen Sound mit Power, den hört man von Kluster und den frühen Kraftwerk über Neu und Devo bis zu DAF. Und dass Holger Czukay DAF-Fan war, fanden wir natürlich toll. Wir haben dann auch ein paar DAF Tracks im Can Studio aufgenommen. Holger spielte uns auch die Solosachen vor, an denen er gerade arbeitete, und seine verrückten Videos. 1979 gab es auch mal eine Session mit Robert Görl, Jaki Liebezeit, Holger Czukay und mir im Can-Studio am Rande einer Aufnahme mit DAF. Das war einfach nur eine vierzigminütige Jamsession und durch die beiden Schlagzeuger extrem rhythmusorientiert. Heute würde man das wohl »tribal« nennen. Leider ist die Aufnahme nach Connys Tod verschollen.

MICHAEL ROTHER Seit 1987 fehlt Conny.

KRAFTWERK

»Was andere Bands machten,
interessierte mich nicht.«
KARL BARTOS

MICHAEL ROTHER Ich besuchte das gleiche Gymnasium wie Florian Schneider-Esleben. Der spielte da im Orchester schon Querflöte und war sehr eigen. Er bewegte sich eckig, also alles andere als geschmeidig, und wurde dafür auch belächelt.
KARL BARTOS Ich hatte eine Eins in Harmonielehre und wusste, was ein Kontrapunkt war. Dass Ralf Hütter und Florian Schneider aus dem Großbürgertum kamen und ich aus der Arbeiterklasse, spielte beim Musikmachen keine Rolle. Da waren wir alle gleich. Damals wurden die Hochschulen endlich auch für alle geöffnet – nicht nur für die Elite. In England hatte man das eine Generation vorher hinbekommen, sonst hätte John Lennon wohl auch kaum ein Kunststudium beginnen können. Es war gut, dass die Kreativität der Arbeiterklasse endlich auch in die Kunst kam. Bei Ralf und Florian trat im Lauf der Zeit aber das materialistische Denken immer mehr in den Vordergrund und die Unterschiede unserer sozialen Herkunft wurden erkennbar.
MICHAEL ROTHER Florian war mir aufgefallen, aber ich kannte ihn nicht, er war ja auch über drei Jahre älter. Aber ich finde es schon interessant, dass wir auf derselben Schule waren.
KARL BARTOS Das Erste, was man im Kunststudium lernt, ist, dass man eine eigene Sprache finden muss. Entweder du malst nur Nägel oder du malst alles verkehrt herum, was auch immer. Ich war zuerst gar nicht so darauf versessen, solch eine eigene Sprache zu finden, aber als ich dann im Kling-Klang-

Studio hörte, wie Florian »Tongebirge« spielte und dabei bewusst keinerlei Blue Notes verwendete, da dachte ich mir: Ja, das ist ein super Ansatz. Ein Ansatz, den ich nicht gesucht hatte, der mich aber sofort packte.

HOLGER CZUKAY In den Anfangstagen von Can waren Kraftwerk ein paar Mal bei uns im Studio. Irgendwann standen die da plötzlich einfach rum und machten mit, aber ohne sich aufzudrängen. Solange sich jemand nicht in den Vordergrund spielen wollte, waren wir in dieser Frühzeit allen Mitspielern gegenüber offen. Und die waren zurückhaltend. Da hießen sie allerdings noch gar nicht Kraftwerk, sondern Organisation. Danach sagte Michael zu mir: »Ich glaube, von denen werden wir noch hören.« Was die machen würden, hätte irgendwie Substanz, fand er. Immer wieder mal gab es mit denen Sessions, die Kraftwerk-Jungs wollten lernen. Als sie dann genug gelernt hatten, kamen sie einfach nicht mehr.

MICHAEL ROTHER Als ich mit Kraftwerk das erste Mal jammte, saßen zwei Figuren auf dem Sofa und hörten zu. Einer davon war Klaus Dinger, den ich da zum ersten Mal getroffen habe. Ralf saß an seiner Orgel, ich habe Bass gespielt, und am Schlagzeug war noch Charly Weiss. Nach der Session tauschten wir die Telefonnummern aus. Zwei Wochen später rief Florian an und fragte, ob ich nicht Lust hätte, bei ihnen mitzuspielen. Sie wollten jetzt Konzerte geben. Ich war enthusiastisch. Florian sagte dann: »Nächste Woche haben wir ein Konzert. Jetzt üben wir mal ›Ruckzuck‹, das ist in A«. Und das war es dann eigentlich an Absprachen. Ich habe dann allerdings doch nicht den Part übernommen, wie Ralf ihn auf der Platte gespielt hatte, obwohl ich das sehr schön fand, sondern mit der Gitarre einen eigenen kreiert, der auch auf die neue Konstellation der Gruppe reagierte. Denn nur mit Flöte und Gitarre live etwas hinzustellen, war ganz schön schwierig. Wir mussten ja gegen den Berserker Dinger anspielen. Florian nahm seine Flöte, Klaus drosch aufs Schlagzeug, und ich spielte auf meiner Gitarre drauflos, vielleicht etwas zu heavy, was mir grad so einfiel. Ralf verschwand kurz darauf für ein halbes Jahr. Ausgerechnet er, der mich in die Band geholt hatte, stieg jetzt selber aus, um sein Studium zu beenden. Kraftwerk blieben für einige Monate dann Florian als musikalischer Direktor, mit seiner eckigen Art und seiner elektronischen Flöte und elektrischen Geige, dann Klaus Dinger, der mich total faszinierte, der war für sich ein Kraftwerk, so was hatte ich am Schlagzeug nie erlebt – und ich mit der Gitarre.

KARL BARTOS 1972 waren Steve Reich and Musicians mit »Drumming« in der Düsseldorfer Kunsthalle, wo ich natürlich hinging. Auf dem Konzert waren auch Ralf Hütter und Florian Schneider, da kannten wir uns aber noch nicht. Dass Kraftwerk und ich uns dann später kennenlernten, war schon eine glückliche Fügung.

MICHAEL ROTHER In meiner Erinnerung ist die Musik bei Kraftwerk damals überwiegend durch Jammen entstanden, auch wenn die Wechselwirkung dabei eingeschränkter war als später bei Harmonia. Deshalb war ich ja bei Harmonia so glücklich, da war die gegenseitige Resonanz perfekt, wodurch sich quasi aus dem Nichts eine sehr vielschichtige Musik entwickeln ließ. Klaus hat mit seiner kraftvollen Spielweise unsere Kraftwerk-Trio-Liveauftritte stark geprägt, und wenn der Spielfluss mal ins Stocken geriet, hat er noch eine Schippe draufgelegt und den Karren notfalls ganz allein über den Berg geschoben. Dabei hörte er aber schon genau auf die Musik, und egal wie viel Druck er machte, behielt er mich und Florian doch immer im Blick und reagierte permanent auf uns. Er war kein Schlagzeug-Schlagzeuger, kein Motor ohne Auto, sondern ein Musiker-Schlagzeuger, der sich als Teil in einem Gesamtprozess begriffen hat.

KARL BARTOS Was ich zu Kraftwerk mitbrachte, war die Fähigkeit, in musikalischen Strukturen zu denken. Außerdem hatte ich die theoretischen und technischen Vorkenntnisse, um diese Musik und ihren Markenkern noch präziser auszuarbeiten.

WINFRID TRENKLER Die Plattenfirma hatte bei Kraftwerk nie einen Piep zu sagen. Und ein Management gab es bei denen sowieso nicht, die haben immer alles selbst gemacht, und konnten das auch.

KARL BARTOS Kraftwerk selber sagten bereits in frühen Interviews, dass sie den Sound und den Rhythmus ihrer Heimat, des Ruhrgebietes, aufgesogen hätten. Ursprünglich kommt diese Idee aber von Marinetti und Russolo, die schon vor hundert Jahren sagten, dass man Geräusche zu Musik anordnen und organisieren kann. Ich habe auch mal aufgelistet, wo die Klänge eigentlich herkommen, die ich zuerst in meinem Bewusstsein als Klang abgespeichert habe. Das begann erst, als ich anfing, Musik emotional wahrzunehmen: die Emotion, die in bayerischer Volksmusik lag oder im Echo der Kirchenglocken vom Königssee oder sonst etwas. Vor der Pubertät hat mich das aber alles nicht erreicht. Das Bewusstsein musste erst auf Empfang gestellt werden. Und angeknipst wurde ich nun mal durch die Popmusik aus England und den USA. Ein deutscher Zusammenhang hat mir deshalb zunächst nichts bedeutet.

BERND DOPP Um »Kraftwerk 2« herum spielten sie in der sehr vollen Fabrik. Den Zulauf hatten sie ihrem kleinen Hit »Ruckzuck« zu verdanken, das Konzert war aber sehr experimentell. Da waren NEU! schon zugänglicher, weil sie so rhythmisch waren.

MICHAEL ROTHER Klaus und Florian, diese beiden Knallköppe! Ich war nicht nur etliche Jahre jünger als die beiden, sondern auch vom Temperament her völlig anders. Von dem, was bei ihnen musikalisch passierte, war ich aber immer fasziniert. Sie fochten in ihren ständigen Kabbeleien auch Unsicherheiten aus: Wer sie sind, woher sie kommen, wohin sie wollen. Und da gab es halt ständig Dissens, zum Beispiel über ein Konzert in einer Diskothek, die Penny Station hieß, übrigens auch der Laden, in dem drei Jahre später auch das Live-Album »Harmonia Live 1974«, entstanden ist – jedenfalls waren Klaus und ich uns da völlig einig, wir hielten das für ein besonders gelungenes Kraftwerk-Konzert. Ich erinnere mich an ekstatische Gefühle, die ich beim Spielen hatte, man bewegte sich in einer großen Welle, die mit Macht nach vorne ging. Klaus hatte davon einen Mitschnitt, den wir gern veröffentlicht hätten, aber Florian war daran nicht interessiert. Florian wird auch noch die Aufnahmen haben, die wir 1971 mit Conny Plank für das zweite Kraftwerk-Album gemacht haben. Dabei sind wir allerdings komplett gescheitert, denn diese rauschhafte und energetische Musik funktionierte nur unter ganz bestimmten Voraussetzungen, und zwar nur in der Livesituation, wenn ein Publikum das miterlebte. Wenn es von der Welle der Musik getragen wurde und uns dann weiter aufschaukelte, da konnten wir als Kraftwerk richtig hochfahren. Diese Musik war vielleicht nicht so filigran, sondern eher holzschnittartig, sie lebte rein von der Dynamik und Ekstase, aber sie hatte eine unglaubliche Wucht. Doch genau das ließ sich im Studio nicht rekonstruieren. Ich erinnere mich gut an diese Studiosituation im Ralf-Arnie-Studio in Hamburg, das war wie im luftleeren Raum zu spielen. So luftleer wie auch im »Beat-Club«-Studio, als wir da Mitte 1971 den TV-Auftritt von Kraftwerk aufgezeichnet haben. Allein in einem großen Saal mit fünf Technikern, drei Kameras und zwei Tonbändern. Da haben wir auch nur so getan, als wenn wir abgehen würden. Was wir dort boten und was man auf der Aufzeichnung hört und sieht, konnten wir immer hinbekommen, aber das war nicht annähernd die Energie, die manchmal entstand, wenn es in der richtigen Konzertsituation mit Schweiß und Dampf und Publikum gut funkte. Das war im »Beat-Club« eine etwas frustrierende Erkenntnis. Für das zweite Kraftwerk-Album haben wir nur circa fünfundzwanzig Minuten eingespielt, danach war klar, dass wir scheitern würden. Für Klaus und mich war das dann aber auch das Ende der Zusammenarbeit mit Florian, der wenig später mit Ralf weitermachte.

BRIAN ENO Kraftwerks »Ralf und Florian« war eine enorm wichtige Platte für mich.

KARL BARTOS 1974 fuhr ich zum ersten Mal zum Kling-Klang-Studio, mein Professor hatte gesagt: »Kraftwerk, die Jungs kennste ja, die wollen was von dir.« Also bin ich da hingefahren. Ralf und Florian suchten damals neben Wolfgang Flür noch einen klassisch ausgebildeten Schlagzeuger, der diese Funktion roboterhaft erfüllte. Was sie aber bekamen, war jemand, der auch die Popmusik kannte und in Schülerbands schon ausgiebig gespielt hatte. Ich hatte also einerseits das Programm der Oper drauf und wusste, wer Arnold Schönberg ist. Gleichzeitig spielte ich aber auch in einer Big Band Schlagzeug und Vibraphon, kannte Keith Jarrett, Chick Corea und Miles Davis von vorn bis hinten. Ich kam also ins Kling-Klang-Studio und habe da mein Vibraphon ausgepackt. Die hatten dort diese selbstgebauten Boxen. Ich spielte ein paar Noten, dann fingen die anderen beiden an zu improvisieren, und ich bin eingestiegen, wie ich es vom Jazz her konnte. Ralf Hütter saß an seinem Farfisa-Klavier und hat einfach Dur-Akkorde gespielt. Erst dachte ich nur: »Mann, der Typ kann ja gar nichts.« Florian spielte eine Tonleiter in ein Echogerät. Aber schon bald wusste ich, was die meinen. Da war sofort eine Verbindung. Denn ich erkannte deutlich ihre Referenzen.

WOLF SEESSELBERG Kraftwerk zogen jeden Tag durch die Düsseldorfer Altstadt mit ihren schwarzen Lederklamotten samt schwarzen Handschuhen. Die waren immer sehr gestylt. Mein Bruder und ich haben über die immer gelacht. Zwei von denen habe ich auch mal bei einem unserer Konzerte in der Düsseldorfer Kunsthalle gesehen, aber wir hatten nie Kontakt.

KARL BARTOS Die ganze Kraftwerk-Formel ist in »Autobahn« enthalten: Da ist alles drin. An der Zusammenführung dieser Klangästhetik war auch Conny Plank nicht unschuldig. Der sogenannte Krautrock, Faust, Klaus Schulze, Popol Vuh und wie sie alle heißen, hatte mit Kraftwerk nichts zu tun. Auch mit den anderen Jungs in Düsseldorf hatten wir nichts zu tun. Unsere Einflüsse waren andere: Sie liegen in der Tradition der klassischen Musik, im Jazz, in der futuristischen Geräuschmusik und der Fortsetzung dieses Gedankens in der Elektroakustik. Den Minimalismus muss ich erwähnen, und natürlich die angloamerikanische Popmusik, die wir analysierten.

IGGY POP Kraftwerk hatten dieses Androiden-Image, aber mit Florian Schneider konnte man viel Spaß haben. Wir sind in Düsseldorf mal zusammen Spargel kaufen gegangen. Und selbstverständlich hatten wir dafür eine spezielle Gemüsetasche, das war ein Groove!

KARL BARTOS Als Kraftwerk sind wir in die Philipshalle gegangen, um die Kollegen von Tangerine Dream zu erleben. Das war 1976, und danach haben wir das Konzert analysiert. Dass die vielleicht ternäre Taktarten bevorzugen, oder dass sie, wenn sie ihre Sequenzen transponieren, manchmal auch nicht auf den diatonischen Sinn achten. Wir haben das also musiktheoretisch betrachtet. Ich jedenfalls. Getroffen haben wir uns aber nie. Das, was Tangerine Dream machten, nannten wir »Dröhnmusik«, was gar nicht negativ gemeint war. Den Begriff Ambient gab es ja noch nicht. Das haben wir mit Kraftwerk ja auch manchmal gemacht, also unsere Apparate angestellt, die Sequenzer dudelten, und wir haben uns unterhalten und manchmal auch was gespielt. Tangerine Dream haben ähnlich wie Michael Rother ihre Musik immer als einen »Fluss« verstanden, Musik, die fließt und sich entwickelt. Mal verändert sich hier und da ein Seitenarm. Für mich gehören zu den wichtigsten Eigenschaften unserer Musik dagegen klare Formverläufe. Angeblich war Florian mit Klaus Schulze befreundet. Aber diese »Szene«, nach der ich in England immer gefragt werde, die gab es nicht. Ich wusste nur, dass da auch ein paar Leute in Berlin waren.

JEAN-MICHEL JARRE Ich erinnere mich an das erste Mal, dass ich Kraftwerk hörte, das war in der ersten Hälfte der Siebziger, und ich war fest davon überzeugt, dass das eine amerikanische Band sein müsse, die deutsch singt, eine Art seltsame Beach-Boys-Kopie. Ich fand das sehr cool. Natürlich bekam ich dann mit, dass Kraftwerk eine deutsche Band ist, die Geschichte belegt aber, wie wenig wir als Musiker damals voneinander wussten.

DANIEL MILLER Vor einiger Zeit habe ich auf eBay mal den Original-Kraftwerk-Vocoder erstanden. Wie sich herausstellte, kam der direkt von Florian Schneider, wir haben sehr gelacht, als das rauskam. Der Vocoder funktioniert nicht richtig, aber das wusste ich vorher. Dafür fertigte mir Florian ein wunderschönes Zertifikat, in dem er die Authentizität des Vocoders bestätigt. Dieses Dokument habe ich nun gerahmt in meinem Büro hängen.

NEU!

»NEU! liebe ich für ihren Humor und die Brutalität.«
IGGY POP

MICHAEL ROTHER Wir wollten wirklich etwas Neues schaffen, mit weniger waren Klaus und ich nicht zufrieden. Es musste innovativ und ungehört sein. Das war unser Anspruch. Deshalb auch der Bandname NEU!, das passte ja zusammen.

BERND DOPP Ich gehörte zu der Minderheit, die sich auf dem Gymnasium über progressive Musik definierte und sich dadurch ziemlich cool fand. Genauer gesagt definierten wir uns über Musik, die sonst keiner kannte. Wenn diese Musik mehr als zehn Leute hörten, war sie schon nicht mehr cool. Zu Beginn der Siebziger spielten Alben die entscheidende Rolle und nicht mehr Singles wie in den Sechzigern. Die neue, progressive Albummusik ging einher mit bewusstseinserweiternden Substanzen, die in der Zielgruppe ziemlich verbreitet waren. Plötzlich war progressive Musik aus Deutschland jedenfalls cool. Da gab es auch gar nicht so viel. Es war aber auch immer teuer, sich ein Album zu kaufen, das kostete zweiundzwanzig Mark. Eine richtige Investition also. Ich konnte mir da nur hin und wieder eines leisten. Deshalb wurden Alben auch für Wochen unter guten Freunden getauscht. So kam ich zu meinem ersten Kraftwerk-Album oder dem ersten von Ton Steine Scherben – das war zwar kein Krautrock, aber trotzdem cool, wegen der starken politischen Haltung. Und irgendwann bekam ich dann auch die erste NEU!-Platte geliehen. »Hallogallo« von NEU! hatte ich im Fernsehen schon mal gehört. Die Namen von Klaus Dinger und Michael Rother waren mir von Kraftwerk bekannt. Ich hatte ein Kraftwerk-Konzert im Hamburger Audimax gesehen, wo die beiden noch zur Besetzung zählten. Auch von Conny Plank hatte ich schon gehört, obwohl mir da noch nicht so richtig klar war, was ein Produzent eigentlich macht. Es dauerte damals eine Weile, bis überall kommuniziert war, dass es eine neue spannende Band gibt.

MICHAEL ROTHER Unser Debüt war das erste Album, das ich in meinem Leben gemacht habe. Mit Kraftwerk vorher war es ja kein vollständiges Album geworden. Und dass unser Debüt »NEU!« erkennbar die Menschen erreichte, machte mich natürlich unglaublich froh, es war sensationell. Man musste nur durch die Düsseldorfer Altstadt laufen, da hörte man aus mehreren Diskotheken tatsächlich »Hallogallo« und »Negativland«.

STEPHEN MORRIS »NEU!« war eine der ersten Platten, wo ich dachte: Das will ich auch machen! Und das kann ich auch machen! Da war Krautrock wie Punk: Man hatte das Gefühl, dass man dabei sein könnte. Wie und wer genau, spielte keine Rolle. Klar war nur: Es geht!

BERND DOPP Ich hatte zu Beginn der Siebziger auch wirklich lange Haare. Damals gab es nicht so viele Konzerte hier. Amerikanische Künstler kamen selten nach Deutschland, und auch Engländer nur selten. Wenn Pink Floyd mal in Hamburg auftraten, war das eine Sensation. Dass das siebzehn Mark Eintritt kostete, was für uns damals sehr viel Geld war, war dann auch egal, aber es war halt doch nur selten. Da war es toll, dass plötzlich deutsche Bands cool und ultrahip waren. Sogar noch hipper und cooler als das Zeug aus USA und England. Dazu kam, dass es komplexe Musik war. Und sehr cool war eben auch, dass man sich deren Konzerte leisten konnte, weil sie günstiger waren als die internationalen Stars. Also ging ich auch zu NEU! in die Hamburger Fabrik.

MICHAEL ROTHER Über die Musik selbst wurde nie geredet, weder mit Florian bei Kraftwerk noch später mit Klaus bei NEU! oder mit Roedelius und Moebius bei Harmonia. Wir sprachen nicht über Musik, wir machten sie. Es wurde eine

Idee in den Raum geworfen, und dann legten wir los. Wenn wir uns über die Richtung der Sessions zankten, passierte das in der Musik selbst. Es ging nie um Musiktheorie oder irgendein Musikprogramm, das man in Worte fassen konnte und mit dem sich einer von uns durchsetzen wollte, um die anderen in seine Richtung zu zerren. Vor allem bei Harmonia war das Musikmachen völlig demokratisch: Einer fing an, der Nächste schwieg, hörte zu und machte dann mit, der Dritte lauschte und legte ebenfalls los. Dann zirkulierten die Ideen und bewirkten bei den Beteiligten Veränderungen. Und die Summe aller dieser wechselseitigen Impulse ergab dann die Musik von Harmonia. Wenn ich mir ein Stück wie »Ohrwurm« vom ersten Harmonia-Album anhöre, dann waren das brillante fünf Minuten aus einem zweistündigen Konzert, bei dem wir über neunzig Prozent der Zeit die Zuhörer quälten, weil wir suchten, suchten, suchten ... und nichts fanden ... und weitersuchten ... aber dann waren da plötzlich diese fünf Minuten, in denen etwas zusammenkam, was du so, glaube ich, nicht am Reißbrett entwickeln kannst, etwas, wo die Geräusche und die Beiträge aller Musiker plötzlich auf den Punkt kamen. Man merkt das in dem Augenblick oder hat zumindest eine Ahnung, aber später beim Anhören wird es noch klarer. Es gab daher weder die Notwendigkeit noch den Wunsch, über Musik zu theoretisieren.

GABI DELGADO-LÓPEZ An NEU! mochte ich, dass ihre Tracks so lang waren. Das war eine Musik, die lief und lief und die sich dabei dauernd veränderte, aber doch gleichblieb. Da sind schon Parallelen zwischen DAF und NEU!.

HANS LAMPE Klaus hatte dieses Gradlinige in seinem Spiel, das auch auf »Hallogallo« drauf ist, diese konstante Motorik. Ein geradeaus gespielter Beat, den er bis an den Horizont weiterbringt.

MICHAEL ROTHER Bei »Hallogallo« ist viel Magie zusammengekommen. Viele Details waren nicht geplant, sie passierten einfach. Plötzlich war das Gitarrenfeedback da, mit dem ich endlos lange Töne spielen konnte, und Conny kam auf die Idee, das Band umzudrehen, sodass ich diese Rückwärtsgitarren hörte, die mich beflügelte. Rückwärts laufende Musik fand ich immer faszinierend, vielleicht, weil mich das an indische Klänge erinnerte. Hier aber vielleicht auch wegen dieser Sehnsucht, die durch die langen, nach oben ziehenden Töne vermittelt wird. Jedenfalls regte das, was Conny mir da zuspielte, mich dazu an, neue Melodien hinzuzufügen, und dann wurde das Band wieder umgedreht. Das war alles ein fließender, spontaner Prozess in sehr kurzer Zeit. Vier Nächte haben wir nur aufgenommen und dann eine Woche lang gemischt. Die Aufnahmen fanden im Windrose-Dumont-Studio statt und die Mischung im Ralf-Arnie-Studio. Der hat dann die Verlagsrechte daran bekommen und es vermutlich nie bereut. Das waren so die Deals. Wir waren arm, und er hatte das Studio. Wir arbeiteten immer auf eigenes Risiko und mussten das Geld zusammenkratzen. Wie viel können wir irgendwie aufbringen? Ich hatte mit Kraftwerk etwas Geld verdient, so konnte ich auch etwas beisteuern. Wie Klaus es gemacht hat, weiß ich nicht, vielleicht hat er sich was geliehen. Jedenfalls warfen wir dann unser Geld mit Conny zusammen, das war unsere Arbeitsmethode: gemeinsames Risiko und gemeinsamer Ertrag. Und erst mit dem fertigen Album mit Plattenfirmen reden.

HANS LAMPE Ich lernte Michael Rother und Klaus Dinger bei der Produktion der NEU!-Single »Neuschnee« kennen. Das war in München im Arabella-Studio von Giorgio Moroder. Die Chemie zwischen den beiden war im Studio sehr gut. Die haben sich gegenseitig gepusht und waren ein gutes Team. Klaus war der Motoriker, der den Beat vorgelegt hat, und Michael hat mit der Gitarre die Melodien dazu gespielt. Die haben sich einfach gut ergänzt.

MICHAEL ROTHER In späteren Jahren waren manche Stücke schon vor dem Gang ins Studio viel klarer formuliert als »Hallogallo«. Dabei half auch ein Vierspurrekorder, den ich mir 1974 zulegte. Die Melodien von »Isi« und »Seeland« hatte ich so bereits vorher komponieren und in Skizzen aufnehmen können.

HANS LAMPE Bei »NEU! '75« wollte Klaus dann, dass sein Bruder und ich am Schlagzeug mitspielen. Michael konnte sich damit nicht identifizieren. Die Idee von Klaus, mit einem zweiten Schlagzeug richtig Dampf zu machen, auch bei Konzerten, war absolut nicht Michaels Welt. Für das Album »NEU! '75« hat man sich dann in der Mitte getroffen: Eine Hälfte war von Michael und die andere so wie von Klaus konzipiert. Das war ein Kompromiss. Im Studio lief es trotzdem entspannt, die Studiozeit war auch begrenzt, denn sie musste bezahlt werden. Rumzudiskutieren und zu streiten war einfach zu teuer. Außerdem hielt Conny alles zusammen. Der sagte: »Jetzt mal los, die Zeit läuft uns davon. Macht mal hinne! Wir müssen ja noch mischen!« Da konnte er schon deutlich werden. Heute hat man Computer und schickt sich Files hin und her.

MICHAEL ROTHER Es gab schon mal verbale Fingerhakeleien. Nicht alles lief intuitiv. Die Auslöser waren aber gar keine musikalischen Fragen, sondern Krisen mit Partnerinnen oder so was. Und bei allen Problemen, die ich mit Klaus in späteren Jahren hatte, vor allem, was seinen Umgang mit unseren Aufnahmen anging, hatten wir doch im Studio fast immer weitgehende Übereinstimmung. Musikalisch haben wir uns auch später gut verstanden. Gerade da wird ja viel Unsinn kolportiert, vor allem, dass wir bei »NEU! '75« in völlig verschiedene Richtungen gedriftet wären und uns nicht mehr zusammenraufen konnten. Was dagegen stimmt, ist, dass Klaus damals mehr live spielen und dafür vom Trommeln weg und zur Gitarre hinwollte. Hinter dem Schlagzeug fühlte er sich vom Publikum abgeschnitten. Letztlich wollte er am Bühnenrand stehen und da den Zampano machen, das Publikum aufmischen usw. Was auch stimmt, ist, dass ich ehrlich gesagt nicht so begeistert war von den beiden neuen Trommlern Thomas Dinger und Hans Lampe. Ich war viel mehr daran interessiert, mit Klaus das dritte Album zu machen und die Konzepte, die ich in der Zwischenzeit entwickelt hatte, mit ihm und Conny zu realisieren. Der Kompromiss war dann: eine Plattenseite zu zweit und die andere zu viert. Ich habe bei Klaus' Sachen sehr gern mitgespielt, zum Beispiel die Gitarren bei »Hero«, »After Eight« und »E-Musik«, aber auch Piano, das machte mir alles große Freude. Zwar fühlte ich persönlich nicht die Frustration, die Klaus in »Hero« rausbrüllte, aber die dynamische, kraftvolle Musik habe ich genauso geliebt wie er. Sicher war Klaus damals noch nicht sehr weit mit der Gitarre, er spielte auf ihr sozusagen weiter Schlagzeug – aber das großartig, wenn man Stücke wie »Hero« oder »After Eight« anhört, wo er diese Schrapp-schrapp-schrapp-Riffs spielt, das hätte ich so nicht gekonnt. Umgekehrt fand Klaus die melodischen Sachen auf der ersten Seite, glaube ich, genauso gut wie ich. Sonst hätten wir als Gespann nicht so lang und erfolgreich zusammenarbeiten können.

HANS LAMPE Klaus wollte auch singen. Mit der Stimme erreicht man die Menschen direkter. Aber Michaels Ideen waren andere.

BERND DOPP In der Hamburger Fabrik waren damals vor der Bühne Reihen von Kinositzen. Man stand nicht, man saß, und man musste früh dort sein, um einen guten Platz abzubekommen. Voll war es aber nicht, denn NEU! waren doch Musik für eine Minderheit. Jedenfalls saß ich dann da, und dann kam ein Typ, der sehr viel älter aussah als ich, vermutlich war er Ende zwanzig, was mir damals steinalt erschien. Der sah jedenfalls aus, als sei er direkt aus einem Hippieparadies in die Fabrik gekommen, hatte einen Rauschebart und eine lange Matte. Ich war fünfzehn und saß beeindruckt in meiner Holzfällerjacke neben ihm.

MICHAEL ROTHER Als NEU! haben wir nur sechs, sieben Konzerte gegeben, und die waren für mich musikalisch alle äußerst unbefriedigend. Bei den ersten beiden Auftritten waren wir nur zu zweit, wobei ich mit einem Kassettenrekorder arbeitete, also mit vorgefertigtem Material, was das Publikum jedoch damals noch nicht akzeptierte, weil es nicht live war und sich alles nicht genug bewegte. Ich hatte keine musikalische Unterstützung, eine einzige Live-Gitarre konnte nicht den Gitarrenwald, den ich mir vorstellte, darstellen. Daher haben wir Leute gesucht und zunächst Eberhard Kranemann getestet, der mit seinen Destruktionsvisionen aber unserer Vorstellung der NEU!-Musik überhaupt nicht entsprach. Klaus und ich waren uns einig, dass das nicht funktioniert. Dann haben wir es noch mit Uli Trepte von Guru Guru versucht, der zwar sehr sympathisch, aber für uns zu »laid back« war. Das funktionierte also auch nicht.

BERND DOPP Ich erinnere mich, dass ich den Groove von Dingers Schlagzeug überragend fand, der trieb die Band voran. Das klang schon wie Electronic Dance Music – ohne dass es Electronic war! Ich erinnere mich auch an die Orange-Verstärker, die auf der Bühne standen. Und am Mischpult saß Conny Plank, den ich nicht erkannt hätte, der aber vorgestellt wurde. Dass Uli Trepte von Guru Guru am Bass war, hat mich auch total begeistert. Die Band ging dann voll ab, wie eine durchgehend groovende Maschine. Auch die experimentellen Sequenzen waren toll. Stücke wie »Hallogallo« klangen ganz anders als die Studioversion, aber ich war völlig aus dem Häuschen. Die Musiker hatten, so wie alle im Publikum, sehr lange Haare und machten keine Show, sondern saßen in sich zurückgezogen auf der Bühne und spielten ihre Instrumente. Uli Trepte hockte auf einem Verstärker und hatte seine Füße auf einem Stuhl. Keiner bewegte sich, es war sehr statisch. Mir kam es vor, als wenn die Musik sich über viele Stunden hingezogen hätte, aber es war wohl sehr viel kürzer.

MICHAEL ROTHER In England war NEU! ein zwar bescheidener, aber doch deutlicher Erfolg. Ich suchte jedenfalls die rich-

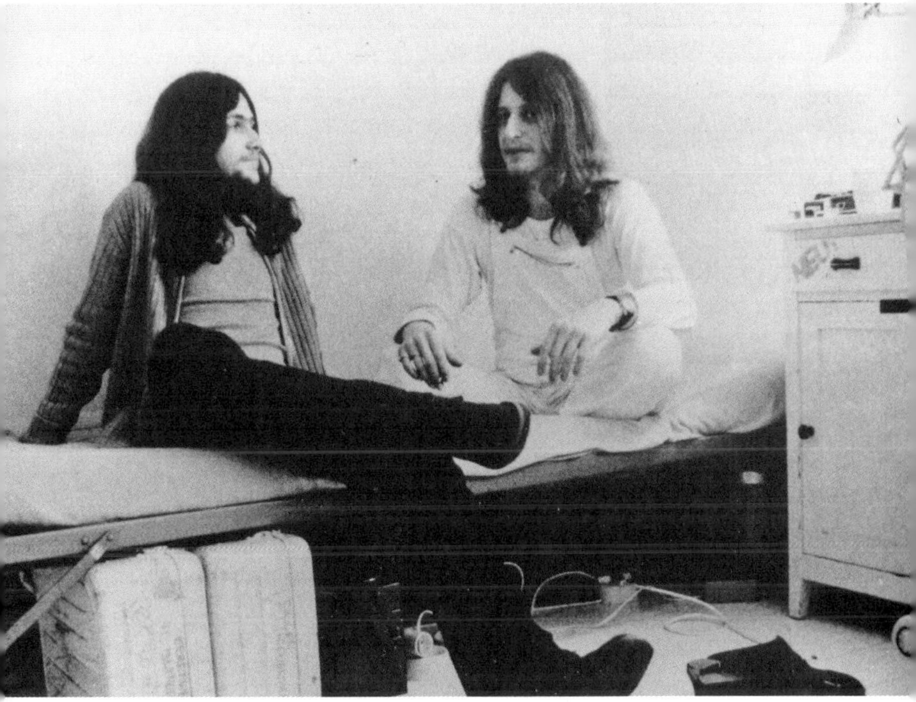

Michael Rother und Klaus Dinger

tigen Musiker für eine Englandtour, und auf dieser Suche fuhr ich zu Moebius und Roedelius ins Weserbergland, weil ich das Stück »Im Süden« gehört hatte. Ich kannte Cluster von einem legendären gemeinsamen Konzert mit Kraftwerk im Audimax in Hamburg. Weil damals alles völlig demokratisch lief, wurde erst mal gemeinsam überlegt, wer als Erster spielen sollte, obwohl Kraftwerk natürlich der main act des Abends war. Cluster sagten dann: Fangt ihr mal ruhig an. Was natürlich ein großer Fehler war. Wir haben nämlich mit Kraftwerk das Audimax in Ekstase gespielt mit unserer ›Krawallmusik‹. Das Publikum wollte nicht, dass wir aufhören, wir sagten: »Danke, aber jetzt kommt die nächste Combo, nämlich Cluster.« Dann fingen Roedelius und Moebius mit ihren abstrakten, ruhigen Klängen an, was nicht gut ankam. Das Publikum wurde irgendwann so ungehalten, dass es Tumulte gab. Gruppen von Fans stürmten die Bühne, und ich fürchtete sogar, dass es jetzt Haue gibt. Aber sie drehten nur die Lautsprecherboxen um und entstöpselten die Instrumente, was schlimm genug war. Das war ein unvergessliches Erlebnis, wie eine stampfende Masse nicht mit ruhiger Musik umgehen konnte.

HANS LAMPE »NEU! '75« lief erst nicht so gut. Erst als Bowie keinen Hehl mehr daraus machte, dass sein »Heroes« von NEU!s »Hero« inspiriert war, nahm das Interesse zu. Bowie wollte dann auch Michael als Gitarristen. Dass das nicht geklappt hat, ist schade. Das hätte genau gepasst. Die Gitarre auf Bowies »Heroes« ist eigentlich eine Rother-Gitarre, wenn man richtig hinhört.

IGGY POP NEU! liebe ich für ihren Humor und die Brutalität. Und insbesondere Michael Rother für seine Musikalität, allein und mit seinen Bands.

HANS LAMPE Als es mit NEU! so nicht mehr weiterging, sind die beiden dann auch getrennte Wege gegangen. Klaus machte La Düsseldorf, und Michael war auf dem Weg ins Weserbergland, um mit Roedelius und Moebius zu musizieren. Klaus wollte dagegen mehr konzeptorientiert arbeiten, um die Musik dann auch besser vermarkten zu können. Das war auch eine klare Ansage. Wenn man von seiner Musik leben will, muss man manchmal eben auch einen Blick auf den Markt werfen. So ist La Düsseldorf entstanden.

FORST

»Man musste die Kübel mit der Scheiße rausschleppen, auch Brian Eno.«
HANS-JOACHIM ROEDELIUS

DIETER MOEBIUS Michael Rother kam von NEU!, was eine wilde Truppe war. Der suchte bei uns wohl ein bisschen Ruhe.
MICHAEL ROTHER Achim Roedelius hat mal in einem Interview behauptet, Klaus Dinger hätte mich nach Forst geschickt. Das stimmt aber überhaupt nicht, da trügt ihn die Erinnerung. In Wirklichkeit war Klaus sehr skeptisch und sagte: »Harmonia rocken nicht!« Klaus und ich waren 1973 auf der Suche nach Musikern für NEU!-Konzerte, und mir gefiel die melodische Seite des Cluster-Stücks »Im Süden« vom Album »Cluster II«. Das erinnerte mich an das, was Ralf Hütter machte, und da konnte ich musikalisch ansetzen. Deswegen rief ich in Forst an und fuhr ins Weserbergland, wohin sich Cluster ein Jahr zuvor aus Berlin zurückgezogen hatten. Ich habe meine Gitarre eingepackt, um mit denen zu jammen und herauszufinden, ob sie als Live-Verstärkung für NEU! geeignet wären. Lustig ist, dass ich dann nur mit Roedelius spielte, der sein elektronisches Klavier mit Delay bearbeitete. Ich spielte auf meiner Gitarre mit zwei, drei Effekten. Es machte jedenfalls sofort klick, und uns beiden war klar, dass das wie eine Ehe ist, wir ergänzten uns perfekt. Und als Moebi kurze Zeit später aus der sicheren Deckung dazukam, war klar, dass es ernst wurde. Ab da fand ich es viel spannender, Harmonia zu entwickeln, als die NEU!-Livepläne weiter zu verfolgen. Wir machten in Forst gemeinsam eine Musik, die mich weiterbrachte und faszinierte, deshalb ließ ich NEU! erst mal ruhen.

HANS-JOACHIM ROEDELIUS Der Dinger war ein extrem schwieriger Mensch. Ich habe damals nicht realisiert, dass er krank ist, und nahm die Sachen, die er zu mir sagte, deshalb persönlich. Als wir in Forst lebten, kam Dinger mal an und wollte die Supergruppe »Europa« gründen: zwei Schlagzeuger, zwei Gitarristen, zwei Keyboarder, quasi mit Cluster als Band-Keyboardern. An sich eine schöne Idee, und mit seinem Drive wäre das vielleicht sogar was geworden. Er hat sehr bei uns rumgebaggert, kam in Forst mit seinem Mercedes 600 an, der fuhr auf der Landstraße dreißig Stundenkilometer, hinter ihm staute sich der Verkehr. Bei uns zog er sich dann allein in ein Zimmer zurück, kochte sein Essen selber und nahm nicht an der Gemeinschaft teil. Das war natürlich ein drastischer Fehler, denn damit hatte er bei uns verschissen. Keine Gemeinschaft? Nur Geld verdienen wollen? Das war nichts für uns.

MICHAEL ROTHER Klaus war über meine neue Verbindung alles andere als glücklich. Als er merkte, dass ich ihm als Partner in NEU! abhandenkam, reagierte er auf die Situation typisch mit Flucht nach vorn, nämlich dem Plan zu einer großen Fusion, einer Art Supergroup. Alle heiraten einfach alle, eine echte Dinger-Idee, aber prinzipiell sprach eigentlich auch nichts dagegen, das mal bei einem Treffen zu besprechen. Also fuhr er mit seinen zukünftigen La-Düsseldorfern Hans Lampe und Thomas Dinger nach Forst. In der Realität scheiterte der Plan der Supergroup aber allein schon daran, dass Klaus damals, zunehmend, nun ja, soziale Defizite zeigte. Er war selbstherrlich und arrogant, und das machte die Teamarbeit unmöglich. Die Forster Gemeinschaft lehnte ihn ab. Mir geht es jetzt nicht um Schuldzuweisungen, also darum, ihn runterzumachen und mich ins Recht zu setzen. Das war schon damals sinnlos, und jetzt im Nachhinein noch mehr, wo er dazu nichts mehr sagen kann. Um Klaus gerecht zu werden, müsste man sehr tief eintauchen. Sagen wir es so: Klaus war beseelt und durchdrungen von dem Wunsch nach persönlicher

Größe. Und ich bin auch nicht frei von Eitelkeit, trotzdem ging es mir, glaube ich, doch mehr um die Musik. Klaus wollte geliebt werden, ich wollte für meine Musik geliebt werden. Wenn man das nur von außen sieht, kommt man zu falschen Schlüssen. Besonders im Internet wird unser Verhältnis oft ganz falsch beschrieben. Denn was die Musik anging, waren unsere Vorstellungen nahezu deckungsgleich, wir verstanden uns absolut blind, beim Spielen genauso wie bei der Beurteilung der Resultate.

HANS-JOACHIM ROEDELIUS Schnitzler, Moebius und ich sind 1969 nach dem Zodiak aus Berlin ausgezogen und auf ewige Wanderschaft gegangen. Schnitzler stieg dann zwar bald wieder aus und machte in Berlin alleine weiter, aber Moebius und ich blieben auf großer Fahrt. Erst mal sind wir in einem Postbus zwei Jahre durch Europa gereist. Dabei waren wir auf Dauer nicht so brutal provokant wie in der Anfangszeit mit Schnitzler, wo der Plan war, immer aus dem Stand irgendwas hinzustellen, so fluxusmäßig, und dann wieder kaputtzumachen, damit auch ja keiner Spaß daran hat. Moebius und ich wollten lieber richtig Musik machen. Das letzte Konzert mit Conrad gaben wir Anfang 1971 in Göttingen. Danach haben wir das Kluster-«K« durch »C« ersetzt und sind als Cluster allein weitergezogen. Wir trafen dann einen Menschen, der ein großes Festival auf Fehmarn organisierte, der bezahlte uns anständig Geld und machte uns außerdem auf ein altes Anwesen an der Weser aufmerksam, das verloren und verlassen war.

DIETER MOEBIUS Wir waren damals oft in Kiel, wo ein Galerist war, der dieses große verfallene Gehöft in Forst entdeckt hatte. Mit viel Geschick und Überredungskunst hatte er es geschafft, das für hundert Jahre in Erbpacht zu kriegen. Der kannte uns gut und fragte, ob wir uns das nicht mal anschauen wollten. Er hatte die Stiftung, der das gehörte, auch damit geködert, dass das eine Künstlerkolonie werden sollte, also brauchte er für seine Kolonie jetzt Künstler. Wir fuhren da hin, mitten im Winter, und ich weiß noch, wie ich erst gar nicht aussteigen wollte – so deprimierend sah das aus: verfallen, keine Fenster, rundherum Matsch, keine Bepflanzungen, keine Bäume. Es war wirklich nicht schön. Man musste sehr viel Imagination haben, um sich vorzustellen, da je etwas Bewohnbares draus zu machen. Das Ganze umfasste drei Häuser für drei Parteien, für alle zusammen gab es eine Wasserstelle und sechs Plumpsklos im Stall. Ich ließ mich dann doch überreden, es zumindest zu versuchen. Lange her. Jetzt ist es ein Paradies.

HANS-JOACHIM ROEDELIUS Als wir in Forst gelebt haben, in dieser Idylle, haben wir eine besondere Klangwelt erzeugt. Die Musik reflektierte, was wir in Forst an Freude und Spaß hatten. Wie wir uns da seelisch und geistig gefunden haben, das spiegelt sich sehr schön im Klang wider – und da waren wir schon stolz drauf. Allerdings haben wir das nicht bewusst gesucht, das ist uns einfach so passiert. Genau wie Forst selbst, das war so bildschön, da musste man einfach hin, da konnte man nicht nein sagen – obwohl da wirklich überhaupt nichts war, also wirklich: nichts!

DIETER MOEBIUS Untergründig könnte dieser Ort unsere Musik schon beeinflusst haben, aber zuerst ging es da weniger um Musik als darum, die Häuser wieder instand zu setzen. Wir kamen dort zunächst auch gar nicht richtig an, weil wir immer wieder wegfahren mussten zu Konzerten. Dass Cluster später sanfter und melodiöser wurden, mag aber schon mit Forst zusammenhängen.

HANS-JOACHIM ROEDELIUS Unsere Produktivität in Forst hing auch stark vom Wetter ab. Im Winter haben wir mehr Musik gemacht als im Sommer, da haben wir eher für den Winter vorgesorgt, mit Holzhacken, Marmeladen kochen und so weiter. Auf jeden Fall haben wir unsere Empfindungen für diesen Ort mit »Musik von Harmonia« und »Harmonia Deluxe« aufs Band gebracht.

DIETER MOEBIUS In Forst kann ich nur noch im Sommer sein. Ich habe da zwar einen Riesenraum mit einem Riesenkamin, aber der heizt das kaum. Im Winter mag ich da nicht sein, es ist einfach zu kalt.

MICHAEL ROTHER Natürlich wurden wir in dem kleinen Ort kritisch beäugt und waren da so etwas wie der Bürgerschreck. Kein Wunder, wir verkörperten ja äußerlich auch alle Vorurteile und verdrängten Sexualfantasien der Bürger. Zu der Zeit gab es in Forst tatsächlich auch noch einen Puff, und nebenan in Bevern noch einen, also gleich zwei Puffs, die überregional bekannt waren. »Ah, ihr kommt aus Forst?« Daraus zogen die Leute aus der Gegend selbstverständlich den Schluss, dass wir eine wüste Sexkommune sein müssten. Ich will nicht wissen, was es da für Fantasien gab. Aber es waren nur Fantasien, das weiß ich.

HANS-JOACHIM ROEDELIUS Da waren nicht mal WCs. Man musste die Kübel mit der Scheiße rausschleppen. Das war 1976, da hatte ich angefangen, oben im Haus ein kleines WC mit Bad einzubauen, damit es meiner Frau mit dem Kind leichter fällt. Wir mussten da alles selber machen: Leitungen und Rohre legen, in den Wald gehen und Holz hacken, Brot backen etc. Es war super, aber wir machten es auch aus der Not heraus. Eno haben wir damals bei einem Konzert in Hamburg kennengelernt. Der war auf einer Werbetour für seine Sologeschichten unterwegs und kam abends zu einem Harmonia-Auftritt in die Fabrik. Er war mit unserer Arbeit so vertraut wie wir mit seiner und kam dann spontan auf die Bühne und spielte mit. Da war ein Keyboard, das ab und zu mal leer stand, und da setzte er sich einfach ran. Allerdings fragte er vorher brav, ob er das darf. Natürlich waren wir begeistert und sagten zu. Eno trug da noch ein Barett, lange Haare und viel Wimperntusche, sah noch so aus wie bei Roxy Music, wo er erst kurz vorher aufgehört hatte. Musikalisch verstanden wir uns gleich auf Anhieb, weil alle improvisierten und einen offenen Geist hatten.

WINFRID TRENKLER 1973 spielte ich in einer der ersten »Radiothek«-Sendungen beim WDR Harmonia. Der Titel ging acht Minuten, und während noch die Musik lief, kam der Produktionsleiter wütend aus der Regie zu mir und brüllte: »Was spielst du da für eine Scheiße?« Etwa zur selben Zeit hatte ich ein Eno-Interview in Hamburg abgemacht und wusste, dass an dem Abend ein Harmonia-Konzert in der Fabrik stattfindet. Dazu hatte ich Eno eingeladen. Er hatte noch nie einen Takt der neuen deutschen Bands gehört, hatte also keine Idee, was auf ihn zukam. Ich ging also mit Eno und meiner Freundin, die Fotos machte, in die Fabrik, wo es mäßig voll war. Die Band hatte damals noch kein großes Renommee. Harmonia hatten auf der Bühne einen großen Gartenschirm aufgespannt und bunte Lämpchen darangehängt. Da drunter saßen die drei dann auf Stühlen mit ihren Instrumenten, das war ihre ganze Bühnenshow.

BRIAN ENO Ich erinnere mich leider an so gut wie nichts. Das ist die Wahrheit. Da war nur eine kleine Bühne mit schummrigem Licht. Ob ich dann da mitgemacht habe, weiß ich nicht mehr. Falls ich tatsächlich auf dieser Bühne Musik gemacht habe, habe ich das komplett verdrängt.

WINFRID TRENKLER Auf meine Freundin und mich wirkte Eno vollkommen nüchtern. Wir waren vorher und hinterher mit ihm zusammen. Keine Spur von »high« sein. Nach dem Konzert fragte ich ihn, wie es ihm gefallen habe, und er sagte: »Das ist die wichtigste Rockmusik, die auf der Welt zurzeit gemacht wird.« Dass er so begeistert sein würde, hätte ich nicht gedacht. Ich hatte zwar gehofft, dass es ihm gefallen würde, aber so eine starke Reaktion hatte ich nicht erwartet. Er bat mich dann um die Adressen der Harmonia-Musiker: »Ich will mit denen was machen.« Die drei von Harmonia wohnten zusammen in Forst in einem Haus, das Wallenstein im Dreißigjährigen Krieg mal als Quartier gedient hatte.

DIETER MOEBIUS Brian Eno kam von Roxy Music und war

auf der Suche nach einer »neuen Musik«. Der hat seine Ambientklänge nicht zu uns gebracht, sondern wir haben sie zu ihm gebracht. Wir lernten ihn bei einem Harmonia-Konzert in Hamburg in der Fabrik kennen. Da hatte er grad was beim NDR zu tun gehabt, kannte uns vom Namen her und besuchte unseren Auftritt. In der Pause kam er hinter die Bühne und fragte, ob er mitmachen könne. Da sagt man natürlich nicht Nein! Er stieg dann auch direkt beim Konzert mit ein. Und von dem Moment an war der Kontakt zu ihm da. Eno kam dann später zu uns nach Forst. Unsere Projekte mit ihm mussten immer schnell gehen, weil Eno nie Zeit hat. Aber er ist immerhin eine Woche in Forst geblieben. Michael hatte damals schon sein Achtspur-Aufnahmegerät, und damit legten wir dann los. In der Zeit entstand das Material für drei LPs.

HANS-JOACHIM ROEDELIUS Eno kam in der Phase, als Harmonia eigentlich schon vorbei war. Durch ihn wurde das noch mal revitalisiert, aber im Cluster-Duktus! »Cluster & Eno« ist eine Cluster-Platte, und »After The Heat« ist eine Eno-Platte. Zusammen mit Michael und Eno erhob sich Harmonia in Forst dann nochmal aus der Asche. Da hatte jeder seinen Track, es gab eine Vierspur-Bandmaschine und keine Overdubs, nix! Jeder spielte mal mit jedem. Ich glaube nicht, dass das so Enos Absicht war, er hat sich einfach fügen müssen, weil tagsüber alle arbeiten mussten, um unser Essen zu finanzieren. Ich glaube, er war eigentlich eher als Produzent gekommen, was er ja damals auch schon war. Das ging mit uns aber nicht. Deshalb hat er sich eingefügt, und das war gut für ihn, und auch für uns. Manchmal hat der Sound sofort gestimmt, zum Teil haben wir aber auch lange rumprobieren müssen, um bestimmte Ecken und Stellen entsprechend zu ändern. Ich habe mich anfangs oft verzettelt, da aber von Eno viel gelernt. Wenn 24 Spuren da sind, neige ich dazu, mindestens acht davon vollzuknallen und dann fassungslos davor zu sitzen und mich zu fragen, was denn nun zusammenpasst. Bei Eno ging alles sehr rasch, weil er sich beschränkte. Die drei Alben, die wir mit ihm produzierten, entstanden so in einer Woche. Ich habe bei der »After the Heat« kaum was gemacht, Eno und Moebius hatten das konzeptuell durchgeplant. Was vermarktbare Konzepte angeht, ist der Moebius viel enger dran als ich. Ich träume mit meinen Sachen eher vor mich hin. Moebius ist dagegen Realist, ein ewiger Punk auch. Er verfolgt konsequent, kompromisslos sein Ding. Wir haben uns bei Cluster gut ergänzt: Ich war der Melodische und er der Strukturalist. Das hatte natürlich auch nur eine bestimmte Zeitlang Sinn.

DIETER MOEBIUS Bei »Before and After Science« war ich das Medium zwischen Conny und Brian und habe ihre Kommunikation gesteuert. Irgendwie war ich da wichtig, warum, weiß ich selbst nicht. Vielleicht war ich der gute Geist.

HANS-JOACHIM ROEDELIUS Martha, meine Frau, fragte ihn dann: Eno, wo willst du hin? Er war auf dem Weg zu Bowie, um mit dem an »Low« und »Heroes« zu arbeiten. Der Aufenthalt bei uns war für ihn ein Scheideweg: Was mache ich in Zukunft? Bleibe ich der Produzent und Rockstar, der ich bin, oder lasse ich mich auf Spielereien wie mit Harmonia ein und verfeinere das?

BRIAN ENO Ich liebte es, mit den Clusteriten zu arbeiten. Was ich an der deutschen Musik damals besonders geschätzt habe, war diese gewisse Strenge, die mir allgegenwärtig schien, und damit auch diese Leidenschaft für Innovation und Experimentierfreudigkeit. Es ging nicht um Pop, die Ziele waren viel weitreichender. Es ging um Kunst, und ihr Weg dorthin erschien mir sehr natürlich, also die Innovationen der Musik des 20. Jahrhunderts, von Leuten wie Stockhausen, Cage, Riley etc., mit den modernen Technologien und Spielformen zu verzahnen, die von Popmusikern entwickelt und perfektioniert worden waren. Ich mochte auch die Tatsache, dass die daraus resultierende Musik sehr entspannt aufgeführt wurde, weder als schweißtriefendes Rockritual noch in altehrwürdigen Konzerthallen mit Lehnsitzen und so. Diese Art, das Publikum zu unterhalten, interessierte die Avantgardemusiker zu der Zeit aber gar nicht. Wenn sie so was überhaupt zur Kenntnis nahmen, dann nur mit größten Vorbehalten.

HANS-JOACHIM ROEDELIUS Brian hat uns später immer wieder Briefe geschrieben, als er zum Beispiel mit Daniel Lanois in Kanada war, um U2 zu produzieren. Er schrieb, dass er sich jeden Morgen an meiner Musik erfreut, weil sie so schön einfach sei und dadurch dem Hörer Freiheit ließe. Wir kommen ja vom freien Spiel, hatten erst mit Michael Rother mal versucht, bestimmte Fügungen zu wiederholen, um songartige Gebilde zu schaffen. Harmonia war schon ein Versuch, kommerziell erfolgreich zu sein. Da dachten Moebi und ich: Jetzt haben wir den Michael, der spielt so wunderbar Gitarre und schreibt so schöne Melodien. Mit dem Album »Musik von Harmonia« ist uns das auch gelungen. Als es dann aber zu »Harmonia Deluxe« ging und die Stücke wirklich Popform annahmen, um bei Konzerten erkennbar wiederholt werden zu können, ist uns dann die Lust vergangen. Cluster wollte das nicht. Wir wollten uns nicht dauerhaft hinsetzen und ewig üben müssen, nur um dasselbe Stück dann hunderttausendmal zu reproduzieren. Wozu? Deshalb ist das dann auch auseinandergegangen.

BRIAN ENO Der Aufenthalt in Forst hat meine späteren Arbeiten in zwei Hinsichten beeinflusst: Erstens war es ein tolles Gefühl, endlich Musiker gefunden zu haben, deren Ideen und Ziele mit meinen so stark übereinstimmten. Zweitens kam ich dort auf Dinge, von denen ich davor gar nicht geahnt hätte, dass ich je Freude daran haben könnte. Zum Beispiel dieser »Klassizismus«, den Roedelius in die Musik einbrachte, das war für mich eine wunderbare Überraschung. Ein Klassizismus, der weder spröde noch retro, weder überzuckert noch angestaubt klang, sondern frisch und leicht, also paradoxerweise sehr modern.

HANS-JOACHIM ROEDELIUS Die Plattenfirmen haben uns einfach machen lassen. Dahinter stand wohl der Gedanke, dass man damit irgendwann Geld machen kann, wenn man es nur konsequent genug betreibt. Aber sie haben es dann doch nie konsequent genug betrieben, für unsere Platten wurde kaum Werbung gemacht, die Etats waren klein. Nur Harmonia bekam größere Etats, weil Michael Rother dabei war, der mit NEU! schon mehr Erfolg gehabt hatte. Da dachten die, dass sie da was ganz Besonderes hätten. Und was kommt dabei raus? Immerhin ist jetzt der Rother in der ganzen Welt berühmt. Moebius und ich sind die Dinge immer aus dem Bauch heraus angegangen. Als Duo waren wir deshalb am konsequentesten, und sind es bis jetzt. Cluster haben immer nur getan, was wir für richtig hielten, und nicht, was die Industrie wichtig fand. Klischees haben wir immer vermieden. Uns war egal, ob die Gäste tanzen und wie voll der Hut am Ende ist. Hauptsache, wir bekamen es irgendwie hin, zu überleben, und das ist uns in Forst ja auch ganz gut gelungen.

ASMUS TIETCHENS Mit den Weserbergländern war der Kontakt immer sehr herzlich. In Forst auf dem Bauernhof habe ich manche Sommerwochen verbracht! 1968 habe ich den »Herrn der Ringe« gelesen, und als ich das erste Mal nach Forst kam, dachte ich mir: Ja, das ist das Auenland: milde Berge, der Fluss direkt vor dem Haus! Eine unendliche Lieblichkeit. Dabei galt für mich immer das Motto: Misstraue der Idylle! Und wenn du im Harmonia-Studio aus dem Fenster geblickt hast, dann hattest du eben diese extrem liebliche Landschaft vor dir: Berge! Wiesen! Friedlich! Schön! Ich sagte mir: Was soll da bloß für eine Musik bei rauskommen? Ich habe die Landschaft zwar genossen, aber sie wirkte auf mich null inspirierend. Ich brauche die Stadt, Tabak und einen lichtlosen Raum – das inspiriert mich! Ich darf durch optische Eindrücke nicht abgelenkt werden. Das Studio, in dem ich arbeite, ist unter der Erde und künstlich klimatisiert. So etwas brauche ich, um Dinge freizusetzen. Zwischen Roedelius, Rother und mir gab es überhaupt keine musikalischen Schnittmengen. Bis auf den heutigen Tag. Wenn Michael in Hamburg ist, spielen wir einmal in der Woche Billard und sind auch sonst gut befreundet, sind aber noch nie auf die Idee gekommen, zusammen Musik zu machen. Oder doch, einmal hat er mir bei einem Seitenprojekt, den »Hematic Sunsets«, geholfen und mir bei einem Stück eine Gitarre draufgespielt, aber das war es dann.

MICHAEL HOENIG Moebi und Achim Roedelius sind sich selbst treu geblieben, auf wunderbare Art und Weise.

HANS-JOACHIM ROEDELIUS Als ich dann eine Familie gründete, habe ich mich schließlich ganz aus diesem Kommunardenleben ausgeklinkt, bin von Forst weggezogen und landete dann irgendwann in Österreich.

AUSLAND

»Ohne Ausland wären wir nie weit gekommen.«
JEAN-HERVÉ PERON

WERNER »ZAPPI« DIERMAIER In Deutschland sind wir eigentlich gar nicht angekommen. Das war damals so und ist noch immer so.

SIEGFRIED SCHMIDT-JOOS Das gesteigerte Interesse aus dem Ausland galt ja nicht nur für die Musik, sondern für alles, was aus Deutschland kam, auch Bildende Kunst und Literatur.

LÜÜL Wir fanden es traurig, dass das Interesse an unserer Musik in Deutschland immer eher gedämpft war. In Frankreich zum Beispiel wurden wir immer gemocht. Deutschland ist eben sehr konservativ.

PETER BAUMANN Man hörte ab und zu von Amon Düül, Can oder Kraftwerk, aber in Deutschland war auch insgesamt einfach wahnsinnig viel weniger los als in England oder Amerika.

HARALD GROSSKOPF Ich hatte durch diesen ganzen Nazikram ein starkes Minderwertigkeitsgefühl, fühlte mich für alles irgendwie doch mitverantwortlich. Meine erste Auslandsreise machte ich nach Schweden, da war ich neunzehn und wurde sehr freundlich aufgenommen. Auf Tour mit Ash Ra liebten und verehrten uns die Franzosen besonders. Das war auch eine junge Generation, die kein Problem mehr mit den Deutschen hatte. Vielleicht passt es dazu, dass die Franzosen schon immer Comics und Science-Fiction liebten. Die sind offener für modernistische Kultur. In Metz haben wir mit Ash Ra mal bei einem Science-Fiction-Festival gespielt, da waren dreitausend Leute. Auch mit Platten hatten wir im Ausland mehr Erfolg als in Deutschland.

JAKI LIEBEZEIT Das Echo auf Can aus dem Ausland hat unser Ansehen dann auch hierzulande verbessert.

PETER BRÖTZMANN Deutschland war immer ein schwieriges Pflaster, im Ausland war ich von Anfang an erfolgreicher. In England und Holland war das Publikum weitaus offener, da kamen auch hauptsächlich junge Leute. Holland war aber auch immer schwierig. Da bin ich mit Han Bennink und Willem Breuker wirklich in jedem Kuhdorf gewesen und hatte als Deutscher immer wieder Schwierigkeiten. In Amsterdam gibt es eine Künstlerkneipe, die heißt De Kring, eine echte Nachtkneipe, da saß ich oft spätabends nach Konzerten. Das Publikum waren Intellektuelle, Journalisten, Schriftsteller, Künstler, viele davon jüdischer Herkunft. Die gaben einem Deutschen mit solcher Musik gern mal eine harte Zeit. Das war oft nicht so einfach. Auf der anderen Seite knüpfte ich dort schnell viele Kontakte zu jüdischen Malern und Schriftstellern, aus denen sich mit den Jahren viele tiefe Freundschaften entwickelt haben. Aber Holland war schwierig. Frankreich war nie ein Problem, in Russland gab es überhaupt keine Probleme. Und in England machten sie halt ihre Witze. Das kennt man ja, lachen konnte man nicht darüber, aber man konnte es ertragen.

IRMIN SCHMIDT Von Anfang an hat Can im Ausland viel mehr Aufmerksamkeit genossen als in Deutschland. Und das gilt bis heute. Nur die Holländer mochten uns nicht. Wir haben nie ein Konzert in Holland gespielt. In Skandinavien auch nie.

HANS-JOACHIM ROEDELIUS Dass wir im Ausland anders wahrgenommen werden als in Deutschland, haben wir relativ rasch gemerkt, denn die einzigen wirklichen Reaktionen kamen ja von dort. Die erste aus Japan, da gelten wir bis heute als die »Originators of Space Age«, was als Klassifizierung ja auch passt. Wir waren auch zweimal auf Tournee in Japan, zuletzt 2009. In den Siebzigern waren wir in England, Italien oder Holland auf Tournee. Ich habe früh meine Fühler nach Leuten ausgestreckt, die frei spielen wollten und Lust auf Experimente hatten, obwohl sie ausgebildete Musiker waren. Von denen gab es aber nicht sehr viele, und sie waren verteilt über alle Länder.

JEAN-HERVÉ PERON Im Ausland wurden wir mehr beachtet als in Deutschland, egal ob in Frankreich, England oder Italien. In Deutschland wurden wir nicht nur ignoriert, nein, man begegnete uns sogar mit absoluter Abneigung. Wir hatten einen üblen Ruf als kommerzielle Boygroup oder so. Dabei habe ich Faust nie als besonders kommerziell empfunden. Damals war es auch unmöglich, Konzerte in Deutschland zu bekommen. Das Publikum für unsere ersten Konzerte, so wie das in der Hamburger Musikhalle, war gekauft, alles fingiert. Ohne Ausland wären wir nie weit gekommen.

GÜNTER SCHICKERT Als ich mit Klaus Schulze in Italien unterwegs war, merkte ich zum ersten Mal, was ausverkaufte Konzerte sind. Da war ich nicht neidisch, aber erstaunt.

IRMIN SCHMIDT Die Rezeption von Can ging sehr stark über England. Zwar hatten wir Ende der Sechziger in Deutschland schon einen gewissen Ruf, den hatten wir uns live in Universitäten erspielt, und durch erste Filmmusiken, vor allem zu Ronald Klicks »Deadlock«, der durchaus ein Erfolg war. Auch unser Album »Soundtracks« verkaufte sich gut, mehr noch als »Monster Movie«. »Mother Sky« lief in deutschen progressiven Discos rauf und runter, und war in England auch in einem Soundtrack. In England selbst war aber von Beginn an eine andere Atmosphäre. Dabei lief diese erste Englandtournee noch unter ganz ärmlichen und schwierigen Bedingungen. Aber da wollte aus dem Publikum keiner mitspielen, so wie in Deutschland, sondern die sind nach dem Auftritt auf die Bühne gestürmt und haben uns umarmt und geküsst, schon gleich beim ersten Auftritt in der London University. Es wurde dann ein einziger Triumphzug und war sehr überwältigend. Das spielte sich zwar nicht in Riesenhallen ab, sondern in Universitäten und kleineren Clubs, aber die Leute waren immer im besten Sinn wie vor den Kopf gehauen. Natürlich fanden es auch dort nicht alle toll, aber es gab doch bei jedem Auftritt einen großen Teil, der völlig ausflippte, mit dem Erfolg, dass bei der zweiten England-Tour in Glasgow einer auf die Bühne kam und mich mit solcher Wucht umarmt hat, dass er mir dabei eine Rippe gebrochen hat. Ich habe dann den Rest der Tour mit dieser gebrochenen Rippe gespielt.

JAKI LIEBEZEIT Viele in Deutschland fanden Can auch schlecht. Die sagten: »Die können das nicht so gut wie die Engländer. Die klingen auch ganz anders.« Aber das war wohl der Grund, warum wir in England so erfolgreich waren, wir klangen nämlich wirklich anders. Und genau das haben die Engländer gewürdigt, für die waren wir quasi exotisch. Es gab ja viele deutsche Gruppen, die so englisch klangen, dass sie nicht weiter auffielen, wenn sie in England spielten. Can fielen in England auf, weil wir anders waren. Das erste Mal reisten wir 1972 nach England. Das war toll damals, wir haben uns in England sehr wohlgefühlt. Was auch daran lag, dass wir vom Publikum total anerkannt wurden. In Deutschland ließ das auf sich warten.

IRMIN SCHMIDT Das war immer seltsam. Was öffentliche Wahrnehmung und Ehrungen angeht, sind wir in England oder auch in Frankreich nahezu überhäuft worden im Vergleich zu Deutschland. Als 2015 eine CD-Box mit meinen Soloplatten erschien, saß ich allein in Paris in sechs Rundfunksendungen der großen Radiostationen. Ähnlich lief es in der Presse. In allen großen Zeitungen und Magazinen war die Box ein Thema, und in England war es ähnlich. In Deutschland lief dagegen so gut wie nichts. Das ist auch erstaunlich, weil viele meiner Soloarbeiten ja Filmmusiken sind, und fast immer für deutsche Fernsehfilme. Preise gab es hier auch so gut wie nie. Ob das nur dieser allgemeine Effekt ist, dass der Prophet im eigenen Land nichts gilt, oder doch etwas Spezifischeres, was den sogenannten Krautrock betrifft, oder sogar speziell nur mich, weiß ich wirklich nicht. Ich nehme das als seltsam wahr, aber es ist halt so. Mit Can lief es ja ähnlich. Wir hatten hier 1972 mit dem Song »Spoon« Erfolg, aber darüber hinaus passierte nichts. Mein Freund Wim Wenders rief mich mal aus Tokio an und sagte: »Ich stehe hier grad in einem Plattenladen, und die haben fast alle Can-Platten da.« Er war ganz begeistert und konnte es gar nicht glauben, denn in Deutschland fand man die damals nicht in Plattenläden. Als ich mal in Japan auf Promotion-Reise war, erkannten mich da tatsächlich viele Japaner: »Oh! Oh! Oh! Irm ... Irm ...!« Natürlich werden Can mittlerweile auch in Deutschland wahrgenommen, aber früher war das anders. Wir mussten wirklich erst in England und Frankreich berühmt werden, bis wir auch hier ankamen.

ACHIM REICHEL Deutschland war insgesamt verklemmter. In meiner Jugend hörte ich noch oft die Klagen über die sogenannte »Negermusik«. Im Ausland war die Toleranz viel größer, da war man lockerer. Ich habe auf Auslandstouren damals auch nie irgendwelche Anfeindungen erlebt, erstaunlicherweise.

KLAUS SCHULZE Was Musik angeht, waren die Franzosen, Engländer und Amerikaner viel weiter als wir. Nach dem Krieg wurde bei uns erst mal alles bloß adaptiert, Neues wagte hier keiner. Es gab auch wenig Luft, etwas Eigenes zu entwickeln, schließlich musste man erst die unmittelbaren Kriegsfolgen ausbaden. Aber dadurch ist eine kulturelle Starre entstanden, und in der war es auch Ende der Sechziger und später noch schwer, von einem größeren deutschen Publikum akzeptiert zu werden, wenn man als Deutscher musikalisch etwas Progressives machte, gerade auch bei den deutschen Progressiven selber. Eine Band wie Pink Floyd war für die immer viel interessanter als irgendeine verrückte deutsche Band aus

Berlin, das konnte ja gar nichts sein. Richtig ernstzunehmen und cool konnte für die meisten nur etwas sein, was irgendwie aus der Ferne kam. Und wir waren da vielleicht einfach zu nah, mit uns konnte man im Prinzip in der Mensa reden, mit Syd Barrett nicht. Aber gerade deshalb war uns auch bald klar: Entweder machen wir unser eigenes Ding, oder wir machen gar nichts. Es klingt absurd, aber gerade wenn man als Deutscher damals etwas Eigenes machte, wurde man in Deutschland quasi selbst zum Ausländer, und gerade dadurch auch fürs Ausland interessant.

DANIEL MILLER Dass die Krautrockbands in Deutschland weit weniger bekannt waren als in England, weiß ich noch sehr gut. Ich hatte damals eine deutsche Freundin, und wenn ich bei deren Freunden diese Bands erwähnte, schauten die mich nur verstört an, dass ich diese Musik mochte. Die erwarteten, dass man Bob Dylan und Jimi Hendrix hört. Denen war es ein Rätsel, warum man sich diese deutschen Bands anhören sollte. Es war so, als ob die sich für deutsche Kultur irgendwie schämten. So eine Art Nachkriegs-Minderwertigkeitskomplex. Ich glaube nicht, dass ihre Ablehnung dieser Bands an der Musik lag, sondern vielmehr an dem Umstand, dass die nicht aus England oder den USA kamen. Deutsche Künstler passten damals nicht in deren Weltbild.

KLAUS SCHULZE Einer der Ersten, die dann von außen her realisiert haben, dass sich in Deutschland etwas tat, war Richard Branson von Virgin, der hörte, dass da ein spezieller Sound aus Deutschland kommt, und dachte sich: Das ist neu, das nehme ich! Bald hatte Branson einen ganzen Katalog an deutschen Künstlern, was für eine britische Firma damals eine Rarität war, aber genau deshalb auch in Großbritannien funktionierte. Für uns war das der Einstieg in die Profiliga, da fingen wir so langsam an, von der Musik leben zu können. Mit meinem Album »Moondawn« landete ich in den französischen Charts immerhin auf Platz zwei. In Deutschland lief es dagegen lange eher zäh. Ab und zu kam mal ein Angebot, ob ich nicht in der Nationalgalerie in Berlin spielen will, im Düsseldorfer Robert-Schumann-Saal oder in Frankfurt in der Oper. Aber es war nicht so, dass die Musik auf einmal akzeptiert worden wäre. Das änderte sich eigentlich erst 1978, als mein Doppelalbum »X« in die deutschen Charts einstieg, da habe ich gewusst, dass es jetzt hier auch losgeht. Wir sind alle gern mal in die Plattenläden gegangen, um uns selber zu sehen. Als »X« rauskam, habe ich auch mal nachgeschaut, aber das Fach war leer, da bin ich zum Verkäufer und sagte, dass ich die neue Platte von Klaus Schulze suche, da sagte der: »Hier, schaun Se mal, die steht gleich neben der Kasse, so gut läuft die nämlich.« Aber so richtig interessiert hat mich das am Ende eigentlich nie, wie viele jetzt meine Musik hören oder nicht.

JÜRGEN DOLLASE In der ersten Hälfte der Siebziger waren die Liveauftritte der deutschen Bands immer ein bisschen mickrig, weil ihre Ausstattung so schlecht war. Die Überwältigungsstrategien, die bei den englischen und amerikanischen Bands eine so große Rolle spielten, blieben den deutschen Bands versagt. Konzerte, bei denen allein die PA-Macht ausreichte, um eine Halle richtig unter Druck zu setzen, waren in Deutschland in den frühen siebziger Jahren nicht üblich.

KLAUS SCHULZE Natürlich gab es in anderen Ländern aus der Zeit vor 1945 noch massive Vorbehalte gegen Deutsche überhaupt, und die bekamen auch wir manchmal ab. Als wir mal auf Einladung des Goethe-Instituts in Norwegen auftraten, kamen Einheimische, die sagten, dass sie nur ein deutsches Wort kennen: »Passierschein«! Auch als wir zum ersten Mal in die Normandie kamen, stellten wir fest, dass man uns da nicht mochte, obwohl wir nicht gerade wie die Wehrmacht aussahen, egal, wir waren »Boches«.

JEAN-HERVÉ PERON Ich bin ein Franzose, der in Deutschland lebt, und ein großer Verteidiger von Deutschland, weil ich mitbekomme, was sich meine Kinder und Enkelkinder im

Ausland anhören müssen. Meine Frau ist in Frankreich schon schwer beleidigt worden. Eine Frau, die unsere hübsche Tochter anschaute, sagte glatt, sie habe nicht gewusst, dass Deutsche schöne Kinder haben können. Was hat meine Frau mit dem Krieg zu tun? Und meine fünfzehnjährige Tochter ist beim Campen von Niederländern als »Scheißdeutsche« beleidigt worden. Das nervt mich. Von Franzosen, die nicht mal gescheit Französisch können, werde ich belehrt, dass Deutsch so eine harte Sprache sei. Wie bitte? Die fordere ich dann auf, doch mal einen Satz auf Deutsch zu sagen. Weiter als »Achtung« kommen die aber nie. Ich toleriere diese Vorurteile jetzt nicht mehr und gehe, wenn ich ihnen begegne, sofort auf Konfrontation.

KLAUS SCHULZE In Holland sagte einer von der Plattenfirma, dass er sein Fahrrad wiederhaben will. Was ich erst gar nicht kapierte. »Du, tut mir leid, aber ich hab dein Fahrrad nicht.« Bis mir jemand erklärte, dass die Deutschen in Holland im Zweiten Weltkrieg alle Räder konfisziert hatten. Das war also ganz ernst gemeint. Und war ja auch bitterer Ernst. Ende der Sechziger, Anfang der Siebziger war der Krieg erst gut zwei Jahrzehnte vorbei, da gab es noch viele, die das alles miterlebt hatten. In den Plattenfirmen saßen viele Fünfzig-, Sechzigjährige, die reagierten dann schon mal komisch auf uns. Im Ausland gab es da wirklich eine Generationenkluft: Das junge Publikum bejubelte uns bei Konzerten, während die Älteren sagten: Schon wieder die Deutschen! Das war zwar nie ein großes Thema, aber an vielen kleinen Sticheleien merkte man es doch. Das pauschale Gerede von den »bösen Deutschen« war manchmal schon nervtötend. Umso erstaunlicher war es in Polen, dahin hatte ich auch eine sehr enge Verbindung. 1983 trat ich in einer großen Halle in Gdansk auf, in der auch Lech Walesa seine berühmte Rede gehalten hatte. Auf dem Konzert waren viele von der Solidarność und haben mich da sehr gefeiert, die kannten mich alle schon aus ihrer Studienzeit.

HOLGER CZUKAY Als wir das erste Mal nach England rübergingen, wurden wir sowohl fröhlich empfangen als auch verletzt, denn bei allen Ovationen blieben wir am Ende doch bloß Krautrocker. Ich merkte, dass da doch eine gewisse Reserviertheit gegenüber Deutschen generell war. Als wir das erste Mal in London auftraten, schien das Publikum gar nicht glauben zu können, was wir da auf der Bühne boten. Ich erinnere mich, dass das wirklich ein sehr gutes Konzert war. Impossible! Das konnten einfach keine Deutschen sein. Gleichzeitig war mir klar: Wenn man das, was wir machten, richtig macht, kann man nichts falsch machen. Stockhausen sagte immer: »Mach dir keine Sorgen! Du kannst gar nichts falsch machen.« Warum sollte das in England anders sein?

ACHIM REICHEL Ich hatte mal ein Erlebnis mit einer sehr netten Rundfunkmoderatorin, die plötzlich so nebenbei fallen ließ, wenn sie ins Ausland reise, würde sie immer behaupten, sie komme aus Dänemark, weil wir Deutschen ja nicht mehr so beliebt seien. Dafür hatte ich kein Verständnis. Man muss doch dazu stehen. Darin, meine Herkunft zu leugnen, habe ich nie einen Sinn gesehen, im Gegenteil. Als Künstler kann man seinen Beitrag leisten, die Dinge vielleicht etwas aufzuarbeiten. Deshalb ist Musiker für mich der Traumberuf.

STAATSFEINDE

»Ich schmiss nicht mal Steine.«
MICHAEL ROTHER

IRMIN SCHMIDT In Köln kam öfter Rolf Dieter Brinkmann zu uns ins Can-Studio, aber da bin ich dann an meine Grenzen gestoßen, vor allem, wenn Brinkmann sich mit Baader-Meinhof solidarisierte, natürlich nur verbal, dafür umso radikaler. Bei dem Thema bin ich mit einigen Leuten heftig aneinandergeraten, weil ich mich gegen diese Behauptung, dass die RAF im Prinzip schon das Richtige macht und will, immer vehement gewehrt habe. Und gerade mit Brinkmann war es extrem, der ist nach so einer Kontroverse mal ziemlich wütend rausgerauscht und hat sich dann auch nicht wieder blicken lassen. Das war schade, weil ich einige seiner Sachen ganz wunderbar fand, obwohl der als Typ auch sonst nicht einfach war. Aber diese tiefen ideologischen Gräben gab es zu der Zeit für mich mit vielen Leuten, wahrscheinlich gerade deshalb, weil ich bei Can für solche ideologischen Fragen noch am ehesten zugänglich war. Holger oder Jaki brauchtest du mit der RAF gar nicht zu kommen. Keine Diskussion.
KLAUS SCHULZE Kontakte zu Terroristen hatten wir nie, mal abgesehen davon, dass sie uns in Frankfurt bei einem Tangerine-Dream-Konzert mal die Kasse mit den Einnahmen klauten, weil das Geld politisch besser zu verwenden wäre. Wir waren bloß die abgedrehten Kiffer, die keiner ernst nahm, deshalb durfte die proletarische Revolution auch unsere Abendgage konfiszieren, irgendwo musste man ja anfangen. Aber so gab es eben auch keine ernsthaften Kontakte zur RAF, das war eher bei Politrockbands wie Ton Steine Scherben oder Floh de Co-

logne ein Thema. Dabei waren wir als Gegenkultur zum Establishment gar nicht so unpolitisch, wie andere uns das damals vorgeworfen haben und wie wir vielleicht auch selber dachten, denn wir waren doch ziemlich weit vom bürgerlichen Mainstream weg, eigentlich in jeder Hinsicht. Für »das System« waren wir mindestens so schwer erreichbar wie irgendwelche linken Zirkel. Auch die Leute auf der Straße hielten eher uns für Terroristen als die echten Terroristen.

HANS-JOACHIM ROEDELIUS Baader und solche Typen kamen manchmal vorbei. Die RAF fand ich dann aber furchtbar. Auch was ich in der Kommune in meiner Zeit als Kinderpfleger erlebte, ging mir total gegen den Strich. Die quatschten nur und ließen ihre Kinder allein. Wenn Gewitter war und die Kinder Angst hatten, krochen die zu uns ins Bett, weil ihre Eltern irgendwo am Quatschen waren. Schon deshalb konnte ich das ganze anarchistische Gequatsche immer weniger ertragen, da war oft nichts dahinter. Auch gegen kommunistische Parolen war ich immun, ich musste mit der Fahne in der Hand für Walter Ulbricht demonstrieren, das reichte mir.

IRMIN SCHMIDT Ich habe mal die Bühnenmusik für ein Stück am Münchener Residenztheater geleitet und auf Wunsch des Regisseurs die ursprüngliche Theatermusik von Paul Dessau umarrangiert. Erst wollte ich nicht, aber der Regisseur sagte: »Das darfst du!« Ich antwortete: »Aber nur, wenn Dessau das erlaubt.« Nach der Überarbeitung fand ich Dessaus Originalmusik nach wie vor viel schöner als meine Version, aber die wollten das halt modern, mit Keyboards und so. Jedenfalls fuhren wir anschließend rüber in die DDR, um uns Dessaus Segen zu holen. Da war dann dieser Zirkel mit Heiner Müller, bei Fritz Marquardt zu Hause, glaube ich. Kurz vor der Reise hatte ich Hildegard noch einen schicken Kaninchenpelz geschenkt, ganz weiß, sehr glamourös, sie sah berauschend aus mit diesem Mantel, dazu schicke Stiefel. Wir hatten das jedenfalls nicht so richtig gecheckt und waren dann doch etwas beklommen, zumal ich mir neben diesen ganzen Geistesheroen sowieso wie der letzte Depp vorkam – allerdings nur bis zu dem Moment, wo Heiner Müller verkündete, dass es in der BRD bald einen Bürgerkrieg geben werde. Da bin ich aus meiner Bewunderung aufgewacht und meinte: »Was? Spinnt ihr?« Aber Müller durchblickte die Lage glasklar: »Baader-Meinhof führt zu Bürgerkrieg, und der steht nun bevor. Das dauert höchstens noch ein Jahr.« Und er fand das auch sehr gut so. Ich bewundere ihn bis heute, aber er konnte doch ziemlich danebenliegen. Ich kannte die Kommune in der Türkenstraße und das Baader-Szeneumfeld, und auch damals war schon klar, dass die keinen Bürgerkrieg anzetteln. Das konnte vielleicht blutig enden, aber von denen einen Bürgerkrieg zu erwarten, war einfach nur Quatsch. Aber das Gespräch wurde dann sowieso abrupt beendet, als Marquardt zum Fenster ging, hinausblickte und verkündete: »Er kommt!« Gemeint war Dessau, offenbar erkennbar an dem nagelneuen weißen Mercedes, der vor dem Haus einparkte. Dann kam Dessau rein, der eine imposante Erscheinung war: ziemlich groß, gutaussehend und charismatisch, kurzes weißes Haar, er füllte gleich den Raum, trug einen maßgeschneiderten Mao-Anzug aus feinstem blauen Tuch. Das fand ich ziemlich gut und auch witzig, der Brecht-Intimus und Stalin-Preisträger Dessau hat einen weißen Riesen-Mercedes und maßgeschneiderte Budapester Schuhe – er sah toll aus, wie aus dem Ei gepellt! Jedenfalls wurde dann einiges besprochen: eine anstehende Uraufführung von Heiner Müllers »Prometheus«, wo wir, also Can, die Musik machen sollten, und noch einiges mehr. Ich betrachtete die ganze Zeit nervös meine Kassette und sagte irgendwann: »Herr Dessau, wir haben da also Ihre Musik für ›Mann ist Mann‹ bearbeitet.« Er guckte mich kurz an und sagte dann berlinernd wie Hölle: »Jem' Se schon her, junger Mann, aber det eens klar is: Für Ihre Bearbeitung gibt's keene JEMA-Jebühren. Die JEMA ist allein meins! Und jetzt verlang' Se bloß nich von mir, det ich mir det och noch anhöre, machen Se doch, wat Se wolln …« Da fiel bei mir auch eine Klappe. Was ich aus seiner Brecht-Musik gemacht hatte, war dem völlig schnuppe, den interessierte ausschließlich sein Westgeld-Anteil an den GEMA-Einnahmen – was ja sein gutes Recht war, aber es war schon desillusionierend. Umgekehrt muss man sich auch die Verhältnisse klarmachen: Mir konnte der GEMA-Anteil vollkommen egal sein, denn ich verdiente damals in Westdeutschland höllenviel Geld mit meinen Theateraufträgen. Die Theater schmissen damals nur so um sich mit dem Geld. Diese »Mann ist Mann«-Bearbeitung machte ich als Kapellmeister, der ich war, an einem Nachmittag. Ich nahm mir die Partitur vor, um sie für zwei Keyboards umzuzaubern, schrieb also bei einigen Instrumentenstimmen eine 1 hin und bei anderen eine 2, das war meine Bearbeitung. Dann holte ich mir einen Kapellmeisterstudenten von der Münchner Musikhochschule und sagte zu dem: Das spielst du, und das spiele ich. Für diese tonkünstlerische Meisterleistung habe ich allein viereinhalbtausend Mark gekriegt, die Arbeit eines Nachmittags. Dann probten wir das, wofür ich noch mal zehntausend Mark bekam. Für jede anschließende Aufführung bekam ich dann dreihundertundirgendwas Mark, es waren achtundzwanzig Aufführungen. Obendrein setzte ich durch, dass sie mir bei einem Tag Aufenthalt ein Hotel bezahlen, und bei zwei Tagen Aufenthalt bekam ich einen Flug Köln-München bezahlt. Für vierzigtausend Mark schaffte ich dann noch neue Instrumente an. Allein für die Musik hatte das Theater also um die hunderttausend Mark ausgegeben. Ich verdiente in einem halben Jahr mit solchen Sachen um die fünfzigtausend Mark, was mir finanziell über die erste Zeit mit Can hinweghalf. Im Zeitalter von Spotify darf man das eigentlich gar nicht mehr erzählen, selbst der DDR-Luxus von Dessau muss Musiker von heute neidisch machen.

RENATE KNAUP Wir kamen mal nach irgendeiner Tournee morgens um fünf nach Hause, und da lagen Ensslin und Baader in Falks und meinem Bett, und oben war die Meinhof. Ich reagierte darauf richtig heftig, und schrie die an: »Ihr packt euch sofort aus meinem Bett, was glaubt ihr eigentlich, wer ihr seid?« Und Chris, der nun überhaupt keine Durchsetzungskraft hatte, jammerte: »Bei mir oben liegen auch welche rum.« Da bin ich dann auch noch hoch, habe das geklärt, und die standen auch sofort auf. Wir waren so müde, dass wir dann augenblicklich eingeschlafen sind.

CHRIS KARRER Das war schlimm. Wir kamen von einem Konzert, waren völlig fertig und müde, wollten nur noch in unsere Betten, und da lagen auf einmal diese Leute drin, die wir nicht kannten. Die haben wir dann erst mal mit Fußtritten rausexpediert. Die sind dann in derselben Nacht mit ihrem geklauten Mercedes in den Ammersee gefahren, wo wir sie dann mit unserem Cadillac rausziehen mussten. Wir wussten erst gar nicht, wer das war. Der Dieter war zu Hause geblieben und hat gezittert und geschlottert vor Angst: Wisst ihr nicht, wer das war? Das waren Baader-Meinhof, die kamen hier an und haben mich mit der Knarre bedroht. Aber als wir anderen zurückkamen und wütend wurden, hatten die auch Respekt. Ich hatte die ohnehin nicht erkannt, sah nur, dass da jemand in meinem Bett liegt. Wir waren schon auch immer links, sind wir bis heute, aber doch nicht so wie die.

RENATE KNAUP Als das passierte, waren die schon auf der Flucht. Sie verschwanden, während wir uns dann ausschliefen, wir waren ja vorher zwölf Stunden unterwegs gewesen. Ich weiß auch noch, dass dann ganz viele Klamotten von den Männern weg waren, die hatten die einfach geklaut. Klar waren die mir auch unheimlich, aber Angst hatte ich nicht. Meine Laune war so schlecht, die hätte ich aus unserem Bett rausgehauen. Mir war es wurscht, wer sich um die kümmert. Ich hatte mit denen sonst nichts zu tun, verfolgte auch nicht groß, was die machten, wusste aber schon, dass das für meinen Geschmack zu weit ging. Gut, am Anfang schien es ja ganz cool, mal 'ne Bank zu überfallen und so weiter, diese »Nehmt's den Reichen und gebt's den Armen«-Haltung, das war noch nachvollziehbar, aber was dann kam: Entführungen, Erpressungen, Gewalt – alles Scheiße! Und führte auch zu nichts, oder zu so was wie der Schleyer-Entführung, alles nur noch furchtbar. Natürlich wurde das in der Kommune besprochen, aber einhellig für nicht gut befunden. Bei uns hatte nur der Peter Leopold einen Waffentick. Der hat mal mit einem Gewehr in die Wand geschossen, sonst war er aber das totale Weichei.

CHRIS KARRER Wir sind oft wegen Unterstützung von Terrorismus verhaftet worden. In unser Haus kam mal eine Hundertschaft von Polizisten und hat uns an die Bäume gefesselt und das Haus durchsucht. Die kamen mit entsicherten Knarren, was schon ziemlich unheimlich war. Die dachten wirklich, dass wir Terroristen sind. Es stellte sich dann raus, dass einer, der bei uns wohnte, auch Waffenlieferant der RAF war, weshalb wir monatelang unter Beobachtung gestanden haben. Wir wussten davon wirklich nichts. Aber die haben auch schnell gemerkt, dass wir mit alledem nichts zu tun hatten.

CHRISTIAN BURCHARD Unsere Kommune war in München, Haidhausen, Metzstraße 15. Zwei Stockwerke unter uns wohnte niemand Geringeres als Brigitte Mohnhaupt. Es gab zwar nachbarschaftlichen Kontakt zu ihr, aber groß war der nie. Wir haben uns bei denen immer mal wieder Salz oder Zwiebeln geliehen. Von uns wollten die allerdings nie was geliehen haben. Immer nur sind wir zu denen runter, und ich erinnere mich, dass bei Mohnhaupt und ihren Freunden ständig die Stones liefen. Aber wir hatten nie richtigen Kontakt zu denen, die waren wie auf einem anderen Planeten, auch wenn wir fanden, dass sie Rock 'n' Roller waren. Umgekehrt waren wir für die einfach nur Spinner. Und eines Tages waren sie einfach weg. Bumm! Weg! Am nächsten Tag kam dann ein Riesen-Polizeiaufgebot. Zurückgelassen hatten die nur ihre Katze, die verwirrt im Hausflur rumlief. Also nahmen wir Mohnhaupts Katze bei uns auf. Wir nannten sie Hutze, und als sie bald darauf Junge bekam, sagten wir: Das sind alles kleine RAF-Kätzchen.

IRMIN SCHMIDT Ich habe Herrn Baader mal in der Kommune in der Türkenstraße auf einem Sofa rumlümmeln gesehen, wo er ein paar sendungsbewusste Sprüche abließ, die abgrundtief blöd waren. Das war auch ein unangenehmer Machotyp. Wirklich zu tun hatten wir mit denen aber nie. Zwei, drei Leute aus deren WG in der Türkenstraße mochten halt Can, und dann war man mal da. Ich war aber viel öfter in der Giselastraße, da wohnten die Verrückteren, Lustigeren wie Teufel und Langhans, von denen wollte keiner mit Bomben schmeißen.

MICHAEL ROTHER In Forst gab es tatsächlich mal eine Hausdurchsuchung, eine Art Überfall, auf der Suche nach Baader-Meinhof-Leuten. Einer aus deren Umfeld, Bommi Baumann, war mal in Forst zu Besuch gewesen. Ich hatte zu Leuten aus diesem Umfeld keinen Kontakt. Menschen umbringen konnte ich nicht, ich schmiss ja nicht mal Steine. Bei aller Kritik an der Gesellschaft entsprach Gewalt nicht meiner Einstellung, das war nicht mein Weg.

IRMIN SCHMIDT An Grenzübergängen sind wir regelmäßig länger festgehalten worden, in der DDR, aber auch auf der bundesrepublikanischen Seite. Als Rockmusiker fiel man automatisch mit in das Verdachtsschema »Terror & Drogen«. Vor allem in Aachen, am Grenzübergang, bei der Rückkehr von Tourneen, wurde Michael regelmäßig total auseinandergenommen. Der strahlte wohl etwas aus, das die Polizisten reizte. Jaki und ich wurden selten durchsucht. Ich habe mich bei Grenzübergängen auch extrem zivilisiert angezogen, ich hatte keinen Bock auf diesen Mist. Meinen Pferdeschwanz versteckte ich unter einer Kappe, dann sah ich aus wie ein

Kurzhaariger, dazu trug ich einen schicken Pullover und eine schicke Jacke zu meinen Jeans. Ich sah so relativ normal aus, gar nicht wie ein Hippie. Das war auch auf Bahnhöfen und Flughäfen hilfreich. Ich bin da immer mit einer Hand in der Hosentasche, Jackett an und mit gerader Haltung und sehr strengem Blick aufgetreten, strahlte möglichst eine strenge Freundlichkeit aus. Den Zöllnern begegnete ich eher herablassend, nickte und ging unbehelligt durch, wie wohl auch alle Großverbrecher in ihren Anzügen. Die bürgerliche Imagination hat das Böse eben bei den Freaks gesucht. In solchen Transitzonen möglichst unfreakig aufzutreten, war deshalb eine Technik, um nicht drangsaliert zu werden. Die verdankte ich auch meinem Studium und der Arbeit als Dirigent. Da lernt man, eine gewisse Selbstsicherheit auszustrahlen. »Entschuldigung? Ich bin der Dirigent!« Wer zu einer ersten Probe mit einem Symphonieorchester das Podium betritt und jung ist, wird von den Musikern erst mal taxiert. Die schauen, was geht und was nicht, deshalb lernt man, ohne Worte auszudrücken: »Checkt mich gern aus, aber wenn ihr nicht mitspielt, wird es für euch schwierig, und zwar so schwierig, dass es für euch besser ist, ihr spielt gleich mit, ok?« So wurde ich an Flughäfen in Ruhe gelassen. Michael und natürlich Damo hatten da mehr Probleme, die sind immer rausgewunken worden.

ACHIM REICHEL Am schlimmsten war es, wenn man nach Berlin fahren wollte. Mit A.R. & Machines habe ich einige Male beim RIAS Konzerte gespielt. Was da jedes Mal an der Grenze los war, das war schon extrem.

MICHAEL ROTHER Wir waren mit Harmonia mal 1974 wegen eines Konzerts in Brüssel. Das war die Zeit der Baader-Meinhof-Phobie. Wir saßen in unserem alten Mercedes und sahen uns plötzlich von Polizisten mit Maschinenpistolen umstellt. Alle wurden durchsucht. Dann nahmen sie uns mit. Da bekam man es schon mit der Angst zu tun, bloß keine falsche Bewegung. Wir sahen halt anders aus und waren schon von daher offenbar grundsätzlich verdächtig. Dass wir uns eigentlich nur um unsere Kunst kümmern wollten und unseren privaten alternativen Lebensentwurf pflegten, das prallte an denen ab. Das war nicht vermittelbar und ja auch nicht deren Interesse. Man wurde halt von der Gesellschaft misstrauisch beäugt.

JÜRGEN DOLLASE Die erste Terrorismuswelle war für uns eine Katastrophe. Wir wurden ständig kontrolliert. Wenn man nachts nach Konzerten nach Hause fuhr, und man fuhr sehr oft nachts wieder nach Hause, aus Kostengründen, anstatt ein Hotel zu nehmen, dann führte das oft zu sehr unlustigen Erlebnissen. So ein Bus voll mit Langhaarigen war eben prinzipiell verdächtig. Man wurde angehalten und war plötzlich umzingelt von zehn bis zwanzig Polizisten mit Maschinenpistolen. Man blickte dann in die Gesichter von Familienvätern, die ihre Maschinenpistole auf einen richten. Und dachte nur: Um Gottes willen, jetzt bloß ganz langsam gehen und keine eckigen Bewegungen machen. Das war manchmal böse. Wir landeten wirklich in jeder Polizeikontrolle.

MICHAEL ROTHER Wir waren mal auf dem Weg zu einem Festival in Kärnten. Moebi fuhr den Bandbus, und ich fuhr mit meinem VW-Variant vorweg, ich hatte noch ein Mädchen dabei. Ich kam dann bei dem Festival an und wunderte mich irgendwann, wo denn die anderen abblieben. Damals gab es ja noch keine Handys, sodass man nicht einfach mal nachfragen konnte. Jedenfalls hatte ein Polizist in Zivil Moebi auf der Straße überholt und gesehen, wie der mit seiner Haschpfeife am Steuer saß. Was das angeht, waren die Österreicher sehr uncool. Angeblich gab es Hinweise auf einen bevorstehenden großen Drogentransport. Die Polizei nahm dann den ganzen Bus auseinander, alle Instrumente wurden herausgenommen, alles durchsucht, und dann fanden sie einige Trips bei mitreisenden Freunden. Diese allgemeine Terrorhysterie haben wir also schon gespürt, nicht nur als Zeitstimmung, sondern zum Teil ganz handfest.

JÜRGEN DOLLASE Ich bin mir nicht sicher, ob ich mit Terroristen zu tun hatte, aber wenn, waren es keine von den Topleuten. Mitläufer habe ich vielleicht mal getroffen. An Namen erinnere ich mich nicht. Es gab zu Zeiten der Kunstakademie so komische Gestalten, die mal kurz auftauchten, ein paar Tage in irgendeiner WG blieben, ominöse Leute, über die viel gemunkelt wurde und die dann ebenso schnell wieder von der Bildfläche verschwanden. Es war eine etwas undurchsichtige Szenerie. Aber zwischen den hedonistischen Rock 'n' Rollern und der Politikfraktion gab es kaum engere Verbindungen, zumindest nicht in meinem Umfeld. Ich war zwar gedanklich freiheitlich gesinnt, aber nicht wirklich politisch aktiv. Dabei gab es ja auch Rockbands, die mit sozialistischen Parolen ganz gut im Geschäft zu sein schienen. Die spielten auf sämtlichen linken Veranstaltungen, wo wir auch manchmal verpflichtet wurden, aber nicht sehr häufig.
IRMIN SCHMIDT Einige Can-Auftritte waren sehr mit Aggressivität geladen. Manchmal war das toll, manchmal aber auch weniger. Ein tolles Konzert war 1970 in Berlin, wo zu der Zeit gerade die Hölle los war. Da war Malcolm eben weg und Damo noch nicht da. Wir spielten in der Technischen Hochschule in der Aula, einem Riesenraum, der vor Leuten platzte. An Unis hatten wir einen guten Ruf, aber politische Statements wurden da kaum erwartet, die wollten nur tolle Musik. Da wurden die Joints auf die Bühne gereicht, so wie diesmal auch. Draußen stand die Polizei, aber in die Uni durften die irgendwie nicht direkt rein. Wir haben da dann fünfeinhalb Stunden durchgespielt, eines unserer längsten Konzerte überhaupt. Es war Winter, draußen bitterkalt. Wir hatten spät angefangen und waren so gegen zwei Uhr morgens fertig. Und die Polizisten mussten da in der Kälte ausharren. Der Plan war, nicht aufzuhören, bis die zu Eis erstarrt waren. Wir haben da auch musikalisch sehr aggressiv agiert. Als wir am Ende doch rauskamen, waren da wirklich nur noch sehr wenige übrig, das

war schon eine Art Triumpf. Gar nicht lustig war dagegen ein anderes Konzert, auch in Berlin, im alten Sportpalast, wo erst Free auftraten, dann wir und dann The Flock. The Flock hatten Schwierigkeiten, weil sie zu spät gekommen waren. Die wollten dann unbedingt Lautsprecher von uns geliehen haben. Eigentlich war uns das nicht recht, wir ließen uns aber doch breitschlagen, und die haben unsere Lautsprecher dann auch amtlich ruiniert. Aber schon das Reinkommen in die Halle war die Hölle, denn das ging durch einen zweihundert Meter langen Polizeikordon, die standen da in Hundertschaften dreifach gestaffelt im Spalier, alle mit Helm und unbewegt wie Gladiatoren oder Puppen. Da musste man dann sein Zeug vorbeischleppen auf dem Weg zur Bühne, und das war demütigend, sogar ziemlich demütigend. Das ganze Publikum musste da ja auch durch, wie eine Art Spießrutenlauf. Die Stimmung war deshalb von vornherein geladen, das Publikum und auch die Musiker. Als es dann Schwierigkeiten mit The Flock gab, fingen die Ersten an, Sachen zu zerdeppern. The Flock hörten dann sehr früh auf, und dann ging in der Halle die große Schlägerei los. Wie wir später erfuhren, war der Auslöser ein Provokateur, ein Polizist in Zivil. Die Polizei hatte also die Prügelei begonnen! Von oben aus der Tonkabine sah ich mit Entsetzen, wie die Polizisten mit ihren Knüppeln jungen Mädels zwischen die Beine prügelten, mit großer Lust und in Zivil. Natürlich kommt einem da die Idee, dass mit unserer Gesellschaft einiges nicht stimmt, weiß Gott! Wenn nicht da, wann dann? Und natürlich gerät man in seiner ohnmächtigen Wut auch schnell dahin zu sagen: »Schluss damit! Die oder wir! Bewaffnet euch!« Für Baader-Meinhof war ich trotzdem nicht zu haben. So eine Situation war unerträglich, aber es musste anders gelöst werden. Und es hat sich ja schon einiges geändert, auch ohne den ganz großen Umsturz. Irgendwann wurde doch vielen klar, dass Gewalt nur zu noch mehr Gewalt führt.

KARL BARTOS Bei Kraftwerk fuhren wir gern nachts mit dem Auto rum, in den frühen Morgenstunden, und hörten Musik, nachdem wir aus dem Studio gekommen waren. Bestimmt mehr als viermal wurden wir dabei von der Polizei angehalten. Der Polizeiwagen blieb vor uns stehen, ein Beamter ging hinter unser Auto, einer davor, und einer fragte: »Was machen Sie um diese Uhrzeit noch?« Das war schon unheimlich. Wir hatten ja das passende Alter, um verdächtig zu sein. Unsere Reaktion auf solche Kontrollen war immer, dass wir sofort im Auto Licht anmachten und alle die Hände hochnahmen. Wir sagten dann: »Wir sind Musiker und arbeiten gerade.« Da wurde man nicht zynisch, denn natürlich hatte ich Angst vor solchen Polizisten, die da mit entsicherter Waffe vor uns standen. Aber die hatten natürlich auch Angst, es waren furchtbare Situationen.

IRMIN SCHMIDT In Köln wurden wir nachts auch immer wieder von der Polizei angehalten. Drei, vier langhaarige Typen, die nachts um zwei im Auto saßen und laut Musik hörten, extrem verdächtig. Hatten die nichts Besseres zu tun?

HARALD GROSSKOPF Zum Abschluss unserer Frankreichtour 1977 spielten wir mit Ash Ra in Mülhausen an der Grenze. Da hatte man ganz in der Nähe gerade Hanns Martin Schleyer tot im Kofferraum eines Autos entdeckt. Wir spielten anstelle von Ritchie Blackmore, der ausgefallen war, was natürlich überhaupt nicht passte, die Leute wollten Rainbow und bekamen Ash Ra. Aber es war super, alles bestens ausgestattet, der Veranstalter kannte mich noch von Wallenstein. Der hatte dann ein ganzes Restaurant für uns gemietet, wir kifften und tranken Alkohol. Danach waren wir zwar nicht völlig zu, aber wir hätten eigentlich auch nicht mehr Auto fahren dürfen. Trotzdem fuhren wir natürlich mit unserem dicken Daimler los, Manuel hatte so einen gebrauchten 280er S-Klasse, mit diesen Doppelscheinwerfern übereinander, und in diesem Ding rollten wir also zu dritt langhaarig durch Mülhausen. Plötzlich überholt uns eine Peugeot-Limousine mit quietschenden Reifen, bremst vor uns, vier Typen mit Knarren springen raus und zielen auf unsere Köpfe. Ganz vorsichtig kurbelten wir dann die Fenster runter, und Lüül, der ganz gut Französisch sprach, sagte, dass er nun ganz behutsam seinen Ausweis aus der Jackentasche ziehen würde. Dann ging es etwas hin und her mit ihren Funkgeräten, unsere Ausweise wurden gecheckt, und dann ließen sie uns wieder fahren. Die haben sich überhaupt nicht dafür interessiert, dass wir betrunken und bekifft waren. Das war die Fahndung nach den Schleyer-Tätern. Und wenn dir mit der Pistole direkt auf den Kopf gezielt wird, ist das schon furchterregend. Ein paar Jahre vorher hatten wir das mit Wallenstein an einer Raststätte in Wuppertal, da wollten wir grad aus dem Auto aussteigen, da sehen wir zehn Leute mit Maschinenpistolen, die uns eingekreist haben. Die wollten dann nur unsere Ausweise checken. Als Hippies fühlten wir uns ein bisschen elitär und nahmen solche Vorfälle auch amüsiert zur Kenntnis. So war sie halt, die spießige kapitalistische Welt, mit der wir nichts zu tun haben wollten.

IRMIN SCHMIDT Wir wurden immer mal wieder aufgefordert, uns auf der Bühne zur politischen Lage zu positionieren, so wie nach diesem Berliner Konzert, wo wir von den Polizisten eingekesselt worden waren. Das haben wir aber nie gemacht. Wir ließen keine Statements ab. Manchmal reichte, glaube ich, auch die wortlose Präsenz, mit der wir aufgetreten sind. Allein die Idee unserer Musik brachte andere auf Ideen, hoffe ich zumindest.

HARALD GROSSKOPF Die Ordnungshüter blickten aber manchmal auch nicht richtig durch. Mit Wallenstein reisten wir oft in geschlossenen Lkws, da fuhren drei Mann vorn, die Roadies, und hinten im geschlossenen Kasten lagen wir mit unseren Freundinnen in Schlafsäcken auf der Anlage, natürlich fest am Kiffen. In Mönchengladbach bremste dann mal abrupt der Wagen, die Tür ging auf, und da stand ein Polizist – ich dachte nur: »Oh Gott, das war's«, wedelte den Qualm so weg und grüßte möglichst freundlich. Und der Polizist antwortete auch ganz freundlich, nämlich, dass seine Tochter Fan von uns wäre und es ihm nie verzeihen würde, wenn er ohne Autogramme von uns nach Haus käme. Die haben wir ihm dann sehr bereitwillig gegeben. Entweder hat der wirklich nicht geschnallt, wie irrsinnig bekifft wir waren, oder er liebte seine Tochter mehr als das Gesetz, ich glaube eher das Erstere.

ROLF-ULRICH KAISER

»In jedem Tee war LSD.«
BERND WITTHÜSER

WINFRID TRENKLER Wir nannten ihn nur RUK.

GERD KRAUS Kaiser war der bestgehasste Mensch in der Popwelt.

FRANK FIEDLER Er galt als ausgeflippt, kam aber wie ein Geschäftsmann daher. Ein bisschen hip war er vielleicht auch. Immerhin hat er unsere Musik rausgebracht.

GERD KRAUS Einer mit Krawatte. So wie wir ist der nicht rumgelaufen, der trug eher bessere Kleidung. Letztlich war er eine seltsame Erscheinung.

KLAUS BRIEST Alle Leute, die straight daherkamen, so mit Schlips oder Fliege und Anzug, mit denen wollte man eigentlich nichts zu tun haben, denn das waren Spießer, von denen man keine Satisfaction bekommen konnte, weil sie nicht die gleichen Zigaretten wie wir rauchten. Rolf-Ulrich Kaiser lief zwar so rum, machte aber trotzdem nicht den Eindruck eines Spießers. Der wirkte sehr lebendig, sprach sehr flott.

NIKEL PALLAT Als Journalist war Kaiser sehr umtriebig und eine Institution. Ab Mitte der Sechziger schrieb er die interessantesten Artikel über Musik und war in der Szene absolut prominent. Er war ein Journalist, der über die neuen Musikentwicklungen berichtete, egal ob aus Deutschland oder den USA oder England, er war da breit gefächert, machte Bücher über politischen Folk, über die Mothers of Invention, die Fugs, dazu eine »Protestfibel« und ein Buch übers Kommunenleben, und eben das »Buch der neuen Pop-Musik«, damit hat ihn dann auch die bürgerliche Öffentlichkeit als Sprachrohr wahrgenommen. Und er schrieb doch immer so anregend, dass ich mir damals öfters sagte, dass ich die entsprechende Musik mal hören muss.

GIL FUNCCIUS Kaiser hatte damals eine Beatles-Frisur und wirkte nicht wie einer, der Drogen nimmt.

BERND WITTHÜSER Beat hat mich nie interessiert. Irgendwann tauchten aber die Liedermacher Degenhardt und Wader auf. Als Teenager fing ich an, wie die zu singen, und machte Protestsongs. Ich habe alles, was mich beschäftigte, in meinen Liedern zum Thema gemacht. Meine Family war ziemlich sauer auf mich wegen der Texte. Die wollten lieber einen Peter Alexander. Ich sang aber über »Joints« und »Ficken«, und meine Mutter schimpfte immer: »Das tut man nicht, Bernd!« Im Ruhrgebiet war ich nach einer Weile ganz schön bekannt. Als ich noch etwas bekannter wurde, kamen endlich auch die Mädchen, auf die ich so lange gewartet hatte. Und damals habe ich auch Rolf-Ulrich Kaiser kennengelernt, der als Journalist bei der »WAZ« arbeitete. Kaiser kam oft zu meinen Auftritten und schrieb auch viel über mich. Er war damals intellektuell angesagt, deshalb hatte er auch wunderschöne Connections. Ich kam aus dieser Folk-Clubszene und fuhr dann mit Leuten wie Kaiser und Henryk M. Broder rum, was für mich sehr aufregend war. Wir wurden dann Freunde, sag ich mal.

PETER BURSCH 1968 hat Rolf-Ulrich Kaiser ja zusammen mit Henryk M. Broder und Reinhard Hippen die Essener Songtage veranstaltet, damit fing ja in Deutschland alles an, das hat diese Szenen zum ersten Mal zusammengebracht und vor allem auch ein Zusammengehörigkeitsgefühl bewirkt, bei allen Kontroversen, die es da auch gab. Uns hat Kaiser dort direkt nach unserem Auftritt einen Plattenvertrag angeboten. Dabei versprach er gar nichts Außergewöhnliches, er blickte einfach nur gut durch.

GERD KRAUS Weil er als Journalist so bekannt war, sind alle Musiker auf ihn angesprungen. Kaiser hatte was zu sagen und gute Verbindungen. Seine Bücher hatte man im Schrank. Und seine Plattenfirma Ohr war das erste größere deutsche Rocklabel.

HARALD GROSSKOPF Er war schon eine wichtige Persönlichkeit. Nach der kulturellen Katastrophe des Dritten Reichs war der Journalist Kaiser der erste, der etwas Einzigartiges in der deutschen Musik gehört hat und beschlossen hat, das zu fördern, erst als Kritiker und bald auch als Produzent, indem er selber Plattenfirmen gründete, erst Ohr, dann Pilz und dann die Kosmischen Kuriere, das war alles Teil seiner Mission als deutscher Pop-Kaiser.

ULRICH RÜTZEL Kaiser sah neben seinen Musikern regelrecht zivilisiert aus. Optisch war er nicht wild, eher unscheinbar. Es war ihm nicht daran gelegen, so auszusehen wie die Künstler, mit denen er arbeitete. Kaiser war ein jovialer, äußerst sympathischer Typ. Sehr witzig und gesprächig.

BERND WITTHÜSER 1969 lernte ich den Westrupp kennen, in dem kleinen Laden, in dem ich immer auftrat. Walter legte da als DJ Platten auf. Dann tauchten dort damals noch Insterburg & Co. auf, die mich mit ihren »Pop-Klamotten« auch total beeindruckten. Also hörte ich mit den Protestsongs auf und startete mit dem Westrupp eine Insterburg-artige Geschichte. Zu zweit, ich schwarz mit Gitarre, und der Westrupp machte dazu so eine Art One-Man-Band mit ganz vielen Klamotten und Instrumenten. Und noch im selben Jahr sagte der Kaiser schon: »Lasst uns 'ne Platte machen!« Das ist ja der Wahnsinn, dachte ich, ich, ein Arbeitersohn aus dem Ruhrgebiet, kriege da so mir nichts, dir nichts einen Schallplattenvertrag. Das war immens und bestätigte nur meine Entscheidung von 1968, mein Leben zu ändern. Diese Befreiung war toll.

GERD KRAUS Kaiser hat uns nach einem Limbus-Konzert mal angesprochen und sich den Mund fusselig geredet, um klarzustellen, dass er das alles mit hoher Professionalität angeht. Er sagte, dass Ohr zum großen Label Metronome gehören würde, was dann eben international wäre, und dass wir ein Studio in Hamburg nutzen dürften. Vieles davon war natürlich Schnickschnack. Aber dass die Flyer dann buchstäblich als Ohren ausgeschnitten waren, war schon lustig.

MANI NEUMEIER Kaiser hatte wirklich ein Ohr für neue Musik. Unseren ersten Plattenvertrag mit Guru Guru unterzeichneten wir deshalb auch bei ihm. Kaiser ist uns aber auch nachgelaufen und kannte uns schon vom Irène-Schweizer-Trio her. Er hat uns gefragt, ob wir nicht eine Platte bei ihm machen wollen, »Ufo« wurde dann eine der ersten Veröffentlichungen bei Ohr. Wir haben erst gezögert, weil wir eigentlich keine Platten machen wollten, denn unsere Idee war, dass es Guru Guru nur live gibt. Aber dann merkten wir, dass man ohne Platten seinen Namen nicht so gut verbreiten kann, denn dann kennt einen ja keiner. Pro Band zahlte Kaiser tausend Mark. Das lehnten wir erst mal ab und sagten, dass bei Guru Guru alles ganz anders sei: »Bei uns will jeder tausend Mark!« Kaisers Chef – sag ich jetzt mal, also der Typ von der Metronome, die Ohr als Mutterlabel komplett finanziert haben, der hat bloß hämisch gegrinst und gesagt: »Okay, könnt ihr haben.« Der hat später eh viel mehr an uns verdient, für den war das ein Klacks. Aber wir hatten unsere Forderung durchgesetzt!

NIKEL PALLAT Heinz Trenczak war ganz jung und studierte bei Mauricio Kagel in Köln. Kagel wollte, dass seine Studenten auch mal beim Rundfunk arbeiten, und so wurde Trenczak WDR-Volontär in der TV-Redaktion von »Ende offen«, und seine erste Sendung war gleich unsere. Diese Talkshow war ein verrücktes, aber gängiges Format, nämlich eine Open-End-Diskussion bei WDR 3. Die fing um acht an und wurde live übertragen. Das offizielle Thema war »Pop & Co. – die ›andere‹ Musik zwischen Protest und Markt«, und als Gäste waren total kontroverse Leute geladen: Der Gitarrist Connie Veit von Gila, der Musikwissenschaftler Wolfgang Hamm, auch aus dem Kagel-Umfeld, dann Heinz-Klaus Metzger als verblasene

Koryphäe der Neuen Musik, an dem konnte man sich sehr gut reiben, dann noch Bodo Albes, damals Manager von der Inga-Rumpf-Band Frumpy, die gleichzeitig zur Sendung ein Konzert hatten, wo auch mal hingeschaltet wurde, und dann eben Rolf-Ulrich Kaiser und ich. Moderiert hat das Ganze der Ultraavantgardist Hans G. Helms, der als Moderator aber völlig fehlbesetzt war, der gehörte auch wie Metzger zum Adorno-Flügel. Im Ganzen also wirklich eine krude Mischung. Es ging dann auch ewig lang. Bis ich das Beil gezückt habe, war es schon elf Uhr abends. Das Beil da mit reinzukriegen, war nicht schwer gewesen, 1971 hat beim WDR noch keiner kontrolliert, beim Hinflug von Berlin nach Köln auch nicht. Aber wer konnte damals auch schon damit rechnen, dass ein Talkshowgast ein Beil mitbringt? Nach meinem Auftritt wurden die Sicherheitsmaßnahmen dann verschärft. Dabei war vorher gar nicht klar, ob ich das Beil überhaupt rausholen würde, wir hatten das vorab besprochen und von der Situation abhängig gemacht, ich war ja da auch als Ersatz für Rio, der gerade Grippe hatte. Wenn das Gespräch nicht so eskaliert wäre, hätte ich das Beil drin gelassen. Die Eskalation begann aber eben mit der Vereinnahmung der Diskussion durch Kaiser. Der hatte angefangen, über die Medien zu jammern, und über deren mangelnde Unterstützung. Die Leier gibt es seit Ewigkeiten. Vor der Talkshow hatten wir uns vorbereitet und auch schon auf Kaiser eingeschossen. Unsere Haltung war: Wir sind Ton, Steine, Scherben, und wir wollen uns nicht vereinnahmen lassen von Leuten, die jetzt mal auf der Avantgarde-Neue-Musik-Welle schwimmen. Mit unserem Label David Volksmund Produktion wollten wir unser eigenes und völlig unabhängiges Ding machen, während Kaiser für sein angeblich so progressives Ohr-Label einen Deal mit dem Major-Produzenten Peter Meisel hatte, der sein Geld mit Schlagern machte, letztlich mit der BASF. Davon wollten wir uns abgrenzen und dann entsprechend reagieren, wenn Kaiser bestimmte Stichworte in die Runde wirft. Ich stellte dann die Frage, was Kaisers Gejammer an der grundsätzlichen Situation denn ändern würde. Daraufhin gab es einen erhitzten Wortwechsel zwischen uns, der sich über zwei, drei Minuten hinzog, aber dann war Schluss für mich! Und meine Empörung war schon echt, aber es war natürlich doch auch eine Rolle und ein Happening, die Situation der Live-Sendung habe ich bewusst genutzt. Ich bin eigentlich nicht jähzornig, außerdem Pazifist, mit dieser Axt war ich zum ersten Mal im Leben überhaupt bewaffnet, aber ich kann mich da schon steigern. Dass sich dieser Studiotisch als so stabil erwiesen hat, hat mich am meisten aufgeregt. Der war so geleimt, dass ich mit dem Beil nicht durchkam. Am Anfang habe ich dreimal draufgeschlagen und merkte: Da passiert nichts! Dann habe ich nochmal Vollgas gegeben, und wieder ist nichts passiert, es war erschreckend! Ich dachte: Bin ich zu schwach, einen Tisch zu zerschlagen? Die anderen Diskutanten waren verstört aufgesprungen und starrten mich an, die waren geschockt. Ihre Mikrofone, die ich eingesammelt hatte, wollten wir einer Band in Berlin-Plötzendorf im Jugendknast geben. Nachdem die Sendung abgebrochen worden war, herrschte erst mal drei Minuten Schweigen. Dann kamen schon die ersten Journalisten und fragten, was denn da passiert sei. Irgendwann kam ein netter älterer Herr und sagte freundlich: Jetzt beruhigen Sie sich mal – und die Mikrofone müssen Sie leider wieder abgeben. Ansonsten ging alles still zu Ende. Es war zwar versuchte Sachbeschädigung, Polizei kam aber keine. Beim WDR meldete sich auch gleich ein Apotheker aus Remscheid, der meinte, dass er noch nie so eine tolle Fernsehsendung gesehen habe und dass er für alle Schäden aufkäme. Heute ist das ein YouTube-Klassiker, live hat das damals aber kaum jemand mitgekriegt. Wer hat schon kurz vor Mitternacht WDR 3 geguckt? Aber auch heute sollte man nicht bloß auf die Axt gucken, sondern es ging wirklich um was, da war ein ganzer Haufen objektiver Widersprüche zwischen diesen Leuten: die abgehobenen Zwölfton-Marxisten mit null Realitätsbezug, dann diese Kiffer-Psychedelik von Gila und so Partyrocker wie Frumpy, dann der scheißliberale, aber doch auch liberale WDR, dann diese Kommerz-Anbiederung von dem Kaiser und eben Ton Steine Scherben – das war ein total kontroverser Tisch, und das musste klargemacht und ausgetragen werden. Immerhin ging das damals noch.

JÜRGEN DOLLASE Rolf-Ulrich Kaiser lernte ich bei einem Open-Air-Festival in Landshut kennen. Da bewegten sich unsere Auftritte noch im einstelligen Bereich. Das Festival war gut besetzt, mit Amon Düül und Krokus aus der Schweiz. Dort kam Kaiser jedenfalls auf uns zu. Wir hatten damals einen lokalen Nachtbarbesitzer, der sich um uns kümmerte, insofern habe ich die Verhandlungen mit Kaiser gar nicht richtig mitgekriegt. Ich war kein guter Freund von Kaiser, sagen wir es mal so, denn Kaiser war eine etwas merkwürdige Type. Seine Freundin Gille Lettmann war immer dabei. Die zwei traten nur als Duo auf.

ULRICH RÜTZEL Kaiser und seine Freundin Gille Lettmann traten nicht immer als Duo auf, wie so oft behauptet wird. Geschäftlich war Rolf-Ulrich meistens allein. Da hatte sie auch gar keine Lust zu. Er plante alles präzise, nur wenn es ihm einen Vorteil brachte, war Gille da auch mal dabei. Er war ein Profi und hat es nur insoweit übertrieben, dass er das Pragmatische bei den Geschäften eher vernachlässigt hat, das war schon klar. Aber eigentlich war Kaiser auch Kaufmann und wollte richtig Knete machen.

BILL BARONE Kaiser war im Prinzip okay. Seine Freundin Gille Lettmann war die Seltsame von den beiden, diese Königin des Weltalls. Wenn die dabei war, lief es immer nicht glatt.

GERD KRAUS Seine Freundin ist mir gar nie aufgefallen. Vielleicht war die zu ätherisch?

MANI NEUMEIER Das Esoterische kam bei Kaiser erst später. In den ersten Jahren nahm er alle Leute, die er bekam, und ließ sie in Ruhe ihr Ding machen. Er brauchte bloß zu viele Bands, deshalb nahm er auch ein paar schlechte und hat dann leider alles gleichgebügelt. Ich nenne keine Namen, aber so ein Folkduo war dann genauso wichtig wie Amon Düül oder Guru Guru.

HARALD GROSSKOPF Seine Plattenfirma war bei ihm zuhause in Köln. Das war die Zentrale von Ohr und Pilz-Musik. Wir waren da oft. Ein zweistöckiges Haus, das vollgepackt war mit Platten, ein ganzes Lager und ein Büro. Vermutlich haben wir da auch mit ihm LSD eingeworfen.

PETER BURSCH Ich habe ihn oft zuhause besucht. Seine Büchersammlung war riesig. Viele Bände über Folkmusik und Bands wie Grateful Dead. Ich habe mir auch viele Bücher von ihm ausgeliehen. Man merkte, dass er genau wusste, wovon er sprach. Aber er hat uns unsere Musik einfach machen lassen. Bevor wir damals ins Studio gingen, hatte er uns für eine Woche einen großen Saal in der Akademie Remscheid gebucht. Da probten wir, wohnten zusammen und wurden in einer richtigen Kantine verpflegt. So konnten wir in Ruhe an unseren Stücken arbeiten. Kaiser schaute ab und zu vorbei, ob alles in Ordnung ist. Manchmal kam auch Bernd Witthüser oder einer von Guru Guru vorbei. Das passte jedenfalls gut, weil wir ja noch jung waren und überhaupt keine Erfahrung mit einem Studio hatten. Kaiser war dann auf dem Cover unserer Platte auch als Produzent genannt, obwohl er eigentlich nichts produziert hat, er kam ja kaum ins Studio während der Aufnahmen. Stattdessen kümmerte er sich um die Presse und hatte uns den Vertrag gegeben. Er ließ uns einfach machen.

GIL FUNCCIUS Ich war Mitte zwanzig, brauchte damals dringend einen Job und musste Geld verdienen. Ein Freund von mir kannte den Kaiser und sagte mir, dass der Cover-Illustratoren sucht. Eigentlich wollte ich andere Dinge machen, aber gut, das brachte immerhin Geld. Ich war vorher in der Politszene, die mich dann aber, wie sagt man so schön, nicht mehr mit dem Arsch angeschaut hat, als ich anfing, als Grafikerin für Kaiser zu arbeiten. Ich mochte ihn auch nicht besonders, vielleicht war er ganz nett. Kaiser war ein typischer Geschäftsmann, sein ganzer Habitus war bürgerlich. Er war zwar in meinem Alter, kam aber aus einer völlig anderen Ecke, mit solchen Typen war man in der Politszene sehr krüsch. Und im jugendlichen Leichtsinn ist man ja oft überheblich. Wir lehnten das Bürgerliche ab wie der Teufel das Weihwasser. Ich habe diesen Deutschrock damals überhaupt nicht ernst genommen. Die Zusammenarbeit mit Kaiser lief aber gut, weil er mich machen ließ, was ich wollte. Was ich natürlich am Anfang weidlich ausgenutzt habe. Nach dem dritten Auftrag sagte er, dass das alles zu teuer sei, aber am Anfang habe ich noch richtig gewütet. Das Falt-Cover der ersten Annexus-Quam-LP, »Osmose«, liebte ich, auch wenn es richtig viel Arbeit war. Als zweites machte ich Floh de Cologne, »Rockoper Profitgeier«, mit dem Gedärm, das aus dem Federvieh rauskommt. Dass ich solche Sachen machen konnte und auch noch dafür bezahlt wurde, fand ich natürlich toll. Aber irgendwann wurde Kaiser das einfach alles zu teuer.

GERD KRAUS Die Plattenhüllen der Bands auf Ohr hatten ein furchtbares grafisches Design, außer bei Limbus, wo ich darauf bestand, selbst Einfluss zu nehmen. Das fing schon bei den Farben an, Giftgrün wäre nicht gegangen, ich wollte eine schöne Farbe. Den Luftballon, der läppisch aus einem Schlitz auf dem Cover hing, konnte ich leider nicht vermeiden, allerdings hätte ich heute gern eine intakte Originalhülle inklusive Luftballon, denn die kosten ja inzwischen sehr viel Geld. Was der Ballon aber bedeuten sollte, weiß ich bis heute nicht. Das würde ich Rolf-Ulrich Kaiser gerne noch mal fragen.

ULRICH RÜTZEL Ich bin im Januar 1972 als Labelmanager für Kaisers zweites Label Pilz zur BASF gekommen. Da lief das Label bereits ein Jahr, dümpelte aber so vor sich hin, und Kaiser bestand darauf, dass Pilz einen eigenen Labelmanager kriegt.

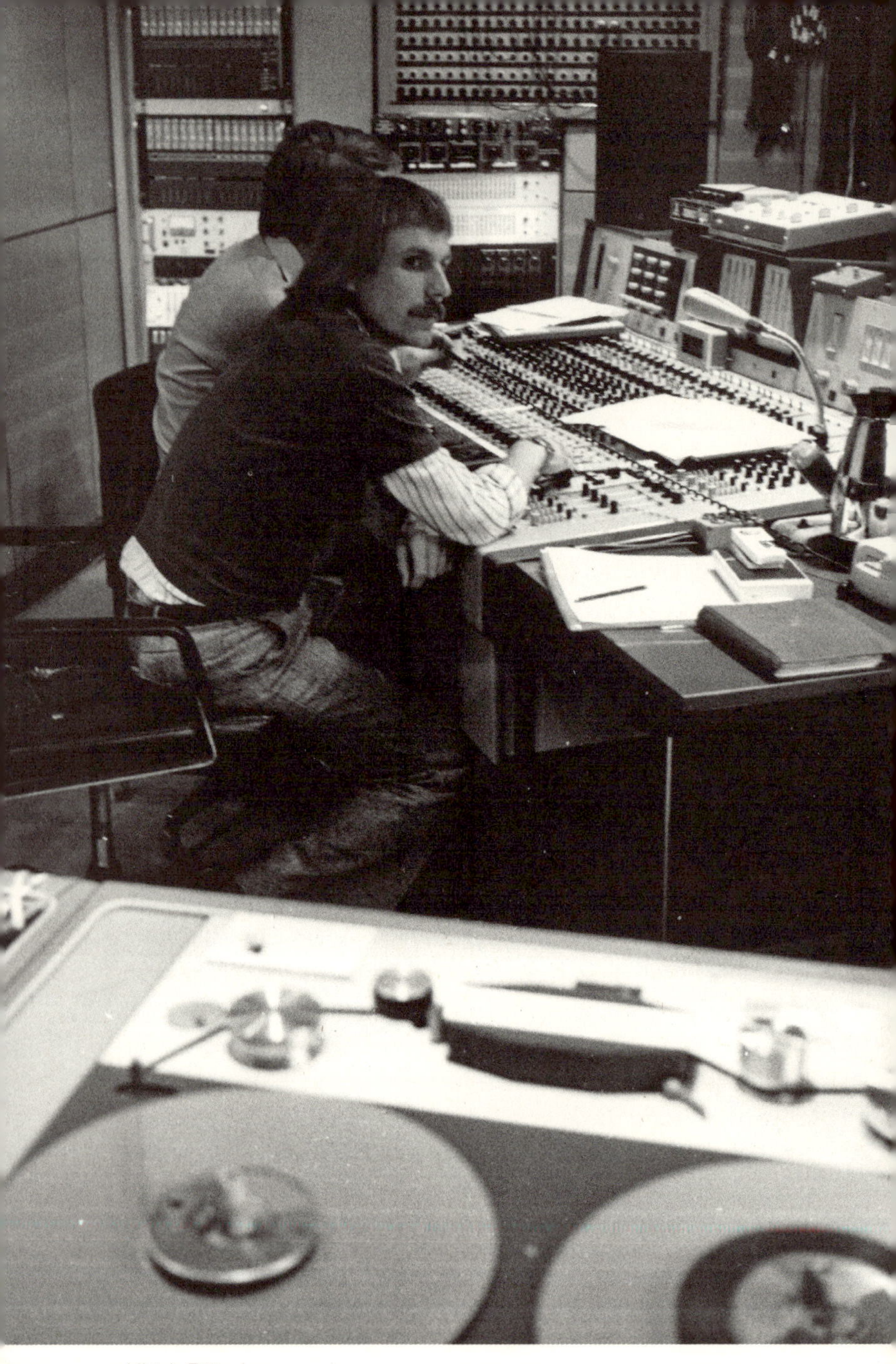

Ulrich Rützel

Kaiser kannte ich schon seit eineinhalb Jahren, weil er mich als Jazzpianist für Konzerte in Schlössern gebucht hatte. Damals veranstaltete und buchte er Veranstaltungen in der Folk- und Jazzszene. Die meisten Künstler bei Pilz, mit Ausnahme von Wallenstein und Popol Vuh, kamen auch aus der Folkszene. Das Pilz-Programm wurde eine geschickte Kombination aus der aufkommenden Elektronik und der auslaufenden Hippie-Folk-Bewegung. Aber alles, was nicht Schlager war und nicht aus England oder den USA kam, war in Deutschland damals schwer zu verkaufen, und der PR-Druck auf Pilz war riesig.

GIL FUNCCIUS Die Bands von Ohr und Pilz kannte ich vorher alle nicht. Kaiser hat mir dann Informationen zu denen gegeben. Ich bin damals mal von Westberlin nach Essen zu Witthüser & Westrupp gefahren, als Kaiser solche Reisen noch bezahlt hat. Zwei liebenswerte Wurzelseppen und unheimlich nett. Nach den Arbeiten fürs Cover haben die mich noch eingeladen, zu bleiben und mit zu einem ihrer Freunde zu kommen. Ich ging da mit, und dann landeten wir bei den Kippenbergers, Martin Kippenberger war da achtzehn, frech und aufgeblasen.

ULRICH RÜTZEL Kaiser hat zwar erkannt, wie wichtig PR ist, und er war wirklich ein Marketinggenie, das kann man, glaube ich, so sagen, aber ein großer Musikkenner war er eigentlich nicht. Das wird gerade beim Pilz-Label deutlich, denn musikalisch war vieles, was da veröffentlicht wurde, nicht der Wahrheit letzter Schluss. Da waren viele gutmütige Lebenskünstler unter Vertrag, die gern mehr als eine Tüte am Tag rauchten. Die warfen mit Kaiser und mir auch schon mal ein Löschpapier mit LSD ein. Allerdings war die Verbindung von deutschem Folk und Synthesizern schon etwas ganz Neues und letztlich eine Evolution in der Musikgeschichte. Tangerine Dream oder Klaus Schulze machten eben nur Elektronik, Kaiser ging mit Witthüser & Westrupp und Bröselmaschine einen Schritt weiter. Emtidi und Hoelderlin waren eher die

Folk-Pferdeschwanz-Typen – die mit Elektronik zusammenzubringen, war schon ein historischer Coup. Kaiser erkannte, dass Synthesizer eine bestimmte Stimmung erzeugen konnten, und um die zu bewerkstelligen, musste man kein guter Musiker sein. Man rauchte einfach ein paar ordentliche Joints, und schon ging die Post ab.

BERND WITTHÜSER Unsere erste Platte für Kaiser, »Lieder von Vampiren, Nonnen und Toten«, war ja noch relativ einfach. Danach wurde es interessanter, da kamen LSD und Pilze ins Spiel. Dann kamen Platten wie »Der Jesuspilz«, und der Westrupp und ich traten dann in Kirchen auf. Wir hatten die Bibel für Songs umgearbeitet, nicht alle Geistlichen fanden das toll, aber bei unseren Auftritten hatten die ausnahmsweise mal die Bude voll. Eine Weile riefen Kirchen von überallher an, um uns zu Konzerten einzuladen. Das war der Wahnsinn, du stehst vor dem Altar und bist voll auf dem Trip.

ULRICH RÜTZEL Im Herzen war Kaiser ein Folki, kam ursprünglich von der Burg Waldeck, und ist es letztlich auch immer geblieben. Sein schlechter Ruf bei manchen Leuten kommt auch daher, dass er musikalisch nicht zur Hochkultur gerechnet wurde. Ich hatte das Glück, dass ich auch Labelmanager bei dem Jazz-Label MPS war, da musste ich keine Redakteure bestechen. Wenn ich Siggi Schmidt-Joos vom »Spiegel« eine neue MPS-Platte hinlegte, wusste ich, dass ihn das interessiert. Das war auch einfach immer gut, von Oscar Peterson über Sun Ra bis Wolfgang Dauner. Aber von Pilz wollte Joos ganz sicher nichts haben, Kaisers Sachen hat der gemieden, wo er konnte.

SIEGFRIED SCHMIDT-JOOS Kaiser? Ein total unmusikalischer Nerd.

GERD KRAUS In die Musik hat Kaiser sich nicht eingemischt, das hätten wir uns auch verbeten. Wir wollten aber schon beim Ohr-Label dabei sein, nur sind wir bei dem Plattenvertrag ziemlich über den Tisch gezogen worden. Nachdem wir unterschrieben hatten, entzog er sich dem Ganzen. Kaiser hatte eine bestimmte Art, sich bei kniffligeren Fragen ornamental zu verflüchtigen, das heißt, dass er ein paar kryptische Sätze sprach, so poetische Floskeln, die einem wie Luftgirlanden vorkamen – und dann war er weg, entweder ging er einfach, oder er beteiligte sich nicht mehr am Gespräch. Als der Plattenvertrag unterzeichnet war, gab es keine weitere Betreuung, Kaiser war von da an Schall und Rauch.

ULRICH RÜTZEL Kaisers Grundidee war, ständig auf dem Markt präsent zu sein, einfach machen, machen – egal ob schlecht oder gut. Wenn die Platten von Kritikern verrissen wurden, war ihm das völlig wurscht. Er sagte nur: Ulli, wir müssen immer präsent sein. Und dafür müssen wir alles Mögliche machen. Letztlich hat Kaiser das virale Marketing vorweggenommen. Als ehemaliger Booker legte er auch größten Wert auf Konzerte. Platten verkauft man, indem man Konzerte macht. Das war damals so und gilt bis heute. Kaiser hat das vorangetrieben bis zum Wahnsinn.

JÜRGEN DOLLASE Der wirkte auf mich etwas fanatisiert, weiß der Teufel von was. Aber natürlich steckte er mit dieser Begeisterung für die Sache und auch mit den Visionen, die er hatte, was man alles machen könnte, auch andere Leute an. So konnte er Menschen schnell von seinen Ideen überzeugen, was schon erstaunlich war.

ULRICH RÜTZEL Wir haben oft darüber geredet, was wir als Nächstes anstellen wollen, ich reiste dafür immer wieder nach Berlin, wo wir uns bei Peter Meisel trafen, in dessen Musikverlagsbüros, wo auch Kaiser offiziell untergebracht war. Kaiser wollte Pop machen wie die Engländer, aber er sagte zu Recht: Was die Engländer machen, das können wir so nicht! Seine Bands sollten nicht klingen wie Nazareth oder Status Quo, sondern wie eine neue deutsche Volksmusik, eine populäre Rockmusik mit deutschen Texten, und das war damals wirklich neu. Von Udo Lindenberg war da noch keine Rede, der sang zu der Zeit, wenn überhaupt, nur Englisch, wenn er nicht überhaupt noch trommelte.

STEVE SCHROYDER In einem Kölner Hotel lernte ich Kaiser und seine Frau Gille kennen, wir hatten gleich einen unglaublichen Draht zueinander. Ich habe damals allen möglichen Leuten Tarot gelegt. Das hatte ich auf meinem Finnlandtrip gelernt, wo ich ein Deck mit Karten in die Finger bekommen und mich sehr damit beschäftigt hatte, bis ich begann, anderen Leuten die Karten zu legen, auch, damit ich damit selber weiterkomme. Bei diesem ersten Treffen hatte ich jedenfalls meine Tarotkarten dabei und legte Kaiser und Florian Fricke von Popol Vuh die Karten. Ich habe auch vor jedem Gig mit Tangerine Dream Karten gelegt, was Edgar gut fand. In solchen Fragen wurde ich von ihm und seiner Frau Monique regelmäßig konsultiert. Kaiser und Gille waren an Tarot auch hochgradig interessiert.

HARALD GROSSKOPF Tarot war so ein Trend der Siebziger, man suchte nach Antworten auf die Traumata der Nazizeit, und diese Karten boten vielen damals schnelle Antworten und Lösungen. Die Generation unserer Eltern wollte darüber ja nicht sprechen. Diese Lücke hat dann Tarot gefüllt. Dazu kam der Wunsch nach Rebellion, den viele sich mit Drogen erfüllt haben, selbst wenn sie die Drogen gar nicht so toll fanden, das Loch musste gefüllt werden.

ULRICH RÜTZEL Später gaben Kaiser und seine Freundin Gille Lettmann sogar ein Tarotdeck mit eigenen Karten raus.

STEVE SCHROYDER Dass die dann bald selber ein Tarotdeck rausbrachten, fand ich nicht so gut. Immerhin war das Geheimwissen, mit dem man respektvoll umgehen muss, das sollte man nicht einfach kommerzialisieren.

HARALD GROSSKOPF Die machten so Eso-Zeug, aber wir machten auch alle mit. Gille war ja eine attraktive Frau, bloß dass diese Esoterik-Schlagseite bei ihr noch viel schlimmer war als bei ihm. Zwar gehörte das damals schon irgendwie dazu, aber die zwei machten wirklich nichts mehr, ohne dass sie Tarotkarten legten, Studiotermine bei Vollmond und solche Sachen.

PETER BAUMANN Kaiser hatte sich eine Spur zu tief mit Timothy Leary eingelassen. Die sprachen irgendwann nur noch über Kosmische Kuriere, auf eine sehr metaphysische Art und Weise – was uns bei Tangerine Dream irgendwann nicht mehr so angenehm war.

JÜRGEN DOLLASE Ich glaube, über diese Idee der Kosmischen Kuriere wurde nicht lange nachgedacht. Die kam bei Rolf-Ulrich Kaiser einfach irgendwann mal auf, wahrscheinlich durch seine Beziehungen nach Amerika zu Timothy Leary und in die Schweiz zu Sergius Golowin, aber auch zu dem Psychedeliker Brian Barritt, der zeitweise die rechte Hand von Leary war, der spielte da auch eine Rolle. Die waren die Gurus, die mehr für unsere Birne als für die Musik zuständig waren. Was aber auch ganz gut funktioniert hat, denn das waren schon beeindruckende Leute, die bei den Sessions einfach mit dabei waren. Manchmal war es aber auch ein bisschen merkwürdig.

HARALD GROSSKOPF Für die Sessions mit den Kosmischen Kurieren rollten wir alle im Studio von Dieter Dierks in Stommeln ein. Ich wohnte in Mönchengladbach und kam mit dem Mofa, Witthüser und Westrupp kamen auf Motorrädern aus dem Hunsrück, auch im tiefsten Winter, und Schulze und Tangerine Dream kamen im Auto aus Berlin. Wir haben dann alle das Zeug geschluckt, das in kleinen Sektgläschen aufgelöst war. Und warteten erst mal. Irgendwann nahm sich einer irgendein Instrument und legte los. Und dann kamen die anderen so nach und nach dazu. Man tauschte auch mal die Instrumente aus. Ich hatte das Gefühl, dass ich physisch nichts mehr mit der Entstehung des Tons zu tun habe, dass ich aber doch den Ton beeinflusse, dass ich also rein psychisch das Schlagzeug steuern kann – so weit ging das mit dem LSD. Ich habe dann aber auch ziemlich frei getrommelt, habe meine

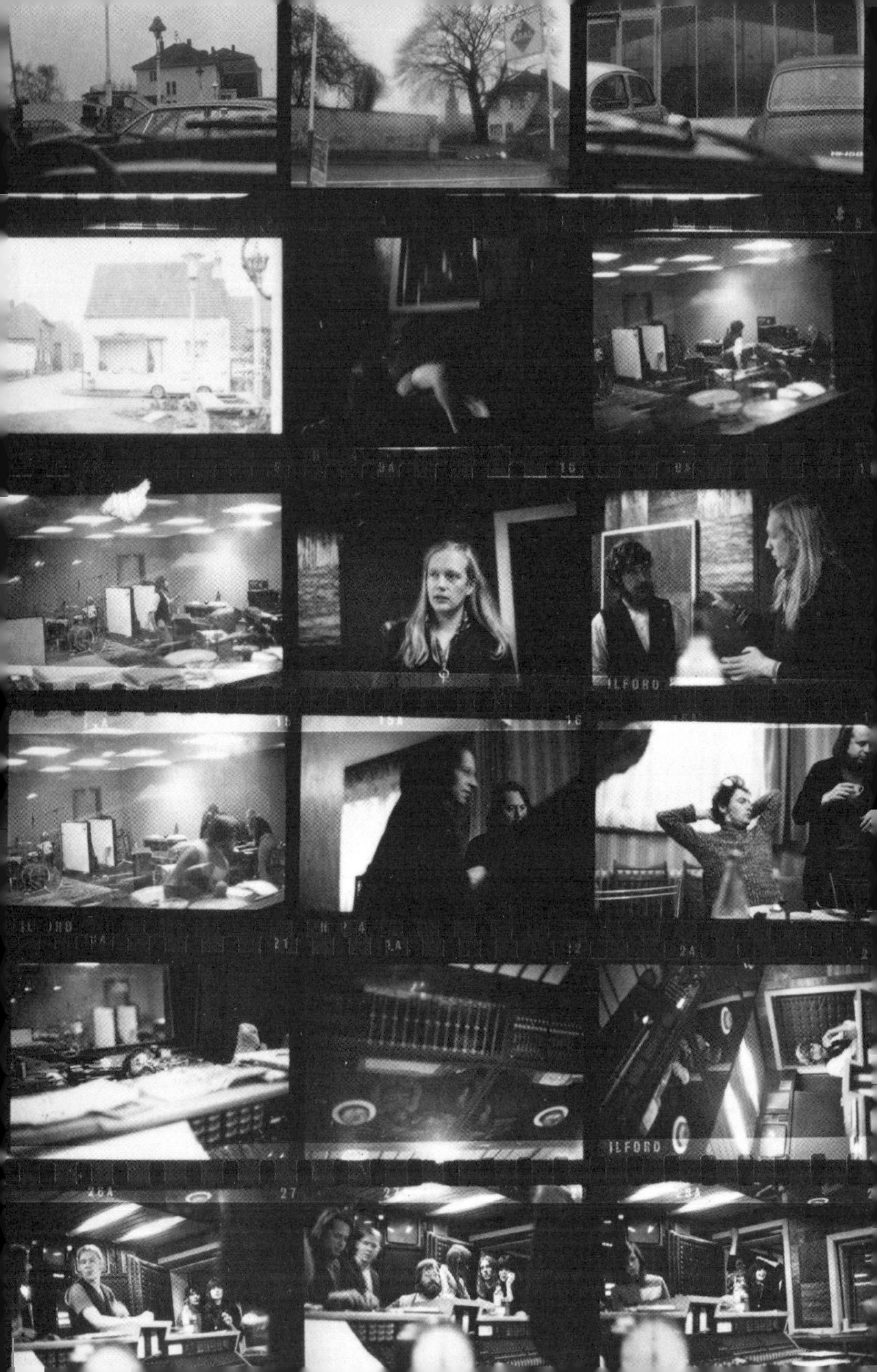
ILFORD
ILFORD

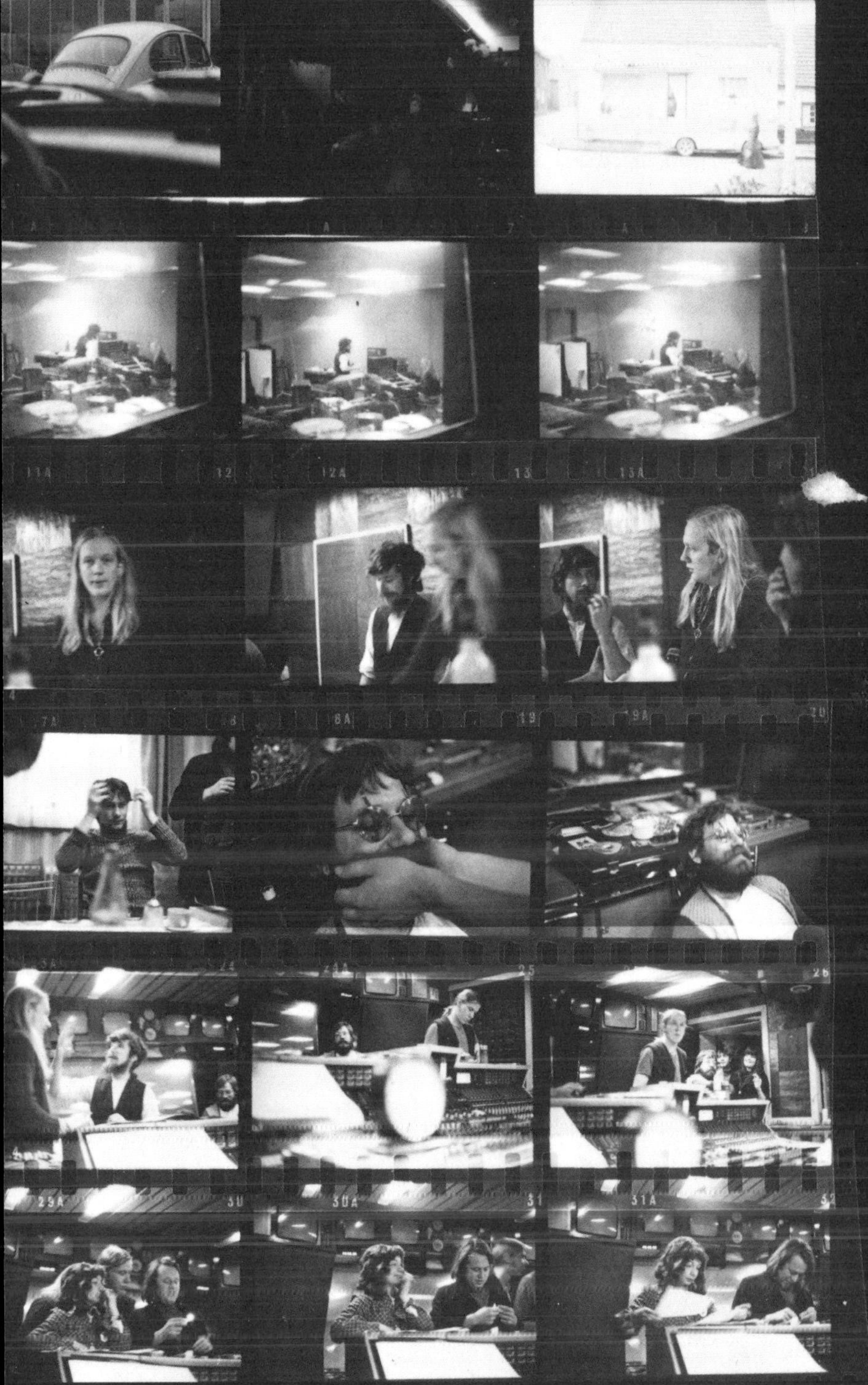

Eine Session mit den Kosmischen Kurieren, Anfang der Siebziger

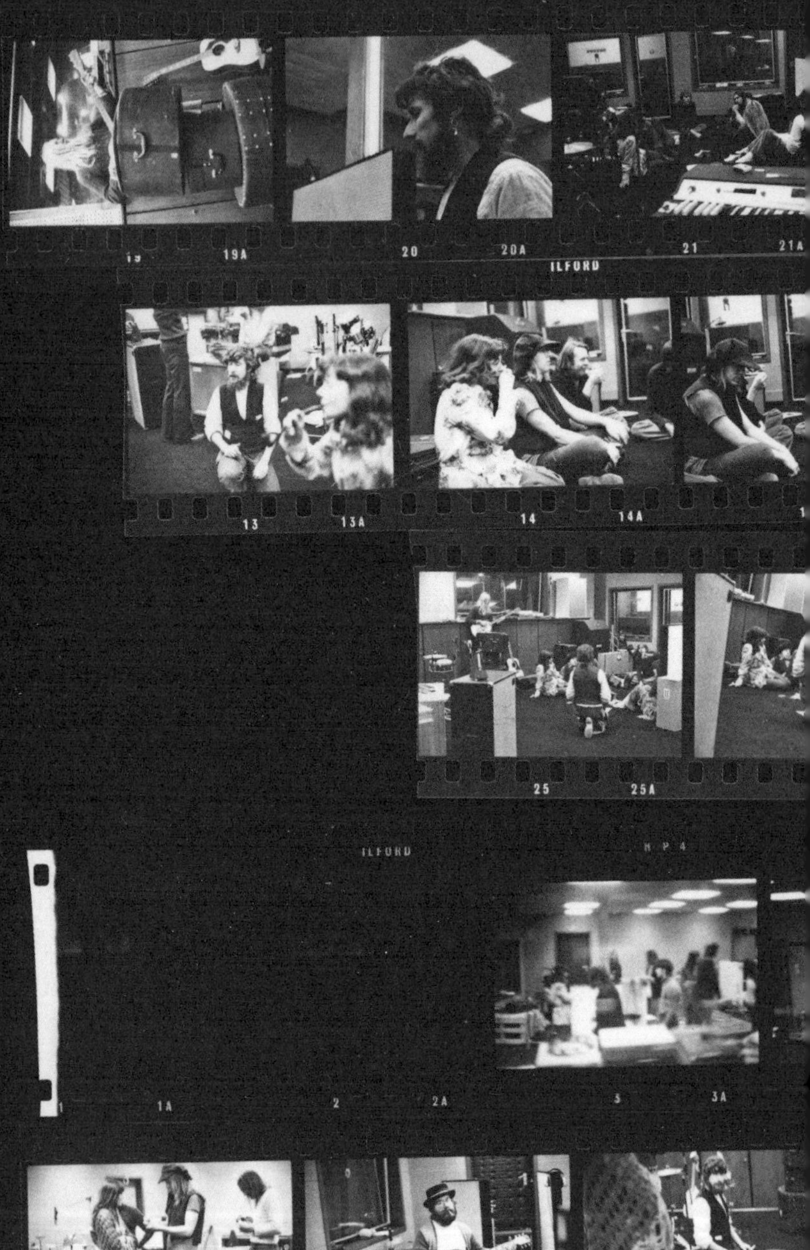
19A
20
20A
21
21A
ILFORD
13
13A
14
14A
25
25A
ILFORD
HP4
1A
2
2A
3
3A
7
7A
8
8A
9

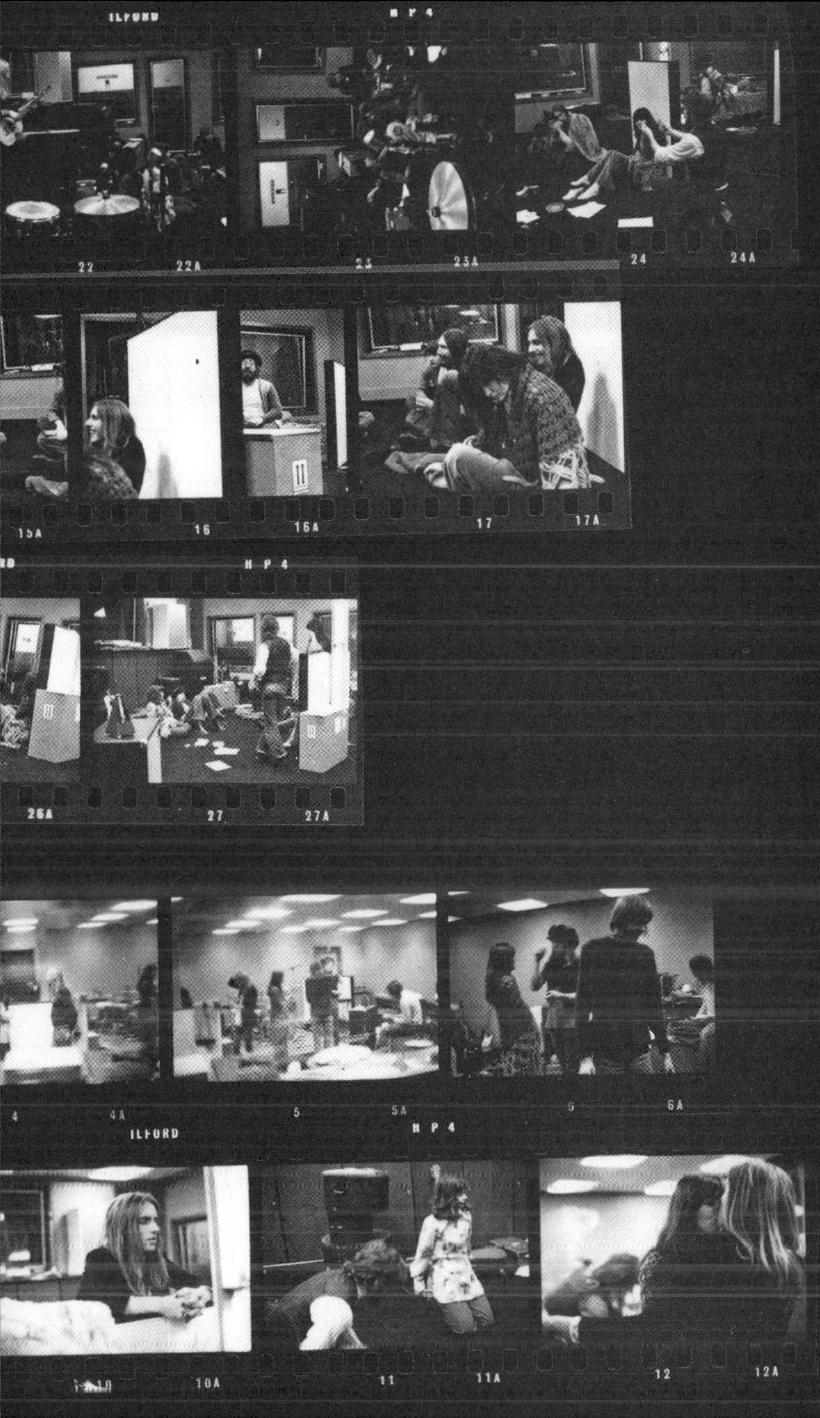

ILFORD
HP4
22
22A
23
23A
24
24A
15A
16
16A
17
17A
HP4
26A
27
27A
4
4A
5
5A
6
6A
ILFORD
HP4
10A
11
11A
12
12A

eigene Stimme gefunden, was eine große Befreiung war. Möglicherweise habe ich so meinen eigenen Stil entwickelt, den ich später bei den Aufnahmen mit Klaus Schulze realisieren konnte.

JÜRGEN DOLLASE Der Wallenstein-Schlagzeuger Harald Grosskopf und der Bassist Jerry Berkers, ein Holländer, waren bei den »kosmischen Sessions« für das Konkrete zuständig. Dass dieser Kram überhaupt irgendwie zu Stücken wurde, die dann auf Alben wie dem mit Sergius Golowin oder dem mit Walter Wegmüller erscheinen konnten, lag meistens auch an mir. Ich war der Einzige, der in das Chaos eine Struktur reinbrachte, damit es wenigstens ein bisschen nach Musik klang. Dass manche von den kosmischen Platten später so einflussreich wurden, lag aber nicht zuletzt am Schlagzeugspiel von Harald Grosskopf. In diesen Sessions, die meistens endlos gingen, sorgte er für einen durchgehenden Beat, der das irgendwie zusammenhielt.

WINFRID TRENKLER Bei einer dieser Sessions war ich mal dabei. Jeder hatte dort etwas zu trinken hingestellt bekommen. Harald Grosskopf hatte noch Durst und bat mich um einen weiteren Schluck. Ich reichte ihm das Glas vor mir, in das Kaiser auch Acid reingetan haben könnte. Grosskopf fuhr dann zweimal ab, an mir ging das glücklicherweise vorüber.

HARALD GROSSKOPF Ich hatte immer das Gefühl, dass jeder weiß, dass er Drogen bekommt. Es mag auch andere Situationen gegeben haben, aber ich habe nie etwas geschluckt, von dem ich nicht wusste, was es ist. Gut, mit einer Ausnahme: Winfrid Trenkler war bei einer dieser großen Nachtsessions bei Kaiser dabei und hatte ein Glas mit einem Getränk dabei, und ich hatte nach sechs Stunden Trommeln irren Durst. Ich zeigte auf sein Glas, und er hat es mir gegeben. Ich hatte bereits einen LSD-Trip drin, und nachdem ich das Glas ausgetrunken hatte, waren es dann zwei. Eigenartigerweise hat das die Wirkung aber nicht verdoppelt.

PETER BURSCH Kaiser hatte immer tausend Ideen. Auch bei uns kam er vorbei, ob wir nicht bei seinen Kosmischen Kurieren mitmachen wollten. Einmal waren wir dann im Studio bei Dierks, große Session mit vielen Bands. Da hatte er uns, ohne es zu sagen, LSD in die Getränke getan, das war eine schreckliche Erfahrung.

HARALD GROSSKOPF Aus meiner Sicht waren bei diesen Sessions alle drauf. Man wusste auch nicht viel über LSD und hat es einfach ausprobiert, weil es eben auch ein Abenteuer war. Gille Lettmann und Rolf-Ulrich Kaiser brachten das aus der Schweiz mit, super-clean und direkt von der Quelle, das hatte eine Hammer-Qualität, nicht so wie das Zeug, das man in irgendwelchen Kneipen bekam, wo manchmal Strychnin oder anderer Mist mit drin war.

JÜRGEN DOLLASE Das Material, das Rolf-Ulrich Kaiser verteilte, war schon sehr gut, ich hatte da aber schon keine Halluzinationen mehr. Das kennen viele Leute, die längere Zeit mit LSD oder ähnlichen Sachen zu tun hatten: Irgendwann hört das mit den Halluzinationen auf, dann bleibt nur diese geschärfte, hysterisierte Wahrnehmung. So eine Session ging dann die ganze Nacht durch. Da wurde nicht diskutiert oder sonst wie geredet, sondern einfach nur Musik gespielt. Wer keine Lust mehr hatte, hörte eben auf, machte irgendwas anderes und stieg dann später wieder ein. Das Tonbandgerät lief die ganze Zeit. Dieter Dierks hat das dann später mit Kaiser für die Platten zusammengeschnippelt.

HARALD GROSSKOPF Es gab überhaupt keine Anweisungen, alles war total chaotisch, aber angenehm. Man setzte sich einfach hin und machte irgendwas. Egal ob am Klavier oder an der Gitarre. Zeit spielte keine Rolle, zwölf Stunden Musik zu machen merkte man gar nicht. Manchmal hat man auch eine Stunde lang einfach nur auf eine Wand gestarrt, irgendwelche imaginären Sonnenstrahlen verfolgt und der Musik der anderen gelauscht, und ist dann irgendwann wieder eingestiegen. Aber vereinzelte Höhepunkte hat man schon bemerkt. Es gab auch immer wieder das starke Gefühl, mit den anderen eine Einheit zu bilden, fast mehr als mit sich selber. Ich hatte ganz merkwürdige Fantasien, in denen ich mich selber beim Spielen beobachten konnte, aus einer Höhe von zwei Metern – einerseits spielte ich da, war aber auch der andere, der da von oben aus zuschaut. Ich dachte mir, als der von oben Zuschauende, dass ich genau weiß, was der da unten grad spielt. Das war eine typische LSD-Erfahrung, und das hängt stark mit der eigenen Empfindung zusammen. Wenn man viel Angst in sich trägt, kann das enorm verstärkt werden, bis zum schlimmsten Horror, verbunden mit sehr realistischen Fantasien.

JÜRGEN DOLLASE Erst bei Kaisers Kosmische-Kuriere-Sessions hat es bei mir gezündet. Wir saßen mal bei Dieter Dierks im Studio, und die Musik, die grade lief, hatte so einen anschwellenden Rhythmus, was wohl an den Keyboards von Klaus Schulze lag. Ich spielte Bass und sah, wie Brian Barritt mitten im Studio saß und mit einem Stuhl schaukelte – im gleichen Rhythmus wie die Musik. Da kam ich auf die typische LSD-Idee: Schaukelt der da wirklich zur Musik? Oder ist er es, der den Rhythmus macht? Also ging ich hin und hielt ihn an – und die Musik brach dann im selben Augenblick zusammen. Solche Koinzidenzen gab es da ständig, sodass man schon ins Grübeln kam und dachte: Was ist das denn?

HARALD GROSSKOPF Ein LSD-Trip hielt so zwölf Stunden. Man brauchte eine bis eineinhalb Stunden, bis das zu wirken anfing. Nach einer halben Stunde ging es mit einem komischen Druck hinter den Augen los, dann begann sich so langsam die Realität aufzulösen. Und irgendwann wurde das so massiv, dass da alles Mögliche aus der Vergangenheit plötzlich mit hochkommen konnte. Ich habe einige ziemlich schlechte, aber auch sehr gute Erfahrungen damit gemacht. Aber es ist schon eine gefährliche Nummer – auf LSD in einen Spiegel zu gucken, ist zum Beispiel keine gute Idee. Ich hatte auch mal das Gefühl, als ginge ich durch den genetischen Code meiner gesamten Existenz, das ist anziehend und erschreckend zugleich. Aber es kann eben auch ganz üble Rückwirkungen auf Herz und Kreislauf haben oder die Psyche dauerhaft schädigen. Generell kann ich das nicht empfehlen. Als wir LSD genommen haben, war uns nicht klar, was für Perspektiven das bietet, es hat uns auch keiner aufgeklärt oder gewarnt. Und es gab auch Opfer.

STEVE SCHROYDER Diese Studio-Session in der Schweiz mit Timothy Leary war schon eine ultra-ungewöhnliche Situation. Ash Ra Tempel waren mit einem Anhang von vielleicht zwanzig Leuten gekommen, und der Tross von Leary in der Schweiz bestand aus vielleicht fünfzig Leuten, die da in einer Villa gelebt haben. Leary war ja in der Schweiz untergekommen, nachdem er in den USA aus dem Gefängnis abgehauen war, mit Hilfe der Black Panther. Dieser Tross war jedenfalls komplett im Studio in Bern, mit Leary selbst hatte man aber nur wenig zu tun, der sprühte vor Ideen, die er überall und ständig verkündete. Für mich als stillen, kontemplativen Menschen war das alles etwas viel, mir reichte damals der Blickkontakt. Man konnte sich auch gut nur über die Augen miteinander verständigen, und ich bin so sehr gut mit ihm klargekommen. Er hat zwar ein paar Sachen eingesprochen, aber was er da sonst gemacht hat, war mir nicht wirklich klar. Als ich dann aber seine Worte auf der gemeinsamen Platte hörte, kam das super, war ganz toll. Der harte Kern von Ash Ra Tempel bestand aus zehn Leuten, die in Bern in der Innenstadt ins Studio gekommen waren. Viele von denen hatten ohne ihr Wissen LSD verabreicht bekommen, worüber sie sich bis heute beschweren. Aber Leute, die sich beschweren, dass sie auf einer Plattensession mit Timothy Leary LSD bekommen, sind auch seltsam.

WINFRID TRENKLER Dass Kaiser Timothy Leary involvierte, hat den Musikern durchaus gefallen. Als ich Ash Ra, also

Manuel Göttsching und Hartmut Enke, zum ersten Mal bei ihnen zu Hause in Berlin interviewte, waren die alle ganz schön weg.

STEVE SCHROYDER Aber viele haben das wohl tatsächlich nicht mitgekriegt und wunderten sich dann, warum sie plötzlich so merkwürdig drauf sind. Ein Mädchen brach im Studio weinend zusammen. Ihr Freund saß da und sagte: »Timothy Leary ist der Teufel, und wir kommen alle in die Hölle!« Das Album, an dem wir arbeiteten, hieß »Seven Up«, wegen der sieben Bewusstseinsstufen, und weil während der Aufnahmen »7 Up« als Limonade gereicht wurde, allerdings mit LSD angereichert. Bevor wir loslegten, hieß es, dass sich doch bitte jeder eine Dose »7 Up« nehmen möge. Wir nahmen das Album dann in zwei Tagen in Bern auf, wobei wir die meiste Zeit auf die erste Seite verschwendet haben. Dafür hatten wir sogar vorab in Berlin in der Wrangel-Kaserne in einigen Sessions geübt. Die zweite Seite haben wir dann schön improvisiert, obwohl das Thema von Manuel vorgegeben worden war, trotzdem spielten wir da absolut frei. Und das passte auch, im Gegensatz zur ersten Seite, die immer wieder im Studio nachbearbeitet wurde, das war einfach die falsche Musik für eine LSD-Platte. Jedenfalls, als alles vorbei war und alle glücklich auf dem Boden hockten und mit sich und der Welt zufrieden waren, kam der Kaiser rein und rief: »Jungs! Jetzt haut mal endlich rein hier und nehmt was Anständiges auf!« Das war völlig daneben, da wollte er wohl mal den Produzentenmogul raushängen lassen. Da habe ich ihn wirklich gehasst.

HARALD GROSSKOPF Kaiser und Lettmann waren bei den Sessions immer vor Ort und haben fleißig Tarotkarten gelegt. Irgendwie haben wir da alle mitgemacht, weil wir auch ein bisschen esoterisch drauf waren. Andererseits fand ich es auch peinlich, für jeden Mist immer Tarotkarten zu legen. Geht dies? Geht das? Okay, erst mal die Karte legen! Wir haben uns dann alle die gelegten Karten angeschaut und gesagt: Okay, wir machen jetzt 'ne Session auf dem »Wagen«. Aus diesem Geist ist dann ja auch die Platte »Tarot« entstanden. Es gab einundzwanzig Grundkarten, auf die sich die Musik bezieht. Das Album entstand mit Walter Wegmüller, einem Roma aus Basel, der Maler war und zum Thema passende Bilder gemalt hat. Wir waren bei der Session alle auf LSD, schauten uns die Tarotkarten an und machten dazu Musik.

BERND WITTHÜSER Aus der Schweiz kam eines Tages Sergius Golowin an und erzählte uns Märchen, während wir uns fleißig das Zeug reinpfiffen. In jedem Tee war LSD, und alle wussten das. Das war eine Weile auch okay und wurde für mich erst später zum Problem.

JÜRGEN DOLLASE Zur Platte mit Sergius Golowin waren wir im Westerwald auf einem Bauernhof, wo Witthüser und Westrupp lebten. Da gab es ein Vorbereitungstreffen, wo wir natürlich einen eingeschmissen haben. An dem Abend gab es ein Gewitter, und irgendwann, alle waren voll drauf, sagte Sergius Golowin: »Kommt, wir gehen raus.« Worauf wir den Bauernhof verließen und auf einen Hügel gingen. Und ich dachte mir noch, dass das ja nicht ganz ungefährlich sei. Sergius Golowin fing dann zu erzählen an, von Kräften und seinen Brüdern und Schwestern und was weiß ich was. Jedenfalls hatte man ab einem gewissen Punkt den Eindruck, als wenn der Golowin etwas mit den Blitzen und dem Gewitter da draußen zu tun habe. Der Witz war, am Tag danach sagten die in ihrem Dorf, so ein schlimmes Gewitter hätten sie in ihrem ganzen Leben noch nicht erlebt. Es schien für uns einen energetischen Zusammenhang zwischen Sergius Golowin und diesem Gewitter und den Blitzen zu geben. So sah das zumindest für uns aus. Ich fand es jedenfalls erstaunlich und auch sehr unterhaltsam.

BERND WITTHÜSER Klaus Schulze war in dieser Gewitternacht auch dabei. Wir saßen alle auf dem Boden und hatten Schiss. Wir hatten LSD, Fliegenpilze und alles Mögliche durchgezogen. In dem Zustand wirken Donner und Blitze schon ganz gut. Golowin ging dann raus, kam nach einer Viertelstunde wieder rein, und dann war das Gewitter vorbei, und ich überlegte, ob er mit den Göttern gesprochen hat. Danach kehrte jedenfalls wieder Frieden ein.

HARALD GROSSKOPF Es haben dann alle gespielt, bis das Zeug aufgehört hat zu wirken. Oft war das morgens, wenn die Sonne aufging. Wenn es vorbei war, konnte man ja auch nicht gleich schlafen, da hatte man ganz extreme Wachträume. Es dauerte ein bis zwei Tage, bis man wieder auf normalem Level war. Aber es gab auch Leute wie Hartmut Enke, der von irgendeiner seiner letzten Sessions nicht mehr runtergekommen ist. Er erzählte mir irgendwann ganz ernst, dass er den Ton aller Töne entdeckt hätte und dass das ein Riesenhit wäre, würde man diesen Ton auf eine Single pressen. Er wollte auch nach Rom reisen, um den Papst davon zu überzeugen. Eigentlich ein toller und kreativer Musiker, der schon damals seinen Bass mit einem Kompressor gespielt hat, das machte einen ganz eigenen Sound, der mich sehr fasziniert hat. Aber er lachte irgendwann nur noch irre in sich rein, wie in einem schlechten Film. Mir war das unheimlich. Den Wallenstein-Sänger Jerry Berkers fand man eines Tages mit einer Überdosis in seiner Heimatstadt in Holland. Der hatte irgendwann auch mal zu viel geschluckt, der kam zu mir, schaute mich traurig an und sagte: »Du Harald, ich sterbe jetzt!« Ich war schockiert. Bei einem Auftritt mit Wallenstein in der Hamburger Fabrik ist er in der Pause verschwunden, weil er angeblich zu viel Blut im Gesicht hatte, und ist erst nach zwei Wochen wieder aufgetaucht.

JÜRGEN DOLLASE Leider hat unser Wallenstein-Bassist Jerry Berkers bei dieser Geschichte einen Knacks gekriegt und ist in eine Psychose geraten. Wir haben noch ein paar Konzerte gegeben, aber es wurde bei ihm schlimmer und schlimmer. Irgendwann stand er auf der Bühne, sang den Song »Mother Universe«, begann sich die Haare zu raufen und klagte, dass man doch nicht von »Mother Universe« singen könnte, es war heftig. Er ist dann in einer Heilanstalt gelandet, bei Wallenstein konnte er nicht mehr spielen. Da war noch irgendeiner aus Berlin, der unter diesen Psycho-Sessions so gelitten hat, dass er krank wurde. Ich hatte damit überhaupt keine Probleme. Ich empfand das als sehr intensiv, aber vor allem als spannend.

ULRICH RÜTZEL Natürlich waren die Sessions bei den Kosmischen Kurieren extrem. Kaiser hat die hauptsächlich bei Dieter Dierks produzieren lassen, ohne den wäre das auch nicht möglich gewesen. Der hatte wirklich ein Ohr dafür und war nicht nur im Studio unterwegs, sondern ging auch immer wieder finanziell in Vorleistung, das heißt, erst arbeitete er, und dann musste er warten, bis das Geld kam. Kaiser musste das immer wieder über seinen Verleger Meisel beantragen, der Meisel hatte da den Daumen drauf. Vermutlich ist die ganze Sache auch deswegen geplatzt. Es ist eben nicht so einfach, solche Produktionskosten wieder einzuspielen. Den Künstlern wurden die in der Regel vorgestreckt, und Lizenzen bekamen sie erst, wenn diese Kosten wieder eingespielt waren. Das war aber nicht nur bei Kaiser so. Außer man hatte einen großen Namen, dann regelten Bandmanager das anders.

PETER BURSCH Kaiser hatte einen Deal mit Dieter Dierks, der bei Köln dabei war, ein Studio aufzubauen. Das Studio war noch sehr spartanisch. Eine ländliche Gegend außerhalb von Köln. Dort hatte er den Schweinestall seiner Eltern zum Studio ausgebaut. Es war so eng da, dass wir zum Singen rausgehen mussten. Das hört man alles auf unserer ersten Platte, vorbeifahrende Autos und das Läuten eines Kirchturms. Aber das war uns egal. Es war einfach toll da. Die Stimmung in der Band war gut und Dieter sehr kreativ. Er hatte auch als Erster eine Mehrspurmaschine, was für uns auch bedeutete, dass wir experimentieren können. Seine Mutter kochte für alle, es war eine tolle Atmosphäre.

HARALD GROSSKOPF Dierks hat diese ganzen Sessions dann

zu Alben zusammengelötet. Er hat nie Drogen geschluckt, nur mal etwas Alkohol getrunken. Ab und zu hat er während der Aufnahmen auch zum Bass gegriffen. Da wurde so viel gemacht, wir müssten um die sechzig Stunden Musik aufgenommen haben. Die sind entweder verschollen oder einfach nie rausgekommen. Darunter viel, was besser war als das, was auf den Kosmische-Kuriere-Platten drauf ist, von denen war ich eher enttäuscht. Nur die »Cosmic Jokers« gefiel mir gut, zumindest die A-Seite. Alles andere fand ich nur schräg, verspulte Musik, die im Morgengrauen entstanden ist, wenn schon keiner mehr richtig drauf war. Und das haben die dann rausgebracht! Das hat mich schon gefrustet.

WINFRID TRENKLER Bei Dieter Dirks im Studio in Stommeln spielte Kaiser dann bei einer Pressekonferenz Journalisten die Musik vor. Dazu lief Gille Lettmann als Sternenmädchen drapiert herum. Überall, wo man hinschaute, waren Sternchen aufgeklebt. Solche Aktionen fanden aber keineswegs alle gut. Ich fand diesen Zuckerguss auch nicht adäquat und nahm diese Inszenierungen in meinen Pressetexten auseinander. Dass ich das so lächerlich fand, nahm Kaiser mir später übel. Die Platten dazu, also die Musik, rezensierte ich natürlich positiv, als zukunftsweisend.

ULRICH RÜTZEL Sicher war Kaiser überdreht, aber waren damals nicht alle überdreht? Selbst die zuständigen »Spiegel«-Redakteure! Das ist ja so eine Schwarz-Weiß-Geschichte. Die Manager, die damals in deutschen Plattenkonzernen den Ton angaben, waren so ziemlich das Gegenteil von Rolf-Ulrich Kaiser. Er war wie ein überdrehter Musiker und spielte diese Rolle immer für die langweiligen BASF-Manager, die eher spröde waren, weil sie aus der Chemie kamen. Die drei Manager, die in Hamburg saßen, waren allerdings super, vielleicht, weil sie nicht aus der Chemie kamen. Die verstanden den Kaiser schon, aber wenn die Kollegen aus Mannheim und Ludwigshafen anreisten, war natürlich Schluss. Die machten ihre Meetings morgens, und natürlich nicht mit Cognac und Whiskey. Wir schon, also im Kaffee, klar.

JÜRGEN DOLLASE Kaiser hatte wirklich wahnsinnige Ideen. Zum Beispiel veranstaltete er mal eine Pressekonferenz im Intercity von Hamburg nach München. In der Deutschlandhalle in Berlin plante er ein Konzert, wo diverse Gruppen auf verschiedenen Etagen spielen sollten, dafür hat er sich eine irre Bühnenkonstruktion ausgedacht. Daraus wurde dann nichts, wie aus so vielem.

HARALD GROSSKOPF Kaiser mietete als PR-Aktion mal einen Speisewagen der Deutschen Bahn, der dann quer durch Deutschland gefahren ist und auf dem Weg interessierte Journalisten eingesammelt hat. Die wurden dort verköstigt, und wir standen für Interviews zur Verfügung. Das brachte auch wirklich Presseresonanz, sogar einen Artikel im »Spiegel«. Für uns war das damals völlig selbstverständlich, dank Rolf Ulrich Kaiser.

ULRICH RÜTZEL Die Aktion in der Schwebebahn mit Witthüser & Westrupp war ein PR-Geniestreich. Kaiser sagte, dass wir Sachen machen müssen, die darüber hinausgehen, dass wir einem Redakteur eine Flasche Whiskey hinstellen. Das reichte eben nicht mehr. Den Whiskey gab es natürlich weiterhin, aber wir haben mit dem Mann auch noch einen Joint geraucht. Vor allem ging es uns immer um richtig große Geschichten. Also buchten wir anlässlich der Veröffentlichung eines Witthüser-&-Westrupp-Albums eben eine Gondel in der Wuppertaler Schwebebahn. Das war ein Restaurantwagen, in den wir Journalisten einluden. Morgens um elf ging die Reise los, Frühstück mit Wein, Bier und sonst was. Die üblichen Rauchschwaden waberten da auch bald durch. Von dort aus ging es dann mit dem Bus zum Bauernhof von Bauer Plath, irgendwo im Westerwald, da kamen wir schon völlig stoned an. Kaiser hatte ständig außergewöhnliche PR-Ideen. Einfach immer im Gespräch bleiben.

HARALD GROSSKOPF Klaus Schulze sollte sich »Klaus-Quadro-Schulze« nennen, weil Kaiser glaubte, dass Quadrophonie das nächste große Ding wird. Schulze fand das natürlich doof.

BILL BARONE Kaiser sah Quadrophonie als die Technik der Zukunft und nächste Medienrevolution. Deshalb haben wir mit Wallenstein dann auch ein Album in Quadrophonie eingespielt. Aber aus der Quadrophonie ist bekanntlich nicht viel geworden.

HARALD GROSSKOPF Es war sogar »Kosmische Mode« geplant, aber so wollte ich nicht rumlaufen, weder auf der Erde noch im Kosmos. Ich habe dann zwar so lange an meinem Kostüm gearbeitet, bis es mir gefallen hat und ich es anziehen konnte, aber das war schon ein Kompromiss mit Gille Lettmann, die wollte, dass wir so was immer anziehen, zumindest auf der Bühne. Als Marketingidee, um eine Corporate Identity herzustellen, war das natürlich ein interessanter Ansatz, aber diese kosmischen Gewänder waren mir dann doch zu kitschig.

BILL BARONE Die zwei versuchten immer, mich davon zu überzeugen, dass ich mich für die Konzerte schminke. Aber ich sagte, dass ich Rockgitarrist sei und mich nicht schminken würde, ich hatte keine Lust auf den kosmischen Quatsch. Mein Kompromiss war, dass ich die komischen Kostüme, die Lettmann für uns erfunden hatte, ab und zu anziehen würde. Aber ich weigerte mich, meinen Bart abzunehmen und meine Frisur zu ändern. Dabei waren die Kostüme eigentlich in Ordnung, ein schwarzer Anzug und eine seltsame Jacke mit silbernen Verzierungen dazu, es gab damals weit üblere Bühnenoutfits.

HARALD GROSSKOPF Auf Dauer hat niemand diese Sachen angezogen. Die beiden haben auch ständig neue Vorschläge gemacht, aber das hat letztlich nur dazu geführt, dass alle nach und nach bei ihnen ausgestiegen sind.

JÜRGEN DOLLASE Kaiser war ein Promotiongenie, aber vielleicht ist er auch einfach daran gescheitert, dass seine Ideen etwas zu wahnsinnig waren. Außerdem war da auch dieser Gegensatz, dass wir arm wie die Kirchenmäuse waren, kaum über die Runden kamen, kein Geld für Ausrüstung hatten, kein Geld für gar nichts – und dann saß ich da für irgendeinen Marketingcoup einen Tag lang in einem Pariser Luxushotel, und gab ein Interview nach dem anderen, das war einfach absurd. Wir haben zwar schon ein bisschen Geld bekommen, aber das stand in keinem Verhältnis zu unserem schon ganz ordentlichen Ruhm. Wir waren eben auch alle ohne richtige Manager, ich hatte jedenfalls niemanden, der solche Dinge für mich verhandelt hätte, so wie man das heute wohl über einen Rechtsanwalt tun würde. Das lief damals alles ziemlich unkonventionell.

BERND WITTHÜSER Kaiser machte auch ganz tolle Werbung für uns. Am Anfang war wirklich alles in Ordnung: Kaiser hatte große Pläne und bemühte sich, die zu realisieren. Aber irgendwann tauchte in dem ganzen Laden leider viel zu viel LSD auf, und dazu die ganzen Pilze – mein Gott, was wir da alles probiert haben, das war schon sehr intensiv. Irgendwann kippte Kaiser dann um. Er organisierte zwar immer noch Dinge, aber mir wurde das viel zu esoterisch, das »Kosmische« war nicht mein Ding.

MANI NEUMEIER Als das »Kosmische« kam, haben wir ihn natürlich ausgelacht, das fanden wir ganz schrecklich. Auch die entsprechende Musik war furchtbar. Wenn man »kwak kwak« macht und das durch ein Echogerät schickt, ist das noch lange nicht kosmisch. Man braucht schon eine andere musikalische Kraft. Wir haben damals mit Irmin Schmidt und Edgar Froese darüber diskutiert, und die fanden das genauso beknackt. Aber man musste doch auch irgendwo mal anfangen, und jemand anderes hätte wohl nicht so schnell ein Label aufgebaut mit dieser Musik, so wie es Rolf-Ulrich Kaiser gelungen ist. Wenn man diese Leistung betrachtet, fallen seine kosmischen Abheber am Ende gar nicht ins Gewicht.

IRMIN SCHMIDT Wir mussten uns gegen diesen Drogenmystizismus sogar zeitweilig wehren, gegen diesen »kosmischen« Schwachsinn von Herrn Kaiser. Man musste sich dagegen wehren, in dessen blöde Welt mit reingezogen zu werden. Das war auch so eine Verklärung. Allein das Wort »Bewusstseinserweiterung« habe ich nie in den Mund genommen. Wir haben unser Bewusstsein gegenseitig erweitert, indem wir Musik machten.

JÜRGEN DOLLASE Vieles war bloß grauenhafter Hippie-Populismus: Wir sind alle eins? Danke! Nein! Wir spielten zwar zusammen Sessions, aber latent ging mir doch immer durch den Kopf, dass das alles gar keine richtigen Musiker sind. Später fand ich einen passenden Begriff dafür, den ich nun auch in der Kochkunst benutze, nämlich: »projektive Trivialität«.

BERND WITTHÜSER Ende 72 war ich mit denen fertig. Westrupp war aber auch fertig, der wollte wieder nach Hause. Ich wollte nicht zurück nach Essen. Ich bin dann auf meine NSU-Supermax gestiegen, nach Berlin gefahren und habe da als Straßenmusiker weitergemacht. Da kam auch genug rum. Das war ein weiterer Akt der Befreiung. Ich hatte dann noch eine Weile Kontakt mit Kaiser, aber der war anders unterwegs, ich konnte kaum noch mit dem reden. Das war so Anfang 1973.

ULRICH RÜTZEL Irgendwann gingen Kaiser langsam die Gruppen aus. Es gab Gerüchte, dass er nicht richtig abgerechnet habe. Das mit den Lizenzen an die Künstler lief wohl auch nicht immer ganz so sauber. Das waren aber Details, für die er einfach kein Auge hatte, er war kein Abzocker. Man darf auch nicht vergessen, dass er enorm viel Geld für diese Produktionen ausgegeben hat. Die ganze kaufmännische Seite hat Kaiser irgendwann nicht mehr im Griff gehabt, spätestens Anfang 1974 ist ihm alles entglitten.

JÜRGEN DOLLASE Er hätte ein großer Impresario werden können, aber die wirtschaftliche Basis in der ganzen Branche war dafür zu dürftig. Wenn die Platten das Doppelte verkauft hätten, wäre es vielleicht gegangen. Aber leider war er latent unterfinanziert. Ich erinnere mich nicht mehr, wann ich zuletzt mit Kaiser zu tun hatte. Natürlich kam es irgendwann zu einem Rechtsstreit um Abrechnungen, und von da an ging es kreuz und quer. Wir sind dann mit dem fünften Wallenstein-Album zur RCA nach Hamburg gegangen. Damit brach der Kontakt zu Kaiser ab, es gab einfach keine Verbindung mehr. Man hörte nur, dass er in erheblichen wirtschaftlichen Verstrickungen war, was mich nicht weiter wunderte.

ULRICH RÜTZEL Das traurige Ende lag auch an seiner Unfähigkeit in kaufmännischen Dingen. Da hätte wohl noch jemand eingestellt werden müssen, der das finanziell wirklich in den Griff kriegt. Leute, die so kreativ arbeiten, sollten nicht auch noch die Buchhaltung machen müssen. Die BASF und der Verleger Meisel hielten sich aus allen künstlerischen Belangen komplett raus. Ich habe mit Kaiser nächtelang debattiert, um das Niveau ein bisschen hochzufahren. Mir fehlte die Perspektive, wie es weitergehen sollte. Man konnte ja nicht ewig Bröselmaschine veröffentlichen. Ich schlug vor, ein wenig mehr in die Jazzrichtung zu gehen. Aber irgendwann ging ihm die Luft aus. Der Vertrag zwischen Pilz und BASF wurde 1974 nicht verlängert, und dann verlor ich Rolf-Ulrich Kaiser aus den Augen. Die BASF-Musikproduktion in Hamburg ging »heim ins Reich« nach Mannheim/Ludwigshafen, Tor 11, und ich wechselte zur Phonogram. Wir haben uns dann nie wiedergesehen.

PETER BURSCH Später haben wir uns auch von ihm getrennt. Sein Angebot, eine zweite Platte mit uns zu machen, haben wir abgelehnt. Er ist irgendwann einfach ausgeflippt, irgendwie abgedriftet. Wir sind jedenfalls 1973 ausgestiegen. Danach hatten wir auch kein Interesse mehr an ihm. Ich habe ihn nie wiedergesehen. Gehört habe ich nur, dass er angeblich in einer Anstalt sitzt. Dierks hat dann viele der Aufnahmen gekauft.

KLAUS BRIEST Irgendwann waren alle sauer auf ihn. An die genauen Gründe erinnere ich mich nicht – es hatte wohl bei uns damit zu tun, dass wir gerne auf dem »Ohr«-Label eine Doppel-LP herausbringen wollten, was Kaiser nicht akzeptieren wollte. Deshalb auch der Titel der dann veröffentlichten Einzel-LP: »Hau RUK«.

HARALD GROSSKOPF Es kippte, als die uns Fünfjahresverträge mit ganz schlechten Bedingungen anboten. Ash Ra, Schulze und Tangerine Dream stiegen dann bei Kaiser aus und gingen zur Virgin, wo sie anständige Vorschüsse bekamen und viel Erfolg hatten.

PETER BAUMANN Nach »Zeit« und »Atem« hatten wir auch genug von Ohr und Rolf-Ulrich Kaiser. Es gab dann noch eine Gerichtsverhandlung, damit wir aus dem Vertrag rauskommen. Das klappte, und dann bekamen wir einen Anruf von Richard Branson.

WINFRID TRENKLER Irgendwann haben die sich alle überworfen. TD und Schulze fühlten sich von Kaiser über den Tisch gezogen, da ging es um Geld, mit Drogen hatte das eigentlich nichts mehr zu tun. Andererseits war es für die Musiker sicher auch schwierig, einen oft zugedröhnten Verhandlungspartner zu akzeptieren.

HARALD GROSSKOPF Das alles hat den Kaiser vermutlich aber auch tief verletzt, denn eigentlich war er ein wirklich netter Typ, ein hochschlauer Mensch. Gille war das scheinbar naive Mädchen, das sich an seiner Seite profiliert hat, ihn wohl auch ein bisschen dominiert hat.

BERND WITTHÜSER Später traf ich Kaiser noch sporadisch in Berlin. Er wollte mich immer überreden, noch mal was mit ihm zu machen, aber für mich war das gegessen. Heute, nach vierzig Jahren, spiele ich die alten Songs auch in veränderten Versionen, sodass manche Fans schon mal sauer sind. Aber als Straßenmusiker bin ich sehr glücklich.

MANFRED GILLIG Anfangs wurden ihm bei »Sounds« Tür und Tor geöffnet. Auf den Platten, die er zu Beginn der Siebziger veröffentlichte, waren noch »Von ›Sounds‹ empfohlen«-Sticker. Irgendwann gab es aber einen Bruch, und danach wollte man bei »Sounds« nichts mehr mit ihm zu tun haben. Er hat wohl allerhand Sachen versprochen und nicht gehalten und ist wohl auch zunehmend abgedreht.

HARALD GROSSKOPF Er wollte mit amerikanischen PR-Methoden erfolgreich sein und ist dabei zu naiv vorgegangen. Er wollte die Musik ganz groß – »Think big!« – herausbringen und hat leider alles überreizt, auch gegenüber den Musikern. Da wollten die meisten doch nicht mitmachen. Es war einfach zu überzogen und fand nie eine Grenze. Eine tieftraurige Geschichte, an der er letztlich zerbrochen ist.

KLAUS BRIEST Ich habe gehört, dass er so massive Probleme bekommen hat, dass er irgendwann in einer Anstalt gelandet ist. Es gab ja einige, die damals abgestürzt sind und nie wieder auf die Beine kamen. Aber ich habe das nur so gehört.

WINFRID TRENKLER Irgendwann war er einfach weg.

GERHARD AUGUSTIN Er ist regelrecht geflohen. Dieter Dierks weiß angeblich, wo Kaiser steckt. Irgendwo in der Nähe von Köln soll er sein. Aber es ist doch interessant, dass jemand heute noch so spurlos verschwinden kann, so, dass es nur noch Gerüchte gibt.

HARALD GROSSKOPF Angeblich hat er sich den Esoteriknamen Meson Crystallis zugelegt und lebt irgendwo im Bergischen Land in einer kirchlichen Einrichtung. Er hat sich wie ein Guru zurückgezogen und Gille ist sein Sprachrohr nach außen. Sie hat noch lange esoterische Rundbriefe an irgendwelche Industriellen geschrieben. Sie haben aber kein Internet und überhaupt keinen Kontakt zur Außenwelt.

ULRICH RÜTZEL Ich bin später von Hamburg ins Sauerland nach Eslohe gezogen, in die Natur auf einen Berg. Da hörte ich, dass Kaiser dort mit Gille einige Jahre gelebt haben soll. Das ist schon verrückt. Mir sind die Gerüchte eigentlich egal, aber von der Weltstadt in die Pampa war schon ein harter Schnitt.

SIEGFRIED SCHMIDT-JOOS Eine tragische Figur, er scheint psychisch krank gewesen zu sein und ist dann für immer abgetaucht. Ansätze dazu waren in seinem überhitzten Ego von Anfang an zu spüren.

MANI NEUMEIER Natürlich war der Kaiser seltsam, und wir mochten ihn nicht so gerne, aber der hat in Deutschland mehr als jeder andere das Bewusstsein für diese neue Musik geschärft, ohne den wäre da nichts passiert. Der ist für seine Künstler alle Zeitungen abgelaufen und hat es geschafft, dass die Leute auf diese Musik aufmerksam wurden. Ohne ihn wäre das einfach unbemerkt an allen vorbeigegangen. Viele deutsche Bands, die heute groß sind, haben von Kaisers Pionierarbeit profitiert.

GERD KRAUS Die Gerüchte, was aus ihm geworden ist, sind ja unglaublich. Die einen sagen, er sei in einer Anstalt, die anderen, er sei in einem Sanatorium, und noch andere behaupten, er sei in einer Kommune. Leute, denen ich vertraue, haben mir erzählt, dass er auf Entzug in Kliniken war und psychische Probleme hatte. Aber wer weiß das schon? Ich will ihm auch nichts Böses, ich habe halt Erinnerungen an ihn, die melancholisch bis unerträglich sind. Ich weiß, dass es anderen ähnlich geht.

NIKEL PALLAT Ich habe auch immer mal wieder Leute gefragt, ob die noch irgendwas von Kaiser gehört hätten, aber da wurde immer nur genebelt, genebelt, genebelt.

ULRICH RÜTZEL Seine Verdienste sind trotzdem groß. Das waren die Jahre, wo wir aus der braven Republik der frühen Sechziger ausscherten. Wo wir uns von den Eltern lösten und in die APO gingen. Rolf-Ulrich Kaisers Veröffentlichungen gehörten auch zum Score. Und die Musik dazu kam zu einem guten Teil von Rolf-Ulrich Kaiser.

HARALD GROSSKOPF Das letzte Mal habe ich ihn auf einer Tankstelle hinter Köln Richtung Frankfurt gesehen. Das muss so 93 oder 94 gewesen sein. Er sah eigentlich genauso aus wie früher, nur etwas ergraut, er war mit Gille unterwegs. Sie haben getankt und sind dann mit einem kleinen Auto davongefahren. Ich habe sie nicht begrüßt, denn ich wollte damals keinen Kontakt mehr. Die ganze Geschichte mit ihnen war da noch zu nah an mir dran und ich wollte mit ihnen nichts mehr zu tun haben. Das ist jetzt aber besser geworden.

GIL FUNCCIUS Rückblickend muss man sagen, dass Kaiser einiges auf die Beine gestellt hat damals, aber das wussten wir nicht zu würdigen.

DEUTSCH

»Can hätten nicht in England oder
Frankreich entstehen können.«
IRMIN SCHMIDT

JEAN-HERVÉ PERON Faust waren durch und durch deutsch: ich Franzose, Zappi Österreicher, Rudolf halber Russe, dazu ein Schwabe und ein Friese. Und wir gelten als deutsche Vorzeigeband. Irre.
LÜÜL Ich denke schon, dass es einen deutschen Sound gibt.
SIMON DRAPER Damals wurde in Deutschland die elektronische Musik vorangebracht, und dass es da einen Sound gab, der die alle verband, glaube ich schon. Ob das nun bewusst oder unbewusst passierte, ist natürlich schwer zu sagen. Ist es ein Zufall, dass Giorgio Moroder einen ähnlichen Hintergrund hatte?
DANIEL MILLER Ich glaube nicht an einen deutschen Sound, obwohl es schon einige Gemeinsamkeiten bei Bands wie Can und NEU! und Kraftwerk gibt. Aber was haben die mit Popol Vuh, Klaus Schulze oder Tangerine Dream zu tun? Da ist eher eine deutsche Herangehensweise, die viele dieser Bands vereint, eine Attitüde oder ein Konzept. Aber die Resultate klingen doch sehr unterschiedlich.
IRMIN SCHMIDT Gut, wir hatten mit Malcolm einen schwarzen Amerikaner als Sänger, der allerdings auch Gewalt am eigenen Leibe erfahren hatte, der passte direkt in unsere Wahrnehmung der Welt. Und Damo war natürlich auch kein Deutscher, Rosko und Rebop auch nicht. Can war überhaupt nur international geöffnet, vielleicht ist das kein Zufall. Trotzdem glaube ich, dass der harte Kern von Can so nur in Deutsch-

land hätte entstehen können, nicht in England oder Frankreich, auch nicht in San Francisco. Denn aus meiner Sicht konnte diese Musik, so wie sie ist, nur von Leuten erfunden werden, die diese ganz persönliche Erfahrung hinter sich hatten, eine Geschichte, die geprägt ist von Eltern, die einerseits alle sehr bürgerlich waren oder wirkten, aber andererseits entweder Nazis waren, aktiv oder passiv, oder eben Nazigegner, aber diese moralische Grundsatzfrage stand überall im Raum und wurde viel beschwiegen – und das prägt. Außerdem hatten alle außer Michael noch sehr bewusst die späten Kriegsjahre und die Nachkriegsjahre miterlebt, dieses zerstörte und in Trümmern liegende Land, und damit auch eine zertrümmerte Kultur und Gesellschaft. Äußerlich wurde dann bald vieles wiederaufgebaut und lief wie geschmiert, aber kulturell hörte diese »Stunde null« scheinbar nie auf, und deshalb musste man sich erst mal aus dem Ausland mit Kultur ernähren. Und das wurde für Leute wie uns, die darauf aus waren, etwas Neues zu machen, glaube ich, entscheidend, nämlich diese Urerfahrung, dass das Eigene nicht etwas sein konnte, was man als »eigene Tradition« vorfand, fertig zum Anknüpfen, sondern etwas, was nur über Umwege zu haben war. Aber eben auch nicht durch bloße Adaption, wie von Peter Kraus bis zu den Scorpions, sondern nur durch eine tiefgreifende Dynamik aus Reflexion und Intuition, von maximaler Materialdistanz und Synkretismus auf der einen Seite und maximalem Eintauchen und Verschmelzen auf der anderen. Konkret heißt das, wir mussten für uns wirklich alles einzeln neu erfinden, die Schneidetechnik der Musique concrète oder der Dadaisten genauso wie den Groove von Afrika oder James Brown, die Marshall Wucht von Hendrix genauso wie die Westcoast-Psychedelik oder den Zufall und die Stille von John Cage. Dazu musste man viel wissen und viel können, aber immer auch alles vergessen können. Nur so war in diesem deutschen Vakuum etwas wirklich Eigenes zu entwickeln, nur so konnte Can zu Can werden. Und diese ganzen Erfahrungsschichten verbanden uns, egal ob bewusst formuliert oder nicht, wir sind einfach so großgeworden. Was daraus entstand, nahmen andere vielleicht als teutonische Schwere wahr, die manchmal auch eine gewisse Aggressivität hatte, aber das war eben gerade nicht das Deutsche an uns. Das angeblich »Ur-Germanische« in Can waren im Wesentlichen ausländische Projektionen, wo man unsere realen Bedingungen nicht kannte oder kennen wollte, sondern mehr daran interessiert war, uns als irgendwelche Asterix-Goten oder faustische Film-Nazis zu phantasieren. Damit wurde das spezifisch Deutsche, was es bei Can wirklich gab, völlig verkannt, nämlich aus der kulturellen Not eines totalen Zivilisationsbruchs doch etwas zu machen. Statt in Köln hätte das allerdings auch in Berlin oder München passieren können. Entscheidend war nur schon das Städtische, in einer Landkommune hätte das nicht funktioniert, dafür war Can einfach zu modern.

STEVEN WILSON Diese endlosen Sound-Wiederholungen klingen für mich teutonisch, auch wenn das ein Klischee sein mag: Kraftwerk, Can, NEU! hatten das alle. Außerhalb Deutschlands gelten Deutsche als wahnsinnig effektiv, und der Krautrocksound ist eben auch irgendwie effektiv. Rammstein sind ähnlich effektiv mit ihrem Industrial-Stampf-Sound. Briten klingen einfach anders.

NIGEL HOUSE Es gibt schon einen deutschen Sound von damals. Die Aufnahmen, die Bowie und Eno in den Siebzigern in Berlin machten, klangen für mich auch irgendwie deutsch. Das Deutsche daran beginnt dort, wo der Rock 'n' Roll aufhört. Das deutsche Element war eher psychedelisch und sehr, sehr eigen. Musiker wie die Einstürzenden Neubauten, Liaisons Dangereuses, Die Krupps, Der Plan, Andreas Dorau oder die Tödliche Doris haben diesen Geist dann weitergetragen.

BRIAN ENO Da ist schon etwas Charakteristisches, das oft die deutsche Musik prägte: die Kunst, sich auf das Wesentliche zu beschränken, das Reduzierte, Strenge und Fokussierte. Letztlich ist es das Gegenteil von vielen anglo-amerikanischen Popsongs, es beglückt mit Dichte und Details. So hat der sogenannte Krautrock einen neuen Weg, Musik zu machen, aufgezeigt.

HARALD GROSSKOPF Der deutsche Sound ist elektronisch und lebt heute in Techno fort.

GABI DELGADO-LÓPEZ »Vorsprung durch Technik« ist der deutsche Sound, man ist in Deutschland schon besonders technikaffin.

HANS-JOACHIM ROEDELIUS Unser Sound war nicht deutsch, sondern universal. Eine elektronische Klangwelt, die noch nicht mal zu einem Bruchteil erforscht ist. Das einzig wirklich Interessante aber ist doch, dass das alles Menschen sind, die nichts darauf geben, ob das, was sie machen, für einen Markt interessant ist, sondern die einfach machen, wozu sie Lust haben. Menschen, die ein Leben leben, das sie als sinnvoll erkennen und das ganz bewusst verfolgen.

ASMUS TIETCHENS Die Kraut-Elektronik wollte die angloamerikanische Musik-Hegemonie überwinden. Und das haben sie ja auch geschafft, durch lange Stücke mit nur einer Harmonie und sturen Rhythmen. So wie die Punks, die das ganze Gedudel und den Art-Rock überwinden wollten, was sie auch geschafft haben. Das sind alles nützliche, richtige und gute Entwicklungen insofern, als sie die Ohren fit gemacht haben für strengere Regionen, die sich jenseits von Harmonie und Rhythmus, Posing und Rock 'n' Roll-Gehabe auftun. Dass das ein deutlicher Anfang von etwas völlig Neuem war, das war mir schon bewusst, als ich die Musik hörte, denn so etwas gab es vorher nicht. Das war wirklich neu – egal in welcher Spielart. Klaus Schulze war genauso neu wie Kraftwerk, Conrad Schnitzler war genauso neu wie Can. Damit entstand auch ein neues Publikum, das für entlegene Dinge aufnahmebereit war. Plötzlich kamen so denkbar unakademische und unprätentiöse Leute in die Lage, freiwillig und intensiv Sachen von Stockhausen und Pierre Schaeffer zu hören. In dieser Grauzone zwischen U- und E-Musik bin ich seit 1984 angesiedelt, dafür gibt es weltweit ein Publikum.

ENDE

»Der Traum war vorbei.«
LUTZ LUDWIG KRAMER

ACHIM REICHEL Krautrock war irgendwann durch. So Mitte der Siebziger ging es nicht weiter. Es war eine aufregende Zeit, und es war einem damals nicht klar, dass man ein Tor aufgemacht hatte, durch das später noch viele andere gingen.

PETER BAUMANN Neue Bands kamen nicht mehr auf. Der Höhepunkt der Bewegung war irgendwann überschritten.

GÜNTER SCHICKERT Die Gesellschaft hat sich verändert. Plötzlich ging es nur noch um Geld.

HARALD GROSSKOPF Für mich endete Krautrock in den frühen Achtzigern. Da war endgültig die Luft raus.

MANI NEUMEIER Mit dem Beginn der Achtziger war alles vorbei, da kamen Punk und Neue Deutsche Welle, und keiner wollte mehr was von unserer Musik wissen. Guru Guru haben zwar trotzdem weitergespielt, aber die meisten anderen machten schlapp. Ich sah überhaupt nicht ein, aufzuhören, und erkämpfte mir meinen Platz. Natürlich wurde das Publikum weniger, und Spielgelegenheiten hatten wir auch nicht mehr so viel. Aber irgendwann kam auch einiges zurück. Heutzutage haben wir ein treues Publikum, und es kommen immer mehr junge Leute.

LUTZ LUDWIG KRAMER Krautrock ist lange vorbei und ad acta gelegt. Klaus Schulze, Tangerine Dream oder Manuel Göttsching waren später nur Abziehbilder der frühen Jahre. Das hat mit dem, was damals los war, nicht mehr viel zu tun. Göttsching ist zum Beispiel ein genialer Künstler geblieben, nur mit Krautrock hat das nichts mehr zu tun. Ich war irgendwann frustriert, griff zu harten Drogen und verließ Berlin. Der Traum war vorbei, wie John Lennon mal sang. Die meisten von uns sind daran verbrannt.

HOLGER CZUKAY Irgendwann löste sich diese ganze, wenn man so will: Bewegung einfach auf. Die Achtziger brachten viel seltsame Musik, wobei mir eine Band wie DAF viel näher war, als es Kraftwerk jemals waren. Kraftwerk sind eine designte Band, DAF war ein genuines Experiment, was man schon daran merkte, dass ihre Konzerte sehr, sehr unterschiedlich waren. Wir wollten Dinge verändern, das war die Idee. Es ging darum, der Spontaneität Raum zu lassen, aber sich gleichzeitig nicht darin zu verlieren. Neulich war ich mal mit einer jungen Band im Studio, die eigentlich alles, was sie aufnehmen wollten, vorgefertigt dabeihatten. Ich brachte sie dazu, alles doch noch mal zu überdenken. Am Ende wurde es eine ganz andere Platte als erwartet. Die Band war verblüfft, bedankte sich und sagte: Holger, das war magisch. Für mich war da der alte Can-Geist erwacht.

JÜRGEN DOLLASE Ob man meine alte Musik entdeckt oder nicht, interessiert mich nicht. Ich habe mich weiterentwickelt, das ist Vergangenheit. Aber auch bei Kochveranstaltungen werde ich immer noch auf meine Musik angesprochen. Irgendwo kam ich mal in einen Laden rein, und da lief merkwürdige Musik. Ich dachte nur, was ist das denn für ein Wahnsinn? Eine ganz merkwürdige Musik. Dann erfuhr ich: Das war ja ich – der Song »Lunatics« von Wallenstein. Aber natürlich sind damals viele gute Stücke entstanden. Deshalb habe ich auch noch alle meine Platten.

JAKI LIEBEZEIT Die Rockmusik, die heute in Deutschland erfolgreich ist, klingt wie vor vierzig Jahren, nur dass die »Message« und das Lebensgefühl seitdem verloren gegangen sind. Aufstand und Revolution – alles vorbei. Letztlich ist die Rockmusik heutzutage völlig verkommen und auf Schlagerniveau.

Rock ist heute keinen Deut besser als Schlagermusik. Auch der Hip-Hop ist zur Formalität erstarrt.

MICHAEL ROTHER Ehrlich gesagt finde ich sehr viel, was damals produziert wurde, nicht besonders interessant. Ich war nur fokussiert auf die Arbeiten aus meinem Umfeld. Und meiner Mitspieler: Kraftwerk, Klaus Dinger, Harmonia und Cluster. Can fand ich auch noch bis zu einem gewissen Grad interessant, besonders das Schlagzeugspiel von Jaki Liebezeit. Aber abgesehen von diesem Klangkosmos gab es nicht viel, was mich interessierte und inspirierte.

SIMON DRAPER Die Musik hat sich einfach verändert, weiterentwickelt. Ganz von der Bildfläche verschwunden ist der sogenannte Krautrock nicht, er hat nur eine andere Gestalt angenommen. Und sich den Zeiten angepasst. Die elektronischen Experimente jener frühen Jahre wurden halt zu Pop, in Gestalt von Giorgio Moroder oder The Human League.

ASMUS TIETCHENS Ich habe schon den Eindruck, dass diese Musikbewegung irgendwann endete. Ende der Siebziger war das eigentlich vorbei. Aber natürlich wirkte es in die Gegenwart und Zukunft nach. Wer beruft sich heutzutage nicht alles auf Klaus Schulze und Kraftwerk. Wenn man sich mal die Cluster-Platten anhört, und ich sage das nicht allein aus Freundschaft, hört man etwas Einzigartiges.

HEUTE

»Eine Hochachtung, die der Wahnsinn ist.«
RENATE KNAUP

HILDEGARD SCHMIDT Wir kriegen oft Anfragen für Werbung, denn die sogenannten Kreativen und Coolen sind oft Can-Fans. Immer wieder scheitern Projekte aber an den Werbekunden, denen diese Musik zu schwierig ist. Leider. Bei einem großen Chanel-TV-Spot war der Regisseur ein riesiger Can-Fan, und während der Shootings lief die ganze Zeit über Lautsprecher »Vitamin C«. Das Team wollte das auch als Soundtrack für den Clip. Aber die letzte Instanz bei Chanel hat das dann wieder gekippt und nahm lieber Serge Gainsbourg, also wie jede andere Parfümwerbung. Todlangweilig, schade. Aber steter Tropfen höhlt den Stein, egal ob wir im Soundtrack eines Sofia-Coppola-Films vertreten sind oder eine Band wie Radiohead sich auf uns bezieht, schafft das immer Aufmerksamkeit. Und dass Can nun seit vielen Jahren als Klassiker gelten, ist natürlich eine schöne Sache.
IRMIN SCHMIDT Von der Haltung her habe ich das, was Can gemacht haben, ganz stark bei Sonic Youth wiedergefunden. Die sind so wie ich unter anderem auch von John Cage beeinflusst. Oder Tortoise, aber gerade bei Sonic-Youth-Konzerten fühlte ich mich an einiges Altbekanntes erinnert. Die habe ich mal in Barcelona gesehen, wo sie behaupteten, dass nun ein Stück von Cage käme. Das war dann zwar eher von ihnen, aber trotzdem toll. Mich haben Sonic Youth vor allem in der Haltung an Can erinnert, auch in der Art, wie miteinander gespielt wurde, das hatte auch diese Radikalität. Haufenweise englische Bands, die sich seit den Achtzigern auf uns berufen,

habe ich auch erlebt. Es gibt keine deutsche Gruppe, über die ich so etwas sagen könnte. Doch, gut, eine, die Goldenen Zitronen, von denen habe ich gehört, dass sie über uns reden, und den Einfluss hört man da teils auch raus. Die sind aber politisch deutlich expliziter, als wir es jemals waren.

JAKI LIEBEZEIT Der Einfluss von Can auf die Gegenwart ist nicht benennbar, weil der Geist von früher sich verflüchtigt hat. Wenn überhaupt, entdecke ich Ansätze von uns in der zeitgenössischen Elektronikszene, weil die sich auch bemühen, neue Wege zu gehen.

HOLGER CZUKAY Mein Studio wird jetzt nur noch exklusiv von mir genutzt. Die Beatles wären froh gewesen, wenn sie so ein Studio gehabt hätten.

JAKI LIEBEZEIT Die alten Sachen höre ich mir heute nicht mehr an. Ich habe immer nur nach vorn geschaut. Trotzdem freue ich mich natürlich, dass Can nicht vergessen sind. Interessant ist, dass ich heutzutage, lange nach dem Ende von Can, mehr Geld durch Can verdiene als zu deren Lebzeiten. Das macht mich nicht reich, aber es ist ein beständiges kleines Einkommen, das mir bei meinen aktuellen Projekten eine gewisse Freiheit gibt. Viele Sachen kriegt man ja auch erst mit, wenn die GEMA-Abrechnung etwas höher als erwartet ausfällt. So ein Amerikaner namens Kanye West, keine Ahnung, wie man das ausspricht, hat sich irgendwas von einem Can-Stück für seine Musik genommen, was sich dann unheimlich gut verkaufte. Und ein bisschen von dem Geld kam auch bei mir an, obwohl ich bei dem Stück gar nicht zu hören bin. Aber das Schöne ist ja, dass wir immer alle als Komponisten eingetragen wurden. Gefreut habe ich mich auch über ein amerikanisches Magazin namens »Spin«, da gab es eine Aufstellung der besten hundert »Alternative«-Drummer. An erster Stelle stand aus irgendwelchen Gründen der Trommler von Nirvana. Zwei war Tony Allen. Und auf Platz sechs war ich. Am Ende der Liste war noch eine Roland-Drum-Machine, zum Glück war ich vor der. Über fehlende Anerkennung kann ich mich jedenfalls nicht beklagen. In den Neunzigern stand ich bei einer englischen Zeitschrift, ich glaube, es war der »NME«, mal auf einer Liste der »einflussreichsten Schlagzeuger aller Zeiten« auf dem ersten Platz. Da habe ich auch gestaunt.

IRMIN SCHMIDT Auch Kraftwerk-Einflüsse höre ich übrigens bei keiner deutschen Band heraus. Es gibt zwar eine Menge Synthesizer-Sequenzer-Gedudel, so Tapetenmusik, aber die haben nicht Kraftwerk auf dem Gewissen. Kraftwerk haben im Ausland viel mehr Resonanz gehabt als in Deutschland. So wie Can auch.

GERD KRAUS Seit einigen Jahren gibt es in der ganzen Welt von Amerika bis Japan ein ungeheures Interesse an der Musik, die damals bei uns entstanden ist.

RENATE KNAUP Dass die 1968er-Musiker eine Spur hinterlassen haben, finde ich toll. Denn dass das mal so kommen würde, hätte von uns doch keiner geahnt. Aber unsere Chemie war schon phänomenal, die machte auch Amon Düül aus und die fruchtet bis heute, wenn wir auf die Bühne gehen. Das ist toll. Es kommen überraschend viele junge Leute zu unseren Konzerten. Und, was mich ganz besonders freut, sehr viele Frauen. Aber die Frauen kommen wegen mir und nicht wegen der Männer. Achtzehnjährige Ami-Fans tippen E-Mails: »Hello Renate, may I talk to you?« In einer Hochachtung, die der Wahnsinn ist. In Deutschland dagegen heißt es immer: »Amon Düül? Kenn ich nicht.« Es gibt aber nun eine neue Generation, die uns doch kennt. Es gibt auch Leute, die feststellen, dass eine Sängerin am Tisch sitzt, und sagen: »Sing mal was.« Das ist so großartig. Tja, was singe ich jetzt, ohne die sieben wahnsinnigen Männer, die mich immer begleitet haben? Ich mache das dann lieber nicht.

CHRIS KARRER Dass das Interesse an unserer Musik seit einiger Zeit wieder zugenommen hat, merke ich schon an den GEMA-Abrechnungen. Und bei unseren Konzerten sehe ich

auch, dass die Söhne und Töchter unserer Generation jetzt unsere Musik entdeckt haben. Bei manchen Krautrockbands kommen heutzutage mehr Leute zu den Konzerten als früher.
KLAUS SCHULZE Von anderen bekomme ich oft gesagt, dass meine Musik den Nachwuchs inspiriert hat. Die ganzen Bands vom Warp-Label und pipapo. Natürlich merke ich es, wenn jüngere Kollegen Kontakt aufnehmen. So wie bei den Sachen, die ich mit der Dead-Can-Dance-Sängerin Lisa Gerrard gemacht habe. Als die sich das erste Mal gemeldet hat, war ich ganz überrascht, dass die mich überhaupt kennt. Die erzählte mir, dass sie Freunden und Kollegen sagte, dass sie nach Deutschland zu mir fährt und dass alle beeindruckt waren. Die kennen dich alle, meinte sie. Eine Ahnung davon bekam ich, als ich das Angebot bekam, einen Remix für David Lynch zu machen, und auf dem Soundtrack von Sofia Coppolas Film »The Bling Ring« gelandet bin. Über die ganzen Hip-Hop-Samples wundere ich mich schon lang nicht mehr.
MICHAEL ROTHER Das Echo hört man weltweit. Elemente unserer Musik werden zitiert und übernommen. Ich höre Stereolab und denke: Ja, ich weiß genau, woher das kommt. Aber ganz generell wird oft verkannt, was eigentlich gemeint war. Da würde ich mir öfter mehr künstlerischen Eigensinn und Ambition wünschen. Viele zitieren jetzt zum Beispiel Klaus Dingers Motorik-Beat, weil es gerade Mode ist. Und rein äußerlich ist der auch einfach nachzumachen. Aber so einfach ist es mit der Magie nicht. Denn ohne die Kombination mit allen anderen Elementen der NEU!-Musik macht der Beat nicht viel Sinn. Über die zehn Minuten Schlagzeug-Spur von »Hallogallo« würde keiner reden, wenn meine Gitarren und Connys Mix nicht auch da wären. Viele, die begeistert sind, realisieren nicht, dass das, was sie begeistert, eine Ganzheit ist, aus der man nicht einfach einzelne Elemente rausziehen kann, ohne die Substanz und auch die Wirkung zu verfehlen. Aber auch ein Stück als Ganzes zu kopieren, zum Beispiel »Hallo-

gallo«, bringt nicht viel. Warum sollte man das machen? Das gibt es ja schon. Und selbst wenn man den Wunsch hat, eigene neue Wege zu gehen, ist das zunächst nicht mehr als ein guter Ansatz. Am Ende zählt aber doch nur, was man an Innovation wirklich zustande bringt, ob mit oder ohne Vision einer neuen Musik, mit oder ohne Motorik-Beat. Und selbst diese Idee zu haben, dass man neue, eigene Wege gehen will, hilft abstrakt überhaupt nichts. Am Ende zählt doch nur, was man an Eigenem wirklich hinkriegt. Aber ich will mich gar nicht beschweren, mir ist ja auch klar, wie sehr ich von der Aufmerksamkeit profitiere. Und natürlich freue ich mich über die große Wertschätzung, es gibt verkanntere Musiker auf der Welt als mich.

ACHIM REICHEL Als meine Tochter so sechzehn war, richtete sie mir von Freunden aus, dass »Die Grüne Reise« eine geile Scheibe sei. Ich konnte es nicht glauben: »Kind, willst du mehr Taschengeld?« »Nee, meine Freunde finden die ernsthaft gut.« Ich hatte noch gar nicht mitgekriegt, dass diese Musik nun durch das Internet bei einer neuen Generation angekommen war. Das war so um die Jahrtausendwende und wurde immer mehr. Klar war, dass sich die Musik ohne unterstützende Plattenfirma verbreitete, bei einer Generation, die zu der Zeit, als das gemacht wurde, noch gar nicht gelebt hat. Das hat mich natürlich gefreut. Heute habe ich davon leider nicht viel, und damals haben sie mich zum Teufel gejagt mit meinem Zeug.

HANS-JOACHIM ROEDELIUS Das ist eine Schule, und die lebt. Jede Menge Leute beziehen sich auf uns. Von Daniel Lanois und Brian Eno bis hin zu Stereolab. Und es kommen immer mehr junge Leute nach. Das Prinzip, nach dem wir gearbeitet haben, ist auch so dynamisch, dass wir da eine ganze Welt abgesteckt haben. Diese Freiheit ist uns geschenkt worden, und wir haben sie als Aufgabe mit vollem Herzen und Bewusstsein angenommen. Wenn man das so annehmen kann, hat man den größten Spaß. Aber das fängt mit irgendwelchen jungen Leuten immer wieder von vorne an.

LUTZ LUDWIG KRAMER Wenn ich mal mit jungen Bands spiele und dann sehr frei loslege, sagen die oft: Hui, ist das geil, was machst du denn da? Dann antworte ich: So war das bei Krautrock.

LÜÜL In Tokio steht sogar eine Wachsfigur von mir. Sich die anzuschauen, ist ein lustiges Gefühl.

FÜR IMMER (ALWAYS)

»Es war lässig, mal Namen wie
Michael Rother fallen zu lassen.«
STEPHEN MORRIS

BRIAN ENO Die meiste englische Popmusik erwuchs aus anderer Popmusik. Was dagegen damals in Deutschland entstand, hatte seinen Ursprung nicht primär in der Musik, sondern in der zeitgenössischen Kunstszene. Das war ein entscheidender Unterschied, denn die Funktion dieser Musik bestand nicht nur in Unterhaltung. Es war eine Musik, die auch davon lebte, dass ihre Zuhörer abenteuerlustiger als üblich waren.

DANIEL MILLER Vermutlich hörte ich zuerst bei John Peel von Krautrock, allerdings nur die Musik, denn den Namen und das Genre gab es da noch nicht. Ich war auf der Suche nach etwas Neuem und Aufregendem, und da hörte ich Cans »Yoo Doo Right«. Zur selben Zeit entdeckte ich zufällig Amon Düüls Album »Phallus Dei«, weil es optisch auffiel. Diese Platte hat ja ein wirklich ein seltsames Cover. Ich war damals Student, in der eher konservativen Stadt Guildford, und diese Amon-Düül-Platte war in so einem Kaufhaus im Angebot. Ich hatte keinen Schimmer von Amon Düül, bestaunte das seltsame Cover und sah die deutschen Wörter auf der Innenhülle. All das schien mir sehr interessant zu sein, also kaufte ich das Teil. Zusammen mit Can machten mir Amon Düül klar, dass es eine interessante neue Szene in Deutschland geben müsse.

STEPHEN MORRIS Das Faszinierende an Krautrock war, dass er einzigartig klang. Diese *attitude,* dass ein neuer Weg beschritten wird, packte mich einfach. Ich wollte unbedingt wissen, was da eigentlich los ist. Und nach jeder Platte, die man gehört hatte und mit der man halbwegs vertraut war, wollte man mehr: noch eine Platte, noch eine Band. Also forschte man in den Krautrockfächern stets nach Nachschub: Guru Guru, Popol Vuh und so weiter. Ich habe so viel wunderbare Musik entdeckt.

DANIEL MILLER Damals langweilte mich die meiste Musik, die in England und den USA produziert wurde. Ich bin in den Sechzigern aufgewachsen, und das war für eine Weile eine sehr aufregende Zeit, auch was die Musik angeht. Aber ab 1968 begann die Rockmusik, was meinen Geschmack angeht, in eine falsche Richtung zu driften und wurde immer pompöser. In UK schien es in der Rockmusik zunehmend um musikalische Virtuosität zu gehen, wobei die Energie und Kreativität der vorangegangenen Jahre auf der Strecke blieben. Bei Can dagegen hörte ich die Freiheit der Musik und der Musiker, ihre Musik war für mich eine Offenbarung. Aufs Notwendige reduzierte und rhythmische Musik, frei von idiotischen Solos und ähnlichem Mist. Dazu dieser durchgeknallte Gesang, befreit von jeder Logik. Diese ganze Musik hatte keinen Bezug zu allem, was ich aus Amerika und UK kannte, am nächsten kam dem noch Captain Beefheart.

GABI DELGADO-LÓPEZ Als ich dann Can das erste Mal hörte, hatte ich das Gefühl, dass das anders klingt als alles, was ich davor gehört hatte. Was mir so gut gefiel, war, dass Songstrukturen weitgehend aufgelöst waren. Besonders das Schlagzeugspiel von Jaki Liebezeit fand ich wahnsinnig toll. Der Gesang war meist gesprochen, fast gehaucht. Und die Produktion war nicht so totpoliert. Die Musik klang rough und frei, ein roher, unpolierter Sound. Das war schon ein Ansatz wie bei Punk. Man darf nicht vergessen, dass zu der Zeit, Anfang der siebziger Jahre, gerne sehr bombastisch produziert wurde. So überproduzierte Bands wie Yes oder Genesis. Musik mit zu vielen Schnörkeln und zu viel Ballast. Cans Musik war dagegen leicht. Da war nichts überladen, kein Detail unnötig. Und das fand ich gut.

STEPHEN MORRIS Ich vermute, dass ich im »Melody Maker« oder »New Musical Express« zuerst etwas über Krautrock gelesen habe. Ich stolperte eines Tages in irgendwelchen Anzeigen von Plattenhändlern über diesen Begriff. Denn solche Anzeigen studierte ich als Teenager penibel. Jedenfalls war da irgendwann eine neue Sektion namens »Krautrock«, gefüllt mit seltsamen Bandnamen wie Amon Düül, Tangerine Dream oder Guru Guru. Auch dieses »Kosmische« war verlockend – »kosmische Musik«, was für ein Versprechen!

DANIEL MILLER Interviews mit diesen sogenannten Krautrockern habe ich damals nicht gelesen. Ich wusste also nicht, ob sie irgendein gemeinsames Ziel hatten, aber ich spürte, dass sie dabei waren, die Sprache der Musik zu verändern, indem sie zeigten, was alles möglich war. Aber je mehr ich damals über die politische und künstlerische Szene in Deutschland erfuhr, desto mehr ergab das Ganze für mich Sinn. Der politische Aspekt der Musik interessierte mich zwar weniger, aber so wie in UK und in Frankreich begehrten auch in Deutschland die Studenten auf, das bekam ich schon mit. Was die Bands und Musiker politisch dachten, war mir zwar eher egal, aber der politische Kontext, in dem sie ihren Platz hatten, war natürlich spannend.

NIGEL HOUSE Von Can und ähnlichen Gruppen erfuhr man durch John Peel und den »NME«. In der BBC kam es auch mal vor. Da wurde mal in einer Sendung erwähnt, dass Baader-Meinhof im selben Haus wie Amon Düül gewohnt hätten: Was für eine unfassbare Verbindung! Bevor ich Punk entdeckte, waren Hawkwind meine Lieblingsgruppe. Can mochte ich als Teenager auch, aber das war schon harter Stoff, »Ege Bamyasi« war mein Favorit.

STEPHEN MORRIS Die Interviews, die ich mit den deutschen Bands las, waren so anders als das, was man gewöhnt war. Es wurde in den Gesprächen stets sehr deutlich, dass diese Musiker bemüht waren, neue Wege zu beschreiten, dass sie alles vermieden, was irgendwie englisch oder amerikanisch klang. Das fand ich sehr anziehend.

DANIEL MILLER Eine Band wie Amon Düül klang, als wenn die nicht besonders gut spielen könnten, dafür aber eine Menge Spaß hätten. Da ging es eben nicht um Virtuosität, sondern um ein Gefühl, das sie zum Ausdruck bringen wollten. Ein Gefühl, das ich bei der Musik aus den frühen Sechzigern immer sehr mochte.

STEPHEN MORRIS Es war so ein fließender Sound und klang eben nicht wie etwas, das jemand streng komponiert hat. Die Musik erinnerte mich oft an Menschen, die mit Instrumenten in einem Raum sitzen und einfach drauflosspielen.

DANIEL MILLER Ich spielte mal in einer Schulband und war ein unbegabter Musiker, was mich sehr frustrierte. Auf eine gewisse Art und Weise fühlte ich mich mit den Musikern bei Amon Düül und identifizierte mich mit ihnen. Warum sie so schräg klangen, weiß ich natürlich nicht so genau. Vielleicht waren sie tolle Musiker, die bloß ihre Platten komplett zugeknallt einspielten. Egal, ihre Musik war aufregend.

STEPHEN MORRIS Die Namen der Mitglieder klangen ja ohnehin rätselhaft. Manchmal las sich das, als hätte sich einer verschrieben. Oder bei einer Band wie Amon Düül wechselten die Mitglieder so oft, dass man kaum hinterherkam. Es war mir aber auch ziemlich egal, wer da genau mitmachte, die Musik war einfach das Wichtigste.

GABI DELGADO-LÓPEZ Sachen wie Amon Düül II und die frühen Kraftwerk-Platten haben wir auch gehört. Ich hörte Can zum ersten Mal als Soundtrack zu diesem berühmten Fernsehfilm, »Spoon« hieß der Song und hat mir sehr gut gefallen. Da war ich noch ein Kind und nahm Musik aus dem Radio mit meinem Grundig-Tonbandgerät auf.

DANIEL MILLER Ich wurde bald wirklich ein Fan dieser Musik. Klaus Schulzes erste Platte, »Irrlicht«, war unfassbar wichtig für mich. Auch Cans »Tago Mago« war eine wahnsinnig wichtige Platte für mich. Trotzdem betrachtete ich das alles kritisch und mochte diese Sachen nicht nur, weil sie »deutsch« waren. Sobald es rockiger wurde, ließ mein Interesse nach. Es waren letztlich gar nicht so viele Sachen, die mich da wirklich begeisterten. Aber das, was ich ins Herz schloss, liebte ich enorm, und es beeinflusste und inspirierte mich.

JULIAN COPE In der »John Peel Show«, die unter der Woche von zehn Uhr bis Mitternacht lief, entdeckte ich Bands wie Amon Düül II und Can. Diese Bands hatten eine Tiefe und Wut, die die der englischen Bands, die ich damals kannte, übertraf. Die sogenannten progressiven Rockbands klangen dagegen unbeholfen und halbfertig. Die Twin-Drums von Amon Düül II machten deutlich, was für eine lahme Ente Mr. Mason war, und Can klangen wie James Brown auf LSD.

STEPHEN MORRIS Auch wenn die Krautrocker sehr unterschiedlich klangen, war da doch ein Geist, der sie alle verband. Es war eine Musik, der jegliche Wärme abging, nichts daran war im Entferntesten kuschelig, dieser Sound war kalt. Aber genauso wollte ich es auch – zum Teufel mit warm und kuschelig! Da war auch eine Tiefe, die einen stets rätselnd zurückgelassen hat. Man legte eine Krautrockplatte nicht einfach auf, hörte rein und hatte gleich kapiert, was da passiert. Im Gegenteil, man war gezwungen, sich eingehend mit der Musik zu beschäftigen. Es brauchte mehrere Male, bevor einem so langsam dämmerte, was bei so einer Platte eigentlich passierte. Man konnte es nicht ignorieren.

JULIAN COPE Es waren einige von meinen etwas älteren Kumpels, die mich wirklich auf diesen Sound brachten. Ich bin in den industrialisierten Midlands aufgewachsen und hatte Freunde, die sich nach härteren Sounds sehnten, nach Black Sabbath und ähnlich verstörendem Kram. Aber Krautrock war einfach das Härteste.

STEPHEN MORRIS Der große Bruder eines Schulfreundes hatte »Yeti« und »Carnival in Babylon«, »Tago Mago« und »Monster Movie«, Platten, die zu mir sprachen und die ich als eine Art neue Version von Velvet Underground empfand. Dass das eigentlich sehr verschiedene Bands waren, ist mir erst mit den Jahren klargeworden. In England wurden die als ein geschlossenes Phänomen verkauft. Dass es diese große, geschlossene Bewegung nie gab, lernte ich erst mit Verzögerung. Aber das trifft natürlich auf alle Szenen und Phänomene zu, Bands sind individuell und schwierig, da kenne ich mich aus. Jede einzelne Band ist voller Spannungen. Dieser Mythos von vier Freunden, die eng verschworen durch dick und dünn gehen, war schon immer himmelschreiender Unsinn. Alle Punkbands hassten sich untereinander.

JULIAN COPE Auf jeder Party, auf der ich mich damals rumtrieb, sah ich Exemplare von Amon Düüls Album »Yeti« rumstehen, meistens war da auch ein Exemplar von Cans »Tago Mago«.

STEPHEN MORRIS Ich wollte immer wie Jaki Liebezeit von Can spielen. Dessen hypnotischer Stil hat mich schwer beeindruckt. Ich habe wohl einige hundert Krautrockplatten, aber die eine, auf die ich immer wieder zurückkomme, ist Cans »Tago Mago«. Als ich noch in einer Schulband war, drei Jungs, die in einem Raum Lärm produzierten, coverten wir Cans »Oh Yeah«. Ein Song, der alle begeisterte. Wenn wir das spielten, fühlten wir uns ein wenig wie Can.

JULIAN COPE Aber wenn man auf einer Party wirklich Alarm machen wollte, brachte man das Debüt von Faust mit. Es war kein Problem, sich diese Platten zu besorgen. In dem großen Virgin-Shop in Birmingham standen damals Flugzeugsitze mit Kopfhörern, wo man in aller Ruhe jede Importplatte anhören konnte. In deren Importabteilung entdeckte ich Platten wie »NEU! '75« oder Amon Düüls »Paradieswärts Düül«.

DANIEL MILLER Ich versuchte damals auch meine Freunde für diese Musik zu begeistern, ich predigte geradezu, wie toll diese Platten sind, brachte die Leute in meine Studentenbude und drehte die Platten so laut auf, wie es nur ging, aber die meisten schauten mich nur entgeistert an. Einige mochten manche Sachen, aber ich konnte niemanden so für diese Musik begeistern, wie sie mich gepackt hatte. Mit meiner Leidenschaft für diese Musik stand ich so ziemlich allein da.

STEPHEN MORRIS Es war die Zeit, in der man Leute kennenlernte, weil sie einen ähnlichen Musikgeschmack hatten. Wer Bands wie Hawkwind mochte, hatte potenziell auch Interesse an Krautrock, an schwerem, psychedelischem Rock. Eine Platte wie die erste von NEU! entdeckte man, weil Dave Brock von Hawkwind die Sleevenotes darauf verfasst hatte, nur dass der Krautrock eben noch viel mysteriöser war. Außerdem erschien NEU! bei uns auf United Artists, was als cooles Label galt. Can und Amon Düül waren auch auf UA, und Dave Anderson von Hawkwind spielte auf »Yeti« sogar Bass. Deutsches war nicht im Entferntesten uncool. Im Gegenteil, es war fremd und verlockend.

DANIEL MILLER Mir war diese deutsche Welt nicht ganz so fern, da ich familiäre Wurzeln in Österreich habe. Mit der deutschen Sprache war ich durch meine Jugend vertraut, und mit der dazugehörigen Kultur und der Politik auch. Deshalb wirkten diese ganzen Äußerlichkeiten, die deutschen Songtitel oder Musikernamen auf mich nicht ganz so geheimnisvoll oder exotisch wie auf andere, mich faszinierte wirklich die Musik.

STEPHEN MORRIS Klar half es, dass die Musik überwiegend instrumental war, so gab es keine Sprachbarriere. Die minimalen Spracheinsätze bei Bands wie Kraftwerk klangen eher wie geheimnisvolle Instrumente.

NIGEL HOUSE Einige der experimentelleren Sachen waren mir allerdings zu rätselhaft. Wenn man die Platten nicht im

Laden fand, konnte man vieles auch bei Mailordern bestellen. Aber dass diese Musik nicht sofort zu haben war, machte sie natürlich noch viel aufregender. Sie war wie ein gut gehütetes Geheimnis, das man sich erschließen musste. Die bloße Idee, wie die Platten dieser rätselhaften Gruppen klingen könnten, war doch schon aufregend. Sich dieses Unhörbare zu imaginieren, war für Leute, die selbst kreativ waren, vielleicht noch inspirierender als jeder hörbare Einfluss.

STEPHEN MORRIS Damals wurden viele dieser Platten mit dem Sound von Frank Zappa verglichen, aber ich glaube, dass das viel zu kurz greift. Das war eher ein Missverständnis der überforderten und fantasielosen britischen Musikpresse.

NIGEL HOUSE Man kannte nur ein paar Bandnamen und keinen einzigen der Musiker dahinter. Der erste Musiker, der mir auffiel, war Holger Czukay mit seinem »Canaxis«-Album, das ich liebte!

STEPHEN MORRIS Die Details über die einzelnen deutschen Bands erschlossen sich mir erst viel später. Aber je mehr ich mich mit dieser Musik beschäftigte, umso mehr wollte ich wissen. Ich wollte vor allem immer mehr von diesen mysteriösen Schallplatten. Woher sollte man wissen, wer die Cosmic Jokers sind? Mit den Jahren habe ich einiges an Krautrockplatten zusammengetragen: Manches ist umwerfend, einiges entsetzlich. Die Figuren hinter der ganzen Musik blieben lange obskur. Die Ersten, die wirklich greifbar schienen und bei uns auftauchten, waren Faust, die damals mit Gong auf Tournee kamen.

DANIEL MILLER Faust habe ich einige Male live gesehen, das war jedes Mal unglaublich.

STEPHEN MORRIS Die erste Krautrockplatte, die wirklich einen bleibenden Eindruck bei mir hinterlassen hat, war das Debütalbum von Faust. Diese durchsichtige Platte sah ja schon mal spektakulär aus. Und die Musik war umwerfend, es waren keine richtigen Songs, es war etwas Einzigartiges und eine Art

Gegenteil von allem, was die Rolling Stones, Beatles und Konsorten so anstellten. Mich packte es jedenfalls total. In Macclesfield gab es zum Glück ein paar Gleichgesinnte. Fünf, sechs Freunde in meiner Nachbarschaft teilten meine Begeisterung.

DANIEL MILLER Kraftwerk interessierten mich anfangs nicht, aber als ich »Autobahn« das erste Mal hörte, veränderte das mein Leben. Auch Faust beeindruckten mich sehr. Besonders ihre erste Platte. Ich konnte gar nicht fassen, was ich da hörte.

STEPHEN MORRIS Kraftwerk galten auch als cool. Es war lässig, mal Namen wie Michael Rother, NEU!, Roedelius fallen zu lassen. Das waren alles Musiker, die als akzeptabel galten. Im Joy-Division-Tourbus ließ ich mal Amon-Düül-Kassetten laufen, die dann umgehend aus dem Fenster geworfen wurden, von wem, weiß ich nicht mehr, von mir jedenfalls nicht. Ian Curtis tat auch immer so, als ob er Krautrock ziemlich interessant fände, aber groß war seine Euphorie dafür in Wirklichkeit nicht.

NIGEL HOUSE Tangerine Dream waren für mich immer Hippies, Typen, die in Kirchen einlullende Endlosmelodien in Quadrophonie für ein im Schneidersitz lauschendes Publikum spielten. Mit meiner Definition von aufregender Musik hatte das nichts zu tun. Ich dachte nur: Nein! So nicht! Aber ich habe auch Harmonia oder Cluster nie verstanden. Das war mir alles zu kosmisch.

DANIEL MILLER Ich hatte auch die Soundtracks wahrgenommen, die Popol Vuh für die Filme von Werner Herzog komponiert hatten. Also versuchte ich, mehr Platten aus Deutschland aufzutreiben. Einige Plattenläden hatten Importe. Und Stück für Stück fügte sich mir ein Bild von dieser ungewöhnlichen deutschen Musikszene zusammen. Weil ich Film studierte, hatte ich die Bewegung junger neuer deutscher Filmemacher wie Rainer Werner Fassbinder, Wim Wenders und eben Werner Herzog bereits wahrgenommen, bevor mir dämmerte, was da in der Musik passierte.

STEVEN WILSON Ich erinnere mich, wie ich mir als Teenager eines Nachts Werner Herzogs Film »Nosferatu« im Fernsehen angesehen und mich gefragt habe, wer zum Teufel diese unfassbar anrührende und hypnotische Musik gemacht hat. So kam ich zu Florian Fricke und entdeckte Popol Vuh.

STEPHEN MORRIS Bei Joy Division haben wir nie über die Musik gesprochen, die wir mögen. Musikgeschmack war auch ein heikles Thema in unserer Szene: »Wie? Du hast eine Genesis-Platte? Verbrennen! Sofort!« Alle taten so, als wenn sie nur The Velvet Underground und Iggy Pop mögen. Bowie galt auch als okay. Insbesondere, weil er in Berlin gewesen war und da mit Eno eine Musik gemacht hatte, die man sich als eine Art von zugänglicherem Krautrock vorstellen konnte.

IGGY POP David Bowie machte mich mit Krautrock bekannt. Das war Musik, die wie die Realität klang. Um das zu erkennen, musste man zwar nicht unbedingt in Deutschland sein, aber in Deutschland war dieser Vibe ganz offensichtlich in der Luft. Und im Blut auch. Diese Musik beeinflusste David Bowie in der Musik, die er für mich schrieb, und so beeinflusste sie mich auch. Überhaupt hat Deutschland damals den Dreck aus mir gesogen. Jeder Tag meiner Berliner Jahre war ein Krautrocktag. Kraftwerk liebte ich für ihren Humor und die Melodien. Der Krautrockeinfluss wird mit den Jahren immer deutlicher. Die Krauts übernehmen, wenn man so will. Und ich meine das tatsächlich ernst, ich höre diese Sounds in so vielen zeitgenössischen Produktionen. Abgesehen davon lausche ich gern auch anderer deutscher Musik wie der von Kurt Weill und Bert Brecht, von Klassik ganz zu schweigen.

GABI DELGADO-LÓPEZ Wie so viele Krautrockmusiker bekam später auch DAF seine Chance nicht in Deutschland, sondern in England. In Deutschland hatten wir keine Chance. Wir durften einmal im Jahr in Clubs wie dem Ratinger Hof in Düsseldorf, dem SO 36 in Berlin oder der Hamburger

Markthalle spielen. An anderen Plätzen durften wir nicht auftreten. Wir sind zu Plattenfirmen wie der EMI in Köln gegangen, wo sie meinten: »Leute, passt mal auf, das ist keine Musik. Ihr müsst jetzt erst mal lernen, was Musik überhaupt ist.« Genauso war das. Dann sind wir mit unserem letzten Geld nach England gegangen. Über die Rough-Trade-Leute lernten wir dort Daniel Miller kennen, der grad seine erste eigene Single als The Normal gemacht hatte. Der sagte jedenfalls: »Super! Ich mach 'ne Platte mit euch!«

DANIEL MILLER Mir haben die Bands geholfen zu verstehen, was für eine Art von Musik ich machen möchte. Auf meiner ersten Single »Warm Leatherette« hört man Elemente von Can und Kraftwerk und all den anderen Bands. Das habe ich da alles einfließen lassen, und zumindest ich höre das auch heraus.

GABI DELGADO-LÓPEZ Die Deutschen waren doch zu sehr auf Musik fixiert, die aus England und Amerika kam. Aber als wir in England gute Kritiken im »NME« und anderen Zeitungen hatten, wollten plötzlich auch deutsche Kritiker mit uns sprechen. Auf unseren Platten waren dann in Deutschland kleine Aufkleber mit dem Schriftzug »Tophit in England«. So etwas gibt es zum Glück nicht mehr.

DANIEL MILLER Viele von den Musikern, mit denen ich in meinem Leben zu tun hatte, sind eben auch von dieser Musik geprägt worden. Von Depeche Mode bis zu den jungen Bands, mit denen ich heute zu tun habe. Ich kann mir nicht vorstellen, dass es meine Plattenfirma Mute überhaupt gäbe ohne die deutschen Künstler, die mich so inspiriert haben. Dass nun die Neuauflagen der Can-Platten auf Mute veröffentlicht werden, kann ich immer noch nicht fassen.

PAUL WELLER Ich begann mich für den sogenannten Krautrock zu interessieren, nachdem ein Journalist angemerkt hatte, dass ein paar meiner aktuellen Songs wie NEU! und Cluster klingen würden. Ich wusste nichts über diese Bands, also besorgte ich mir einige ihrer Alben. Die Platten von NEU! gefielen mir am besten. Auf »NEU! '75« klangen sie wie ein Vorläufer der Sex Pistols.

STEPHEN MORRIS Klaus Dinger war natürlich auch eindrucksvoll. Aber man begriff eben erst sehr viel später, dass es Klaus Dinger überhaupt gibt. Da war immer nur NEU!. Was auf den Plattenhüllen stand, konnte man als Brite ohnehin nicht entziffern. Steht da, wer Schlagzeug spielt? Keine Ahnung! Vielleicht eine Maschine? Ein Roboter? Keinen Schimmer!

PAUL WELLER In den vergangenen Jahren habe ich Michael Rother getroffen und mich mit ihm unterhalten, er ist sogar in Hamburg mit uns aufgetreten. Jedenfalls höre ich den Einfluss des Krautrock in der Gegenwart ziemlich oft: The Horrors, Toy, Primal Scream, Andrew Weatherall, Broadcast oder Death in Vegas. Auch in vielen Independent-Dance-Tracks ist er zu hören. Ich habe dem Journalisten, der mich auf die Originale aufmerksam gemacht hat, für die Nachhilfe zu danken. Eines Tages würde ich gerne mal Musik mit Michael Rother machen, denn ich wäre gespannt, was wir zustande bringen würden.

STEVEN WILSON Ich war vierzehn, als ich Krautrock entdeckte. Über Deutschland als Heimat des Krautrock habe ich nie groß nachgedacht. Im England der Achtziger kam einem bei Deutschland gleich das geteilte Berlin in den Kopf. Als junger Brite verband ich Deutschland immer mit der Mauer. Dass Klaus Schulze und Tangerine Dream aus Berlin kommen, wusste man auch. Ein sechzehnjähriger Freund von mir hatte ein paar Platten von Tangerine Dream und eine von Klaus Schulze.

JULIAN COPE Ende der Achtziger, als meine Krautrockeuphorie neu entflammte, beschloss ich, ein Buch über diese Musik zu schreiben, »Krautrocksampler«, mit all meinen Lieblingsbands darin. Wobei nicht jede Rockmusik aus Deutschland automatisch auch Krautrock ist. Bands wie die Scorpions oder Birth Control waren für mich und meine Kumpels einfach westdeutscher Rock. Damit etwas aus Deutschland zu Krautrock wird, musste die Musik einen speziellen deutschen Rock 'n' Roll-Dreh haben: den Sound der Autobahnen und die Klänge großer Industrien vermischt zu einer massiven Vibration. Das Buch sollte meine Generation an die Faszination des Krautrocks erinnern und war dann auch in England ein ziemlicher Erfolg.

NIGEL HOUSE Julian Copes Buch hat enorm viel verändert, als das erschien, gingen Krautrockplatten bei uns im Laden durch die Decke. Da wurde wirklich ein ganz neues Publikum angesprochen. Vieles von dem, was Cope da so feiert, war für mich unhörbar, aber die Wucht seines Buches war sagenhaft.

STEVEN WILSON Es gibt so viel gleichgeschaltete, langweilige Musik, dass man über jeden Abenteurer dankbar sein muss. Musiker, die eigene Wege suchen, sind kostbar und rar, so wie Musik, die nach Risiko klingt. Der Einfluss von Krautrock wäre im Idealfall noch viel größer. Es gibt ganz klar eine Krautrockästhetik, die sich sehr vom britischen Progressive Rock unterscheidet. Progressive Rock war ja den Strukturen der Klassik und der Virtuosität des Jazz verbunden, während Krautrock oft von einer Art Primitivismus getragen war, mit einem Fokus auf Sound und Texturen und weniger auf Virtuosität. Die Virtuosität und Musikalität der britischen Progressivbands mochte ich, aber letztlich bevorzugte ich dann doch das erfrischend Unprätentiöse der Krautrocker. Das geht mir bis heute so.

NIGEL HOUSE Wir verkaufen viel Krautrock an ein junges Publikum. Natürlich auch an ein paar Ältere, aber sehr viele Junge. Can und Kraftwerk gehen immer sehr gut, bevorzugt auf Vinyl. Das sind Klassiker, die sich beständig verkaufen. Diese Platten laufen, solange ich mich erinnern kann. Krautrock galt immer als cool. Was auch daran lag, dass Leute wie John Lydon immer wieder erzählten, dass sie gerne Can und ähnliche Bands hören.

STEVEN WILSON Es war früher aufregender, Musik zu entdecken, als es das heutzutage ist, wo alles nur einen Internetklick entfernt zu sein scheint. Das ist doch langweilig. Krautrock musste man aufwendig suchen, und wenn man etwas gefunden hatte, war das kostbar. Mit meinem Freund Simon ging ich früher auf Plattenjagd. Wir lebten dreißig Meilen von London entfernt und nahmen einmal pro Woche den Zug zum Virgin Mega Store an der Oxford Street in London, um dort unser Erspartes zu investieren. Dort entdeckte ich »Correlations« von Ash Ra oder »Future Days« von Can. Das waren aufregende Platten, ich fürchte, das Gefühl, so eine aufregende Musik zu entdecken, gibt es heute nicht mehr.
NIGEL HOUSE Heute ist das Krautrockpublikum sehr gemischt. Es gibt einen sehr erfolgreichen Anwalt hier in der City, der sich jede Neuauflage zurücklegen lässt. Cans »Tago Mago«, Kraftwerks »Trans Europa Express« und das Debüt von NEU! sind in unserem Kanon der zweihundert essenziellen Alben der Musikgeschichte. Ich war sechzehn, als ich Can entdeckte, und finde es wichtig, dieses Wissen nun an die nächsten Teenagergenerationen weiterzugeben.
STEPHEN MORRIS Dass das Deutsche waren, spielt doch letztlich keine Rolle. Diese Musiker waren jedenfalls nicht die Typen, die die Bomber geflogen oder losgeschickt hatten, oder? Im Gegenteil, es waren genau die rebellischen Kinder derjenigen, die so viel Schlimmes getan hatten. Und dieses Rebellische war ein besonders spannendes Element der Musik. Man hörte, dass diese Musiker ganz weit weg von dem sein wollten, was ihre Eltern gemacht hatten. Aus ganz anderen Gründen wollte ich das auch, ganz weit weg sein. Das ist natürlich auch eine Frage des Alters, aber nicht nur. Für immer werden Leute ganz weit wegwollen.

Biografische Notizen

GERHARD AUGUSTIN Er sei zwar kein Musiker, habe aber ein gutes Gehör für Sachen, die neu und interessant sind, sagte Gerhard Augustin mal. Der 1941 in Hagen geborene Musikmanager, Produzent und Pionier der Popkultur war einer der ersten deutschen DJs und entwickelte mit Michael »Mike« Leckebusch das Konzept für den »Beat-Club«, die erste deutsche TV-Show (1965-1972) mit englischsprachigen Interpreten, die er zeitweilig auch moderierte. In den Siebzigern arbeitete Augustin bei dem Label »United Artists« und betreute Künstler wie Can, Amon Düül und Popol Vuh. Mit Florian Fricke verband ihn eine lange Freundschaft, die auch dazu führte, dass Augustin Musik von Popol Vuh produzierte. Später arbeitete Augustin mit Ike & Tina Turner, produzierte einige ihrer Alben und war als deren Manager tätig. Er veröffentlichte mehrere Bücher, darunter »Der Pate des Krautrock«. Augustin lebt in Bremen und hat sich ins Privatleben zurückgezogen, läuft aber als Erzähler noch zu Höchstform auf.

WILLIAM »BILL« BARONE 1970 spielte er bei The Rascals vor, aber bekam den Job nicht. Stattdessen landete der 1951 in Philadelphia geborene Gitarrist ein Jahr später in Deutschland bei Wallenstein. In die USA kehrte er 1975 zurück, trat mal mit Chuck Berry auf und war zuletzt mit seiner Band Sylvia Platypus unterwegs. Er lebt wieder in Philadelphia.

KARL BARTOS Wäre es nach seinen Eltern gegangen, wäre er Fernmeldehandwerker geworden. Stattdessen studierte der 1952 in Marktschellenberg als Karlheinz Bartos geborene Musiker, Produzent und Songwriter Klavier, Vibraphon und Schlagzeug an der Robert-Schumann-Hochschule in Düsseldorf. Sein Professor empfahl ihn Ralf Hütter und Florian Schneider, als die auf der Suche nach einem Schlagzeuger waren. Von 1975 bis 1991 war Bartos Mitglied von Kraftwerk und als Co-Autor an Songs wie »Das Modell« beteiligt. Es folgten Soloprojekte und Kollaborationen mit Kollegen wie Johnny Marr, Bernard Sumner oder OMD. Seine Autobiografie, »Der Klang der Maschine«, erschien 2017. Bartos lebt in Hamburg.

PETER BAUMANN Der 1953 geborene Berliner lernte 1971 Christopher Franke bei einem Konzert von Emerson, Lake & Palmer kennen und stieg wenig später bei Tangerine Dream ein. In der Besetzung mit Edgar Froese, Franke und Baumann, die vielen Fans als die beste der Bandgeschichte gilt, war Tangerine Dream in der ersten Hälfte der Siebziger mit Alben wie »Phaedra« und »Rubycon« weltweit erfolgreich und einflussreich. Baumann verließ die Band 1977, um eine Solokarriere zu beginnen. In den Achtzigern zog er nach San Francisco, wo er das Label »Private Music« gründete, das mit New-Age-Produktionen Bestseller landete. Seit Baumann die Firma 1996 verkaufte, widmet er sich seiner »Baumann Foundation«, die wissenschaftliche Themen fördert.

HANS »LAMPE« BIERMANN Der 1952 in Hamburg geborene Schlagzeuger baute gemeinsam mit dem Produzenten Conny Plank dessen Studio in Wolperath auf. Er spielte Schlagzeug auf dem Album »NEU! '75« und gehörte zu den Bandmitgliedern von Klaus Dingers »La Düsseldorf«. Nach mehr als zwei Jahrzehnten als Ressortleiter Tontechnik bei RTL in Köln war er von 2012 bis 2020 mit Michael Rother weltweit auf Tournee.

KLAUS BRIEST Die nachgespielten Songs mit der Band Soul Caravan wurden dem 1944 in Wiesbaden geborenen Bassisten bald langweilig. Mit zwei Kumpanen machte er 1967 als Xhol Caravan und mit frei improvisierten eigenen Klängen weiter. Um Verwechslungen mit der britischen Band Caravan zu vermeiden, reduzierten sie ihren Namen auf Xhol. Ihre Alben wie »Motherfuckers GmbH & Co KG« erschienen bei Rolf-Ulrich Kaisers Plattenfirma »Ohr«. Xhol gingen 1972 getrennte Wege. Briest spielt Bass in der Band »Groove Collection«.

PETER BRÖTZMANN Der 1941 in Remscheid geborene Musiker wollte das Saxofon befreien. Den Anfang machte der Jazzclub, den er bereits in der Schule gründete. In Wuppertal absolvierte Brötzmann ein Kunststudium und arbeitete als Grafiker. Anlässlich der Berliner Jazztage 1966 gehörte er zu den Gründern des Globe Unity Orchestra. Mit seinem kompromisslosen Stil wurde er zu einem der prägenden Free-Jazz-Musiker Europas. Insbesondere sein Album »Machine Gun« (1968) gilt als Klassiker. Seitdem veröffentlichte er regelmäßig Solowerke und arbeitete auch mit seinem Sohn Caspar Brötzmann zusammen.

CHRISTIAN BURCHARD Geboren 1946 und aufgewachsen in Hof, Bayern, entschied sich der Schlagzeuger und Multiinstrumentalist nach einem Studium in Erlangen gegen einen Platz im bürgerlichen Leben, wie er es nannte. Stattdessen startete Burchardt 1969 mit Edgar Hoffmann in München die Band Embryo, die Jazz, Rock, Weltmusik und einen freien Lebensentwurf miteinander verband. Jenseits aller Moden und Stile spielt die Band, deren beständiger Regisseur Burchard war – mehr als vierhundert Musiker sollen mit den Jahren bei Embryo an Bord gewesen sein –, seit Jahrzehnten Konzerte auf der ganzen Welt und gilt längst als Klassiker. Christian Burchard erlitt 2016 einen Schlaganfall und verstarb 2018. Embryo machen weiter – mit Burchardts Tochter Marja.

PETER BURSCH Seine 1969 gegründete Band Bröselmaschine war nach einem Apparat benannt, der in seiner WG zur Herstellung von Joints genutzt wurde. Bursch, Jahrgang 1949, und seine Mitmusiker hatten als »Les Autres« mit Folk-Coverversionen begonnen und entdeckten als »Bröselmaschine« die Lust am freien Improvisieren. Nach ihrem Auftritt bei den »Essener Songtagen« bot ihnen Rolf-Ulrich Kaiser einen Plattenvertrag an. Das Debütalbum, »Bröselmaschine«, erschien 1971. Seitdem trennte sich die Band immer mal wieder, um sich dann doch wieder zusammenzuraufen. Die Gitarrenlehrbücher, die Bursch seit Mitte der Siebziger veröffentlicht, wurden Verkaufsschlager und brachten ihm den Ruf als »Gitarrenlehrer der Nation« ein.

JULIAN COPE Der 1957 geborene Brite kam Ende der Siebziger als Sänger und Songwriter der Liverpooler Post-Punk-Band The Teardrop Explodes groß heraus und ist seit den frühen Achtzigern als Solokünstler erfolgreich. Mitte der Neunziger veröffentlichte er das Buch »Krautrocksampler«, bei dem Cope Bands von Faust bis Harmonia präsentiert, wobei er es mit den Fakten nicht so genau nimmt. Aber die Wirkung von »Krautrocksampler« war enorm, denn das Buch machte die Kraut-Veteranen einem neuen und jungen Publikum bekannt. Obendrein bot der Brite eine schlüssige Definition, was eigentlich unter Krautrock fällt – und was eben nicht. Leider lehnt Cope eine Neuauflage des Standardwerks ab, sodass der Band eine gesuchte Rarität ist.

HOLGER CZUKAY Geboren 1938 als Holger Ekkehard Schüring in Danzig, ging er Leben und Kunst fröhlich und fantasievoll an. Der Paradiesvogel jonglierte gerne mal mit Fakten und Fiktion. So weist seine Familie freundlich darauf hin, dass der Name Czukay des Can-Bassisten private Schöpfung sei und die Familie bis 1935 tatsächlich Schukey hieß. Das Holger Czukay es mit biografischen Details nicht so genau nahm, geht letztlich auch als künstlerische Entscheidung durch. Fest steht, dass er in den Sechzigern bei Karlheinz Stockhausen in Köln Komposition studierte und dort Irmin Schmidt kennenlernte. Er hatte auch eine lange und international erfolgreiche Solokarriere. Zu seinen bekanntesten Veröffentlichungen gehören die Alben »Movies« und »Der Osten ist rot«. Als Solist arbeitete Czukay unter anderem mit prominenten Kollegen wie David Sylvian, Jah Wobble, Brian Eno oder den Eurythmics. Obendrein gilt er als einer der Pioniere der Sampling-Technik. Auf dem Kölner Friedhof liegt der 2018 verstorbene Künstler schräg gegenüber von Jaki Liebezeit.

GABI DELGADO-LÓPEZ 1958 als Gabriel Delgado-López im spanischen Córdoba geboren, kam er 1966 mit seiner Familie nach Deutschland. In Wuppertal gehörte er 1978 zu den Gründern der Gruppe »Deutsch Amerikanische Freundschaft«, kurz DAF, die mit wuchtig-provokanten Elektropopsongs wie »Der Mussolini« weit über Deutschland hinaus berühmt wurden und längst als Klassiker des Genres zählen. Delgado-López ist 2020 verstorben.

WERNER »ZAPPI« DIERMEIER Als Schlagzeuger hat er ein Gespür für Rhythmus und Wucht, und so war es sein voller Ernst, als er, 1949 in Gutau, Österreich, geboren, eines Tages in Birmingham spontan einen Bauarbeiter mit einem Presslufthammer zu einem Gastauftritt bei Faust einlud. Der Erfolg war für alle Beteiligten und auch das Publikum so umwerfend, dass die Band solche Einlagen dauerhaft ins Programm nahm. Abgesehen von Faust war Diermeier an dem experimentellen Schlagerprojekt »derschlaeger« beteiligt, experimentierte in den Achtzigern mit Bau- und Druckereimaschinen und leitete 1994 in London eine Reunion von Faust ein. Zurzeit arbeitet er an dem Percussionprojekt »Monobeat Original«.

JÜRGEN DOLLASE Der 1948 in Oberhausen geborene Musiker und Autor ist vermutlich der einzige Künstler dieser Geschichte, der sich für zwei Jahre bei der Bundeswehr verpflichtete, genauer gesagt beim Bundesgrenzschutz. Nach seinem Abitur in Viersen studierte Dollase Kunst, Musik und Philosophie an der Kunstakademie Düsseldorf, und darüber, ob die 1971 von Dollase als Blitzkrieg gestartete Band, aus der dann Wallenstein wurde, nun Artrock, Krautrock oder einfach nur Rock spielte, mögen Experten streiten. Die ersten Wallenstein-Langspielplatten erschienen jedenfalls bei Rolf- Ulrich Kaisers Plattenfirmen »Pilz« und »Kosmische Kuriere«, was letztlich auch dazu führte, dass Dollase bei Kaisers mythenumrankten »kosmischen Sessions« mitwirkte.

Wallenstein trennten sich 1982, Jürgen Dollase ließ die Musik hinter sich und ist seit langem als Gastronomiekritiker erfolgreich.

BERND DOPP Der Hamburger Musikmanager begann seine Karriere im Musikfachhandel, wechselte 1984 zu WEA Records und ist mittlerweile Chairman & CEO bei Warner Music Central Europe. In Hamburg erlebte er Anfang der Siebziger eines von den sieben Konzerten, die NEU! jemals spielten.

FRANK DOSTAL Der 1945 in Flensburg geborene Hamburger Songwriter, Musiker und Produzent kannte Achim Reichel von der gemeinsamen Zeit bei den Rattles. Eine Weile betrieben die zwei den legendären Star-Club und machten dann als Wonderland Popmusik. Zu Beginn der Siebziger ließen sich die abenteuerlustigen Hanseaten auf das Experiment A.R. & Machines ein, für das Dostal Texte beisteuerte. Es folgten gemeinsame Produktionen mit Kinderliedern und Seemanns-Shantys, bevor sich ihre Wege trennten und Dostal sehr erfolgreich als Songtexter durchstartete. Zu seinen Bestsellern gehören »Das Lied der Schlümpfe« und die Hits des spanischen Pop-Duos Baccara: »Yes Sir, I Can Boogie«, »Sorry, I'm A Lady«. Als Mitglied des Aufsichtsrats der GEMA stritt er leidenschaftlich mit Internetkonzernen um die Wahrung von Urheberrechten. Dostal, der 2017 verstarb, war mit Mary McGlory, der Bassistin der Liverpooler Liverbirds, verheiratet.

SUZANNE DOUCET Die 1944 in Tübingen geborene Künstlerin wurde in den sechziger Jahren als Schlagersängerin, Schauspielerin und TV-Moderatorin in Deutschland bekannt. Zum Ende des Jahrzehnts hin landete sie in München und studierte danach eine Weile in Paris an der Sorbonne. Ihr unter dem Pseudonym »Zweistein« mit ihrer Schwester eingespieltes Avantgarde-Album erschien 1970. Mitte der Siebziger zog Doucet nach Los Angeles und wurde zu einer Pionierin des New-Age-Genres. Dass ihr Zweistein-Album in diesem Jahrtausend von einem jungen Publikum entdeckt wurde, fand sie zufällig heraus. Vor einigen Jahren lüftete Doucet das Geheimnis um die Urheberschaft dieser experimentellen Klänge. Die Künstlerin lebt und arbeitet noch immer in den USA.

SIMON DRAPER Mit der Plattenfirma »Virgin Records« verbinden viele Experten zuerst Richard Branson, der die Idee zu dem Plattenhandel hatte, aus dem dann das Unternehmen hervorging. Wer allerdings mit den Künstlern spricht, die in den Siebzigern für Ruhm und Umsatz bei der Plattenfirma Virgin sorgten, wird immer den Namen Simon Draper hören. Denn Branson führte zwar die Geschäfte, aber für die Musik hatte er seinen Cousin. Draper, Jahrgang 1950, aufgewachsen in Südafrika, hatte Politik und Englisch studiert und betreute bei Virgin Künstler wie Mike Oldfield, Gong, Robert Wyatt, XTC, Simple Minds und die Sex Pistols. Aber eben auch Tangerine Dream, Faust, Can und später DAF, als sich in Deutschland kaum einer für sie interessierte. Als das Unternehmen 1992 verkauft wurde, zog er sich aus der Branche zurück. Seitdem verlegt Simon Draper edle Bücher, sammelt Kunst und bereut, dass er die Bridget-Riley-Illustration, die das Cover des Albums »The Faust Tapes« ziert, damals nicht erworben hat.

BRIAN ENO Brian Peter George St John le Baptiste de la Salle Eno begann in den frühen Siebzigern seine Karriere als Keyboarder und Songwriter bei Roxy Music und stieg 1973 wieder aus, um seine Solokarriere als Musiker, Produzent und Tausendsassa zu starten. Eno, Jahrgang 1948, und sein Kumpan David Bowie entdeckten in der ersten Hälfte der Siebziger Bands wie Harmonia, Tangerine Dream, NEU!, Cluster und Kraftwerk und waren begeistert. Ein glücklicher Zufall führte Eno damals in die Hamburger »Fabrik« zu einem Harmonia-Auftritt. Und es bedarf keiner großen Fantasie, um zu erahnen, was Eno und Bowie zu den instrumentalen Tracks auf dem Bowie-Album »Low« inspirierte. Dass Eno, der selten und ungern über seine Vergangenheit Auskunft gibt, sich in diesem Buch zu seinen Abenteuern mit Harmonia in Forst äußert, belegt auch, wie wichtig diese Episode für ihn noch immer ist.

FRANK FIEDLER Der 1945 in Kiel geborene Kameramann, Regisseur und Musiker studierte an der Berliner Filmakademie und arbeitete mit Florian Fricke an diversen Popol-Vuh-Produktionen.

LIMPE FUCHS Für die 1941 in München geborene Komponistin und Musikerin war das Studium der ersehnte Weg aus dem katholisch-proletarischen Milieu ihrer Kindheit. Nach dem Abitur lernte sie den Bildhauer Paul Fuchs kennen, gründete eine Familie, startete mit ihm die Band Anima und zog nach Italien. Rolf-Ulrich Kaiser bot ihnen einen Plattenvertrag an. Es folgten Alben wie »Stürmischer Himmel« sowie Projekte mit Friedrich Gulda und Albert Mangelsdorff. Als Solokünstlerin lebt Limpe Fuchs wieder in Deutschland. Im Pfarrhof in Peterskirchen, wo nebenan auch Florian Fricke produzierte, hat sie im ehemaligen Stall ihr Wohnatelier. Dort ist sie noch immer auf der Suche nach Klängen, entwickelt Instrumente und gibt Musikkurse. Und neue Platten produziert Limpe Fuchs auch noch.

GIL FUNCCIUS Die 1942 in Stuttgart geborene Illustratorin war auf der Suche nach einem Job, als sie zu Beginn der Siebziger Rolf-Ulrich Kaiser über den Weg lief. Der ließ sie kühne Plattencover für Bands wie Annexus Quam, Witthüser & Westrupp, Embryo, Wallenstein und Amon Düül gestalten. Funccius lebt und arbeitet in Berlin.

MANFRED GILLIG Der Journalist und Autor, Jahrgang 1950, zog 1963 mit seiner Mutter aus Kronach in Oberfranken nach Berlin, wo er Bands wie Tangerine Dream noch in Kneipen spielen sah. Später schrieb er für das Fachblatt »Sounds«, wurde Herausgeber der »Musikwoche« und arbeitete für den Hannibal-Verlag. Er ist Juror beim Preis der deutschen Schallplattenkritik. Seit seinem Ruhestand lebt er in Nordfrankreich.

KURT GRAUPNER Der 1943 in Holzminden geborene Techniker fertigte Mischpulte bei Telefunken und transferierte alte Monoaufnahmen in Stereofonie, bevor er das Angebot annahm, die Band Faust technisch zu betreuen. Dafür verwandelte er ein altes Schulgebäude in ein raffiniertes Studio. Nach Faust war er für TV- und Filmproduktionen tätig, bis er 2002 aus dem Berufsleben ausschied.

HARALD GROSSKOPF Schlagzeuger und Keyboarder bei Wallenstein, Ash Ra Tempel und Klaus Schulze. Wie so viele Krautrocker startete der 1949 geborene Hildesheimer seine Karriere in einer Beatband. Um ein Haar wäre Grosskopf damals Bandmitglied der Scorpions geworden, bei denen er in deren frühen Jahren immer mal wieder am Schlagzeug aushalf. Stattdessen landete er bei der Artrockband Wallenstein. Es folgten Episoden mit Klaus Schulze, Ash Ra Tempel und den Kosmischen Kurieren von Rolf-Ulrich Kaiser. Vermutlich war Grosskopf der erste Drummer, der zu elektronischer Musik spielte. Dass er sich an die turbulenten Sessions mit Kaiser verblüffend präzise erinnern kann, geht als kleines Wunder durch. Sein 1980 veröffentlichtes Soloalbum, »Synthesist«, gilt als Klassiker des Genres. Harald Grosskopf produzierte sieben Soloalben, ist auf mehr als hundert Plattenproduktionen zu hören und veröffentlicht in schöner Regelmäßigkeit immer noch neue Musik.

HELMUT HATTLER In einem Kellergewölbe in Ulm entdeckte Helmut Hattler in jungen Jahren die Freude am Bassspielen. Der 1952 geborene Musiker gehört zu den Gründern der Band Kraan, die seit 1970 stilistisch mit Fusion, Jazz und Artrock jongliert und sich einen Ruf für virtuose Auftritte erspielte.

Auch wenn die Band immer mal wieder Auszeiten nahm und auch schon mal ihr Ende verkündete, ist sie bis heute aktiv. Regelmäßig erscheinen Platten, und irgendwo scheint immer ein Konzert von ihnen angekündigt. Mit Dieter Moebius, Asmus Tietchens und Conny Plank spielte er als »Liliental« Mitte der Siebziger ein Album ein.

MICHAEL HOENIG Geboren 1952 in Hamburg, wuchs Hoenig in Berlin auf, wo er Soziologie, Theaterwissenschaften und Publizistik studierte und Thomas Kessler kennenlernte, der damals das »Electronic Beat Studio« betrieb. Mit Agitation Free spielte Michael Hoenig zwei Alben ein. Bei Tangerine Dream ersetzte er 1975 Peter Baumann für eine Konzertreise durch Australien. Mit Klaus Schulze machte er als Duo »Timewind« Musik. Sein Solodebüt, »Departure from the Northern Wasteland«, erschien 1978. Später zog er nach Los Angeles und war mit Soundtracks für Filme, TV-Serien und Computerspiele erfolgreich. Seit einigen Jahren lebt und arbeitet er auf Ibiza.

NIGEL HOUSE Geboren 1958 auf einer Farm in Somerset, studierte er Landschaftsarchitektur, als ihm ein Job beim legendären Londoner Plattenladen Rough Trade angeboten wurde. Mit zwei Partnern übernahm House 1981 von Rough-Trade-Gründer Geoff Travis das Unternehmen. Mittlerweile betreibt er mehrere Filialen in England und eine in New York. Wer das Glück hat, House in einem der Läden über den Weg zu laufen, sollte sich von ihm ein paar Musiktipps abholen.

HANS-JOACHIM IRMLER Der 1950 in Sigmaringen geborene Musiker begann früh, mit Klängen zu experimentieren. Um Kunst zu studieren, zog er 1969 nach Hamburg, wo ihm die Mutter von »Beat-Club«-Co-Gründer Michael »Mike« Leckebusch ein Volontariat beim Fernsehen verschaffte. Irmler gehörte 1971 zu den Gründungsmitgliedern von Faust, wo er seine Leidenschaft für herausfordernde Klänge ausleben konnte. Er betreibt in Scheer sein Faust-Studio, veranstaltet Keyboard-Workshops, veröffentlicht Soloplatten und gibt immer noch Konzerte.

JEAN-MICHEL JARRE Der Franzose kam 1948 in Lyon als Sohn des weltberühmten Soundtrack-Komponisten Maurice Jarre zur Welt. So wie die Krautrocker auf der Suche nach neuen musikalischen Ausdrucksformen, entdeckte er in den frühen Siebzigern elektronische Musik für sich. Das legendäre Tangerine-Dream-Konzert in der Kathedrale von Reims besuchte er 1974 rein zufällig. Mit seinem Debütalbum »Oxygene« wurde Jarre 1976 zum Weltstar. Seitdem hat er mehr als hundert Millionen Alben verkauft, spektakuläre Großkonzerte gespielt und gilt als Pionier der elektronischen Popmusik. Mit Edgar Froese von Tangerine Dream produzierte Jarre noch kurz vor dessen Tod Musik.

CHRIS KARRER Jazz zu spielen, empfand der 1947 in Kempten geborene Multiinstrumentalist als Befreiung. Er gehört zu den Gründern von Amon Düül und Amon Düül II, war mit Embryo auf Tournee und veröffentlichte einige Soloalben. Mit Amon Düül II ist er immer noch unterwegs.

THOMAS KESSLER Nach einem Studium der Germanistik und Romanistik in Zürich kam der Schweizer, Jahrgang 1937, Mitte der Sechziger nach Berlin, um Komposition zu studieren. Das »Electronic Beat Studio«, das Kessler 1965 im Keller einer Schule in Berlin-Charlottenburg einrichtete, wurde zur Keimzelle der sogenannten »Berliner Schule«. Musiker von Tangerine Dream, Agitation Free oder Ash Ra Tempel unternahmen dort mit seinem Synthi-A von EMS erste Versuche mit elektronischer Musik. Kessler kehrte 1973 zurück in die Schweiz, um in Basel ein weiteres Studio aufzubauen. Über die Jahrzehnte komponierte er zahlreiche avantgardistische Werke. Die überwältigende Dankbarkeit der damals am Berliner Studio tätigen Musiker verwundert den Schweizer noch heute: »Was habe ich dafür nur getan?«

RENATE KNAUP Als Künstlerin ist sie auch als Renate Knaup-Krötenschwanz oder Henriette Kroetenschwanz unterwegs. Ihre Brüder Karl und Herbert Knaup sind als Schauspieler bekannt. Geboren 1948 im Allgäu, ging sie nach einem Aufenthalt als Au-pair-Mädchen in London 1968 nach München, wo sie in der WG landete, aus der Amon Düül erwuchsen. Mit Amon Düül II ist die Sängerin seit den siebziger Jahren produktiv und erfolgreich. In den Siebzigern arbeitete Knaup eine Weile auch als Sängerin mit Popol Vuh. Sie lebt in Berlin.

LUTZ LUDWIG KRAMER Mit der Beatband Ugly Things fing es für den 1952 in Potsdam geborenen Sohn einer Opernsängerin und eines Filmproduzenten an. Zuvor hatte er einige kleine Filmauftritte gehabt. Als Sechzehnjähriger zog Kramer in die »Kommune 1« und legte 1967 als Frontmann mit Agitation Free los. Er war der politisierte Junge Wilde der Band und lehnte die Idee, eine Platte aufzunehmen, als Ausverkauf ab. Vor der Veröffentlichung des Debütalbums 1970 verließ Kramer Agitation Free. In den Siebzigern lebte er eine Weile in Thailand, begann zu malen und ging allerlei Berufen nach. Anlässlich eines Reunion-Konzertes trat er 1997 nochmal mit Agitation Free in Berlin auf. In diesem Jahrtausend veröffentlichte er zwei Soloalben und verbringt wieder viel Zeit in Thailand.

GERD KRAUS Der Multiinstrumentalist, geboren 1939 im Odenwald, gründete 1969 die Band Limbus 3 (später Limbus 4, als ein vierter Musiker dazukam), die von Rolf-Ulrich Kaiser unter Vertrag genommen wurde. Mittlerweile arbeitet er als Regisseur, Bildender Künstler und Theaterautor und lebt in Bad Berneck und Santiago de Cuba. Gerd Kraus produzierte zwei Dokumentationen über die Musikszene in Santiago de Cuba.

HANS »JAKI« LIEBEZEIT Er wirkte stets so gelassen, als ob ihn nicht einmal ein Erdbeben aus dem Takt bringen könnte. In Dresden 1938 geboren, landete er als Zwanzigjähriger in Köln und in den Bands von Manfred Schoof und Alexander von Schlippenbach am Schlagzeug. Aber weil ihm der Jazz zu eng geworden war, freute Liebezeit sich, als Irmin Schmidt ihn bat, ihm einen Schlagzeuger zu empfehlen, und empfahl sich für Can selbst. Der Groove, den er bei Can einbrachte, war von seiner Liebe zu Jazz und afrikanischer Musik geprägt. Nach Can ging Liebezeit Kollegen wie Brian Eno, Depeche Mode, Eurythmics, Gianna Nannini, Trio oder Michael Rother zur Hand. Hinzu kamen eigene Projekte mit Jah Wobble oder Burnt Friedman. Wichtig sei ihm stets gewesen, nie stehen zu bleiben, sagte er an einem sonnigen Tag in seinem Studio im Zentrum von Köln. Die Lust an der stetigen Veränderung war sein Antrieb. Dass er in zahlreichen »Bester-Schlagzeuger-aller-Zeiten«-Listen immer wieder weit vorne rangiert, nahm er mit dem ihm eigenen trockenen Humor zur Kenntnis: »Immerhin bin ich vor dem Drum-Computer in der Liste gelandet.« Jaki Liebezeit starb 2017 und liegt in Köln schräg gegenüber von Holger Czukay begraben.

SIEGFRIED »SIGGI« LOCH Der 1940 in Pommern geborene Musikmanager wurde 1966 zum Deutschland-Geschäftsführer der Firma Liberty/United Artists Records berufen. Ein Job, der ihn mit Bands wie Can und Amon Düül II zusammenbrachte. Als Gründungs-Geschäftsführer von WEA Music vertrieb Loch auch Tonträger von Klaus Schulzes Plattenfirma IC-Records. Den Traum von einem eigenen Jazz-Label erfüllte er sich 1992 mit ACT-Records.

LÜÜL (LUTZ GRAF-ULBRICH) Zu Schulzeiten gründete er, Jahrgang 1952, in Berlin-Charlottenburg seine erste Band mit dem späteren Tangerine-Dream-Mitglied Christopher Franke. Mit der Beatband Agitation ging es 1967 weiter.

Die verwandelten sich in Agitation Free und traten regelmäßig im »Zodiak Free Arts Club« auf. In Thomas Kesslers »Electronic Beat Studio«, der Keimzelle der sogenannten »Berliner Schule«, experimentierte auch Lüül mit elektronischen Klängen. Anfang der Siebziger gingen Agitation Free im Auftrag des Goethe-Instituts auf Konzertreise in den Nahen Osten und entdeckten andere Musikkulturen. Nach Agitation Free arbeitete Lüül mit Ash Ra Tempel und der Velvet-Underground-Ikone Nico, mit der er auch liiert war. In den vergangenen Jahrzehnten veröffentlichte er Soloalben, machte Musik mit der Band »17 Hippies« und verfasste seine Memoiren. In Tokyo ist Lüül als Wachsfigur ausgestellt.

STEFAN MICHEL Der 1946 in Gera geborene Journalist und Label-Manager erlebte die Schwabinger Krawalle und heuerte 1971 bei Liberty/United Artists an, wo er sich unter der Regie von Gerd Augustin um Bands wie Can, Amon Düül und Popol Vuh kümmerte. Danach wechselte er zu WEA Music, wo er bis in die frühen Neunziger als Manager tätig war. Seit 1994 betreibt er in Hamburg eine eigene PR-Agentur.

DANIEL MILLER Der 1951 geborene Sohn der Schauspieler Martin Miller und Hannah Norbert, die 1938 von Österreich nach Großbritannien geflohen waren, wuchs in London auf und begeisterte sich früh für die Musik von Bands wie Can, Faust und Kraftwerk. Beflügelt von der Do-It-Yourself-Euphorie des Punk veröffentlichte er 1978 unter dem Pseudonym The Normal die Single »Warm Leatherette« bei dem eigens dafür von ihm gestarteten Label Mute Records. Der Musiker und Produzent war auch mit den Silicon Teens und Duet Emmo aktiv. Bei seinem Label Mute Records veröffentlichten unter anderem Depeche Mode, Yazoo, Fad Gadget, Erasure, Moby oder Nick Cave. Dass Mute mittlerweile auch die Werke von Can betreut, freut den Chef besonders.

DIETER MOEBIUS Geboren 1944 in St. Gallen in der Schweiz, ging Dieter Moebius mit achtzehn nach Berlin, wo er Kunst studierte und im »Zodiak Free Arts Club« Conrad Schnitzler und Hans-Joachim Roedelius kennenlernte, mit denen er 1969 die Band Kluster gründete. Berlin wurde ihm bald zu eng, sodass er mit Cluster, ohne Schnitzler, die Stadt verließ. Mit Roedelius und Michael Rother musizierte er ab 1973 als Harmonia und arbeitete in dem gemeinsamen Studio in Forst, wo auch Brian Eno sich kurz einnistete. Es folgten Platten mit Conny Plank, Asmus Tietchens und Mani Neumeier sowie zahlreiche Soloprojekte. Und immer wieder Konzertreisen. 2015 verstarb Dieter Moebius.

STEPHEN MORRIS Britischer Schlagzeuger und Komponist bei den Bands Joy Division, New Order und The Other Two. Der 1957 in einem Vorort von Manchester geborene Brite träumte als Teenager davon, Schlagzeug zu spielen wie Jaki Liebezeit von Can.

MANI NEUMEIER Er sei der erste Free-Jazz-Schlagzeuger in Deutschland gewesen, behauptet der 1940 in München geborene Künstler. Im Laufe seiner Karriere spielte der Schlagzeuger und Sänger mit Jazz-Ikonen wie Philly Joe Jones, Yusef Lateef und John McLaughlin. Mit der Band »The Guru Guru Groove«, aus der dann Guru Guru wurde, machte sich Neumeier 1968 selbstständig. Über die Jahrzehnte erspielte sich Guru Guru, deren Besetzung zwar stetig wechselte, deren Herz und Frontmann aber immer Neumeier blieb, weit über Deutschlands Grenzen hinaus einen erstklassigen Ruf als Liveband. In schöner Regelmäßigkeit veröffentlichen Guru Guru immer noch Alben und sind weltweit auf Tournee. Nur wenige Künstler seiner Generation sind ihrem damaligen Lebensentwurf so treu geblieben wie Mani Neumeier.

NIKEL PALLAT Er kam 1945 in Potsdam zur Welt, legte angeblich das schlechteste Abitur seines Jahrgangs ab und arbeitete eine Weile als Steuerberater. Dann kamen Ton Steine Scherben dazwischen, deren »Organisator«, manche sagen auch Manager, Pallat wurde. Auch als Musiker mischte er manchmal bei ihnen mit und kümmerte sich um die bandeigene Plattenfirma. Pallat war Mitbegründer des unabhängigen Musikvertriebs EFA Medien und arbeitete später für Indigo.

JEAN-HERVÉ PERON Zur Welt gekommen 1949 in Casablanca, wuchs Peron in Frankreich auf und ging als Teenager in die USA, wo er 1968 im Fernsehen die Studentenunruhen in Europa sah und im gleichen Jahr nach Frankreich zurückkehrte. Nach zwei Jahren als Straßenmusiker in Marokko, Skandinavien und Europa landete er – »wegen eines Mädchens« – zu Beginn der Siebziger in Hamburg, wo er sich niederließ. Der Sänger, Gitarrist, Komponist und Trompeter gehört zu den Gründungsmitgliedern der Band Faust. Die ursprüngliche Besetzung ging 1975 getrennte Wege. Mittlerweile führt Peron mit Werner »Zappi« Diermeier seine Version von »Faust« fort. Seit 1998 veranstaltet Peron ein Avantgarde-Festival im norddeutschen Schiphorst, wo er auch lebt. Perons Zementmischer wird mittlerweile in Museen ausgestellt.

IGGY POP Geboren 1947 als James Newell Osterberg in Muskegon, Michigan, wurde 2010 in die Rock and Roll Hall of Fame aufgenommen. Der Sänger, Songwriter und Rocker mit der Band The Stooges wurde Ende der Sechziger so berühmt wie berüchtigt. Der als »Godfather of Punk« gefeierte Künstler, mit zeitweiligem Hang zur Selbstzerstörung, landete 1977 mit David Bowie in Berlin, wo er eine Weile lebte, Soloalben wie »The Idiot« einspielte, nach einer U-Bahnfahrt seinen größten Hit »The Passenger« schrieb und die Musik von Bands wie Kraftwerk, NEU! und Tangerine Dream entdeckte. Iggy Pop lebt längst wieder in den USA, die Liebe zur Musik aus Deutschland ist geblieben: In seinen gelegentlichen BBC-Radioshows spielt der Überlebenskünstler bis heute gerne Krautrock.

ACHIM REICHEL Der 1944 in Wentorf bei Hamburg geborene und auf St. Pauli direkt an der Elbe aufgewachsene Sohn eines Seefahrers wurde in den Sechzigern als Sänger der Rattles in der BRD ein Popstar und war in England mit Little Richard und den Rolling Stones auf Tournee. Sein Höhenflug endete abrupt, als er 1966 zur Bundeswehr eingezogen wurde. Sein Ersatz bei den Rattles wurde Frank Dostal, mit dem Reichel später die Band Wonderland gründete und danach einen radikalen Stilwechsel zu seinem Avantgardeprojekt »A. R. & Machines« vollzog. Deren Debütalbum, »Die Grüne Reise«, erschien 1971 und verblüffte sein Publikum. Ein Jahr darauf folgte das Doppelalbum »Echo«, an dem auch Conny Plank beteiligt war. Heute ist »Echo« ein kostbares Sammlerstück, damals blieb der kommerzielle Erfolg aus. Reichel änderte erneut den Kurs, produzierte Folkbands wie »Ougenweide« und nahm Seemannslieder auf, die in die Charts rauschten. Seitdem ist er als Solokünstler beständig erfolgreich gewesen. In diesem Jahrtausend gelten auch Reichels Alben mit »A. R. & Machines« als Klassiker. Zur Feier einer Neuauflage der alten Klassiker spielten »A. R. & Machines« 2017 in der ausverkauften Elbphilharmonie zu Hamburg. Achim Reichel, der 2020 seine Autobiografie veröffentlichte, wohnt zwar nicht mehr direkt an der Elbe, aber immer noch in Hamburg.

HANS-JOACHIM ROEDELIUS Er hat in seiner Geburtsstadt Berlin noch die Bombardierungen der letzten Kriegsjahre erlebt. Roedelius, Jahrgang 1934, trat als Kind in UFA-Filmen wie »Es leuchten die Sterne« und »Verklungene Melodie« auf. Eigentlich wollte er Arzt werden, arbeitete dann als Masseur und lernte in den Sechzigern Conrad Schnitzler beim Dachdecken auf Korsika kennen. Mit dem Beuys-Schüler eröffnete er 1968 den Berliner »Zodiak Free Arts Club« und gründete mit ihm und Dieter Moebius die Band Kluster – nach Schnitzlers Ausstieg Cluster. Später machte er mit Moebius, Michael Rother und zeitweilig Brian Eno als Harmonia Musik. Der enorm produktive Musiker, der auch als Solist – »Durch die Wüste« – erfolgreich war, gilt als einer der Pioniere der Ambient-Musik. Er lebt in Österreich und veröffentlichte zuletzt seine Autobiografie »Das Buch«.

MICHAEL ROTHER Vermutlich würde er in Hamburg auf der Straße eher von einem Japaner erkannt als von einem Deutschen. Denn die Arbeit des 1950 in Hamburg geborenen Musikers, der nach Stationen in München, Winslow und Karachi Mitte der Sechziger in Düsseldorf landete, fand in der weiten Welt stets ein größeres Echo als in Deutschland. Allerdings hatte der Gitarrist, Songwriter und Produzent prominente Verehrer wie David Bowie, Brian Eno und die Red Hot Chili Peppers. Nach Anfängen in Beatbands verschlug es Rother Anfang der Siebziger in ein Düsseldorfer Studio namens »Kling Klang«, was zu einer kurzen, aber prägenden Episode bei Kraftwerk führte. Dort lernte er den Schlagzeuger Klaus Dinger kennen, mit dem er das Duo NEU! startete, deren Musik längst als Weltkulturerbe gilt. Es folgten Produktionen mit der Band Harmonia und eine erfolgreiche Solokarriere (»Flammende Herzen«). Dieser Tage macht Rother immer noch Musik in seinem legendären Studio in Forst und spielt seine Konzerte meistens weit weg von Deutschland. Zuletzt erschien sein Soloalbum »Dreaming« (2020).

ULRICH RÜTZEL Produzent, Komponist und zu Beginn der Siebziger als Produktmanager zuständig für Rolf-Ulrich Kaisers Label »Pilz«. Rützel, Jahrgang 1944, kannte Kaiser bereits, weil der ihn als Jazzpianist für Festivals gebucht hatte, als er 1972 als Labelmanager zu BASF kam. Außerdem war Rützel noch für das legendäre Jazzlabel MPS zuständig. Später arbeitete er für andere Plattenfirmen und war als Musikproduzent erfolgreich. Ulrich Rützel gehörte zu den Gründern des renommierten Festivals »Ars Elektronica« in Österreich.

GÜNTER SCHICKERT Der gebürtige Berliner, Jahrgang 1949, begeisterte sich erst für Free Jazz, dann für Beat und war Stammgast im »Zodiak Free Arts Lab«-Club. Dort lernte der Trompeter und Gitarrist Musiker wie Klaus Schulze und Edgar Froese kennen. Sein erstes – komplett allein eingespieltes – Soloalbum, das 1974 veröffentlichte »Samtvogel«, gilt als Klassiker. Es folgten Alben mit der Band GAM, Solowerke und Konzerte. Ein Album mit Klaus Schulze, »The Schulze Schickert Session«, erschien 2013.

ALEXANDER VON SCHLIPPENBACH Der 1938 in Berlin geborene Jazzpianist, Komponist und Arrangeur kannte Jaki Liebezeit noch aus gemeinsamen Jazzzeiten. Schlippenbach, der als Pionier des europäischen Free Jazz gilt, spielte mit Gunter Hampel und Manfred Schoof und gründete mit achtundzwanzig das Globe Unity Orchester. Bei dem von ihm 1968 mitbegründeten »Anti-Festival« in Köln trat auch Amon Düül auf. In den vergangenen Jahrzehnten spielte Schlippenbach viele Soloalben ein und absolvierte regelmäßig Konzertreisen. 2017 wurde ihm das Verdienstkreuz am Bande des Verdienstordens der Bundesrepublik Deutschland verliehen. Er lebt in Berlin.

HILDEGARD SCHMIDT Als Managerin von Can hatte sie großen Anteil am Erfolg der Band. Geboren 1939, musste sie in der von Männern dominierten Musikbranche einen Sound verteidigen, der als herausfordernd galt. Dass es Can, eine Gang von Alpha-Charakteren, überhaupt so lange miteinander aushielt, war auch ihr Verdienst als Diplomatin. Aus der Musik hielt sich Hildegard Schmidt heraus, dennoch ist es ihr auch zu verdanken, dass »Tago Mago« ein Doppelalbum wurde, weil sie von der Musik so begeistert war, dass sie der Plattenfirma klarmachte, dass ein einzelnes Album zu knapp sei. Seit der Trennung der Band vertritt sie gemeinsam mit ihrer, und Irmin Schmidts, Tochter Sandra Podmore durch die Plattenfirma »Spoon Records UK Ltd« und das Can-Management weiterhin die Interessen der Musiker und konnte mit ihnen verfolgen, wie sich ein stetig wachsendes Publikum über Generationen für Can begeistert.

IRMIN SCHMIDT Der Komponist und Keyboarder nennt die Gründung von Can eine typische 68er-Entscheidung. Als frisch ausgebildeter Dirigent verzichtete er damals auf eine Karriere in der Klassischen Musik, um stattdessen eine Rockband zu starten. Von 1964 bis 1966 hatte Schmidt Kompositionslehre in Köln bei Karlheinz Stockhausen studiert, wo er Holger Czukay kennenlernte. Er lud dann noch Jaki Liebezeit und Michael Karoli dazu – fertig war Can. Der 1937 in Berlin geborene Komponist schuf auch mehr als vierzig Soundtracks für TV- und Kinofilme, darunter »Messer im Kopf« (1978) und »Palermo Shooting« (2008). Zuletzt veröffentlichte er 2020 das Soloklavieralbum »Nocturne«. Irmin Schmidt und seine Frau Hildegard leben in Deutschland und Frankreich.

SIEGFRIED SCHMIDT-JOOS Der 1936 in Gotha, Thüringen, geborene Journalist arbeitete unter anderem bei Der Spiegel und RIAS Berlin. Er ist Autor zahlreicher Bücher.

STEVE SCHROYDER Der 1950 in Stadtoldendorf, Niedersachsen, geborene Musiker klingelte eines Nachts bei Tangerine-Dream-Chef Edgar Froese und stellte sich als »neuer Organist, bestellt vom Kosmos« vor. Froese war beeindruckt und Schroyder dann auf den Alben »Alpha Centauri« und »Zeit« dabei. Mit Rolf-Ulrich Kaiser und dessen Lebensgefährtin Gille Lettmann teilte Schroyder die Begeisterung für Tarot und nahm mit der kosmischen Crew um Kaiser und Timothy Leary an den Aufnahmen zum Ash-Ra-Tempel-Album »Seven Up« teil. Später komponierte er von Pflanzen und vom Kosmos inspirierte Musik. Neben Soloprojekten war er in diesem Jahrtausend auch mit Anne Clark auf Tournee. Zuletzt gründete Steve Schroyder mit dem ehemaligen Birth-Control-Mitglied Zeus B. Held die Band Dream Control.

KLAUS SCHULZE Keyboarder, Produzent und Komponist, der zahlreiche Soloalben veröffentlichte und als einer der Pioniere der elektronischen Musik, insbesondere der sogenannten »Berliner Schule«, gilt. Bei Tangerine Dream saß der 1947 geborene Berliner anfangs am Schlagzeug und ist auf dem ersten Album »Eletronic Meditation« zu hören. Er kündigte, um mit Manuel Göttsching und Hartmut Enke als Ash Ra Tempel weiterzumachen. Nach einem Album und zahlreichen Konzerten begann Schulze 1971 seine Solokarriere und schaffte sich im Jahr darauf seinen ersten Synthesizer an. Zu den Klassikern in seinem umfangreichen Werk gehören Alben wie »Irrlicht«, »Timewind« oder »Moondawn«. Schulze war zuerst im Ausland erfolgreich, insbesondere in Frankreich, bevor er in Deutschland ein nennenswertes Publikum fand. In jüngerer Vergangenheit kollaborierte Schulze mit nachgewachsenen Fans wie Schiller, Alphaville und der Dead-Can-Dance-Sängerin Lisa Gerrard. Auch in Hollywood wurden seine Tracks von Regisseuren wie Michael Mann oder Sofia Coppola genutzt. Er veröffentlicht nur noch sporadisch Alben; zuletzt erschien 2018 »Silhouettes«.

WOLF SEESSELBERG In seinem deutschen Wikipedia-Eintrag findet die musikalische Episode in seiner Biografie keine Erwähnung. Denn der 1941 in Hamburg geborene Künstler war als Filmarchitekt, Szenenbildner und Hochschulprofessor so erfolgreich, dass diese Karriere das eine Seesselberg-Album, »Synthetik 1«, eingespielt mit seinem Bruder Eckart, überschattet. Dabei gilt das 1974 in Eigenregie veröffentlichte abstrakte Elektronikalbum seit langem als Klassiker.

DIETER SERFAS Der 1946 geborene Schlagzeuger ging in Hof, Saale, zur Schule, wo er sich mit Christian Burchard anfreundete. Eine Weile war er in den frühen Tagen von Amon Düül II dabei und trat regelmäßig mit Embryo auf. Er war lange als Journalist tätig und veröffentlichte 1997 das Soloalbum »Ear-Trance-Port«.

ASMUS TIETCHENS Er begann als Zehnjähriger, Tapes zu zerschnibbeln und neu zusammenzusetzen. Schuld war die Musique concrèt die Tietchens eines Nachts im Radio entdeckt hatte. Geboren 1947 in Hamburg, ließ er sich zum Reedereikaufmann ausbilden und arbeitete eine Weile als Werbetexter, bevor er sich Mitte der Siebziger ganz auf seine Arbeit als Musiker und Klangkünstler konzentrierte. Tietchens Tracks bewegen sich im Grenzbereich zwischen Industrial und Electronica. Mit Dieter Moebius, Helmut Hattler, Okko Becker und Conny Plank spielte er 1976 als »Liliental« ein Album ein, das zwei Jahre später erschien. Gern verweist der stets schwarz gekleidete Künstler, der auch die Pseudonyme Hematic Sunsets und Club of Rome nutzt und weltweit ein treues Publikum hat, darauf, keine musikalische Ausbildung genossen zu haben. Dennoch ist seine Discografie umfangreich. An der Hochschule für bildende Künste in Hamburg lehrte er Sounddesign.

RENE TINNER Geboren 1953 in St. Gallen, wollte er weg aus der Schweiz, und als ihn Anfang der Siebziger das Angebot erreichte, Roadmanager bei Can zu werden, nutzte er seine Chance. Vor allem aber reizte ihn die Möglichkeit, im bandeigenen Studio in Köln mitmischen zu dürfen. Seit 1974 betreute er als Produzent die Alben von Can. Später arbeitete er an mehr als zweihundert Produktionen, unter anderem mit Lou Reed, Trio, Jim Capaldi und natürlich an vielen der Can-Soloprojekte.

WINFRID TRENKLER Der 1943 geborene Journalist war hierzulande einer der Ersten, die sich für die frische deutsche Musik begeisterten, welche in kein Schema zu passen schien. Trenkler schieb darüber im Fachblatt »Sounds« und landete beim Radiosender WDR, wo er ein großes Publikum mit Klängen von NEU!, Kraftwerk, Tangerine Dream, Cluster oder Harmonia konfrontierte. Insbesondere seine WDR-Sendung »Schwingungen« gilt als bahnbrechend. Der euphorische Musikliebhaber Trenkler war es auch, der Brian Eno 1975 nach einem Interview zu einem Auftritt der Band Harmonia in Hamburg mitnahm und die Künstler miteinander bekannt machte. Mittlerweile lebt Trenkler in Schweden und produziert von dort aus seine Sendungen für eine treue Fangemeinde auf eigene Faust. Seine musikalische Pionierarbeit haben ihm Musiker wie Kraftwerk nicht vergessen, die ihn bis heute zu ihren Konzerten einladen.

PAUL WELLER Britischer Gitarrist und Songwriter bei The Jam, Style Council und als Solokünstler. Geboren 1958, als »Mod-Father« verehrt, entdeckte Weller Krautrock erst spät, aber war so begeistert, dass er seinen Song »Around the Lake« von Michael Rother remixen ließ.

WIM WENDERS Filmemacher (»Paris, Texas«), Jahrgang 1945, der Amon Düül live sah und mit Irmin Schmidt befreundet ist.

STEVEN WILSON Er war vierzehn, als ihm ein älterer Freund Platten von Tangerine Dream und Klaus Schulze vorspielte, die den 1967 geborenen Briten tief beeindruckten. Bekannt wurde der Londoner Ende der Achtziger mit der Progressive-Rockband Porcupine Tree. Ansonsten musizierte der musikbesessene Gitarrist, Sänger, Songwriter und Produzent mit Bands wie No-Man, Blackfield oder Bass Communion. Neben seiner Solokarriere ist der als »King of Prog Rock« gefeierte und musikvernarrte Autodidakt auch begehrt als Veredler historischer Aufnahmen; er restaurierte Alben von King Crimson, Jethro Tull, Roxy Music, Yes und vielen anderen. Zu seinen liebsten Platten aller Zeiten gehört »Zeit« von Tangerine Dream.

BERND WITTHÜSER Dem Wunsch seiner Mutter, doch einem anständigen Beruf nachzugehen, mochte der 1944 im Sauerland geborene Barde nicht nachkommen. Inspiriert von Bob Dylan begann er eigene deutschsprachige Songs in Essener Cafés und Kneipen zu spielen. Das Ziel war, aus dem »grauen Kohlenpott zu entkommen«. Mit Walter Westrupp gründete er 1969 das Anarcho-Folk-Duo Witthüser & Westrupp, das von Rolf-Ulrich Kaiser für dessen Label »Pilz« unter Vertrag genommen wurde. Mit Auftritten in Kirchen sorgte das Duo Anfang der Siebziger in Deutschland für Furore. Nach der Trennung von Witthüser & Westrupp 1973 ging er erst nach Indien, lebte eine Weile in Berlin und zog dann in die Toskana, wo er als Barnelli in schöner Regelmäßigkeit Konzerte gab. Die teils langen Strecken zu seinen Auftritten legte er stets mit dem Motorrad zurück. 2017 ist er in Italien verstorben.

Bildnachweise

S. 60–61 Auf den Internationalen Essener Songtagen 1968: Johannes »Buschi« Niebergall, Peter Brötzmann, Willem Breuker (Foto: Krista Brötzmann)

S. 74 Asmus Tietchens, 1981 (Foto: Kim Suprare; © Bureau B/SKY)]

S. 134–135 Tangerine Dream, 1970: Am Schlagzeug Klaus Schulze, am Synthesizer Conrad Schnitzler und an der Gitarre Edgar Froese (Foto: Wilfried Bauer)

S. 137 Michael Hoenig, Berlin 1972 (Foto: Hans-Georg »Putti« Losse; Privatarchiv Michael Hoenig)

S. 168–169 Cluster: Hans-Joachim Roedelius und Dieter Moebius, 1971/72 (Fotograf:in unbekannt; © Bureau B)

S. 182 Thomas Kessler, 1974 (Fotograf:in unbekannt; Privatarchiv Thomas Kessler)

S. 200 Tangerine Dream, Peter Baumann, 1972 (Fotograf:in unbekannt; Privatarchiv Peter Baumann)

S. 223 Frank Fiedler und Florian Fricke vor ihrem Moog-3-Synthesizer, Peterskirchen, 1970 (Foto: Bettina Fricke)

S. 246 A.R. & Machines, Achim Reichel, British-German Pop Meeting in der Ernst-Merck-Halle, Hamburg, 18.9.1971 (Foto: Hans-Jürgen Dibbert)

S. 260–261 Wolf und Eckart Seesselberg mit zwei selbstgebauten Synthesizern, 1972/73 (Fotograf:in unbekannt; Privatarchiv Wolf Seesselberg)

S. 268 Anima: Paul & Limpe Fuchs, München 1976 (Foto: Lothar Schiffler)

S. 273 Limbus 4 auf dem Deutschen Jazzfestival in Frankfurt am Main, März 1970 (Foto: Wilfried Bauer)

S. 277 Christian Burchard von Embryo Anfang der Siebziger (Fotograf:in unbekannt; Privatarchiv Marja Burchard)

S. 286–287 Faust – Singen in Wümme, 1970/71 (Fotograf:in unbekannt; Privatarchiv Hans-Joachim Irmler)

S. 290 Jean-Hervé Peron von Faust, Wümme, 1971 (Foto: Gunther Zint)

S. 298–299 Faust-Konzert in der Musikhalle Hamburg, November 1971 (Foto: Heinrich Klaffs)

Danksagung

Ich danke allen, die ich für dieses Buch befragen durfte. Jedes einzelne Gespräch war spannend. Und ich wäre nicht weit gekommen ohne jene (die aufzulisten den Rahmen hier sprengen würde), die mir mit Tipps, Ratschlägen, Kontakten und ihrer Zeit weitergeholfen haben. Dank auch an Stefanie für unendliche Geduld. Und an Hildegard und Irmin Schmidt, deren Einladung letztlich der Startschuss war, an Gunther Buskies, Andreas Dorau, Renate Knaup, Maren Kumpe, Tina Hohl, Johannes Ullmaier, Winfried Hörning und Harald Großkopf: DANKE!